The Cemeteries of Northern Richland County
South Carolina

Compiled by
David Kyle Rakes

HERITAGE BOOKS
2007

HERITAGE BOOKS
AN IMPRINT OF HERITAGE BOOKS, INC.

Books, CDs, and more—Worldwide

For our listing of thousands of titles see our website
at
www.HeritageBooks.com

Published 2007 by
HERITAGE BOOKS, INC.
Publishing Division
65 East Main Street
Westminster, Maryland 21157-5026

Copyright © 2002 David Kyle Rakes

All rights reserved. No part of this book may be reproduced or transmitted in any form or by any means, electronic or mechanical, including photocopying, recording or by any information storage and retrieval system without written permission from the author, except for the inclusion of brief quotations in a review.

International Standard Book Number: 978-0-7884-2097-6

Dedicated to my friend

Annie Lee Ratliff

who shares in the belief and importance of a resource offering the public assistance in their search for loved ones who have been laid to rest and the cemeteries that house them. Her contributions are of tremendous benefit to this book.

CONTENTS

PREFACE v

ACKNOWLEDGEMENTS viii

EXPLANATION OF ABBREVIATIONS ix

SECTION I 1

SECTION II 183

SECTION III 243

SECTION IV. 254

INDEX 367

PREFACE

I discovered the importance of cemetery records while working on my own personal family history. Unfortunately, many of the birth and death dates for the early pioneers in America cannot be found in county courthouse records or other repositories. Sometimes, the only way to find these dates is through the inscriptions on cemetery stones. It is for this reason that I have become interested in the recording of tombstones.

Upon moving to Richland County, South Carolina back in 1996, I learned that there were no actual cemetery resource publications for the entire county. I found one book at the South Carolina State Archives listing the cemeteries located on the Fort Jackson Military Reservation. This compilation is discussed below in detail. There were also a few scattered surveys that were published in a newsletter by the South Carolina Genealogical Society, Columbia Chapter. From this preliminary finding, I concluded that it would be worthwhile to begin a cemetery survey project that would encompass the entire northern section of Richland County. I began by surveying all of the cemeteries I could locate in the Blythewood community where I reside, which is in the northeast part of the county. After completing this initial search, however, I realized that there were still many other cemeteries to survey and that I would need additional help in finding them. I asked the people in my hometown and they were extremely helpful in directing me to other cemeteries and gravesites, and I was also provided with some actual tombstone inscriptions. Still others provided names of people they believed could be of assistance in my search when they were unable to provide any specific site information. The sites I surveyed were found at churches, memorial parks, by the side of the road, deep in the woods and even in the front yards of some homeowners. As you can imagine, locating some of these out-of-the-way cemeteries was quite challenging. I consulted the South Carolina road maps and geological survey maps. Once I reached a cemetery site, it often required my having to use a machete to get through briers and thickets, wherein I was cut many times and stung by fire ants. Still, I felt it was crucial to do whatever was necessary in order to find and record every possible site.

In my pursuit of other people who shared my interest in recording cemeteries, I contacted my friend Annie Lee Ratliff. She helped me immensely with this compilation, by not only directing me to specific sites but also by donating many of her own cemetery surveys that she had conducted in the Cedar Creek and northern Columbia areas of South Carolina. Thus, Annie's work prompted me to continue my search and survey of additional sites in these areas. I then contacted Mrs. Lael Hoopes about including in this book the Fort Jackson Military Reservation gravesites previously compiled. Her son, Lael Hoopes, II had conducted the actual surveying of these cemeteries for his Eagle Scout project while he was with the Boy Scouts of America. Mrs. Hoopes liked the idea of having these surveys included and graciously submitted them to me. After still further investigation, I learned that the Newberry Historical Society had surveyed some of the cemeteries in the northwest area of Richland County and had published this information in their Newberry Cemetery book. The Society gave me permission to also include their surveys in my book. In my continuing search for additional gravesites in the northwest area, I caught up with genealogist Charles Derrick, of Irmo, South Carolina. Charles had completed many of his own surveys west of the Broad River, which he later used to authenticate and publish the genealogy of his own family history. He gave me further information on where to find gravesites and was also willing to submit many of his surveys for this book.

This book is separated into four sections. Each section begins with an alphabetical list of gravesites and the pages on which they can be found followed by the individual surveys for each location. The underlined date specifies when the survey was completed. The majority of the locations use roads for reference points. I have placed an asterisk (*) to indicate that those names appear on the same headstone or tombstone. Additionally, at the end of this introductory section is the Explanation of Abbreviations. This will facilitate in understanding the inscriptions and I suggest that the reader become familiar with the terms prior to consulting the surveys. Much of the military data was already inscribed using abbreviations and I have incorporated additional ones due to the size parameters required for this publication. There are some terms, however, for which I was unable to accurately determine their meaning.

For the most part, the cemeteries surveyed for this book lie within the perimeters noted at the beginning of each section, although there are a few instances when I surveyed beyond these borders. Furthermore, most of the locations were surveyed by going from one grave to the next, which is the preferred method for recording tombstones and helps to illustrate the location of other family members. Oftentimes, a family would have their own plot where members or relations would be buried alongside each other. A few of the surveys submitted for this book list the interred in alphabetical order, which was the method chosen by the respective surveyor. Also, in some instances where there was no tombstone, the individual's name and dates were provided by a family historian who had evidence to support the burial in that particular cemetery.

When I first began work on this project, it was simply for the purpose of compiling a useful resource for genealogists. As I gathered and surveyed the cemeteries in county, however, I became aware of an even more important reason for recording these inscriptions. Many cemeteries have already disappeared and nature, pollution, vandalism and the development of the land threaten many more. Thus, it is very important to me that the surveys taken of the burial sites be recorded and preserved for posterity. Therefore, it is hoped that this book will achieve not only the goal of aiding the genealogist in family research, but most importantly, preserving the inscriptions of those people, many of them pioneers, who lived and died in northern Richland County. This book will memorialize their existence.

ACKNOWLEDGEMENTS

I would like to express my sincere gratitude to the following people and institutions. Your survey contributions and all of the other assistance you provided have been of tremendous value. I cannot thank you enough for your appreciation of the importance of this preservation project.

Annie Lee and Lacy Ratliff

Frances Jolly

Helen Crisp Mixon, Bruce Mixon and Charles Clark

Lynette Raines

Eddie Milton Humphries and Betty Joyce Humphries

Lael H. Hoopes, II

Newberry Historical Society, Newberry Cemetery Book

James W. Green, III

William "Bill" Rauch

Marlene Koon Walker, Randolph Walker and JoEllen Shirley

Sandra DuBard Jones and Gwen DuBard Kaiser

Charles and Dot Derrick

Rivers O. Harwell

Robert E. Long

Arlene Hampton

EXPLANATION OF ABBREVIATIONS

(a)	Aunt	Co	Company (also County)
b.	born	Col	Colonel
(b)	brother	Cpl	Corporal
(c)	cousin	Dep	Depot
(d)	daughter	Det	Detachment
d.	died	Gp	Group
(f)	father	Hq	Headquarters
(m)	mother	Inf	Infantry
(n)	nephew	I	Interstate
(s)	son	Kr	Korea
(u)	uncle	Ldg	Lodge
(w)	wife	Lt	Lieutenant
(dea)	deacon	Maj	Major
(fl)	father-in-law	Med	Medical
(gd)	granddaughter	N	Navy
(gf)	grandfather	Ord	Ordnance
(gm)	grandmother	Pnr	Pioneer
(gs)	grandson	Prov	Provisional
(inf)	infant	Pvt	Private
mar	married	Recon	Reconnaissance
(ml)	mother-in-law	Regt	Regiment
(ni)	niece	Repl	Replacement
ph	phase	Ret	Retired
(rev)	reverend	Svc	Service
(sis)	sister	Sp	Specialist (Army)
(sl)	son-in-law	Sq	Squad
(um)	unmarked	Tng	Training
Amn	Ammunition	V	Volunteer
Armd	Armored	Vet	Veteran
A	Army	Vn	Vietnam
Avn	Aviation	AIC	Air Intercept Controller
Bn	Battalion	AAC	Army Air Corps
Brig	Brigade	AAF	Army Air Force
Btry	Battery	FA	Field Artillery
Capt	Captain	CSA	Confederate States Army
Cav	Cavalry	CPO	Chief Petty Officer

MSgt	Master Sergeant
MP	Military Police
PFC	Private First Class
Qmc	Quartermaster Corps
SFC	Sergeant First Class
SGM	Sergeant Major
SSgt	Staff Sergeant
TSgt	Training Sergeant
US	United States
USAF	US Air Force
USAR	US Army Reserve
USMA	US Military Academy
USMC	US Marine Corps
USNR	US Navy Reserve
WO	Warrant Officer
WOW	Woodsman of the World
AL	Alabama
SC	South Carolina
DC	District of Columbia
GA	Georgia
FL	Florida
IL	Illinois
KY	Kentucky
MD	Maryland
MI	Michigan
MO	Missouri
NC	North Carolina
NJ	New Jersey
NY	New York
PA	Pennsylvania
TN	Tennessee
TX	Texas
UT	Utah
VA	Virginia
y, m, w, d	years, months, weeks, days

SECTION I

Location: Cemeteries and gravesites are located within the perimeters of the Fairfield County line on the north, Interstate 20 on the south, the Kershaw County line on the east, and Route 321 on the west.

01. Alpine Baptist Church Cemetery 3
02. Bethel Baptist Church Cemetery (black) 6
03. Beulah Methodist Church Cemetery 9
04. Billie Jackson Grave 13
05. Blanks Family Graves 13
06. Blythewood Church of God Cemetery (black) 13
07. Boney Graveyard 14
08. Brazell Graveyard 14
09. Broom Cemetery 14
10. Brown Graveyard 14
11. Corley's Chappel Cemetery (black) 15
12. Crankfield-Lawhorn Graveyard 15
13. Dixon Graveyard 16
14. Ebenezer Holiness Baptist Church Cemetery 16
15. Ecclesia Church Cemetery 17
16. Fairlawn United Methodist Church Cemetery 17
17. Ford Graves 19
18. Gill Creek Baptist Church Cemetery (black) 19
19. Greenlawn Memorial Park Northeast Cemetery 21
20. Harriet Wilson Grave 23
21. Haigood Grave 23
22. Hendrix-Fenly Graves 23
23. Holly Hill Church Cemetery 23
24. Jackson Creek Baptist Church Cemetery 26
25. Jacobs Mission A.M.E. Church Cemetery (black) 37
26. Johnson-Joyner Cemetery 38
27. Kelly Cemetery 39
28. Killian Baptist Church Cemetery 39
29. Koon Graves 50
30. Little Zion Baptist Church Cemetery (black) 50
31. Lynch-Thomas-Taylor Graves 54
32. Macedonia Baptist Church Cemetery (black) 54
33. McCants-Johnson Graves 57
34. Medlin #1 Graveyard 57
35. Medlin #2 Graveyard 57
36. Memorial Gardens of Columbia Cemetery 57
37. Midway Methodist Church Cemetery 68
38. Montgomery #1 Graves 69
39. Montgomery #2 Graves 70

40. Mt. Pilgrim Baptist Church Cemetery (black) 70
41. Mt. Zion Baptist Church Cemetery (black) 74
42. Neeley Graveyard 76
43. Neely-Hood Graves 76
44. New Free Hope Church Cemetery (black) 76
45. Northeast Presbyterian Church Cemetery 78
46. Oak Grove Baptist Church Cemetery 79
47. Old Macedonia Cemetery 79
48. Old Sandy Run Cemetery 84
49. Old St. Mark Lutheran Church Cemetery 84
50. Peter Entzminger Grave 86
51. Pine Grove A.M.E. Church Cemetery (black) 86
52. Pineview Baptist Church Cemetery 87
53. Pisqah Methodist Church Cemetery 92
54. Rabon Family Cemetery 95
55. Raines Cemetery 95
56. Rehoboth Baptist Church Cemetery, Richland Co (black) 96
57. Rehoboth Baptist Church Cemetry, Fairfield Co (black) 96
58. Rehoboth United Methodist Church Cemetery 99
59. Robinson Memorial Gardens Cemetery (black) 101
60. Round Top Church Cemetery (black) 106
61. Royal Pines Church Cemetery 111
62. Ruff Cemetery 112
63. Ruff-Rose Graves 113
64. Sanders Grave 113
65. Sandfield Baptist Church Cemetery 113
66. Sandy Level Baptist Church Cemetery 114
67. Shady Grove A.M.E. Church Cemetery (black) 132
68. Sharp #1 Graves 134
69. Sharp #2 Cemetery 134
70. Spears Creek Baptist Church Cemetery 135
71. Spring Valley Presbyterian Church Memorial Gardens Cemetery 150
72. St. Andrews Lutheran Church Cemetery 150
73. St. Mark Lutheran Church Cemetery 155
74. Trinity Methodist Church Cemetery 157
75. Vants Temple Overcoming Baptist Church Cemetery (black) 158
76. Village Memorial Gardens Cemetery 159
77. Manigault Memorial Gardens Cemetery "Woodlawn" (black) 164
78. Wright Graveyard 175
79. Zion Canaan Baptist Church Cemetery 175
80. Zion United Methodist Church Cemetery 178

1. **Alpine Baptist Church Cemetery**: At the corner of Alpine Rd and Percival Rd, Columbia, SC. Jul 24, 1999

(f) Joseph J. Jones - b. Jun 15, 1904; d. Jan 30, 1968*
(m) Ruth D. Jones - b. May 17, 1916; d. ____*
(m) Bernice M. Jones - b. Aug 15, 1914; d. Jan 20, 1940
Tabor E. Sarvis - b. Nov 13, 1919; d. Jan 8, 1971
Avenell A. Sarvis - b. May 17, 1923; d. Jul 4, 1990
Joseph L. Sarvis - b. Oct 29, 1946; d. May 18, 1998
(f) Wesley S. Starling - b. Nov 27, 1917; d. May 19, 1994*
(m) Eloise E. Starling - b. Jul 19, 1921; d. ____*
(f) Shelton W. Starling - b. Jun 1, 1890; d. Nov 22, 1973*
(m) Maggie A. Starling - b. Jul 4, 1894; d. Jul 12, 1982*
William M. Gladden - b. Nov 2, 1905; d. May 21, 1967; SC PFC US A WWII*
Pearl V. Gladden - b. 1904; d. ____*
Luther Virgle Little - b. Aug 1, 1912; d. Jun 15, 1982; Pvt US A WWII*
Annie Mae Little - b. Aug 23, 1927; d. ____, mar Jun 2, 1945*
(f) Edwin L. Coker, Sr. - b. Apr 12, 1921; d. 1999*
(m) Mazellee H. Coker - b. Jun 16, 1921; d. ____*
George R. Aldrich - b. Aug 12, 1920; d. Nov 30, 1976
Willie Malone Richardson - b. Jul 14, 1896; d. Oct 30, 1983*
Margaret Neely Richardson - b. Mar 21, 1905; d. May 2, 1964*
(f) John W. Shannon - b. Oct 9, 1901; d. Mar 30, 1961*
(m) Daisy L. Shannon - b. Jul 26, 1909; d. Mar 4, 1990*
(f) Fred Peake - b. Sep 12, 1916; d. Oct 7, 1978*
(m) Ruby Peake - b. Jul 3, 1926; d. ____*
(inf) Harvey Brazell, Jr. - b. Oct 3, 1958; d. Oct 3, 1958
(inf) Alice Anne Brazell - b. Nov 10, 1957; d. Nov 24, 1957
William Peaks - b. Jun 6, 1931; d. Dec 14, 1996; mar Oct 4, 1953; SSgt US A Kr Vn*
Ruby Anne Peaks - b. Jul 4, 1935; d. ____*
(f) Furman Ethredge Martin - b. Sep 6, 1936; d. Oct 8, 1996; TSgt USAF Kr Vn*
(m) Glady L. Martin - b. Jul 11, 1939; d. ____*
(f) Willie "Bill" Peake - b. Jul 12, 1885; d. May 9, 1971*
(m) Bessie C. Peake - b. Mar 13, 1896; d. May 7, 1966*
(f) Henry Lawson Mock - b. Nov 6, 1919; d. Aug 22, 1982; US A WWII*
(m) Annie Peake - b. Oct 25, 1926; d. Sep 7, 1989*
Gilliam L. Wooten - b. Oct 24, 1904; d. Nov 7, 1966*
Lessie M. Wooten - b. Dec 30, 1907; d. Oct 28, 1965*
Ronvie H. Smith - b. Nov 25, 1912; d. Feb 24, 198_
Rose E. Smith - b. Aug 27, 1919; d. ____*
(inf) Redding - d. Nov 1969

(f)	A.G. Martin - b. Oct 13, 1928; d. ____ *
(m)	Mary Miles Martin - b. Jul 20, 1930; d. Feb 11, 1984*
	Bonnie Scott - b. Apr 13, 1922; d. Jul 6, 1979
	Susie Brazell - b. May 10, 1909; d. May 10, 1909
	James Brazell - b. Mar 15, 1904; d. Jul 7, 1907
(m)	Annie E. Brazell - b. Apr 4, 1885; d. Jul 25, 1958*
(f)	John Edward Brazell - b. Oct 22, 1875; d. Apr 23, 1950*
	Willie May Johnson - b. May 1, 1906; d. Feb 6, 1986
	Calvin Todd Rabon - b. Aug 30, 1961; d. Jan 24, 1977
	Peggy Miles - b. Oct 29, 1947; d. Aug 27, 1970; Foster (d) of James L. Aldrich
	James Leslie Aldrich - b. Dec 25, 1915; d. Jan 26, 1976; PFC US A WWII*
	Viola M. Aldrich - b. Jul 10, 1918; d. ____ ; mar May 4, 1934*
(f)	John David Rabon - b. Jun 19, 1918; d. Apr 1, 1994
	Richard Singleton - b. Sep 8, 1923; d. Jun 30, 1968
(s)	Kenneth Roger Webster - b. Jul 9, 1939; d. Feb 9, 1961
	Henry Edward "Ed" Prince - b. Apr 20, 1926; d. Jul 30, 1988; S2 US N WWII*
(w)	Alpha G. Prince - b. Aug 29, 1926; d. ____ *
(h)	Clarence Robert Miles - b. Sep 15, 1898; d. Dec 2, 1971*
(w)	Mary Hamilton Miles - b. Sep 3, 1907; d. ____ *
(m)	Mary E.F. Hamilton Shull - b. Jul 24, 1889; d. May 28, 1979
(f)	Earl Benjamin Sharpe - b. Aug 4, 1941; d. May 28, 1981*
(m)	Mary Richardson Sharpe - b. Sep 13, 1929; d. ____ *
	Herbert Washington Baughman - b. Jan 15, 1904; d. Mar 18, 1996*
	Mary Corder Baughman - b. Jan 28, 1906; d. Jan 17, 1993*
	Charles W. Miles - b. May 26, 1915; d. Jan 16, 1894; US A WWII
(f)	Harry Shannon, Sr. - b. Apr 22, 1918; d. Jan 1, 1992*
(m)	Florie E. Shannon - b. Nov 23, 1919; d. ____ *
	James N. Lee, Jr. - b. Apr 4, 1917; d. ____ *
	Ardelle D. Lee - b. Sep 15, 1921; d. Oct 4, 1983; mar Apr 13, 1938*
(f)	Welch M. Dennis - b. Sep 10, 1911; d. Feb 1, 1976*
	Vernel H. "Nell" Dennis - b. Nov 8, 1921; d. Nov 4, 1998
	David McRay Dennis - b. Dec 27, 1970; d. Feb 16, 1972; (inf) (s) of Larry & Linda Dennis
	Jason Matthew Perry - b. Aug 22, 1974; d. Feb 27, 1992
(m)	Viola T. Vickery - b. Apr 30, 1921; d. ____ *
(f)	Edward Lemma Vickery - b. Sep 4, 1921; d. Oct 25, 1984; SSgt US A WWII
	Willis F. Brazell - b. May 21, 1921; d. Dec 28, 1989*
	Eva Ruth Brazell - b. Sep 12, 1923; d. ____ *
	John Henry Shannon - b. Aug 1915; d. Aug 1962
	James Wesley Fleming - d. Jul 11, 1971; (inf) (s) of Roger & Carolyn Fleming
(h)	Milton Hornsby - b. Oct 18, 1905; d. Aug 6, 1968*

(w)	Maggie B. Hornsby - b. Sep 25, 1903; d. Sep 3, 1986*
(f)	Archie D. Miles - b. May 10, 1897; d. Nov 13, 1963*
(m)	Leila H. Miles - b. Jun 23, 1898; d. 1990*
	Harvey Brazell - b. Dec 20, 1935; d. Sep 15, 1991*
	Louise S. Brazell - b. Oct 4, 1932; d. _____*
(m)	Eunice L. Batson - b. Nov 20, 1933; d. Jan 13, 1997
	James Lester "Jimmy" Jacobs - b. Oct 21, 1947; d. May 27, 1971; (s) of Mr. & Mrs. Coley L. Jacobs
	Coley Lester Jacobs - b. Aug 30, 1914; d. Nov 27, 1973; (s) of James W. & Gussie E. Jacobs
(f)	James W. Jacobs - b. Jan 7, 1887; d. Sep 24, 1939*
(m)	Gussie E. Jacobs - b. Feb 13, 1897; d. Oct 13, 1976*
	Wade H. Miles - b. 1910; d. 1995*
	Lila M. Miles - b. 1915; d. 1999*
	Shehorn baby - b. Sep 1969; d. Dec 1969
	Elizabeth Ford - b. May 18, 1902; d. Mar 5, 1979*
	Flemond Ford - b. Aug 19, 1893; d. Mar 26, 1958*
	Alice J. "Nita" Snow - b. Oct 22, 1927; d. Aug 20, 1996*
	Billy "Hank" Snow - b. May 2, 1930; d. _____*
	Donald Eugene Pritchett - b. Jul 14, 1942; d. Feb 6, 1993*
	Carolyn Janet Pritchett - b. Oct 16, 1943; d. _____*
	Rufus Coleman - b. Aug 29, 1909; d. Nov 13, 1963*
	Beulah Medlin Coleman - b. Nov 13, 1917; d. Jan 24, 1990*
	Adrian Allen Spears - b. Jun 14, 1981; d. Oct 11, 1981
	Joan l. Embrey - b. Dec 7, 1943; d. Jan 12, 1996
	Thomas B. "Tommy" Embrey, Jr - b. Dec 11, 1968; d. May 12, 1974
	John Lucion Cruey - b. May 30, 1912; d. Jul 1, 1982; MSgt US A WWII
(f)	Gerald L. Burk - b. Mar 29, 1928; d. Dec 9, 1998*
(m)	Alice M. Burk - b. Dec 10, 1922; d. _____*
	John D. Hammond - b. 1874; d. 1953*
	Lizzie E. Hammond - b. 1876; d. 1965*
(f)	Leon Ford Jr. - b. Aug 13, 1941; d. Apr 29, 1991*
	Peggy Ann Ford - b. Aug 7, 1949; d. _____*
	Lilly Mae Prevette - b. Aug 18, 1906; d. Sep 17, 1975*
	James W. Prevette - b. May 28, 1903; d. Jul 13, 1970; mar Jul 13, 1922
(h)	James L. Faust - b. Aug 17, 1913; d. Jan 16, 1980*
(w)	Nezzie H. Faust - b. Dec 3, 1917; d. Jun 29, 1986*
(w)(m)	Mary Exie Kilbury - b. Feb 14, 1917; d. _____*
	Robert J. Kilbury - b. Sep 19, 1926; d. Jan 18, 1969; IL Sp 3 US A Kr
(m)	Sarah I. McCullough - b. Jul 9, 1938; d. Nov 10, 1994*
(f)	Marvin L. McCullough - b. Sep 17, 1941; d. _____*
	Mark Alvin Baldwin - b. Nov 4, 1974; d. Nov 18, 1974
(inf)	Linda Dianne Spires - d. Feb 2, 1975; (d) of Kenneth & Susan Spires

(m)	Henrietta Flake - b. Oct 7, 1951; d. May 16, 1976
	Mary Blizzard Jacobs - b. Dec 15, 1935; d. Feb 15, 1997
	John Nelson Daniel - b. Jun 14, 1927; d. Oct 17, 1994; EN3 US N WWII*
(f)	Juanita P. Daniel - b. May 6, 1927; d. ____ ; mar Jun 22, 1948*
	Cleaveland L. Croft - b. Sep 14, 1909; d. Aug 25, 1972
	Milton E. Hornsby, Jr. - b. Oct 31, 1928; d. Apr 19, 1980
	Baby Doe - d. 1959
(inf)	Corbett - b. Mar 24, 1959; d. Mar 25, 1959; boy*
	Rosa Kay Corbett - b. Sep 13, 1960; d. Dec 8, 1962*

2. **Bethel Baptist Church Cemetery**: On Boney Rd near McClean Rd, Blythewood, SC. Aug 18, 1998

(f)	Frank Sharpe, b. 1902; d. 1984
(m)	Sarah Bethel Sharpe, b. 1909; d. ____
(d)	Elsie Hortense Sharpe Anderson - b. May 25, 1936; d. Aug 15, 1993
(gm)	Roxie Edger - b. Jan 2, 1898; d. Aug 30, 1984
	Bessie M. K. Hagler - b. Feb 4, 1906; d. Feb 20, 1966
	Leon Hagler - b. Nov 12, 1930; d. Feb 2, 1963
	David Hagler - b. May 19, 1896; d. Apr 7, 1977
	Frank Johnson - b. 1903; d. 1967
	Lois M. Johnson - b. 1913; d. 1972
	Tom Belton - d. Aug 29, 1949; age 38
	Bozie Belton - b. 1932; d. 1966
	Carrie Belton - b. Apr 28, 191_; d. Jan 24, 1982; age 67
	Quincy McCray - b. Jun 24, 1917; d. Mar 16, 1970
	Lawrence Edwin "Larry" McCray - b. Jan 12, 1960; d. Aug 22, 1995
(h)	Charlie Patterson - b. Mar 15, 1913; d. Aug 19, 1991
(w)	Maggie B. Patterson - b. May 13, 1917; d. ____
	Mattie Canzater - b. Feb 24, 1916; d. Dec 10, 1960
	Minnie C. Cants - d. May 21, 1962; age 74
	Johnnie C. Cants - d. Nov 7, 1963; age 42
	Jim Sloop Jr. - b. Dec 25, 1910; d. ____ *
	Queen Esther Sloop - b. Sep 10, 1923; d. Dec 4, 1979*
	Barbara Ann Canzater - b. Aug 7, 1954; d. Aug 23, 1994
	Hattie G. McDonald - b. 1918; d. 1965
(f)	Fred Mack Sr. - b. Aug 30, 1929; d. Sep 22, 1982
	Ella D. Gillard - d. Aug 14, 1967; age 46
	Eugene Gillard - d. Oct 30, 1953; age 33
(s)	Willie Dawson Canzater - b. Mar 20, 1941; d. Jul 5, 1989
(m)	Minnie Canzater - b. 1922; d. 1975
	Ernest Singleton - b. 1956; d. 1994
	Elizabeth S. Green - b. 1942; d. 1989
	Maxie Simpson - b. Nov 3, 1962; age 41
(s)	Anthony Alston - b. Aug 1, 1956; d. Sep 14, 1988
	Frances G. Alston - b. Jun 17, 1929; d. Jul 16, 1985

        Willie Bucannon - d. 1963
        Willie Singleton - d. 1960
        _____ Singleton - b. 1923; d. 1978
        James Henry Green - d. Oct 6, 1977
        Larry James Gadson - b. Sep 27, 1952; d. Aug 23, 1993
        Tom Ernest McDaniel - b. May 8, 1931; d. May 21, 1987
        Sammie Lee Williard - d. Oct 17, 1977
        Charles Jacobs - b. Feb 28, 1922; d. Jan 14, 1970; SC S1 US N WWII
        Sullivan J. Jacobs - b. Jan 30, 1891; d. Jan 29, 1963; SC Pvt Btry D 3 Bn FA Repl Dep WWI
        Tom Green - b. May 25, 1896; d. Feb 10, 1975; Pvt US A
        Robert Belton - b. 1945; d. 1972
        Christopher "Chris" Walker - b. Jul 26, 1981; d. May 1, 1991
(m)   Collette McDaniel - b. 1888; d. 1966*
(f)   Tobe McDaniel - b. 1889; d. 1960*
        Melvin D. Wages - b. Dec 17, 1948; d. Dec 12, 1949; (s) of Melvin & Pauline Wages
(m)   Leila M. Edgar - b. July 24, 1910; d. July 26, 1944
        Jack H. Brown - b. Aug 10, 1934; d. Feb 25, 1992*
        Josephine B. Brown - b. Dec 15, 1927; d. _____*
(f)   John H. Bolar, Sr. - b. Jul 27, 1930; d. Nov 12, 1990
(f)   George Canzater - b. Jan 1, 1919; d. Mar 28, 1991
        Dannie Dwayne Chandler - b. Jul 7, 1989; d. Sep 17, 1995
        Joe W. Kennedy - b. Jul 26, 1941; d. Sep 19, 1977
(m)   Rosa Lee Alston - b. May 9, 1923; d. Jul 2, 1987
        Lonnie L. Alston - b. 1908; d. 1998
        Helen D. Alston - b. Dec 21, 1948; d. Feb 1, 1997
        James Belton - b. Sep 24, 1943; d. Nov 8, 1965; SC Sp 4 Co C 503 Inf 173 ABN BDE, Vn BSM - Ph
        Fred Bolar - b. Jun 15, 1946; d. Mar 16, 1963
        Mary Canzator - d. May 8, 1958; age 64
(w)   Mary Louise Austin - b. Jul 13, 1924; d. May 18, 1985
        Julia Ann Austin - b. Jan 23, 1890; d. Apr 20, 1979
        Barbara A. Evans - b. Nov 20, 1952; d. Mar 10, 1994
        Geneva Bennett Mack - b. Jun 30, 1934; d. Jun 14, 1984
        Jimmy Wright - b. Jun 17, 1948; d. Mar 23, 1994
(h)   Frank Mack, Jr. - b. Jun 24, 1956; d. Nov 27, 1983
        Mrs. Jessie Mack - b. 1927; d. 1993
        Carolyn Mack - b. Jan 17, 1970; d. Jul 24, 1981
        Mr. Ernest Mack, Sr. - b. 1931; d. 1996
        Pearl Durham - b. Mar 7, 1906; d. Dec 1, 1993
        Louis Mack - b. Dec 13, 1915; d. Mar 17, 1967; GA PFC 3271 Qm Svc Co WWII
        Ernest Wright, Jr. - b. 1949; d. 1976
        John D. Durham, Sr. - b. Oct 25, 1946; d. Apr 17, 1990
(b)   Henry Durham - b. Sep 30, 1939; d. Jun 12, 1985

(b)	Dozier "Sonny" Durham - b. Sep 11, 1938; d. Jun 14, 1987
	Lizzie G. Canzater - b. Feb 12, 1899; d. Mar 5, 1985
	Dozier Durham, Sr. - b. Nov 3, 1913; d. Jul 5, 1972
	Kathleen M. Turnipseed, b. Nov 16, 1920; d. ___ *
	Moses Turnipseed, Sr. - b. Jan 18, 1919; d. Jan 7, 1986*
	Lelia Mae Turnipseed - b. May 9, 1942; d. Apr 17, 1997
(f)	Sammie Jamison - b. Jan 27, 1916; d. Oct 12, 1993
	Mary Canzater - b. Dec 24, 1890; d. May 8, 1958
	Warren Doler - d. Oct 4, 1939; age 72
	Icina Alston - b. 1886; d. 1968
	Aaron Alston - b. 1876; d. 1965
	Willie Canzater, Sr. - b. Aug 9, 1883; d. Apr 2, 1964
	Wesley Belton - b. 1926; d. 1993; US A WWII
	Mitt J. Belton - b. 1929; d. 1987; US A Kr
(m)	Alice P. Belton - b. Jul 26, 1898; d. Dec 25, 1973*
(d)	Mittie Lee Belton - b. Oct 23, 1914; d. Jan 9, 1933*
(s)	Eddie Belton - b. Aug 12, 1919; d. Feb 25, 1937*
(sis)	Isabell B. Spillman - b. Oct 1, 1918; d. Jan 21, 1991
	Clarence Jacobs - b. Jan 5, 1933; d. Sep 20, 1960; SC Cpl Co D 40 Signal Bn
	Ada Weinberg Johnson - b. 1885; d. 1917; Jul 10, 1942; S.J.M.
(m)	Frances Jacobs Jenkins - b. Mar 21, 1930; d. Mar 31, 1958
	Lucy Ann Jacobs - b. 1869; d. May 31, 1927; (w) of Jacobs
(m)	Geneva Belton Clark - b. Sep 14, 1945; d. Dec 11, 1993
(f)	Ocie David Clark - b. Mar 8, 1942; d. ___
	Elison Green - d. Nov 22, 1941; age 86
	Henrietta Green - d. May 30, 1948; age 71
	Lucy Green - b. Jul 4, 1874; d. Feb 4, 1948
	Harry Green - d. Nov 28, 1918; Born in slavery. Highly respected by both races. He was faithful unto death
(m)	Willie Johnson - d. Apr 19, 1982; age 32
(m)	Dinah Johnson - d. Aug 3, 1941*
(f)	Will Johnson - d. Dec 25, 1930*
	Henry H. Johnson - b. 1921; d. 1972; Beaver Ldg No 7 AF & AM
	Claude Fox - b. Mar 30, 1911; d. Jun 3, 1975; Tec 5 US A
	Joe Henry Thomas - b. Jul 1, 1909; d. Aug 1, 1926
(m)	Viola Wright Trapp - b. Apr 10, 1927; d. Feb 12, 1969
	Ezell Wright, Jr. - b. Jul 7, 1924; d. Mar 18, 1992
	Mrs. Lizzie Addison Wright - b. Dec 12, 1928; d. Feb 24, 1998
	Luie Wright - b. Aug 20, 1893; d. Oct 15, 1918
	Elton Wright - b. Aug 4, 1915; d. Jul 23, 1941
	Evelyn B. Belton - b. 1946; d. 1996
	Margaret Bolar - b. Apr 20, 1883; d. Aug 9, 1928
	Joseph R. "Beam" Peay - b. Jun 2, 1948; d. Jan 14, 1995
	Albert Brice - b. Apr 1, 1922; d. Dec 16, 1991; PFC US A WWII
	Boysie F. Brice - d. Nov 29, 1941; age 28

        Anna Brice Belton - b. 1915; d. 1943
        Nathan Gilliard - b. Feb 10, 1831; d. Oct 1, 1920
        Willie Cunningham - b. Oct 10, 1895; d. Sep 30, 1918
        Francis Palmer - d. Nov 1944; age 1
        Louise Palmer - d. May 27, 1950; age 22
        Elliott Polmes - d. Feb 18, 1959; age 68
(m)   Sarah Palmer - b. 1923; d. 1945
        Dicey Green - b. 1851; d. May 18, 1931; age 80; WHCWS
        Hilton Gantt - d. 1945
        John F. Gantt - no dates
        Elliott Palmer - b. Jul 2, 1891; d. Feb 21, 1959*
        Lizzie G. Palmer - b. Jan 9, 1900; d. Apr 10, 1971*
        William K. Palmer - b. Apr 15, 1961; d. Feb 20, 1962
        Gerald L. Palmer - b. Oct __, 1969; d. _____
        Brittany Nicole Palmer-Dubard - b. 1988; d. 1988
        Sarah B. Palmer - b. Aug 16, 1938; d. _____ *
        William Palmer - b. May 22, 1937; d. Nov 21, 1997*
(f)   Bozie Palmer, Sr. - b. Nov 1, 1916; d. Jul 22, 1994*
        Alice G. Palmer - b. Jul 22, 1923; d. _____ *
        Thomas Gilliard - b. May 20, 1880; d. Dec 13, 1927
        Minnie B. Farrow - b. 1900; d. 1953*
        Nelson Farrow - b. 1897; d. 1943*
(h)   Thomas Farrow - b. May 23, 1925; d. Aug 6, 1993
        S. Gillard - d. Sep 10, 1948; age 63
        Ellie Belton - d. Apr 19, 1948; age 41
        Burrel White, d. Jun 29, 1939; age 22
        Johnnie Brice - b. Apr 6, 1892; d. Jun 3, 1949; SC Pvt 60 Pnr Inf WWI
        Hattie Palmer - no dates
        Elton White - d. Sep 7, 1933; age 55
        Mack Peay - d. Jan 14, 1952; age 34
        Daisy Peay - d. Jun 9, 1957; age 38
(m)   Elsie Brice Sharpe - b. Aug 27, 1881; d. Oct 25, 1966
        Dock Cunningham - b. Dec 5, 1891; d. Nov 27, 1944
        Charlie R. Hagler - b. Apr 11, 1906; d. Aug 3, 1996*
        Pauline S. Hagler - b. Sep 12, 1906; d. Sep 21, 1982*
        Harris Thomas - b. Jun 5, 1869; d. Apr 6, 1948
        Rebecca White - d. Apr 2, 1946; age 64
        Andrew Brown - d. Jun 17, 1945; age 62

3.   **Beulah Methodist Church Cemetery**: On Hwy 321 about 1 mile before the Fairfield Co line, Blythewood, SC. Mar 9, 1994

        Maggie Marshall Owens - b. Oct 11, 1889; d. Apr 29, 1919
        Emma Marshall Owens - b. Oct 13, 1869; d. Dec 19, 1911
        Lizzie D. Owens - b. Aug 5, 1867; d. Jan 18, 1897; (w) of E.S. Owens
        John Wallace - b. Mar 3, 1838; d. Jan 31, 1908

Anner J. Vinson - b. Mar 24, 1822; d. Jan 26, 1851; (w) of A.P. Vinson
A.P. Vinson - b. Jan 17, 1808; d. Sep 26, 1852
Anna A. McDow - b. Mar 2, 1864; d. Jul 30, 1907; (w) of D.A. McDow
Jesse Reese - b. Dec 6, 1800; d. Oct 15, 1885
Nannie Ella Reese - b. Oct 15, 1892; d. Apr 14, 1897; (d) of J.J. & D.C. Reese
Jesse Timothy Reese - b. Sep 18, 1860; d. Jan 14, 1887
Carrie May Reese - b. Jul 20, 1896; d. Jul 27, 1897; (d) of J.J. & D.C. Reese
Willie Reginald Williams - b. Jul 8, 1894; d. Jan 24, 1897; (s) of W.J. & S.H. Williams
William Reese Williams - b. Apr 15, 1856; d. Apr 12, 1921
Evans P. Jennings - b. Nov 22, 1903; d. Jul 26, 1965
Rufus Broome - b. Feb 17, 1861; d. Apr 11, 1944
Silas A. Frick, Jr. - b. Dec 27, 1895; d. Sep 30, 1970
Lenora B. Frick - b. Feb 2, 1898; d. Apr 8, 1976
Herbert Greyson Broome - b. Jun 27, 1915, d. Jul 28, 1929
Albert Homer Broome - b. Apr 3, 1914; d. May 3, 1929
Neil Broome - b. 1946; d. 1961
Books Broome - b. Jan 10, 1900; d. Aug 8, 1969; SC CSK US N WWII
Elizabeth L. Spratlin - b. Feb 19, 1923; d. _____
Henry H. Spratlin - b. Oct 25, 1912; d. Nov 28, 1969; Tec 4 US A WWII
Susan Elizabeth Spratlin - b. Apr 26, 1959; d. Apr 27, 1959
Mary Jones Smith - b. Nov 27, 1898; d. Jan 10, 1984
Colon J. Price - b. Oct 31, 1910; d. Sep 8, 1961
Lawrence David Frick - b. May 22, 1892; d. Aug 21, 1958
Pattie E. Frick - b. Sep 25, 1893; d. Feb 6, 1994
Donold Lake Frick - b. Oct 28, 1943; d. Nov 1, 1943; (s) of Eugene & Merele Frick
John Walter Scott - b. Aug 27, 1921; d. Jul 30, 1981; US A Y2 WWII
Willie Ross Frick - b. May 2, 1889; d. Aug 27, 1974
Clara Elizabeth Frick - b. Jun 19, 1893; d. Dec 19, 1965
(inf) Cary Leon Faris - no dates; (s) of Mr. & Mrs. Leon Faris
Frank Calvin Frick - b. Feb 18, 1928; d. Feb 24, 1928
Willie Mae Sides - b. Jun 17, 1913; d. Dec 17, 1987
Thomas Hugh Frick - b. Nov 10, 1917; d. Apr 20, 1987; SSgt Co C 6 Ranger Bn WWII
Isabel Frick - b. Jul 28, 1920; d. _____
John Rufus Frick - b. Apr 16, 1883; d. Apr 27, 1952
Mae Ballentine Frick - b. Jan 27, 1889; d. Feb 5, 1972
Jessie Lee Kelley - b. Aug 18, 1915; d. Apr 19, 1938
John Louis Frick, Sr. - b. Sep 8, 1910; d. Feb 12, 1988

Lois Cleland Kelly Frick - b. Sep 9, 1920; d. Jun 7, 1988
Jacob I. Frick - b. Jan 28, 1862; d. May 10, 1928
Susan C. Frick - b. Aug 31, 1867; d. Nov 11, 1924
Agnes Lavinia Frick Smith - b. Sep 5, 1894; d. Jan 7, 1919; (w) of Earl Smith
Belle Smith - b. Aug 23, 1887; d. Jan 18, 1920; (w) of Crawford Smith
John Rufus Frick - b. Dec 17, 1859; d. Mar 13, 1925
Carnelia Frick - b. Dec 14, 1858; d. Nov 30, 1930
(inf) Frick - b. 1920; d. 1920; (s) of S.A. & L.A. Frick
Annie Ida Bell Broome - b. Oct 24, 1901; d. Jul 31, 1913; (d) of Allen J. & Ophelia F. Broome
Allen J. Broome - b. Jan 13, 1878; d. Jan 28, 1962
Ophelia F. Broome - b. Nov 15, 1881; d. Aug 31, 1959
Geniva M. Gunter Riley - b. Sep 6, 1880; d. Jul 21, 1918; (w) of B.E. Riley
Davis E. Ballentine - b. Jul 19, 1892; d. Oct 17, 1968
Laura R. Ballentine - b. Jun 12, 1889; d. Sep 24, 1975
Jacob Benjamin Ballentine - b. Oct 2, 1857; d. May 17, 1933
Eugenia Maggie Ballentine - b. Jan 27, 1862; d. Mar 17, 1936
Arthur J. Ballentine - b. Jun 4, 1888; d. Oct 27, 1949
Carrie Ballentine - b. Nov 20, 1890; d. Mar 28, 1989
Luretle Ballentine - b. 1984; d. 1988
Lisa K. Ballentine - b. May 2, 1970; d. May 3, 1970; (d) of Mr. & Mrs. Roland R. Ballentine
Ben Wylie Mattox - b. Jul 26, 1918; d. Aug 22, 1985
Pearl Frick Mattox - b. Jun 23, 1921; d. _____
(inf) Ben Wylie Mattox - b. Dec 10, 1944; d. Dec 31, 1944; (s) of Mr. & Mrs. Ben Wylie Mattox
Linda Gayle Smith - b. Sep 9, 1955; d. Jun 16, 1964
Mamie Frick Smith - b. Dec 3, 1919; d. Jun 26, 1980
Ollie F. Frick - b. Dec 22, 1898; d. Jan 26, 1979
Arthur E. Frick - b. Aug 25, 1892; d. Aug 18, 1950
Nettie F. Pullen - b. May 4, 1928; d. Feb 12, 1969
Herbert D. Pullen - b. Oct 19, 1922; d. Aug 15, 1977
F.P. Watts - b. 1895; d. 1946
Maybelle Price - b. May 1, 1888; d. Sep 6, 1969
Robert R. Ballentine - b. Dec 30, 1921; d. Jun 19, 1985
Melvin J. Ballentine - b. Jul 26, 1885; d. Mar 10, 1929
Sallie R. Ballentine - b. Jul 22, 1885; d. Feb 15, 1985
Sebil Rebecca Ballentine - b. Sep 27, 1916; d. Jul 11, 1925; (d) of Melvin J. & Sallie R. Ballentine
(inf) Ballentine - b. 1913; d. 1913; (s) of M.J. & S.J. Ballentine
Mamie Metze - b. Feb 13, 1911; d. Apr 5, 1911; (d) of Mr. & Mrs. James A. Metze

(inf) Ballentine - b. Jun 6, 1941; d. Jun 6, 1941; (d) of Mr. & Mrs. Eugene Ballentine
James A. Metze - b. May 12, 1872; d. Mar 28, 1950
Carrie B. Metze - b. Sep 14, 1880; d. Jan 19, 1968
Robert Michael Oswald - b. Apr 22, 1955; d. Jul 8, 1974
Marvin D. Ballentine - b. 1910; d. 1989
Thomas U. Ballentine - b. Jan 14, 1899; d. Apr 21, 1985; Pvt US A WWII
Gertrude D. Ballentine - b. Apr 28, 1903; d. Jan 14, 1982
Leroy I. Ballentine - b. Dec 31, 1907; d. Apr 17, 1969
Ella Leitner Ballentine - b. Sep 7, 1866; d. Feb 22, 1937
William Andrew Ballentine - b. Nov 16, 1859; d. May 21, 1930
Mary Caroline Ballentine - b. Jun 19, 1834; d. May 22, 1900; (w) of John A. Ballentine
John A. Ballentine - b. Jun 24, 1827; d. May 15, 1899
Dr. Ezra Styles Abney - b. Mar 12, 1836; d. Mar 19, 1917
Mary Jane Holeman Abney - b. Oct 15, 1853; d. Sep 4, 1930
Newton Hollman Abney - no dates; (s) of Dr. Ezra S. & Mary J. Abney
Elliot Abney Smith - b. Feb 20, 1879; d. Oct 28, 1960
Carrie Broom - b. May 19, 1867; d. Jun 15, 1919; (w) of O.Z. Broom
Ross E. Broom, Sr. - no dates
Albert Frick - b. Dec 4, 1891; d. Aug 15, 1978
Eunice B. Frick - b. Sep 26, 1892; d. Aug 3, 1949
Wilma Gladys Ballentine - b. Dec 27, 1909; d. Dec 29, 1910; (d) of J.M. & M.W Ballentine
Marie Ballentine Oswald - b. Aug 18, 1897; d. Aug 3, 1974
Martha Hood Ballentine - b. Oct 28, 1894; d. Oct 1, 1981
Alex C. Ballentine - b. Oct 24, 1894; d. May 16, 1963
Lilly Owens Ballentine - b. Oct 5, 1928; d. Apr 5, 1954
Charles H. Ballentine - b. Jun 1, 1916; d. Jul 22, 1981
Christie L. Ballentine - b. Mar 31, 1952; d. Jul 19, 1977
Charlotte R. Riley - b. Oct 25, 1842; d. Feb 19, 1916; (w) of William E. Riley
William E. Riley - b. 1847; d. 1938
Wilbur John Broom - b. Jan 30, 1883; d. Apr 3, 1963
James Daniel Broom - b. Jan 8, 1881; d. Nov 18, 1956
J. Wiley Broom - b. Nov 22, 1855; d. Sep 16, 1928
Nannie E. Broom - b. Mar 18, 1845; d. Nov 23, 1909; (w) of J. Wiley Broom
Broom - b. Aug 6, 1899; d. Nov 15, 1899; (inf) of J.O. & Roxie Broom
Anna Martha Broom - b. Sep 3, 1879; d. Feb 25, 1951
Sunie Mary Broom - b. Aug 24, 1885; d. Jul 15, 1966
Bertha Esther Smith - b. Mar 7, 1914; d. Mar 13, 1914
William Albert Wright, Sr. - b. Sep 3, 1895; d. Aug 14, 1943

(inf) Mary Ballentine Wright - b. Jun 11, 1894; d. May 18, 1955; (w) of William Albert Wright, Sr.
Wright - d. Jul 31, 1956; (s) of F.A. & Ruby Wright
Evelyn J. Wright - b. Oct 6, 1952; d. Oct 22, 1952
Beauford B. Riley - b. Apr 21, 1911; d. Dec 14, 1993
E. Carlisle Riley - b. Jan 6, 1905; d. Jul 17, 1961
Eber L. Riley - b. Oct 20, 1897; d. Jan 10, 1928
J. Morgan Riley - b. Jan 18, 1869; d. Apr 8, 1954
Florence B. Riley - b. Apr 17, 1870; d. Apr 27, 1936
Rosa Lever Riley - b. Oct 23, 1890; d. Sep 8, 1985
Ernest A. Riley - b. Dec 18, 1883; d. Feb 8, 1956
Bessie Allen Abney - b. Oct 14, 1891; d. Jan 14, 1977
James Maxie Abney - b. May 10, 1893; d. Nov 16, 1977
Walter James Ballentine - b. Jan 10, 1894; d. Jul 13, 1973
Eula Mae Ballentine - b. Sep 30, 1889; d. Jan 10, 1968
John Thomas Ballentine - b. Jan 1, 1861; d. Dec 25, 1932
Sallie Lever Ballentine - b. Sep 15, 1869; d. Mar 26, 1949
Herbert J. Ballentine - b. Dec 29, 1900; d. Jun 1, 1984
Autumn T. Ballentine - b. Mar 19, 1903; d. Sep 13, 1984
Virginia Anderson - b. Jul 21, 1923; d. Nov 3, 1956
Herbert Anderson - b. Oct 8, 1922; d. _____
Sarah H. Strickland - b. Oct 4, 1912; d. Jan 2, 1948
Lillie A. Lever Ballentine - b. Jan 16, 1888; d. Jul 14, 1952
John J. Ballentine, Sr. - b. Nov 17, 1886; d. Feb 18, 1957
Alma B. Land - b. Sep 12, 1910; d. Apr 20, 1992
John D. Land - b. Aug 17, 1905; d. Oct 10, 1975; SSgt US A WWII
Robert Lewis Frick - b. Oct 29, 1910; d. Sep 5, 1986
Ruth Ballentine Frick - b. Mar 15, 1915; d. _____

4. **Billie Jackson Grave**: Near the corner of Andrew Jackson Rd and Pine Grove Rd, behind the Margaret Jackson home, Blythewood, SC. Oct 6, 1998

William Wesley Jackson - b. Nov 3, 1934; d. Feb 24, 1996; It's not the Journey It's the Destination; (Carved on the stone is Billie riding a motorcycle which is moving towards the clouds and heaven)

5. **Blanks Family Graves**: At 1842 Muller Rd, about 1/4 mile south of Pine Grove Rd in front of the William P. Blanks home, Blythewood, SC. Sep 8, 1998

William Pinkney Blanks - b. Apr 3, 1920; d. _____ *
Meta Quattlebaum Blanks - b. Feb 20, 1919; d. Apr 4, 1994*

6. **Blythewood Church of God Cemetery**: On Rimer Pond Rd about 1/8 mile from Wilson Rd, Blythewood, SC. Sep 18, 1998

(h) William W. Sapp - b. Nov 8, 1913; d. Jul 4, 1972*

(w)   Inez W. Sapp - b. Jun 24, 1917; d. ____ *
Nezzie B. Brewer - b. Oct 10, 1893; d. Apr 8, 1965
James Franklin Trapp, Sr. - b. Jan 29, 1934; d. Jun 20, 1973
Bessie S. Howell - b. Feb 20, 1900; d. Dec 3, 1963
(f)   Luther D. Browning - b. 1909; d. 1962*
(m)   Minnie R. Browning - b. 1919; d. 1988*
Hezekiah E. Marsh - b. Aug 28, 1887; d. Feb 18, 1966

7. **Boney Graveyard**: On Boney Rd about 1/8 mile south of Pine View Rd, Blythewood, SC. It is in the woods and in poor condition. Sep 9, 1998

   Mary E. Boney - b. Nov 15, 1893; d. Apr 5, 1895; (d) of C.B. & E. Boney
   John Wilson - d. Oct 10, 1862; aged 27y; member of the 7 Bn SC V who died in the service of his country
   Lottie Hood - b. Sep 10, 1874, d. Oct 18, 1874; (d) of H.E. & F.R. Hood

8. **Brazell Graveyard**: On Wilson Rd (Rt 21), between Raines Rd and Howell Rd, Blythewood, SC. Aug 30, 1998

   Almedia Dunn - no dates

9. **Broom Cemetery**: On Muller Road 1/8 mile from Pine Grove Rd, Blythewood, SC. Aug 26, 1998

   Little Hoyt Broom - d. Dec 17, 1902; age 2y; (inf) (s) of C.F & J. Broom
   George W. Broome - b. Sep 18, 1871; d. Dec 8, 1946
   Eliza Jane Broome - b. Jan 29, 1848; d. Nov 5, 1928
   Richard E. Broome - b. Jun 27, 1839; d. Mar 1, 1899
   John C. Broome - d. May 15, 1892; age 23y
   M. Broom - b. Jan 26, 1798; d. Jul 16, 1878
   J. Broom - b. Feb 1, 1799; d. Feb 16, 1863
   J.F. Broom - b. Mar 14, 1858; d. Feb 1860
   J.W.D. Broom - b. Jan 17, 1828; d. Apr 15, 1862
   Susan Broome Jamison - no dates
   Walter J. Broome - b. Mar 29, 1886; d. Oct 16, 1971
   Susan Leitner - no dates
   Mary I. Broome - b. Feb 6, 1830; d. Oct 11, 1897

10. **Brown Graveyard**: On Langford Rd near Russ Brown Rd, about 1/4 mile back in the woods behind the Frank Brown home, Blythewood, SC. Sep 8, 1998

    Maggie B. Lorick - b. May 22, 1882; d. Sep 5, 1927
    Julia Rimer - b. Jun 22, 1861; d. Apr 6, 1926; (w) of James Alex Brown
    James Alex Brown - b. Jan 15, 1854; d. Dec 4, 1917

Effie Lanora Brown - b. Apr 13, 1882; d. Apr 28, 1887
Elizabeth Raines Brown - b. 1815; d. 1870
Alexander R. Brown - b. 1812; d. 1870
Joseph Brown - b. 1774; d. 1850
Margaret T. Brown - b. 1778; d. 18__

11. **Corley's Chappel Cemetery**: Near the intersection of Polo Rd and Alpine Rd, Spring Valley, SC. It is about 1/2 mile from Polo Field and 1/2 mile from Alpine Rd. Jul 15, 1999

        David T. Wilson - b. Feb 22, 1918; d. ____ *
        Mell Fox Wilson - b. Dec 10, 1924; d. Jan 11, 1994*
        Dellwood Fox - b. Apr 18, 1917; d. Dec 11, 1971; SC Pvt US A WWII

(b)(s)   Jessie B. Fox - b. Sep 7, 1914; d. Jun 24, 1989
        Emma Jacobs Fox - b. Apr 15, 1885; d. Dec 4, 1965
        Frank Fox, Sr. - b. Oct 13, 1885; d. May 1, 1974

(h)(dea) Charlie Jacobs - b. Jan 19, 1918; d. Oct 13, 1984
        Jaunita J. Weathers - b. Jun 8, 1940; d. Jul 24, 1993
        Daniel Jacobs - b. 1867; d. 1930
        Lizzie Jacobs - b. 1867; d. 1937
        Sam Jacobs - b. 1894; d. 1937
        Frank Fox, Jr. - b. Aug 10, 1908; d. Mar 12, 1989; US A WWII

(dea)   Daniel Fox - b. Aug 14, 1910; d. May 22, 1990
        Sammie Foose - b. 1921; d. 1999
        Jessie Jenkins - b. 1906; d. 1997

(m)   Alice Foose - b. May 15, 1889; d. Jul 16, 1992*
(f)   Sanders Foose - b. Jun 6, 1886; d. Mar 2, 1958*
        Maggie Jenkins - d. Dec 22, 1946
        Harret Dreher - d. Dec 1934; age 80y
        Sarah Bluford - b. 1864; d. Sep 22, 1929
        Berley Lybrand - d. Dec 31, 1925; age 62y
        William Pulaski Corley - b. Nov 4, 1846; d. Apr 6, 1913; Founder of Corley's Chappel. He was a soldier in the Civil War
        Pinck Foose - d. Apr 12, 1919
        Mickel Foose - d. 1919
        Phillis Foose - age 80
        Selene _____ - d. 1918; age 7_
        Toby Foose - b. Feb 8, 1845; d. Jul 29, 1928

12. **Crankfield-Lawhorn Graveyard**: On Lawhorn Rd about 100 yards north of the power lines, Blythewood, SC. Sep 2, 1998

        Littleton Cranfield - b. Mar 15, 1775; d. Nov 6, 1846; age 71y
        Lucy Cranfield - b. Jul 1, 1779; d. Jul 12, 1842; age 68y 11d
        Mrs. Mary Ann Lautton - b. Feb 13, 1814; d. Jul 21, 1876; (w) of Samuel Lauhon

	Permilla Stokes - b. Jan 17, 1807; d. Jan 4, 1845; (w) of Abraham J. Stokes
	Julia A. Hooker - d. Sep 21, 1831; (w) of Jonathan Crankfield
(f)	John Lawhon - b. Aug 19, 1883; d. Apr 8, 1917
(um)	Rossetta Mills
(um)	Jorden Mills

13. **Dixon Graveyard**: On Albert Allen Ln about 1/8 mile from Davis Smith Rd, Killian, SC. Aug 29, 1998

McDuffie Dixon - b. May 13, 1921; d. May 15, 1922
Melinda Dixon - d. Jul 4, 1915; age 77y*
Mack Dixon - no dates*
Elica Dixon - d. Oct 10, 1918; age 24y
Maggie Thompson - d. Mar 4, 1922; age 41y*
Mary Book - d. May 30, 1922; age 50y*
Ellen Kibler - b. 1863; d. 1926; age 60y
(b) Manuel Harris - d. Dec 1924; age 17

14. **Ebenezer Holiness Baptist Church Cemetery**: On Old Sloan Rd about 1/8 mile from Farrow Rd, Spring Valley, SC. Aug 20, 1998

Clarence L. Dawkins - b. Aug 4, 1909; d. Oct 3, 1967
Selma V. Dawkins - b. Sep 27, 1914; d. Aug 14, 1991
James Lester Glenn - b. Mar 13, 1922; d. Oct 7, 1971; (b) of Selma V. Dawkins
Jerry Oneal Brazell - b. Jun 1, 1956; d. Jun 1, 1956
Stacy Allen Brown - b. Aug 18, 1968; d. Sep 30, 1968; (s) of William J. & Linda B. Brown
Harold L. Theriault - b. Sept 12, 1927; d. Feb 19, 1981*
Mildred L. Theriault - b. May 1, 1916; d. _____ *
(s) Simon Earl Wallace - b. Feb 21, 1954; d. Nov 5, 1994*
(m) Elsie Brewer W. Hallman - b. Mar 31, 1939; d. _____ *
Heyward Keels - b. Nov 22, 1907; d. Dec 18, 1966; SC PFC 315 Inf Regt WWII BSM - Ph
Wade Gilbert Lee - b. 1932; d. 1955
Lizzie Lee - b. 1900; d. 1981
(h) John D. Brewer, Sr. - b. Apr 12, 1945; d. Sep 22, 1977*
(w) Irene D. Brewer - b. Nov 20, 1947; d. Oct 22, 1992
Jerry N. Parker - b. Apr 5, 1907; d. Jul 25, 1966; SC PFC AAF WWII
(f) Jesse Parker - b. Apr 11, 1900; d. May 28, 1970
Lowman Wallace, Jr. - b. Aug 8, 1930; d. Aug 22, 1987
Simon Wallace - b. Feb 28, 1933; d. Jun 28, 1965
Virginia B. Wallace - b. 1911; d. 1959
George Wallace - b. May 16, 1938; d. May 15, 1987
(s) Lucy Ann Bryant - b. Feb 1, 1938; d. Jun 17, 1938
(s) Elizabeth Bryant - b. Oct 1930; d. Oct 26, 1930

(f)	George F. Jones - b. Jun 27, 1907; d. May 7, 1960*	
(m)	Mattie Lee Jones - b. Apr 26, 1914; d. ____*	
	John Lewis Peavy - b. Aug 30, 1937; d. Aug 30, 1937	
(m)	Laura Mae Tidwell - b. Aug 24, 1917; d. Oct 4, 1968	
	Elsie Lee Frost - b. 1852; d. 1940*	
	Jesse A. Frost - b. 1888; d. 1938*	
	Earl Frost - b. Apr 25, 1913; d. Jan 20, 1926; (s) of Jesse A. & Katie Frost	
	Jesse Frost - b. Nov 28, 1921; d. Jul 5, 1925; (s) of Jesse A. & Katie Frost	
	William Louzan Smith - b. Feb 21, 1868; d. Aug 12, 1932	
(f)	Flether Cornelius - b. 1862; d. 1957*	
(m)	Bessie Cornelius - b. 1891; d. 1971*	
	Marsha McCormack Parker - b. Jan 19, 1966; d. Sep 25, 1991	
(f)	Robert B. Parker - b. Jun 6, 1936; d. Feb 15, 1989*	
(m)	Margaret J. Parker - b. May 28, 1940; d. ____*	
(w)	Mary E. Evans - b. Oct 5, 1864; d. ____*	
	Walter E. Evans - b. Jun 14, 1865; d. Oct 10, 1936*	
(h)	Gordon H. Desso - b. Apr 28, 1924; d. Sep 15, 1948	
(f)	Washington G. Sloan - b. Apr 6, 1890; d. Oct 19, 1957*	
(m)	Mamie Lee Sloan - b. Mar 13, 1892; d. Jan 16, 1986*	
(f)	Wilbur A. Wise - b. 1899; d. 1970*	
(m)	Thelma S. Wise - b. 1911; d. 1994*	
	Charles Monroe Kneece - b. Apr 29, 1923; d. Sep 14, 1996; Sgt USMC WWII	
	Stacy Dwayne Styles - b. Jan 14, 1973; d. Jan 14, 1973	
(f)	George W. Styles - b. Feb 22, 1927; d. Mar 24, 1997*	
(m)	M. Ruth Styles - b. Jul 14, 1926; d. ____*	
	Wanda Coleman Peake - no dates; married Apr 10, 1981*	
	Perry Peake - no dates*	
	Perry Lee Peake - b. Jul 27, 1958; d. May 6, 1997; (h) of Wanda Coleman Peake; (f) of Adam & Jessica	
	Melinda Blockhaver - b. Nov 8, 1904; d. Sep 9, 1931	

15. **Ecclesia Church Cemetery**: On Rt 321 near Boswell Rd, Columbia, SC. Sep 24, 1998

Ethelene L. Saulter - b. 1926; d. 1998
Rebecca Saulters Hampton - b. Apr 1908; d. Dec 1978
Jacob Saulter - b. Aug 28, 1918; d. Aug 15, 1995*
Lena N. Saulter - b. Apr 23, 1920; d. ____*

16. **Fairlawn United Methodist Church Cemetery**: On Fairlawn Church Rd, near the intersection of Wilson Rd and Koon Store Rd, Columbia, SC. Aug 29, 1998

Douglas E. Brown, Sr. - b. Oct 15, 1923; d. Jul 11, 1979*
Idora Kathleen Brown - b. Dec 3, 1925; d. ____*

(m)

(f)

John B. Bunch - b. Aug 3, 1893; d. Jun 20, 1969; SC Sgt 318 FA Bn WWI
Daisy Starnes Bunch - b. Apr 24, 1899; d. Aug 24, 1988
Melton Frazier Newman - b. Mar 10, 1930; d. Feb 1, 1995
John Stevenson "Steve" Lomas - b. Jun 29, 1946; d. Nov 17, 1988*
Marilyn Walker Lomas - b. Aug 2, 1947; d. ____ *
Jesse Andrew Garland - b. Jul 13, 1936; d. Apr 8, 1995; PFC US A
Elizabeth M. Lever - b. Oct 1, 1927; d. Jun 10, 1998
Dozier B. Lever - b. Dec 23, 1925; d. ____ *
Jean M. Lever - b. Jan 11, 1931; d. Aug 3, 1985*
Wilton D. Lever - b. Aug 14, 1900; d. Jul 29, 1988*
Verona B. Lever - b. Feb 10, 1904; d. ____ *
Vernon Lever - b. Aug 10, 1920; d. Apr 4, 1993
Mose Mobley Hollis - b. Aug 24, 1912; d. Oct 2, 1995*
Jennie Lever Hollis - b. Dec 2, 1912; d. ____ *
Paul Lanier Lomas - b. Feb 12, 1910; d. Sep 12, 1995*
Mary Etta Bass Lomas - b. Jul 23, 1911; d. Jul 27, 1995*
Thomas C. Lomas - b. May 5, 1900; d. Oct 8, 1982*
Clara W. Lomas - b. Mar 19, 1908; d. Oct 29, 1995*
Harry Clark Hollis - b. Jan 7, 1970; d. Jun 17, 1986
Patricia Gayle Hollis - b. Dec 30, 1961; d. Apr 14, 1993
Marvin H. Miller Sr. - b. Aug 4, 1913; d. Aug 23, 1977; PFC US A WWII
Bennie E. Smyrl - b. Jul 22, 1907; d. Aug 18, 1982
Val J. Smyrl - b. 1897; d. 1976
Kathleen Nancy Rucker - b. Aug 19, 1914; d. May 5, 1988
David S. Fulmer - b. Oct 10, 1894; d. Sep 16, 1992*
Annie M. Fulmer - b. Feb 4, 1901; d. Dec 26, 1973*
J.C. Brooks - b. Aug 28, 1918; d. Jul 21, 1997
Robert Lee Crossland - b. Dec 5, 1907; d. May 10, 1983
J. Larry Jeffers - b. Nov 18, 1934; d. Aug 18, 1982*
Loretta B. Jeffers - b. Dec 9, 1939; d. ____ *
Eugene Blease Dorroh - b. 1913; d. 1974; AAF
Olin M. Kinsler - b. Feb 18, 1913; d. May 6, 1982*
Louise H. Kinsler - b. Aug 31, 1919; d. ____ *
Steven Malone Mosser - b. Jan 22, 1948; d. Jun 28, 1978
Joel Henry Garrison - b. Dec 6, 1917; d. May 28, 1995; SSgt US A WWII
Angela K. "Angie" Lomas - b. Oct 14, 1970; d. Aug 31, 1972
Harold A. Lomas - b. Dec 24, 1906; d. Jul 20, 1992*
Merna C. Lomas - b. Aug 22, 1910; d. ____ *
Claudia C. Wooten - b. Aug 5, 1948; d. Jun 22, 1980
Alvin R. Denham - b. Jan 26, 1901, d. Jul 24, 1985*
Florence M. Denham - b. Sep 14, 1900; d. Jun 20, 1984*
Boyd Hinson - b. Dec 14, 1906; d. Oct 17, 1983*
Grace H. Hinson - b. Jan 24, 1917; d. ____ *

Ramond Davis Lomas - b. May 31, 1901; d. Dec 9, 1987*
Julia F. Lomas - b. Jan 4, 1912; d. ____ *
John K. Burch - b. 1920; d. 1988*
Kathryn Burch - b. 1924; d. ____ *
Paul L. Burch - b. Nov 17, 1959; d. Jul 29, 1985
Terrence J. Fogle - b. Jun 15, 1920; d. Oct 23, 1988*
Edna Mae K. Fogle - b. Jul 27, 1919; d. Aug 24, 1990*
W. Stack Mitchell - b. Dec 22, 1904; d. Jun 9, 1980

17. **Ford Graves**: At 114 Belleford Ridge Rd, Spring Valley, SC. They are in the Bellclave subdivision in front of the Jerry Spann home. Jul 15, 1999

Susana Ford - b. Feb 24, 1847; d. Sep 10, 1916
F.P.F. - no dates; footstone only

18. **Gill Creek Baptist Church Cemetery**: At the end of Crawford Rd, near I-20 and Fairfield Rd, Columbia, SC. Oct 3, 1998

(f) Frank Jones - no dates
Leeroy Jones - b. Oct 28, 1911; d. May 12, 1925
Sophie Portee - b. Jul 3, 1880; d. Jul 16, 1964; (w) of Hammett Jones
Hammett Jones - b. 1879; d. May 4, 1966; (h) of Sophie Portee
(m) Fannie Watson Johnson - b. Mar 10, 1878; d. Dec 4, 1963
(h) John Geiger - b. Sep 14, 1883; d. Oct 25, 1952
(m) Janie Geiger - no dates
(f) William Geiger - no dates
Malonia Jones - b. 1895; d. Jan 6, 1962
Siebles Jones - b. 1887; d. 1977; Pvt US A WWI
(d) Mary W. Portee - no dates
Frances Portee - no dates
Margaret Portee - no dates
(s) Portee - no dates
(w) Rosa Portee - no dates
(h) Huriah Portee - no dates
Ernest Thomas - b. 1905; d. 1987
John Thomas - b. 1900; d. 1996*
Ida S. Thomas - b. 1905; d. 1967*
Rosetta T. Nelson - b. 1921; d. 1982
(m) Julia Thomas - d. Nov 16, 1931; age 53y
John C. Miller - b. Jun 3, 1900; d. Aug 6, 1962; SC Sgt Hq Det 486 Port Bn Tc WWII
Chris William - b. Mar 15, 1892; d. Jul 29, 1959
Howard Portee - b. 1897; d. 1981*
Bessie Portee - b. 1897; d. 1990*
Albert Portee - b. Jun 9, 1918; d. Dec 27, 1981
Ronnie U. Fulwood - b. 1957; d. 1978; Amn USAF Vn
Lottie Roseborough - b. 1880; d. 1964

L.C. Thomas - b. 1928; d. 1987
Reginald Bernard Branch - b. May 17, 1961; d. Jan 11,1991; US N
Roosevelt Branch, Jr. - b. Jan 14, 1958; d. Mar 22, 1996; US A
(m) Viola Branch - b. Nov 9, 1923; d. Dec 12, 1992
David Geiger - b. Apr 16, 1872; d. Jul 14, 1965
(m) Minnie K. Geiger - b. Jan 12, 1880; d. Mar 25, 1980
Hosea Roberts - b. 1901; d. 1967
Mildred M. Jones - b. 1954; d. 1998
Annie L. Harrell - b. 1926; d. 1991
Calvin C. Harrell - b. 1924; d. 1992
Calvin C. Harrell - b. 1944; d. 1995
Sampson Thomas - Dec 23, 1936; SC Pvt 408 Labor Bn
Gertrude Marshall - b. Dec 12, 1911; d. Dec 27, 1983
Clarence Marshall - SC Tec 5 Qmc
Willie _____ - d. 1939
(m) Edell J. Starks - b. Jul 27, 1927; d. Aug 25, 1995
Alton Ray Whitley - b. Apr 15, 1943; d. Nov 19, 1995
English Thomas Sr. - b. Aug 8, 1916; d. Feb 2, 1982*
Beulah D. Thomas - b. Apr 3, 1923; d. Jul 25, 1976*
Joseph Adams, Sr. - b. 1886; d. 1971
Walter M. Taylor - b. Oct 17, 1949; d. Jul 17, 1998
Edna D. Kinard - b. 1918; d. 1978
(m) Margaret Worthy Caughman - b. Aug 13, 1911; d. Oct 4, 1991
Justin Salley - b. Jan 1995; d. Jan 1995
Earl Worthey - b. 1884; d. 1967
Fannie Thompson, b. ____ 28, 1845; d. 1898
Lillie C. Reese - b. Aug 11, 1911; d. Nov 11, 1972
Gregory Allen Bluford - b. Jan 12, 1952; d. Mar 4, 1992; US A
Viola Bluford - b. 1905; d. 1972
Isaac Jiles - b. Jan 16, 1924; d. Oct 2, 1974
Wilhelmina B. Chavis - b. Jun 20, 1918; d. Apr 6, 1961
Andrew Chavis - b. Sep 12, 1875; d. Apr 7, 1950
Sonji R. Priester - b. Jan 1, 1966; d. Apr 24, 1966
Rose Bell Chavis - b. Jun 30, 1908; d. Jan 9, 1967
Lucille Chavis - b. Mar 30, 1915; d. Mar 30, 1968
Milton Chavis - b. Dec 9, 1903; d. Dec 26, 1968
Mary L. C. Priester - b. Aug 16, 1934; d. Jan 20, 1989
Carrie Chavis - b. 1978; d. 1978
Andrew Chavis, Jr. - b. Mar 18, 1922; d. Sep 12, 1990
Sylvester Weston - b. 1893; d. 1975
Susie Weston - b. 1916; d. 1965
Minnie G. Taylor - b. Jul 25, 1912; d. Jan 13, 1991
Henry Destar - b. Feb 16, 1918; d. Sep 23, 1927
Albert Crockett - b. 1896; d. 1964
Julia Williams - b. Mar 8, 1915; d. Nov 20, 1988
Cecilia Dinkins - b. 1882; d. 1962

	Sterling Geiger - no dates
	Thordore Geiger - no dates
	Kittie Haynes - no dates
	Ella Geiger Haynes - b. Mar 10, 1901; d. Jun 5, 1938
(s)	Jannll Bellword - d. Mar 13, 1935
(m)	Lucy Brown - d. Jun 1956

John Brown - d. Dec 1945
Martha Geiger - no dates
Marhta Dinkins - d. Dec 22, 1931; age 64
Daniel Dinkins - d. Nov 19__
James Dinkins - d. Jun 9, 19__
Jessie Dinkins - d. Feb ____
Janie Woodward - b. Jul 4, 1872; d. Apr 19, 1898
Katie L. Hardy - b. Oct 7, 1876; d. Aug 20, 1894; (d) of Harriet Hardy
Mary Hardy - b. Feb 16, 1877; d. Jun 16, 1893
Helen Jones - b. Aug 12, 1884; d. Sep 20, 1920
Frank Geiger, Jr. - b. Jan 8, 1922; d. Oct 26, 1967; PFC US A WWII
Borie G. Walton - b. Sep 12, 1906; d. Jun 26, 1959; NJ PFC US A WWII
Lizzie Geiger - d. Jan 5, 1923; age 35y
James Roberts - b. 1883; d. 1971
Mazzie Hatter - no dates
Coley Roberts - b. Nov 4, 1916; d. Jun 3, 1945; SC PFC Qmc WWII
Rufus Roberts - b. May 30, 1894; d. Jul 6, 1967; SC Pvt Co C 534 Engr WWII
Ulyses Roberts - b. Aug 30, 1922; d. Jun 16, 1982; Tec 5 US A WWII
Harvey Portee - b. 1908; d. 1964
Ruben Portee - no dates
Eliza Portee - no dates

(f)	Marion S. Outen - b. 1904; d. 1975*
(m)	Ada Outen - b. 1905; d. ____ *
(m)	Minnie R. Cunningham - b. Feb 5, 1910; d. May 8, 1977
	Daniel Cunningham - b. Feb 4, 1943; d. ____
(w)	Verdelle W. Cunningham - b. Aug 28, 1943; d. Jun 16, 1977

19. **Greenlawn Memorial Park Northeast Cemetery**: At 1102 Two Notch Rd, south side, Pontiac, SC. It is 2/10 miles from the Kershaw and Richland Co lines. Aug 18, 1999

Kenneth "Adam" Whitaker - b. Mar 1, 1990; d. Apr 20, 1998
(gm)(w) Ruth L. Butcher - b. Sep 19, 1931; d. ____ ; (m)
Frank Calvin Cox - b. Oct 19, 1930; d. Jan 22, 1998; SFC US A Kr Vn
Charles Ray Moore - b. Mar 4, 1931; d. Sep 23, 1997; SFC US A

	Ernest Darrell Hicks - b. Jan 20, 1943; d. Apr 14, 1998; 1 Sgt US A Vn
	Wilda Ruth Allen - b. 1947; d. 1999
	Norberto Degracia - b. Sep 9, 1929; d. Dec 27, 1997; SFC US A Vn
(w)(m)	Linda S. Houston - b. Nov 14, 1947; d. Sep 2, 1997
(d)	Gale Chantrese Richardson - b. Jan 5, 1978; d. Mar 15, 1999
	Ralph M. Ellingsen - b. Apr 11, 1934; d. Nov 30, 1997; SFC US A Kr Vn
	Ralph F. Stanfield - b. Mar 11, 1938; d. Sep 1, 1997: A3C USAF*
	Irene M. Stanfield - b. Aug 1, 1940; d. ____ *
(w)(m)	Patricia Lee Overton Hankins - b. Aug 19, 1944; d. Oct 24, 1998; (d) (sis)
(w)(m)	Dolores E. McFadden - b. Feb 3, 1921; d. Apr 12, 1998
	Joy C. Gunn - no dates
	Bob Roberts - no dates
(w)	Juanita F. Harrison - b. Oct 19, 1939; d. ____
(h)(f)	Jimmy F. Miles - b. Dec 19, 1939; d. Apr 24, 1997; AIC USAF
	Charles R. Still - b. Nov 8, 1922; d. Jan 20, 1997; Sgt US A WWII
(w)(m)	Martha S. Bateman - b. Apr 28, 1931; d. Jun 27, 1979
	Grady D. Starnes - b. Aug 5, 1934; d. Aug 25, 1977; GMG1 US N
	Benjamin D. Brassell - b. Mar 16, 1927; d. Apr 27, 1996*
	Mary E. Brassell - b. May 2, 1933; d. ____ *
(m)	Helen R. McWhorter - b. Jun 5, 1936; d. Nov 9, 1996
	Elizabeth Ross - no dates
	Sherrie Ward Ogburn - b. Feb 6, 1947; d. Oct 19, 1996
	John Michael Jordan - b. Dec 22, 1956; d. Sep 13, 1996
	Donald E. Dinkins - b. 1953; d. ____; mar Jul 10, 1972*
	Ruby E. Dinkins - b. 1952; d. 1997*
	James F. Podell - b. Nov 20, 1969; d. Apr 25, 1987
	John L. Burris - no dates
(f)	Vincent Shawn Caskey - b. Mar 24, 1966; d. Feb 8, 1997; US A
	John H. Fowlkes, Jr. - b. Aug 11, 1943; d. Jul 12, 1997
	Annette H. Woodruff - b. Mar 9, 1937; d. ____ *
	William H. Woodruff, III - b. Dec 22, 1932; d. Jul 27, 1994*
	Brandon Joseph Carson - b. Jun 29, 1989; d. Aug 28, 1997
(h)(f)	Joe "Larry" Willis, Jr. - b. Mar 24, 1968; d. Dec 9, 1998; (b) (s)
	Mary C. Dawkins - b. Sep 5, 1941; d. May 23, 1995
	Deborah A. Cone - b. Jun 23, 1959; d. May 28, 1997
(s)(b)	Willie J. Watkins, Jr. - b. Mar 4, 1977; d. Jun 2, 1997
	Danielle Anamika Rambharose - b. Aug 25, 1985; d. Dec 28, 1997
	Velasta Matejka - b. Mar 9, 1942; d. Jul 22, 1999
	Wanda I. Minor - b. Dec 27, 1941; d. Jun 8, 1996
	June K. Branon - b. Nov 1, 1947; d. May 24, 1999
	M.A. Vermillion - no dates
(w)	Mary L. Barnes - b. Dec 4, 1933; d. Oct 18, 1998
	Ruby Lorena Montgomery - b. Feb 1, 1922; d. Mar 13, 1998

	William Barte - no dates
	James A. "Andy" Perry, Jr. - b. Dec 14, 1964; d. Feb 26, 1999
(m)	Connie Wehrman - b. Sep 27, 1960; d. Mar 16, 1999; beloved (m) of Zachary
	Bonnie L. Peyton - b. 1934; d. 1998*
	Harry E. Peyton, Jr. - b. 1935; d. ____*

20. **Harriet Wilson Grave**: Near the intersection of Branham Rd and Clamp Rd, Blythewood, SC. Sep 10, 1998

    Harriet Wilson - no dates

21. **Haigood Grave**: On Muller Rd, 1.5 miles from Blythewood Rd in front of the Old Muller home, Blythewood, SC. Aug 26, 1998

    Sallie Haigood - d. Jan 28, 1864; age 15y; (d) of Mr. J.C. & Mrs. G.A. Haigood

22. **Hendrix-Fenly Graves**: Near the intersection of Syrup Mill Rd and Broom Mill Rd. It is on the north side of Big Cedar Creek on Walter Steadman's land, Fairfield Co, SC. Oct 17, 1978

    Jesse Hendrix - b. Jul 22, 1769; d. Feb 24, 1858; age 88y 7m 2d
    Sue F. Fenly - b. Jun 28, 1832; d. Dec 9, 1872

    (inf) Fenly - no dates; babe of John & Sue F. Fenly

23. **Holly Hill Church Cemetery**: At the intersection of Two Notch Rd and Roseberry Rd, Spring Valley, SC. It is now called the Spring Valley Pentecostal Holiness Church. Jul 15, 1999

    Georgiana B. Rabon - b. May 28, 1910; d. Apr 4, 1952
    Robert E. Lee Rabon - b. 1908; d. 1987
    Luther J. Bradford - b. 1925; d. 1997
    Archie Wages - b. 1908; d. 1972*
    Edith Wages - b. 1918; d. ____*
    Wesley Brazell - b. 1917; d. 1991

    (inf) Kimberly D. Brazell - d. Apr 22, 1969; (d) of Mr. & Mrs. Mack Brazell

    (f) Herman Peavy - b. May 12, 1902; d. Oct 7, 1984*
    Margaret B. Peavy - b. Aug 26, 1920; d. ____*
    Ronnie Herbert Nates - b. Oct 26, 1959; d. Oct 3, 1979
    Danny Lee Nates - b. Oct 1, 1958; d. Jul 19, 1961
    John T. Bryant - b. Apr 3, 1883; d. Jan 12, 1962*
    Annie V. Bryant - b. Aug 12, 1897; d. Sep 9, 1994*

    (f) Curtis E. Brazell - b. Jan 24, 1919; d. Sep 30, 1955*
    Darnell R. Brazell - b. Feb 20, 1923; d. ____*

    (m) Scottie V. Brazell - b. Apr 2, 1894; d. Sep 23, 1957
    Pearl Jacobs Corley - b. Nov 9, 1913; d. Dec 29, 1992*
    Joseph H. Jacobs - b. Sep 15, 1919; d. Jan 10, 1962*

(m)	Ernest R. Medlin - b. Apr 15, 1889; d. Nov 2, 1967
	Eva H. Medlin - b. Mar 7, 1888; d. Jan 14, 1971
	Dawn K. Sloan - d. Mar 15, 1970*
	Tracey L. Sloan - d. Mar 16, 1970*
	Robert Haywood Martin - b. Mar 14, 1902; d. Feb 27, 1953
(f)	Jessie G. Ford - b. Aug 15, 1878; d. Jul 27, 1948
	Philip Martin - b. Jul 29, 1904; d. Jun 13, 1945
(s)	Jackie T. Peake - b. May 12, 1949; d. Jun 18, 1972; SC Lt Cpl USMC Vn
(inf)	Peake - b. 1919; d. _____; girl
	Debora Ann Peake - d. Jul 22, 1957
(d)	Sandra Lee Peake - b. Dec 26, 1952; d. Dec 24, 1955
(m)	Virgie Martin Peake - b. Jun 28, 1894; d. Feb 2, 1953*
(f)	Lee D. Peake, Sr. - b. Aug 25, 1898; d. May 1, 1982*
(m)	Juanita V. Peake - b. Jun 9, 1930; d. Feb 26, 1968*
(f)	Walter Sam Peake - b. Sep 8, 1920; d. Feb 16, 1984*
(f)	Talmadge L. Dinkins - b. Oct 20, 1923; d. Aug 25, 1954*
(m)	Estelle E. Dinkins - b. Apr 21, 1924; d. _____*
(f)	Rev. Lonnie D. Nates, Sr. - b. Sep 30, 1902; d. Aug 23, 1961*
(m)	Pearl L. Nates - b. Oct 3, 1907; d. Jan 21, 1989*
	Florence Leopold Hagins - b. Mar 23, 1902; d. Jun 3, 1984*
	Zid W. Hagins - b. May 12, 1872; d. Apr 15, 1938*
	Bessie Hagins Stacy - b. 1893; d. 1939
	Mary Lee Brazell - b. Jan 23, 1919; d. _____*
	Claude C. Brazell - b. Jul 1, 1912; d. Dec 24, 1952*
	L. Presley Brazell - b. May 10, 1878; d. Apr 15, 1951
	Hester A. Brazell - b. Sep 22, 1876; d. Jan 9, 1945
(f)	Dan King - b. Oct 23, 1902; d. _____*
(m)	Louise H. King - b. Aug 10, 1914; d. Jun 10, 1973*
(f)	F.R. Medlin - b. Sep 4, 1886; d. Aug 27, 1947*
(m)	Leila G. Medlin - b. Aug 6, 1892; d. Mar 6, 1981*
(f)	Jesse W. Dinkins - b. Mar 5, 1883; d. Sep 5, 1943*
(m)	Minnie Lee Dinkins - b. Oct 5, 1889; d. Nov 11, 1968*
	Ellison S. Kinsey - b. Nov 9, 1914; d. Aug 16, 1952
	Betty Jane Lee - b. Jun 14, 1942; d. Mar 13, 1952
(f)	Ernest P. Lee - b. Jan 22, 1922; d. Apr 5, 1985*
(m)	Mildred D. Lee - b. Sep 10, 1925; d. _____*
	Rachel Goodwin - b. 1919; d. 1968
	Eugene Lee - no dates
	Hubert Lee - no dates
	Catherine Lee - no dates
(m)	Lilly M. Lee - b. 1893; d. 1940*
(f)	John H. Lee - b. 1886; d. 1954*
	Willis Lee - b. 1928; d. 1970
	William Wylie Strickland - b. Dec 7, 1879; d. Jan 27, 1957
	John H. Daniels - b. Apr 24, 1864; d. Jun 6, 1953

	Margaret Cay Lloyd - b. Mar 20, 1936; d. Apr 4, 1936
	Mary Fay Lloyd - b. Mar 20, 1936; d. Apr 9, 1936
(f)	Charles G. Lloyd - b. May 24, 1886; d. Mar 21, 1931
	Loraine Strickland - d. Aug 18, 1918; (d) of Wylie & Davann Strickland
	Joe Hodge - b. Mar 29, 1891; d. Dec 31, 1917
	Carolyn V. Medlin - b. Nov 4, 1938; d. Apr 11, 1940; (d) of N.J. & J.N. Medlin
(m)	Eva C. Medlin - b. Sep 23, 1903; d. Jan 24, 1994*
(f)	Wade H. Brazell - b. Jun 4, 1892; d. Jun 11, 1974*
	Harritte I. Brazell, b. Mar 10, 1866; d. Sep 20, 1945
(f)	John R. Brazell - b. Mar 5, 1864; d. Jun 4, 1952
	Archie V. Brazell - b. Mar 18, 1898; d. Aug 15, 1973
(f)	John W. Wise - b. Jun 23, 1884; d. Feb 13, 1960*
(m)	Daisy M. Wise - b. Mar 4, 1896; d. Nov 6, 1982*
(h)	Odell Brazell - b. May 31, 1934; d. May 5, 1995*
(w)	Lynn Ross Brazell - b. Mar 19, 1931; d. ____*
(m)	Linda Jacobs Lee - b. Nov 18, 1942; d. ____*
(f)	Homer McVee Lee - b. Jun 26, 1939; d. Nov 10, 1979*
(f)	Johnnie W. Lee - b. May 30, 1914; d. Jun 25, 1976*
(m)	Laconia D. Lee - b. Jan 13, 1916; d. Jun 1, 1980*
	Catherine Medlin - d. Feb 12, 1916; age 48y; (w) of P. Daniel Medlin
	P. Daniel Medlin - b. Apr 17, 1859; d. Dec 21, 1945
	Charlotte G. Medlin - b. Oct 22, 1878; d. Oct 7, 1963
(rev)	J.M. LeGrand - b. Oct 21, 1873; d. Dec 25, 1917
	Bertha LeGrand - b. Feb 23, 1883; d. Jun 15, 1948
	Wesley C. LeGrand - b. Jul 12, 1906; d. Jan 1, 1952
	Luckie A. LeGrand - no dates
(d)	Jennie R. Dipreta - b. Jun 25, 1949; d. Dec 13, 1960*
(s)	L.A. Dipreta - b. Jan 10, 1948; d. Dec 13, 1960*
(m)	Ruth L. Dipreta - b. Sep 5, 1927; d. Oct 24, 1989*
(f)	Louis A. Dipreta - b. Mar 16, 1927; d. Dec 13, 1960*
	W.H. Douglas - b. Sep 2, 1920; d. Jul 9, 1969
(m)	Viola Douglas - b. Aug 22, 1900; d. Jan 14, 1958*
(f)	Lee Douglas - b. Jul 9, 1897; d. Jan 4, 1980
(f)	Chesley M. Paschal - b. Jan 18, 1871; d. Oct 16, 1936*
(m)	Mary A. Paschal - b. Aug 12, 1879; d. Nov 26, 1949*
(m)	Bertha L. Jacobs - b. Dec 10, 1909; d. Mar 10, 1987
	Daulton J. Medlin - b. Feb 5, 1897; d. Jan 15, 1943; 118 Inf Co M*
	Lillie G. Medlin - b. Dec 29, 1899; d. Oct 18, 1985*
	Jerry P. Roberts - b. Apr 21, 1957; d. Oct 23, 1957
	Lenard Glenn Medlin - b. Jun 2, 1891; d. Dec 3, 1945*
(rev)	Lila V. Medlin - b. Jul 15, 1898; d. Apr 24, 1971*
	Lloyd L. Medlin - b. Sep 7, 1935; d. Sep 24, 1995
	Willie S. Corder - b. Jan 27, 1871; d. Jul 6, 1929*
	Elizabeth Corder - b. Aug 13, 1868; d. Aug 13, 1921*

        John W. Brazell - b. Jul 6, 1902; d. Sep 17, 1984*
        Geneva C. Brazell - b. Oct 4, 1905; d. Nov 28, 1973*
(m)   Martha Stricklin - b. Dec 28, 1879; d. Sep 25, 1952
        William Edward Stricklin - b. Dec 21, 1872; d. Oct 18, 1932;
          erected in memory by Holly Hill P.H. Sunday School
        Diana Louise Jacobs - b. 1983; d. 1999
(f)   Tommy Joseph Lee - b. Dec 26, 1940; d. Nov 17, 1998*
(m)   Virginia Edell Lee - b. Jul 19, 1944; d. ___*
(s)   Ricky Lee Williams - b. Jun 21, 1963; d. Oct 7, 1973
        Michael Douglas - d. 1967
        Rufus Douglas - b. 1902; d. 1976
        Daniel W. Medlin - b. Dec 6, 1851; d. Jan 16, 1920; age 68y
        J.W. Medlin - b. June 9, 1885; d. Mar 15, 1919
        Allen Rae Shirah - b. Jun 5, 1928; d. Aug 28, 1975; US N WWII
        Dalma L. Odom Shirah - b. Apr 29, 1927; d. Feb 15, 1968
(m)   Nancy E. Brazell Odom - b. Feb 27, 1887; d. Jul 8, 1966*
(f)   Dempsey Derby Odom - b. Aug 11, 1884; d. Feb 25, 1976*
        Leonard Odom - no dates

24.   **Jackson Creek Baptist Church Cemetery**: At the junction of I-77 and Two Notch Rd, Dentsville, SC. May 2, 1999

        Margaret R. Blizzard - b. May 31, 1918; d. Jan 4, 1987
        Albert V. Blizzard - b. Aug 21, 1910; d. Nov 29, 1979
        Twin daughters Bowen - d. Aug 30, 1959; (d's) of Mr. & Mrs.
          Donald L. Bowen
        Elsie Becknell LeGrande - b. Apr 17, 1929; d. ___
        John W.A. LeGrande - b. Jan 20, 1924; d. Nov 10, 1994
        Henry F. LeGrande - b. Nov 28, 1893; d. Oct 7, 1956
        Minnie B. Hawkins - b. Sep 25, 1906; d. Apr 16, 1972; (w) of
          Henry F. LeGrande
        William W. Roberts - b. Dec 30, 1899; d. Sep 19, 1952
        E. Nora Lee Geiger Roberts McLeod - b. Jul 13, 1907; d. Aug 12,
          1981
(m)   Azilea Roberts - b. Oct 5, 1905; d. ___*
(f)   Olonzo Archie Roberts - b. May 9, 1905; d. Feb 5, 1990*
        Lillie E. Martin - b. Jul 22, 1884; d. Nov 8, 1950
        Lucy Moore "Mima" Motley - b. Apr 20, 1893; d. Mar 19, 1987
(m)   Vermelle M. Smith - b. May 2, 1917; d. Jan 15, 1985
        Joan M. Palmer - b. Dec 24, 1937; d. Jul 5, 1950
        Ethel M. Dennis - b. Apr 18, 1910; d. Jan 11, 1991*
        Ernest C. Dennis - b. Oct 3, 1905; d. Nov 8, 1971*
        Betty E. Walters - b. Sep 5, 1929; d. Jul 6, 1948
        Henry David Roof - b. Sep 7, 1883; d. Aug 14, 1995
        Anner E Roof - b. May 6, 1889; d. Jul 31, 1974
        James Daniel Roof - b. Jan 6, 1924; d. Aug 22, 1977; US N WWII
        Ollie Brazell Dennis - b. 1906; d. 1998

(f) James L. Dennis, Sr. - b. May 3, 1903; d. Jul 11, 1981
(m) Hettie Sherril Stanley - b. Sep 10, 1913; d. Oct 27, 1993
Lina Dennis Lee - b. 1909; d. 1986
Mamie Mae Dennis - b. May 30, 1878; d. Dec 31, 1941
Henry Howell Dennis - b. Nov 10, 1868; d. Feb 1, 1944
(m) Maggie N. Roof - b. Jan 29, 1911; d. Nov 16, 1972
Flournoie O. Roof - b. 1911; d. 1985; SFC US A WWII Kr Vn
Albert Henry Roof - b. Sep 7, 1912; d. Sep 23, 1987
Katie V. Roof - b. Mar 10, 1893; d. May 4, 1966
Alvin Baxter Roof - b. May 23, 1877; d. Jul 14, 1941
Zillia Judy - no dates; (d) of Marion S. & Louise R. Judy
(inf) Judy - no dates; (s) of Marion S. & Louise R. Judy
Marion S. Judy - b. Mar 3, 1906; d. Nov 23, 1961*
Louise R. Judy - b. Feb 9, 1912; d. Aug 10, 1990*
Chessie Lee Nates - b. Jan 27, 1913; d. Jul 24, 1984
C. Owens Nates - b. Jun 9, 1906; d. Feb 13, 1976
Robert E. Nates - b. Aug 10, 1937; d. Nov 11, 1970
Thomas C. Nates - b. Feb 8, 1871; d. Jun 7, 1956
Geneva R. Nates - b. Oct 8, 1881; d. Oct 15, 1968
Earl C. Nates - b. Sep 5, 1918; d. Oct 12, 1987; Pvt US A WWII
John Thomas Nates - b. 1841; d. 1905; Pvt Co C SC Inf CSA
  surrended at Greensboro, NC May 2, 1865
James Wade Nates - b. 1845; d. 1882; Pvt Co C 20 SC Inf CSA
Lovely Maxie Geiger - b. Apr 11, 1876; d. Nov 25, 1938
Mary F. Roof - b. May 13, 1879; d. Nov 16, 1949; (w) of Lovely
  Maxie Geiger
Mae Geiger - b. May 19, 1903; d. May 21, 1947; (w) of Owens F.
  Koon
Owens F. Koon - b. Jan 14, 1901; d. Feb 19, 1996*
Lila Frost Koon - b. Aug 7, 1912; d. Sep 27, 1980*
Samuel M. Shannon - b. Jun 21, 1890; d. Aug 31, 1957*
Patti A. Shannon - b. Jun 28, 1888; d. Nov 22, 1964*
William L. Shannon - b. Sep 26, 1913; d. May 1, 1993*
Cora N. Shannon - b. Jan 24, 1914; d. ____ *
(inf) Funderburk - d. Jul 9, 1940; (d) of Mr. & Mrs. C.D. Funderburk
Daisy B. Funderburk - b. 1897; d. 1979*
George H. Funderburk - b. 1866; d. 1958*
Bruce J. Lee - b. Nov 7, 1937; d. Oct 4, 1945
Margaret Rae Lee - d. Nov 10, 1951
Estell Magoma Lee - b. Apr 5, 1910; d. Aug 17, 1949
Archie Benjamin Lee - b. Nov 13, 1906; d. Mar 17, 1992; US N
  WWII
Eulie D. Lee - b. Apr 25, 1915; d. Jun 6, 1998
(h) Wade H. Campbell - b. 1880; d. 1956*
(w) Carrie M. Campbell - b. 1884; d. 1968*
Robert Lee Cliatt - b. Oct 1, 1870; d. Jun 16, 1952

Sudie H. Cliatt - b. May 21, 1875; d. Mar 19, 1958
Roy Ulysses Potter - b. Aug 18, 1930; d. Aug 10, 1971; SC RM1 US N Kr Vn
Greta P. Brennan - b. Jul 3, 1902; d. Dec 28, 1977
(f) Spurgeon Henry Shelley - b. Aug 25, 1891; d. Sep 15, 1962*
Sarah Cribb Shelley - b. May 9, 1906; d. Jun 17, 1979*
Minnie Parker - b. Apr 13, 1863; d. Sep 14, 1952; (w) of I.N. Cribb
George Cribb - b. Feb 11, 1910; d. Mar 7, 1971
Wade A. LeGrand - b. 1909; d. 1979*
Janie V. LeGrand - b. 1911; d. 1993*
Walter Heyward LeGrand - b. Sep 8, 1899; d. Jun 11, 1946
Albert Lee Prewitt - b. Aug 8, 1897; d. Jul 20, 1968
Caroline LeGrand Prewitt - b. Apr 18, 1904; d. Feb 4, 1965
Rebecca Prewitt Kittrell - b. Jul 5, 1927; d. Dec 6, 1968
(inf) Luther Lavern Brazell - b. Nov 22, 1921; d. Nov 27, 1921; (s) of J.E. & Marion Brazell
Ethel Tucker - b. 1891; d. 1957
Ruby May Atkinson - b. Sep 17, 1924; age 22y
H.T. Quick - d. Mar 16, 1938; age 81y
Martha May Quick - b. Aug 21, 1892; d. Aug 6, 1914; (w) of Josie B. Quick
George H. Hadley - b. Sep 15, 1889; d. Jul 27, 1896
W.P. Hadley - b. Jul 26, 1856; d. Jan 3, 1893
Robert Alton Geiger - d. 1952; twin (s) of Mr. & Mrs. R.E. Geiger
Ronald Allen Geiger - d. 1952; twin (s) of Mr. & Mrs. R.E. Geiger
Jacob R. Brazell - b. Apr 18, 1883; d. Nov 4, 1940
Vinson Smith Brazell - b. Jun 6, 1874; d. Apr 4, 1936
Jerimiah Thomas - b. Aug 22, 1852; d. Nov 8, 1930*
Mary Ann Thomas - b. Oct 16, 1858; d. Nov 27, 1936*
Robert Lee Thomas - b. Jan 20, 1901; d. Mar 13, 1943
Narvus Costner Thomas - b. Jun 10, 1907; d. Feb 27, 1937; (w) of Robert Lee Thomas
(f) Fred R. Hunter - b. 1908; d. 1990*
(m) Geneva H. Hunter - b. 1906; d. 1990*
(s) Raymond F. Hunter - b. 1933; d. 1989*
John P. Abbott - b. Dec 19, 1842; d. Jan 6, 1922; a confederate soldier
Robert Dennis - b. 1911; d. 1989*
Robert Dennis - b. 1918; d. 1993*
Robert Dennis, Jr. - b. Mar 6, 1936; d. Mar 30, 1936
Baby Dennis - d. 1938
(m) Inez C. Tidwell - b. Apr 25, 1914; d. Feb 14, 1994*
(f) Robert J. Tidwell - b. May 19, 1910; d. Jun 26, 1978*
Mary Lee Croft, b. 1925; d. _____*
Thomas B. Croft - b. 1922; d. 1979; PFC US A WWII*

Helen Hammond - b. Nov 29, 1913; d. Jan 4, 1914; (d) of W.A. & S.H. Hammond
Emma Aughtry Williams - b. 1896; d. 1918
Joseph Augustine - b. Sep 1, 1889; d. Feb 5, 1907
W.C.P. Medlin - b. May 10, 1841; d. Jun 11, 1891
David Douglass Aughtry - b. Apr 8, 1862; d. Jan 8, 1917
Sarah E. Medlin Powers - b. Mar 18, 1841; d. Jan 2, 1917
Mary Powers - b. Feb 2, 1836; d. Aug 4, 1893; (w) of James Powers
James Powers - b. Jul 10, 1812; d. Jun 13, 1909
Susie Annah Martin - b. Jan 6, 1872; d. Sep 2, 1934*
George W. Martin - b. Jan 10, 1869; d. Dec 14, 1943*
William Asa Martin - b. Apr 18, 1895; d. Jul 11, 1895; (s) of George W. & Susie A. Martin
James W. Powers - b. Aug 3, 1876; d. Dec 27, 1935
William A. Elmore - b. Jun 23, 1884; d. Mar 2, 1960*
Marietta C. Elmore - b. Apr 1, 1886; d. Apr 15, 1913*

(m) Lanie H. Powers - b. Jun 23, 1880; d. Oct 2, 1973
Doris Louise Bright - b. Feb 5, 1931; d. Aug 7, 1931
Warren Hanes Bright - b. Apr 16, 1876; d. Sep 16, 1942*
Janie Bright - b. Jun 20, 1883; d. _____ *
David F. Campbell - b. May 19, 1906; d. Nov 6, 1942

(f) David D. Campbell - b. Sep 20, 1886; d. Jan 25, 1965*
Viola Martin Campbell - b. Sep 16, 1881; d. Feb 8, 1971*
Annie Idella Hornsby - b. Dec 5, 1874; d. Apr 14, 1962
Ella Bagley Dees - b. 1898; d. 1977
Charles Brodus Bagley, Sr. - b. Mar 15, 1895; d. Nov 26, 1934
Raymon Hudson Bagley - b. Jun 28, 1924; d. Nov 8, 1927
John Thornton Dees - b. Apr 22, 1902; d. Jan 18, 1970
Furman Eugene Bagley - b. Mar 28, 1927; d. Apr 16, 1927
Bernice Ross Goff - b. May 7, 1934; d. _____
Henry I. Ross - b. Aug 23, 1926; d. May 16, 1927; (s) of Harriet Rebecca & Joseph E. Ross
Gertrude V. Ross - b. Feb 13, 1909; d. Apr 8, 1910; (d) of Mary J. & Joseph E. Ross
Mary J. Barefoot - b. Nov 19, 1876; d. Sep 10, 1916; (w) of Joseph Eli Ross
Joseph Eli Ross - b. Nov 18, 1876; d. Jun 6, 1956
Harriet Rebecca Ross - b. May 2, 1906; d. Dec 14, 1980
Eunice N.M. Onyett - b. 1904; d. _____
Arthur E. "Bob" Onyett - b. 1903; d. 1964
W. Frank Woods - b. Jun 3, 1899; d. Feb 5, 1949
Olive S. Woods - b. Jan 8, 1900; d. Feb 7, 1981
Elizabeth Dennis Strickland - b. May 7, 1865; d. Aug 21, 1944
George D. Strickland - b. Sep 2, 1869; d. Mar 13, 1929

(f) Gabrel Dennis - b. Mar 1819; d. Jan 27, 1918*
(m) Malvina Dennis - b. 1836; d. Jun 22, 1892*

Robert Dennis - b. Feb 28, 1885; d. Jul 11, 1886; (s) of R.D. & C.A. Dennis
Mary Dennis - b. Nov 10, 1870; d. Sep 4, 1891; (d) of R.D. & C.A. Dennis
Arthur Dennis - b. Sep 20, 1896; d. Jun 28, 1900; (s) of R.D. & C.A. Dennis
E.E. Faust - b. Sep 2, 1886; d. Apr 2, 1943*
Carrie Lucille Faust - b. Oct 13, 1887; d. Oct 4, 1929
Lula Traynham - b. Aug 26, 1881; d. Apr 2, 1938; (w) of James H. Traynham
Randy Coffee - b. 1944; d. ____ *
Patricia Coffee - b. 1955; d. 1987*
Boyd H. Sulser - b. 1903; d. ____ *
Pearl O. Sulser - b. 1904; d. 1991*
David S. LeGrand - b. Feb 14, 1895; d. Feb 10, 1953; SC Pvt US A WWII
Bessie V. Aughtry - b. Aug 23, 1890; d. Jan 3, 1944; (w) of David S. LeGrand

(f) Jack J. Green - b. Aug 16, 1904; d. May 23, 1990*
(m) Inez A. Green - b. Apr 16, 1902; d. Jun 8, 1964*
Wade H. Aughtry - b. Apr 28, 1869; d. May 31, 1921*
Mollie J. Geiger - b. Oct 23, 1866; d. Dec 10, 1954*
Jack D. Green, Jr. - b. Aug 12, 1969; d. Jan 1, 1992
Tolan S. Aughtry - b. Nov 1, 1891; d. May 10, 1932
Rhonda E. LeGrand - b. Aug 11, 1863; d. Mar 22, 1924; (w) of T.G. Aughtry
Marion Blease Aughtry - b. May 14, 1913; d. Jul 15, 1913; (s) of T.F. & E.N. Aughtry
Edgar Eugene Faust - b. Aug 21, 1912; d. Jan 19, 1914; (s) of E.E. & Carrie Faust

(inf) Cunningham - no dates; (d) of Thomas W. & Mary E. Cunningham
Mack Cunningham - no dates; (s) of Sarah & George Cunningham
Thomas W. Cunningham - b. Apr 25, 1886; d. Jan 25, 1948; The Pump Man*
Mary E. "Mamie" Cunningham - b. May 15, 1890; d. Feb 14, 1934; his (w)*
James Allan Daniels - b. Sep 1, 1937; d. Jan 28, 1962
(m) Gertrude C. Brazell - b. Jan 26, 1910; d. Dec 26, 1984
Melton Brazell - b. Feb 28, 1910; d. Jan 11, 1991
(f) Jesse T. McDonald - b. Feb 8, 1892; d. Feb 18, 1952*
(m) Emily R. McDonald - b. Dec 5, 1899; d. Feb 13, 1963*
James Huriah Ross - b. Jan 13, 1879; d. Jul 2, 1954
Viola C. Ross - b. Nov 15, 1877; d. Oct 21, 1922
Albert James Ross - b. Jul 17, 1901; d. Apr 24, 1969
Maccie West - b. Mar 22, 1877; d. May 8, 1924; (w) of J.E. West

	Milton Mabry Smith, Jr. - b. May 10, 1932; d. Mar 8, 1933; (s) of Mr. & Mrs. Milton M. Smith, Sr.
	Eliza Ann Crosland - b. Dec 16, 1872; d. Apr 15, 1956*
	James Weldon Crosland - b. Jul 29, 1868; d. Mar 14, 1933*
(inf)	Crosland - d. Jun 16, 1934; (s) of Mrs. J.H. Crosland
(inf)	Shannon - d. Oct 14, 1940; (s) of Mr. & Mrs. Harry Shannon, Sr.
	Sharon E. Ross - b. Dec 8, 1963; d. Dec 2, 1966
	Shirley A. Ross - b. 1939; d. 1997
	Carl Michael Tucker - b. Sep 23, 1954; d. Sep 23, 1954; (s) of Mr. & Mrs. J.C. Tucker*
	Cynthia Ann Tucker - b. Jan 25, 1948; d. Jan 26, 1948; (d) of Mr. & Mrs. J.C. Tucker*
	James W. Aughtry - b. May 7, 1914; d. Oct 28, 1939
	J.H. Aughtry - b. Mar 18, 1883; d. Mar 1, 1933*
	Janie Aughtry - b. Dec 11, 1890; d. _____ *
	James Aughtry - b. 1847; d. 1917*
	Annie Dennis Aughtry - b. 1856; d. 1937*
(m)	Elizabeth M. Aughtry - b. Mar 8, 1934; d. May 11, 1902
	J.P. Aughtry - b. Sep 29, 1860; d. Apr 14, 1889
	Mollie E. Sharp - b. Feb 23, 1847; d. Apr 29, 1925
	Sallie Goins - b. Jan 2, 1812; d. Sep 6, 1883
(f)	Isaac Freeman - no dates*
(m)	Rebecca Freeman - no dates*
	Catherine Goins - b. Nov 11, 1888; d. Dec 18, 1888; (d) of W.F. & F.D. Goins
(m)	Nancy N. Martin - d. Oct 29, 1898; age 80y*
(s)	C.W. Martin - b. Aug 13, 1852; d. Oct 9, 1926*
	Willie Goins - b. 1870; d. Oct 11, 1927
	Mattie Strickland - b. May 5, 1876; d. Jul 18, 1937; (w) of W.H. Goins
	Clyntone Goins - b. Sep 25, 1895; d. May 3, 1898
	Willie R.L. Goins - b. May 4, 1901; d. Jan 16, 1902
	Marion Goins - b. Jun 11, 1914; d. Nov 1915
	Lew Goins - b. Dec 4, 1919; d. Dec 4, 1919
(h)	Mancel T. Dennis - b. Jun 4, 1911; d. Jan 1, 1986
(w)	Daisy M. Dennis - b. Aug 7, 1915; d. _____
(inf)	Goins - no dates; (d) of J.D. & L.M. Goins
(h)	Raymond Earl Dennis - b. Jul 2, 1914; d. May 24, 1996
(w)	Frances Arant Dennis - b. Oct 22, 1919; d. _____
(d)	Thelma I. Dennis - b. Aug 4, 1903; d. Dec 8, 1993
	Charles J. Dennis - b. 1870; d. 1951
(m)	Angie V. Dennis - b. 1873; d. 1934
(s)	Willis M. Dennis - b. 1898; d. 1925
(inf)	Dennis - d. 1901; (d)
(inf)	Dennis - d. 1901; (d)
	James R. Hallman - b. Aug 7, 1851; d. Jun 12, 1907

Mrs. James R. Hallman - b. Jun 10, 1856; d. Jan 9, 1917
Edward E. Land - b. Apr 17, 1948; d. Dec 31, 1982; (f) of T. Christopher & Jennifer A. Land
Fred Baughman - b. 1906; d. 1989
Minnie Morgan Wilson - b. Sep 20, 1870; d. Jan 12, 1944
J.N. Jones - b. Dec 3, 1860; d. ____ *
(w) Nannie Freeman - b. Oct 27, 1859; d. Feb 13, 1925*
H.W. Brazzell - d. Mar 14, 1926; age 42y
Marie Viola Easter - b. Feb 19, 1898; d. Oct 8, 1957: (w) of William R. Hornsby
George Hopkins Easter - b. Oct 7, 1900; d. Jan 30, 1956; SC Signal Corps WWI & II
Rexford T. Easter - b. Feb 16, 1895; d. Aug 1, 1953; SC Pvt FA WWI
T.H. Dent - d. Dec 10, 1919; age 75y
Eliza Dent - b. 1838; d. Jul 24, 1912; (w) of T.H. Dent
Ellisor Aughtry - b. 1880; d. 1910
Mrs. Eliza J. Aughtry - b. Nov 8, 1862; d. Sep 20, 1900
H.C. Watson - d. Nov 1, 1881; age 29y*
Mary J. Watson - b. Nov 4, 1854; d. Jan 22, 1926*
Elizabeth Thomas - b. Nov 10, 1809; d. Dec 31, 1889
Nathaniel Wilson - b. Feb 11, 1831; d. Oct 14, ____; age 79y
Harriette LeGrande Smith - Jan 30, 1874
Ernest A. LeGrand - b. Jun 13, 1896; d. Dec 27, 1901; (s) of Wade A. & Susan R. LeGrand
John Edward LeGrand - b. Jan 13, 1897; d. May 21, 1955*
Eula Peavy LeGrand - b. Feb 24, 1902; d. Jan 24, 1981*
Wade A. LeGrand - b. May 8, 1861; d. Nov 6, 1924*
Susan R. LeGrand - b. Apr 6, 1869; d. Mar 4, 1958; (w) of Wade A. LeGrand*
James T. LeGrand - b. Sep 26, 1906; d. Apr 15, 1934
Emma Hammond - b. Mar 6, 1885; d. Oct 19, 1919
Donald E. McElveen - b. Jun 6, 1934; d. ____ *
Miriam B. McElveen - b. Apr 26, 1938; d. Nov 16, 1992; mar Nov 5, 1953*
Nathan Thomas - b. Sep 2, 1875; d. Jan 30, 1947
William Henry Sloan - b. Sep 20, 1874; d. ____ *
Elizabeth Davis Sloan - b. Jun 6, 1900; d. Mar 1, 1940; (w) of William Henry Sloan*
John Henry Thomas - b. Jun 25, 1873; d. Nov 10, 1929
S. Katherine Cooper Thomas - b. Jul 19, 1840; d. Dec 28, 1920*
John Thomas - b. Jun 16, 1835; d. May 17, 1931; mar Oct 28, 1853*
Carrie T. Rambow - b. Aug 13, 1869; d. ____
Lillie T. Davis - b. Aug 5, 1881; d. ____
Mary McD Cooper - d. Feb 8, 1886
George W. Cooper - d. Feb 10, 1886

Isaac Medlin, Jr. - b. Jan 16, 1850; d. Nov 6, 1936
Sallie L. Medlin - b. Jul 20, 1865; d. Oct 11, 1894; (w) of Isaac Medlin, Jr.
Mary Wilson - b. Jun 10, 1838; d. Jul 23, 1914; (w) of Nathaniel Wilson
Thomas E. Barsh - b. Oct 20, 1853; d. Oct 14, 1933
Charles Hugh Hawkins - b. Jan 21, 1927; d. Jan 11, 1985; SFC US A Kr
Gertrude W. Kelly - b. 1916; d. 1977
James Woodrow Wilson - b. Jun 12, 1914; d. Jun 2, 1964
Lillie Gladden Wilson - b. Dec 23, 1896; d. Oct 23, 1970
Thomas Alfred Wilson - b. Nov 11, 1889; d. Feb 9, 1958
Rachel Allen Martin - b. Apr 28, 1907; d. Feb 23, 1995
James W. Martin - b. Sep 20, 1898; d. Apr 16, 1966; SC Cpl Co E 105 Ammo TN WWI
Caroline Peggy Martin - b. Jun 21, 1928; d. Nov 25, 1929
Christina C. Martin - b. Jan 10, 1850; d. Jul 23, 1906; (w) of J.H. Martin
Florence O. Martin - b. Oct 18, 1878; d. Jul 6, 1913; (w) of J.H. Martin

(m) Marion Hallman Bennett - no dates
Thomas Samuel Edwards - d. Nov 17, 1901; age 4y 3m 11d
Minnie L. Dent - b. Oct 24, 1880; d. Aug 24, 1904; (w) of J.G. Dent
(h) John Rodgers - b. Jun 23, 1883; d. Dec 20, 1937
Ethel T. Dennis - b. Jul 15, 1909; d. Nov 26, 1918; (d) of John H. & Minnie G. Dennis
John H. Dennis - b. Jul 10, 1870; d. Apr 8, 1919
(m) Minnie G. Dennis - b. Jul 2, 1869; d. Oct 14, 1937; (w) of John H. Dennis
Wesley Peavy - b. Aug 16, 1887; d. Dec 20, 1942
Alice Peavy - b. Aug 13, 1861; d. Aug 13, 1932
John W. Peavy - b. Apr 18, 1847; d. Nov 27, 1918
Lonnie T. LeGrand - b. Oct 23, 1902; d. May 24, 1985*
Gertrude M. LeGrand - b. Mar 30, 1906; d. Jun 10, 1992*
Olin F. LeGrand - b. Dec 19, 1934; d. Apr 29, 1935; (s) of Mr. & Mrs. Lonnie T. LeGrand
Thomas H. LeGrand - b. Jan 18, 1924; d. _____*
Dorothy King LeGrand - b. Mar 29, 1926; d. Jul 7, 1991*
Edward Ernest LeGrande - b. Oct 8, 1917; d. May 15, 1919; (s) of Mr. & Mrs. W.O. LeGrande
Daniel W. Brazell - b. Mar 14, 1928; d. Jun 16, 1975; Pvt US A
(m) Sarah Shannon Brazell - b. Aug 18, 1895; d. Dec 9, 1964*
(f) William Daniel Brazell - b. Sep 29, 1892; d. May 6, 1940*
Frank E. Brazell - b. Dec 4, 1926; d. Nov 29, 1942
William Daniel Brazell - b. Apr 8, 1920; d. Apr 7, 1992; US A WWII

	John A. Stevens - b. Jan 20, 1917; d. Mar 5, 1981*
	Edith S. Stevens - b. May 17, 1932; d. ____ *
	Lacy Locklear - b. 1926; d. 1983; MSgt US A Kr Vn
	Edna D. Locklear - no dates
(m)	Viola Elizabeth Glover - b. Aug 7, 1909; d. Nov 22, 1991
	Lizzie S. Johnson - b. Jul 14, 1874; d. Nov 23, 1944*
	William A. Johnson - b. Oct 23, 1863; d. Apr 9, 1950*
(m)	Mary J. Lee - no dates
(m)	Mattie Peak - b. Mar 14, 1873; d. Feb 23, 1963
	William Peak - b. April 11, 1864; d. Feb 17, 1938
	Mrs. Mary A. Lee - no dates
	J.H. Lee - b. Sep 21, ____; d. Jan 21, ____
	Lottie Peak Harris - b. Dec 27, 1903; d. Nov 10, 1992
(d)	Alma Richardson - b. 1923; d. 1983
(m)	Cora Peak Richardson - b. 1892; d. 1966*
(f)	Joseph R. Richardson - b. 1891; d. 1989*
	Elise Richardson - b. Nov 17, 1928; d. Jun 6, 1941; (d) of Mr. & Mrs. Joseph R. Richardson
(d)	Carrie Belle Richardson - b. 1925; d. 1990
	Robert Little - d. Feb 19, 1946; (s) of Mr. & Mrs. L.V. Little
	Anna Warren - b. Mar 31, 1892; d. Dec 21, 1936
	Jenny M. Ownbey - b. Apr 9, 1884; d. Jan 1, 1931
	Arthur Warren - b. Feb 13, 1896; d. Oct 16, 1918
(f)	Robert C. Warren - b. Mar 18, 1859; d. Sep 27, 1942*
(m)	Mary Clements Warren - b. Aug 10, 1861; d. Oct 16, 1918*
	Arthur Clifton Sharpe - b. Dec 14, 1887; d. Jan 15, 1970*
	Mary Alice Sharpe - b. Jul 14, 1892; d. Oct 26, 1940*
	Roy T. McDonald - b. Oct 8, 1900; d. Dec 31, 1970
	Emily Adkins "Libby" Moger - b. Nov 20, 1949; d. Aug 28, 1975
	Homer B. Adkins - b. Apr 29, 1919; d. Jun 1, 1992
	Quirlie Rose Sanders - b. Feb 20, 1905; d. Jul 21, 1985
	J. Silas Hallmon - b. Jun 29, 1894; d. Jun 3, 1924
	Willie H. Varnadore - b. Dec 14, 1914; d. Feb 4, 1953
	Elizabeth Varnadore - b. Nov 11, 1895; d. Sep 14, 1927
	Katie M. Lovett - b. Mar 15, 1896; d. May 13, 1918; (w) of George S. Lovett
	George S. Lovett - b. Jul 3, 1879; d. Nov 1949
	Mary C. Martin - b. Jun 30, 1893; d. Oct 5, 1921; (d) of W. Hand & E.L. Martin
	James E. Glaze - b. Sep 7, 1905; d. Apr 5, 1928
(f)	Jessie A. Nipper - b. Sep 1, 1898; d. Nov 27, 1950
	Randolph S. Martin - b. Nov 16, 1895; d. Jun 15, 1952*
	Sallie N. Martin - b. Jul 11, 1895; d. Sep 22, 1976*
	William F. "Dub" Martin - b. Jan 15, 1918; d. Jul 1, 1979
	Susan E. Ross Martin - b. Oct 14, 1874; d. Nov 28, 1939*
	William Henry Martin - b. Jan 13, 1870; d. Oct 14, 1932*

Willie C. Ford - b. Feb 14, 1870; d. May 13, 1940*
Lillie C. Ford - b. Jul 20, 1895; d. Aug 25, 1953*
Laura Mae Ford - b. Mar 29, 1918; d. Apr 28, 1918; (d) of Willie C.
   & Lillie C. Ford
Charles E. Stephens - b. Mar 13, 1861; d. Oct 28, 1901*
Minnie Buchanan Stephens - b. Sep 14, 1866; d. Mar 25, 1909*
Charles Earl Stephens - b. Feb 8, 1901; d. Jan 19, 1903*
Nora Ford - b. Jul 3, 1906; d. Jun 20, 1926
Floy Ford - b. Apr 4, 1914; d. Feb 5, 1915
Kattie Ford - b. May 15, 1881; d. Jun 20, 1913
James Ford - b. May 3, 1864; d. May 15, 1957

(inf) Mixon - b. Aug 18, 1908; d. Aug 18, 1908; (s) of I.L. & Vester Mixon
George H. Watson - b. Oct 3, 1884; d. Nov 13, 1940*
Julia F. Watson - b. May 24, 1888; d. Jan 8, 1971*
Effie S. Corley - b. Feb 5, 1878; d. Jan 2, 1967
Charlie Alen Shelley - b. Jun 16, 1935; d. Oct 2, 1990; US A Kr*
Rosa Lee Shelley - b. Dec 7, 1936; d. ____*
Andrew J. Sloan - b. Sep 17, 1894; d. Nov 8, 1930*
Mamie L. Sloan - b. Jun 11, 1895; d. Nov 23, 1973*

(rev) J.L. Martin - b. Aug 23, 1855; d. Dec 10, 1934
Isaac Jackson Reeves - b. Sep 10, 1884; d. Sep 22, 1927
Frances W. Corley - b. Apr 29, 1851; d. Apr 27, 1928
Henry F. Corley - b. Nov 8, 1857; d. Dec 14, 1943
Lottie T. Corley - b. Apr 7, 1878; d. Jan 14, 1961
Samuel Jackson Rabon - b. May 26, 1887; d. Jun 7, 1960; SC Cpl Co
   G 324 Inf WWI

(m) Allie R. Rabon - b. Sep 18, 1906; d. ____*
(f) Thomas H. Rabon - b. Apr 2, 1906; d. May 31, 1972*
John J. Rabon - b. Aug 25, 1877; d. Oct 27, 1918
Mary Ross Rabon - d. Mar 31, 1924; (w) of John T. Rabon
Henrretta Rabon, b. May 17, 1898; d. Jun 20, 1915
Grover C. Rabon - b. Mar 11, 1885; d. Jun 15, 1959
Mamie C. Lee Rabon - b. Apr 6, 1891; d. Feb 5, 1945; (w) of Grover
   C. Rabon
Herbert Rabon - no dates
Benjamin Lawrence Brazell - b. May 29, 1944; d. Dec 23, 1948; (s) of
   Mr. & Mrs. J.H. Brazell
Margarette Elizabeth Rabon - b. Jan 7, 1889; d. Mar 15, 1945; (d) of
   Mr. & Mrs. L.T. Rabon
Maude F. Rabon - b. Feb 9, 1900; d. Aug 8, 1979
James W. Rabon - b. Jul 1, 1922; d. Jul 24, 1993
George W. Rabon - b. Oct 13, 1894; d. Dec 28, 1951; SC PFC Qmc
   WWI
James F. Campbell - b. Jan 6, 1871; d. Nov 5, 1950
Harriet Clark - d. Apr 4, 1923; age 88
Harris G. Easler - b. 1889; d. 1917*

Roxie E. Easler - b. 1858; d. ____*
Ola E. Huggins - no dates
Barney G. Grant - b. Jun 8, 1880; d. May 12, 1935
Lillie B. Wise - b. May 19, 1881; d. Dec 21, 1957; (w) of George L. Shannon
George L. Shannon - b. Sep 1, 1878; d. Aug 26, 1942
Rufus Taylor Shannon - b. 1888; d. 1942
Walter K. Brazell - b. Jul 24, 1874; d. Aug 20, 1946
Laura Brazell - b. Apr 5, 1875; d. Aug 30, 1958
Minnie Lee Frost - b. Jul 13, 1890; d. Jan 17, 1979*
James W. Frost - b. May 15, 1885; d. Dec 22, 1946*
W. Britton Coulter - b. 1887; d. 1949*
Callie M. Coulter - b. 1881; d. 1955*
Jake F. Bartlett - b. Jun 25, 1916; d. Apr 26, 1972
Estelle R. Bartlett - b. 1885; d. 1956*
Lester A. Bartlett - b. 1886; d. 1956*
Bessie Estell Thurston - b. Aug 19, 1886; d. Nov 23, 1958
Arthur McDonald - b. May 16, 1888; d. Sep 17, 1959
Kathryn P. Durania - b. 1928; d. 1984
Edith Irene Durania - b. 1901; d. 1986
Joseph E. Durania - b. Jan 1, 1925; d. Oct 2, 1973; SC BM2 US N WWII
Danny W. Cooke - b. Feb 27, 1949; d. Mar 14, 1974
Lonnie Wilson Cooke, Jr. - b. Mar 23, 1925; d. Apr 14, 1998; US N MSgt US A WWII Kr
Betty Miles Hillis - b. Aug 6, 1936; d. Jan 8, 1988*
Clyde Edward Hillis - b. Jun 25, 1934; d. ____*

(f) Curtis J. Miles - b. Sep 16, 1911; d. Nov 10, 1979*
(m) Sallie B. Miles - b. Dec 15, 1913; d. ____*
(f) Leonard Taylor Shannon - b. Feb 1, 1852; d. Jan 22, 1938*
(m) Agnes Wise Shannon - b. Mar 31, 1859; d. Jun 21, 1936*
Ida J. Shannon - b. Oct 30, 1875; d. Jun 28, 1911*
(f) David H. Shannon - b. Mar 4, 1876; d. Jun 15, ____*
David Shannon - b. 1818; d. 1870
Sarah Shannon - no dates
R.E. Miles, Sr. - b. Dec 16, 1862; d. Aug 3, 1938
(m) Mary A. Miles - b. Apr 29, 1870; d. May 25, 1939; (w) of R.E. Miles, Sr.
Charlie E. Miles - b. May 25, 1896; d. May 22, 1909; (s) of R.E. & Mary A. Miles
Lucille Mabel Burford - b. 1920; d. 1998
Ruth Williams Colgan - b. Mar 7, 1917; d. Nov 22, 1973
Thomas E. Myers - b. Nov 12, 1943; d. Feb 4, 1997
William Scott - b. 1886; d. 1970*
Mary L. Scott - b. 1888; d. 1971*
Charles H. Haynes - b. May 3, 1898; d. Mar 4, 1969*

(m)	Hester R. Haynes - b. Mar 16, 1899; d. Oct 28, 1988*
(f)(rev)	Brown C. Ross - b. May 27, 1910; d. Jan 1, 1982*
(m)	Sallie K. Ross - b. Jun 27, 1911; d. May 5, 1987*
(m)	Nancy Annie Davis - b. Sep 8, 1889; d. Apr 28, 1969
(s)	Frank Earl Davis - b. Jan 26, 1911; d. Apr 12, 1972
	Thomas Maxie Nates - b. May 5, 1916; d. Jan 15, 1979*
	Martha Lee Nates - b. Jan 21, 1921; d. Jul 5, 1998*
	Paris Young Nates - b. Sep 9, 1924; d. Sep 13, 1985; US AAC WWII
	Calvin J. Maynard - b. Aug 3, 1912; d. Oct 8, 1961; TX PFC Co A 633 TD Bn WWII
	Joe John Wright - b. Aug 22, 1962; d. Aug 22, 1962*
	Angela Renee Wright - b. Nov 13, 1964; d. Jun 10, 1966*
	William E. Sawyer - b. Jul 26, 1924; d. May 21, 1991; 1 Sgt US A WWII Kr*
	Shirley W. Sawyer - no dates*
(m)	Gladys R. Sawyer - b. 1917; d. 1970
(f)	John A. Jackson, Sr. - b. 1905; d. 1974*
(m)	Edna M. Jackson - b. 1916; d. 1978*
	Leonard B. Jackson - b. Mar 6, 1936; d. Jun 5, 1962; SC Sp 4 586 Ord Co
	John S. Nates - b. Apr 1, 1908; d. Aug 6, 1960
	Lillie Bell Nates - b. Apr 8, 1904; d. Oct 29, 1991*
	J. Pat Nates - b. Jun 2, 1904; d. Jun 6, 1973*
	Johnny Marvin Nates, Sr. - b. Jun 12, 1944; d. Jun 2, 1989
	Nancy Jane "Nannie" Brooks - b. Dec 9, 1896; d. Sep 15, 1965
(f)	Orvind Renfrow - b. Apr 12, 1916; d. Apr 2, 1973
	Henderson Dell Renfrow - b. Jul 6, 1950; d. Jul 4, 1966
(inf)	Crout - 1960
(f)	Luther Carl Neeley - b. 1904; d. 1965*
(m)	Nellie Mae C. Neeley - b. 1914; d. 1958*
	Bernice T. LaMoy - b. Mar 24, 1913; d. Mar 5, 1958
(inf)	Carl DeWane Alford - b. Nov 6, 1956; d. Dec 9, 1956; (s) of Kay & Carroll Alford
	Dewitt T. Thigpen, Sr. - b. 1904; d. 1989
	Lethia Amanda Thigpen - b. 1909; d. 1987

25. **Jacobs Mission A.M.E. Church Cemetery**: At the intersection of Glen Jacobs Rd and Bookman Rd, behind Bookman Rd Elementary School, Spring Valley, SC. Sep 18, 1998

	Marquis D. Harmon - b. 1993; d. 1993
(w)	Mattie L. Portee - b. May 7, 1923; d. Aug 7, 1987
(m)	Phyllis Ann (Lovenia Bostick) Sam - d. Mar 5, 1995; age 54y
	Ethel Lee Gibson - d. Jul 7, 1985
	James Walter Cantey - d. Mar 4, 1991; age 48y
	Alphonzo Samuel - b. May 5, 1956; d. Dec 7, 1986
	Jasephine T. English - b. 1926; d. 1964

	Tengle Jones - b. 1898; d. 1984
	Katie Samuel - no dates
	Carlos V. Cornelius - b. 1977; d. 1998
	Isaac Bevard - b. 1904; d. 1978
(m)	Mary Williams Gibbs - b. Mar 25, 1902; d. Jan 6, 1991
	Leroy "Lee" Gibbs - b. Oct 31, 1949; d. Apr 13, 1993
	Otis Samuel - b. 1923; d. 1981
	Joseph R. Robinson - b. Oct 5, 1955; d. Dec 15, 1988
(m)	Inez Robinson - b. Sep 15, 1926; d. Apr 4, 1976

26. **Johnson-Joyner Cemetery**: On Mullis Rd 1/4 mile from the Fairfield Co line, Blythewood, SC. Aug 12, 1998

	Jewel Mae Joyner - b. Apr 29, 1900; d. Apr 4, 1928
	Tallulah Watts Joyner - b. Jul 3, 1873; d. May 8, 1922
	Ben Clyburn Joyner - b. Nov 4, 1909; d. Jun 16, 1913
	William Alva Joyner - b. Jul 27, 1873; d. Oct 16, 1910
	James Lonnie Raines - b. 1898; d. 1926
	Mary Joyner Raines - b. 1878; d. 1927
	James Will Raines - b. 1877; d. 1948
	Ida Mae Christakos - b. 1905; d. 1996
	Wilson Raines - b. Nov 19, 1900; d. Dec 4, 1902
	Sarah Wilson - b. 1842; d. 1900
(inf)	Sammie Johnson - d. 1899; (s) of Mr. & Mrs. Wade H. Johnson
	James Chapman - b. 1846; d. 1895
	Louisa Johnson - b. 1827; d. 1867
	J.T. Johnson - no dates
	Daniel Jackson - b. 1818; d. 1891
	Marion A. Hogan - b. Sep 3, 1897; d. May 11, 1937
	Margaret Louise Hogan - b. Nov 21, 1890; d. Jan 15, 1928
	Louisa Joyner - b. 1853; d. 1921
	Haywood Joyner - b. Jul 9, 1888; d. Jun 17, 1889; (s) of M.A. & L.A. Hogan
	M.A. Hogan - b. Feb 4, 1846; d. Jun 7, 1897
	Samuel L. Johnson - b. Oct 16, 1883; d. Apr 9, 1916
	John Cooper - b. 1812; d. 1897
	Nancy Cooper - b. Dec 6, 1812; d. Nov 11, 1882; (w) of John Cooper
	Hampton Johnson - d. 1879; age 57y
	Darcas Johnson - d. Aug 22, 1875; in her 56th yr; (w) of Hampton Johnson
(m)	Eshie Wooten Parker - b. Sep 22, 1883; d. Mar 6, 1951
	William Johnson - d. Aug 31, 1858; age 76y
	Lucy Raines - d. Feb 27, 1862; in her 46th yr; (w) of William Raines
	William Raines - d. Jul 27, 1862; aged 88y or 38y

27. **Kelly Cemetery**: At the intersection of Charlie Kelly Rd and Kelly Mill Rd, Blythewood, SC. Sep 1, 1998

J. Logan Kelly - b. Jun 7, 1868; d. Jul 1, 1920; (s) of James & Henrietta B. Kelly
Hattie Sharpe - b. Jan 1, 1870; d. Mar 30, 1898; (w) of J. Logan Kelly
Ivey Kelly - b. Aug 17, 1901; d. Apr 23, 1902; (d) of J. Logan & Lillie Kelly
Joseph G. Kelly - b. Mar 12, 1851; d. Nov 18, 1926; (s) of Daniel Thomas Kelly; (h) of Sallie Pashal; (gs) of Benjamin Kelly & Naomi Wilson
Willie H. Stewart - d. Nov 15, 1918; age 22y; died in service of his country
Nancy Evans - b. Apr 22, 1811; d. Feb 6, 1889; (w) of Asa Evans
Asa Evans - b. Mar 18, 1815; d. Feb 20, 1885
William D. Evans - b. May 16, 1841; d. Apr 2, 1898; age 56y 10m 16d; (s) of Asa & Nancy Evans
Martha C. Evans - b. May 22, 1847; d. Dec 14, 1904; (w) of William D. Evans
Emma Perry - b. 1844; d. 1912; (w) of Lemuel Sharpe
Judi Brazell - b. 1842; d. 1921; (w) of John Robinson & Dock Hornsby

(inf) Avery Hornsby - no dates; (s) of James M. & Elizabeth Hornsby
Luther F. Hornsby - b. Jul 5, 1917; d. Jul 29, 1947; (s) of James M. & Elizabeth Hornsby
Ida Bell Taylor - b. Sep 11, 1883; d. Oct 18, 1885; (d) of R.W. & M.A. Taylor
Elizabeth Maddox - b. Jan 27, 1887; d. Oct 29, 1918; (w) of James M. Hornsby
James M. Hornsby - b. Mar 15, 1884; d. Jun 17, 1956

(inf) Eugene Hornsby - no dates; (s) of James M. & Elizabeth Hornsby
Oscar James Hornsby - b. Feb 11, 1905; d. Oct 7, 1934; (s) of James M. & Elizabeth Hornsby
James Kelly - no dates; (um)
Henrietta Brown Kelly - no dates; (um)
Ben D. Heath - no dates; (um)
Mary Maddox, no dates; (um)

28. **Killian Baptist Church Cemetery**: At the end of Killian Baptist Cemetery Rd, off of Killian Rd and across from the Killian Baptist Church, Killian, SC. Nov 7, 1990.

* * *

A large stone in front of the entrance to the cemetery reads: A Partial List of Soldiers Enlisted from This Community 1861-1865 Confederate States of America.

Wes Abbott, Henry Faust, Charles Grimsley, Ervin Grimsley, W.B. Cooper, Albert Hammond, Pat Hammond, John Hawkins, Wess Cooper, Isaiah Jones, James Jones, Nelson Jones, Thomas Dent, John Killian, Frank Koon, Dan LeGrand, Robert Fann, Wade LeGrand, Marrow Brothers (3), William Moore, Dan Rabon, Fes. Rose, John Rabon, John LeGrand, John Ross, Wyatt Rose, Lee Sharpe, Mike Sharpe, Capt William Sligh, Capt Bill Stack, Wade Swygert, Jes Thomas, John Thomas, Shade Thomas, JohnThornton I, John Thornton II, Marion Thornton, Perry Thornton, P.H. Thornton, Enos Wallace, Allen Watts, Henry Watts, James Watts, William Watts, Dave Welch, Jeff Welch, Robert Weskert, Williamson Brothers (3), Thur Thornton, Henry Wallace. Donated by Lawrence M. Wooten, Lewis T.O., SC, Apr 10, 1936

* * *

Mattie E. Faust - b. Jun 19, 1874; d. Sep 3, 1915; (w) of S.L. Faust
Saluda Faust - b. Mar 17, 1871; d. May 15, 1922; (w) of S.L. Faust
(f) John A. Faust - b. Oct 17, 1873; d. Jun 5, 1940
(m) Emma Faust - b. Sep 5, 1879; d. _____
Lawson C. Faust - b. Jun 5, 1896; d. Jun 15, 1929
Haskel S. Faust - b. May 10, 1907; d. Sep 24, 1950
Jessie N. Faust - b. May 19, 1897; d. Jul 10, 1952
John H. Faust - b. Aug 23, 1894; d. Nov 15, 1972
Rhoda Jones - b. Jun 10, 1846; d. Apr 7, 1921
Walter Jones - b. Jul 14, 1890; d. Aug 28, 1890
James Jones - b. 1811; d. Oct 24, 1900; aged 89y
Bertha Lee Hawkins - b. Nov 19, 1898; d. Nov 13, 1900
Jane Hawkins - b. 1826; d. Feb 23, 1886; aged about 60y
Rebecca Wilson - no dates
Mary Jones - b. 1819; d. Aug 27, 1882; (w) of James Jones; aged 63y; Mary Arrena Jones
Margaret Smith - b. Feb 16, 1816; d. Jul 7, 1882; (w) of S.L. Smith
Isaiah Jones, b. Oct 15, 1817; d. Nov 7, 1903
Mary Jones - b. 1845; d. Oct 22, 1905; aged about 60y; (w) of Isaiah Jones
Jerry Jones - b. Mar 15, 1879; d. Feb 8, 1943
Florence Jones - b. Feb 14, 1880; d. Nov 28, 1958
Nelson Jones - b. 1835; d. Sep 7, 1905; aged about 70y
(gm) Ellen C. Jones - b. May 30, 1845; d. Jul 7, 1936
Susan M. Hawkins - b. Jul 20, 1865; d. Sep 3, 1918; (w) of E.A. Hawkins
(f) Ensley Hawkins - b. 1854; d. May 19, 1927
Daisey Jones - b. May 2, 1898; d. May 10, 1899; (d) of J.H. & Sallie Jones
Catherine J. Hawkins - b. Apr 15, 1890; d. Aug 17, 1935
John Leadford Spires, Sr. - b. Jul 6, 1901; d. Sep 22, 1968

Sarah Evelyn Spires - b. Mar 10, 1934; d. Sep 19, 1937
John W. Aughtry - b. Mar 8, 1885; d. Jan 28, 1948
Elizabeth Aughtry - b. Sep 8, 1885; d. Oct 12, 1969
Woodrow Miller Newton - b. Dec 24, 1914; d. Nov 12, 1985; US A WWII
Christine C. Newton - b. Mar 1, 1941; d. Mar 8, 1943
Johnnie David McKay - b. Sep 11, 1922; d. May 19, 1981
Mamie Pearl McKay - b. Oct 21, 1917; d. Apr 17, 1940; (w) of O.H. Senn
Joseph J. McKay - b. Jul 30, 1892; d. Aug 10, 1939
A. Ruth McKay - b. Mar 18, 1893; d. Sep 14, 1973
Jonnie O'Neal McKay - b. Jan 14, 1948; d. Feb 1, 1948
Margaret Louise McKay - b. Jan 4, 1943; d. Jan 5, 1943
Velma C. Dowie McKay - b. May 1, 1916; d. Aug 15, 1937; (w) of James E. McKay
Corrie R. Entzminger - b. Dec 19, 1895; d. Dec 16, 1980
Robert J. Entzminger - b. Apr 8, 1900; d. Nov 3, 1974
Lula H. Rabon - b. Aug 9, 1871; d. Jul 5, 1944
Tim Rabon - b. Jan 25, 1856; d. Nov 27, 1932
Willie D. Rabon - b. Dec 1, 1899; d. Nov 29, 1935
Lawrence W. Rabon - b. Dec 1, 1899; d. Oct 7, 1950
George W. Watts - b. Aug 22, 1850; d. Apr 25, 1889
Nathan J. Watts - b. Feb 25, 1879; d. Jun 25, 1882; aged 3y 4m
Bert E. Hampton - b. Feb 22, 1895; d. Jan 8, 1963; Cpl Co I 15 Inf WWI

(m) Katie Mattox Hampton - b. Jan 3, 1897; d. Feb 6, 1988
(f) Henry J. Mattox - b. Feb 6, 1890; d. Mar 3, 1956
James Madison Cooper - b. 1851; d. Mar 17, 1924; aged 73y
James Franklin Mattox - b. Nov 27, 1933; d. Dec 15, 1949
Samuel R. Mattox - b. Dec 24, 1904; d. May 6, 1969
(d) Mary Elaine Mattox - b. Dec 13, 1957; d. Aug 6, 1973
Baby Leach - no dates
Archie G. Rhymer, Jr. - b. May 8, 1935; d. Jun 20, 1952
Joe Robert Ross - b. Sep 13, 1911; d. Jan 9, 1973; PFC USMC WWII
Leslie M. Richardson - b. May 8, 1923; d. Dec 30, 1984
Mary Hammett Sauls - b. 1935; d. 1985
Mary Alice Berry - b. Oct 3, 1943; d. Feb 27, 1945; (d) of Elizabeth & Holly Berry
Arthur H. Berry - b. Jul 31, 1917; d. Jun 26, 1987; US A
Sadie E. Ross - b. Sep 23, 1909; d. Aug 21, 1974
John L. Ross - b. Mar 28, 1892; d. Apr 26, 1981
Sadie S. Ross - b. Aug 13, 1892; d. Jun 1, 1951
John Leslie Ross, Jr. - b. Nov 24, 1919; d. Feb 19, 1945; Cpl 25 Regt 4 Div USMC WWII
Ashby Albert Ross - b. Jan 14, 1921; d. Aug 15, 1924; (s) of Mr. & Mrs. John L. Ross

	Henrietta Starnes - b. Mar 18, 1925; d. Feb 5, 1929; (d) of Lillie P. S. Morgan
(m)	Lillie P. Starnes Morgan - b. Sep 7, 1885; d. Jul 11, 1970
	Henry S. Starnes - b. Aug 12, 1859; d. Jul 2, 1930
	Addie L. Starnes - b. Nov 11, 1961; d. Dec 1, 1915; (w) of Henry S. Starnes
	Ollie E. Starnes - b. Dec 13, 1887; d. May 5, 1910
	Eli Isenhower - b. Jul 28, 1866; d. Sep 16, 1885; aged 19y 1m 19d; He was thrown from a mule which caused his death
	Reamer O'Dell Fulmer - b. Sep 25, 1912; d. Aug 18, 1989
	Katie Hood Fulmer - b. Nov 17, 1915; d. _____
	Donnie C. Fulmer - b. Jun 13, 1902; d. May 19, 1960; MSgt US A WWII BSM - Ph
	Steven Todd McLean - b. Dec 28, 1962; d. Feb 10, 1963
	Charles E. Senn - b. Aug 17, 1938; d. _____
	Barbara J. Senn - b. Aug 3, 1940; d. Dec 29, 1972
(inf)	Freeman, b. Jun 12, 1977; d. Jun 13, 1977; (s) of Larry & Marvie Freeman
(inf)	Freeman, b. Mar 15, 1978; d. Mar 15, 1978; (s) of Larry & Marvie Freeman
(f)	John Henry Shelton - b. Mar 29, 1888; d. Oct 14, 1936
(m)	Emma Pearl Shelton - b. 1908; d. May 7, 1940
	Walter Harold Shelton - b. May 27, 1933; d. Aug 19, 1982; US A Kr Vn
	Katie Shelton Watts - b. 1928; d. 1990
	C.S. - no dates
	M.S. - no dates
	Lewis W. Easler - b. Oct 31, 1881; d. Mar 3, 1974
	Addie Grimsley Easler - b. Apr 19, 1893; d. Dec 9, 1968
	Wade H. Grimsley - b. Jan 25, 1877; d. Mar 18, 1961
	Jack T. Dowey - b. Nov 15, 1915; d. Jan 1, 1966
	Jesse L. Senn Dowey - b. Sep 5, 1914; d. Mar 3, 1984
	Herbert Malone "Hal" Lovett - b. May 2, 1955; d. Sep 12, 1976
	Lila B. Brown - b. Jun 18, 1900; d. Dec 31, 1979
	Lillian Almead Brown - b. Jun 20, 1898; d. Aug 2, 1970
	Erlich J. Brown - b. Nov 27, 1893; d. Jun 6, 1968
	Eric F. Brown - b. Feb 19, 1892; d. Jul 10, 1952
(f)	Fleming W. Brown - b. Oct 13, 1856; d. Mar 10, 1932
(m)	Nancy W. Brown - b. Sep 8, 1856; d. Jan 26, 1950
	Mildred Louise Spiers - no dates
	D. A. Spiers, Jr. - no dates
	Elizabeth Blondelle Spiers - no dates
(s)	Cleo Black - no dates
(sis)	Ella P. Bell - b. Feb 26, 1887; d. Dec 27, 1920
	Richard W. Taylor - b. Jul 20, 1860; d. Feb 17, 1935

	Carrie Shannon Taylor - b. Apr 17, 1874; d. Dec 23, 1945; (w) of Richard W. Taylor
	William Shannon - aged 65y; no dates
	Laura Shannon - d. Nov 9, 1916
	Mittie Miles - b. Oct 4, 1885; d. Aug 2, 1906; aged 20y 9m 28d
	John T. Miles - b. Apr 12, 1879; d. Feb 18, 1939
	Florence Shannon - b. Mar 15, 1885; d. Jun 12, 1941; (w) of T.W. Shannon
(rev)	T.W. Shannon - b. Feb 13, 1877; d. _____
	Camella Shannon Hood - b. May 15, 1884; d. Nov 23, 1967
	Laddice Taylor - b. Sep 26, 1903; d. Dec 18, 1921; (w) of E.R. Broome
	Allie May Walling - b. Mar 6, 1911; d. May 2, 1913; (d) of W.W. & C.W. Walling
	Sallie Taylor - b. Jun 26, 1891; d. Feb 15, 1906; (d) of Richard W. & Carrie S. Taylor
(inf)	Albert - d. 1905; (s) of R.W. & Essie Albert
(inf)	Albert - d. 1906; (d) of R.W. & Essie Albert
	Richard Taylor, Jr. - b. Apr 2, 1895; d. Jul 1, 1909; (s) of Richard W. & Carrie S. Taylor
	Mary Taylor - b. Oct 26, 1895; d. May 19, 1916; (d) of Richard W. & Carrie S. Taylor
	Frances Lois Pritchard - b. Mar 19, 1920; d. Mar 21, 1920
	Helen Joan Pritchard - b. May 16, 1936; d. Feb 23, 1941
	Elizabeth Pritchard Munson - b. Jan 28, 1922; d. Feb 8, 1945
(f)	Maxie B. Ellisor - b. Sep 6, 1904; d. Feb 24, 1952
	Bessie Marie Ellisor - b. May 10, 1908; d. Feb 1, 1934
(sis)	Ethel Mae Thornton - b. Feb 21, 1921; d. Jul 18, 1956
(f)	Charlie Thornton - d. Jun 28, 1934
(m)	Susie Thornton - b. Mar 19, 1888; d. Jan 24, 1953
(m)	Emma Thornton - b. 1880; d. 1935
	Arthur Cornelius - d. Mar 26, 1940; Pvt Qmc
	J. Leon Cornelius - b. Feb 24, 1931; d. Jul 31, 1947
	Pearl M. Cornelius - b. Aug 14, 1933; d. Jan 24, 1954
	Jasus J. Judy - b. 1871; d. Feb 5, 1934
	Mattie A. Judy - b. 1874; d. Jun 26, 1934
	Lewis Ray Judy - b. Feb 5, 1914; d. Jun 22, 1934
	Julian Ivey - b. Oct 28, 1907; d. Feb 25, 1949; Pvt US A WWII
	Lydia Cornelius - b. Feb 27, 1827; d. Mar 16, 1898
	Clifton Branham - b. 1880; d. 1947
	Elizabeth H. Branham - b. 1885; d. 1924
(f)	Robert F. Farmer - b. Dec 4, 1891; d. May 3, 1967
(m)	Annie L. Farmer - b. Sep 13, 1901; d. Apr 24, 1974
	Clyde T. Farmer - b. Mar 27, 1924; d. Feb 19, 1969; PFC Co K 85 Inf WWII - Ph
(s)	Ronald F. Farmer - b. Jul 2, 1934; d. Nov 22, 1973

H.C. Goff - b. Sep 7, 1909; d. Sep 15, 1941
Charles Edward Jones - b. May 14, 1914; d. Dec 13, 1990
Rosa F. Wingard - b. Sep 20, 1908; d. Feb 18, 1991
Heyward H. Lovett - b. Apr 5, 1903; d. _____
Annie H. Lovett - b. Jul 11, 1921; d. Aug 7, 1980
Lawrence Victor Kelly - b. 1962; d. 1980
Minnie Brown Davis - b. 1900; d. 1986
James Waldon Taylor - b. Mar 17, 1937; d. _____
Virginia Anne Elizabeth Taylor - b. Mar 23, 1940; d. Oct 7, 1989; mar Apr 13, 1958
Mitchell T. Gunter - b. Dec 1, 1918; d. Mar 4, 1982; US A WWII
Clarence Lewis Hoyt - b. Oct 15, 1911; d. Jan 6, 1990; US A WWII
Amy G. Hoyt - b. 1904; d. 1972
Mima Idora Allen - b. Oct 7, 1921; d. Feb 23, 1923

(f) Frank M. Allen - b. 1889; d. 1943
(m) Clara L. Allen, b. 1902; d. 1963

Frank Melvin "Bud" Allen - b. Jan 16, 1925; d. Oct 10, 1955; MSgt US A Kr WWII BSM & OLC-CR
William C. Allen - b. Feb 13, 1927; d. Sep 28, 1964
Dossal Taylor - b. Aug 2, 1922; d. Feb 1, 1945; PFC 302 Inf 9 Div WWII

(f) William Taylor - b. Jul 24, 1886; d. May 3, 1982
(m) Thelma H. Taylor - b. Oct 21, 1897; d. Feb 22, 1960
(d) Ola Mae Taylor - b. Oct 14, 1917; d. Dec 3, 1963

William R. Taylor - b. May 17, 1915; d. May 22, 1977; Mess Sgt US A WWII; mar Sep 7, 1937
Robert Weston Jones - b. May 24, 1873; d. May 17, 1929
Estelle I. Jones - b. Aug 16, 1890; d. Oct 31, 1921; (w) of Robert Weston Jones; In Memoriam, Supreme Forest Woodmen Circle
William Henry Goins - b. 1878; d. 1958
Clayton D. Cornelius - b. Jun 7, 1922; d. May 28, 1944
Mrs. Smith - no dates
Herbert Glenn Walker - b. 1895; d. 1986
Fannie Easler Walker - b. 1898; d. 1978
Elizabeth Crumption Easler - b. 1851; d. 1929
Caleb Jonas Easler - b. 1848; d. 1922
Corrie Easler - no dates; (d) of Caleb J. & Elizabeth C. Easler
Herman Gale Johnson - b. 1926; d. 1990

(h) Richland A. "Rick" Cambell - b. Mar 18, 1956; d. Oct 14, 1984

Mary Faith Peak - b. Jan 21, 1933; d. Aug 12, 1936; (d) of T.S. & Laura Peak
Earl Black - b. May 31, 1919; d. Jul 31, 1935

(f) Robert H. Black - b. 1877; d. 1928
(m) Elizabeth B. Black - b. 1884; d. 1972

Coley L. Sharpe - b. Jun 15, 1918; d. _____
Ella Black Sharpe - b. Dec 20, 1920; d. _____

(inf)	Coley L. Sharpe, Jr. - d. Oct 22, 1942; (s) of Ella Black and Coley L. Sharpe
(s)	J.W. Black - no dates
(s)	Mead Black - no dates
(d)	Karen Melinda Hood - b. Apr 21, 1958; d. Nov 28, 1978
	J. Melton Thornton - b. Dec 26, 1867; d. Dec 26, 1928
	Annie F. Hodges Thornton - b. Mar 24, 1887; d. Jul 21, 1967
	Peter Hampton Thornton - b. Oct 27, 1908; d. May 3, 1975; (s) of J. Melton & Annie F. Thornton
	J.L. Davis - d. Sep 13, 1928; aged 68y
	Elene A. Thornton - b. Nov 5, 1913; d. _____
	Jessie Mae Thornton - b. Jun 4, 1920; d. Jun 4, 1920
	Mattie Orena Thornton - b. Jun 10, 1910; d. Nov 13, 1913; (d) of J. Melton & Annie F. Thornton
	W.B. Cooper - b. Aug 10, 1846; d. Jan 13, 1932
	John W. Thornton - b. Jun 27, 1869; d. Oct 23, 1915
	Nanna C. Thornton - b. Jun 14, _____; d. Jun 20, 1914; (d) of J. Wen C. Thornton
	Emily May Thornton - b. Mar 31, _____; d. Apr 12, 1912; (d) of J. Wen C. Thornton
	Kisiah Elanore Thornton - b. Dec 29, 1842; d. Dec 27, 1903; (w) of Pete Hampton Thornton
	Pete Hampton Thornton - b. May 11, 1836; d. Aug 27, 1928; Cpl Civil War
	Mamie Louise Fulmer - b. Dec 19, 1891; d. Oct 11, 1918; (d) of Jonathan W. & Corrie E. Fulmer
(inf)	Hartin - d. Oct 18, 1926; (d) of Mr. & Mrs. John Hartin
	Bonnie Griffin LeGrand - b. Aug 2, 1904; d. _____
	Louie Lewis LeGrand - b. Aug 24, 1894; d. Jul 27, 1974
	Flossie E. LeGrand - b. Aug 3, 1895; d. Jul 31, 1947
	Edward Horace LeGrand - b. Feb 26, 1886; d. Dec 26, 1932
	Rachael Graddick - b. May 7, 1823; d. Oct 1889
	Harriet Graddick - b. Sep 1859; d. Sep 14, 1891
	Willie Graddick - b. or d. Sep 13, 1874
	Nathan Graddick - b. Jun 10, 1810; d. Mar 24, 1901
	Wyatt W. Rose - d. Jan 20, 1906; aged 2y
	Eliza Rose - d. 1905; aged about 80y
	James M. Jones - b. Jul 13, 1876; d. Oct 20, 1959
	Herbert Lovett - b. Apr 21, 1901; d. Jan 20, 1985
	Grace J. Lovett - b. Jun 27, 1910; d. _____; children listed on back of Lovett tomb, Clara, Louise, Jackie, Gwen, Carol, H.T., Jr., Charles, Wayne, Don.
	Carol Eleanor Lovett - b. May 5, 1940; d. Dec 18, 1944
(inf)	Bartlett - d. Apr 15, 1958; (s) of Forace & Clara Bartlett
	Tom Brown - b. Apr 3, 1913; d. Jun 9, 1933; (s) of D.E. & Louise Brown

Mrs. Louise Brown - no dates
Harvey Brown - b. Oct 26, 1909; d. May 11, 1940; (s) of D.E. & Louise Brown; Two Brothers Killed by the Train
Henry E. Hall - b. May 11, 1910; d. Oct 19, 1974
Hampton Finley Hall - b. Aug 26, 1907; d. Mar 13, 1975
James Andrew Raines - b. Jun 28, 1908; d. Nov 12, 1988
Lela M. Boone Raines - b. Jul 12, 1908; d. Mar 6, 1982
Silas F. Lovett - b. May 23, 1871; d. Jul 13, 1936
Mamie M. Abbott - b. May 11, 1873; d. Apr 5, 1928
Gladys M. Abbott - b. Jul 12, 1907; d. Jul 27, 1923
Mamieinez Abbott - b. Sep 6, 1901; d. Jul 6, 1903; (d) of J.W. & Mamie M. Abbott
Claud J. Stricklin - b. May 23, 1894; d. May 2, 1936; SC Corp 105 Sup TN Amer Legion
Tallie E. Hood - b. Aug 6, 1919; d. Nov 10, 1981; PFC US A WWII
Corrie Fulmer Hood - b. Sep 17, 1920; d. ____
Wilbur Fulmer - b. Aug 8, 1896; d. Feb 12, 1970
Janie B. Fulmer - b. Dec 9, 1893; d. Nov 1, 1958
Joseph P. Wingard - b. Feb 23, 1892; d. Jul 7, 1951
Alford Dempsy Johnson - b. Nov 22, 1928; d. Jul 14, 1973
Ben Trapp - b. Jan 18, 1931; d. Feb 19, 1990; US A
Juanita E. Trapp - b. Jun 16, 1903; d. ____

(f) William L. Trapp - b. Feb 20, 1895; d. May 20, 1978
Clyde Cadieu - b. 1903; d. 1953
Pannie Cadieu - b. 1883; d. 1935
William H. Cadieu - b. 1879; d. 1941
Monroe Cook - b. Oct 16, 1898; d. Jul 4, 1978
Maude G. Cook - b. Sep 23, 1898; d. Oct 19, 1945
Florence H. Graddick - b. Dec 21, 1868; d. Feb 2, 1909
John M. Graddick - b. Mar 13, 1855; d. Dec 3, 1928
Karen L. Haney - b. May 23, 1959; d. Oct 17, 1961
William J. "Bill" Haney - b. Nov 30, 1927; d. Oct 30, 1990
Susan L. Harmon - b. Mar 27, 1957; d. Sep 29, 1974
Joseph J. McKay - b. Sep 20, 1942; d. Oct 19, 1942; (s) of W.E. & Lula Mae McKay
Ernest Tillman LeGrand - b. Apr 21, 1890; d. Sep 7, 1948; WWI Vet
Corrie Faust LeGrand - b. Sep 9, 1900; d. ____
Morris Tillman LeGrand - b. Jul 11, 1920; d. Apr 25, 1985
Higbe B. Anderson - b. Jun 3, 1920; d. Jun 1, 1953
Annie L. Anderson - b. May 30, 1934; d. ____
Clyde Branham - b. Jun 13, 1921; d. Mar 3, 1968
Nell Branham - b. Dec 18, 1947; d. Mar 2, 1969
Jesse Lee Berry - b. Jun 27, 1915; d. Mar 15, 1955
Earl C. Ross, Sr. - b. Aug 30, 1914; d. May 12, 1981
Froshene C. Ross - b. Mar 5, 1918; d. Oct 1, 1965

Ronald Ross - b. Sep 27, 1942; d. Jul 23, 1943
Harold E. Huckabee - b. 1919; d. 1968
Bertie P. Huckabee - b. Feb 28, 1890; d. Jan 12, 1965
Charlie B. Huckabee - b. Jun 13, 1888; d. Jul 7, 1970
John H. Abbott - b. Dec 13, 1896; d. May 28, 1938
John W. Abbott - b. Oct 17, 1871; d. Apr 26, 1937
Everett J. Strickel - b. Apr 27, 1911; d. Nov 29, 1876; Maj US A WWII Kr

(inf) Coutsos - d. Jan 28, 1936; (s) of George & Sallie Coutsos
John W. Grimsley - b. Dec 14, 1902; d. Jan 4, 1926
(d) Louisa Grimsley - b. Jan 31, 1861; d. Jul 23, 1904
John Grimsley - b. May 10, 1855; d. Jan 24, 1903
(inf's) Easler - no given names or dates
Fletcher W. Albert - b. Jun 29, 1921; d. Jan 7, 1935
(inf) Albert - d. Dec 10, 1936; (s) of Mr. & Mrs. Samuel A. Albert
(inf) Branham - d. Jun 12, 1968; (d) of Mr. & Mrs. John E. Branham
Samuel Adam Albert - b. 1913; d. 1978
Maggie M. Albert - b. Jan 17, 1893; d. Mar 15, 1961
James D. Albert - b. Apr 24, 1891; d. Apr 27, 1937
Frances A. Ross - b. Oct 21, 1915; d. Nov 5, 1937
Jerry Joel Mattox - b. May 25, 1945; d. Mar 19, 1979
Jeane L. Laborde - b. Mar 29, 1939; d. May 2, 1987; USAF
Josephine M. Mattox - b. Sep 21, 1909; d. Jul 15, 1984
Samuel A. Mattox - b. Jun 15, 1895; d. Jan 30, 1950
James W. Mattox - b. Aug 25, 1931; d. May 21, 1975
Etta Alfred Vickers - b. Mar 27, 1893; d. Dec 15, 1968
James Drew Vickers - b. Sep 16, 1883; d. Feb 4, 1953
Willie E. Grimsley - b. Feb 12, 1885; d. Nov 16, 1896; (s) of Charlie H. & Nancy W. Grimsley
Wiley Conner - d. Oct 7, 1872; age 4y, 2m
Charlie H. Grimsley - b. Jan 15, 1847; d. Dec 8, 1927
Nancy Watts Grimsley - b. Mar 26, 1852; d. Sep 15, 1943
Joseph Belton Grimsley - b. Jul 16, 1883; d. May 8, 1894; (s) of John & Louisa Grimsley
Arthur Grimsley - b. Nov 13, 1880; d. Jun 7, 1901; (s) of John & Louisa Grimsley
Julia Delar Grimsley - b. Apr 3, 1887; d. Dec 12, 1902; (d) of John & Louisa Grimsley
Malvina Grimsley - b. May 21, 1890; d. Apr 20, 1903; (d) of John & Louisa Grimsley
Mikel Jones - b. Aug 12, 1861; d. Dec 16, 1934
Artie Miskiel Jones - b. Mar 18, 1873; d. Oct 16, 1931; age 58
John Tallie Jones - b. Jul 13, 1910; d. Dec 13, 1950
Mamie Jones Gordon - b. Jun 13, 1903; d. Feb 4, 1988
Peter Weston Jones - b. Aug 20, 1853; Jul 19, 1932

Gertrude Miller Jones - b. May 5, 1907; d. May 13, 1986; (w) of Marion A. Jones
Marion A. Jones - b. Mar 18, 1901; d. Jun 25, 1954
Artie Lee Jones - b. Jan 20, 1932; d. Nov 23, 1934
Ethelene S. Robertson - b. Jul 3, 1911; d. Apr 28, 1976
Susan Marie Coutsos - b. Mar 16, 1954; d. Mar 17, 1954
Thomas Eddie Coutsos - b. Aug 7, 1955; d. Aug 9, 1955
George J. Coutsos - b. Sep 8, 1886; d. Jul 6, 1940
Julia W. Faust - b. Aug 3, 1892; d. May 28, 1976
John P. Faust - b. Jun 23, 1885; d. Aug 6, 1944
John W. Faust - b. Sep 7, 1917; d. Dec 23, 1942
Catherine Flaherty - b. Dec 25, 1831; d. May 23, 1918
Fletcher D. Faust - b. Aug 11, 1884; d. Feb 3, 1940
Kate Flaherty - b. Aug 13, 1881; d. Mar 15, 1949
William Jones - b. Dec 25, 1856; d. Mar 15, 1915
J.T. Thornton - b. May 10, 1875; d. Apr 17, 1914
Martha Thornton - aged 40y
Janette Gertrude Jones - aged about 16m
J.H. Howell - no dates
James H. Howell - d. Mar 11, 1922; age 69
Lavinea Barfield Howell - d. May 5, 1941; aged 87
Maggie M. Howell - b. May 5, 1901; d. Dec 7, 1902; (d) of James H. & Lavinea B. Howell
Pearlie Howell - d. 1898; aged 2y 3m; (d) of James H. & Lavinea B. Howell
Robert J. Howell - b. Jan 5, 1880; d. Dec 13, 1896
Henry Howell - d. 1890; 7m 14d; (s) of James H. & Lavinea B. Howell
Ellen Eliza Lorick - b. Jan 14, 1861; d. Sep 18, 1937
John C. Lorick - b. Mar 10, 1860; d. Jul 17, 1931
Annie Mae Cornelius - b. Jan 13, 1908; d. Mar 4, 1927; (d) of J.C. & Julia Cornelius
James A. Cornelius - b. Nov 27, 1910; d. May 26, 1912
Nellie Cornelius - b. Apr 9, 1906; d. Apr 9, 1906
T.W. Moak - b. Jun 25, 1877; d. Jul 25, 1957
William Alford "Al" Marsh - b. Oct 8, 1955; d. Mar 20, 1988
Warren Raborn - b. Oct 26, 1895; d. Feb 26, 1899; (s) of W.D. & Carrie Raborn
Daniel Rabon - b. Dec 29, 1840; d. May 5, 1912
Jessie A. Rabon - b. Jan 29, 1844; d. Jun 18, 1910; (w) of Daniel Rabon
Thomas C. Marsh - b. 1845; d. 1915
Florence A. Marsh - b. 1858; d. 1928
Nettie Hodge Marsh - b. 1885; d. 1927
Jessie Thomas Marsh - b. 1879; d. 1929
Josephine Grimsley - d. Aug 20, 1842; aged 90y 2m 1w

Eli Williams - b. Apr 23, 1915; d. Jan 7, 1975
Lizzie Sanders McCabe Grimsley - b. Jun 23, 1882; d. Oct 18, 1971
William D. Grimsley - b. Feb 25, 1873; d. Jan 15, 1947
Annie R. McCable Duncan - b. Oct 10, 1905; d. Aug 11, 1922; (w) of Dallas E. Duncan
Jack T. McCabe - b. Mar 26, 1904; d. Jul 30, 1963
Joseph A. McCabe - b. Aug 22, 1907; d. Jan 28, 1953
Joseph McCabe - b. Jul 5, 1869; d. Jun 11, 1914
Thomas P. Stack, Sr. - b. Aug 17, 1896; d. Jun 25, 1925; WWI
Jack Edward Stack - b. Jun 1, 1922; d. May 6, 1924; (s) of Mr. & Mrs. Thomas P. Stack, Sr.
Jack McCabe - no dates
Will McCabe - no dates
Ed McCabe - no dates
John McCabe - no dates
Louisa M. Goins LeGrand - b. Jul 26, 1868; d. Jan 15, 1945
John Calvin LeGrand - b. May 24, 1881; d. Nov 7, 1929
Morris M. LeGrand - b. Jul 11, 1892; d. Jan 12, 1911; (s) of J.C. & Louisa M. LeGrand
Evbbie Odell Bradham - b. Aug 27, 1911; d. Oct 23, 1970; SC 52 US N WWII
William F. Goins - b. Mar 20, 1849; d. Mar 3, 1934
Florence Sharpe Goins - b. Sep 23, 1856; d. Jan 5, 1934
Janie Maybell LeGrand - b. Jan 25, 1882; d. Nov 10, 1948
Wesley Calvin LeGrand - b. Sep 27, 1884; d. Jun 23, 1945
(inf) LeGrand - d. Mar 1917; (d) of J.H. & Minnie LeGrand
Anna Katherine Watts - b. 1947; d. 1981
Andrew J. Graddick - b. 1885; d. 1955
Fannie G. Wallace - b. Jun 23, 1878; d. Mar 31, 1947
Jessie Louise Watts - b. 1900; d. 1987
Willie Furman Wallace - b. Apr 1, 1913; d. Jun 10, 1978
Mattie Henton - b. Sep 5, 1960; d. _____
Margaret E. Jones - b. Oct 1, 1913; d. Apr 16, 1948; (w) of L.A. Summerlin
James I. Jones - b. Jun 24, 1880; d. Mar 17, 1940
Mamie H. Jones - b. Aug 1, 1943; d. _____
William J. Jones - b. Apr 15, 1875; d. Jul 25, 1952
Sallie McCabe - b. Mar 28, 1872; d. _____; (w) of William J. Jones
James Oliver Jones - b. Apr 28, 1903; d. Oct 20, 1915; (s) of William J. & Sallie M. Jones
Addie Albritton - b. Dec 10, 1882; d. Jun 20, 1946; (w) of J.C. Cornelius
Julia Cornelius - b. May 20, 1873; d. Jan 21, 1932
J.C. Cornelius - b. Jul 18, 1875; d. May 1, 1952
Mary McCabe - d. Jul 13, 1900; aged about 55y

Mary Marsh - b. Oct 20, 1817; d. May 16, 1889; (w) of W.M. Marsh
Marion Thornton - d. Dec 2, 1922; aged 88y
Julia Thornton - b. Mar 4, 1844; d. Jun 18, 1920; aged 76y
Essie Albert - b. Feb 22, 1888; d. Mar 27, 1955
Robert W. Albert - b. Oct 18, 1884; d. Jun 3, 1934
Essie Mae Albert - b. Apr 6, 1921; d. Oct 15, 1923
Oscar Taylor - b. May 4, 1909; d. Feb 5, 1931
Lenora Marsh - d. Jan 5, 1911
Arenia Fann - b. Nov 17, 1823; d. Apr 25, 1908; (w) of R.A. Fann
Ruby N. Nelson - b. Aug 19, 1948; d. Jun 3, 1980
Dr. C.L. Vickers, D.V.M. - b. Oct 7, 1931; d. Apr 23, 1963
Lessie Fox Vickers - b. Mar 21, 1914; d. Dec 15, 1983; US A WWII
Charles E. Sloan - b. May 19, 1919; d. Apr 11, 1980
Patricia Etta Gear - b. Jan 1, 1948; d. Sep 27, 1987
Elizabeth M. Calhoun Goff - b. Aug 2, 1916; d. Oct 24, 1948; (w) of John H. Goff
Clarence W. Sox - b. Apr 11, 1923; d. Aug 31, 1971; PFC USMC Res WWII
John C. Goff - b. Mar 10, 1880; d. Aug 14, 1950
Mary Elizabeth Grimsley Goff - b. Sep 6, 1887; d. Mar 2, 1942; (w) of John C. Goff
Franklin D. Nelson - b. Aug 3, 1937; d. _____

29. **Koon Graves**: On Lever Acres Rd, 1/4 mile from the end of the road in the woods, Killian, SC. Oct 11, 1998

Harmon Koon - b. Mar 8, 1808; d. Nov 16, 1885; age 77y 7m
Elizabeth Koon - b. Jul 17, 1796; d. Jun 23, 1873; aged 77y 11m 6d

30. **Little Zion Baptist Church Cemetery:** On Rt 321 a mile south of Blythewood Rd, Blythewood, SC. Aug 18, 1998

C.H. Harris - d. Jan 21, 1953; Blythewood, SC*
Maggie Harris - d. Feb 4, 1960; Blythewood, SC*
Baby girl Canty - d. 1971
Hallie R. Harris - b. Mar 15, 1892; d. Aug 12, 1977*
Willis Harris - b. Nov 31, 1890; d. Oct 22, 1977*
Willie Guider - b. Feb 10, 1910; d. Dec 15, 1988*
Bernice D. Guider - b. Sep 6, 1925; d. _____ *
Franklin T. Walker, II - b. 1993; d. Jun 21, 1993
Raymond Guider - b. Oct 2, 1924; d. Aug 24, 1989
Charlie Spann - b. Jul 19, 1911; d. Aug 21, 1991*
Eliza G. Spann - b. Apr 18, 1918; d. Jul 29, 1984*
Joseph Guider - b. May 4, 1917; d. Feb 18, 1976
Rebecca Guider - b. Apr 19, 1887; d. Apr 10, 1976

(m) Mamie Guider Jackson - b. Jun 29, 1908; d. Sep 25, 1975
Mrs. Marinda Samuel - b. 1870; d. Jun 7, 1931; age 61

	Eddie Guider - b. Apr 28, 1914; d. Aug 27, 1972
	Cora L. Guider - b. Jan 2, 1890; d. Feb 28, 1971
(dea)	Charlie Guider - b. Jul 4, 1882; d. Jan 21, 1962
	Stephen Guider - d. Apr 22, 1938
	Dora Turnipseed - b. Mar 8, 1891; d. Apr 29, 1941; (w) of Silas Guider
	Sammie Guider - d. Nov 10, 1921; age 26
	Oliver Turnipseed - b. 1893; d. 1965
	Silas Guider - b. Mar 1944; d. Jul 1994
	David Guider - b. 1916; d. 1972
	Mary E. Trapp - b. 1899; d. 1953
	Silas Guider, Jr. - b. Apr 1914; d. Jun 1959
	James Savage - b. Mar 15, 1925; d. Dec 6, 1965
	Isaiah Savage - b. Nov 15, 1923; d. Nov 6, 1960
	Robert Walker - b. 1881; d. 1954*
	Minnie Walker - b. 1887; d. 1959*
	Elizabeth S. Hilton - b. 1939; d. 1979
(f)	Chester Turnipseed - b. Apr 8, 1924; d. Mar 21, 1961
(s)	William J. Turnipseed - b. Feb 28, 1948; d. Dec 23, 1966
	Pervis Walker - b. 1908; d. 1975
(f)	Daniel Entzminger - b. Mar 10, 1918; d. Aug 19, 1992
	Lump Jackson - b. Mar 28, 1894; d. Apr 11, 1964; SC Pvt Co A 60 Pnr Inf WWI
(m)	Henrietta Tidwell Jackson - b. Nov 30, 1897; d. Jun 19, 1940
	Rebecca Tidwell - b. Oct 25, 1869; d. Apr 19, 1931; age 61; (w) of Henry E. Tidwell
(rev)	Henry E. Tidwell - b. Dec 25, 1854; d. Nov 29, 1957
	baby Goodwin - d. Oct 28, 1945
	William Hudson - b. Oct 26, 1957; d. Feb 4, 1958
(m)	Della M. Goodwin - b. 1912; d. 1967
(m)	Carrie B. Tidwell - b. Sep 7, 1902; d. Aug 12, 1976*
(f)(dea)	James W. Tidwell - b. Jan 9, 1900; d. ____ *
	James Clarence Johnson - b. Aug 18, 1936; d. Feb 24, 1964; NY PFC 5 Missile Bn 42 Arty
	Lulien McDaniel - d. Oct 5, 1930
	Robert O. Thompson - b. Mar 19, 1911; d. May 22, 1967; SC Pvt Btry C 16 FA Bn WWII
	Alfard Roosevelt Thompson - b. 1907; d. 1965
	Geneva Thompson Perry - b. Dec 18, 1909; d. Apr 20, 1983
	Ruby L. Thompson Singley - b. Aug 21, 1927; d. Jan 27, 1988
	Thelma Thompson Green - b. Dec 4, 1916; d. Mar 4, 1992
	Eddie Johnson - d. Sep 15, 1939; age 75
(sis)	Adaley Johnson - d. 1930
	Madison Kennedy - d. May 6, 1901; age 48y
	Eliza Kennedy - d. Mar 15, 1914; age 52; (w) of Madison Kennedy
	C.B. Broom, d. Apr 12, 1905; age 53

Minnie Allen - b. 1888; d. Jun 1, 1962
Anna Miles Johnson - b. Jul 1, 1888; d. Jun 29, 1914; (w) of John Johnson
Susie Meyers - b. 1859; d. 1935*
Victoria Salley - b. 1831; d. 1917*
Adline Guider - d. Sep 26, 1904; age 45
Frances E. Cannon - b. Feb 13, 1916; d. Jul 24, 1992
Carrie Spann - b. Jan 26, 1881; d. Nov 20, 1944; (w) of John W. Entzminger

(f)(dea) John W. Entzminger - b. 1876; d. 1961
Hardy Entzminger - b. Jan 30, 1878; d. Jun 1963
Lucile Taylor - b. Apr 20, 1900; d. Nov 8, 1948*
Barney Taylor - b. Oct 31, 1887; d. Mar 26, 1956*
(f) Henry Tidwell, Jr. - b. Aug 3, 1905; d. Nov 13, 1994*
(d) Rosena Tidwell - b. Dec 11, 1929; d. ____ *
(m) Lillian Tidwell - b. Jul 15, 1914; d. Mar 4, 1952*
Josie E. Cannon - b. Nov 22, 1923; d. Jul 11, 1978
Marie Jermie Elison - b. Apr 13, 1922; d. Sep 5, 1922
(f) Freddie Ellison, Sr. - b. Apr 28, 1928; d. May 18, 1997
Essie Mae Entzminger - b. Dec 23, 1929; d. Aug 16, 1946
(m) Ellen Entzminger - b. Oct 17, 1893; d. Oct 1946
Christana Taylor - b. Aug 1, 1900; d. Sep 10, 1912
Soloman Taylor - d. Jan 8, 1909; age 32
Calvin Spann - b. Mar 28, 1876; d. Mar 28, 1945
Lena B. Spann - b. 1877; d. 1914*
Soloman Spann - b. 1910; d. 1969*
Baby boy Spann - d. Dec 26, 1970
(m) Ola Broome Entzminger - b. Jun 1, 1888; d. Dec 5, 1962
Grant Myer - b. Dec 25, 1876; d. Feb 11, 1931
Thelma Broom - d. Aug 3, 1921; baby
Mary Harris - b. 1867; d. Mar 9, 1944
Fannie Harris - b. Jan 15, 1864; d. Jan 2, 1926
Mattie Law - b. 1860; d. Mar 29, 1915
(sis) Lara Ruff - b. 1865; d. Jul 22, 1930
Benjamin E. Cannon - b. 1949; d. 1956
Asbon Ford - d. Oct 28, 1962; age 79
Albertha Spann - b. Oct 31, 1925; d. Dec 25, 1936
(dea) Willie Spann - b. Jul 7, 1901; d. Jul 4, 1947
Herbert Broome - b. Jul 4, 1896; d. Sep 7, 1960
Mary B. Singleton - b. Dec 22, 1895; d. Jun 2, 1962
Isaiah Spann - b. 1918; d. 1939
Ladybird Spann - b. May 15, 1893; d. Apr 28, 1940
James W. Spann - b. Aug 24, 1923; d. Jun 12, 1946; SC ST3 US N WWII
(s) Daniel Entzminger - b. Sep 14, 1943; d. Feb 15, 1962
Mr. Joseph Entzminger - b. 1912; d. 1985

Minnie H. Entzminger - b. 1900; d. 1969
Daniel Entzminger - b. Mar 2, 1894; d. Jan 31, 1981; US A WWI
Sanker Entzminger - b. Jun 11, 1912; d. Mar 24, 1966
Mary Entzminger - b. Oct 18, 1918; d. Jun 9, 1990
English Canty, Sr. - b. Nov 8, 1894; d. Apr 13, 1974
Jerry Ashford - b. Jun 5, 1953; d. Jan 31, 1972
Wardell Plair – no dates
Ealie Spann - b. Mar 10, 1914; d. Oct 21, 1973
James Robert Austin - b. Jan 3, 1931; d. Sep 26, 1970; SC Pvt US A Kr
Nathaniel Kirby - b. 1946; d. 1974; US A Vn
(m) Maggie B. Seals - b. May 19, 1902; d. Jun 29, 1958*
(f) Ernest E. Seals - b. May 19, 1893; d. Oct 30, 1945*
Susan Adams - b. 1866; d. 1945
Leah A. Dubard - b. 1891; d. 1974
Elizah Lightner - b. 1889; d. 1962
Tommy Lightner - b. 1960; d. 1964
Dianne Lightner - b. 1956; d. 1962
Mattie Stinson - b. 1934; d. 1967
Robert Lee Drummer - b. Oct 22, 1930; d. Dec 11, 1971; SC Sgt Arty USAR Kr
S. Hester Mack - b. Oct 25, 1875; d. Dec 1, 1929
Nancy Johnson - b. 1891; d. 1958
Johnnie Johnson - b. Aug 18, 1924; d. May 5, 1953; NY SC2 US N WWII
William Lorick - b. Nov 26, 1882; d. Dec 13, 1926
James Tidwell, Sr. - b. Aug 19, 1926; d. Jul 24, 1998
Johnnie Bennett - b. Feb 12, 1914; d. Feb 28, 1986
Clarence Tidwell - b. Feb 19, 1932; d. Feb 16, 1977
Elaine D. Bright - b. Dec 31, 1958; d. Mar 11, 1985
Melvin Cannon - b. May 10, 1948; d. Aug 11, 1993
Harry Entzminger - b. Dec 8, 1920; d. Oct 2, 1989; PFC US A WWII
Katheryn Entzminger McDaniel - b. Aug 25, 1918; d. Jun 9, 1985
Carroll Dubard - b. 1921; d. 1977; S1 US N WWII
(m) Mary Washington - b. May 27, 1907; d. Jun 29, 1990
Freddie P. Blocker - b. Feb 19, 1927; d. Jan 24, 1992; US N WWII
(w) Sarah Blocker Martin - b. Aug 28, 1913; d. Dec 8, 1988
(f) Peter J. Blocker - b. Dec 16, 1909; d. May 7, 1984
(d) Daisy Egister Johnson - b. May 3, 1936; d. ____
(f) Rody Egister - b. Dec 22, 1910; d. Mar 12, 1985
(m) Inez Taylor Ray - b. Oct 2, 1913; d. Jan 20, 1982
(h) James H. Ray - b. Apr 18, 1942; d. Nov 7, 1985
Johnnie Myers - b. Aug 24, 1914; d. Feb 13, ____
Rosa M. Drummer - b. Sep 1, 1915; d. Sep 27, 1983
Bertha G. Cook - b. May 2, 1885; d. May 17, 1991; age 105
(f) Isaiah Cannon - b. Feb 16, 1918; d. Mar 18, 1990*

(m)	Mamie E. Cannon - b. Nov 18, 1923; d. Feb 21, 1989*
(m)	Essie Spann Boyles - b. Jan 23, 1905; d. Mar 13, 1991
(rev)	Jacob C. Spann - b. Jan 9, 1909; d. Jul 5, 1991
(f)	Marion J. Seals - b. Mar 15, 1930; d. ____*
(m)	Vonetta H. Seals - b. Jan 16, 1933; d. Aug 8, 1987*
	Melvina Canty - b. Jan 14, 1922; d. Nov 17, 1992
	Arthur Spann - b. 1913; d. 1992
	Irene Haynes - b. Nov 4, 1893; d. Jan 6, 1983
	Estell Harris Canty - b. Mar 6, 1898; d. Jan 24, 1981
	James Wesley Entzminger, Sr. - b. Dec 14, 1908; d. Oct 27, 1990
(h)(dea)	Alphonso Adams - b. 1906; d. 1982
	Benjamin A. Entzminger - b. Jan 28, 1921; d. Feb 4, 1984
	Nemiah Seals - b. Apr 21, 1897; d. Sep 12, 1984
(m)	Lillie Spann Seals - b. Jan 14, 1901; d. Jul 27, 1997
(s)	John H. Seals - b. Jan 26, 1926; d. Jul 30, 1987

31. Lynch-Thomas-Taylor Graves: At the corner of Trader Mill Rd and Flora Rd, Spring Valley, SC. Sep 3, 1998

Mary A. Taylor - b. May 15, 1857; d. Mar 13, 1902; (w) of R.W. Taylor; (d) of Robert & Sarah Wescott
O.F. Thomas - b. Sep 1856; d. Jan 1931
Joseph Lynch - b. 1846; d. 1875*
Harriet E. Lynch - b. 1848; d. 1912*

32. Macedonia Baptist Church Cemetery: At the corner of Wilson Rd and Macedonia Church Rd, Fairfield Co, SC. It is about 1.5 miles north of the Richland Co line. Sep 24, 1999

	Ernest Richardson - b. Jul 27, 1940; d. Sep 11, 1976
(m)	Rhoda B. Robertson - b. Aug 1, 1893; d. Sep 8, 1994
	David Robertson - b. Apr 6, 1936; d. Mar 26, 1978
	Hampton Robertson - b. Sep 3, 1928; d. Oct 30, 1986
	Jeff Robertson - b. Jun 11, 1924; d. Aug 25, 1995
	Ernest Robertson - b. May 2, 1932; d. Sep 20, 1997; US A Kr Vn
	Roosevelt Eggleston - b. Sep 28, 1921; d. Mar 10, 1993*
	Louise G. Eggleston - b. Apr 17, 1920; d. May 7, 1995*
(s)	Charlie A. Geiger, III - b. Sep 24, 1947; d. Nov 20, 1987
(d)	Betty L. Goins Geiger - b. Jan 29, 1960; d. Dec 1, 1992
	Lannie Dale Robinson - b. 1954; d. 1992
	Charlie A. Geiger, Jr. - b. May 2, 1922; d. Jul 20, 1998; Tec 5 US A WWII
	Jessie Washington - b. 1920; d. 1990
	Mae Frances McDonald - b. Nov 10, 1910; d. Aug 25, 1982
	Edward Kennedy - b. 1924; d. 1996
	Alvin Kennedy - b. 1916; d. 1996
	Selener Anderson - b. 1928; d. 1994

Charlie L. Kennedy, Jr. - b. Sep 2, 1921; d. Jul 31, 1993; PFC US A
Paul Kennedy - b. Jan 30, 1923; d. Apr 20, 1966; SC PFC 740 Med Svc Co WWII
William Belton - b. Jul 17, 1919; d. Feb 19, 1997
Maggie Belton - b. Nov 1, 1918; d. May 26, 1941
Bessie Mae Robertson - b. Apr 23, 1921; d. Apr 4, 1994*
George Robertson - b. Sep 13, 1923; d. ____*
(dea) Joseph Gantt - b. Sep 17, 1917; d. Mar 19, 1988*
Irene B. Gantt - b. Apr 22, 1922; d. ____*
Renee Gantt - b. Feb 22, 1965; d. ____
Loretta Gantt - b. Jun 2, 1944; d. Nov 2, 1968
Tillman Jones, Sr. - b. Oct 2, 1927; d. Jan 10, 1999
Floyd Jones - b. 1937; d. 1989
Ophelia Jones - b. 1931; d. 1981
Ernest Jones - b. 1932; d. 1979
Lizzie A. Jones - b. Apr 5, 1937; d. May 21, 1979
Henry Lee Goines - b. 1929; d. 1985; Pvt US A Kr
Daisy Belton - b. Dec 17, 1919; d. Nov 14, 1980*
(b) Henderson Belton - b. Nov 28, 1915; d. Jul 3, 1985*
Mary Belton - b. Jan 6, 1906; d. May 3, 1993
Mattie Robinson - b. 1932; d. 1993
James C. Cummingham - b. 1915; d. 1999
Reed Haden - d. Jun 19, 1965; age 52
Eveleen G. Green - b. 1954; d. 1997
Hattie G. Goins - b. Dec 7, 1924; d. Dec 19, 1991
Alma Gripper - b. Aug 25, 1896; d. Jun 26, 1959
James Gripper - b. May 11, 1894; d. Nov 24, 1973
Anna Gripper Butler - b. May 19, 1919; d. May 5, 1972; (w) of Willie Lee Butler
Sarah Brabham - b. Nov 9, 1917; d. Jun 27, 1978
Osborn Squirewell - d. Sep 22, 1952; age 55
Minnie G. Derby - b. 1890; d. 1960
McClellan Derry - b. 1887; d. 1940
McCoy Derry - b. Jul 9, 1891; d. Sep 29, 1918
Eli Derry - b. Jan 20, 1857; d. Jul 8, 1927
David Green - d. Feb 22, 1951; age 66
Ernest P. Jones - b. Apr 19, 1896; d. Mar 6, 1973; SC Cpl US A WWI
(m) Ida J. Griffin - b. 1900; d. 1991*
(f) William Griffin, Sr. - b. 1898; d. 1971*
(w)(m) Dorothy L. Griffin - b. 1930; d. 1964
Mary Ann Griffin - b. 1901; d. Feb 9, 1919
Sarah Qualls - b. Jun 15, 1930; d. Jun 12, 1993
David E. Qualls - SC Pvt US A WWII
Maria Caldwell - b. 1880; d. 1925
Elizabeth Robertson - d. Jul 23, 1993; age 86y
Wylie Robertson - b. 1906; d. 1971

	Rosetta Belton - b. 1899; d. 1936
	David Belton - b. 1908; d. 1969
	Jasper Jamison - b. 1950; d. _____
	Melvin Robertson - b. Aug 20, 1937; d. Jul 29, 1967; SC Sp 5 Co C 503 MP Bn
	Willis C. Belton - b. Apr 14, 1916; d. Jan 27, 1964; SC Tec 5 3987 Qm Truck Co WWII
	Josephine W. Belton - b. 1885; d. 1968
	David George Belton - b. 1878; d. 1957
	David G. Belton - b. 1912; d. 1992
	James D. Belton - b. 1903; d. 1973
	Annie belle Belton - b. 1903; d. 1984
	Brumit K. Belton - b. Feb 3, 1906; d. May 4, 1985
	Charlie Harrison - d. Jun 21, 1954; age 72
	James William - d. Oct 10, 1943; age 76
(rev)	T.R. Robertson - b. Jun 15, 1893; d. Dec 12, 1966
	Amelia Robertson - d. Feb 8, 1952; age 84
	Moses Robertson - d. 1947; age 52
(f)	Tob Robertson - b. Jul 3, 1865; d. Sep 25, 1941
(m)	Julia Robertson - b. Sep 10, 1864; d. Aug 15, 1940
(inf)	Robertson - d. May 20, 1945; (s) of W.L. & Elizabeth Robertson
	Willie Robertson - b. Sep 8, 1891; d. Nov 20, 1968; SC Pvt Co A 304 Stev Regt Qmc WWI
	James Belton - b. Aug 4, 1937; d. Feb 18, 1969
	Allie Belton - d. Oct 14, 1958; age 62
	Boulis Pickens - d. Jan 30, 1918; age 65
	Harrison Belton, Jr. - no dates
	Minuel Belton - b. Jun 29, 1918; d. Jun 8, 1950; SC Tec 5 1314 Engr GS Regt WWII
	Jeff Chappels - b. Aug 27, 1892; d. Apr 28, 1946; SC Pvt 60 Honler Inf
	Harrison Belton - b. 1895; d. 1971
	Rosi Belton - d. May 17, 1947; age 48
(m)	Julia G. Belton - b. 1889; d. 1980
(s)	Efrem Z. Richardson - b. Jan 8, 1966; d. Apr 8, 1975
(f)	William Belton - b. 1887; d. 1955
	Rosie L. Addison - d. Aug 5, 1947; age 33
	Levi Belton - b. Jan 5, 1899; d. Aug 18, 1965
	Ell Belton - b. 1916; d. 1990
	Joseyette Kennedy - d. Sep 30, 1964
	Queen G. Goines - b. Aug 12, 1892; d. Feb 9, 1959*
	Stellie Goines - b. Aug 13, 1891; d. Aug 28, 1955*
(m)	Daisy G. Cunningham - b. 1888; d. 1967
	Stellie Goins, Jr. - b. Apr 29, 1916; d. Oct 21, 1968; GA Cpl AAF WWII
	Florence H. Malone - d. Sep 17, 1963; age 57

(rev)	George W. Robertson, Sr. - b. Oct 25, 1890; d. Jun 7, 1978*
	Mattie G. Robertson - b. Sep 2, 1897; d. Apr 28, 1976*
	Isabell Lovett - b. Dec 24, 1906; d. Feb 3, 1961; age 55
	Albert Lovett - b. 1940; d. 1960
	Mary J. Belton - no dates
33.	**McCants-Johnson Graves**: On Hwy 321, near the south entrance of Wilson Cir in the woods, Blythewood, SC. Aug 13, 1998
(sis)	Maggie McCants - b. 1855; d. Dec 20, 1931; Ldg No 30 WHCWS
	Charlotte Johnson - b. Mar 15, 1872; d. Feb 23, 1934; Ldg No 30 WHCWS
34.	**Medlin #1 Graveyard**: On Bombing Range Rd about 1/8 mile from Kelly Mill Rd, Spring Valley, SC. Sep 18, 1998
(m)	Susie Mae Ellisor - b. May 1, 1910; d. Apr 29, 1972
(m)	Hattie J. Medlin - b. Dec 31, 1882; d. Jan 8, 1958
	Eddie Medlin - b. 1906; d. 1931
	Eliza Hornsby - d. Mar 26, 1931; age 70y
	Eddie Medlin, Jr. - b. Jun 29, 1927; d. Dec 4, 1992
	Pearl M. Davis - b. 1907; d. 1981
35.	**Medlin #2 Graveyard**: In the Wildwood Subdivision off of Polo Rd, Spring Valley, SC. It is believed the cemetery no longer exists.
	Briant Medlin - d. Jul 30, 1858; age 47y
	Elizabeth Medlin - b. 1805; d. Oct 18, 1868; (w) of Calvin Medlin
	Johnson Medlin - no dates; age 3y
	R. Medlin - d. Apr 1855
	Bessie Carter - b. Apr 29, 1909; d. Dec 15, 1922
(inf)	Cooper - no dates; (s) of Thomas Cooper
	Mamie DeLong - d. Aug 26, 1909; age 26y
	Rebecca LeGrand - b. Jul 1, 1844; d. Jan 14, 1914; (w) of W.W. LeGrand
	Emma Turnage - b. Apr 1852; d. Jul 1, 1912; (w) of Isaac Turnage
	Lula Turnage - b. Dec 23, 1886; d. Oct 1, 1903
	Adalie Wallace - b. Jan 19, 1861; d. Jul 26, 1896
36.	**Memorial Gardens of Columbia Cemetery**: On Wilson Rd (Rt 21), 1/8 mile from the intersection of Lever Acres Rd, Killian, SC. Jan 12, 1999
(m)	Margaret Elizabeth Haywood - b. Jun 8, 1925; d. Dec 27, 1990
	Claude B. Carman - b. 1937; d. _____ *
	Lena S. Carman - b. 1927; d. _____ *
	Hurley Lassiter - b. 1934; d. _____ *
	Barbara Lassiter - b. 1938; d. 1991*
	Danicl Charles - b. 1930; d. _____ *
	Earnestine Charles - b. 1936; d. 1996*

Reginald Brown - b. Jan 22, 1969; d. May 20, 1990
Jackie Brown - b. Jul 7, 1950; d. Oct 2, 1995
Jerry Michael Windhorn - b. Mar 9, 1927; d. Aug 22, 1998*
Ann Sease Windhorn - b. Nov 20, 1939; d. ____*
Roger William Anderson - b. Dec 31, 1917; d. Sep 8, 1996*
Helen Windhorn Anderson - b. May 4, 1921; d. ____*
Velma Renee Bates - b. Jul 12, 1964; d. Jul 2, 1994
Reece C. Johnson - b. 1927; d. 1991*
Brenda P. Johnson - b. 1951; d. ____*
George McNelly - b. Jan 14, 1910; d. Apr 29, 1987*
Edith McNelly - b. Apr 6, 1903; d. Oct 16, 1992*
John L. Windhorn, Jr. - b. 1918; d. ____*
Henrietta F. Windhorn - b. 1922; d. 1994*
Adam E. Price - b. Aug 4, 1911; d. Dec 20, 1975*
Kathryn W. Price - b. Jan 8, 1914; d. Oct 24, 1983*
Odell Tanner - b. 1931; d. 1995; Gone Fishing*
Irene Tanner - b. 1927; d. ____*
Kelly Jean Burton - b. Apr 21, 1990; d. Apr 21, 1990
Roosevelt McCants - b. 1916; d. 1996*
Eliza M. McCants - b. 1914 d. ____*
William B. Brazell - b. Jun 4, 1929; d. ____
Violet Kimble Lovett - b. 1933; d. ____
Joseph Roy Kimble - b. 1943; d. 1987
Russell D. "Rusty" Howdeshell - b. May 5, 1970; d. Jan 20, 1997
Marion T. Lassiter - b. Aug 5, 1918; d. ____; US A WWII*
(m) Ruby S. Lassiter - b. Oct 26, 1917; d. Apr 6, 1997
Ransom Caswell Deal-b. Oct 19, 1916; d. May 29, 1985; US A WWII
(m) Helen S. Deal - b. Nov 6, 1918; d. Jul 13, 1998
David R. Dove - b. 1916; d. 1984*
Alma G. Dove - b. 1908; d. ____*
Karl C. Rhea - b. 1930; d. 1998*
Reola E. Rhea - b. 1926; d. ____*
Simon Entzminger - b. 1910; d. ____*
Estell Entzminger - b. 1916; d. 1994*
Robert Medley - b. 1926; d. ____*; US N WWII
Ethel H. Medley - b. 1929; d. ____*
Brenda Kay Medley Brown - b. 1948; d. 1996
Edward Eugene Medley - b. 1968; d. ____
Christy Lynn Jackson - d. Oct 1, 1986
Misty Dawn Drake - b. Jul 17, 1985; d. Sep 17, 1985
Daisy Irene Miles - b. Apr 12, 1919; d. Jan 27, 1989*
Jessie Estelle Miles - b. Jul 14, 1923; d. ____*
Benjamin C. Simpson - b. 1912; d. 1990*
Sudie P. Simpson - b. 1917; d. ____*
Walter Melvin Seay - b. 1909; d. 1997
Minnie E. Johnson - b. Apr 27, 1909; d. Dec 23, 1983

Clifford A. Grogan - b. 1932; d. ____*
Lucille H. Grogan - b. 1927; d. ____*
Ferry Mae O'Berry - b. Apr 29, 1925; d. Feb 15, 1996
John L. Simons - b. 1921; d. ____*
Reva A. Simons - b. 1924; d. 1998*
John D. Adams - b. Jul 15, 1917; d. Jan 16, 1991*
Mamie L. Adams - b. Jun 3, 1919; d. ____*
Charles L. Japps - b. 1917; d. ____*
Winnie E. Japps - b. 1924; d. 1998*
Zeno L. Gray - b. 1920; d. ____*
Leola C. Gray - b. 1920; d. 1993*
Debra May Helmick - b. Nov 12, 1975; d. Jun 15, 1985
Oscar Schmidt - b. 1904; d. 1997*
Gerda L. Schmidt - b. 1917; d. ____*
Wade L. Johnson - b. Mar 6, 1939; d. Feb 20, 1998*
Elizabeth O. Johnson - b. Jul 2, 1944; d. Jun 16, 1987*
Wade E. Johnson - b. 1903; d. ____*
Lula Mae Johnson - b. 1908; d. 1984*
Earl D. Holbrook - b. Aug 23, 1940; d. Apr 4, 1991; Sgt US A Vn*
Presentacion C. Holbrook - b. 1933; d. ____*
Raymond Patrick Schall - b. Dec 7, 1938; d. Mar 9, 1993; Sp4 US A
John S. Eastlake - b. 1926; d. ____*
Irene D. Eastlake - b. 1922; d. 1994*
(s) John S. Eastlake, Jr. - b. Aug 19, 1950; d. Jul 4, 1986; (b) US N
Billy J. Medlin - b. Aug 24, 1960; d. Sep 7, 1985
Marvin C. Schmidt - b. Dec 12, 1924; d. Mar 2, 1989; MSgt US A WWII Kr*
(w) Agueda Schmidt - b. Apr 7, 1924; d. ____*
Gary D. Bennett - b. 1948; d. ____*
Susan B. Bennett - b. 1950; d. 1991*
Leo Jones - b. 1917; d. 1987*
Daisy H. Jones - b. 1915; d. ____*
Arthur Y. Robertson - b. 1928; d. 1991*
Delma L. Robertson - b. 1922; d. 1987*
Quinton O. Bruce - b. 1922; d. ____*
Alice W. Bruce - b. 1924; d. 1997*
Annie Mae Cherry - b. 1916; d. ____*
Janie S. Anderson - b. 1918; d. 1991*
Vernon H. Brownlee - b. Sep 19, 1916; d. Dec 22, 1994*
Eva H. Brownlee - b. Aug 28, 1917; d. ____*
Roscoe W. Turner, Jr. - b. 1952; d. 1993*
Sharon E. Turner - b. 1956; d. ____*
Tracey Donielle Clemmons - b. Jan 13, 1967; d. Oct 28, 1986
Jordon Clay Courtney - b. Oct 22, 1984; d. Aug 17, 1987
Don O. Daniels - b. Dec 16, 1925; d. ____*
Kathleen S. Daniels - b. Sep 16, 1931; d. ____*

Frances B. Wright - b. 1919; d. 1991
Archie S. Thorpe - b. 1902; d. 1992*
Macie F. Thorpe - b. 1917; d. ____ *
Jerry M. Roberts, Jr. - b. 1920; d. 1997
Nancy G. Mitchum - b. Jul 24, 1952; d. Feb 19, 1998
E. Michael Martin - b. 1949; d. 1993; US A Vn
John Mark Wise - b. Jan 31, 1955; d. Jan 21, 1994
Robert T. Martin - b. 1924; d. 1991*
Alberta W. Martin - b. 1921; d. 1994*

(rev) Thomas H. Dickerson - b. Sep 28, 1925; d. Jan 9, 1987
Annie L. Zimmerman - b. 1961; d. 1995
Cecil Phillip Johnson - b. Mar 5, 1927; d. Nov 18, 1996; SSgt US A Vn

(b) Richard A. Bell - b. Jul 1, 1954; d. May 3, 1988
Levi Perry, Jr. - b. Jul 15, 1956; d. Jul 13, 1992
Jack M. Smith - b. Aug 2, 1934; d. Oct 25, 1985*
Patricia C. Smith - b. Aug 8, 1935; d. ____ *
James T. Johnson - b. 1907; d. 1991*
Ethel W. Johnson - b. 1912; d. 1995*
Albert F. Weatherbee - b. 1914; d. 1984
Mark Kevin Weekley - b. Aug 12, 1966; d. Jun 1, 1986
Marion A. Weekley - b. May 5, 1925; d. Nov 3, 1988; US A WWII
Lawrence K. Miles - b. 1938; d. 1994*
JoAnn Miles - b. 1941; d. ____ *
John L. Redford - b. 1924; d. 1996*
Azzie Lee Redford - b. 1926; d. ____ *
James S. Scott - b. 1930; d. 1987*
Thomasena B. Scott - b. 1935; d. ____
Earnest Gibson - b. 1937; d. 1996*
Lillian M. Gibson - b. 1941; d. 1991*
Ernest Martin - b. May 12, 1936; d. Jan 9, 1992

(m) Gail L. Cook - b. 1948; d. ____ *
(d) Tracie D. Cook - b. 1964; d. 1992*
Rachel Grant Taylor - b. 1947; d. 1997
William Poarch - b. Jul 6, 1929; d. Apr 16, 1984
Rita K. Poarch - b. Jan 8, 1958; d. Jun 29, 1989
Richard Boykin - b. 1941; d. 1989*
Willie Mae Boykin - b. 1945; d. ____ *
Melvin Branham - b. Dec 24, 1920; d. Jan 12, 1986*
Evelyn Branham - b. Jan 31, 1922; d. ____ *
Dennis S. Rahiser - b. Jul 26, 1960; d. Mar 2, 1990*
Deborah P. Rahiser - b. Jun 29, 1962; d. ____ *
John A. Rahiser - b. Mar 23, 1953; d. Mar 20, 1987
Damian E. M. Bellamy - b. 1977; d. 1992
Homer G. Murray - b. 1928; d. ____ *
Catherine R. Murray - b. 1925; d. 1995*

James W. Brunson - b. 1917; d. 1989*
Ottie Nell Brunson - b. 1918; d. 1994*
Douglas Allen Scott - b. Mar 3, 1986; d. Jan 18, 1987
Robert E. VanNess - b. 1926; d. _____*
Wanda L. VanNess - b. 1925; d. 1997*
Hassan W. Reaves - b. Dec 4, 1988; d. May 24, 1992
Billy Joe Garner - b. Sep 16, 1932; d. Jan 21, 1995; US A Kr*
(m)   Dallas Pritchard Garner - b. Jan 27, 1933; d. _____*
Charles E. Rayman - b. 1959; d. _____
Calvin Leon Creel - b. Jun 14, 1955; d. Sep 21, 1984; SSgt US A
George E. "Bo" Jordon, Jr. - b. 1959; d. 1991
Warren H. Mackay, II - b. Jul 25, 1960; d. Jan 30, 1987
(w)(m)   Hildegard Damon - b. Oct 27, 1933; d. Apr 25, 1987
Robert T. Davis - b. 1931; d. _____*
Priscilla C. Davis - b. 1940; d. _____*
Earnest Griffin - b. 1930; d. _____*
Minnie L. Griffin - no dates*
Charles D. Erwin - b. Oct 1, 1936; d. Feb 27, 1989; Pvt US A Kr
Michael A. D'Amato - b. 1911; d. 1987*
Veronica A. D'Amato - b. 1916; d. _____*
Olin Days - b. Jun 5, 1915; d. Jan 11, 1991*
Rosa B. Days - b. Mar 27, 1918; d. _____*
John T. Gill - b. Jun 14, 1941; d. _____; US N*
(w)(m)   Edith L. Gill - b. Jan 18, 1934; d. Sep 20, 1989*
Thomas William Branham - b. May 30, 1925; d. _____*
Dorothy Faye Branham - b. Aug 7, 1938; d. Dec 2, 1988*
Herman W. Kirby - b. 1931; d. 1984*
Margie L. Kirby - b. 1941; d. _____*
(w)   Mae C. Cain - b. Apr 29, 1924; d. Mar 3, 1995
Jerry M. Roberts, III - b. 1954; d. 1998
Billy L. Holton - b. 1960; d. 1991
Charles Edward Hayes - b. Feb 3, 1941; d. Nov 2, 1993; SPC US A
(m)   Clara C. Rogers - b. 1913; d. 1994*
(s)   Thomas Lanny Rogers - b. 1952; d. 1992*
Evelyn E. Cornish - b. Jan 21, 1913; d. Jan 20, 1995
Donald N. Martin - b. 1944; d. 1996*
Margaret D. Martin - b. 1956; d. _____*
Harrison O. Loop - b. Dec 22, 1916; d. Dec 3, 1997; Cpl US AAF*
Frances Beatrice Loop - b. Sep 16, 1917; d. Mar 23, 1990*
Abram Josiah B. Kennedy - b. Jan 29, 1949; d. Jul 16, 1995
Billy Charles Purvis - b. Jun 13, 1943; d. May 13, 1990; US A Vn
  Purple Heart
Charles D. Peake - b. Nov 2, 1933; d. _____*
Ruth J. Peake - b. Feb 17, 1937; d. Jan 10, 1986*
Morlyn Jerry Bone - b. 1920; d. 1993*
Elizabeth F. Bone - b. 1922; d. _____*

(s)(b)   R. Daron Rabon - b. Jun 2, 1968; d. Nov 27, 1990
Ya'Kenya JaNae Jackson - b. 1973; d. 1991
Stephen B. Washington- b. Dec 21, 1966; d. Apr 18, 1988; Atan US N
William Bryan Sloan - b. 1925; d. 1994*
Mae Sloan - no dates*
Leamon Lewis - b. Jul 21, 1915; d. Nov 10, 1992; Cpl US A WWII
John Quattlebaum, Sr. - b. 1928; d. 1998
Charles E. Melton - b. 1947; d. ____ *
Harriet E. Melton - b. 1949; d. ____ *
Jack M. Maddox - b. 1947; d. ____ *
Lavonne Belk Maddox - b. 1951; d. ____ *
Mason E. Motley - b. 1941; d. ____ *
Mamie Belk Motley - b. 1952; d. ____ *
H.C. Belk - b. Mar 15, 1926; d. Dec 21, 1990*
Pearline B. Belk - b. Oct 10, 1930; d. ____ *
Heyward C. Belk - b. Apr 8, 1954; d. ____
Angus Neal - b. 1934; d. 1998; SFC*
Vera M. Neal - b. 1935; d. ____ *
Louis Trapp, Sr. - b. Apr 29, 1946; d. Jul 25, 1994; Sp 4 US A
Kenneth E. Hall - b. 1929; d. 1991*
Mirian C. Hall - b. 1935 d. ____ *
Eugene Preston - b. 1921; d. ____ *
Annie Mae Preston - b. 1920; d. 1996*
Robert Lamb Myers - b. Sep 17, 1929; d. May 25, 1996; SFC US A Kr Vn
James C. Hartness - b. 1928; d. 1997*
Maria D. Hartness - b. 1934; d. ____ *
Ronald H. PA Boley - b. 1933; d. 1997*
Barbara J. Nana Boley - b. 1940; d. ____ *
Steven Wayne Hughes - b. Apr 1, 1951; d. Dec 21, 1989
Cindy Eckert Hughs - b. Feb 20, 1972; d. Jun 13, 1993
Christopher Lee Thompson - b. Mar 7, 1974; d. Jan 8, 1993
David Robinson - b. Sep 19, 1939; d. Nov 5, 1992; SGM US A Vn
John G. Johnson - b. 1928; d. ____ *
Elzona B. Johnson - b. 1932; d. ____ *
Leroy Huston - b. 1933; d. 1998*
Louise H. Huston - b. 1939; d. ____ *

(w)   Cleo McGirt - b. Feb 28, 1935; d. Nov 6, 1994*
Thomas R. McGirt - b. Aug 18, 1931; d. Apr 16, 1988; US A Kr Vn
Clyde M. Carroll - b. Sep 16, 1931; d. Dec 30, 1996; MSgt USAF Air National Guard*

(w)   Dorothy D. Carroll - b. Aug 26, 1933; d. ____ *
Ulysses Green - b. Feb 17, 1943; d. Nov 25, 1991; US A
Joseph Daniel Eaddy - b. Feb 26, 1953; d. Nov 5, 1994; ABE2 US N*

(m)(w)   Robin A. Eaddy - b. Jun 29, 1954; d. ____ *
(h)   James Edward Miller - b. Jan 3, 1916; d. Jul 17, 1995*

(w)   Jacqueline L. Miller - b. Mar 22, 1933; d. Oct 16, 1995*
Willie A. Gordon - b. 1924; d. ____*
Wilhelmina Gordon - b. 1925; d. ____*
Raymond Singletary, Jr. - b. 1934; d. ____*
Bessie Mae Singletary - b. 1943; d. 1991*
Tony Ricardo Hallamon - b. Apr 7, 1956; d. Jul 21, 1988; Sgt USAF
Daphney E. Smith - b. 1913; d. 1997
(w)(m)   Ingrid M. Smith - b. Jan 13, 1945; d. ____*
Don Erwin Smith - b. Oct 12, 1931; d. May 7, 1992; SSgt US A Kr Vn*
Alicia E. Gibson - b. May 29, 1952; d. Jun 16, 1992; SP5 US A
Rafin Miller - b. 1931; d. ____*
Alma T. Miller - b. 1929; d. 1989*
Grady O. Johnson - b. 1935; d. 1996*
Lottice N. Johnson - b. 1943; d. ____*
(f)(h)   Fred L. Johnson - b. Jan 18, 1925; d. Mar 12, 1993; SFC US A*
(d)(sis) Dana Joy Johnson - b. Nov 6, 1967; d. Apr 12, 1994*
Freddie Lee Williams - b. 1947; d. 1988; US A
William J. Stamey - b. Aug 23, 1930; d. Apr 11, 1991; TSgt USAF
Reaver Albert Smith - b. Aug 23, 1916; d. Apr 6, 1988; US A WWII*
(w)(m)   Lonnie Mae Smith - b. Oct 8, 1823; d. ____*
Wilbur E. Baker - b. 1934; d. 1991; Ret USAF*
Mittylene K. Baker - b. 1937; d. ____*
Otis Blount, Sr. - b. 1914; d. 1998*
Fannie Blount - b. 1918; d. ____*
Raymond W. Jones - b. Oct 25, 1927; d. Aug 5, 1992; SSgt US A*
Margarete E. Jones - b. Feb 8, 1931; d. ____*
Marion I. Murray - b. 1928; d. ____*
Mary F. Murray - b. 1930; d. 1993*
(w)   Clara B. Scott - b. Aug 27, 1948; d. ____*
Lindsey L. Scott - b. Mar 10, 1935; d. Mar 19, 1994; TSgt USAF*
Lever Brazell - b. 1919; d. 1998*
Irene Brazell - b. 1922; d. ____*
Calvin R. Eastman - b. Sep 25, 1934; d. Aug 31, 1996; MSgt US A Vn
Marshall L. Reed - b. Feb 27, 1908; d. Sep 4, 1997
Johnnie H. Williams, Sr. - b. Jan 9, 1925; d. Jan 21, 1996; Pvt US A WWII
Bishop Malon Pollock - b. 1933; d. ____*
Alice S. Pollock - b. 1936; d. ____*
John E. Mosley, Sr. - b. 1935; d. ____*
Juanita B. Mosley - b. 1941; d. 1997*
Lt Col Richard Chandler, Jr. - b. 1936; d. 1993; US A Corps of Engr,
    served 22 years received 14 medals, highest Legion of Merit*
Ollie G. Jackson Chandler - b. 1943; d. ____*
George E. Rouse - b. 1932; d. 1997*
Charlene E. Rouse - b. 1938; d. ____*

Dena F. Blassengale-Hill- b. Aug 3, 1963; d. Apr 29, 1992; PFC US A
Homer Wilson - b. Dec 27, 1918; d. Jan 9, 1997; SSgt US A
Warne B. Corley - b. 1920; d. 1998*
John T. Corley - b. 1924; d. ____*
James Lewis Sowers - b. Feb 21, 1948; d. Apr 8, 1990; US A
Benjamin Edward Adams - b. Jul 19, 1933; d. Jul 5, 1995; PFC US A
Walter R. Robinson - b. 1929; d. ____*
Ella H. Robinson - b. 1933; d. 1991*
Robert T. Buchanan - b. Aug 13, 1929; d. Sep 13, 1991; SFC US A Kr Vn*

(w) Helen F. Buchanan - b. Nov 7, 1935; d. ____*
Clarence Henry Hatten - b. Jul 10, 1935; d. Dec 16, 1997; SP5 US A Kr*
Florence E. Hatten - b. 1935; d. ____*
Freddie Jackson - b. 1947; d. ____*
Betty J. Jackson - b. 1950; d. ____*
Robert P. Harrison - b. Sep 26, 1964; d. Aug 3, 1989; SA US N
Thurman Bright - b. Aug 25, 1935; d. Mar 11, 1995; Pvt US A
Paul Carter - b. Jan 24, 1926; d. Feb 21, 1988*
Kathleen J. Carter - no dates*
Anthony Theron Frazier - b. Nov 24, 1959; d. Apr 26, 1994; Sp 4 US A
Ben Heard "Big Ben" Frazier - b. 1962; d. 1996
Artie Lee Odom, Jr. - b. Feb 25, 1958; d. Sep 30, 1995; US A
Howard C. Blair - b. 1935; d. 1992*
Gloria J. Blair - b. 1943; d. ____*
Coleman Johnson - b. Aug 28, 1925; d. Oct 11, 1991; Tec 5 US A WWII
Sherman Jacobs - b. 1947; d. 1992
William F. Boulware - b. 1922; d. ____*
Corinne S. Boulware - b. 1930; d. 1998*
Rosalee Swinton Rainey - b. 1927; d. 1993*
Edward Rainey - b. 1930; d. ____*
Gertrude Diggs Anderson - b. Nov 16, 1924; d. Dec 11, 1995
William F. Hatchell, Jr. - b. Sep 28, 1958; d. Jun 3, 1998
John E. Robinson, Sr. - b. Jan 13, 1946; d. Jun 9, 1998*
Carolyn Ann Robinson - b. Apr 23, 1948; d. ____*
Ronald L. Snyder, b. 1938; d. ____*
Brenda W. Snyder - b. 1943; d. ____*
J. Talon Leamon - b. 1992; d. 1993
David Z. Lambert - b. Nov 6, 1992; d. Nov 23, 1992
Vance E. Hendrix - b. Jan 9, 1924; d. Nov 12, 1992; Tec 5 US A WWII

(m)(d) Adrenee Gwennell Glover Freeman Esquire - b. Aug 22, 1950; d. Nov 28, 1992; (sis)
Luis Rolon Torres - b. 1923; d. 1997*

	Petra G. Torres - b. 1926; d. _____ *
(h)(f)	Sal Azzara - b. 1922; d. _____ *
(w)(m)	Jean S. Azzara - b. 1928; d. 1997*
	William Henry Clark, III - b. May 24, 1930; d. Mar 6, 1997; SFC US A
(w)(m)	Evelyn M. White - b. Oct 21, 1942; d. May 5, 1998
	Ashley Nicole Peebles - b. Sep 1, 1987; d. Dec 9, 1989
	William Anthony Lane - b. Jan 3, 1930; d. Nov 18, 1993; USMC Kr Purple Heart
	Woodrow Mitnaul - b. Oct 17, 1927; d. Mar 9, 1994; US A Purple Heart
	Robert L. Howell - b. Sep 6, 1935; d. Jun 6, 1991; US N
	Bruce Lewis Negus - b. Jun 15, 1935; d. Jun 27, 1993; CMSgt USAF Kr Vn
	Cornell Whittington - b. 1929; d. _____ *
	Lillie Mae Whittington - b. 1925; d. _____ *
	Willie McDaniel, III - d. Aug 12, 1990
(s)(f)	Tony R. Brown - b. Sep 8, 1964; d. May 9, 1998
	Gordon Allen Neeley - b. Dec 1, 1933; d. Sep 7, 1996; Sgt USMC Kr
	Jack D. Anderson - b. 1932; d. 1998*
	Ruth B. Anderson - b. 1941; d. _____ *
	Walter W. "Hank" Golden - b. 1923; d. 1998*
	Ferole C. "Doodle" Golden - b. 1925; d. 1988*
	Dale G. Samide - b. 1929; d. 1997*
	June A. Samide - b. 1931; d. _____ *
	William W. Flye - b. May 19, 1924; d. Mar 13, 1989
	John David Ray, II - b. Aug 21, 1975; d. Aug 12, 1995
	Maj David C. Womack - b. May 11, 1919; d. May 6, 1995
	Estelle Y. Warrington - b. Apr 27, 1934; d. Sep 9, 1991
(m)(w)	La Verne W. Heineman - b. Sep 6, 1924; d. Jan 11, 1995
	Sadie Nickpeay - b. Sep 20, 1908; d. Apr 15, 1991
(h)(f)	Maj Albert Heineman - b. Jul 15, 1921; d. Feb 8, 1993
(f)(h)	1st Sgt Ellis F. McGhee - b. Mar 31, 1936; d. Apr 8, 1993
	Betty Ortiz - b. Jun 3, 1913; d. Mar 20, 1997
	Juan Rios Ortiz - b. Mar 18, 1914; d. Aug 17, 1994
	Clifford Dean West - b. Sep 25, 1929; d. Jul 25, 1993; SSgt US A
	Josefa W. Smith - b. Augsburg, Germany Mar 21, 1927; d. Fayetteville, NC Dec 18, 1992
	Mayda C. Wraight - b. May 15, 1941; d. Sep 4, 1993
	Elizabeth M. Maddox - b. Jan 16, 1889; d. Jan 31, 1994
(s)	Robin D. Hood - b. Nov 16, 1967; d. Jan 28, 1996
(m)(w)	Sandra H. Leysath - b. Jan 4, 1952; d. Jan 10, 1995; (d)
	Cody L. Brevard - b. 1963; d. 1996*
	Brenda H. Brevard - b. 1964; d. _____ *
	Calvin Lewis Martin - b. Aug 25, 1946; d. May 15, 1996; Sp4 US A Vn

Henry M. Taylor - b. 1954; d. 1998
Melton Walker - b. Apr 2, 1924; d. Nov 29, 1997
Sabra Mae H. Nelson - b. 1914; d. 1994
Hazel K. Money - b. Mar 23, 1917; d. Feb 28, 1998
James Edward Cannon - b. 1941; d. 1996*
Daisy Cannon - b. 1944; d. ____ *
Libby R. Moses - b. 1962; d. 1997
Joseph Johnson - b. 1929; d. 1997*
Ruby K. Johnson - b. 1933; d. 1990*
Surena Melvin Smith - b. 1917; d. 1995
(f) Owens C. Wright - b. Feb 9, 1917; d. Feb 4, 1996; mar Jun 21, 1942*
(m) Nettie B. Wright - b. Mar 24, 1923; d. Feb 11, 1998*
Joseph Porterfield - b. May 21, 1925; d. Mar 4, 1996; US A
Mary Lou Oree - b. 1923; d. 1998
Thelma O. Belton - b. 1919; d. 1998
Margaret DeLouise Rhinehart - b. Jan 31, 1953; d. May 30, 1995
Leroy Watkins, Jr. - b. Oct 23, 1934; d. Dec 27, 1995; Pvt US A
Rebecca W. Owens - b. 1942; d. 1994
Woodrow W. James, Jr. - b. 1970; d. 1992
Woodrow W. James, Sr. - b. Aug 3, 1943; d. Dec 20, 1994
Estelle O'Neal Stephenson - b. 1924; d. 1996
Earthalene T. Davis - b. Nov 9, 1943; d. Oct 16, 1995
Sallie Mae Barksdale Govan - b. Jul 10, 1933; d. Sep 19, 1995
Cherie R. Adams - b. 1966; d. 1997
Herbert D. Alcorn, Jr. - b. Dec 6, 1945; d. Oct 27, 1997; MSgt US A Vn
James Louis Lee, Sr. - b. Jul 20, 1933; d. ____ *
Doris J. Lee - b. May 12, 1935; d. ____ *
Eugene W. Tucker - b. 1937; d. 1997
Jeanette G. Smith - b. Jun 7, 1943; d. Jun 11, 1995
Patricia S. Fields - b. 1953; d. 1997
Robert K. Bramlett - b. 1923; d. ____
Rusondro Parker - b. 1964; d. 1996
Samuel Lee Washington - b. May 11, 1933; d. Aug 21, 1995*
Rosa Mae Washington - b. Jan 14, 1936; d. Jul 31, 1996*
Sheila R. Outing Brazzell - b. Sep 19, 1965; d. Jun 21, 1995
(f) Harry J. Corey - b. 1923; d. 1994*
Betty A. Corey - b. 1923; d. ____ *
Nora A. Crawford - b. 1935; d. 1996
Odell Harvey - b. 1951; d. 1998
Dorothy L. Douglas - b. 1934; d. 1998
Bertha J. Woods - b. 1929; d. 1998
Maggie Bell Johnson Moore - b. Jan 5, 1928; d. Dec 14, 1998
Harvey Junior Page - b. 1929; d. 1998
Albert E. Gratton - b. 1926; d. 1998*
Helen L. Gratton - b. 1924; d. ____ *

(f) (m)	Junnie Mae Gary - b. Jun 15, 1929; d. Jan 29, 1995 Edwin Rosado - b. 1956; d. 1997 Elizabeth "Beth" Rhoney - b. Apr 12, 1960; d. Jun 1, 1994 Ronald Meddaugh - b. Jul 10, 1940; d. Aug 26, 1996* Sandra A. Meddaugh - b. Nov 15, 1940; d. _____ * Daisy Mae Mack Johnson - b. Feb 13, 1933; d. Sep 11, 1995 DeAnna Mae Sholly - b. Jul 11, 1948; d. Dec 13, 1995* Francis X. Sholly - b. Jul 4, 1947; d. _____ * Margaret A. Morrow - b. Jul 21, 1938; d. Apr 19, 1995 Edward J. Talbot - b. 1936; d. 1992* Judy A. Talbot - b. 1945; d. _____ * Laverne C. Burroughs - b. 1951; d. 1996 Steven Shaver Columbus - b. Jul 1, 1955; d. Mar 21, 1997 Browardine M. Richardson - b. Feb 9, 1942; d. _____ William E. Richardson - b. Aug 4, 1919; d. Jun 21, 1995* Louise T. Richardson - b. May 13, 1917; d. _____ * Ozie Jackson, Sr. - b. 1916; d. 1998* Marble G. Jackson - b. 1917; d. 1994* Lawrence G. "Hardrock" Boyd - b. 1957; d. _____ * Jennifer L. Jackson Boyd - b. 1952; d. _____ * L. David Jackson - b. Oct 15, 1966; d. May 18, 1993
(m)(w) (f) (m) (f)	Pansy Nelson Jackson - b. Jul 16, 1925; d. _____ James W. Whetstone - b. May 16, 1937; d. Sep 9, 1996 Edward Gerstenberg - b. Mar 17, 1924; d. Jan 8, 1997 Rudell T. Switzer - b. May 27, 1926; d. Nov 22, 1995 Willie Brown - b. Jun 12, 1919; d. May 10, 1991 Ellis Ray Perry - b. Apr 5, 1941; d. Sep 5, 1992 Beverly Smith - no dates
(f) (m) (m)	Isaac K. Howard, Jr. - b. Dec 19, 1914; d. Nov 25, 1992 Annie Mae McMillan - b. Nov 14, 1918; d. Jan 4, 1993 Minnie J. Howard - b. Oct 11, 1933; d. Nov 7, 1994 Leila M. Gaines - b. May 9, 1913; d. Apr 10, 1994 Oveland W. Morris - b. 1950; d. 1996 Lillie B. Clayton - b. Oct 25, 1920; d. _____ Otis Jim Weed - b. Sep 14, 1924; d. Feb 5, 1993 Carl Sanford Clayton - b. Mar 18, 1917; d. Oct 22, 1991
(m)	Annie Mae Isaac - b. Nov 24, 1924; d. Jun 15, 1995 Georgianna E. Weed - b. Sep 24, 1921; d. Jan 24, 1991 Lucinda Williams - b. Jul 23, 1961; d. Apr 4, 1991
(f) (f) (f)	Jack Isaac, Sr. - b. Dec 11, 1922; d. Feb 19, 1995; Vn Hansford "Buddy" Price - b. 1916; d. 1997 Willie Barnes - b. Jun 2, 1934; d. Jul 7, 1995 Johnathan "Joe" Trull - b. Dec 26, 1959; d. Dec 7, 1998

37. **Midway Methodist Church Cemetery**: On Old Percival Rd, between Percival Woods Rd and Martin Rd, Columbia, SC. Jul 22, 1999

	Ernest W. Brazell - b. Jan 29, 1912; d. 1987*
(m)	Annie Mae Brazell - b. May 10, 1915; d. Dec 16, 1980*
	Patty Brazell - b. Jul 18, 1958; d. Oct 22, 1958
(f)	Grover J. Martin - b. Aug 7, 1927; d. Apr 1, 1995*
(m)	Ernestine Martin - b. Oct 30, 1933; d. ____*
(inf)	Travis Martin Epting - b. Aug 9, 1988; d. Aug 12, 1988; (s) of Tommy & Brenda Epting
(inf)	Martin - b. 1983; d. 1983; girl
(f)	Melvin Lee - b. Feb 29, 1932; d. Mar 15, 1992
(m)	Sylvia Gene Lee Layman - b. Mar 18, 1956; d. Oct 5, 1987
(s)	Stanley Dwight "Sput" Lee - b. Jun 24, 1958; d. Sep 18, 1982
	Edward C. Chavis - b. Jan 4, 1981; d. Feb 24, 1990
	Curtis O. Strickland - b. 1914; d. 1999
	Margaret A. Strickland - b. Mar 17, 1937; d. Aug 16, 1971
	Kenneth M. Anderson - b. 1931; d. 1999
	Will F. Robbins - b. 1895; d. Dec 17, 1967*
	Maybell H. Robbins - b. May 17, 1894; d. Jun 29, 1975*
	Jim George Robbins - b. Apr 4, 1922; d. Jul 24, 1983
	Sally Martin - b. 1878; d. 1960
	Lila Shannon Martin - b. May 1, 1931; d. ____*
	Dewey F. Martin, Jr. - b. Dec 17, 1923; d. Jul 2, 1993; mar Mar 3, 1948*
(m)	Rosa Hicks Brunson - b. Oct 24, 1910; d. Mar 24, 1973
	Johnnie R. Martin - b. May 11, 1925; d. Oct 28, 1975
	William S. Robertson - b. Feb 20, 1929; d. ____*
(m)	Gladys Mae Robertson - b. Mar 3, 1922; d. Jan 31, 1984*
	Ezlean S. Martin - b. Sep 16, 1906; d. May 25, 1985*
	Dewey F. Martin, Sr. - b. Oct 29, 1900; d. Sep 8, 1967*
	Hattie L. Ford - b. Oct 15, 1886; d. Mar 6, 1952
	Johnny F. Martin - b. May 1, 1925; d. Dec 10, 1977*
	Helen S. Martin - b. Oct 1, 1927; d. ____*
	Ronald Franklin Martin - b. Aug 24, 1950; d. Sep 22, 1950
(inf)	Martin - d. Oct 26, 1961; (d) of Johnny F. & Helen S. Martin
	Jo Ann Doty Henry - b. Dec 24, 1938; d. Aug 4, 1985
	Alice Kaye Pegram - b. 1953; d. 1996
	Jimmy H. Rabon, Jr. - b. 1974; d. 1994
	Robert C. Rabon - b. 1934; d. 1995
(s)	Gerrell W. Martin - b. Jun 9, 1941; d. Sep 25, 1959
(m)	Verta S. Martin - b. May 31, 1912; d. Oct 31, 1991*
(f)	Tally W. Martin - b. Jun 1, 1906; d. Feb 13, 1962*
	James Carl Martin - b. Sep 2, 1933; d. Jan 16, 1981; Sgt US A Kr*
	Georgia S. Martin - b. Apr 30, 1937; d. ____*

	Tammy Joann Peake - b. Mar 7, 1962; d. Apr 14, 1962
	Kenneth Martin, Jr. - b. Nov 11, 1960; d. Aug 18, 1991
	Knolton K. Martin, Sr. - b. Mar 21, 1936; d. Jun 30, 1992*
	Elizabeth R. Martin - b. Jan 23, 1941; d. ____*
(m)	Mamie E. Hammond - b. Sep 1, 1901; d. Jan 21, 1985
(m)	Betty Jo Bilton - b. Jul 18, 1941; d. Aug 2, 1982
(m)	Elma H. Keller - b. Oct 15, 1922; d. May 13, 1972
(m)	Gussie H. Poslon - no dates
	Edward P. Hammond - b. Jul 18, 1920; d. Jul 16, 1959
(inf)	Hammond - b. Jun 22, 1959; d. Jun 22, 1959; (d) of Mr. & Mrs. J.D. Hammond
	Julia L. Medlin - b. May 17, 1932; d. Jun 5, 1971
(m)	Lila Estelle Corder - b. Aug 5, 1908; d. Mar 19, 1989
	Henry T. Corder, Sr. - b. 1928; d. 1994
(s)	Howard L. Hoover, III - b. Sep 13, 1975; d. Jun 19, 1977
(f)	Howard L. Hoover - b. Nov 23, 1932; d. Jun 7, 1990
(m)	Janice F. Hoover - b. Feb 23, 1935; d. Feb 20, 1979
	Howard Lavern "P-Nut" Hoover, Jr. - b. Dec 29, 1955; d. Nov 23, 1995
	Arthur Hamlet Henderson - b. Apr 3, 1941; d. Jul 2, 1998; USAF
	Susan M. Schlichte - b. Dec 2, 1951; d. Dec 18, 1993
	Narcissus Glenn Martin - b. Feb 29, 1880; d. Mar 27, 1975
	Pearl Martin Bennett - b. Dec 18, 1909; d. Mar 29, 1974
(m)	Daisy P. Shannon - b. Aug 13, 1913; d. ____*
(f)	Dariel L. Shannon - b. Dec 21, 1910; d. Jan 5, 1965*
	Mansel C. Coleman - b. 1913; d. 1979
	Edward Coleman - b. 1906; d. 1959
	Chesley A. Lovett - b. Jun 2, 1888; d. Aug 7, 1959
	Mary E. Clayton - b. 1924; d. 1960
	Patricia Ann Martin - b. Dec 26, 1952; d. Oct 16, 1959
	John W. Dinkins - b. Jul 10, 1879; d. May 21, 1960
	Ben F. Martin - b. Nov 22, 1882; d. Jan 2, 1965*
	Mattie B. Martin - b. Jul 20, 1891; d. May 4, 1962*
	Ernest L. Martin - b. Aug 19, 1939; d. Jun 7, 1975*
	Annie Ruth Martin - b. Jun 16, 1943; d. May 14, 1998
	Earl W. Drake - b. Jun 8, 1934; d. Oct 18, 1980
	Carrie Connie Criss - b. 1927; d. 1992

38. **Montgomery #1 Graves**: About 50 yards from the Bob Branham home, 257 Shawdowmist Ln, Blythewood, SC. They are very close to the Richland and Kershaw Co lines. <u>May 18, 1999</u>

	David Montgomery - b. Aug 27, 1780; d. Jan 4, 1849
(m)	Mary Montgomery - b. Feb 26, 1780; d. Sep 21, 1856

39. **Montgomery #2 Graves**: At Camp Discovery, 208 Claude Bundrick Rd, Blythewood, SC. Jul 28, 1999

    David H. Montgomery - b. Sep 15, 1820; d. Aug 21, 1861
    John D. Montgomery - d. Aug 2, 1861; aged 2y 1d; (s) of David H. & Carrie E. Montgomery
    Carrie E. Montgomery - no dates, footstone only

40. **Mt. Pilgrim Baptist Church Cemetery**: At the corner of Farrow Rd and Mt. Pilgrim Church Rd, Columbia, SC. Jul 5, 1999

    Sonny McCray - b. 1894; d. 1960; SC Pvt Co A 156 Dep Brig WWI
    James Walker - b. 1884; d. 1956
(inf)   Walker - no dates; boy
    Frank Waiters - b. Jun 18, 1896; d. Dec 23, 1958; SC PFC Qmc WWI
    Harry Crosby - b. 1951; d. 1957
(m)   Maggie H. Morris - b. 1900; d. 1961
    Maxby Haggler - d. Jun 20, 1930; age 28
(m)   Alice Bolton - b. Aug 20, 1907; d. Jul 12, 1963
    Ronnie Glover - d. 1964
    John Anderson - b. 1874; d. 1929
    Annie B. Anderson - b. Oct 23, 1887; d. Mar 29, 1959
    Waiter Anderson - b. Mar 20, 1920; d. 1942
    Beezie Anderson - b. Feb 18, 1928; d. 1959
    Rosa Lee Bookard - b. Apr 24, 1926; d. May 1927; age 1y 2w
    Clifton "Cliff" Hagler - b. Oct 25, 1896; d. Oct 10, 1959
    Mary L. Hagler - b. Nov 16, 1900; d. Jan 16, 1991
    Jack Cornelius - b. 1911; d. 1961
    Robert Cornelius - b. 1889; d. 1960
    Emanuel Johnson, Sr. - b. Mar 31, 1899; d. Aug 4, 1981
    Pink Johnson - b. Feb 22, 1932; d. May 10, 1958
(m)   Mary Louise Walker - b. Nov 4, 1919; d. Feb 5, 1990
(f)   Sam C. Walker - b. 18__; d. 1969
    Walter J. Outen - b. Jun 17, 1930; d. Jul 14, 1961
    Wesley Outen - d. Feb 6, 1959; SC Pvt US A WWI
    Brner Cooper - b. 1905; d. 1964
    Earthaleen Wilson - b. 1942; d. 1967
    Hasten Starks - d. Oct 13, 1921*
    Lillie Starks - d. Sep 9, 1932*
(s)   Joseph E. Fogle - b. Feb 17, 1956; d. Nov 8, 1976
    Mendora Outen - b. Jan 6, 1911; d. Nov 26, 1961
    Samuel Joseph Stevens - b. Oct 2, 1900; d. Mar 20, 1972*
    Emily Outen Stevens - b. Oct 15, 1902; d. Jun 22, 1958*
    McKenly Outing - no dates
(m)   Cornealis Canty Outing - b. May 28, 1876; d. Dec 2, 1929
    William Outing - no dates
    J. Bailey Outing - b. 1907; d. Jan 25, 1948

	S.L. Outen - no dates
	L.O. Outen - no dates
	Katie J. Outen - b. 1880; d. 1957
	Eugene Outen - b. 1895; d. 1962
(m)	Lula S. Outing - b. Feb 6, 1906; d. Sep 2, 1995
	Thomas Gray - b. 1917; d. 1961
	Hannah Watts - b. 1890; d. 1960
	Walter C. Bookhart - b. Feb 9, 1931; d. Jun 2, 1955; SC Sgt Co C 14 Engr C Bn Kr
(f)	Robert Walker - b. 1892; d. 1929*
(m)	Sallie Walker - b. 1894; d. 1958*
	David Jacobs - d. Jun 18, 1948; age 17y
(f)	Harry B. Johnson - b. 1867; d. 1959
	Josephine Henderson - b. Mar 22, 1900; d. Dec 3, 1958
(sis)	Cora Anderson - b. Jan 1, 1913; d. Mar 15, 1954
(m)	Sylvia Crim - b. Aug 14, 1878; d. Apr 19, 1939
	Vinson V. Boler - b. Jun 17, 1908; d. Feb 25, 1956
(f)	Green Boler - b. Jun 7, 1870; d. May 15, 1950*
(m)	Rebecca Boler - b. Sep 13, 1876; d. Mar 4, 1940*
	Amanda Crim Boler - b. Jan 21, 1911; d. Apr 14, 1961
	F.W. Whittiker - b. 1849; d. 1914; (dea) Mt. Pilgrim; age 65
	Magnolia Anderson - b. Mar 28, 1918; d. Nov 6, 1918
	Angeline Jackson - b. 1898; d. 1999
	Minnie Anderson Green - b. 1920; d. 1999
	Julius Anderson, Sr. - d. Jul 26, 1965
	Maggie W. Giles - b. 1887; d. 1963
	Hattie B. Dre Stephe__ - b. Dec ____; d. Oct 1922
	Josephine Johnson - b. May 5, 1873; d. Sep 3, 1929
	Fannie R. Love - b. Nov 1, 1897; d. Mar 2, 1948
(dea)	Dallas Chavis - b. 1812; d. 1946*
	Mary C. Chavis - b. 1889; d. 1945*
(dea)	Willie Chavis, Sr. - b. 1891; d. 1963*
	Lillie L. Chavis - b. 1902; d. 1937*
	Rosa Murphy - b. Feb 12, 1904; d. Dec 24, 1961
	Heyward Anderson - b. Nov 1, 1894; d. Feb 8, 1973; SC Pvt US A WWI
	Carrie B. Anderson - b. Nov 14, 1900; d. Nov 17, 1987
	Nancy A. Green - b. Jan 2, 1944; d. Apr 12, 1997
	Melton Moore - b. Feb 19, 1915; d. Jul 31, 1984
	Rubin Outen - b. 1972; d. 1977
	Alice B. Joyner - b. Jul 5, 1938; d. Jun 2, 1995
(m)	Sarah Moore Outen - b. 1897; d. 1944
(f)	Leonard Outen - b. 1890; d. 1942
(h)	Rufus "R.B" Bell, III - b. Mar 18, 1930; d. Feb 2, 1988
	Elliott Hunter - b. May 15, 1921; d. Aug 21, 1981; Cpl US A WWII
(gm)	Irene Hunter - b. May 22, 1905; d. Oct 28, 1972

(m)(gm) Carrie Wallace - b. 1894; d. 1964
        Henry Waiters - b. Oct 3, 1892; d. Dec 26, 1964; SC PFC Co C 321 Svc Bn Qmc WWI
(w)   Katie Mae Walker - b. 1903; d. 1972*
(h)   Boyse Walker - b. 1899; d. 1967*
        Burley Jacobs - b. 1903; d. 1974
        Wilhelmina G. Jacobs - b. Aug 2, 1911; d. Nov 30, 1967
        Frances L. Bolton - b. Jun 23, 1895; d. Mar 10, 1970
        Andrew Bolton, Jr. - b. Nov 11, 1911; d. Dec 27, 1987; US A WWII
        Jesse Anderson - b. Jan 15, 1913; d. Jan 20, 1971; SC PFC 1848 Svc Comd Unit WWII
(m)   Annie Starrie Casey - b. Apr 10, 1876; d. Feb 16, 1971
        Oreen Morris - b. Jun 15, 1920 Richland Co, SC; d. Dec 11, 1975
        Kevin K. Morris - b. 1955; d. 1995
(f)(h)   Sammie Fogle - b. Mar 9, 1935; d. Nov 21, 1997*
(m)(w) Mazie H. Fogle - b. Apr 5, 1935; d. _____ *
        Malachi Mason - b. Jul 28, 1929; d. Feb 20, 1994; US A Kr Vn
(m)   Angeline Haynes - b. Jan 27, 1904; d. Oct 30, 1988
        Louise Stokes - b. Aug 2, 1926; d. Jul 31, 1984
        Robert Moore - b. Sep 16, 1922; d. Nov 4, 1970
        Sammie L. Green - b. 1924; d. 1970
        Christopher T. Waden - b. Dec 3, 1950; d. Nov 8, 1967
(f)   Shelton J. Bookhart - b. Jun 17, 1880; d. Jan 6, 1975*
(m)   Emily Bookhart - b. Feb 7, 1895; d. _____ *
        Willie Chavis - b. 1926; d. 1981; S2 US N WWII
(m)   Zeola B. Chavis - b. Jul 16, 1928; d. May 27, 1992
(m)   Maggie B. Green - b. Jul 26, 1920; d. Sep 12, 1993
(f)   Willie C. Green - b. Jan 27, 1938; d. _____ *
(m)   Bernice D. Green, b. Feb 22, 1941; d. May 13, 1994*
        Marie Stevenson - b. 1910; d. 1973
        Jacob Stevenson - b. 1911; d. 1981*
        Douglas Stevenson - b. 1957; d. 1971
        Moses Stevenson - b. 1938; d. 1975
        Phillip Boler, Jr. - b. Jun 23, 1934; d. Aug 27, 1992
(m)   Bobbie L. Millhouse - b. May 9, 1933; d. Sep 23, 1977
        Maggie Patterson - b. 1917; d. 1999
        Jessie M. Young - b. 1917 Newberry, SC; d. Jan 25, 1984
(f)   Willie Young, Sr. - b. Apr 4, 1906; d. Sep 17, 1987
        Lee Otis Bostick - b. 1943; d. 1997*
        Gwendolyn Bostick - b. 1945; d. _____ *
(m)   Mary Louise Richardson Burton - b. Jun 26, 1923; d. Feb 23, 1986
        Cleveland Miller - b. 1917; d. 1988; US A WWII
        Helen J. Reeves - b. Jun 19, 1941; d. Nov 7, 1989
        Dora Jenkins - b. 1913; d. 1999
        Everette Earl Murry, Jr - b. Aug 31, 1968; d. Oct 28, 1991
        Viola Hunter Watts - b. Mar 17, 1919; d. Apr 25, 1990

(m) Carolyn M. Doctor - b. Feb 18, 1954; d. Mar 26, 1987
Leanna G. Jacobs - b. Jul 29, 1924; d. Mar 26, 1997; age 67
James D. Jacobs - b. Mar 14, 1922; d. Oct 20, 1996
Luvenia B. Waden - b. Sep 14, 1918; d. Jun 28, 1987
Brittany L. Corley - b. Feb 12, 1994; d. Feb 12, 1994
(h) Henry F. Corley - b. Dec 24, 1937; d. Feb 25, 1986
Mrs. _____ Stephens - b. Feb 24, 1930; d. Jun 7, 1989
Ralph Stephens - b. Apr 19, 1918; d. Dec 23, 1985: US A
_____ M. Robinson - b. Jun 15, 1944; d. Jun 29, 1989
Lila M. Johnson - b. 1907; d. 1993
Louise W. Watts - b. Oct 15, 1913; d. _____ *
Horace W. Watts - b. Sep 15, 1911; d. Nov 20, 1997*
Ernest Brown - b. Mar 20, 1930; d. _____ *
Geraldine W. Brown - b. Mar 18, 1931; d. Mar 19, 1994*
Alberta Waiters - b. 1922; d. 1992
Rosa Wages - b. May 18, 1927; d .May 30, 1989
May Green - b. May 1894; d. Feb 17, 1989
Marvin M. Greene - b. Jun 12, 1974; d. Sep 4, 1987
Theodore H. Corley - b. 1940; d. 1999
Ervin Outen, Jr. - b. 1956; d. 1997
Joe Nathan Outen - b. 1948; d. 1994
Barbara Jean Jacobs - b. Jan 26, 1960; d. Nov 11, 1993
Ralph Span Glaude - b. Oct 10, 1932; d. Apr 29, 1996
Maxine Brown - b. 1963; d. 1998
Myron Johnson - b. Oct 24, 1968; d. Mar 1993
(b) Kenyata L. "Bubba" Scott - b. Apr 16, 1973; d. Feb 27, 1992
Earlene Brown - b. 1939; d. 1998
Odell Brown - b. 1968; d. 1992
Susie Jones - b. May 15, 1923; d. Apr 29, 1995
(m) Synolta L. "Nolta" Morris - b. Aug 11, 1915; d. Feb 10, 1977*
(f) Farrel Morris - b. Jul 11, 1910; d. Mar 21, 1977*
Shirley Ann Wat_ - b. 1936; d. 1977
Thelma Moore - b. 1923; d. 1974
John L. Moore - b. 1939; d. 1972
David McCants - b. Nov 17, 1922; d. Apr 25, 1970; SC S2 USNR
WWII
Ola Mae Calhoun - b. 1947; d. 1969
Eddie Green - b. 1900; d. 1969
Lawrence Morris - b. Jun 27, 1925; d. Apr 8, 1966; SC AS USNR
WWII
Sallie Wright - d. Jan 15, 1968
Emanuel Johnson, Jr. - b. 1931; d. 1970
Edna Harris - b. 1916; d. 1972
James L. Green - d. May 26, 1971
Henry Harris - b. Mar 30, 1896; d. Aug 8, 1970; SC PFC US A WWII
Joe L. Anderson - b. Aug 1, 1927; d. Jun 12, 1966

(s)	Nathaniel Washington, Jr. - b. Feb 5, 1945; d. Sep 6, 1970; SC Sgt 437 Sup Sq AAF Vietnam
	John Jacobs - b. 1918; d. 1973
	Roosevelt A. Johnson - b. Jun 22, 1902; d. Jul 30, 1971*
	Evelyn Crim Johnson - b. Mar 16, 1908; d. Jul 22, 1988*
	Carrie Simelton - b. 1891; d. 1971
	Andra Bolton - b. Jul 18, 1931; d. Nov 24, 1969; A2C USAF Kr
	Daniel Walker - b. 1918; d. 1973
41.	**Mt. Zion Baptist Church Cemetery**: On Abney Hill Rd 1/4 mile south of Blythewood Rd, Blythewood, SC. March 6, 1991
	Silas Able, b. 1876; d. 1956
	Mrs. Mary B. Able - b. Jul 22, 1883; d. Aug 13, 1953
	Henry R. Able - b. Dec 20, 1911; d. Sep 13, 1913
	Pleas Able - d. Apr 29, 1917; age 42y
	Nelson Able, Sr. - b. Sep 22, 1905; d. May 25, 1985*
	Janie C. Able - b. Jun 27, 1914; d. May 27, 1989*
	Jannie Wilson - d. Nov 1, 1933; age 85; Ldg No 30 WHCWS
	Emma Snipson - d. Jul 17, 1941; age 53; WHCWS
	Angie Kennedy - d. Jun 5, 1932; age 42; WHCWS
	James Henry Canzater - b. Dec 9, 1916; d. Sep 2, 1965; SC Tec 5 2259 Qm Trk Co Avn WWII
	Henry Canzater - b. 1894; d. 1970*
	Lillie Canzater - b. 1896; d. 1977*
(m)	Annie Mae Trapp - b. Sep 14, 1925; d. Mar 30, 1988; A.M.T.
	Suckie Mack - d. Feb 6, 1929; age 78; WHCWS Ldg No 34
	Velma Bluford - b. Nov 13, 1962; d. Dec 24, 1966*
	Deborah Bluford - b. Nov 13, 1958; d. Dec 23, 1966*
	Jacob Bluford - b. Jun 18, 1925; d. Dec 23, 1966
	Johnnie Bluford - b. May 22, 1869; d. May 9, 1946
	Charlotte McDaniel - b. 1862; d. 1927
	Ola Mae Hines - no dates
	Thomas Hines - b. 1909; d. 1989; SSgt US A WWII
	Irene Boatwright - b. Dec 15, 1901; d. Jul 2, 1980
(d)	Pearlee C. Wise - b. Jun 1, 1914; d. Apr 8, 1984
(m)	Hattie W. Brown - b. Jul 24, 1913; d. Feb 23, 1974
	William C. Barber - b. May 7, 1934; d. Aug 16, 1974; PFC USAF
	Mamie Lloyd - b. Mar 4, 1908; d. Jul 7, 1967
	Albert Guider - b. Feb 29, 1964; d. _____
	Haskell Turner - d. 1960
	Mrs. Lila Green - no dates
	Sam Green - b. 1893; d. 1961
	James W. Washington - b. 1942; d. 1957
	Heyward Washington - b. Jan 8, 1932; d. Aug 16, 1958; SC PFC Svc Co 14 Armd Cav
(dea)	Odell Brown - b. Aug 21, 1908; d. Jul 14, 1961

Maggie Washington - b. 1902; d. 1962
Bruce "J.C." Washington - b. Sep 18, 1914; d. May 10, 1978
Annie Young - b. 1917; d. 1990
Daniel Trapp - b. 1900; d. 1979
Willie D. Trapp - b. 1922; d. 1971
James P. Trapp - b. 1921; d. 1969
Ida E. Trapp - b. 1900; d. 1967
Joseph Trapp - b. 1935; d. 1966
Tomasha Yulane Jamison Trapp - b. Jan 7, 1980; d. Feb 7, 1980
_ellie Entzminger - b. Aug 19, 1940; d. _____
Charles P. Davis - b. Oct 16, 1879; d. Feb 16, 1946
Blondell Trapp - b. 1963; d. 1963
K.T. Turnipseed - d. Feb 8, 1949; aged 74y
Maggie Turnipseed - d. Jun 13, 1949; age 71y
E. Turnipseed - d. Aug 23, 1950; age 66y
Elsie Richardson - b. 19_4; d. 1953
Lelia Cunningham - d. Aug 17, 1957; age 66

(f) Woodrow Canzater - b. Sep 23, 1936; d. Mar 2, 1978
Allie Mae Green - b. Dec 24, 1919; d. Jan 23, 1989
Katie Durham - b. 1878; d. 1967
Will Mack - d. Dec 1930; aged 89y
Mary T. Green - b. Oct 10, 1880; d. Jan 26, 1979
James Green - b. 1879; d. 1988
Ben Elson Green - b. 1919; d. 1982
Charley Turnipseed - d. Jan 7, 1910; aged 40y
Carrie Boulware - b. Dec 19, 1856; d. Jul 25, 1923
Jacob Jackson - b. Jan 15, 1828; d. Mar 7, 1889
Anders Jackson - b. Sep 24, 1888; d. Aug 6, 1889

(dea) N.J. Jackson - b. 1880; d. 1920
Charlotte J. Wages - b. 1861; d. 1949
Walter Jackson - b. Feb 16, 1888; d. Nov 10, 1961; SC Pvt Co A 534 Engr WWI
Annie Boula - d. Dec 29, 1949; age 95y
Nancy Stewart - b. Nov 30, 1950; d. Jan 21, 1971
Sam Dubard - b. 1897; d. 1981; US A
Samuel M. Miller - no dates
Carrie B. Miller - no dates
L. Williams - d. May 9, 1949; age 55y
Amanda Griffin - d. Jul 12, 1988; age 77y
Jesse Canzater - b. Oct 16, 1892; d. Apr 17, 1975; Pvt US A WWI
Sallie W. Canzater - b. Mar 16, 1902; d. Nov 9, 1988
Elizabeth Cannon - b. Aug 29, 1821; d. Apr 30, 1953
Rubin Lee - d. Jul 15, 1949; age 71y

42. **Neeley Graveyard**: On Raines Rd about 1/8 mile from Howell Rd, Blythewood, SC. Aug 29, 1988

Henry Raines - b. Jan 31, 1831; d. Oct 8, 1898
Sarah Ann Raines - b. Nov 10, 1826; d. Mar 6, 1882
Philip Rimer - no dates
____m Neely - no dates
Margaret Neeley - b. Aug 14, 1833; d. Apr 21, 1896; (w) of Richard Neeley
Maggie Neeley - b. Oct 12, 1891; d. Oct 1, 1892; (d) of T.M. & Alice Neeley
T.M. Neeley - b. 1855; d. 1930 (descendants say he was "Tom")
Alice Neeley - b. 1857; d. 1934
Mammie Goff - b. 1883; d. 1942
Linel Neeley - b. Jun 10, 1916; d. Dec 13, 1921; (s) of John & Hattie Neeley
Elizabeth Rains - b. Dec 16, 1792; d. Apr 20, 1857

43. **Neely-Hood Graves**: On Russ Brown Rd, about 1/8 mile from Langford Rd on the Judy Kelly property, Blythewood, SC. Jul 30, 1998

Lovina Hood - d. Feb 21, 1871; 3m 28d; (d) of John T. Hood
John T. Hood - d. Dec 23, 1876; age 44y
John Neely - d. Jul 1811
Victor Neely - b. Jan 16, 1796; d. Mar 6, 1875
Christina Neely - d. Apr 21, 1851; age 55y

44. **New Free Hope Church Cemetery**: At the end of New Free Hope Church Rd off of Marthan Rd, Blythewood, SC. Oct 5, 1998

(m) Peggy Cloud - b. May 3, 1894; d. Jun 18, 1975
Ellison Cloud, Jr. - b. Mar 19, 1918; d. Oct 27, 1970; SC PFC US A WWII
Bertram Sinclair Cloud - b. Jan 27, 1926; d. Jul 10, 1994
Isaac Kennedy - b. 1891; d. 1950
Ellison Cloud - SC PFC Btry E CA 5ual Det WWI
Rosie Arthur - d. Nov 11, 1942; age 50y
Joseph Arthur - b. 1882; d. 1955
Elijah Arthur - b. 1929; d. 1960; PFC US A WWII
Hattie Wages - b. 1918; d. 1960
John Garrett - b. Jul 31, 1911; d. May 18, 1970; SC US N WWII
James Brown - b. Apr 10, 1916; d. Nov 11, 1990
Saundra Elaine Arthur - b. Sep 12, 1956; d. Sep 22, 1993
(m) Jessie V. Entzminger - b. Dec 15, 1913; d. Jan 29, 1993
Ethel G. Myers - b. Dec 30, 1918; d. Feb 6, 1996
Samuel Bowers, Jr. - b. Nov 23, 1937; d. Jul 10, 1997
Karen Lynn Bowers - b. Feb 18, 1967; d. Apr 8, 1994

(f)	Frank Arthur - b. 1915; d. 1987
	Robert Johnson - b. 1952; d. 1996
(s)	Earl "Brutt" Bell - b. Apr 2, 1956; d. Sep 2, 1988
	Vanessa D. Corley - b. Sep 9, 1963; d. Aug 26, 1990
	Moses Corley - b. May 12, 1921; d. Jun 30, 1990
	Mary Corley - b. Dec 6, 1893; d. Oct 28, 1986
	Lula Mae Jenkins - b. Jun 27, 1918; d. Nov 7, 1985*
(f)	Jacob Jenkins, Sr. - b. Feb 12, 1914; d. _____ *
	Jimmie L. Brown, Jr. - b. Nov 9, 1934; d. Sep 3, 1976
	Benjamin Young, Sr. - b. Nov 10, 1917; d. Apr 12, 1984
	Hilda Young - b. 1917; d. 1965
(h)	Terry Van Wages - b. Dec 19, 1963; d. Aug 12, 1993
	Luke Wages, Jr. - b. Aug 6, 1924; d. Apr 30, 1973; SC PFC US A WWII
	Martha Bookard - no dates
	Letoya C. Addison - b. Dec 30, 1972; d. Dec 31, 1972
	Cornell Bookard, Sr. - b. May 18, 1907; d. May 13, 1971
	Cornell Bookard - b. Mar 15, 1936; d. Jun 7, 1974; Sp4 US A
	Laura S. Bookard - b. Jun 7, 1907; d. Jun 17, 1986
	Leroy S. Stevenson - b. Jul 26, 1945; d. Apr 12, 1992
	John Henry Stevens - SC Stm 1 USNR WWII
	Melton Wages - b. 1932; d. 1997
	Phillip Jackson - b. Jun 22, 1962; d. Mar 25, 1986
	Jeffrey Stevens - b. 1964; d. 1998
(m)	Frances Gantt - b. 1874; d. 1934
(f)	Robert Gantt - b. 1870; d. 1936
(s)	Thomas G. Gantt - b. Feb 22, 1942; d. Dec 11, 1964
	Eliza Goodwin - b. 1899; d. 1974
	Kenneth L. Wiggins - b. 1927; d. 1983; US A Kr
	Pedro Staples - b. Oct 4, 1940; d. Dec 29, 1995; Sgt US A Vn
	Silas Wages - b. Sep 30, 1913; d. Sep 19, 1992*
	Luvenia T. Wages - b. Feb 1, 1921; d. _____ *
	S. Kenneth Wages - b. Mar 18, 1959; d. Mar 21, 1968
	Mattie L. Wages - d. Dec 24, 1943
	Lillie G. Williams - b. Apr 6, 1893; d. Nov 21, 1952
	James H. Williams - b. Aug 14, 1867; d. Aug 29, 1927
	Maiverse Williams - b. Jul 20, 1904; d. May 10, 1929
	Abraham Wages - b. 1925; d. 1980
	Lottie S. Wages - b. 1917; d. 1995
	Maggie A. Wages - b. Oct 18, 1923; d. Sep 26, 1990
	Bennie Wages - b. Jul 10, 1910; d. Sep 26, 1991
	William Lee Dixon - b. Nov 1, 1920; d. Apr 19, 1986
	Talmadge R. Dixon - b. Jan 29, 1911; d. Jul 19, 1950
	Evelyn M. Outen - b. 1921; d. 1991
	Thomas Coleman - b. Mar 5, 1937; d. Sep 18, 1998
(m)	Mamie Coleman Adams - b. Jun 9, 1893; d. Dec 26, 1972

          Clyde Odell Dixon - b. 1907; d. 1979; Pvt US A WWII
          David T. Dixon - b. Mar 28, 1905; d. Aug 5, 1980
          Maude C. Myers - b. Jan 6, 1914; d. Jul 10, 1982
          Thomas Myers - b. Jul 15, 1912; d. Jan 8, 1995
          Billy Lorenzo Anderson - b. Apr 16, 1941; d. Mar 28, 1965
          Charlie H. Coleman - b. Dec 13, 1923; d. 1985; PFC US A WWII
(f)   J. Timothy Coleman - b. Aug 6, 1884; d. May 1959
          Pearl R. Dixon - b. May 26, 1882; d. Feb 16, 1959

45.   **Northeast Presbyterian Church Cemetery**: On Polo Rd about 1/2 mile from Two Notch Rd, Spring Valley, SC. Sep 1, 1998

          Dalton M. Ivins - b. Nov 17, 1925; d. Jun 16, 1997; Cdr US N WWII*
          Mary Ann Hudson Ivins - b. Mar 17, 1928; d. ____ *
          A.A. "Charlie" Mooney - b. 1945; d. 1994*
          Virginia R. Mooney - b. 1947; d. ____ *
          Edna R. Van Doren - b. Nov 17, 1912; d. Mar 2, 1997
          Thelma Pierce Barrow - b. Feb 7, 1915; d. Oct 27, 1988
          Nolan F. Armstrong - b. 1918; d. 1992*
          Helen Y. Armstrong - b. 1918; d. ____ *
          Lalter N. Armstrong - b. 1948; d. 1998
(inf) Lindsay Claire Giles - d. Aug 27, 1993; (d) of Kenneth & Darlene Giles
          Robert Lowry Sandifer - b. Aug 9, 1935; d. Oct 6, 1983
          Mary Elizabeth Tate - b. May 21, 1924; d. Aug 14, 1996
          Sally Kibbe Brown - b. Jun 21, 1938; d. Dec 23, 1990
          Bruce W. Hadlock - b. 1937; d. 1996
(inf) Stephanie Lynn Buyer - d. Jul 23, 1993; (d) of John & Christine Buyer
          Marvin L. Money - b. Aug 31, 1925; d. Sep 14, 1996; SGM US A WWII Kr Purple Heart
          Dorothy Brown Inabinet - b. Jan 27, 1926; d. ____
          Lisle H. Niver - b. 1912; d. 1993
          John D. Bunch, Jr., MD - b. Feb 25, 1925; d. Aug 4, 1997
          Keith D. Crow - b. 1944; d. 1996
          Stephen S. MacKenzie, MD - b. 1945; d. 1996
          Sarah "Sissy" Warwick Smith - b. Dec 17, 1939; d. Apr 20, 1997
          Jack K. Niles, Jr., MD - b. Feb 9, 1948; d. Aug 24, 1992
          Edward V. Hobbs - b. Nov 9, 1925; d. May 18, 1991
          Billy E. Broom, Sr. - b. 1925; d. 1998
(f)   Peter Paul Lukas - b. Mar 4, 1922; d. Nov 15, 1995*
          Catherine Griffith Lukas - b. Nov 3, 1926; d. ____ *
          Dan W. Biggs - b. Oct 2, 1921; d. ____ *
          Euphola B. Biggs - b. Mar 10, 1922; d. Apr 28, 1996*
          Jefferson C. Fuller - b. Dec 30, 1921; d. ____ *
          Bette Ward Fuller - b. Jul 3, 1924; d. ____ *
          Iris B. Kramer - b. Jun 4, 1926; d. Mar 17, 1995
          Clyde Gary Branham - b. Jun 10, 1930; d. Dec 6, 1988

Richard F. Vanderpool - b. Jul 4, 1931; d. Dec 12, 1997*
Julia A. Vanderpool - b. Oct 9, 1933; d. _____ *
Edwin T. Bellamy, Sr. - b. Apr 26, 1933; d. Jul 11, 1990*
Willa S. Bellamy, b. Sep 7, 1934; d. Apr 1, 1988
Wendell W. Whittington - b. 1926; d. 1994
Richard E. Johns - b. Feb 12, 1945; d. Apr 24, 1987
Robert L. Gryder - b. 1921; d. 1995
Raymond L. LaCarter - b. 1928; d. 1992*
Aletta M. LaCarter - b. 1929; d. _____ *
Carroll Colin McDuffie - b. Feb 13, 1929; d. Sep 20, 1989
Edward George Sill - b. Sep 2, 1945; d. Jun 21, 1987
Alexander G. Adams - b. 1920; d. 1995
Mary Alma Adams - b. 1920; d. 1995
Scott Middleton Sherer - b. Mar 3, 1964; d. Jul 17, 1983
Catherine B. Bailey - b. Aug 5, 1939; d. Jan 25, 1986

46. **Oak Grove Baptist Church Cemetery**: One mile north on Old Two Notch Rd, Pontiac, SC. Sep 1, 1998

Florine B. Hudson - b. May 1, 1940; d. May 4, 1997
(f)(dea) Walter E. Gibbs, b. May 2, 1925; d. Dec 25, 1994
Paul Gibbs - b. 1948; d. 1998
Ollie J. Stewart - b. Dec 12, 1949; d. Aug 27, 1991
Albert Hudson - b. Dec 12, 1933; d. Apr 20, 1990
Annie H. Boyd - b. Jun 20, 1917; d. Feb 4, 1988
David Bannister - b. May 31, 1942; d. Oct 19, 1995; MSgt US A Vn
(m) Maybell G. Hudson - b. May 13, 1906; d. Jun 8, 1985
Simon Jacobs, Sr. - b. Feb 24, 1921; d. Oct 27, 1989; US A WWII
(m) Rosetta "Polly" Jacobs - b. May 4, 1929; d. May 21, 1986
James "Jimmy" Gadson, Jr. - b. Apr 21, 1967; d. Nov 13, 1995
(m) Mary T. Collins - b. Jul 2, 1894; d. Feb 6, 1981
Theadore Willie Ross - b. Mar 8, 1924; d. Mar 18, 1922; Tec 5 US A WWII
(f) Alzo Wilson, Sr. - b. Aug 1, 1942; d. Nov 12, 1994
Philip Donald Harris - b. Mar 8, 1949; d. Feb 27, 1991; USMC
John Henry Burns - b. 1919; d. 1980; Pvt US A WWII
Mrs. Louise K.H. Miller - b. Apr 7, 1921; d. Sep 24, 19__
(m) Mable D. Gibbs - b. Dec 8, 1943; d. Oct 13, 1988
(b) Charlie J. Jacobs - b. Dec 16, 1914; d. Oct 17, 1984
Mrs. Wilhelmenia Young Haynes - d. Jul 17, _____
(m) Rosa Bell Ross - b. Aug 1, 1906; d. Mar 29, 1977
Betty J. Mitchell - b. 1958; d. 1958

47. **Old Macedonia Cemetery**: On Old Percival Rd near the corner of Alpine Rd, Columbia, SC. It was founded in 1800 and moved from Fort Jackson in 1959. Jul 22, 1999

Alexandria Scibek - b. 1998; d. 1999

(s)	Roman Eli Gumm - b. Oct 7, 1998; d. Nov 17, 1998
(f)	Bobby E. Branham - b. Jul 7, 1937; d. Jul 15, 1998*
(m)	Shirley M. Branham - b. Jan 1, 1955; d. ____*
	John Brazell - d. Jan 18, 1857; aged 89y
	John Thomas Chambliss - b. May 5, 1864; d. Feb 11, 1898
	Jettie Chambliss - b. Jun 5, 1902; d. Nov 21, 1906; (d) of J.L. & Catherine Chambliss
	Laura Annie Chambers - b. Aug 18, 1838; d. Aug 8, 1913
	Sammy Chris Chambers - b. Feb 21, 1953; d. Feb 25, 1953
	Betty Lou Chambers - d. Jun 10, 1939
(s)	Hubert J. Chambers - b. Jun 11, 1936; d. Feb 5, 1956
(f)	James L. Chambers - b. Nov 17, 1906; d. Jun 15, 1973*
(m)	Lula V. Chambers - b. Aug 17, 1914; d. Apr 29, 1983*
	Martha Brazell - b. Jan 30, 1795; d. Jun 3, 1876; age 81y
	Lizzie Brazell - no dates
	W.B. Brazell - b. Apr 3, 1842; d. Nov 14, 1910
	John Brazell - d. Jul 18, 1874; age 77y
(inf)	Christopher H. Roberts - no dates, (s) of Claude & Betty Roberts
	Curtis J.D. Tennison - b. Nov 11, 1911; d. Aug 15, 1972; TX SFC 47 Inf Div WWII Kr
	Rebecca H. Tennison - b. May 21, 1916; d. Apr 25, 1992
	M.C. Brazell - b. 1812; d. Jan 7, 1862
	Carolyn D. Chambers - b. Jun 10, 1920; d. Dec 8, 1997
	Heyward E. Chambers - b. May 13, 1912; d. May 1, 1993
	Catherine B. Chambers - b. Oct 26, 1872; d. Feb 12, 1960
	Jimmie Ray Roberts - d. 1954
	Betty Mae Roberts - no dates
	Alice Evans - b. 1889; d. 1947
	John J. Evans - b. 1877; d. 1949
(f)	Arthur L. Roberts - b. 1960; d. 1987
	Archie C. Roberts, Sr. - b. Jan 27, 1913; d. Jan 2, 1974*
	Lula M. Evans Roberts - b. May 27, 1913; d. Apr 27, 1969*
(f)	Arthur Lovett - b. May 12, 1884; d. Jun 26, 1940*
(m)	Sallie Miller Lovett - b. Sep 21, 1894; d. Jul 21, 1972*
	Arthur Lovett, Jr. - no dates
	Little Sellie Lovett - no dates
	Eugene Arthur Lovett - b. May 31, 1926; d. Aug 6, 1993
	Clarence Lovett - no dates
	Emme Lovett - no dates
	William Lee - b. 1845; d. 1938*
	Emma Brazell Lee - b. 1864; d. 1909*
	Hue Evans - b. Feb 14, 1918; d. Nov 7, 1936
	Willis Evans - b. Nov 1, 1921; d. Nov 7, 1938
	Blease Lee - b. 1913; d. 1973
	Dora Brazell Lee - b. 1890; d. 1976
	Huriah Lee - no dates; great (gf) of William Lee

	Agnes Evans - no dates
	Woodrow Lee - b. Mar 23, 1921; d. May 3, 1989; US N WWII
	Robert Lee Mattox - b. 1913; d. 1985; PFC US A WWII
	Mary R. McPherson - b. Sep 1, 1848; d. Dec 11, 1932
	Florence E. Roberts - b. May 2, 1886; d. Jun 9, 1887
	Frances R. Mattox - b. Apr 17, 1889; d. Mar 14, 1931*
	John L. Mattox - b. Aug 13, 1885; d. Jan 9, 1922*
(d)	Betty J. Hornsby - b. Mar 25, 1933; d. Jun 3, 1933
	Baby Mattox - b. 1908; d. 1909
(s)	John L. Mattox - b. Dec 15, 1917; d. Aug 28, 1990
(f)	Huey McEvans - b. Apr 6, 1886; d. Jul 6, 1955*
(m)	Mary Elizabeth Evans - b. Jan 1, 1893; d. Jul 28, 1985*
	Edna Olivia Strickland - d. Aug 2, 1915
	Clarence Ernest Strickland - b. Oct 17, 1895; d. May 9, 1897
	Florence D. Lee - b. Mar 29, 1898; d. Feb 9, 1983*
	John J. Lee - b. Aug 11, 1891; d. Apr 26, 1969*
(inf)	Peake - d. 1967; girl
	Wayne Laverne Fitzgerald - b. 1950; d. 1965
	Grace M. Fitzgerald - b. 1928; d. 1989
(f)	Robert E. Lee - b. Jul 13, 1885; d. May 16, 1961*
(m)	Anna R. Lee - b. Dec 2, 1889; d. Apr 5, 1922*
	Gussie Marie Martin - b. Sep 5, 1899; d. Jun 29, 1907; (d) of S. & Addie Martin
	Albert Bryant Martin - b. Jan 1902; d. Jan 23, 1902; (s) of S. & Addie Martin
(inf)	Martin, b. Sep 29, 1895; d. Oct 9, 1895; (s) of S. & Addie Martin
	William Brazell - b. Mar 23, 1834; d. Mar 18, 1911
	Charley D. Brazell - d. May 2, 1909; age 24y 2m 9d, (s) of W. & J. Brazell
	Joe Martin - no dates
	Juel Martin - no dates
	Mabel Martin - no dates
	Susane Brazell - b. Nov 22, 1857; d. Mar __, 1879
	Kizalley Ryals - b. Apr 4, 1867; d. Jan 6, 1869
	Rosetta B. Brunnemer - b. Dec 6, 1948; d. Jan 31, 1981
	Ronald C. Brazell - b. Apr 20, 1930; d. Jun 12, 1965; NC Pvt US A WWII
	James Brazell - dates unreadable
(f)	Wesley C. "Babe" Brazell - b. Feb 16, 1907; d. Feb 28, 1975*
(m)	Rosie B. "Belle" Brazell - b. Aug 9, 1911; d. ____ *
	Stella Mae Rauch - b. Dec 29, 1920; d. 1996
	Frank W. Rauch, Sr. - b. Jun 7, 1914; d. Oct 20, 1970
	Benny Brazell - b. Jun 3, 1862; d. Apr 3, 1931*
	Henrietta Brazell - b. Mar 4, 1864; d. ____ *
(m)	Daisy B. Branham - b. Nov 14, 1903; d. Mar 30, 1961
	Ben Brazell - b. Apr 29, 1891; d. May 1, 1939

Minnie Brazell - b. Mar 23, 1884; d. Feb 13, 1928
Leo Bryant Brazell - b. 1912; d. 1969
James Clifford "Jimmy" Brazell - b. Oct 5, 1962; d. Mar 20, 1987
Harry C. Brazell - b. 1917; d. 1935
Marvin A. Brazell - b. Nov 9, 1923; d. Sep 17, 1988; Tec 5 US A WWII; In memory Buddy from Gentry's
Rembert C. Terry - b. Aug 3, 1917; d. Feb 19, 1983; SSgt US A WWII
Irene E. Pinson - b. 1952; d. 1991
Ola Davis Terry - b. 1926; d. 1989
Stanley E. Scott - b. 1955; d. 1987
Ollie T. Goff - b. Jun 8, 1913; d. ____ *

(f) Harvey R. Goff - b. Nov 16, 1907; d. Dec 23, 1970
John D. Terry - b. 1885; d. ____ *
Jessie W. Terry - b. 1891; d. 1976*
George Medlin Lee - no dates
Willie Medlin - no dates

(inf) Brazell - no dates
Hester M. Brazell - no dates
Terry Family - no dates

(s) Rembert C. Terry, III - b. Jan 7, 1970; d. Jul 3, 1984
Thomas Terry - b. 1851; d. 1918*
Frances Terry - b. 1868; d. 1963*

(inf) Terry - no dates
W.H. Terry - no dates
M.J. Terry - b. May 11, 1847; d. May 11, 1909; (w) of W.H. Terry
Martha Ida Terry - b. Oct 3, 1873; d. May 6, 1888
Sarah Terry - d. Jun 14, 1884; (d) of W.H. & M.J. Terry; age 1y 1d

(f) Henry A. Brazell - b. Apr 3, 1927; d. Feb 8, 1982
(m) Carrie C. Brazell - b. Jun 30, 1910; d. Jul 8, 1983
(s) Roland Brazell - b. May 1, 1939; d. Jul 10, 1983
John R. Terry - b. Nov 3, 1919; d. Nov 4, 1967; SC Tec 5 Med Dep WWII
Joshua Allen Large - b. 1983; d. 1983
Vivian F. Metts - b. 1936; d. 1983
Annie B. Brazell - b. Jun 2, 1888; d. ____ *
Charles H. Brazell - b. Feb 17, 1889; d. Jul 21, 1942*
Lona Bonnie Lee - no dates

(f) Willis Henry Brazell - b. Oct 9, 1911; d. Nov 10, 1967
(m) Corrie B. Brazell - b. Aug 14, 1922; d. Apr 2, 1994
Clarence Lee - no dates
Nezzie Lee - no dates
Belton S. Brazell - b. Jul 3, 1870; d. Mar 12, 1924*
Mary Emma Brazell - b. Dec 25, 1871; d. Jun 19, 1935*
Florie Brazell - no dates
Frances B. Adams - b. 1907; d. 1964

(f)(rev)	Luther J. Davis - b. Oct 1, 1906; d. Apr 22, 1995*
(m)	Emma Martin Davis - b. Jul 4, 1911; d. Jun 3, 1980*
	Viola Hornsby - b. 1935; d. 1994
	Wylie Tems Hornsby - b. 1914; d. 1975; S1 US N WWII
	Martha Brazell - d. Mar 5, 1886; aged 17y 4m 3d
	Martha Davis - b. Sep 2, 1827; d. Apr 14, 1915
	Jerry Samuel Terry - b. 1963; d. 1995
	Doris June B. Terry - b. 1933; d. 1984
(h)	James "Jim" Lee - b. Sep 21, 1883; d. Oct 10, 1972
(d)	Karen Lee Strickland - b. Apr 20, 1929; d. Aug 3, 1991
(s)	Rudy T. Brazell - Aug 28, 1944
	Sam Mattox - b. Jun 22, 1861; d. Apr 8, 1924*
	Jane Mattox - b. Dec 28, 1868; d. _____*
	Hozey P. Lee - b. Jul 29, 1848; d. May 5, 1936
	Rachel S. Lee - b. Mar 23, 1870; d. Jun 26, 1916; (w) of H.P. Lee
	George W. Lee - b. 1890; d. 1967
	Barbara Carol Brazell - b. Aug 17, 1967; d. Aug 17, 1967
	Henry T. Lee - b. Aug 14, 1882; d. Mar 14, 1929*
	Dora B. Lee - b. Feb 27, 1892; d. Sep 14, 1949*
	Baby Lee - no dates
	Larance P. Brazell - b. 1899; d. 1971*
	Lucille J. Brazell - b. 1904; d. 1977*
(f)	John W. Brazell - b. Jul 23, 1919; d. May 7, 1968*
(m)	Effie E. Brazell - b. May 18, 1934; d. _____*
	Henry T. Brazell - b. 1891; d. 1918
	Georgeanna Brazell - d. 1912
	Austin Brazell - d. 1948
	Debra K. Brazell - b. 1964; d. 1990
	L.B. Brazell, Sr. - b. 1929; d. 1981
(d)	Nettie Magdalene Brazell - b. Oct 12, 1947; d. _____*
(m)	Nettie Gertrude Brazell - b. Jan 24, 1917; d. Jan 9, 1990; (d) of Julius L. & Viola M.S. Brazell*
	Tommie Brazell - no dates
	Julius L. Brazell - b. Jun 8, 1896; d. Nov 7, 1973*
	Viola M.S. Brazell - b. Mar 24, 1896; d. May 7, 1968*
	Howell Brazell - no dates
	Letsan Brazell - b. Nov 16, 1857; d. Oct 2, 1937*
	John D. Brazell - b. Sep 3, 1855; d. Aug 9, 1932*
	Asalean Maggie Brazell - b. Jan 12, 1927; d. Aug 5, 1991
	LaGrand L. Enlow - b. Aug 14, 1929; d. _____*
	Lillie Mae Enlow - b. Sep 13, 1916; d. Sep 11, 1986*
	Lillie B. Roberts - b. May 7, 1900; d. Sep 28, 1963*
	George W. Roberts - b. Oct 3, 1890; d. Mar 3, 1971*
	Thomas Brazell - no dates
	Lugenia Brazell - no dates
	Willie Albert Brazell - b. 1892; d. 1967

	Harvey Brazell - no dates
(f)	Green H. Lee - b. Jun 1876; d. Mar 1, 1925*
(m)	Frances M. Lee - b. Apr 8, 1882; d. Jan 16, 1930
(inf)	Lee - no dates
(inf)	Lee - no dates

Lella Brazell - no dates
Ethel Brazell - no dates
Viele Brazell - no dates
Sam O. Brazell - b. Jan 1, 1914; d. Sep 21, 1971
Sonda Lee Brazell - no dates
Arletha Sally Brazell - b. 1930; d. 1987

48. **Old Sandy Run Cemetery**: On Briercliff West Rd, between Briercliff Ct and Nature Trail Rd, Spring Valley, SC. <u>May 19, 1999</u>

(w)	Myrtle L. Brinkley - b. Nov 29, 1924; d. May 9, 1987*
(h)	Harry L. Brinkley - b. Jul 29, 1928; d. ____ *

Lula J. Lovett - b. Apr 20, 1893; d. Apr 24, 1975*
Arthur J. Lovett - b. Jul 10, 1881; d. Jun 3, 1955*

| (inf) | Ruby Ray Lovett - b. Oct 22, 1921; d. Oct 23, 1921 |

Ola Estelle Lovett - b. May 31, 1912; d. Sep 3, 1913; (d) of Arthur J. & Lula J. Lovett

| (f) | W. Henry Roberts - b. Sep 18, 1861; d. May 29, 1913 |
| (m) | M. Eliza W. Roberts - b. May 17, 1870; d. Aug 23, 1916 |

Arthur O. Lovett - b. Apr 18, 1909; d. Apr 30, 1909; (s) of Arthur J. & Lula J. Lovett
Eliza May Lovett - b. Oct 22, 1910; d. Aug 9, 1911; (d) of Arthur J. & Lula J. Lovett
Mary Ann Lovett - b. Jun 29, 1845; d. May 18, 1922; (w) of Frederick Lovett
Frederick Lovett - b. Nov 4, 1845; d. Dec 16, 1909
Emer E. Sanders - b. Jan 28, 1858; d. Jun 4, 1938
Richard Sanders - b. May 23, 1819; d. Aug 19, 1900
Mary Susan Sanders Atkison - b. Oct 7, 1850; d. Jul 22, 1945
William A. McKenzie - b. Oct 26, 1852; d. Nov 14, 1928; born in Augusta, GA
John Edward Sanders - b. Jul 3, 1874; d. Aug 30, 1958
Raymond Ross - b. 1905; d. 1973
Bobby O. Ross - b. 1948; d. 1972

49. **Old St. Mark Lutheran Church Cemetery**: On Blythewood Rd across from Fulmer Rd, Blythewood, SC. <u>Aug 12, 1998</u>

Wade Hampton Turnipseed - b. Dec 24, 1906; d. Jul 19, 1965
Dr. Guido A. Colling - b. 1911; d. 1994
Olin Edmund Price - b. May 5, 1883; d. Nov 8, 1976
Lawrence Durham Boney - b. Feb 8, 1912; d. ____
Essie Price Boney - b. Nov 26, 1915; d. Oct 16, 1988

Lottie McGrady Price - b. Dec 24, 1886; d. Apr 7, 1961
Jacob Boozer Rawl - b. Jul 4, 1886; d. Jan 12, 1961
Fannie A. Langford - b. 1872; d. 1946*
George Y. Langford - b. 1842; d. 1924*
Alvina M. Langford - b. Sep 25, 1839; d. Nov 20, 1913; (w) of George Y. Langford
(m) Sarah E. Derrick - b. Oct 18, 1844; d. May 23, 1888; (w) of W.A. Derrick
Lawrence Langford - b. Jun 29, 1902; d. Sep 26, 1902
Eva Langford - d. Jun 5, 1905; age 6m; (d) of Clark & Kizzie T. Langford
Clark Langford - b. Mar 2, 1873; d. Jan 13, 1946*
Kizzie Timms Langford - b. Dec 25, 1872; d. Feb 1, 1947*
Albert Sidney Langford - b. Apr 16, 1878; d. Feb 23, 1938*
Melinda Rawl Langford - b. Oct 10, 1881; d. Oct 18, 1974*
Oneida Loraine Langford - b. Nov 12, 1904; d. Apr 28, 1916
Eugene F. McGrady - b. Apr 4, 1898; d. Oct 30, 1971
Essie Ellen Rawls - b. May 10, 1884; d. Nov 20, 1966; (d) of Elijah A. & Elizabeth A. Rawls
Lola Eulalia Rawls - b. Dec 24, 1866; d. Jan 17, 1888; aged 21y, 23d; consort of John W. McGrady; (d) of Elijah A. & Elizabeth A. Rawls
Elizabeth Ann Rawls - b. Apr 25, 1845; d. Sep 21, 1923*
Elijah A. Rawls - b. May 28, 1840; d. Jun 24, 1914*
Lillian Josephine Rawl - b. Apr 11, 1874; d. Feb 13, 1955
Sunie Mae Ballentine Rawl - b. Aug 31, 1883; d. May 5, 1978*
Wilmol Eugene Rawl - b. Jun 2, 1878; d. Feb 2, 1941*
J.W. Monts - b. Sep 10, 1867; d. Sep 3, 1910
Jacob Monts - b. Jul 25, 1832; d. Dec 25, 1906
Pomelia Lucenda Monts - b. Nov 11, 1836; d. May 10, 1913
(inf) Monts - b. Aug 27, 1909; d. Sep 3, 1909; (d) of T.U. & M.C. Monts
William P. Havird, Jr. - b. Dec 21, 1870; d. Feb 27, 1937
(m) Ensley E. Harmon-Havird - b. Feb 17, 1864; d. Jul 9, 1935
S. Thomas Harman - b. Jan 5, 1864; d. Jul 9, 1897
Rosann B. Harman - b. Jul 9, 1828; d. Jun 8, 1904; (w) of S.R. Harman
Simon C. Harman - b. Sep 24, 1855; d. Apr 1, 1921*
Adora J. C. Harman - b. Nov 3, 1861; d. _____ *
Ella Epting Jeffcoat - b. Apr 1, 1859; d. Jun 5, 1894*
(rev) Hubbard Warren Jeffcoat, b. Oct 9, 1859; d. Apr 5, 1937
Jasper Franklin Rawl - b. Apr 29, 1900; d. Oct 2, 1987*
Sadie Langford Rawl - b. May 19, 1903; d. Mar 25, 1992*
O'Neil L. Rawl - b. Apr 29, 1931; d. Nov 4, 1967; (s) of Jasper F. & Sadie L. Rawl
Elizabeth H. Rawls - b. Dec 17, 1869; d. Nov 23, 1914; (w) of Franklin D. Rawls
Franklin D. Rawls - b. Oct 9, 1870; d. Jun 13, 1924

        Christopher J. Riehle - b. Jul 25, 1892; d. Apr 24, 1971*
        Lucile Rawl Riehle - b. Mar 28, 1906; d. Sep 5, 1970*
        Joyce B. Rawls - b. Jun 24, 1919; d. ____
        Kennith D. Snelgrove - b. May 1, 1938; d. Feb 24, 1941
(m)(d) Dr. Catherine Langford Ackerson - b. Jul 6, 1920; d. Oct 17, 1996; teacher
(h)   Sanders M. Lorick - b. May 31, 1831; d. Apr 1, 1915*
(w)   Susan C. Lorick - b. Nov 24, 1833; d. ____*
        Carrie A. Price - b. Aug 1, 1849; d. Jul 7, 1891; (w) of T.N. Price
        Dr. Michael H. Langford - b. Jun 21, 1915; d. Oct 26, 1974
        Q. Marshall Hawley - b. Nov 11, 1899; d. Aug 4, 1971
        Elizabeth L. Hawley - b. Aug 16, 1908; d. Mar 20, 1993

50. **Peter Entzminger Grave**: In the woods off of Hwy 321, between Blythewood Rd and Cedar Creek Rd, Blythewood, SC. Sep 3, 1998

      Peter Entzminger - b. Mar 21, 1778; d. Feb 12, 1855

51. **Pine Grove A.M.E. Church Cemetery**: On Southwind Dr near the corner of Syrup Mill Rd, Blythewood, SC. It is very close to the Fairfield and Richland Co lines. Jul 24, 1999

      Lottie S. Cook - b. 1873; d. Feb 21, 1944
      J.P. Cook - b. Aug 20, 1905; d. May 10, 1924
      Sarah Walker, b. Oct 8, 1900; d. Aug 2, 1944
      Allen T. Able - b. Jan 30, 1920; d. Dec 15, 1998
      Hubbart Able - b. 1911; d. 1942
      Alice Able - b. Apr 29, 1882; d. ____
      Albert Milligan, Sr. - b. Jan 10, 1910; d. Sep 5, 1983
      Carrie Milligan - b. Apr 21, 1888; d. Nov 14, 1975
      Bonnie D. Milligan - Jan 2, 1927
      Rondell Milligan - Feb 8, 1960
      Emma Mae Elzie - b. Apr 30, 1905; d. Jul 21, 1959
      John Robert Bossard - b. Sep 11, 1878; d. Dec 4, 1938
      Laura Jackson Bossard - b. Apr 18, 1881; d. Jan 29, 1941
      Flavor Ann Abell - b. Aug 20, 1882; d. Nov 25, 1933
      Anna Broom - b. Feb 17, 1839; d. Jul 2, 1901
      Ida Moore - b. Jul 9, 1897; d. ____
      Prissila McMahon - Feb 1, 1901
      Melvin Alston - Mar 4, 1904
      Abram McMahon - Dec 11, 1910
      William Hughes - d. Jul 22, 1922; age 68y
      George Lee Brown - b. Apr 24, 1873; d. Oct 10, 1912
      Josephine Lee - b. May 11, 1874; d. Jul 7, 1910
      Mary Brown - b. May 3, 1856; d. Nov 18, 1923
      Adlay Kennedy - b. Aug 18, 1876; d. Mar 30, 1940
      Frank Kennedy - b. Dec 7, 1907; d. Apr 7, 1944
      Willis E. Abell - b. Oct 3, 1880; d. Apr 17, 1951

Belasco J. Bossard - b. 1909; d. 1952
Curtis N. Bossard - b. Apr 23, 1932; d. Mar 9, 1945
Emma Jane Bossard - b. May 17, 1908; d. Sep 6, 1993
Frederick Abner Bossard - b. Jun 7, 1916; d. Jul 7, 1969; S1 USNR WWII
George W. Trapp - b. 1880; d. 1957
George Trapp - d. Apr 29, 1951; age 40y
Adam Broom - d. Nov 22, 1899; aged 70y
Lucy Broom - d. Jun 1, 1912; aged about 60y
Jack Broome - b. Dec 25, 1843; d. Aug 29, 1924
Charlotte Alston - b. Mar 8, 1868; d. May 31, 1956*
Edmond Alston - d. Jul 5, 1937; age 79y
Bessie Alston - d. Jun 25, 1944; age 3y
L.D. Alston - d. Jan 12, 1952; age 42y
Jacob D. Alston - b. Dec 12, 1898; d. Mar 20, 1954
George B. Austin - b.1911; d. 1984; Cox US N WWII
Mamie M. Brown - b. 1911; d. 1979*
Bert Brown - b. 1910; d. 1973*
Henry James Manning - b. Jul 10, 1882; d. Feb 7, 1965
(m) Maggie Manning - b. Jun 6, 1888; d. Feb 28, 1951
Eddie Broome - d. Feb 20, 1935; age 50y
Carthen Manning - b. 1906; d. 1953
Susie M. Manning - b. 1908; d. 1961
(m) Bertha Ann Manning - b. Jun 28, 1953; d. Dec 20, 1992
Winnie Johnson - d. Apr 30, 1962; age 85y
(rev) S.M. Hightower - b. Aug 8, 1912; d. Jul 7, 1988
Mary M. Hightower - b. 1928; d. 1997
Peter Trapp - d. Oct 2, 1951; age 85 y
John D. Seals - b. Jan 8, 1860; d. Nov 12, 1931*
Hattie P. Seals - b. Jun 10, 1884; d. Sep 19, 1941*
(m) Allie Mae Manning - b. Jun 19, 1940; d. Mar 12, 1977
Daniel Watkins - b. 1890; d. 1976
Mattie B. Alston - b. 1889; d. 1974
Isaiah Alston, Jr. - b. Mar 23, 1919; d. Apr 17, 1953; (s) of Isaiah & Mattie B. Alston
David Broome - d. Mar 1, 1958; age 61y
Allie Mae Broom Singleton - b. 1912; d. 1968
John B. Broome - b. May 3, 1910; d. Apr 7, 1972; NY Pvt US A WWII
Isaiah Alston - b. 1893; d. 1969

52. **Pineview Baptist Church Cemetery**: On Pineview Rd about 1/8 mile from Hwy 21, Blythewood, SC. Jan 2, 1997

(inf) Wooten - d. Jul 19, 1949; (s) of Mr. & Mrs. Robert R. Wooten
H.P. Clamp - b. Dec 13, 1924; d. Jun 27, 1978
Mary Jane Smith - b. Aug 2, 1874; d. Jul 8, 1918

Rufus M. Smith - b. May 30, 1855; d. Jun 12, 1930
Sarah Smith - b. May 17, 1843; d. Oct 30, 1910
Allie Mae Smith - b. Dec 2, 1909; d. Mar 13, 1954
Albert D. Smith - b. Aug 15, 1896; d. Jul 2, 1982
Bessie P. Smith - b. 1891; d. 1986
William S. Smith - b. 1887; d. 1957
(inf) Boone - b. Jan 11, 1937; d. Jan 11, 1937; (d) of Mr. & Mrs. Baxter Boone
Clarence Herman Smith - b. Apr 2, 1931; d. Mar 10, 1933; (s) of Mr. & Mrs. W. Smith
Marie Alberson - b. Apr 20, 1905; d. Jun 11, 1931; (d) of J.W. Marthers
Maggie Howell - b. Jan 23, 1898; d. Mar 14, 1920; (d) of J.W. Marthers
Leila Irene Smith - b. Sep 13, 1910; d. Jul 20, 1917; (d) of Mr. & Mrs. William S. Smith
Charlie H. Cooper - b. Sep 19, 1900; d. Apr 14, 1989
Bonnie H. Cooper - b. Nov 22, 1900; d. Oct 26, 1969
Effie Howell - b. Jun 3, 1894; d. Mar 23, 1975
Ollie Jamison - b. Nov 30, 1893; d. Dec 8, 1899; (d) of William E. & Maggie O. Jamison
William E. Jamison - b. Jun 18, 1867; d. Nov 5, 1930
Maggie O. Jamison - b. Oct 9, 1876; d. Jun 18, 1937
Durham A. Wooten - b. May 12, 1884; d. Aug 17, 1933
G.H. Smith - d. Sep 20, 1885; age 35y; erected by (w) Nanie
John C. Wooten - b. Dec 28, 1908; d. Feb 28, 1981
Leila Mae Wooten - b. Nov 27, 1915; d. Aug 6, 1968; twin (sis)
Lila Bell Wooten - b. Mar 27, 1915; d. Apr 6, 1954; twin (sis)
Cooper Hoopauch - d. May 10, 1918; (inf) of Mr. & Mrs. J.D. Hoopauch
Franklin Trapp - b. 1874; d. 1911
Thomas F. Howell - b. Apr 5, 1892; d. Dec 2, 1956; SC Spc Md WW__
Fannie Howell - b. 1870; d. 1955
Samiel M. Howell - b. 1860; d. 1938
Marvie Avis Howell - b. Nov 3, 1898; d. Jun 24, 1924; (w) of Sam Mattox
Smal Carrenia Howell - b. Jun 20, 1905; d. Jul 18, 1905; (d) of Samiel M. & P.J. Howell
Howell - b. Jan 19, 1901; d. Feb 27, 1901; (inf) of Samiel M. & P.J. Howell
William Trapp - b. Jan 25, 1831; d. Jun 7, 1879
Corina Trapp - b. Jul 7, 1839; d. Jul 29, 1913; (w) of William Trapp
M. Trapp - b. 1876; d. 1902
William Trapp - b. 1868; d. 1904
S.A. Trapp - b. 1872; d. Jan 6, 1925

Wylie D. Branham - b. Jun 17, 1919; d. Dec 31, 1981
Myrtle R. Branham - b. Sep 6, 1925; d. _____
Nillie Mae Goodwin - b. Mar 30, 1913; d. Aug 22, 1969
R.W. "Bill" Branham - b. May 2, 1890; d. Apr 30, 1969
Bessie J. Branham - b. Apr 23, 1893; d. Oct 2, 1967
David Hampton Branham - b. 1933; d. 1977; USAF Kr
Elizabeth M. Farmer - b. Apr 25, 1825; d. Dec 6, 1902
James W. Farmer - b. 1831; d. Jun 2, 1935
Nanie Mae Tidwell - b. Sep 12, 1917; d. Jul 12, 1918
Mary L. Braswell - d. Nov 10, 1871; age 33y
(inf) Trapp - d. Nov 1942; (s) of Mr. & Mrs. Johnny M. Trapp
Johnny M. Trapp - b. Feb 5, 1908; d. Jul 18, 1980
Emily M. Trapp - b. May 8, 1913; d. _____
R.H. Trapp - b. 1904; d. 1954
Virginia Hood - b. Mar 1, 1911; d. Sep 6, 1945; (w) of G.E. Hood
John Labon Trapp - b. Mar 10, 1867; d. Sep 27, 1943
Emma Trapp - b. Apr 17, 1878; d. _____
Thomas Franklin Trapp - b. Jun 1, 1889; d. Nov 27, 1908
Emma Elizabeth Trapp - no dates; (d) of Mr. & Mrs. B.L. Trapp
Ben Tillman Trapp - b. Jun 15, 1898; d. Feb 8, 1923
Johnny W. Wooten - b. May 1, 1910; d. Feb 3, 1975
Pauline K. Wooten - b. Nov 2, 1911; d. _____
Wallace C. "Wally" Liner, Jr. - b. Feb 14, 1961; d. Nov 4, 1975
William H. Reynolds - b. Feb 18, 1898; d. Jan 25, 1929
Jessie C. Wooten, Jr. - b. Apr 28, 1907; d. Sep 20, 1974
Pauline M. Wooten - b. Sep 23, 1913; d. Feb 27, 1995
Belle R. Wooten - b. Jul 7, 1881; d. Jan 7, 1966
Jessie C. Wooten - b. Jun 25, 1874; d. Aug 9, 1954
Margie P. Wooten - b. Feb 6, 1942; d. May 30, 1949
(inf) Wooten - d. 1941; (s) of Mr. & Mrs. Jesse C. Wooten, Jr.
Rufus W. Miles - b. Apr 17, 1916; d. Nov 23, 1985
Annie G. Miles - b. May 24, 1887; d. Jun 15, 1966
S.F. Miles - b. Feb 1, 1881; d. Jul 8, 1949
Liza Ann Miles - b. Mar 12, 1861; d. Feb 6, 1936
Carl J. Phillips - b. Sep 5, 1936; d. Jan 17, 1986; Sgt USAF Kr Vn
Carrie Bell Sharpe - b. 1884; d. 1963
Walter Sharpe - b. 1876; d. 1949
Nina Jeffers - b. Mar 11, 1907; d. Nov 18, 1934; (w) of James Jeffers
Louis Sharpe - b. Mar 1918; d. Jan 1919
George Reynolds - b. Jul 15, 1911; d. Jul 16, 1911
John Reynolds - b. Nov 10, 1884; d. Dec 27, 1914
Mary Reynolds - b. Feb 28, 1866; d. Apr 17, 1936
Mary Louise Reynolds - b. Feb 23, 1911; d. Mar 16, 1934
Ola Runion - b. Jan 28, 1900; d. May 23, 1941
Minnie M. Reynolds - b. Apr 4, 1893; d. Dec 17, 1963
Robert E. Reynolds - b. Sep 15, 1889; d. Dec 2, 1952

Bertha A. Bartsch - b. Apr 8, 1899; d. Jul 29, 1976
Earl George Bartsch - b. Dec 25, 1923; d. May 12, 1972; SC Cpl USMC WWII
Marion Bartsch Pardue - b. Sep 11, 1934; d. Apr 12, 1965
(inf) Cheryl Lynne Shoemake - b. Aug 1, 1961; d. Nov 1961
(inf) Dawn Mechelle Cooker - no dates
Mary Mae Hagood - b. May 25, 1899; d. Oct 4, 1987
Clifton Marion Hagood - b. Dec 14, 1887; d. Oct 20, 1967
Lonnie R. Haygood - b. Jun 26, 1904; d. Sep 11, 1944
Bobby Jean Haygood - b. Sep 21, 1931; d. Sep 10, 1933; (d) of Lonnie R. & Mimie Haygood
Robert D. Haygood - b. 1876; d. 1940
Estelle Brown Haygood - b. 1893; d. 1930
Lillie Mae Brown Shaw - b. 1919; d. 1940
Robert Howell - b. Apr 26, 1895; d. Oct 27, 1971; SC Pvt Co H 53 Pnr Inf WWI
Louise Haygood - no dates
Marion Haygood - no dates
Carrie Haygood - b. 1882; d. 1919
John Howell - b. Feb 6, 1889; d. Aug 16, 1931
(m) Georgeia Sweatman Howell - no dates
(f) Jackson Howell - no dates
(m) Mimie Howell Smith - b. Jun 6, 1882; d. Apr 30, 1938
Lucretia B. Cook - b. Sep 19, 1887; d. Jul 1, 1954
John C. Cook - b. Aug 13, 1873; d. Oct 9, 1956
William H. Kelly - b. Nov 3, 1904; d. Mar 22, 1966
Mary P. Walker - b. 1873; d. 1945
William A. Walker - b. 1864; d. 1938
Lizzie Smith - b. Dec 8, 1887; d. Jan 30, 1975
Rufus Warren Smith - b. Jul 3, 1884; d. Oct 16, 1934
Ema Dill - b. Mar 31, 1901; d. Mar 7, 1902; (d) of J.M. & Ella Miles
(inf) Mary Howell - d. 1895
Sallie Amanda Howell - b. Aug 18, 1877; d. Aug 17, 1959
Phillip Howell - b. 1871; d. 1915
Emma Mae Howell - b. 1903; d. 1918
Lenard Liynell Howell - b. Feb 1, 1930; d. Oct 16, 1932; (s) of Mr. & Mrs. B.H. Howell
Eugenia Marthers - b. Mar 5, 1867; d. Mar 29, 1944
J.W. Marthers - b. Jan 23, 1873; d. Jan 17, 1948
Eliza Louise Sanders - b. Apr 16, 1902; d. Dec 8, 1967
Joseph Clyde Sanders - b. Oct 9, 1901; d. _____
Melvin M. Marthers - b. Mar 13, 1900; d. Mar 26, 1942
Christine H. Marthers - b. Jul 24, 1907; d. Apr 4, 1985
Maud Hagood Hood - b. May 18, 1876; d. Feb 22, 1951
Henry M. Hawkins - b. Sep 2, 1930; d. Jan 1, 1951; Ph SC PFC 23 Inf Regt Kr

Loren D. Standley - b. 1902; d. 1966
Berley H. Howell - b. May 2, 1916; d. Mar 23, 1970
Rachel D. Howell - b. Jun 15, 1908; d. ___
Gertrude W. Medlin - b. 1909; d. 1958
(inf) Gunter - d. Feb 28, 1922; (d) of Mr. & Mrs. L.A. Gunter
(inf) Gunter - d. Apr 8, 1930; (d) of Mr. & Mrs. L.A. Gunter
Charlie Gunter - b. 1905; d. 1910; erected by L.A. Gunter
Doree Gunter - b. 1901; d. 1908; erected by L.A. Gunter
E.D. Gunter - b. Jun 10, 1861; d. Dec 29, 1909
Mary Gunter - b. Jul 11, 1868; d. Oct 2, 1934
Eliza Walker - b. 1839; d. 1934
Daniel Walker - no dates; Co E 15 SC Inf CSA
Mattie Shumpert - b. Nov 6, 1870; d. Jun 20, 1940
George Preston Walker - b. Aug 19, 1865; d. Sep 6, 1940
Mattie Parker Walker - b. Jan 15, 1874; d. Feb 2, 1948
Daniel Preston Walker - b. 1890; d. 1966
Emily Dunn Walker - b. 1896; d. 1970
Odell L. Walker - b. Apr 11, 1914; d. Nov 11, 1956; SC PFC 13 Inf & Inf Div WWII
Bennie Cohen Walker - b. Feb 9, 1930; d. Sep 27, 1968; SC Sgt US A Bronze Star Medal
Paul Ronald Walker - b. Sep 12, 1946; d. Jan 5, 1959
Marvin "Buddy" Walker - b. 1921; d. 1870
Vera C. Walker - b. 1906; d. ___
Tallie O. Walker - b. 1906; d. 1982
Woodrow J. Walker - b. 1916; d. 1982
Sallie B. Walker - b. 1911; d. 1993
Viola Henson - b. Aug 27, 1924; d. Nov 23, 1942
Elizabeth M. Gunter - b. Aug 25, 1895; d. Apr 3, 1980
Floyd A. Gunter - b. Dec 6, 1890; d. Feb 3, 1963
John B. Gunter - b. Sep 13, 1927; d. Aug 15, 1927
Warren Gunter - b. May 19, 1939; d. Dec 10, 1939
Libby Andrews - no dates; buried in Arlington, VA
Crawford Smith - b. Jun 26, 1918; d. Jan 8, 1922
Charlie Smith - b. 1888; d. 1959
Lacy Dees Smith - b. Sep 18, 1929; d. Aug 16, 1947
Delphine M. Smith - b. 1892; d. 1968
Jones Smith - b. Oct 18, 1917; d. Jul 28, 1985; PFC US A WWII
Lacy Marthers - b. May 3, 1906; d. Feb 9, 1926; (s) of Mr. & Mrs. James Marthers
James Marthers - b. Jun 26, 1860; d. Mar 17, 1932
Lillie Marthers - b. Jul 1, 1866; d. May 1, 1938; (w) of James Marthers
Carrie M. Marthers Wilson Love - b. Oct 24, 1890; d. Dec 20, 1949
Mary Marthers - b. Oct 15, 1901; d. Sep 17, 1983
James Marthers, Jr. - b. Feb 15, 1888; d. Oct 9, 1979

Viola T. Marthers - b. Aug 29, 1892; d. Jul 9, 1970
Will W. Marthers - b. Nov 16, 1886; d. Mar 4, 1965
Edward Marthers - b. Mar 31, 1917; d. Nov 22, 1960
Samuel J. Marthers - b. Mar 26, 1921; d. Mar 13, 1994; (s) of Mr. & Mrs. Will W. Marthers
Sarah N. Sawyer - b. Jul 10, 1886; d. Nov 3, 1979
L.C. Sawyer - b. 1873; d. 1937
Lula J. Hood - b. Jun 1, 1877; d. Nov 18, 1958
R.B. Maples - b. May 28, 1905; d. Jul 29, 1977
Gertrude G. Maples - b. Oct 6, 1898; d. Jan 9, 1982
Delsia Anderson - b. Jun 29, 1918; d. Jul 11, 1987
Annie Lee Moseley Anderson - b. Apr 20, 1921; d. _____
Clara B. Moseley - b. Nov 4, 1902; d. Jul 3, 1958
Vallard D. Moseley - b. Jun 19, 1898; d. Jan 9, 1963
"Aunt Lula" Sweatman - b. Aug 9, 1876; d. Jan 10, 1961
Bessie Brown Marthers - b. Oct 8, 1881; d. Jul 13, 1969
Thomas Eyzell Marthers, Sr. - b. Feb 11, 1867; d. Oct 23, 1939
L.A. Mosley, Jr. - b. Sep 5, 1963; d. Apr 8, 1982
L.A. Mosley, Sr. - b. Jul 2, 1942; d. Jul 19, 1975
Sarah W. Gunter - b. Mar 16, 1903; d. _____
L.A. Gunter - b. Oct 26, 1896; d. _____
Martha Helen Gunter Bourgette - b. Aug 19, 1925; d. Dec 11, 1985
Meta Lorick - b. May 1, 1894; d. May 25, 1976
George W. Branham - b. 1920; d. Sep 1, 1990
John Tillman Branham - b. 1903; d. Sep 29, 1990
Clara L. Branham Hall - b. 1923; d. Nov 2, 1991
Tracie Morris - b. 1972; d. Feb 16, 1992
John William Branham - d. Jun 7, 1994; age 61y
James Robert McGary - d. Nov 1, 1994; age 67y
C.D. Smith - b. Apr 22, 1915; d. Dec 6, 1995
Algie McGaha Kelly - d. Dec 21, 1996; age 85y; (w) of William H. Kelly
James Woodard Hall, Jr. - d. Jan 2, 1997; age 69y

53. **Pisqah Methodist Church Cemetery**: At the intersection of Pisqah Church Rd and Farrow Rd, Columbia, SC. 1990

(inf) Hollis - d. 1913; (s) of Mr. & Mrs. I.H. Hollis
Mary Davis Hollis - b. Oct 17, 1853; d. Jan 15, 1908
Jackson Davis Hollis - b. Feb 26, 1879; d. Apr 3, 1908
Hattie Mae Moore - b. Nov 24, 1892; d. Jul 1, 1915; (d) of Samuel C. & Hattie D. Moore
Osmonds Moore - b. Jul 28, 1890; d. Oct 1, 1914; (s) of Samuel C. & Hattie D. Moore
Walter E. Moore - b. Apr 3, 1883; d. Jul 16, 1909; (s) of Samuel C. & Hattie D. Moore
Samuel C. Moore - b. Nov 12, 1857; d. _____

(inf) Hattie Davis Moore - b. May 30, 1860; d. Sep 10, 1926
Wade D. Geiger - b. Feb 28, 1847; d. Aug 14, 1910
John Thomas Nates - b. Jul 20, 1841; d. Feb 21, 1905
Emma F. Nates - b. Aug 6, 1875; d. Dec 31, 1895
Charlie Nates - (s) of J.T & M.A. Nates
Jacqueline Lomas - b. Sep 13, 1924; d. Sep 28, 1936; (d) of Mr. & Mrs. J.S. Lomas, Jr.
William A. Ruff - b. Dec 16, 1845; d. Jul 27, 1919
Sue M. Lever - b. Jun 25, 1843; d. Feb 11, 1914; (w) of William A. Ruff
Willie A. Ruff - b. Jun 23, 1878; d. Jun 13, 1909
F.A. Koon - b. Apr 26, 1844; d. Sep 21, 1899
I. Koon - b. Nov 17, 1851; d. Feb 14, 1927
Lula Iola Heins - b. Aug 27, 1877; d. Sep 10, 1909; (w) of C.A. Heins
Sallie K. Ruff - b. May 16, 1870; d. Dec 31, 1930; (w) of A.B. Koon
Mary E. Thomas - b. Apr 16, 1843; d. Jan 13, 1916
G.W. Thomas - b. Mar 23, 1849; d. Jul 15, 1934
Jennie R. Smith - b. Sep 5, 1855; d. Jan 15, 1898; (w) of A.J. Smith
Augustus T. Smith - b. 1855; d. 1895
Sarah Stack - d. Feb 4, 1866; age 82y
William Stack - d. Jan 1843; age 52y
Capt William H. Stack - b. Dec 28, 1826; d. Mar 25, 1896
Margaret E. Stack - b. Sep 6, 1834; d. Jun 23, 1903
Stone - no dates; (inf) of I.N. & A.A. Stone
J.H. Baldwin - b. Mar 18, 1846; d. Nov 10, 1919
Georgianna Baldwin - b. Oct 24, 1859; d. May 21, 1932
William L. Hinnant - b. Dec 16, 1902; d. Mar 16, 1927
David E. Lever - b. Jul 3, 1879; d. Jul 15, 1928
Stephen Daniel Lever - b. Oct 22, 1871; d. Aug 1, 1934
J. Walter Kohm - b. 1872; d. 1924
Mary A. Kinsler - b. Mar 14, 1852; d. Jan 1, 1928; (w) of Charles Kinsler
Charles Kinsler - b. Feb 24, 1847; d. Mar 3, 1920
Hilton T. Smith - b. Sep 1, 1876; d. May 18, 1910
Helen Bernice Smith - b. Oct 10, 1908; d. May 1, 1916; (d) of Hilton T. & M.E. Smith
Martha Thomas Richardson - b. 1867; d. 1937*
Minnie Lee Richardson - b. 1903; d. 1935*
Charles Albert Cooper - b. Oct 30, 1898; d. Jun 8, 1922; (s) of M.L. & Isabelle Cooper
Amory S. Kinsler - b. Sep 29, 1911; d. Apr 22, 1918
Ernest B. Kinsler - b. Jul 31, 1915; d. Mar 15, 1918
Herbert Earl Peavy - b. May 20, 1918; d. Apr 22, 1919; (s) of Mr. & Mrs. James Peavy
James Peavy - b. Sep 6, 1876; d. Sep 21, 1926; (s) of (rev) J.W. & Elizabeth Peavy

Estelle Stroberge - b. May 21, 1901; d. Oct 3, 1931; (d) of Cara Lee Spivey
Patricia Gail Moore - d. Dec 26, 1940; aged 9m 16d
Arthur J. Moore - b. Aug 10, 1911; d. Jun 14, 1912
Mattie J. Gladden - b. Sep 15, 1860; d. Nov 29, 1909; (w) of W.M. Gladden
John McClure - b. Jan 15, 1812; d. Apr 13, 1908
Bessiel McClure - b. Feb 28, 1898; d. Apr 13, 1913; (w) of Thomas E. McClure
Georgia McClure - d. Jul 10, 1808; age 36y; (w) of F.E McClure
K.C. McLeane - d. Aug 26, 1927; age 16y
James S. Palmer - b. Apr 5, 1890; d. Mar 7, 1931
George Samuel Palmer - b. Mar 20, 1886; d. Nov 11, 1929
George T. Palmer - b. Jun 1, 1864; d. Jul 28, 1900
John Andrew Palmer - b. Dec 4, 1888; d. Aug 14, 1907
Janie Elizabeth Stack - b. Aug 15, 1857; d. Apr 17, 1900; (w) of John M. Folk
John M. Folk - b. Sep 27, 1858; d. Nov 30, 1909
John F. Brazell - b. Feb 13, 1831; d. Sep 21, 1898; (s) of Benjamin B. Brazell
James P. Brazell - b. Feb 5, 1873; d. Jul 2, 1894
Clara Leeana Brazell - b. Feb 18, 1896; d. Oct 4, 1896
Elizabeth H. Brazell - b. Aug 1, 1860; d. Jan 1, 1894; (d) of John F. & Mary A. Brazell
Frederick A. Brazell - b. May 27, 1870; d. Oct 12, 1903
Robert H. Newton - b. Jan 29, 1926; NC 1 Sgt 318 FA 81 Div
Benjamin H. Higgins - b. Aug 4, 1845; d. Nov 24, 1914
Fannie S. Higgins - b. May 30, 1847; d. Apr 5, 1920; (w) of Benjamin H. Higgins
Martha E. Dinkins - b. Nov 10, 1828; d. Feb 11, 1908; (w) of James Dinkins
Charles E. Dinkins - b. Jan 2, 1850; d. Dec 10, 1920
(inf) Lomas - d. Nov 26, 1934; (s) of P.L. & M.E. Lomas
John Levi Stuck - b. 1880; d. 1940
Sallie Emma Felder - b. 1883; d. 1930; (w) of J.H. Lever
Catherine R. Mummert - b. Oct 16, 1848; d. Feb 13, 1917
Jonas C. Mummert - b. Feb 26, 1836; d. Jun 1, 1917
Lucile Martin - b. Aug 16, 1904; d. Oct 17, 1907; (d) of B.F. & A.M. Martin
Christie Benet Lomas - b. Jul 24, 1918; d. Aug 28, 1930; (s) of J.S. & Mabel Lomas
John Lomas - b. 1842; d. Jan 7, 1905
Laura Lomas - b. Jul 2, 1846; d. Dec 11, 1911; (w) of John Lomas
Samuel E. Hawes - b. May 3, 1851; d. Dec 1, 1926
Bessie Seay Corley - b. May 19, 1888; d. Jun 29, 1906; (w) of S.M. Corley

(inf)	Robert Lee - d. Aug 8, 1901
	Stella H. - b. Sep 16, 1876; d. Mar 13, 1911
	William Peyton Hawes - b. Feb 28, 1872; d. Dec 2, 1918
	Carrie Davis Lomas - b. Oct 10, 1840; d. Sep 29, 191_
	Helen Marquerite Wright - b. Jan 28, 1907; d. Jul 23, 1907; (d) of M.W. & L.K. Wright
	Edward H. Lomas - b. Jan 1, 1830; d. Oct 25, 1890
	Julius Octavo Smith - b. Jan 5, 1904; d. Jun 26, 1905; (s) of A.J. & M.E. Smith
	Newton A. Smith - b. May 11, 1859; d. Apr 12, 1926
	Agnes C. Stack - b. Feb 6, 1848; d. Apr 30, 1918
	Charlotte S. Stack - b. Nov 29, 1823; d. Jan 12, 1910; (w) of John J. Stack
	John J. Stack - b. Aug 2, 1823; d. Jan 2, 1897
	Sallie Elizabeth Stack - b. Dec 29, 1850; d. Mar 4, 1916
(inf)	Beeken - b. Oct 15, 1901; d. Nov 15, 1901; (s) of A. & A. Beeken
54.	**Rabon Family Cemetery**: Off of Longtown Rd on the I.B.M. Corporation property, Killian, SC. Sep 16, 1998
	Catherine R. Davis - b. Oct 27, 1894; d. Apr 18, 1952*
	Bosher D. Davis - b. Jul 18, 1889; d. Sep 23, 1959; mar May 1, 1910
(m)	Mary Rabon Barnes Stephens - b. Jul 29, 1881; d. Jan 10, 1942
	Myrtle Shuler Rabon Peterman - b. Feb 7, 1880; d. _____; (w) of H.F. Peterman
	William Charles Rabon - b. Feb 21, 1875; d. Mar 16, 1936
	Edward William Riley - b. Dec 12, 1884; d. Mar 27, 1955*
	Sarah Jane Riley - b. Apr 19, 1884; d. Jan 31, 1957*
	Areine S. Drawdy - b. Jan 7, 1875; d. Oct 11, 1956
	John T. Rabon - b. Sep 25, 1877; d. Jun 8, 1946
	Lawrence A. Rabon - b. Oct 12, 1849; d. Sep 6, 1920*
	Emily V. Howell Rabon - b. Apr 14, 1856; d. Aug 25, 1921*
(h)	Columbus F. Stephens - b. Oct 12, 1881; d. Feb 12, 1931
	Irwin Lester Riley - b. Jan 6, 1914; d. Jan 14, 1951
(inf)	Wingar - d. Sep 11, 1936; (s) of Mr. & Mrs. C.P. Wingar
	Mrs. Sarah Riley - b. 1884; d. 1957
	Bertie D. Rabon - b. 1899; d. 1962
55.	**Raines Cemetery**: On Rimer Pond Rd about 1/8 mile from Wilson Rd, Blythewood, SC. Aug 18, 1988
	George Rimer - b. Jun 1, 1898; d. Jul 3, 1898; (s) of Mr. & Mrs. J. Rimer
	Frances C. Rimer - b. Oct 9, 1872; d. Dec 1, 1898; (d) of Mr. & Mrs. J. Rimer
	Joseph P. Rimer - b. Jul 30, 1919; d. Sep 17, 1919; (s) of Mr. & Mrs. J.P. Rimer

John Phillip Rimer - b. Dec 3, 1917; d. Dec 7, 1917; (s) of Mr. & Mrs. J.P. Rimer
Belle Rimer - b. May 25, 1861; d. Jul 9, 1887; (w) of J.J. Rimer
Hallie D. Raines - b. Dec 13, 1894; d. Mar 28, 1969
Eugene J. Raines - b. Jun 14, 1892; d. Aug 16, 1964; SC Pvt Co F 57 Pnr Inf WWI
James H. Raines - b. Dec 2, 1854; d. May 31, 1925
Mary E. Raines - b. May 17, 1857; d. Apr 23, 1925
Mattie Eva Raines - b. Jan 15, 1899; d. Apr 16, 1946; (w) of C.D. Blume
George W. Raines - b. Feb 12, 1886; d. Nov 29, 1965
Lottie E. Raines - b. Mar 31, 1885; d. Mar 17, 1970
Clettis C. Raines - b. Nov 12, 1913; d. Oct 18, 1985

(inf) Davis - b. Sep 3, 1935; d. Sep 3, 1935; (s) of Mr. & Mrs. William J. Davis
William J. Davis - b. 1905; d. 1986

56. **Rehoboth Baptist Church Cemetery**: On Hard Scrabble Rd about 1/8 mile south of Summit Pkwy, near Rice Creek Elementary School, Blythewood, SC. This is a new cemetery. Aug 11, 1998

Charlton Cornelius, Sr. - b. Nov 14, 1914; d. 1997*
Maggie C. Cornelius - b. Jun 10, 1914; d. Aug 31, 1996*
Jranisha Mona Sonnier - b. Mar 7, 1991; d. May 17, 1994
Annie Mae Nelson (Watkins) - b. Sep 15, 1928; d. Jun 23, 1990
Lonnie Dean, Sr. - b. 1946; d. 1992
Frank T. Tobias - b. Jan 17, 1947; d. Sep 29, 1992; Sgt US A
Hozie Mitchell, Jr. - b. 1946; d. 1993
(h) Raymond Rodney Whaley - b. 1960; d. 1994
(f) William G. "Doug" Cornelius - b. Feb 2, 1951; d. Dec 28, 1994; mar Nov 20, 1978
James E. Samuel - b. 1943; d. 1995
Ann Earl Laggett Farmer - b. Sep 14, 1948; d. Feb 27, 1996

57. **Rehoboth Baptist Church Cemetery**: On Miniature Rd next to State Rd 34, Fairfield Co, SC. Feb 24, 2000

Robert B. Goodson - b. Jun 9, 1920; d. Jul 5, 1983*
Duretta Goodson - no dates*
(f)(rev) Charles J. Whitaker - b. Sep 16, 1924; d. Apr 29, 1986*
(m) Ernestine P. Whitaker - b. Jun 8, 1927; d. Jul 9, 1992*
Mrs. Lettie Brown - b. 1921; d. 1995
Amelia W. Mickle - b. Jul 8, 1908; d. Sep 14, 1982
Josephine Gibson - b. 1936; d. 1974
Mattie Gibson - b. 1929; d. 1971
Josephine Gibson - b. 1904; d. 1972
James Gibson - b. Nov 26, 1932; d. Feb 16, 1984
Joe Gibson - d. Jan 29, 1948; age 67y

(b)	Edward Gibson - b. 1940; d. 1997 Nathaniel Gibson - b. Sep 11, 1946; d. Feb 5, 1996 J.D. Gibson - d. Jan 13, 1951; age 44y Evelene Gibson - b. Sep 24, 1934; d. Apr 10, 1972 Nick Peay - b. Jun 1921; d. Jan 1939 Robert Harrell - Aug 4, 1939; SC Pvt US A Pauline Taylor - b. May 15, 1916; d. May 18, 1918 Isabel Peay Smith - b. 1907; d. 1974
(h)	Isom Harrison Smith - b. 1905; d. 1987 Nancy F. Peay - b. 1890; d. 1960* Mose Peay - b. 1875; d. 1980* Robert S. Peay - b. Nov 14, 1931; d. Mar 6, 1997* Roberta L. Peay - b. Jan 7, 1936; d. May 8, 1998* Mary Hogan - b. Apr 10, 1833; d. Nov 18, 1903 Charlie Jones - b. Sep 22, 1875; d. Mar 10, 1915
(f)(gf)	Jacob Ford - b. 1893; d. 1977
(m)	Isabell Ford - b. Mar 1, 1852; d. Jan 16, 1908 Robert Riley, Sr. - b. 1921; d. 1974; Pvt US A Mr. Matthew Martin - b. 1930; d. 1968 Johnie Taylor - b. Dec 25, 1904; d. Oct 1965 Rosa Lee Taylor - b. Mar 23, 1900; d. Jan 16, 1998 Walter Nelson - b. Jan 17, 1925; d. Oct 28, 1991 Margaret N. Qualls - b. 1950; d. 1977
(sis)	Eunice G. McMillan - b. Sep 16, 1899; d. Apr 25, 1952
(m)	Amelia W. Gibson - b. Mar 11, 1865; d. Sep 13, 1940* Young "Cob" Gibson - b. May 26, 1855; d. Jun 15, 1958* Estelle Bostic - no dates Borete__ Days - d. Jun 6, 1888; age 2y 6m William Cornelious - b. 1885; d. 1962 Elijah M. Martin - b. Feb 19, 1879; d. Sep 15, 1952* Mary M. Martin - b. Nov 25, 1889; d. Aug 17, 1969* Wesley B. Martin - b. Sep 8, 1909; d. Jan 14, 1980 Willie Williams - b. Nov 27, 188_; d. Jul 4, 1885: (s) of Adam & Emma Williams Nathan Williams - b. Nov 2, 1917; d. Mar 30, 1980; US A WWII Eva B. Williams - b. Mar 20, 1918; d. Oct 8, 1993; (d) of Nathan & Lillie Williams Adam L. Williams - b. Oct 13, 1915; d. Nov 10, 1984
(rev)	Ben Wylie "Ollie" Williams - b. Oct 12, 1927; d. Oct 20, 1979 Nathan Williams - b. Mar 6, 1895; d. Jun 14, 1975* Lillie Meta Williams - b. Jun 27, 1895; d. Jan 10, 1974* James Richardson - b. Jul 5, 1894; d. Mar 5, 1950; SC Pvt 534 Engr WWI Allie M. Nelson - 1958; 1929 Hubbard White - d. Feb 25, 1925; age 20y Abe White - d. ____ 28, 1944; age 66y

	James C. Taylor - b. 1919; d. 1979
	Effie Taylor - b. Aug 8, 1899; d. Oct 6, 1994
(dea)	James Taylor - b. Jul 25, 1886; d. Dec 11, 1949
(m)	Nora Taylor - b. 1874; d. 1916
	Charles Nathan Brown - b. 1936; d. 1983; PFC US A Kr
	Moses Brown - b. 1912; d. 1975
	Gussie T. Brown - b. 1908; d. 1958
	Mrs. Lillie Mae Caldwell - b. Jun 30, 1905; d. Jul 5, 1964
	Bessie Williams - d. Nov 29, 1947; age 54y
(s)	Hosea White - b. Nov 29, 1937; d. May 18, 1966
	Veola White - b. Mar 7, 1916; d. Nov 12, 1918; (inf) of Abe & Nannie White
	James White - d. Nov 22, 1925; age 7d
(w)	Janie Harrison Sheppard - b. Aug 9, 1909; d. Mar 23, 1997*
(h)	George V. Sheppard - b. Oct 1, 1908; d. Nov 8, 1981*
	Elizabeth Harrison Gibson - b. 1917; d. 1993
	Emma M. Harrison - b. Apr 26, 1902; d. Jan 26, 1919
	Priscilla Cunningham - b. Sep 1, 1922; d. Feb 1, 1923; (d) of Louis & Sallie Cunningham
	Herbert L. Harrison - b. Jan 17, 1904; d. Aug 28, 1937
	Annie Harrison - b. Aug 15, 1900; d. Mar 18, 1930
	Allex Harrison - d. Apr 1975
	Dwight Harrison - b. May 9, 1922; d. Aug 29, 1954; US A WWII
	Mary A. Harrison - b. Mar 30, 1882; d. Jul 7, 1937
(s)	Andre Irvin - b. Jul 19, 1968; d. Oct 3, 1989
	Robert Boykin - b. Aug 1, 1896; d. Apr 10, 1971; SC Pvt US A WWI
	Mattie Simons - b. Jan 2, 1897; d. Mar 8, 1964*
	Eugene Simons - b. Apr 25, 1893; d. Sep 27, 1976*
	Bell Love - d. Jan 6, 1948; age 68y
	Marion Taylor - b. 1897; d. 1961
(m)	Bessie S. Taylor - b. Jul 25, 1902; d. Nov 2, 1997
	Wesley Taylor, Jr., b. Jun 14,1898; d. Feb 14,1993; Pvt US A WWI
	Seymore C. Colletion - b. Oct 26, 1948; d. Jan 25, 1949
	Wesley Taylor, Jr. - b. Jan 27, 1940; d. Oct 8, 1971
	English Taylor - b. Jun 1, 1932; d. Oct 4, 1961
	Alonzo Taylor - b. Sep 4, 1905; d. Jul 8, 1945
	Fletcher Taylor - b. 1872; d. 1967*
	Mary H. Taylor - b. 1880; d. 1943*
	Pauline Taylor Grady - b. 1899; d. 1965
	Eloise Taylor Belton - b. Nov 14, 1917; d. Jan 18, 1975
	Eddie H. Mosby - b. Aug 21, 1908; d. Dec 13, 1945
	Richard Clifton Mosby - b. Feb 15, 1872; d. Feb 25, 1956*
	Mary Lowry Mosby - b. Feb 17, 1874; d. Sep 3, 1956*
	Athaias W. Simons- b. Jun 16, 1927; d. Mar 2, 1970; SC Cpl US A Kr
	Romayne I. Simons - b. 1930; d. 1978
(gm)	Hazel E. Belton - b. Jan 17, 1916; d. Nov 13, 1991

(m)	Veronica Belton - b. Jan 4, 1954; d. Mar 28, 1998
	Charlie Taylor - b. Oct 29, 1889; d. _____ *
	Hannah Bell Tayor - b. May 2, 1894; d. Oct 12, 1954*
	Mozell Taylor - b. Jul 11, 1941; d. Feb 3, 1943
	Crawford Harris Benson - b. Oct 26, 1890; d. Jul 22, 1940; (w) of E.D. Benson
	Nora S. Richardson - b. Aug 12, 1919; d. Nov 9, 1983
(m)	Ada V. Harrison - b. Sep 15, 1914; d. Aug 7, 1992
	Mrs. Lizer Taylor - no dates
	Eliza Taylor - b. 1852; d. 1939
	Ralph Harrison - b. 1960; d. 1981; Sp 4 US A
	Nathaniel Harrison - b. Mar 17, 1934; d. Jul 29, 1997
(m)	Maggie Smith Harrison - b. Apr 6, 1911; d. Apr 27, 1973
(f)	Marion Harrison, Sr. - b. Apr 2, 1909; d. Oct 10, 1994
(b)	George Mark Harrison, Sr. - b. Oct 14, 1950; d. Feb 12, 1982
(m)	Barbara Ann Harrison Jenkins - b. May 19, 1945; d. Jan 9, 1997
	James Pointer - b. Mar 4, 1890; d. Oct 3, 1986; US A WWI
(m)	Sarah Tucker - b. Sep 8, 1939; d. Aug 11, 1984
	Ida Nelson - b. 1912; d. 1987*
	Margaret H. Mitchell - b. 1932; d. 1981*
	Edna Mae Cornelius - b. Jan 19, 1947; d. Jul 23, 1979
(d)	Romelia E. Brown - b. Apr 22, 1946; d. Jul 16, 1996
	George Tucker, Sr. - b. Feb 28, 1922; d. Sep 9, 1974; Pvt US A

58. **Rehoboth United Methodist Church Cemetery**: At the corner of Columbia Mall Blvd and Two Notch Rd, Dentsville, SC. Nov 17, 1990

James Matthew "Matt" Moore - b. Apr 1, 1972; d. May 7, 1988
Walter E. Caudle, Jr. - b. Dec 25, 1913; d. Dec 25, 1967
Estelle B. Myers - b. Jul 4, 1913; d. Jul 4, 1959
Thomas E. Myers - b. Jun 23, 1914; d. Apr 26, 1961
John Thomas Murray - b. Mar 24, 1910; d. Feb 7, 1967
James E. Gladden - b. May 16, 1859; d. Oct 24, 1914
John Wats - b. Jul 22, 1891; d. Nov 10, 1917
Robert McDuffie Aldredge - b. 1874; d. 1961
James Walter Tucker - b. Aug 18, 1880; d. Oct 2, 1929
Mary C. Higgins Tucker - b. Aug 8, 1883; d. Aug 25, 1959
Vernon Willie Tucker - b. Aug 5, 1906; d. Oct 1, 1961; SC Pvt USMC Amer Legion

(f)	Richard D. Connolly - b. Dec 6, 1922; d. Aug 28, 1968; NY CSI US N WWII
	Mary L. Connolly - b. Sep 26, 1923; d. _____
(f)	Thomas A.M. Cook - b. May 3, 1876; d. Sep 25, 1961
(m)	Docia Wilson Cook - b. Dec 2, 1883; d. May 4, 1961
	Lorenzo Robert Whitaker - b. Jan 22, 1899; d. Feb 13, 1961
	Virginia Snyder Whitaker - b. May 14, 1908; d. Jul 23, 1958

	George R. Clements - b. 1896; d. 1945
	James Jefferson Parrott - b. Apr 15, 1851; d. Nov 11, 1931
	Willie A. Clements - b. Dec 8, 1891; d. Aug 13, 1945
(f)	Ware Carns - b. Jun 8, 1891; d. Sep 16, 1977
(m)	Estelle Y. Carns - b. Jul 5, 1890; d. Jul 7, 1975
	Doria B. Bowen - b. Jan 7, 1904; d. Feb 20, 1983
	Albert B. Brown - b. May 26, 1900; d. Jun 18, 1975
	Clyde A. Bowen - b. Sep 20, 1923; d. Dec 18, 1957
	Baby Bowen - b. 1941; d. 1945
	Mary E. Turner - b. 1889; d. 1953
	Edgar F. Turner - b. 1891; d. 1968
	Emma Jemima Rabon Summers - b. Nov 2, 1886; d. Dec 24, 1989
	John Chapman Summer - b. Dec 18, 1915; d. Mar 19, 1941
(f)	Simon Andrew Faust - b. Feb 25, 1900; d. May 29, 1949
	Daisy G. Martin - b. Nov 8, 1874; d. Jan 12, 1954
	Norman E. Martin - b. Aug 4, 1919; d. May 4, 1966; SC Tec 5 42 CAD Recon Sq WWII
	George W. Martin - b. Feb 14, 1884; d. Dec 1, 1967
	Leila Agnes Martin - b. Aug 1890; d. Jan 1969
	John H. Hornsby - b. Jul 28, 1911; d. Dec 18, 1984
	Ruth A. Hornsby - b. May 21, 1920; d. _____
(m)	Addie Mae Martin - b. May 27, 1883; d. Oct 30, 1970
(f)	Ben F. Martin - d. Jun 24, 1923; age 39y
(f)	Enoch S. Martin - b. May 10, 1915; d. Apr 8, 1979
	Sarah L. Shull - b. Dec 1, 1854; d. Sep 9, 1924
	William K. Shull - b. Apr 6, 1859; d. Feb 12, 1931
	Henry Alvin Shull - b. Dec 18, 1910; d. Sep 17, 1965; SC Tec 5 813 Tank Destroyer Bn WWII
	Henry Wesley Shull - b. Sep 9, 1885; d. Nov 20, 1941
	Katie Oza Higgins Shull - b. Jun 17, 1890; d. Jul 18, 1948; (w) of Henry Wesley Shull
	C.W. Geige, Jr. - b. Sep 1, 1916; d. Sep 2, 1916
	Cora Elizabeth Martin Geiger - b. Dec 25, 1895; d. Apr 11, 1953
	Clarence E. Sharpe, Sr. - b. Aug 1900; d. Apr 1952
	Charnel D. Sharpe - b. Dec 1885; d. Feb 1954
	Marcus S. Park - b. Sep 17, 1952; d. Nov 3, 1952
	Eugene Willie Martin - b. Dec 11, 1900; d. Oct 14, 1981
	Katie L. Martin - b. Feb 19, 1882; d. Sep 13, 1967
	Tillman Dubose Palmer - b. Apr 12, 1899; d. Apr 8, 1975
	Brenda L. Rikard - b. Oct 28, 1950; d. Oct 29, 1950; (d) of Mr. & Mrs. D.E. Rikard
(inf)	Smith - b. Jul 12, 1936; d. Jul 12, 1936; (s) of Mr. & Mrs. L.W. Smith
(inf)	Smith - b. Feb 26, 1928; d. Feb 26, 1928; (s) of Mr. & Mrs. L.W. Smith
	F. Carlisle Smith - b. Sep 11, 1921; d. Jun 5, 1952
	Ruth Tucker Smith - b. 1911; d. 1990

Thelma Clements Smith - b. May 10, 1920; d. _____
James Marion Smith - b. Jan 10, 1916; d. Dec 24, 1985
Davis O'Neal Smith - b. Jun 3, 1922; d. Apr 4, 1981; Amer Legion
Lawrence Russell Smith - b. Sep 6, 1915; d. Apr 3, 1983
Roy E. Collins - b. Aug 21, 1916; d. Sep 18, 1973; DC MSgt US A WWII Kr Esm-Bsat
Janie R. Smith Collins - b. Nov 4, 1926; d. Sep 13, 1984
Louis Wilbur Smith, Sr. - b. Mar 23, 1892; d. Aug 23, 1968
Ida Gladden Smith - b. Nov 7, 1894; d. Oct 30, 1986
Louis Wilbur Smith, Jr. - b. Mar 30, 1914; d. Jun 7, 1966
Mamie T. Smith - b. Jan 21, 1884; d. Aug 18, 1969
Lawrence A. Smith - b. Oct 14, 1885; d. Apr 23, 1965
Katie Marion Dent - b. Oct 31, 1877; d. Oct 10, 1952
Henry Sowden Dent - b. Mar 31, 1873; d. Apr 8, 1945
John Dent - b. Apr 1, 1883; d. Jan 26, 1945
Walter Kingsley Dent - b. Sep 25, 1869; d. Feb 20, 1940
Rebecca A. Dent - b. Feb 18, 1847; d. Nov 1, 1915
Mattie R. Dent - b. Oct 1, 1877; d. Apr 22, 1913

59. **Robinson Memorial Gardens Cemetery**: On Farrow Rd about 1/4 mile south of Marthan Rd, Killian, SC. Jan 1, 1999

(inf) Brittani A.Q. Smith - b. Sep 10, 1992; d. Sep 10, 1992
Bobby Watson - d. 1982; age 49y
Lula C. Richardson - b. Aug 22, 1922; d. Oct 4, 1990
Thomas Haynes - b. Jan 17, 1909; d. Dec 16, 1982
Nykell Jabari Camp - b. Dec 28, 1990; d. Feb 7, 1991
Jim Hopkin, Jr. - d. Sep 26, 197_; age 77y
Joseph Smith - b. 1926; d. 1990
Alberta McBride - b. 1916; d. 1990
Lillian Richardson - d. 1990
Betty Delores Mc Daniels - b. Apr 5, 1932; d. Apr 24, 1996
Robert Belton - b. Sep 28, 1926; d. Jun 20, 1995*
Lelia M. Belton - b. Aug 1, 1933; d. _____ *
Frances Bouknight - b. 1930; d. 1995
Johnny Crosby - b. Aug 3, 1947; d. May 9, 1995; Brickmasonary
Arthur Lee Coleman - b. 1923; d. 1995
E.J. _____ ; no dates
Queenie Faust - b. 1908; d. 1989
Will Odom - b. 1905; d. 1994
Mary Jane Crosby - b. 1944; d. 1996
Dee Dee Crosby - b. 1972; d. 1996
Edward T. Tillet - b. 1959; d. 1994
Elizabeth Young - b. 1913; d. 1996
Jimmy Bouknight - b. 1946; d. 1993
Willie Lewis Gilyard - b. Jul 6, 1946; d. Nov 2, 1995; US A
Robert Folk - b. 1941; d. 1993

Tim McLeod - b. Jan 5, 1950; d. Mar 6, 1991; US A
Orlanda Aderyll McKnight - b. 1976; d. 1983
Steven Salters - b. Oct 30, 1959; d. Jun 6, 1998
Nora Singleton Jackson - b. Aug 30, 1912; d. Apr 11, 1998
Hester Hall - b. 1903; d. 1904
Ethylle C. Maxwell - b. Apr 30, 1916; d. Mar 7, 1991
Darlene Jackson - b. 1955; d. 1988
Robert Earl Plummer - b. May 19, 1943; d. Aug 20, 1982; PFC US A Vn
Adrian C. Burwell - b. Oct 18, 1975; d. Mar 7, 1988
Alvin Dwight Davis - b. Feb 20, 1955; d. Jul 3, 1993; US N
Zena Lucrettia Davis - b. 1962; d. 1996
Vondell McCary - b. Jan 9, 1966; d. Nov 29, 1996
Todero Zackie Davis - b. 1953; d. 1996
Jessie Hayward - d. Apr 24, 1993; age 93y
(f) Alonzo Gilyard, Sr. - b. Sep 25, 1923; d. Nov 17, 1991
James D. Brown - b. 1927; d. 1981
John Edmunds - b. 1921; d. 1988; Pvt USMC WWII
Samuel Bolton - b. Mar 23, 1924; d. Dec 15, 1987
Nathaniel Smith, Jr. - b. 1950; d. 1977
Brenda D. Turner - b. Mar 20, 1967; d. Dec 29, 1992*
Jazmine M. Turner - b. Apr 9, 1990; d. Sep 6, 1991*
Amy Thompson - b. 1918; d. 1979
Charles Shaw - d. Dec 27, 1979; age 69y
La Shunda Marie Murphy - b. Nov 4, 1982; d. May 22, 1988
Luther Hill, Sr. - b. Aug 22, 1910; d. Feb 9, 1982*
Jessie Hill - d. Jan 17, 1994; age 90y*
Sharon L. Cannon - b. Jan 23, 1977; d. May 25, 1991
(gm) Mary Patterson Fields - b. Nov 28, 1918; d. Nov 13, 1995
Samuel "Leevy" Fields - b. May 25, 1916; d. Aug 31, 1985
Lula Gilmore - b. May 12, 1900; d. Dec 26, 1982
Harvey Emmanel Kennedy - b. May 24, 1919; d. May 29, 1982; Tec 5 US A WWII
Lula S. Kennedy - b. 1924; d. 1995
Joe Hawkins - b. Aug 31, 1927; d. Jul 4, 1980; Cpl US A
Jeffrey Hall - b. Nov 13, 1956; d. Oct 9, 1992
Charlie E. Hall - b. Mar 3, 1920; d. Jun 8, 1995
Charles Edward Hall - b. 1997; d. 1997
(s) Tommy Anderson, Jr. - b. Jun 25, 1949; d. Feb 6, 1987*
(s) Allen Anderson - b. Jan 9, 1951; d. Nov 19, 1982*
(m) Nancy Anderson - b. Oct 25, 1925; d. Oct 9, 1996*
Leon Benbow - b. 1911; d. 1983; Tec 5 US A WWII
Loretta K. Milhouse - b. Feb 20, 1954; d. Dec 3, 1997
Hubert L. Kelly - b. Feb 20, 1925; d. May 10, 1983*
Rossie F. Kelly - b. Jan 16, 1927; d. ____ *
Luther Ford - b. Aug 15, 1915; d. ____ *

        Odell Ford - b. Jul 12, 1921; d. Oct 9, 1986*
        Georgia Ford - b. Oct 18, 1894; d. Mar 9, 1993
        Darryl J. Cloud - b. Aug 21, 1960; d. Mar 24, 1994
        Valentine Timothy Robinson, Sr. - b. Oct 15, 1908; d. Dec 23, 1980*
        Mary Cornish Robinson - b. Jun 18, 1920; d. Sep 9, 1989
        Lucius W. Dakers - b. 1915; d. _____*
        Laurene W. Dakers - b. 1918; d. 1975*
        James McKnight - b. Dec 18, 1983; d. Jan 16, 1984
(rev) Henry J. Johnson - b. 1913; d. 1998*
        Estelle M. Johnson - b. 1931; d. _____*
        Frank Lloyd, Jr. - d. Jun 25, 1995; age 1m
        Christine Johnson - b. Jun 12, 1912; d. Mar 3, 1994*
        Jake Johnson - b. Oct 16, 1910; d. Jan 9, 1984*
(f)   George D. Hardrick, Sr. - b. Oct 17, 1949; d. Jul 22, 1991
        Roberta Simmons - b. Aug 12, 1951; d. Aug 20, 1995
(f)   Herbert L. Wilson - b. Oct 25, 1948; d. Nov 24, 1996
(f)   Hurley "Monkey" Pitts - b. Feb 3, 1908; d. Sep 6, 1994
        Janice Washington - b. 1952; d. 1996
        Ellis L. Seawright - b. 1918; d. 1984; PFC US A WWII
        Annie Mae Thomas - d. Aug 23, 1994; age 77y
        Burt Posey, Jr. - b. Nov 26, 1949; d. Apr 23, 1998
        William Combs, III - b. Jun 10, 1953; d. Apr 29, 1980; SSgt US A
        Sallie Gray Johnson - b. Oct 7, 1914; d. _____*
        O'Neal Johnson - b. Sep 26, 1912; d. Jan 16, 1993; parent of Henry
           B., Grady O., Ed F., Juanita, Betty J., A. Clifton, Laney M.,
           Reginald L.*
        Ollie V. Adams-Draper - b. 1926; d. 1997
        Harvey L. Carter - b. 1952; d. 1978; SA US N Vn
        Frank Furtick - b. 1934; d. 1973
        Elizabeth M. Furtick - b. Sep 16, 1936; d. Oct 6, 1985
        William Lee Nelson - b. 1952; d. 1971; SC Amn USAF Vn
        Albert Glover, Jr. - b. Nov 12, 1934; d. Aug 24, 1993
(m) Juanita Glover Lucas - b. Jul 2, 1931; d. Oct 18, 1993
(m) Maggie Green Glover - b. Dec 28, 1913; d. Apr 12, 1994
        Allione James - d. Aug 11, 1994
        Hayword Taylor - b. 1937; d. 1975
        Woodrow Wilson Jenkins - b. Jan 1, 1916; d. Dec 2, 1991
        Harry W. Jenkins - b. 1947; d. 1974; Lt Cpl USMC Vn
        Marsha Sims Jenkins - b. 1950; d. 1979
        Johnnie M. Wolfe Sims - b. Oct 14, 1928; d. May 2, 1988*
        David Sims - b. Jan 15, 1995; d. _____*
        Lucious J. Gold - b. 1929; d. 1978
        Bell J. Gold - b. 1915; d. 1977
        George Gold - b. 1908; d. 1975
        Corinthia Payne - b. 1953; d. 1996
        _____ Jenkins - b. 1903; d. 1977

Louise B. Jenkins - b. Mar 3, 1933; d. Sep 3, 1997
Aaron Jenkins, Jr. - b. 1929; d. 1976
Jimar Arnce Shuler - b. 1997; d. 1997
Simon Jenkins - b. 1931; d. 1973
Aaron Jenkins - b. 1909; d. 1997
Kisisia K. Ricks - b. Jun 5, 1918; d. Oct 3, 1970
Daisy M. Holiday - b. 1944; d. 1975
Joseph Novak Ricks - b. Jan 21, 1971; d. May 28, 1988
Edward Barr - b. Jul 1916; d. Jun 1971
Rosa Fair - b. 1902; d. 1974
Ola M. Fair - b. Aug 25, 1925; d. Oct 2, 1993*
(dea) David N. Fair, Sr. - b. Jun 4, 1920; d. Feb 16, 1982*
(rev) William Fair - b. Sep 19, 1922; d. Dec 18, 1987*
Alice B. Fair - b. Sep 23, 1923; d. Jan 30, 1984*
Constance Fair - b. 1959; d. 1998
Thelma Fair - b. 1922; d. 1992
P.J. Cromer - b. Feb 17, 1939; d. Jul 7, 1998; Sp 4 US A Vn*
Conyous S. Cromer - b. 1936; d. ____ *
Onedia B. David - b. Aug 22, 1927; d. Jan 9, 1990
Lindy "Sleepy" Reid - b. Dec 24, 1921; d. Oct 27, 1982
William B. Gordon, Jr. - b. Jan 22, 1937; d. Jan 3, 1998
George Milton Gordon - b. Dec 29, 1928; d. Nov 2, 1990; PFC US A Kr
William D. Gordon - b. Jun 19, 1926; d. Aug 12, 1985; PFC US A WWII
James Burton - d. Jul 12, 1971; age 42y
Paul Brooks - b. 1907; d. 1976
Jonnie S. Gordon - b. 1926; d. 1977
Veronica Gordon - b. 1959; d. 1978
Mamie Gordon "Auntie Scoop" Carter - b. Jul 24, 1928; d. Sep 28, 1996
Janie Gordon Bibbs - b. Aug 9, 1937; d. Jun 24, 1990
John D. Irons - b. Sep 7, 1920; d. Aug 16, 1992
Ronald Gordon - b. Sep 3, 1947; d. Oct 20, 1982
__rice J. Moore - b. 1944; d. 1976
Flora Starks - b. 1901; d. 1982*
Ollie McQuiller - b. 1903; d. 1975*
Elizabeth Scott Williams - b. 1917; d. 1978
Annie Brice Williams - b. Jul 6, 1944; d. Jan 5, 1987; To a special lady - you left love, character, wisdom to Stacie and me. Your work and spirit touch the lives of many. Thank you for stopping by our way... Zeke and Stacie
Wallace Moore - b. Oct 23, 1923; d. Sep 7, 1978
(m) Johnann M. Gordon - b. Jun 2, 1898; d. Nov 26, 1976*
(f) Arthur P. Gordon - b. May 17, 1896; d. Dec 2, 1985*
Joseph C.T. Thompson - b. 1957; d. 1979; Pvt US A

(m)	Berry Eugene McCoy - b. Apr 8, 1954; d. Jun 23, 1979; PFC US A Vn Ellen McCoy Satterfield - b. 1922; d. 1991 Simon Fair - b. 1933; d. 1979; US A Kr Vn Robert Fair - b. 1926; d. 1979 Malinda Robinson - b. Jan 5, 1894; d. Aug 29, 1971* Levi Robinson - b. Dec 24, 1922; d. Nov 29, 1980* SFC Elvis Mathews, Jr. - b. Mar 31, 1931; d. Sep 27, 1980* Clara P. Mathews - b. 1938; d. 1997 William "Bubba" Brennan - b. May 17, 1912; d. Oct 30, 1982
(m)	Carrie Sims Caldwell - b. Dec 23, 1937; d. May 1, 1990
(s)(b)	Stephen Bertrand Caldwell - b. Apr 3, 1964; d. Nov 1, 1992 Herman Joseph Gibbs - b. Mar 22, 1950; d. 1993 Catherine P. Gibbs - d. Aug 24, 1994 Willie Dreher - b. 1890; d. 1970 Ernest Dreher - b. 1912; d. 1984 Naomi B. Moore - b. 1908; d. 1978 Katherine Jackson - d. Dec 27, 1971; age 52y
(f)	Leroy McClain - b. Jun 9, 1935; d. Feb 9, 1996 William B. McFadden - b. Jul 4, 1917; d. Aug 21, 1993 Ella McFadden - d. Oct 29, 1971; age 68y Robert Felder - b. Aug 2, 1978; d. Aug 8, 1978 Zellie J. Daniels - b. 1906; d. 1976
(rev)	Thomas Daniel - b. 1903; d. 1980 Limus Milligan - b. 1898; d. 1974 Edith M. Brown - b. 1902; d. 1975 Lowman Brown - d. Feb 15, 1975; age 81y Gloria Jean Carolina - d. Aug 26, 1971 Mary J. Manz - d. Jan 9, 1975; age 41y Rodney Donnell Darby - b. Jul 14, 1963; d. Mar 30, 1991
(h)	David L. Aiken - b. 1957; d. 1991; step (f) Elijah McKnight - b. 1930; d. 1985; Pv2 US A Kr James McKnight - b. 1962; d. 1989 Lemuel Brown, Jr. - d. Jan 25, 1988; age 45y Eugene B. "Buck" Dreher, Jr. - b. Dec 16, 1928; d. Mar 2, 1984 Harry Felder - b. Apr 11, 1914; d. Sep 10, 1990* Alice J. Felder - b. Jan 30, 1914; d. Oct 24, 1989*
(w)	Harryzell Felder Thomas - b. Feb 12, 1939; d. Aug 10, 1987 Annie D. Brown - b. 1912; d. 1994 Lonnie Brown, Jr. - b. 1932; d. 1998 Nathaniel E. Rikard - b. May 29, 1920; d. May 14, 1984* Gladys H. Rikard - b. Nov 25, 1920; d. Jan 31, 1986* Sylvester "Shortie" Williams - b. Mar 21, 1962; d. Apr 24, 1979 David "Coliey" Williams - b. Jan 21, 1983; d. Dec 19, 1984
(s)	Delbert Andre Williams - b. Dec 26, 1958; d. Nov 9, 1982 Wodell Q. Mutriae - b. 1924; d. 1984 Varnice Wodell Thompson - b. 1939; d. 1976

(d)	Charles Moultrie, Sr. - b. Oct 25, 1942; d. Jun 26, 1997; PFC US A
(f)	Paul Sease - b. 1937; d. 1993; PFC US A
	Monica C. Pratt - b. Nov 13, 1965; d. Apr 10, 1993
	Robert Chisholm - b. Jun 5, 1914; d. Mar 4, 1990

(d) Charles Moultrie, Sr. - b. Oct 25, 1942; d. Jun 26, 1997; PFC US A
Paul Sease - b. 1937; d. 1993; PFC US A
(f) Monica C. Pratt - b. Nov 13, 1965; d. Apr 10, 1993
Robert Chisholm - b. Jun 5, 1914; d. Mar 4, 1990
James Elwood Smith - b. Aug 26, 1923; d. Oct 2, 1990; SSgt US A WWII Kr Vn
Mae L. Roberts Drew - b. Dec 18, 1931; d. Jun 11, 1989
George Dallas Webber - b. Oct 15, 1901; d. Nov 20, 1976
Henry Gilmore - b. Oct 12, 1910; d. Dec 13, 1973
(m) Mattie L. Burton - b. Oct 3, 1916; d. Nov 18, 1990
Seretha A. Loyd - b. Jan 23, 1923; d. Jul 4, 1991
Derald Noble, Jr. - b. Jan 31, 1934; d. Apr 15, 1991; Sgt USAF
Jessie Mae Burton - b. Sep 24, 1933; d. Apr 9, 1982
Leroy Brumfield - b. Oct 24, 1920; d. Dec 10, 1974; SSgt US A
Mack H. Jones, Sr. - b. Jul 9, 1942; d. Oct 10, 1973
Henry English - b.1909; d. 1981
Frances G. Scott - b. Sep 22, 1920; d. Sep 6, 1998
Debbie Williams - b. Apr 24, 1962; d. Jul 19, 1997
John A. Wilder - b. Feb 8, 1933; d. Dec 1, 1990; US A
Willie Coe - b. Apr 17, 1913; d. Aug 28, 1991*
Willie Mae Edmund Coe - b. Sep 25, 1925; d. Jan 24, 1992*
(m) Marjorie Sims Shealy - b. Jul 1, 1939; d. Oct 21, 1997
Willie Moseley - b. Sep 30, 1910; d. Jun 14, 1976; Pvt US A
Viola Burden - d. Mar 3, 1974; age 74y
Joseph Fair - d. Jun 6, 1974; age 39y
Carl Seibels - no dates
Elliot Mosby - d. Oct 27, 1983; age 73y
Joseph V. Buggs - b. Jan 1, 1917; d. Oct 26, 1986
Bruce H. "Sack" Millhouse - b. May 20, 1959; d. Nov 29, 1987
Anthony Days - b. Jan 8, 1956; d. Feb 23, 1983
Clarence Hopkins - d. Mar 12, 1975

60. **Round Top Church Cemetery**: At the end of Round Top Rd, Blythewood, SC. Sep 3, 1998

Claude Bookhart - b. 1902; d. May 28, 1982*
Viola Bookhart - b. 1894; d. Sep 6, 1980*
William Bookhart - no dates, Pvt US A WWII
(sis) Mary Bookhart Ingram - b. Apr 15, 1906; d. Sep 28, 1995
Allen Bookhart - b. 1915; d. 1996
Rubin Hammonds - b. 1937; d. 1980
Luther M. Kelly - b. 1909; d. 1974
Hattie L. Boykin - b. Jan 7, 1911; d. Sep 5, 1995
(f) William Kelly - b. May 26, 1924; d. Jan 3, 1984
(m) Ronetta Hicks - b. Jan 5, 1912; d. Mar 25, 1981
(dea) Freeman W. Hicks- b. Oct 27, 1927; d. Sep 16, 1990; SFC US A Kr
Damon Alston - b. Jul 22, 1934; d. Dec 15, 1985*

Nellie K. Alston - b. Oct 23, 1906; d. Mar 24, 1986*
Thomas Alston - b. Sep 11, 1926; d. Jun 27, 1993; PFC US A WWII
James Alston, Sr. - b. 1932; d. 1998
Mae Bingham Spencer - d. Nov 28, 1987; 93y
Jessie May Sims Mathis - b. Mar 30, 1918; d. Sep 15, 1935
Charles Kennedy - d. Dec 21, 1916; age 80y
Hurdlean G. Murray - b. Oct 22, 1907; d. Dec 31, 1958
Ernest Boykin - b. Oct 10, 1939; d. Sep 4, 1991
James M. Miles, Sr. - b. May 4, 1948; d. Oct 8, 1993
Minnie Brown - b. May 6, 1887; d. Apr 6, 1965
Charley Morris - b. Aug 25, 1894; d. Oct 9, 1918
Arthor Kelly - b. Jan 4, 1912; d. Jun 19, 1912*
Archie Kelly - b. Mar 5, 1913; d. May 2, 1913*
(sis) Hattie Laura Kelly - b. 1917; d. 1919
(m) Fannie J. Kelly - d. 1924
James Kelley - d. Jul 12, 1942; age 77y
Carrie Kelley - d. Aug 14, 1942; age 72y
Lonnie Morrison - b. Nov 20, 1891; d. Aug 10, 1962
(m) Ella K. Morrison - b. Aug 9, 1897; d. Jul 26, 1978
Linnie Hayns - b. 1880; d. 1925; age 45y; (w) of Henry Hayns
Arthur Jamison - d. Apr 10, 1927; SC Pvt 154 Dep Brig
Maebell R. Dixon - b. 1910; d. 1997
Strannie Martin - d. Mar 24, 1957; age 34y
(m) Mammie Ruff - b. 1882; d. 1964*
(f) John Ruff - b. 1887; d. 1957*
Julia Green - b. Apr 14, 1913; d. May 7, 1931; member of WHCWS Ldg No 34
Frances McDaniel - d. Mar 22, 1937; age 65y
(sis) Bessie F. Weeks - d. Sep 13, 1952
Jeff Weeks, Jr. - b. Jul 13, 1933; d. Apr 15, 1952
Theadore Pinkney - b. Jan 29, 1938; d. Apr 22, 1939
(m) Lena P. Sims - b. Oct 18, 1918; d. ____
(m) Lizzie A. Weeks - b. 1877; d. 1958
(dea) Jerry Weeks - b. Sep 22, 1870; d. Dec 27, 1945
(sis) Sular Weeks - no dates
(sis) Pauline Weeks - no dates
Maxie Weeks - b. Jun 18, 1900; d. Mar 15, 1949
Willie Lovett - b. 1903; d. 1978
Gracie Lovett - d. ____ 14, 1944; age 61y
Amos Lovett - b. Jul 15, 1942; d. Jan 5, 1987
Samuel Able - b. 1828; d. Sep 6, 1900
(m) Moriah Williams Able - b. 1854; d. 1926
Henry Durham - b. 1885; d. 1984
(f) Joseph Durham - b. Mar 15, 1860; d. Jan 2, 1922*
Lizzie Evans Durham - b. Feb 25, 1867; d. Apr 10, 1949*
Hattie Davis - b. 1858; d. 1929; member of WHCWS Ldg No 34

	Lonnie Lyles - b. Dec 18, 1928; d. Mar 14, 1989*
	Essie Mae Lyles - b. Oct 3, 1927; d. _____ *
	Phyllis Barber Kelly - b. Mar 27, 1940; d. May 20, 1996
	Henry A. Kelly - b. Aug 3, 1940; d. May 9, 1987
	Sam Jackson - b. May 19, 1915; d. Nov 3, 1997; MSgt US A
(f)(dea)	Riley Brown, Jr. - b. Jul 28, 1918; d. Nov 4, 1990
(m)	Betty Jean Lorick Washington - b. Jul 17, 1938; d. Aug 17, 1995
	Delphine Edwards - b. Dec 27, 1912; d. Sep 26, 1937
	Dorothy Murphy - b. Aug 23, 1923; d. Oct 19, 1953
	Susie Green - b. 1890; d. 1975
(f)	Mood Kelly, Sr. - b. Sep 26, 1892; d. Sep 7, 1960*
(m)	Jessie B. Kelly - b. Mar 17, 1895; d. Jun 2, 1979*
	Ruth Lorick - b. 1915; d. 1972
	Ida Kenedy - b. Dec 16, 1924; d. Dec 16, 1924; (inf) of Charlie & Maggie Kenedy
	Moses Kenedy - b. Feb 13, 1923; d. Apr 2, 1924; (s) of Tom & Minnie Kenedy
	Rosy Crean Fisher - d. Aug 30, 1941; SC Pvt 1CL 447 res labor bn
	Bertha Harrell Johnson - b. Dec 8, 1891; d. Mar 24, 1994
(dea)	Garrison "Pink" Johnson - b. Jun 5, 1890; d. Jan 14, 1956
	Bessy Kennedy - b. Dec 30, 1902; d. Dec 1, 1916; age 14y
	Bessie Mae Johnson - b. 1913; d. 1950
	Leaphart Laudmon - b. Nov 10, 1914; d. Dec 20, 1963
	Walter Harrell - b. 1883; d. 1965
	Rosa H. Lawhorn - b. 1898; d. 1937
	Mary Lawhorn - b. 1859; d. 1940
	George Leon Kelly - b. Dec 3, 1921; d. Aug 6, 1995; US A WWII
	Wade Kelly, Jr. - b. Feb 3, 1926; d. Oct 16, 1996; Pvt US A*
	Aurelia S. Kelly - b. Jun 24, 1930; d. _____ *
	John Washington, Sr. - b. Dec 28, 1926; d. Jul 31, 1994; US A WWII
	Verdelle K. Washington - b. 1942; d. 1986
(f)	Wade K. Kelly - b. 1895; d. 1971*
(m)	Estell J. Kelly - b. 1896; d. _____ *
(f)	David E. Kelly - b. Jul 9, 1930; d. Apr 12, 1982*
(m)	Estelle D. Kelly - no dates*
	Allen Kelly, Sr. - b. Nov 12, 1917; d. Nov 28, 1997*
	Lois Y. Kelly - b. Jan 26, 1919; d. _____ *
	Ray Kelly - b. Jan 9, 1924; d. Feb 28, 1998
	Willie Burney Fisher - b. Sep 16, 1897; d. Feb 7, 1980
	Mary Bell Waden Fisher - b. Apr 4, 1910; d. May 11, 1981
	Joe Louis Fisher - b. May 30, 1936; d. Nov 21, 1990; US A
	Mary Izena Robertson Fisher - b. Sep 20, 1930; d. Dec 13, 1981
	Eugene Trower - b. Jul 16, 1942; d. Feb 9, 1984
	Bessie L. Weeks - b. Jun 9, 1915; d. Jun 28, 1973
	Jessie Brown - b. Nov 29, 1897; d. Nov 11, 1978; Cpl US A WWI
	Hattie Brown - b. 1903; d. 1982

Sidney Ruff - b. Apr 23, 1912; d. Jul 27, 1971; PFC US A WWII
Marquerite Smith - b. 1918; d. 1988
Provin Smith - b. 1919; d. 1996
Mattie J. Dixon - b. Jun 15, 1900; d. Nov 8, 1991*
Ora Dixon - b. Oct 6, 1891; d. Sep 18, 1966*
Henry Dixon - b. Aug 2, 1936; d. Jul 27, 1974
Mason Dixon - b. Nov 19, 1943; d. Jun 30, 1979
Pete Lorick - b. Jul 31, 1926; d. Aug 19, 1978; PFC US A WWII
Mammie L. Young - b. 1908; d. 1995
Ed Lorick - b. 1920; d. 1994
Robert Lorick - b. 1906; d. 1970
Eddie A. Williams - b. 1958; d. 1968
Isaac C. Williams - b. 1953; d. 1968
P.D. McDonald - b. Dec 22, 1928; d. Nov 28, 1968
Alma Fisher - b. Sep 28, 1895; d. Mar 21, 1975
James Vernard Laudmon - b. Feb 18, 1950; d. Apr 19, 1995; US A
Rudolph Laudman - b. 1941; d. 1991
Rhudine Patterson - b. 1965; d. 1995
Robert Lee Branch - b. 1938; d. 1990; USAF
Rosevelt "Buss" Weeks - b. 1905; d. 1970
Elsie B. Laudman - b. 1912; d. 1998
Amos Palmer, Sr. - b. Mar 24, 1917; d. Mar 27, 1970

(m) Betty J. Lyles - b. 1944; d. 1993
(w) Elizabeth M. Lyles - b. Apr 14, 1946; d. Dec 7, 1976
Anthony B. Boyd - b. May 29, 1966; d. Dec 14, 1994
Louanna M. Simons - b. Nov 27, 1916; d. Sep 24, 1994
Rosanna Miles - b. Jul 27, 1894; d. Oct 10, 1976
Furman M. Simmon - b. May 5, 1920; d. Dec 17, 1988
Clarence Miles - b. Nov 11, 1915; d. Jul 27, 1972

(f) Clarence Lawhorn - b. 1894; d. 1970
Theodore Lawhorn - b. Mar 11, 1942; d. Jun 2, 1973
Roosevelt "Dick" Jamison - b. Jun 21, 1945; d. Mar 11, 1986
Tracy Brown - b. 1972; d. 1972
Reed Brown - b. May 15, 1915; d. Jun 18, 1963

(m) Gussie B. Jamison - b. Oct 18, 1923; d. Aug 28, 1983
(s) James Crosby, III - d. Oct 11, 1971
Richard Ronald Boykin - b. 1967; d. 1970
Kenneth Joe Brown - b. Apr 14, 1956; d. Sep 29, 1971
Ernest Brown, Sr. - b. Aug 18, 1909; d. Jun 28, 1961
Lular C. Brown - b. Nov 20, 1889; d. Nov 9, 1964

(f) Riley Brown - b. Nov 12, 1887; d. May 5, 1947
Frances B. Young - b. 1918; d. 1973
James Louis Brown - b. Nov 15, 1936; d. Jan 13, 1990; US A
Douglas M. Brown, Sr. - b. May 20, 1943; d. Oct 4, 1978
Arthur Brown - b. Aug 18, 1932; d. Nov 26, 1985
David Brown - b. 1922; d. 1987; Cpl US A WWII

(m)	Brenda J. Brown Scott - b. Dec 15, 1960; d. Oct 15, 1989 James Levi Brown - b. Feb 10, 1941; d. Aug 12, 1995; USAF Julia B. Simpson - b. Jul 17, 1924; d. Jun 18, 1986 Nora Williams - b. 1862; d. Apr 9, 1909 Mimnaugh Ruff - b. 1921; d. 1992 Nick Young - b. Mar 27, 1886; d. Jan 25, 1952* Janie Young - b. Sep 12, 1889; d. Aug 19, 1963* Arthur Young - b. Jan 29, 1918; d. 1939; (s) of Nick & Janie Young John Bookhart - b. Aug 15, 1897; d. May 6, 1972 Nora Morris - b. Oct 15, 1872; d. May 1, 1939 Eunice Green - b. 1911; d. 1975 Mary Hamonds - d. 1941; age 89y Marriah Hammonds - d. Feb 8, 1944; age 67y Darby Hammonds - d. 1944; age 65y Samuel Morris - b. Feb 5, 1871; d. Mar 18, 1949 Ella K. Howell - b. 1915; d. 1997
(f)	Wesley Griffin, Sr. - b. Jun 26, 1927; d. Feb 25, 1995 Josephine K. Lynch - b. Mar 15, 1903; d. Mar 23, 1992 Josephine R. Kelly - b. Sep 11, 1926; d. Dec 11, 1985 Grover Kelly, Sr. - b. Jun 2, 1924; d. Jan 9, 1978; Tec 4 US A WWII
(m)	Kitty Bailey Kelly - b. Aug 16, 1889; d. Apr 20, 1951 Tom Kelly - b. Mar 17, 1885; d. May 14, 1955 Carlton G. Davis - b. Mar 1, 1941; d. Apr 7, 1965 Henry L. Alston - b. Feb 3, 1930; d. Apr 30, 1974; SC Pvt US A Kr
(f)	Noah Alston, Sr. - b. Apr 28, 1902; d. Nov 2, 1977
(s)	Fred Alston - b. Aug 24, 1940; d. Dec 31, 1978
(dea)	Richard Whitaker - b. Jan 12, 1889; d. Apr 7, 1959 Prescilla Whitaker - b. Oct 23, 1892; d. Apr 15, 1955 Hampton Hudson - b. Apr 28, 1933; d. Nov 12, 1960 Matthew Whitaker - d. Feb 10, 196_ Henry Whitaker - b. Dec 18, 1916; d. May 19, 1973; SC Pvt US A WWII* Rosa Belle McCants Whitaker - b. Apr 24, 1925; d. Oct 2, 1978* Percilla Whitaker - no dates Thomas S. Whitaker - b. Dec 19, 1912; d. Jan 11, 1982; PFC US A WWII
(h)	Kenneth B. Whitaker - b. 1952; d. 1984; mar Sep 3,1983
(f)	John Weeks - b. Apr 12, 1899; d. Aug 6, 1972*
(m)	Pauline Harrell Weeks - b. Aug 8, 1901; d. Aug 18, 1969* Odell Weeks - b. Mar 20, 1922; d. Mar 21, 1968; SC Sgt 93 Inf Div WWII Lonnie Laudman - b. 1910; d. 1968 Jo-Ann Ellis - b. 1954; d. 1971 Albert Johnson, Jr. - b. 1949; d. 1969; SC PFC US A Vn BSM Calvin Walker - b. Nov 1, 1930; d. Feb 13, 1995 Betty Cunningham - b. 1942; d. 1969

Mattie Harrell - b. 1886; d. 1970
Ernest Hammond - b. 1946; d. 1972
Glant Hammonds - b. 1913; d. 1974
Lawrence Jamison - d. Mar 8, 1957; age 57y
Bernadette Corter - b. Dec 28, 1967; d. Aug 26, 1989
Wardell Mickle, Sr. - b. Mar 11, 1901; d. Mar 20, 1987
Wardell Mickle, Jr. - b. 1936; d. 1979
Robert D. Mickle - b. Jul 1, 1952; d. Jul 23, 1977
Robert Mickle - b. Nov 12, 1926; d. Mar 18, 1969
Lucy Pinkney - d. May 6, 1961
Isreal Pinkney - b. May 3, 1873; d. Jun 5, 1943
Bradford Miles - b. Oct 9, 1893; d. Jun 21, 1968
Henry A. Hagood - b. 1900; d. 1988
Ava Hagood - b. 1905; d. 1988
Anna Lorick - b. 1892; d. 1966
Odell Young - b. Dec 14, 1932; d. Jun 8, 1958; SC Cpl US A Kr
Onedia L. Hammonds - b. Nov 1, 1928; d. Mar 9, 1948; (d) of Mary Young Haynes
Eleanor Lorick - b. Aug 16, 1910; d. Nov 12, 1948
Robert Goins, Jr. - b. Oct 4, 1890; d. May 31, 1951; SC PFC 831 Co Trans Corps WWI
David "J.C." Geiger - b. May 20, 1924; d. Oct 4, 1997
Ola P. Lawhorn - b. Sep 24, 1901; d. Feb 15, 1971
Etta Mae Lawhorn - b. Oct 29, 1926; d. Aug 30, 1944
Eddie Wright - b. Sep 10, 1920; d. Aug 24, 1947; SC Tec 5 US A WWII

(m) Carrie Lawhorn Wright - b. Apr 9, 1920; d. Nov 7, 1984
Isaac Fisher - b. 1887; d. Mar 19, 1959
Sammie Lee Fisher, Jr. - b. Feb 23, 1961; d. Jul 25, 1961
(m) Rosa Derry Lawhorn - b. Jan 10, 1910; d. Oct 12, 1985
Henry E. Lawhorn - b. 1897; d. 1960
(f) Nathaniel C. Simons - b. Apr 1, 1919; d. Oct 29, 1986
(h)(f) Ernest Simon - b. Sep 25, 1953; d. Mar 10, 1993
Arthur M. Telford - b. Dec 23, 1939; d. Sep 12, 1997
Jim Lorick - b. 1918; d. 1991
Elouise Lorick - b. 1919; d. 1987
Otis Lawhorn - b. 1932; d. 1988
Isaac Lawhorn, Sr. - b. Aug 23, 1904; d. Feb 23, 1967
Frank Howell - b. Aug 18, 1889; d. Jan 15, 1963; SC Pvt US A WWI

61. **Royal Pines Church Cemetery**: On Wynette Wy near the intersection of Sarah St, Pontiac, SC. Aug 17, 2000

(m) Nellie Lee Brazell - b. Jul 11, 1928; d. May 21, 1995*
(f)(rev) David Ray Brazell - b. Jun 29, 1924; d. _____*
Willie A. McKay, Sr. - b. May 26, 1921, d. _____
(h) James Ray Young - b. Jun 3, 1919; d. Dec 23, 1981*

(w)	Estelle Higgins - b. Jun 1, 1919; d. May 24, 1994*
(s)	Charles E. "Eddie" Young, Jr. - b. Jan 11, 1976; d. Aug 20, 1991
(m)	Nealer W. Dinkins - b. Oct 7, 1944; d. ____ *
(f)	Robert W. Dinkins - b. Nov 29, 1927; d. Feb 3, 1998*
	Paul Wesley Lee - b. Sep 23, 1944; d. Nov 2, 1992
	Ernest S. Garrell - b. May 1, 1932; d. ____ *
	Glenda L. Garrell - b. May 8, 1934; d. ____ *
	Clyde S. Shannon - b. 1929; d. 1975
	Mark Allen Williams - b. 1990; d. 1990
(f)	Samuel Allen Peake - b. Jan 10, 1947; d. Jan 10, 1974*
(m)	Linda S. Peake - b. Nov 1, 1948; d. ____ *
(f)	Luther "Luke" Ford - b. Jan 17, 1917; d. Jul 28, 1989
(s)	Paul Dinkins - b. Dec 26, 1936; d. Jul 31, 1974
(m)	Janie H. Dinkins - b. Nov 28, 1907; d. Sep 17, 1982*
(f)	Lester D. Dinkins - b. Jan 17, 1902; d. Jul 10, 1973*
	Lillie J. Ellisor - b. Dec 9, 1930; d. Mar 20, 1994
	Henry Dawkins - b. Nov 8, 1906; d. Nov 16, 1975
	Lillian J. Dawkins - b. Jul 8, 1905; d. Jun 17, 1984
	Danny Ray Wilson - b. 1957; d. 1999
(h)	Carl Thomas Tubbs, Jr. - b. Jul 1, 1929; d. May 10, 1994*
(w)	Vera W. Tubbs - b. Dec 25, 1935; d. ____ *
	Frank Wilson - b. Feb 12, 1903; d. ____ *
	Laura Campbell Wilson - b. Oct 2, 1906; d. Feb 8, 1994*
	Herbert T. Baughman - b. 1929; d. 2000
(f)	Edwin L. "Ed" Ellisor - b. Mar 26, 1911; d. Aug 29, 1981
	Harvey H. Warren, Jr. - b. Jul 1, 1953; d. Dec 24, 1992
	Kenneth N. Richardson - b. Aug 28, 1955; d. Aug 15, 1994
	Bobby Richardson - b. Sep 5, 1934; d. Dec 28, 1986
(w)	Nezzie Lee Richardson - b. Mar 31, 1911; d. ____ *
(h)(f)	Allen L. Richardson - b. Sep 18, 1906; d. Jan 27, 1974*
	Ralph Leon Ford - b. Oct 18, 1960; d. Jun 12, 1976
	Marie Ford - b. Aug 25, 1909; d. ____ *
	Leon Ford - b. Apr 7, 1907; d. Feb 8, 1972

62. **Ruff Cemetery**: On Pine Grove Rd 1/4 mile from Blythewood Rd, Blythewood, SC. Aug 13, 1998

(inf) Preston Rion Hoffman - b. Apr 4, 1891; d. Jun 20, 1891; (s) of B.P. & Lenora K. Hoffman

Lenora Kennedy - b. Oct 12, 1866; d. Jul 5, 1891; (w) of B.P. Hoffman

Ann Caroline Beard - d. Nov 15, 1847; age 18y 12d; (w) of James Beard; (d) of Alexander & Harriet R. Kennedy, the only child of her mother

John Alexander Kennedy - d. Apr 4, 1842; age 35y 7m 1d; merchant

Sarah E. Ruff - b. Jun 16, 1848; d. Jun 14, 1865

John A. Ruff - b. Dec 22, 1830; d. Jun 3, 1859

Arthur D. Ruff - d. Jun 14, 1857; age 19y 4m 9d

(m)	Jane E. Ruff - b. Jan 2, 1805; d. Nov 19, 1862; (w) of Daniel H. Ruff
	Daniel H. Ruff - b. Sep 1, 1799; d. Oct 1, 1849; age 50y 1m; leaving (w) and 9 children
	Alexander Kennedy - d. Jan 4, 1846; age 62y
	Harriet E. Turner - b. Mar 1, 1806; d. Nov 11, 1856
	Marion Ruff - b. Apr 20, 1880; d. Jul 26, 1885
	William B. Elkin - b. 1822; d. 1890; SSgt Co B 9 SC Inf CSA
	Harriet R. Kennedy - d. Oct 20, 1820; age 36y; (w) of Alexander Kennedy
	Daniel J.J. Ruff - b. Oct 3, 1873; d. Feb 23, 1878
	Mary L. Ruff - b. Jan 26, 1876; d. Feb 23, 1878
(inf)	M.R.K. - d. 1820
(inf)	A.K. - no dates
(inf)	H.E.T. - no dates
(inf)	L.A.K. - no dates
(inf)	J.C.B. - no dates
(inf)	Ruff - d. Feb 5, 1857; (d) of D.H. & J.E. Ruff
(inf)	Ruff - b. Jul 5, 1855; d. Feb 11, 1856; (s) of D.H. & J.E. Ruff
	Little Ellen Stack - b. Jul 30, 1859; d. Jun 23, 1860; (d) of W.H. & M.E. Stack
	Little Sallie Stack - b. Apr 12, 1861; d. Apr 1, 1862; (d) of W.H. & M.E. Stack

63. **Ruff-Rose Graves**: On Smyrna Church Rd just north of Shadow Mist Rd, Blythewood, SC. A granite wall (granite not native to SC) surrounds it. May 18, 1999

Daniel Ruff - d. May 29, 1829; age 58y 3m
L.E. Rose - b. Jun 19, 1836; d. Aug 1, 1855; age 19y 1m 12d; (d) of T. & C. Johnson

(inf) Mary Luanae Rose - d. Aug 15, 1855; aged 19d; (d) of W.W. & L.E. Rose

64. **Sanders Grave**: In the middle of I-20 1/4 mile west of Clemson Rd, Spring Valley, SC. Sep 10, 1998

Rebecca Sanders - b. Dec 13, 1847; d. Dec 7, 1877

65. **Sandfield Baptist Church Cemetery**: At the corner of Russ Brown Rd and Sandfield Rd, Blythewood, SC. Aug 13, 1998

Clifton T. Hornsby - b. Aug 31, 1873; d. Jul 8, 1959*
Lizzie G. Hornsby - b. Mar 23, 1864; d. Mar 9, 1971*
Leila D. Hornsby - b. Feb 14, 1913; d. Apr 2, 1991*
Willie H. Hornsby - b. May 9, 1906; d. Nov 6, 1981*
Ophelia Hornsby - b. Apr 28, 1939; d. May 7, 1981
John Henry Hornsby - b. Sep 7, 1947; d. Nov 4, 1983
I.A. Faust - b. Oct 15, ____; d. Nov 3, 1872
See - b. Aug 2, 1871; d. 1880

(f)(h)	Emma Faust - b. Jun 10, 1848; d. Oct 3, 1883; (w) of H.L. Faust
	H.L. Faust - b. Aug 10, 1846; d. Jan 23, 1916
	Green Gibson - no dates; Co I SC Inf CSA
	George Faust - b. Feb 13, 1894; d. Jan 11, 1919
(f)	Walter A. Watts - b. Jun 12, 1848; d. Apr 22, 1920*
(m)	Ella L. Watts - b. Sep 21, 1858; d. Jun 19, 1925*
	Ehrlich L. Watts - b. Feb 16, 1882; d. Feb 18, 1895
	Talmadge H. Watts - b. Dec 21, 1890; d. Jun 1, 1895
	Ezell Mood Watts - b. Feb 8, 1894; d. Jun 12, 1962; SC Pvt 11 Regt FA Repl Dep WWI
	Monroe Watts - b. 1897; d. 1975; Pvt US A WWI
	James Olin Campbell - b. Jul 31, 1941; d. Aug 2, 1941
66.	**Sandy Level Baptist Church Cemetery**: On Blythewood Rd about 1/8 mile west of I-77, Blythewood, SC. Sep 1993
	Nicholas D. Yartzeff - b. 1918; d. 1990
	Nicholas O. Masseff - b. 1893; d. 1982
	Col Vladmir F. Gniessin - b. 1867; d. 1956
	P.M. Gniessin - no dates
	Julia Yartzeff Masseff - d. 1939
	Ludmila D. Potter - b. 1913; d. 1956
	Mildred Kathryn Duke - b. Sep 7, 1927; d. Nov 26, 1928; (d) of O. Boyce & Mary Duke McLeod
(inf)	Duke - no dates; (d) of Oscar C. & Elizabeth H. Duke
	Elizabeth Harrison Duke - b. Dec 7, 1873; d. May 2, 1955
	Oscar Clifton Duke - b. Dec 12, 1869; d. Dec 4, 1932
	Alfred Leroy Easterling - b. 1881; d. 1918
	Nannie E. Smith - b. Nov 22, 1856; d. Dec 29, 1928
(f)	Albert R. Ashley - b. Aug 24, 1888; d. Dec 14, 1940
	Lula Cuttino McKnight - b. May 5, 1867; d. Oct 15, 1946
	C.P. McKnight - b. Mar 24, 1856; d. May 5, 1918
	David McKnight - b. May 30, 1899; d. Nov 9, 1924
	Rufus Baxter "R.B." Jones, III - b. May 17, 1973; d. Sep 14, 1987
	Mrs. J.E. Braziel - b. Sep 2, 1845; d. Jun 10, 1922
	William A. Braziel - no dates; 6 SC Regt CSA
	William H. Wooten - b. Oct 15, 1872; d. Mar 11, 1948
	Gertrude D. Wooten - b. May 26, 1873; d. Feb 17, 1959
(f)	John Thomas Neeley - b. Aug 17, 1881; d. Oct 19, 1936; mar Jan 10, 1907*
(m)	Hattie Broom Neeley - b. Oct 6, 1882; d. Dec 17, 1969*
(f)	John W. Wooten - b. Sep 1836; d. Jan 15, 1902*
(m)	Laura F. Wooten - b. Aug 22, 1845; d. Mar 31, 1918*
	Hoyt Minor Wooten - b. Dec 5, 1914; d. Sep 26, 1915; (s) of Thomas F. & Julia M. Wooten
	Ray Boney - b. Aug 1, 1903; d. Oct 6, 1952
	Louie Neely - b. Sep 9, 1891; d. May 27, 1969

Lewis N. Neely - b. 1889; d. 1969
William R. Neeley - b. Dec 20, 1879; d. Dec 29, 1939
Elliotte F. Avara - b. Jul 13, 1908; d. Jan 16, 1984
J.C. Faust - b. 1905; d. 1950
Lila G. Faust - b. Nov 18, 1869; d. Apr 1, 1957
Joseph A. Faust - b. 1875; d. 1945
Mamie Flaherty Faust - b. Mar 12, 1875; d. Apr 22, 1900; (w) of Joseph A. Faust
Ellen Sophronia "Aunt Pat" Dove - b. Apr 22, 1908; d. Oct 26, 1982
David R. Dove - b. Sep 18, 1870; d. Mar 3, 1952*
Eloise S. Dove - b. Jul 25, 1888; d. May 1, 1967*
Roberta S. Dove - b. Oct 15, 1885; d. Feb 21, 1968
Charles Walter Dove - b. Jun 30, 1872; d. Jan 20, 1941
Sadie Kennedy Sharpe - b. Oct 8, 1894; d. Jan 8, 1977
Thomas Woodward Sharpe - b. Jul 3, 1895; d. Apr 23, 1970
Thomas Jennings Sharpe - b. Sep 17, 1960; d. Mar 7, 1978
Samuel Woodward Sharpe - b. Nov 8, 1966; d. Jul 28, 1969
Thelma M. Sharpe - b. Mar 7, 1907; d. Jul 8, 1961
Freeman M. Sharpe - b. May 14, 1903; d. May 19, 1985
Ollie E.T. Sharpe - b. Jan 16, 1910; d. _____

(f) James L. Sharpe - b. Mar 7, 1931; d. Jun 17, 1991
Iva B. Sharpe - b. 1902; d. 1927
James F. Sharpe, Jr. - b. 1927; d. 1928
William H. Sharpe - b. 1929; d. 1930
William Warren Sharpe - b. Oct 23, 1892; d. Apr 19, 1980; Vet WWI
Edna Sease Sharpe - b. Sep 20, 1899; d. Sep 14, 1984

(m) Elizabeth Entzminger Sharpe - b. Oct 6, 1868; d. Aug 21, 1955
William S. Sharpe - b. Feb 17, 1865; d. Apr 21, 1944
Janie M. Sharpe - b. Nov 10, 1865; d. May 14, 1903; (w) of William S. Sharpe
J.D. Sharpe - b. 1896; d. 1897
Robert E. Lee Sharpe - b. Aug 25, 1898; d. Oct 11, 1900

(f) C.A. Abell - b. Jun 15, 1836; d. Jul 31, 1897*
(m) Martha Saphronia Abell - b. Oct 23, 1840; d. Dec 11, 1914*
Robert Guy Smith - b. May 17, 1859; d. Jul 16, 1925
Sallie A. Smith - b. Dec 30, 1860; d. Mar 17, 1890
Edwin Meade Hawley - b. Apr 7, 1892; d. Nov 24, 1970*
Dora Bristow Hawley - b. Apr 23, 1889; d. Dec 28, 1963*

(f) John W. Bell - b. Aug 27, 1892; d. Dec 15, 1974*
(m) Marquerite Fogler Bell - b. Oct 28, 1895; d. Jan 29, 1980*
Jean Hawley White - no dates
John Meade Hawley - b. Apr 19, 1921; d. Dec 1, 1962; (s) of James & Grace Hawley
Grace Howell Hawley - b. Feb 13, 1894; d. Apr 14, 1959
Jamie L. Hawley - b. Sep 10, 1885; d. Jun 21, 1944

Eliza R. Hawley - d. May 13, 1898; age 67y; consort of W.W. Entzminger
W.W. Entzminger - b. 1832; d. 1915; age 85y
Haskell M. Hawley - b. Dec 5, 1896; d. Jan 23, 1940
John Meade Hawley - b. 1854; d. 1930
Emma Maria Entzminger - b. 1861; d. 1914; (w) of John Meade Hawley
Thomas Woodward Hawley - b. Aug 25, 1896; d. Jun 9, 1962
Cora Mabel Howell - b. Mar 18, 1891; d. Dec 20, 1937; (w) of Thomas Woodward Hawley; (d) of William E. Howell, Orangeburg, SC
(m) Catherine Lucy Martin Hawley - b. Sep 19, 1822; d. Jul 10, 1899; native of Virginia (born Bailey)*
W.O. Hawley - d. Jan 1, 1898; age 10y 10m 10d; (gs) of Catherine L.M. Hawley*
(m)(w) Ruth Hawley Bates Wingfield - b. Dec 5, 1898; d. May 26, 1989*
William Leroy Bates - b. May 27, 1895; d. Dec 7, 1970; SC Col US A WWI & II Kr*
Kathlyn Marguerite Bates - b. Feb 8, 1920; d. Jul 17, 1920; (d) of William L. & Ruth H. Bates
Ruth Hawley - b. Dec 27, 1922; d. Apr 16, 1928; (d) of William L. & Ruth H. Bates
Henry A. Bass - b. Nov 14, 1925; d. Oct 9, 1967
Earlee A. Bass - b. Jun 23, 1900; d. Oct 12, 1969
(m)(w) Betty A. Keller - b. Jun 26, 1932; d. Jul 25, 1967
Marquerite C. Sloan - b. Feb 7, 1925; d. Feb 19, 1988; (w) of Frederick Epps Sloan
Jean Hawley White - b. 1929; d. 1995
Frederick Epps Sloan - b. Oct 10, 1923; d. Aug 28, 1991; (h) of Marquerite C. Sloan
Furman Alfred Hood, Sr. - b. Mar 13, 1903; d. Dec 12, 1961*
Annie Camille Hood - b. Dec 18, 1906; d. ____; mar May 29, 1924*
Furman Elsworth Hood - b. Jun 4, 1869; d. Feb 26, 1912
Mr. Kenneth L. McGimsey - b. 1907; d. 1992
John Collette McGimsey - b. Jul 4, 1874; d. Sep 30, 1938*
Willie O'dell Lipe McGrimsey - b. May 1, 1886; d. ____; (w) of John Collette McGimsey*
Maggie F. Lipe - b. Mar 9, 1861; d. Aug 1, 1906; (w) of W.F. Lipe
(f) Thomas M. Trapp - b. Nov 3, 1907; d. Dec 16, 1983*
(m) Nannie B. Trapp - b. May 12, 1915; d. ____*
Sharon K. Raines - b. Jul 9, 1956; d. Aug 1, 1987
John W. Raines - b. Feb 20, 1927; d. ____*
Eloise T. Raines - b. Jun 4, 1933; d. ____*
Mattie H. Trapp Boney - b. Sep 6, 1875; d. Mar 15, 1965
Annie Raines Smith - no dates
Reaves Hathcock - b. 1855; d. 1918

Mary Frankie Trapp - b. Oct 24, 1905; d. Jul 7, 1907
John Hathcock - b. Oct 7, 1847; d. Aug 17, 1903
John Q.A. Hathcock - b. Mar 12, 1873; d. Dec 13, 1898
W.H. Jones - b. Jul 17, 1907; d. May 17, 1908
Edna Trapp Branham - b. 1891; d. 1993
Harriet Isabel Entzminger - b. Aug 21, 1915; d. Oct 7, 1991
Sarah E. Entzminger - b. Sep 23, 1924; d. Dec 9, 1986
Katherine I. Entzminger - b. 1893; d. 1961
Frank Kee Entzminger - b. 1876; d. 1976
John A. Entzminger - b. Sep 19, 1874; d. Nov 23, 1955
Minnie Entzminger - b. 1880; d. Oct 16, 1950
Mary B. Entzminger - b. Dec 22, 1926; d. Nov 4, 1931
W.E. Entzminger - b. 1879; d. 1896.
T.F. Entzminger - b. 1870; d. 1896
James F. Entzminger - b. Apr 25, 1836; d. Jun 28, 1922
Harriet E. Entzminger - b. Oct 4, 1843; d. Jul 20, 1933; (w) of James F. Entzminger
Fannie Entzminger - b. 1872; d. 1952
George F. Entzminger - b. Jan 8, 1922; d. May 24, 1984; US N WWII Kr
Addie Moody Hollis - b. Apr 4, 1896; d. Feb 24, 1981
Robert W. Hollis - b. 1866; d. 1958
Annie Bell H. Hollis - b. 1870; d. 1931
Nannie W. Hollis - b. 1907; d. _____
Glenn Y. Hollis, Sr. - b. 1902; d. 1977
William A. Finley - no dates; SC Pvt Co K 22 Inf WWI
Alvin B. Finley - b. Sep 17, 1877; d. Jun 10, 1952
Alvin B. Finley, II - b. Jan 4, 1912; d. May 6, 1942
James F. Finley - b. Feb 25, 1917; d. Jun 5, 1932
Joyce Finley - d. 1934; (inf) of Alvin B. Finley, II
(m) Mary E. Finley - b. May 17, 1842; d. Nov 13, 1926
Fred Finley - b. Dec 4, 1875; d. Nov 17, 1906
Katie H. Brown - b. Mar 30, 1902; d. Mar 25, 1985
Edward D. Brown - b. Sep 16, 1899; d. Nov 27, 1977
Frank William Brown - b. Feb 15, 1930; d. Jan 19, 1959; SC Sp 4 5 Field Hospital
Fletcher O. Boney - b. Aug 3, 1879; d. Mar 12, 1952
Durham Arthur Broome - b. Jul 17, 1893; d. Feb 18, 1971*
Annie Boney Broome - b. Sep 6, 1900; d. Oct 20, 1979*
Durham B. Boney - b. Dec 31, 1877; d. Jun 28, 1940
(m) Eveline Rimer - b. Jan 1, 1858; d. Apr 3, 1924; (w) of Charnel B. Boney
Eugenia Hatchell - b. Apr 1, 1912; d. Apr 20, 1914; (d) of O.H. & A.E. Hatchell
(m) Addie Boney Hatchell - b. May 1, 1885; d. Jan 28, 1924
Carolyn Hatchell - b. Jan 21, 1924; d. Feb 28, 1924

(m)	Eva Crowder Hatchell - b. Feb 23, 1899; d. Jun 10, 1941
(f)	Ollan H. Hatchell - b. Oct 26, 1882; d. Jul 27, 1960
	Ollan H. Hatchell, Jr. - b. Feb 26, 1926; d. Feb 11, 1972; SC Rdc US N WWII Kr
(f)	Daulton G. Martin - b. Jul 15, 1895; d. Oct 11, 1977*
(m)	Clara B. Martin - b. Sep 6, 1900; d. Sep 27, 1972*
	Howard Kendell Martin - b. Jul 23, 1942; d. ____*
	Margaret Martin - b. Apr 14, 1931; d. ____*
	John Rufus Martin - b. Nov 7, 1903; d. Mar 23, 1980*
	Nealie B. Martin - b. Sep 15, 1911; d. Oct 9, 1979*
	Louise Boney - b. Nov 22, 1921; d. Apr 17, 1922; (d) of J. Earl & Elizabeth S. Boney
	Roy Boney - b. Jun 18, 1928; d. Jul 11, 1928; (s) of J. Earl & Elizabeth S. Boney
	Dorothy Boney - b. Sep 3, 1930; d. ____; (d) of J. Earl & Elizabeth S. Boney
	Chamer Julius Boney - b. Feb 27, 1920; d. Oct 4, 1941; (s) of J. Earl & Elizabeth S. Boney
	J. Earl Boney - b. Nov 4, 1895; d. May 30, 955
	Carrie Boney - b. Oct 10, 1895; d. Feb 16, 1914
	Osbon Thomas Boney - b. Oct 10, 1917; d. Jan 18, 1923; (s) of Mr. & Mrs. Charles E. Boney
(f)	O.B. Boney - b. Dec 25, 1856; d. Apr 29, 1929*
(m)	Eugenia Hood Boney - b. Nov 16, 1851; d. Mar 19, 1938; (w) of O.B. Boney*
	Evelyn Boney Rhyne - b. Aug 10, 1913; d. Nov 10, 1936; (w) of J.C. Rhyne
	Carrie J. Boney - b. Nov 12, 1888; d. Jun 20, 1948; (w) of Charles E. Boney
	Charles E. Boney - b. Mar 31, 1886; d. Jan 9, 1952
	Elizabeth Stevens "Lizzie" Boney - b. 1897; d. 1993
	Charles Scott Boney - b. Jul 9, 1923; d. Aug 7, 1960; NC PFC USMC WWII
	Greene P. Roach - b. 1859; d. 1937
(s)	Jerry W. Branham - b. Oct 25, 1938; d. Jul 11, 1951
	Jess W. "Pete" Branham - b. Jul 5, 1918; d. Jun 29, 1976*
	Mildred B. Branham - b. Mar 28, 1923; d. ____*
	Dorothy M. Blume - b. May 11, 1932; d. ____
	John W. Blume - b. Nov 1, 1924; d. ____
	William M. Blume - b. Nov 6, 1949; d. Jan 24, 1950; (s) of John W. & Dorothy M. Blume
	Janie M. Blume - b. Sep 24, 1903; d. Mar 18, 1959
	Allie R. Blume - b. Jan 9, 1902; d. Nov 26, 1968
	Fay Kenny Cooper - b. Dec 28, 1946; d. Aug 12, 1967; killed in Vn Sp 5
(inf)	Cooper - d. 1974

Arthur Brooks Raines - b. Jan 11, 1951; d. Jan 15, 1951
Herbert V. Pashal - b. Mar 19, 1919; d. Mar 11, 1985
Archie G. Rhymer - b. 1909; d. 1960
(inf) Ruby Rimer - b. Apr 5, 1927; d. May 13, 1927; (d) of Mr. & Mrs. R.N. Rimer
Pearl Watts Rimer - b. Jun 5, 1895; d. May 7, 1927; (w) of R.N. Rimer
M. Rhymer - no dates
W. Rhymer - no dates
D. Rhymer - no dates
J.A. Rimer - b. Nov 5, 1842; d. Jun 14, 1925
Venie Rimer - no dates; age 52y
John A. Rimer - b. May 27, 1886; d. Mar 27, 1933
Charles Howard Martin - b. Sep 15, 1907; d. Aug 25, 1982
Miss Allee Martin - b. Aug 31, 1890; d. Jan 26, 1971
(m) Lishie Rimer Martin - b. Aug 26, 1871; d. Oct 15, 1961
(f) Walter Glenn Martin - b. Apr 29, 1869; d. Mar 28, 1939
Jessie B. Martin - b. Sep 25, 1932; d. ____; SC Pvt 53 Pnr Inf
Walter Kendall Martin - b. Dec 13, 1897; d. Feb 9, 1980
James "Teams" Martin - b. Dec 7, 1900; d. Dec 27, 1965
(m) Claude Price Kelly, nee Sligh - b. Apr 4, 1882; d. Aug 14, 1924
Luther M. Entzminger - b. 1863; d. 1932*
Hattie Price Sligh Entzminger - b. 1861; d. 1919*
(m) Ethel E. Entzminger - b. 1898; d. 1970
Kate Martin Hood - b. Mar 13, 1869; d. Feb 25, 1941*
Andrew Campbell Hood - b. May 25, 1867; d. Mar 6, 1941*
George White Hood - b. Jan 19, 1909; d. Sep 3, 1909
(inf) Hood - d. Apr 25, 1933; (s) of John J. & Bertha M. Hood
Bertha M. Hood - b. Dec 9, 1901; d. Apr 26, 1964
John J. Hood - b. Mar 11, 1903; d. Jun 2, 1962
James Kelley - b. 1888; d. 1924
James Powell Kelley - b. 1921; d. 1922; (s) of Jas & Clyde Kelley
Moses Wooten - b. Oct 1, 1829; d. Nov 3, 1912; (s) of Ralph Wooten*
Clara McLean - b. Feb 8, 1833; d. Feb 2, 1914; (w) of Moses Wooten; (d) of Daniel McLean*
(f) Silas E. Wooten - b. Dec 18, 1853; d. Jun 26, 1916
Emma C. Wooten - b. Aug 25, 1855; d. Apr 16, 1902
Minnie Wooten - b. May 19, 1880; d. Mar 22, 1910; parents O.B. & U.E. Boney
Sherwood Wooten - b. Apr 9, 1908; d. May 27, 1908; age 7w
Humphrey Edward Wooten - b. Jan 23, 1913; d. Oct 1, 1916; (s) of Wilton M. & Carrie B. Wooten
Carrie Belle Brown - b. Jan 13, 1891; d. Nov 11, 1951; (w) of Wilton Mose Wooten
Wilton Mose Wooten - b. Apr 3, 1880; d. Apr 19, 1958
Nell Wooten Hayslett - b. Feb 14, 1922; d. Jan 25, 1959; (d) of Wilton M. & Carrie B. Wooten

Minnie W. Scott - b. 1910; d. 1975; Pvt US A WWII
Addiline S. Hood - no dates
Minnie Smith - no dates
Ollie J. Smith - no dates
Ella Smith - no dates
Bob Smith - no dates
Melvin C. Briggs, Sr. - b. Feb 4, 1927; d. Mar 27, 1982; PFC US A WWII Kr*
Emma R. Briggs - b. Feb 1928; d. Aug 2, 1993; mar Sep 7, 1963 MA*
Mark Lyn Jones - b. 1983; d. 1983
John T. Perry - b. Apr 13, 1875; d. Nov 26, 1940
Harriet Emma Perry - b. Aug 8, 1844; d. Jan 23, 1903; (d) of H.Y. & N. Robinson

(f) Johnnie W. Hendrix - b. Jul 1, 1909; d. Jun 10, 1976*
(m) Virginia L. Hendrix - b. Dec 11, 1914; d. ____ *

Larnie Raines - b. Aug 13, 1889; d. Mar 9, 1891; (s) of James M. & Mary L. Raines
Mary Raines - b. Mar 19, 1908; d. ____
Robert Lee Raines - b. Feb 22, 1906; d. Oct 5, 1983

(m) Mary L. Raines - b. Apr 3, 1845; d. Oct 2, 1924

James M. Raines - b. Dec 21, 1846; d. Apr 10, 1921; age 74y 8m 21d; CSA Vet

(m) Lottie H. Raines - b. Aug 15, 1873; d. Mar 5, 1958*
(f) John A. Raines - b. Jan 29, 1871; d. May 11, 1950*

Wilton Angus McLean - b. Feb 9, 1925; d. Jul 29, 1975
Delmas Archie McLean - b. Apr 29, 1916; d. Oct 28, 1975; Pvt US A WWII
Bascome McLean - b. Apr 29, 1922; d. Sep 10, 1927
Susan McLean - b. Aug 2, 1814; d. Apr 15, 1899; (m) of D.L. McLean
James Henry McLean - b. Sep 19, 1871; d. Sep 16, 1939
Eugene B. Price - no dates; Co I 1 SC Inf Sp AM War
Fannie E. McLean - b. Jul 12, 1878; d. Dec 25, 1930; (w) of Eugene B. Price
John McLean - b. Apr 27, 1881; d. Jul 17, 1904; killed in railway accident
Daniel J. McLean - b. Mar 27, 1852; d. Jun 30, 1926
Elizabeth Walling - b. Jan 17, 1850; d. May 31, 1898; (w) of Daniel J. McLean

(inf) Kensley Ann McLean - d. Jun 30, 1972; (d) of Mr. & Mrs. W.K. McLean, Jr.

John Ulysses "Jack" Smith - b. Jun 12, 1894; d. Aug 16, 1970; SC Pvt US A WWI*
Gussie B. Smith - b. Nov 18, 1897; d. Feb 22, 1980*
George H. Smith - b. Jan 19, 1892; d. Apr 11, 1933
Estelle Mary Smith - b. Oct 4, 1896; d. Jan 2, 1987
John M. Smith - b. May 14, 1868; d. Sep 29, 1928

(m)	Frances B. "Fannie" Smith - b. May 17, 1874; d. Jul 28, 1957
(m)	Mary E. Raines - b. Jun 20, 1837; d. Jan 26, 1916
(f)	Elbert H. Boney - b. Mar 8, 1927; d. Aug 29, 1988*
(m)	Ruby M. Boney - b. Sep 2, 1929; d. ____*
	Emma G. Dunn - b. Aug 19, 1880; d. Feb 27, 1937*
	Alfred L. Dunn - b. Jun 9, 1877; d. Mar 1, 1952 *
(m)	Catharine Dunn - b. Nov 26, 1831; d. Apr 30, 1893*
	Alfred Dunn - d. Oct 24, 1908; age 72y
(m)	S.C. Clinkscales - b. Apr 10, 1859; d. Jul 15, 1897
(f)	M.M. Clinkscales - b. Jan 15, 1855; d. Mar 22, 1904
	Mary Clinkscales - b. Oct 7, 1892; d. Jan 22, 1895; (d) of M.M. & S.C. Clinkscales
(inf)	Clinkscales - d. Apr 10, 1890; (s) of M.M. & S.C. Clinkscales
(b)	C.A. Clinkscales - b. Jan 31, 1880; d. Sep 7, 1906
	John Mark Dial - b. Feb 15, 1967; d. Apr 17, 1992; a dedicated officer and friend
	J.A. Locklier - b. Apr 15, 1876; d. May 5, 1956*
	Susie E. Locklier - b. Aug 12, 1877; d. Feb 28, 1940*
	Selah Ann Lovett - b. Oct 11, 1858; d. Jan 1896; she leaves a (h) and 8 children to mourn her loss
	Rebecca Locklier - b. Jul 7, 1880; d. Jul 25, 1900
	Elva E. Holcomb - b. Aug 25, 1912; d. May 15, 1915; (d) of V.E. & Katie Holcomb
(m)	Caroline Locklier - d. Apr 22, 1918; age 80y*
(f)	Andrew Locklier - b. Sep 12, 1836; d. Oct 27, 1917*
	Harve Locklier - b. Sep 17, 1875; d. Feb 24, 1938
	Mary Langford Brown - b. 1869; d. 1952*
	James F. Brown - b. 1866; d. 1927*
	Dessa Brown - b. Oct 16, 1892; d. Nov 10, 1918; (w) of W.H. Deloach
	Lillie May Brown - d. Nov 25, 1889; aged 1y, 8m, 1d; (d) of J.F. & M.O. Brown
	George W. Brown - b. Oct 31, 1896; d. Aug 5, 1898; (s) of J.F. & M.O. Brown
	Samuel Bean - b. Oct 25, 1891; d. Nov 26, 1912
	James Elaxandra Bean - b. Jun 9, 1853; d. Dec 19, 1930*
	Nannie Robertson Bean - b. Mar 29, 1864; d. Oct 23, 1941*
	Lucy H. Douglass - b. Jan 21, 1808; d. Mar 17, 1888
	Franklin Douglass - b. Jan 26, 1811; d. Nov 15, 1879
	M.T. Douglas - b. Mar 6, 1848; d. Mar 28, 1885
(f)	J. Carson Moore - b. Aug 28, 1891; d. Dec 1, 1937*
(m)	Minnie M. Moore - b. Apr 10, 1899; d. Jun 9, 1979*
	Curtis Moore - b. Apr 4, 1898; d. Oct 17, 1951; SC Pvt 4 Prov Co WWI
	Maude E. Moore - b. Dec 5, 1889; d. Mar 28, 1982
	John F. Moore - b. Dec 30, 1864; d. Oct 22, 1934

(m)	Elizabeth Robinson - b. Feb 17, 1871; d. Apr 24, 1906; (w) of John F. Moore
	Tom Wooten - no dates
	Lottie Wooten - no dates
	Wooten - no dates
	Lula B. Wooten - b. May 10, 1885; d. Jan 3, 1928
	Samuel W. Wooten - b. Nov 20, 1875; d. Oct 19, 1957
	James T. Wooten - b. Mar 17, 1913; d. Oct 19, 1932
	Lottie Wooten - b. Dec 27, 1883; d. Mar 8, 1884; (d) of T.D. & M.A. Wooten
	Joseph Earl Boney - b. Jun 17, 1916; d. Sep 17, 1981
	Eugenia C. Hagood - b. Feb 22, 1855; d. Jun 21, 1927
(m)	Grace A. Hagood - b. Dec 27, 1828; d. Oct 12, 1901
	Little Minnie Hagood - b. Aug 30, 1887; d. Sep 1, 1896; (d) of W.J. & Sallie D. Hagood
	Sallie D. Sauls - b. Dec 24, 1868; d. Sep 5, 1936; (w) of W.J. Hagood
	W.J. Hagood - b. Sep 23, 1852; d. Jun 7, 1918
	Mae Hagood Porter Crosby - b. 1894; d. 1958
(inf)	Wooten - b. Aug 17, 1887; d. Aug 22, 1887; (s) of W.C. & M.E. Wooten
(inf)	Wooten - b. Nov 30, 1888; d. Dec 1, 1888; (s) of John & Lydia Ann Wooten
	Vessie Wooten - b. Jan 5, 1884; d. Mar 17, 1884
	John Wooten - b. Nov 12, 1834; d. Feb 3, 1905
	Lydia Ann Wooten - b. Jun 5, 1849; d. Sep 2, 1922; (w) of John Wooten
(inf)	Boney - d. Dec 22, 1938; (s) of John & Dorothy Boney
	Durham Hal Boney - b. Oct 19, 1905; d. Jul 29, 1907; (s) of Durham B. & Allie J. Boney
(inf)	Boney - d. Apr 29, 1918; (s) of Ernest L. & Beulah W. Boney
	Alice Jane Boney - b. Feb 12, 1885; d. May 12, 1942; (w) of Durham B. Boney
(m)	Beulah Wooten - b. Oct 26, 1890; d. May 11, 1971; (w) of Ernest L. Boney, Sr.
(f)	Ernest Leonard Boney, Sr. - b. Mar 15, 1890; d. Dec 24, 1979
	Benjamin Wooten Boney - b. Jan 7, 1921; d. Dec 25, 1987
	Oliver Elizabeth McGrady - b. Mar 2, 1910; d. Jun 30, 1911; (d) of Ben & Cynthia McGrady
	Sue Price - b. Feb 19, 1844; d. Sep 16, 1933
	Victoria M. Swygert - b. Nov 17, 1840; d. Aug 14, 1895
	James Wade Swygert - b. May 19, 1842; d. Mar 14, 1912
	Mary E. Swygert - b. Apr 24, 1870; d. Mar 21, 1948
	D. Atwood Swygert - b. Dec 4, 1899; d. Sep 2, 1962
	Sanders L. Swygert - b. Apr 19, 1901; d. Dec 14, 1976
	Wallace S. Stevens - b. Aug 17, 1899; d. Jan 4, 1970
	Bula Mae Boney Hykil - b. Feb 28, 1910; d. Sep 25, 1985

Joseph George Hykil - b. Oct 15, 1913; d. Jan 16, 1978; TSgt US A WWII
Fletcher Brooks Boney - b. Nov 18, 1908; d. Apr 29, 1977; US N

* * *

A stone erected between the following two stones reads: From this union, Fletcher Boney, Lawrence Boney, Rebecca B. Castles, Bula Mae B. Hykil, Douglass Boney.

(f) Brooks Boney - b. Sep 7, 1881; d. Nov 30, 1946
(m) Minnie W. Boney - b. Feb 2, 1881; d. Nov 2, 1966

* * *

James Douglas Boney - b. Nov 6, 1913; d. Apr 13, 1945
(inf) Cooper - d. May 11, 1963; (s) of T. Edward & Jacqueline Cooper
Carl E. Walker - b. Mar 26, 1926; d. Oct 23, 1949; SC Tec 5 625 Engr Lt Equip Co WWII
Henry E. Walker, Jr. - b. Dec 2, 1924; d. Oct 23, 1949; SC Cpl US A WWII
John Wesley Wooten - b. Sep 27, 1869; d. ____*
Maggie Albert Wooten - b. Aug 18, 1879; d. Nov 23, 1940; mar Nov 15, 1899; (w) of John Wesley Wooten*
Virginia E. Jeffares - b. Dec 31, 1903; d. Jan 15, 1973; (w) of Tallie Boney*
Tallie Boney - b. Oct 14, 1897; d. Feb 3, 1979*
Belva B. Raines - b. Aug 17, 1890; d. Mar 22, 1977
George H. Raines - b. Dec 26, 1891; d. Mar 15, 1983
Nannie E. Raines - b. Oct 4, 1858; d. Jan 2, 1951
William DuBose Raines - b. Aug 27, 1858; d. Oct 7, 1939
Estelle Wooten Raines - b. Nov 18, 1893; d. Dec 3, 1948
C. Brooks Raines, Sr. - b. Apr 11, 1889; d. Nov 29, 1947
Ernest Elmore Raines - b. Mar 14, 1915; d. Sep 17, 1991
Helen Stevens Raines - b. Mar 31, 1901; d. Oct 1, 1992
Tallie Durham Raines - b. Oct 3, 1896; d. Feb 21, 1987
John H. Jeffares - b. Jul 24, 1912; d. Sep 30, 1945; Cwt served US N 1931-1945; (s) of R.R. Jeffares & Elizabeth Hogan
Elizabeth Hogan Jeffares - b. Jan 16, 1876; d. Jul 20, 1957; (w) of Robert R. Jeffares; (d) of Virginia & John A. Hogan
Robert Coleman Jeffares - b. Jul 2, 1902; d. Aug 14, 1982; (s) of Robert R. & Elizabeth H. Jeffares
Hazel Jeffares - b. Sep 5, 1906; d. May 14, 1907; (d) of Robert R. & Elizabeth H. Jeffares
Virginia Kitty Brown - b. Apr 4, 1903; d. Jan 24, 1981; (w) of Roland E. Moore; (d) of Joseph N. & Kitty H. Brown
Marrie Easler Brown - b. Sep 22, 1921; d. Mar 3, 1988; (w) of Joe Belton Brown; (d) of Lewis & Addie Grimsley Easler

J. Nat Brown, Jr. - b. Oct 6, 1899; d. Feb 17, 1974; (s) of Joseph N. & Kitty H. Brown

John Calvin Brown - b. Jul 19, 1914; d. 1991; (s) of Joseph N. & Kitty H. Brown

Ruth Brown - b. Aug 19, 1896; d. Mar 30, 1939; (w) of H.E. McCleary; (d) of Joseph N. & Kitty H. Brown

Kitty Bush Hogan - b. Jun 12, 1874; d. Aug 7, 1940; (d) of Virginia Hogan & John Alexander Hogan; (w) of Joseph Nathaniel Brown

Joseph Nathaniel Brown - b. Jun 9, 1868; d. Apr 11, 1939; (s) of J. William & Kitty Gibson Brown

Betty Mann Brown - b. Aug 6, 1912; d. Feb 13, 1947; (d) of Joseph N. & Kitty H. Brown

Esther Brown - b. Jul 19, 1901; d. Apr 21, 1902; (d) of Joseph N. & Kitty H. Brown

Mary K. McLean - b. May 14, 1884; d. May 5, 1947; (w) of Charles D. Wilson

Charles D. Wilson - b. Feb 26, 1880; d. Aug 12, 1956

Gladys E. Hutto - b. 1919; d. 1950

(m) Ola Mae G. Boney - b. Mar 16, 1924; d. Dec 2, 1990
(f) Albert D. Boney - b. Sep 10, 1897; d. May 7, 1972
(f) John T. Boney - b. Feb 26, 1875; d. Jul 20, 1959*
(m) Lessie R. Boney - b. Aug 7, 1878; d. Aug 23, 1945*

Ethel Bell Boney - b. Jul 3, 1901; d. Jun 25, 1925; (w) of B.C. Broom

Clyde C. Broom - b. Oct 16, 1922; d. Aug 26, 1944; Died in service in France; SC Cpl FA WWII

Norman Boney - b. Jul 3, 1908; d. Mar 16, 1929

Sam Rimer - b. Jan 22, 1887; d. Dec 20, 1934

(f) Conder T. Rimer - b. Feb 20, 1915; d. Aug 24, 1980*
(m) Lois E. Rimer - b. Jun 16, 1924; d. ____*

Oliver N. Rimer - b. Jan 28, 1920; d. Dec 11, 1973; Tec 5 US A

Beulah R. Anderson - b. 1917; d. 1954

John J. Rimer - b. Aug 19, 1852; d. Feb 29, 1916

Hollie N. Rimer - b. 1881; d. 1962*

Minnie E. Rimer - b. 1884; d. 1972*

Nellie Entzminger Marsh - b. Sep 8, 1900; d. Oct 12, 1971

Levi Allen Marsh - b. Dec 12, 1860; d. Jan 28, 1935

Ruby Pearl Marsh - b. Feb 12, 1901; d. May 12, 1924

Mattie McAlpin Marsh - b. Nov 23, 1875; d. Nov 18, 1912

W.A. Marsh - b. Nov 7, 1849; d. Jan 1, 1891

(f) Charles A. Locklier - b. Jun 18, 1888; d. Oct 1, 1935*
(m) Malgue M. Locklier - b. Apr 18, 1892; d. May 9, 1971*
(f) L.T. Locklier - b. Jul 10, 1839; d. Nov 27, 1914*
(m) Kate Locklier - b. Oct 15, 1851; d. ____; (w) of L.T. Locklier

Sophie Jane McLean Locklier - b. May 11, 1837; d. Sep 30, 1882

(inf) Billie Hardin - d. Feb 9, 1917; (d) of William & Kate Hardin

W.L. Wooten - b. Jun 5, 1840; d. Dec 18, 1919

Caroline J. Wooten - b. Jul 25, 1842; d. Jul 10, 1901; only (s) L.M. Wooten; (w) of W.L. Wooten; (d) of Jonathan & Ada Watts
Lula May Wright - b. Oct 4, 1864; d. Jun 19, 1885; (w) of J.M. Wright; (d) of W.L. & C.J. Wooten
James W. Phillips - b. Apr 11, 1847; d. Jul 27, 1912*
William F. Phillips - no dates*
Isabelle P. Phillips - b. Jul 1, 1857; d. Mar 25, 1925
(inf) Eunice Landon - d. Nov 29, 1886; age 1y 9m; (d) of John S. & Sarah E. Muse
(f) John S. Muse - b. Oct 13, 1853; d. Jan 7, 1934*
(m) Sarah Elizabeth Muse - b. Jan 7, 1861; d. Feb 9, 1902*
Susan Hays - no dates
David Hays - no dates
Oliver LeGrand Wooten - b. Jul 13, 1833; d. Jan 12, 1872
Sarah E. Wooten - b. Aug 20, 1840; d. Apr 17, 1916; (w) of Oliver LeGrand Wooten
Frank LeGrand Wooten - b. Mar 20, 1872; d. Feb 18, 1951; (d) of Oliver L. & Sarah E. Wooten
Jim William Wooten - b. Jun 4, 1885; d. Apr 28, 1887; (s) of John D.
& Tarzy R. Wooten
Lonnie Mills Wooten - b. Nov 28, 1888; d. Jun 6, 1888; (s) of John D.
& Tarzy R. Wooten
John Marion Wooten - b. Dec 26, 1887; d. Jan 19, 1889; (s) of John D.
& Tarzy R. Wooten
Charlie F. Wooten - b. Feb 4, 1891; d. May 1, 1892
Tarzy Rebecca Wooten - b. Aug 3, 1858; d. Sep 3, 1901*
John David Wooten - b. Jan 26, 1859; d. Sep 3, 1902*
John David Wooten - b. Feb 23, 1899; d. Oct 8, 1948; SC Pvt STU A Tng Corp WWI
Meek A. Dayvaught - b. Nov 25, 1871; d. May 6, 1950; (w) of C.B. Wooten*
C.B. Wooten - b. Aug 21, 1863; d. Jan 16, 1907*
Aunt Nannie C. Mann - b. Oct 3, 1850; d. Jul 13, 1942
Julius M. Dunlap - b. May 29, 1843; d. May 12, 1929
Mrs. Mary Jane Dunlap - d. Jan 13, 1901; age 46y
Delilah Turkett - b. Sep 5, 1808; d. Mar 18, 1885
Turner Turkett - b. Apr 5, 1795; d. Jul 26, 1875; age 80y 3m 21d
Daniel Nelson - d. Sep 3, 1883; age 89y
J. Wesley Starnes - no dates; Co I 20 SC Inf CSA
(inf) McGregor - d. Aug 21, 1930; (d) of C.H. & S.B. McGregor
M.J. Gibson - b. Oct 21, 1821; d. Oct 8, 1882; (w) of H. Gibson
Paul Humphrey Brown - b. May 26, 1895; d. Dec 13, 1896; (s) of Humphrey A. & Emma W. Brown
(inf) Brown - d. Sep 7, 1909; (d) of Humphrey A. & Emma W. Brown
Harry A. Brown - b. Feb 1, 1893; d. Nov 10, 1918; (s) of Humphrey A. & Emma W. Brown; (h) of Ruth Allen Brown

Charlie LeGrand Guerry - b. Feb 8, 1920; d. Jan 6, 1921; (s) of R.D. & Lois B. Guerry
Bartow Brown - b. Feb 19, 1904; d. Nov 26, 1928; (s) of Humphrey A. & Emma W. Brown
Humphrey A. Brown - b. Sep 10, 1860; d. Apr 4, 1933*
Emma Wooten Brown - b. Dec 5, 1865; d. Sep 6, 1944*
J.P. Brown - b. Sep 5, 1899; d. Nov 17, 1976
Ruth Louise Hine - b. 1946; d. 1947; (d) of Ruth & Frank B. Hine
George H. Hine, Jr. - b. Dec 19, 1919; d. Feb 7, 1936
Magie Delena Brown - b. Jan 10, 1873; d. Oct 21, 1880
Lilaer D. Brown - b. Feb 12, 1884; d. Feb 25, 1884; (d) of J.W. & M.L.K.Brown
Ruthanna K. Brown - b. Jan 28, 1875; d. Sep 16, 1885; (d) of J.W. & M.L.K. Brown
Claudius P.H. Brown - b. Aug 14, 1870; d. Sep 17, 1885; (s) of J.W. & M.L.K. Brown
(inf) Maud Brown - d. Oct 11, 1886; (d) of J.W. Jessie Brown
(m) Mrs. M.L.K. Brown - b. Jan 12, 1842; d. Jul 25, 1925; (w) of J.W. Brown
J. William Brown - d. Dec 15, 1917; age 83y
T.P. Hoffman - b. Mar 16, 1866; d. Mar 20, 1895
(f) G.P. Hoffman - b. Apr 19, 1828; d. Aug 28, 1902
(m) Jane Ruff Hoffman - b. Jan 8, 1834; d. Apr 28, 1903
Sarah Clinkscales Hoffman - b. Oct 21, 1861; d. Dec 18, 1902; (w) of Butler P. Hoffman
Butler P. Hoffman - b. Aug 31, 1857; d. Nov 23, 1937
Lister Deal - b. Nov 10, 1896; d. Nov 17, 1896
C.G. Hoffman - b. Feb 19, 1862; d. May 12, 1903
Mollie Hoffman - b. Dec 10, 1858; d. Jun 10, 1884
Fannie Hoffman - b. May 8, 1872; d. May 27, 1872
Lois Hoffman - b. Oct 28, 1905; d. Aug 31, 1906; (d) of Butler P. & Lois C. Hoffman
Lois Clinkscales - b. Jan 26, 1882; d. Jun 17, 1950; (w) of Butler P. Hoffman
Helen Alen - b. Dec 28, 1905; d. Jul 30, 1938; (w) of H.B. McLean; Semper Fidelis
Charlice Viola McLean - b. Jan 1, 1880; d. Jul 13, 1966
William Archie McLean - b. Aug 22, 1873; d. Nov 2, 1945
Marilyn McLean - b. Feb 21, 1938; d. Dec 30, 1945; (d) of Mr. & Mrs. J.D. McLean
Rebecca Raines Seay - b. Feb 1, 1920; d. ____
George Edward Seay - b. Jan 7, 1917; d. Apr 25, 1989
Robert Lee "Bobby" Branham - b. Mar 22, 1958; d. Apr 25, 1981
(f) George Lybrand Blume - b. 1912; d. 1985; PFC USAAC WWII
(m) Effie Blume Carrol - b. Jun 19, 1914; d. Jul 24, 1969
(m) Katherine Sharpe Blume - b. Jun 29, 1877; d. Apr 25, 1965

(f)	Dallas L. Blume - b. Apr 12, 1922; d. Apr 28, 1964*
(m)	Mildred E. Blume - b. Feb 14, 1922; d. Nov 13, 1975*
(m)	Gladys Carroll Blume - b. Aug 27, 1909; d. ____*
(f)	Elbert David Blume - b. Apr 2, 1904; d. Aug 5, 1979*
	Edna E. Brazell - b. Dec 29, 1883; d. Feb 13, 1914; (w) of W.H. Brazell; (d) of J.A. & C.J. Price
(inf)	Gordon Benjamin Hood - b. Jul 31, 1925; d. Dec 1, 1926; (s) of John & Martha Hood
	Charlie Frank Hood - b. Nov 28, 1892; d. Dec 30, 1895; (s) of Sidney C. & Sarah E. Hood
	Sidney Clarence Hood - b. Feb 25, 1867; d. Jan 1, 1924
	Sarah E. "Lizzie" Wooten - b. Mar 3, 1868; d. Jul 21, 1929; (w) of Sidney Clarence Hood
	Hicksy E. Hood - b. Oct 6, 1875; d. Jul 30, 1890; (s) of Homer E. & Frances R. Hood
	Frances Rachel Hood - b. Aug 1, 1844; d. Jan 3, 1915
	Homer E. Hood - b. Apr 10, 1838; d. Mar 1, 1890; (s) of Simon P. Hood
	Juanita Jones - no dates; age 8y 1m 2d
(f)	Edward M. Boney - b. Feb 6, 1892; d. Dec 26, 1943*
(m)	Ada M. Boney - b. Aug 15, 1899; d. Sep 13, 1936*
(inf)	Michael Lee Boney - d. Jul 23, 1953; (s) of Mr. & Mrs. Talley E. Boney
(f)	Talley Edward Boney - b. Jul 25, 1920; d. Jan 30, 1982*
(m)	Edna Lee Boney - b. Apr 1, 1923; d. Sep 4, 1989*
(rev)	Ramon Lloyd Jordan - b. Jan 22, 1916; d. Dec 29, 1985
(f)	William J. Blume - b. Jun 26, 1896; d. Dec 8, 1934*
(m)	Veola B. Blume - b. Jun 1, 1903; d. ____*
(m)	Zola Neeley Raines - b. Apr 29, 1902; d. Mar 6, 1944*
(f)	Otis B. Raines - b. Jun 27, 1899; d. Nov 4, 1961*
	David Raines - b. 1941; d. 1941
(inf)	Raines - b. 1947; d. 1947; (s)
(m)	L.L. Raines - b. Dec 7, 1856; d. Aug 28, 1928*
(f)	J.W. Raines - b. Jan 21, 1845; d. Nov 22, 1924*
	Otis B. Raines, Jr. - b. Aug 27, 1925; d. Dec 13, 1951
	Theodora M. Raines - b. Mar 16, 1892; d. Aug 23, 1925; (w) of A.E. Spencer
	Fannie R. Cockrell - b. Jan 7, 1891; d. Apr 15, 1951
	Arbella Bass - b. Feb 16, 1853; d. Mar 1, 1937
	Henry K. Bass - b. Apr 19, 1869; d. Nov 10, 1950
	Sarah Irene Bass - b. Aug 9, 1874; d. Feb 2, 1938
	Lexey Bass - b. Jan 5, 1896; d. ____ 23, 1917; WOW
	Jessie Viola Mellichamp - b. Aug 6, 1883; d. Feb 10, 1948
	Walter Ernest Mellichamp - b. Sep 4, 1880; d. Nov 2, 1904
	Helen Elizabeth Harmon - b. Sep 27, 1926; d. Apr 10, 1957
	Frank Earle Harmon - b. Feb 15, 1886; d. Sep 2, 1946*

Pearle Price Harmon - b. Jan 6, 1894; d. Mar 9, 1989*
Mattie Branham Rimer - b. 1928; d. 1986
Eric S. Price - b. Dec 27, 1890; d. Jan 6, 1924
James Arthur Price - b. Dec 28, 1853; d. Jan 11, 1896*
Clara Broom Price - b. Apr 16, 1857; d. Jul 23, 1936*
Edmund Price - b. Jan 22, 1826; d. Jan 6, 1896; age 68y 0m 14d
George Bunch Raines - b. Jul 29, 1923; d. Oct 10, 1986; mar Dec 14, 1945

(f) Preston R. Raines - b. Apr 23, 1881; d. Oct 26, 1954*
(m) Minnie L. Raines - b. Apr 28, 1888; d. Aug 28, 1932*

Cyrus Wellington Surratt - b. 1909; d. 1977; PFC USMC WWII
O.C. Hathcock - b. Oct 10, 1854; d. Mar 11, 1919
Edna Mabel Price - b. Jul 17, 1891; d. Apr 30, 1986
Arthur Bunyan Price - b. Sep 22, 1877; d. Dec 12, 1973
Ida P. Price - no dates; (w) of Arthur Bunyan Price
Edna Mae Price - b. Dec 21, 1906; d. Sep 15, 1956
James A. Price - b. Jan 18, 1915; d. Nov 7, 1917
Lavinia Aldrich - b. 1854; d. 1929
Sue A. Arledge - b. 1871; d. 1948*
Charlie H. Arledge - b. 1860; d.1928*
Mrs. Julia H. Trapier - b. Jan 6, 1825; d. Sep 15, 1881

(f) James Alexander Bookhardt - b. Oct 3, 1826; d. Jun 12, 1906; Pvt Co B 7 Bn SC Inf CSA*
(m) Harriet Malinda Robertson - b. Jan 6, 1834; d. Apr 30, 1915; (w) of James A. Bookhardt*

Albert Gibson - b. Jun 10, 1900; d. Jul 24, 1976
Victoria M. Entzminger - b. Dec 15, 1872; d. Sep 17, 1947; (w) of Jim Gibson
Jim Gibson - b. 1875; d. 1937

(f) Floyd L. Entzminger - b. Sep 6, 1862; d. Jul 8, 1951*
(m) Catherine Irene Entzminger - b. May 8, 1879; d. Jul 28, 1947*

Artimesia D. Entzminger - b. Mar 27, 1843; d. Dec 20, 1911
J.W. Entzminger- b. Dec 12, 1830; d. Oct 16, 1883; age 53y 10m 4d

(f) Wilburn L. Entzminger - b. Jan 17, 1901; d. Mar 4, 1976*
(m) Dochia N. Entzminger - no dates*
(m) Lula P. Entzminger - b. Sep 20, 1882; d. Nov 2, 1971*
(f) Willie W. Entzminger - b. Jun 20, 1875; d. Jun 5, 1949*

Emil E. Entzminger - b. Nov 10, 1869; d. Sep 2, 1891
Frederic W. Entzminger - b. Aug 12, 1860; d. Apr 26, 1928
J. Winfield Entzminger - b. Nov 27, 1881; d. May 17, 1963
Susie E. Entzminger - b. Nov 24, 1876; d. Nov 12, 1932*
Herbert Entzminger - b. Nov 10, 1866; d. ____ *
Clifton E. Entzminger - b. 1929; d. 1967*
Whatley L. Entzminger - b. 1874; d. 1942*
R.W. Powell - d. Nov 4, 1879; age 67y 1m 22d
Thomas H. Wilds - b. Mar 18, 1888; d. Mar 22, 1952*

	Lessie Q. Wilds - b. Mar 13, 1884; d. Jul 13, 1959*
	Lutie McNulty Durham - b. Mar 11, 1880; d. Jan 1, 1961
	Alberta Durham - b. Apr 30, 1871; d. Nov 27, 1954
	Cynthia Anna Durham - b. Feb 15, 1868; d. Mar 9, 1950
(inf)	Lottie Durham - b. 1862; d. 1862; age 5m; (d) of A.K. & E.D. Durham
	John Woodward Durham - b. Aug 24, 1875; d. Nov 20, 1932
	Marvin McNulty Durham - b. Sep 8, 1845; d. Jul 5, 1936
	William S. Durham - b. May 16, 1834; d. Nov 21, 1909
	Margaret Daniel Durham - b. Mar 3, 1813; d. Jun 2, 1899
	William Woodward - b. Mar 16, 1871 Blythewood, SC; d. Dec 29, 1873; (s) of William F. & Mary L. McNulty
	William McNulty - b. Jul 27, 1808 New Rochelle, N.Y.; d. Apr 21, 1865 Blythewood, SC; mar Anna Susan Cuttino of Georgetown, SC Apr 2, 1834; (s) of Daniel & Lydia Marvin McNulty settled in Georgetown, SC in 1820
(inf)	William McNulty Durham-no dates; (s) of William & Marvin Durham
	Drummer William W. Macon - no dates; Co H 2 AL Inf CSA
(inf)	Macon - d. May 5, 1900; (s) of William & Sarah Macon
	Robert R. Vann - b. 1822; d. 1894*
	Charlotte W. Vann - b. 1817; d. 1884*
	Little Samuel Bookhart - b. Jan 6, 1864; d. Sep 8, 1865; (s) of Dr. Samuel W. & Cynthia E. Bookhart
	Little Rebecca Bookhart - b. Nov 13, 1867; d. May 7, 1873; (d) of Dr. Samuel W. & Cynthia E. Bookhart
	Little Kate Bookhart - b. Jun 9, 1870; d. Dec 25, 1873; (d) of Dr. Samuel W. & Cynthia E. Bookhart
	Cynthia E. Bookhart - b. Aug 14, 1831; d. Apr 27, 1914*
	Samuel W. Bookhart, M.D. - b. Nov 29, 1829; d. Oct 7, 1913*
	Minnie Bookhart - b. Aug 12, 1859; d. Sep 30, 1945
	Annie Lamar Wardlaw - b. Feb 23, 1875; d. Aug 26, 1876; (d) of J. Lewis & L.D. Wardlaw
	Francis Hugh Wardlaw - b. Mar 18, 1876; d. Sep 8, 1876; (s) of J. Lewis & L.D. Wardlaw
	James Lewis Wardlaw - b. Jul 31, 1879; d. Oct 3, 1880; (s) of J. Lewis & L.D. Wardlaw
	Thomas William Bookhart - b. Sep 12, 1900; d. Nov 18, 1900; (s) of Dr. T.W. & E.M. Bookhart
	Thomas William Bookhart - b. Mar 18, 1908; d. Jan 30, 1911; (s) of Dr. T.W. & M.B. Bookhart
	Samuel Black - b. Aug 8, 1899; d. Oct 14, 1899; (s) of A.M. & M.B. Black
(w)	Aegina K. DeRieux - b. Dec 13, 1901; d. Jun 11, 1989*
(h)	Thomas B. DeRieux - b. Aug 19, 1896; d. Jan 6, 1963*
	Daisey Boney Toplock - b. Dec 7, 1893 Blythewood, SC; d. Aug 8, 1963

John Evans Toplock, Sr. - b. Aug 14, 1888 Leetsdale, PA; d. Jun 8, 1973
Julia Woods Boney - no dates
Fred Nunnery Boney - b. Oct 27, 1920; d. Feb 10, 1977
Willie E. Boney - b. Sep 8, 1881; d. Jul 4, 1959
Walter J. "Buddy" Guyton - b. Oct 11, 1917; d. Oct 12, 1976; (w) of Evelyn Kelly Guyton; Sgt AAF WWII
Werter S. Guyton - b. 1893; d. 1946
(inf) Guyton - d. 1958
John Coley Rabon - b. Nov 30, 1950; d. Apr 16, 1973; (s) of Sidney M. Rabon & Louise S. Rabon; (gs) of John & Eva Sharpe
(w) Julia E. Sharpe Ellinger - b. Jul 13, 1924; d. ____ *
(h) Heinkle S. Ellinger - b. Mar 28, 1910; d. Mar 25, 1972*
(f) John A. Sharpe - b. May 7, 1883; d. Dec 16, 1947*
(m) Eva V. Sharpe - b. Jul 4, 1892; d. Sep 3, 1969*
(m) Evelyn N. Raines - b. Jan 8, 1899; d. Jan 5, 1969*
(f) Ernest G. Raines - b. Jan 4, 1889; d. Aug 11, 1965*
Eula Mae Guyton - b. 1895; d. 1994
(f) Lawrence Branham - b. Jul 7, 1882; d. Dec 6, 1955*
(m) Annie Sharpe Branham - b. Oct 18, 1881; d. Oct 24, 1953*
Mary B. Branham - b. Jun 26, 1880; d. May 14, 1956
Curtis M. Raines - b. May 28, 1919; d. Nov 15, 1954
Lewis Richard Miller - b. May 9, 1953; d. May 10, 1953; (s) of Helen & Edward Miller, Jr.
Robert Sanders Entzminger - b. Jul 21, 1883; d. Aug 28, 1956
Louise Hearst Entzminger - b. Aug 24, 1902; d. May 15, 1975
(inf) William L. Price - b. Jan 21, 1954; d. Jan 22, 1954; (s) of Alexis & Dorothy Price
(inf) Steven W. Price - b. Nov 15, 1955; d. Jun 4, 1956; (s) of Alexis & Dorothy Price
Mattie Trapp Smith - b. 1901; d. 1985
(rev) John A. Smith - b. 1892; d. 1955
Oralce Trapp Hooppaugh - b. Sep 24, 1893; d. Mar 26, 1983*
James David Hoopaugh - b. Oct 2, 1893; d. Sep 22, 1957*
Harry George Ritter - b. Mar 25, 1900; d. Feb 21, 1965
Edith H. McCaston - b. Dec 3, 1916; d. Nov 15, 1978
Albert Eugene Loner, Jr. - b. Jun 13, 1919; d. May 1, 1998
Portia Loner - no dates
Patricia Loner - b. Jun 6, 1947; d. Jan 26, 1948
Austin Bennett Jolly - b. Aug 6, 1995; d. Aug 6, 1995
Emma M. Blume - b. May 31, 1904; d. Nov 9, 1991
Paul R. Blume - b. Sep 30, 1900; d. Oct 28, 1973
J.H. "Hack" Wishert - no dates
Mildred Wishert - no dates
Andrew S. Jackson - b. Nov 3, 1900; d. Apr 18, 1960*
Ola O. Jackson - b. May 9, 1905; d. Jan 5, 1985*

	Jerry Neil Jackson, Jr. - b. May 31, 1958; d. Feb 1, 1978
(f)	Charles A. Donahue - b. May 21, 1913; d. _____; mar Jan 15, 1933*
(m)	Clara M. Donahue - b. Sep 11, 1915; d. Apr 18, 1985*
	Eddie Milton Humphries - no dates
	Betty Joyce Humphries - no dates
	Jerry Wayne Clark - b. Aug 12, 1939; d. Apr 19, 1988
(f)	Colie H. Entzminger - b. Dec 15, 1907; d. _____*
	Rebecca A. Entzminger - b. Jan 27, 1949; d. Aug 3, 1951*
	James C. Entzminger - b. Sep 24, 1943; d. Aug 3, 1951*
(f)	John W. Entzminger - b. Aug 9, 1940; d. Dec 9, 1982
(f)	John Phillip Rimer - b. Jan 31, 1885; d. Nov 23, 1961*
(m)	Sallie Rimer - b. Jan 7, 1883; d. Oct 14, 1952*
(m)	Ethel R. Loner - b. 1895; d. _____*
(f)	Albert E. Loner - b. 1888; d. 1959*
	Frances Ross Clark - no dates
	Jerry Clark - no dates
	Lisa Clark - no dates
	Evan Clark - no dates
	Danny Drafts - no dates
	Paulette Drafts - no dates
	Zachary Drafts - no dates
	Thomas Drafts - no dates
(m)	Martha S. Loner - b. Nov 23, 1930; d. May 19, 1991*
(f)	Lawrence M. Loner - b. Jun 29, 1927; d. Feb 27, 1985*
(f)	David M. Loner - b. Nov 24, 1955; d. May 18, 1990
(f)	Willie Eli Taylor - b. Feb 18, 1889; d. Jul 30, 982*
(m)	Lucy B. Marthers Taylor - b. Feb 5, 1898; d. Dec 29, 1988*
	Leva C. Taylor - b. Mar 15, 1902; d. _____
	Arthur T. Taylor - b. Feb 8, 1902; d. Feb 28, 1964; SC SSgt Hq 311 Inf WWII
(f)	James A. Watts - b. Oct 19, 1905; d. Aug 2, 1971
	Alton Finley - b. Oct 26, 1904; d. Jun 25, 1968
	Carrie Sue Rimer - b. Jan 12, 1907; d. Nov 16, 1982
	Felix H. Rimer - b. Oct 2, 1892; d. Mar 12, 1969
(inf)	Rimer - d. Feb 21, 1943; (s) of Felix H. & Carrie S. Rimer
	Harry R. Norton - b. Apr 20, 1933; d. Aug 15, 1970
	Homer A. Wofford, Jr. - b. Jan 10, 1944; d. Sep 22, 1962
	Marcus Lee Dennis - b. Dec 30, 1928; d. Mar 7, 1971
(m)	Bessie B. Lewis - b. May 8, 1928; d. _____*
(f)	Byron A. Lewis - b. Nov 14, 1923; d. Feb 4, 1992*
	Maggie T. Brown - b. Feb 1, 1900; d. Mar 1, 1967
	Russell T. Brown - b. Jun 1, 1896; d. Jun 8, 1979
	Joseph Ellison Brown - b. 1894; d. 1979; US A WWI
	Peter E. Brown - b. Jun 12, 1887; d. Sep 11, 1962*
	Nannie B. Brown b. Jan 17, 1882; d. Mar 15, 1959*
	Frances U. Brown - b. Jan 25, 1915; d. May 12, 1988

(f)	Frank William Brown - b. Aug 3, 1883; d. Oct 27, 1961*
(m)	Alice Bird Brown - b. Mar 16, 1894; d. Jan 28, 1976*
	William Albert Dial - b. 1904; d. 1969*
	Emmie Faust Dial - b. 1908; d. 1980*
	Roberta B. Jeffers - b. Oct 19, 1918; d. _____
	Henry T. Jeffers - b. Jul 31, 1911; d. Jul 11, 1988
(h)	Frank K. Entzminger - b. 1920; d. _____ *
(w)	Gabriele M. Entzminger - b. 1925; d. _____ *
	Robert Raines - b. 1948; d. 1948
	Rebecca Raines - b. 1948; d. 1948
	Guy Raines - b. 1920; d. 1920
(inf)	Raines - b. Sep 7, 1970; d. Sep 7,1970; (d) of Joseph & Susie Raines

67. **Shady Grove A.M.E. Church Cemetery**: On Heins Rd 1/8 mile north of the intersection of Langford Rd, Blythewood, SC. Aug 12, 1998

Fletcher Bell - b. Apr 12, 1917; d. Nov 13, 1974; US A
Cora Bell Hudson - b. 1895; d. 1968
John Hudson - b. Jun 8, 1890; d. Dec 17, 1978
Annie Ruff - d. Jun 25, 1961; age 77y
Freddie Young - d. Feb 4, 1948; age 45y
Rosetta Hudson - d. Sep 15, 1942; age 29y
Paul Hudson - d. Nov 28, 1946

(m) Sena Kelly - b. May 12, 1867; d. Apr 10, 1939
I. Kelly - d. Sep 11, 1938; age 18y
Susan Kelly - b. Feb 6, 1870; d. Mar 15, 1966
Boykin Kelly - b. 1902; d. 1944
Susan Kelly - d. Mar 2, 1925; age 101y
John Kelly - b. Sep 15, 1869; d. Jun 4, 1924; age 65y
Johnie Morrison - d. Aug 1944
Eliot Morrison - d. Oct 30, 1942
Little Elease Griffin - d. 1918
Lucinda Morrison - d. Sep 14, 1915
Lizzie Bailey Morrison - d. Dec 31, 1913
Pearl Morrison - d. Oct 30, 1933
Warren Morrison - d. Oct 30, 1933
Sam Morrison - d. Jul 7, 1937
Shelton Harrison - b. Dec 16, 1928; d. Jan 6, 1976
Archie Dean - b. Dec 27, 1911; d. Nov 2, 1984; US A
William Joseph Martin - b. 1918; d. 1976
Luke B. Perry - b. Sep 23, 1847; d. Aug 26, 1907
Fletcher Young - d. Dec 25, 1916; age 41y
Bennie Gibbs - b. Mar 20, 1909; d. Jul 30, 1974; Tec 4 US A
(h) Johnnie Gibbs - b. 1903; d. 1963
Robert Ruff - b. 1910; d. 1964
Carrie Ruff - d. Nov 28, 1959; age 93y

	Hazel Lyles - b. 1956; d. 1956
	Heyward Lyles - b. 1957; d. 1957
(m)	Laura Hudson - b. 1912; d. 1957*
	Betty Jean Hudson - b. Mar 18, 1957; d. 1957*
(f)	Brooks Hudson, Sr. - b. Jan 25, 1903; d. Jul 15, 1977
	John Williams - b. Feb 15, 1889; d. May 23, 1963*
	Lizzie Williams - b. Feb 26, 1896; d. Sep 10, 1964*
	Jeraldine Hudson - no dates
	Ella H. Gibbs - b. 1863; d. 1940
	Charles Gibbs - b. 1860; d. 1936
	Johnny Gibbs, Jr. - b. Oct 21, 1962; d. Jan 16, 1963
(h)	Lewis Gibbs - b. 1904; d. 1966
	Lillie Gibbs - b. 1923; d. 1997
	Mamie Lee - b. Feb 14, 1915; d. Sep 11, 1952
	Frank E. "Uncle Eddie" Gibbs - b. Dec 15, 1914; d. Sep 18, 1995
	Phillip Ruff - d. Jul 30, 1947; age 36y
(w)	Sallie B. Williams - b. 1920; d. 1986
	Dolphis Williams - b. 1918; d. 1988; Pvt. US A WWII
	Spencer Ruff - b. Feb 14, 1882; d. Feb 9, 1964*
	Annie D. Ruff - b. Nov 25, 1884; d. Jun 25, 1961*
	Ada Gibbs - b. Feb 9, 1897; d. Oct 22, 1981
	Phillis D. Ruff - b. Sep 24, 1942; d. Oct 8, 1985
	Moses Gibbs - b. 1931; d. 1971
	Charlie Gibbs - b. 1890; d. 1974
	Malissa Jamison - d. Jun 5, 1950; age 98y
	Mrs. Marion Louise Graves - b. Feb 11, 1939; d. Feb 16, 1994
	Bernice Cooke - b. 1923; d. 1989
	Shirley Cooke - b. 1956; d. 1994
	William C. Cooke - b. Dec 16, 1949; d. Sep 8, 1990
	Dasy Jones, b. 1884; d. 1947; age 63y
	John C. Dixon - b. 1895; d. 1958; age 63y
	Carrie Zenobia M. Cook - b. Jun 8, 1927; d. Jun 12, 1991
	Wilhelmenia Cook - b. 1912; d. 1995
	Shon L. Cooke, Sr. - b. Oct 16, 1976; d. Jul 5, 1995; US N
	Willie Mickle, Jr. - b. 1950; d. 1980; US A Sgt Vn
	Susie Mae Harrison - b. 1898; d. 1969
	Mr. Monroe Davis - b. 1894; d. 1970
	Mrs. Addie Davis - b. 1887; d. 1968
	Rasheed A. Robinson - b. Feb 27, 1996; d. Feb 27, 1996
	Cash Williams - d. Nov 24, 1969
	Rickey T. Taylor - b. Jun 25, 1965; d. Jun 5, 1980
(s)	James D. Williams - b. Mar 28, 1974; d. Oct 7, 1988
	Ollie Mae Williams - d. Jun ____; age 39y
	Priscilla Williams - b. Jun 8, 1950; d. Jun 17, 1950
	Jannie McDonald - b. Jul 25, 1881; d. Sep 9, 1954
(m)	Nelson McDonald - b. May 2, 1879; d. Feb 15, 1956

(s)
(f)

Mildred Williams - b. Jan 24, 1948; d. Feb 24, 1963
Noney Whitaker - b. May 28, 1899; d. Dec 25, 1906
Tommie Williams - b. Feb 14, 1917; d. ____
Josephine M. Williams - b. Mar 7, 1919; d. Dec 15, 1992
Mose Roseboruogh - b. 1898; d. 1960
Nora McDonald - b. 1850; d. Mar 20, 1946
Gene Gibbs - b. 1937; d. 1961
Dock James Gibbs - b. Dec 24, 1918; d. Nov 11, 1958
Garfield McDonald - b. Jun 22, 1897; d. Dec 12, 1947
Wilbert Gibbs - b. Apr 22, 1921; d. Nov 23, 1973; SC Tec 5 US A WWII
Diane H. Canzater - b. Jul 20, 1961; d. Feb 19, 1987; age 25y
Ophelia J. Hudson - b. Jul 11, 1925; d. Jun 7, 1986
Elouise H. Johnson - b. Mar 26, 1947; d. May 2, 1977
Macie Harris - d. Nov 2, 1943; age 65y
Lottie M. McCants - b. Jan 27, 1893; d. Jul 7, 1973*
Arthur McCants - b. Mar 3, 1895; d. Feb 1, 1944*
Kizzie Cloud - b. Oct 6, 1872; d. Nov 8, 1931*
D.M. Cloud - b. Mar 1869; d. Mar 30, 1932*
C.B. Canzater - d. Nov 2, 1947; age 40y
Arlene Richardson - b. 1953; d. 1991
Francisca Hudson - b. 1990; d. 1990

68. **Sharp #1 Graves**: At 1825 Lorick Rd across from the Spearman Barbeque House, Columbia, SC. Sep 18, 1998

M.A. Sharp - d. Mar 1, 1868; age 35y 9m 15d; (w) of U.R. Sharp
Marcissus J. Sharp - b. Dec 14, 1850; d. Aug 11, 1857
Ann Louise Sharp - no dates; age 5w; (inf) of L.T. & C.M. Sharp

69. **Sharp #2 Cemetery**: At the corner of Sharp Rd and Jodo Rd, Columbia, SC. Sep 18, 1998

Henry Faust - d. Nov 30, 1823
Agnes Faust - d. Jul 30, 1876
Jacob Henry Sharp - b. 1871; d. 1945*
Marie Esie Newman Sharp - b. 1893; d. 1939*
Roland C. Frazee - b. Dec 10, 1920; d. Mar 6, 1969; SC Pvt FA Regl Tng Ctr WWII
Helen Sharpe Frazee - b. Mar 29, 1924; d. May 4, 1991
Elbert Eudwig Sharpe, Jr. - b. Jun 12, 1927; d. Jan 18, 1988
Spivey - d. Jan 30, 1921; (inf) of Mr. & Mrs. W.F. Spivey
Thomas Scalwell Helms - b. Nov 26, 1847; d. Oct 17, 1911
Beadie A. Helms - b. Jun 16, 1854; d. Oct 27, 1904
Sarah C. Faust - b. Sep 25, 1858; d. Jun 9, 1933; (w) of George W. Sharpe
George W. Sharpe - b. Dec 27, 1843; d. Aug 15, 1926
Curtis Lewis Sharpe - b. Sep 26, 1917; d. Nov 11, 1985; US N WWII

Fletcher S. Sharpe - b. 1907; d. 1968
Eula Sharpe Lewis - b. Mar 4, 1904; d. Jun 22, 1964
Archie Drayton Lewis - b. Apr 19, 1900; d. May 5, 1957
Douglas McKay Sharpe - b. Nov 7, 1877; d. Feb 7, 1929
Elizabeth L. Sharpe - b. May 25, 1886; d. Apr 1, 1933*
Eugene W. Sharpe - b. Feb 1, 1922; d. Mar 15, 1939*
Elbert L. Sharpe - b. Mar 2, 1882; d. Dec 22, 1948*
Fletcher S. Sharpe - b. Jul 21, 1880; d. Dec 11, 1905
Sandra Dawkin Harwell - d. Nov 13, 1991; age 44y
(f) Jonathan O. Harwell - b. Aug 20, 1949; d. ____ *
(m) Sandra D. Harwell - b. May 2, 1947; d. Nov 13, 1991*
Elizabeth Sharpe Hutchison - b. Feb 12, 1934; d. Sep 30, 1980
Sarah Helen Scoggins - b. 1998; d. 1998
William T. Sharpe - b. Jul 8, 1927; d. Jun 29, 1991; PFC US A WWII

70. **Spears Creek Baptist Church Cemetery**: On Spears Creek Church Ln near the corner of Spears Creek Church Rd, Pontiac, SC. Jun 28, 1999

Albert Thomas Coleman - b. Nov 16, 1911; d. Jun 25, 1934; (s) of Mr. & Mrs. Adam T. Coleman
Adam Thomas Coleman - b. Apr 25, 1881; d. Feb 4, 1936
(m) Annie Dennis Coleman - b. Jun 24, 1882; d. Jan 27, 1960
Ethel L. Dailey - b. Jun 15, 1909; d. Mar 24, 1973*
Walter H. Dailey - b. Jun 10, 1904; d. May 10, 1984*
Ellen Strickland - b. 1855; d. 1936; (w) of T.C. Griffin
T.C. Griffin - b. Oct 23, 1860; d. Aug 23, 1922; age 52y
Mary Adline Griffin - no dates; age 40y; (w) of T.C. Griffin
Victoria E. Griffin - d. Jun 11, 1909; age 46y
J. Gary "Jake" Jacobs - b. Mar 11, 1895; d. Jan 25, 1960
Luther L. "Luke" Lewis - b. Jun 6, 1883; d. Nov 22, 1943*
Myrtis Bowers Lewis - b. Apr 25, 1899; d. ____ Nobly ne Fell*
James Griffin - b. 1889; d. 1914; watered river flood Dec 6, 1914
Nancy Coleman - b. Dec 14, 1903; d. Apr 11, 1906; (d) of Willie & Florence M. Coleman
Florence M. Coleman - b. Oct 30, 1884; d. Jan 7, 1906
Talmadge Ellisor - b. Feb 16, 1918; d. Feb 17, 1930; (s) of J.W. & Nezzie Ellisor
Mary Ellisor - b. Mar 16, 1876; d. Mar 13, 1916; (w) of J.W. Ellisor
Emma Elizabeth Coleman - b. Nov 26, 1871; d. Jul 26, 1903; (d) of E.C. & Laura Coleman
Earnest Rush - d. Dec 24, 1901; age 7w
Ensley Rush - d. Mar 6, 1902; age 4m
Isaac Medlin, Sr. - d. Jul 5, 1895; age 81y; gone but not forgotten by Isaac Medlin, Jr.
Mary A. Medlin - d. Aug 1913; age 97y; gone but not forgotten by Isaac Medlin, Jr.

	Lula M. Meetze - d. Jun 27, 1919; age 40y
(inf)	Medlin - no dates; (s) of Jacob & Rhoda Medlin
(inf)	Medlin - no dates; (d) of Jacob & Rhoda Medlin
(m)	Rhoda Medlin - b. Jun 15, 1853; d. May 11, 1926
(f)	Jacob Medlin - b. Jan 16, 1850; d. Aug 6, 1917
(inf)	Paulling - d. Mar 15, 1921; (d) of Mr. & Mrs. C.P. Paulling
	Marvin Medlin - b. Apr 5, 1922; d. Mar 17, 1944
	Louis Bicle Medlin - d. Dec 10, 1928; age 5y
	Jacob N. Medlin - d. Nov 11, 1920; age 11d; (s) of B.T. & Dellia R. Medlin*
	Isaac C. Medlin - d. Nov 15, 1920; age 4d; (s) of B.T. & Dellia R. Medlin*
	Drucilla Long - b. Jan 12, 1873; d. Aug 14, 1914; (d) of Jacob & Rhoda Medlin
	Gerry E. Long - b. Apr 30, 1891; d. Jun 16, 1891; (s) of Mrs. H.N. Long
	B.T. Medlin - b. Dec 6, 1887; d. Jan 2, 1954*
	Dellia R. Wooten Medlin - b. Jun 27, 1893; d. Mar 23, 1954*
	Alice Wooten Medlin - b. Jun 27, 1900; d. May 7, 1969
(u)	Logan Medlin - b. Jan 5, 1902; d. Dec 8, 1959
	Elizabeth Medlin - b. Jul 14, 1862; d. Aug 30, 1927
	J.T. Medlin - b. Aug 28, 1918; d. Dec 7, 1918; (s) of Ryan T. & Lillie J. Medlin
(inf)	Medlin - no dates; (d) of Ryan T. & Lillie J. Medlin
(inf)	Medlin - no dates; (s) of B.T. & Dellia R. Medlin
	Doris Medlin - b. Nov 13, 1926; d. Jun 11, 1938
	Mrs. Lillie Jacobs Medlin - b. Feb 20, 1896; d. Mar 13, 1939
(f)	Ryan Tillman Medlin - b. Dec 16, 1889; d. Aug 6, 1959; WOW
	Mrs. Bertha Medlin Hedgepath - b. Feb 24, 1881; d. Nov 26, 1939
	Beulah Bell Medlin Pate - b. Oct 30, 1884; d. Oct 5, 1933*
	L.L. Plate - b. Sep 22, 1891; d. _____ *
	William Robert Lannier - b. Nov 2, 1872; d. Dec 3, 1935; WOW*
	Charlotte Medlin Lannier - b. May 16, 1881; d. Apr 29, 1956; WOW*
	Alaska Voyles Medlin - b. Apr 21, 1898; d. Jun 6, 1969
	Mrs. Ellen M. Cortez - b. 1921; d. 1989
	Raymond Cortez - b. 1922; d. 1988
	Julin L. "Greasy" Medlin - b. Sep 18, 1910; d. Jul 15, 1982
(f)	Leonard Medlin - b. 1870; d. 1954*
(m)	Eliza Medlin - b. 1877; d. 1955*
	Sally Raines - b. Jun 7, 1884; d. Jun 15, 1952
	Martha Haines - b. Jan 6, 1856; d. Jan 20, 1908; (w) of J.A. Haines
	Vida May Coward - b. Jul 10, 1907; d. Jul 29, 1908; (d) of J.S. & M.L. Coward
	M. Lottie Jacobs - b. May 24, 1893; d. Aug 31, 1899; (d) of W.D. & S.B. Jacobs

Leslie E. Jacobs - b. May 20, 1901; d. Jun 11, 1901; (s) of W.D. & S.B. Jacobs
Mazie Sams - b. Feb 18, 1903; d. Jun 20, 1903; (d) of Rob & Mattie Sams
Earl Jacobs - b. Apr 20, 1903; d. Dec 21, 1903; (s) of W.D. & S.B. Jacobs
Gilbert Jacobs - d. Aug 11, 1906; (s) of W.D. & S.B. Jacobs
(inf) Coward - d. Nov 28, 1908; (s) of J.S. & M.L. Coward
(rev) M.D. Jacobs - b. Sep 29, 1908; d. Jan 4, 1900
Jane Jacobs - b. 1814; d. Sep 5, 1911
(m) Kirby L. Jacobs - b. Jul 19, 1894; d. Jan 27, 1926
(m) Rebecca "Pet" Jacobs - b. Dec 7, 1865; d. Apr 24, 1949; (d) of (rev) Meredith Jacobs; (w) of Lawrence S. Jacobs
Redden Bejuany - b. Dec 1, 1801; d. Nov 11, 1883; age 81y
Martin Medlin - b. Oct 14, 1896; d. Feb 1898
Polly Ann Medlin - b. 1888; d. 1893
Nezzie Jacobs - b. Jun 16, 1889; d. Nov 6, 1913; (w) of C.J. Jacobs
(m) Margreat Medlin - d. Apr 3, 1924; age 70y
(f) Calvin Medlin - d. Jun 6, 1925; age 65y
Emma Lopez Mursuli - b. Jan 8, 1889; d. Oct 9, 1972
Vincente A. Mursuli - b. 1894; d. 1982
Paula Cole - b. 1926; d. 1988*
Irvin F. Cole - b. Dec 1, 1932; d. Dec 13, 1987; SFC US A Vn*
Daniel Drayton Moak - b. Jun 20, 1972; d. Jun 24, 1972
(m) Hazel Van Pelt Coleman - b. Mar 17, 1922; d. Feb 27, 1999; mar Oct 5, 1940*
Raiford "Pee Wee" Coleman - b. Jul 6, 1917; d. Dec 23, 1994*
(gm) Plumie Coleman Rose - b. Mar 22, 1921; d. Dec 5, 1987; mar Dec 5, 1948*
Coley English Rose - b. Jul 17, 1923; d. ____*
Cornelia Barefoot - b. May 19, 1889; d. Oct 18, 1918
Minnie Barefoot - b. Sep 16, 1891; d. Jul 6, 1957
(m) Fannie Mae Ellisor - b. Jun 3, 1912; d. Jun 30, 1944*
(f) Roger W. Ellisor - b. Jan 19, 1910; d. May 26, 1991*
Donna Gail Leonard - b. Sep 27, 1952; d. Nov 29, 1975; (w) of Robin Leonard; (gd) of Roger Ellisor
Elizabeth Barefoot - b. Feb 13, 1858; d. Aug 2, 1924; (w) of J.T. Barefoot
Linda Faye Gladden - b. Aug 11, 1950; d. Oct 27, 1950
John J. Dial - no dates*
Lane E. Dial - no dates*
Jennie Dial - b. Jan 2,1876; d. Sep 9, 1896; (d) of John J. & Lane E. Dial
(inf) Dial - b. 1894; (s) of John J. & Lane E. Dial
Gladys G. Dunn - b. Sep 9, 1895; d. Oct 31, 1926

(m) Alfonso Martin Dunn - b. Mar 5, 1904; d. Jun 10, 1924; (s) of Mr. & Mrs. J.W. Dunn
(m) Flephair Martin - b. Oct 20, 1838; d. Jul 29, 1930; (w) of Jesse Allen Martin
Jesse Allen Martin - b. Dec 23, 1845; d. Mar 7, 1905; age 60y
Hester Victoria Dunn - b. Nov 4, 1871; d. May 25, 1939
J.W. Dunn - b. Feb 5, 1866; d. May 21, 1939
(f) Whitman T. Martin - b. Sep 20, 1900; d. Feb 14, 1965
Willie H. Martin - b. Feb 26, 1868; d. Dec 26, 1921
Laura Coleman - b. Apr 25, 1843; d. Dec 26, 1906; age 63y; (w) of E.C. Coleman
E.C. Coleman - d. Apr 21, 1912; age 72y
Sarah Ann Dennis - b. Sep 26, 1879; d. Feb 28, 1959
Melton J. Dennis - b. Nov 5, 1877; d. Aug 19, 1949
Edna Almead Sharpe Dennis - b. Mar 18, 1920; d. Jun 10, 1949; (w) of Welch M. Dennis
Rose Anna Carter - d. Jan 14, 1920; age 4y
(f) James P. Rush - b. Apr 15, 1873; d. Apr 24, 958*
(m) Rose Anna Rush - b. Nov 26, 1870; d. Aug 6, 1949*
Duase Medlin - d. Oct 15, 1919; age 18m
James Rush - d. Jan 6, 1915; age 18m
(m) Lillie Medlin Hornsby - b. Nov 28, 1913; d. Jan 14, 1981*
Roy "Chuck" Hornsby - b. Jan 4, 1902; d. Feb 26, 1967*
Florence Medlin - b. Aug 3, 1884; d. Oct 21, 1956*
Cleveland R. Medlin - b. Oct 6, 1887; d. Aug 10, 1950*
Berch Medlin - b. Jun 5, 1916; d. Sep 7, 1939; (s) of Mr. & Mrs. Cleveland R. Medlin
Earnest Medlin - d. Aug 31, 1928; age 16y
Willie Medlin - d. 1916; age 15d
Medlin - d. 1910; (inf) of C.R. & Florence Medlin
Willie Lovette - b. Aug 1, 1909; d. Jan 6, 1923; (s) of C. & L. Lovette
Philips Lovette - b. Sep 5, 1910; d. Apr 19, 1925; (s) of C. & L. Lovette
Lillie V. Lovette - d. Apr 5, 1922; age 8y; (d) of C. & L. Lovette
Clyde Lovette - b. Sep 27, 1917; d. Mar 3, 1922; (s) of C. & L. Lovette
H. Lester Medlin - b. Mar 12, 1910; d. Jun 9, 1910
Rhoda M. Hammond - b. 1888; d. 1968*
Charlie D. Hammond - b. 1882; d. 1959*
Frances Strickland Hammond - Feb 1924; only date
Preston Hammond - b. 1861; d. Jun 25, 1914
Alice Hammond - no dates
Chesley V. Medlin - b. Nov 26, 1874; d. May 3, 1972*
(m) Sallie Boatwright Medlin - b. Nov 9, 1872; d. Jul 30, 1934*
Arthur C. Medlin - b. Sep 8, 1906; d. Aug 22, 1930
Ophelia M. Medlin - b. 1919; d. 1957*
Dalton E. Medlin - b. 1915; d. _____ *

	Lucious E. Walker - b. Sep 8, 1903; d. Jun 14, 1963*
	Nannie Walker - b. Jan 10, 1905; d. May 27, 1977*
	Cheryl Lee McKinney - b. Mar 8, 1960; d. Dec 30, 1960
	Lawrence Vernon Brazell - b. Jan 31, 1948; d. Apr 26, 1948; (gs) of Mr. & Mrs. Vernon Brazell
	Christine M. Wilson - b. Jun 2, 1937; d. Aug 15, 1996
	Thurman Medlin - Jun 12, 1938; only date
	Laura Hurmon Medlin - Jun 15, 1938; only date
(b)	James H. Medlin - b. Aug 29, 1930; d. Dec 20, 1991
(f)	Thurmond E. Medlin - b. Aug 8, 1898; d. Dec 23, 1937*
(m)	Laura C. Medlin - b. Dec 28, 1902; d. Aug 22, 1974*
	Katie Cornelias Medlin - b. Jun 12, 1925; d. Sep 5, 1925; (d) of Thurmond E. & Laura C. Medlin
	Willice Wubert Medlin - b. Aug 28, 1926; d. Jan 13, 1927; (s) of Thurmond E. & Laura C. Medlin
(m)	Eula J. Coleman - b. Nov 7, 1884; d. Jul 7, 1963*
(f)	W.C. Coleman - b. Apr 4, 1875; d. Oct 28, 1930*
(h)	Ensley "Coot" Coleman - b. Oct 16, 1913; d. Nov 13, 1977*
(w)	Ruby P. Coleman - b. Oct 2, 1920; d. ____*
	Joseph E. Coleman - b. Feb 21, 1900; d. Feb 7, 1937
(d)	Nellie Coleman Moore - b. Jun 11, 1919; d. Jan 31, 1991
(inf)	Coleman - b. Oct 2, 1941; d. Oct 3, 1941; (s) of Willie & Annette J. Coleman
	Willie "Tommy" Coleman - b. Jul 1, 1915; d. May 5, 1968; US Amer Legion marker*
	Annette Jacobs Coleman - b. May 22, 1925; d. ____*
	James Franklin Barton - b. Sep 10, 1919; d. Apr 24, 1997; Tec 4 US A WWII
	Haston R. Reynolds - b. Mar 26, 1888; d. Feb 20, 1938
(s)	English J. Reynolds - b. May 5, 1913; d. Oct 24, 1972
(b)	Willie Lee Peake - b. Dec 21, 1929; d. Aug 12, 1957
	Daniel Peake - b. Nov 8, 1918; d. Mar 25, 1990; US N WWII
	Pearl Higgins Wilkes - b. May 17, 1912; d. Sep 9, 1953*
(inf)	Austin Lanny Wilkes - b. Jan 20, 1892; d. Aug 26, 1959; (s) of Austin & Pearl Wilkes*
	Fannie Mae Shelton Ford - b. May 23, 1932; d. Sep 9, 1951*
	Dianne Ford - b. Oct 6, 1948; d. Sep 9, 1951*
	Mattie Hammond Ford - b. Jun 28, 1886; d. Nov 3, 1955
	John W. Ford - b. Jul 18, 1876; d. Jun 29, 1951
(w)	Mary M. Ford - b. Apr 30, 1930; d. Sep 10, 1988*
(h)	Lester T. Ford - b. Apr 21, 1920; d. ____*
	Ollie Ellisor Brazell - b. Nov 11, 1905; d. Jan 8, 1950
	Nezzie H. Ellisor - b. Apr 23, 1898; d. ____*
	John W. Ellisor - b. Feb 17, 1875; d. May 9, 1951*
	Polly Ann Griffin - b. Dec 9, 1856; d. Nov 27, 1943
	Mary Griffin Blanton - b. Oct 23, 1885; d. Sep 11, 1958

	Fredna Shannon Davis - b. Sep 9, 1920; d. Jun 8, 1949
	Wilbert C. Craig - b. Feb 22, 1932; d. Oct 7, 1938
(f)	Woodrow T. "Slick" Medlin - b. Jun 20, 1916; d. Aug 7, 1971*
(m)	Cora B. "Sister" Medlin - b. Jul 9, 1922; d. ____ *
(inf)	Medlin - b. 1947; d. 1947; (s) of Woodrow T. & Cora B. Medlin
	Charlie Medlin - b. May 13, 1883; d. Jun 17, 1933
	Hattie G. Medlin - b. Nov 1, 1886; d. Feb 18, 1964
	Leroy Brazell, Jr. - b. Feb 22, 1962; d. Apr 11, 1968; (s) of Leroy & Evelyn Brazell
	Carrie S. Medlin - b. 1881; d. 1955
	George R. Medlin - b. Oct 22, 1872; d. Jan 14, 1936
(m)	Linda V. Hammond - b. May 31, 1951; d. Apr 12, 1989
(m)	Elsie Mae Goodson Marshall - b. May 30, 1907; d. Jun 3, 1991
(f)	Curtis W. Hammond - b. Aug 30, 1919; d. Aug 30, 1970*
(m)	Jane E. Hammond - b. Feb 2, 1927; d. ____ *
	David H. Medlin - d. Jul 24, 1949; age 72
(inf)	Hammond - no dates; (s)
(inf)	Hammond - no dates; (s) of Charlie & Rhoda Hammond
	Jerome A. Lovett - b. Jul 20, 1908; d. Sep 30, 1980
	Leila Lovett Griffin - b. Oct 7, 1888; d. Jul 2, 1972
	Clarence Moody Lovett - b. Dec 3, 1880; d. Apr 22, 1936
(f)	Earl J. Jacobs - b. Jul 11, 1904; d. Sep 2, 1976*
(m)	Evetta J. Jacobs - b. Sep 1, 1901; d. Aug 2, 1992*
	Eloise Gaynell Jacobs - b. Feb 11, 1927; d. Apr 15, 1986
	Missouri Ford - b. Mar 23, 1880; d. Sep 11, 1947
(f)	Joe "Tommy" Youngblood - b. Jul 21, 1923; d. Feb 17, 1987*
(m)	Milwee Medlin Youngblood - b. Jan 20, 1923; d. May 27, 1980*
(f)	James J. Jacobs - b. Mar 24, 1893; d. Nov 2, 1976*
(m)	Ola M. Jacobs - b. Mar 31, 1896; d. Feb 19, 1983*
	J.H. Jacobs - b. 1860; d. 1923
	Alice Jacobs - b. Oct 6, 1872; d. Dec 22, 1924
	Sarah E. Maxey - b. May 30, 1865; d. Mar 22, 1936
	Pearl Jacobs - b. Jan 11, 1906; d. Apr 15, 1928; (w) of I.J. Jacobs
	Sherri Lynne Medlin - d. 1962
(m)	Nora Brazell - b. 1906; d. 1989*
(f)	B.B. Brazell - b. 1901; d. 1983; Mr. Birg*
	Albert Brazell - b. Oct 7, 1936; d. Jan 8, 1937
	Moses Brazell - b. Nov 5, 1922; d. Jul 17, 1941
(h)	J. Lonnie Peak - b. Mar 10, 1909; d. ____ *
(w)	Marie Brazell Peak - b. Mar 30, 1914; d. Jun 9, 1991*
	Aaron D. Neeley - b. May 7, 1897; d. Aug 4, 1962; SC Pvt Med Station Com WWII
	Jack K. Davis - b. Dec 24, 1929; d. Mar 18, 1950; WOW
(m)	Katie M. Davis - b. Oct 20, 1897; d. Sep 26, 1950
(f)	David Samuel Davis - b. Feb 28, 1892; d. Apr 8, 1952

	William V. Davis - b. Jun 25, 1919; d. Feb 21, 1960; SC Tec 5 Svc Co 314 Inf Regt WWII
	James E. Shannon - b. 1912; d. 1974
(m)	Alice R. Shannon - b. 1923; d. 1989
	Walter T. "Shug" Shannon - b. Nov 20, 1923; d. Oct 24, 1977
(d)	Debra E. Livingston - b. Oct 21, 1957; d. Jan 7, 1958
	Adam W. Ellison - b. Sep 27, 1901; d. Sep 11, 1953
	Thomas James Dabbs - b. Feb 9, 1934; d. Jun 11, 1934; (s) of (rev) & Mrs. L.M. Dabbs
	Vaden Coleman - b. May 17, 1896; d. Dec 19, 1934
	Nancy (Coleman) Turkett - b. 1870; d. 1944
	Carolyn B. Sanders - b. Mar 5, 1934; d. Jan 12, 1951
	John H. Sanders - b. Feb 17, 1926; d. Dec 28, 1926
	Mary C. Sanders - b. Jan 1, 1931; d. Aug 2, 1931
	Leroy B. Sanders - b. Dec 9, 1929; d. Mar 15, 1946
	John F. Sanders - b. May 19, 1887; d. Dec 13, 1951
	Heneretta G. Sanders - b. Apr 15, 1898; d. Feb 11, 1919
(b)	James A. Sanders - b. Oct 26, 1878; d. Mar 18, 1950
	Sammy Tilton Sanders - b. Oct 12, 1942; d. Jun 10, 1958
	John Fletcher - b. Aug 20, 1937; d. Oct 16, 1961
	Etta Brazell - b. Jul 5, 1895; d. Jul 14, 1977
(f)	Tillman Addison Brazell - b. Dec 25, 1888; d. Mar 8, 1972*
(m)	Irene Miller Brazell - b. Dec 22, 1911; d. 1979*
	Ella Fair Brazell - b. Jun 20, 1887; d. Jul 31, 1929
	Otis Brazell - d. Jan 30, 1920; age 3m
	Archie Brazell - d. Mar 9, 1918; age 10m
(inf's)	Dennis - no dates; (s's) & (d's) of Sarah A. & Melton J. Dennis
	W.D. Grigsby, Jr. - b. 1982; d. 1982
	Misty Dawn Ariail - b. May 19, 1971; d. Sep 28, 1971
	Lula Dennis - d. May 6, 1912; (d) of R.I. & S.M. Dennis
(f)	George Mallich Elkins - b. Dec 14, 1920; d. Jan 2, 1986; US A WWII*
(m)	Lilly Doris Martin Elkins - b. 1929; d. ____; (w) of George Mallich Elkins*
	Ollie Beatric H. Martin - b. Nov 16, 1904; d. Aug 4, 1974
(m)	Amanda Dabbs - b. Mar 20, 1842; d. Jul 6, 1910
(f)	Jesse P. Dabbs - b. Jun 6, 1873; d. May 29, 1949
	Fannie Rebecca Dabbs - b. Sep 28, 1874; d. Nov 15, 1914; (w) of Jesse P. Dabbs
	Florie Dabbs - b. Mar 3, 1898; d. Sep 4, 1910; (d) of Mr. & Mrs. Jessie P. Dabbs
	J.W. Jacobs - d. Oct 29, 1911; (s) of J.W. & Cussie Jacobs
	Proctor A. Smith, Jr. - b. Jan 21, 1941; d. Aug 2, 1987*
(w)	Rachel A. Elkins - b. Feb 26, 1956; d. ____; parents of Amy*
	Helen J. Nowacki - b. Dec 15, 1913; d. Jan 7, 1990
	William D. Ellisor - b. Aug 21, 1919; d. ____

	Josephine Boustania Ellisor - b. Jul 24, 1922; d. Jan 2, 1966; (w) of William D. Ellisor
	Emma Ann Ellisaw - b. Jan 1, 1903; d. Mar 8, 1905; (d) of H.L. & M. Ellisaw
(m)	Mary Suzanne Ellisor - b. Dec 26, 1887; d. Mar 6, 1932*
(f)	Henry Lee Ellisor - b. Jun 10, 1882; d. Jul 22, 1949*
(h)	Chives Lee Ellisor - b. Oct 6, 1913; d. ____ *
(w)	Marie Medlin Ellisor - b. Feb 12, 1913; d. Jul 17, 1991*
	George A. Davis - b. Jan 3, 1882; d. Nov 17, 1937*
	Cornelia Davis - b. 1885; d. May 6, 1922*
	George W. Davis - b. 1918; d. 1950
(s)	J.H. "Jimmy" Tucker - b. Jan 7, 1958; d. Apr 13, 1967
(f)	Howell Joe Jeffers - b. Jul 25, 1914; d. ____ *
(m)	Ruth Goff Jeffers - b. Mar 13, 1918; d. ____ *
	Terrie Roper Starling - b. 1953; d. 1998
	Albert Blackwell - b. Jul 7, 1930; d. Dec 19, 1993; TSgt USAF Vn
	Lindy L. Wardford - b. Sep 12, 1900; d. Mar 28, 1974
	Thomas E. Ford - b. Apr 16, 1936; d. Mar 10, 1937
	Jessie W. Ford - b. Aug 11, 1896; d. Jul 21, 1897
	Simon E. Ford - b. Jul 3, 1892; d. Aug 3, 1892
	Sallie Ford - b. 1872; d. 1923
	Matilda "Tillie" Trogdon - b. Dec 17, 1902; d. Dec 8, 1957
(inf)	Corley - no dates; (s) of J.F. & Irene Corley
	John H. Jacobs - b. Dec 5, 1875; d. Jul 12, 1876*
	Alice M. Jacobs - b. Apr 14, 1858; d. Jul 12, 1895*
	Pleasant J. Jacobs - b. Feb 26, 1853; d. Apr 11, 1935*
	Janie C. Jacobs - b. Nov 5, 1868; d. Apr 21, 1950*
	Tommie F. Scott - b. Jan 27, 1940; d. Oct 2, 1940
	Annette Lyles - b. Nov 9, 1965; d. Aug 4, 1967
(inf)	Beck - d. Jun 20, 1953; (s) of Noah & Josephine Beck
	Gay Nell Medlin - b. Feb 19, 1923; d. Sep 16, 1956
	Heyward T. Medlin - b. 1909; d. 1988
(f)	Willie E. Medlin - b. Jan 24, 1868; d. Sep 11, 1939*
	Mary J. Medlin - b. Mar 1, 1873; d. Nov 10, 1952*
(f)	Paul Torrence - b. Nov 5, 1905; d. Sep 29, 1965*
(m)	Ethel M. Torrence - b. Jan 21, 1907; d. Oct 16, 1985*
(f)	Ernest B. Medlin - b. Apr 2, 1915; d. Jun 30, 1983*
(m)	Etaw C. Medlin - b. Nov 28, 1918; d. ____ *
	Dewey Austin Johns - b. 1910; d. 1999
	Mary Elizabeth Helton - b. 1947; d. 1996
(f)	Colie R. Coleman - b. Oct 3, 1941; d. Sep 23, 1988*
(m)	Pauline Peake Coleman - b. Jul 30, 1949; d. ____ *
(f)	Jack L. Medlin - b. Jul 21, 1923; d. Jun 11, 1982*
(m)	Dorothy N. "Dot" Medlin - b. Aug 31, 1928; d. ____ *
	Minnie B_____, b. 1891; d. 1957
	Bessie Jacobs - b. Aug 19, 1883; d. Jul 30, 1885

Owen Gregor Jacobs - b. Oct 1, 1881; d. Jul 27, 1882; (s) of Laurence & Rebecca Jacobs
Nancy B. Dial - b. Dec 2, 1882; d. ____; (d) of John J. & Lane E. Dial
Mary Jane Dial - b. Dec 31, 1869; d. ____; (d) of John J. & Lane E. Dial
W.A. Jacobs - b. Oct 31, 1888; d. Jul 1889; (s) of W.P. & M.A. Jacobs
Johnnie Jacobs - b. Jul 188_; d. Mar 9, 18_; (s) of W.P. & M.A. Jacobs
H. Green Brazell - b. Apr 23, 1866; d. ____*
Caroline M. Brazell - b. Feb 25, 1871; d. Oct 28, 1939*
Laury Brazell - b. Sep 25, 1899; d. Aug 30, 1956; SC Pvt Trp C 1 Cav WWI
Miriam I. Brazell - b. Apr 1, 1956; d. Dec 26, 1956

(f) James Elmore Jacobs - b. 1864; d. 1914*
(m) Geneva G. Jacobs - b. 1877; d. 1951*

Jessie E. Miles - b. Aug 30, 1881; d. Jun 6, ____; (d) of John W. & Henrietta Miles
George Washington Myers - b. Feb 8, 1870; d. Jul 29, 1871; (s) of Nathan & Rebecca Myers
John C. Tucker - b. May 5, 1834; d. Sep 4, 1890; age 55y
Ida L. Moore - b. 1885; d. 1946

(m) Mattie E. Coward - b. Mar 16, 1883; d. Mar 9, 1939*
(f) Jasper S. Coward - b. Oct 10, 1881; d. Aug 30, 1945*

Viola Jennings - b. 1896; d. 1939
Ollie Mae Jennings Swygert - b. 1919; d. 1942
Mary V. Blizzard Simpson - b. Feb 26, 1869; d. Jun 5, 1939
Elizabeth Blizzard - b. Aug 24, 1845; d. Dec 13, 1926
Elizabeth Martin - b. Nov 16, 1825; d. Aug 11, 1911; (w) of William Martin
William Martin - b. Oct 25, 1813; d. Jun 26, 1884
Wesley Jacobs - b. Dec 1, 1859; d. Oct 4, 1924
Sarah B. Jacobs - b. May 3, 1866; d. Oct 19, 1901
R. Anna Braziel - b. Dec 17, 1858; d. Sep 29, 1892; aged 33y 3m 12d
Lillian R. Dabbs - b. May 20, 1901; d. Nov 1, 1957
James Marion Dabbs - b. Mar 19, 1923; d. Apr 27, 1981; SSgt USAF
Bertha Vermal Dabbs - b. Dec 13, 1928; d. Apr 2, 1996
Nettie S. Jacobs - b. Jan 1, 1891; d. Aug 3, 1909; (d) of W.D. & S.U. Jacobs
Charles Ray Lee, Jr. - b. 1972; d. 1977*

(f) Charles Ray Lee - b. 1945; d. 1977*
(gm) Kathleen Spires Lee - b. Mar 30, 1924; d. Oct 15, 1992
(s) Wayne D. Lee - b. Aug 20, 1946; d. Jul 16, 1973; Sr US N
(m) Ligena Delk Lee - b. Sep 26, 1915; d. Jun 14, 1968

Charles E. Lee - b. Oct 10, 1942; d. Jan 16, 1943
Adolph W. Delk - b. Oct 18, 1939; d. Oct 23, 1939

Nettie L. Delk - b. Aug 3, 1886; d. Dec 29, 1954*
Elijah D. Delk - b. Apr 28, 1870; d. Oct 23, 1934*
M.C. "Doc" Brown - b. May 20, 1915; d. Apr 30, 1986*
Lurline Delk Brown - b. Dec 10, 1917; d. ____*
Susan J. Cook - b. Oct 10, 1829; d. Jul 14, 1909; (w) of William W. Cook
William W. Cook - b. Jan 4, 1826; d. Jan 29, 1904
A.B. Cook - b. Jul 3, 1871; d. Jul 24, 1871; (s) of William W. & Susan J. Cook
William G. Cook - b. Jun 24, 1855; d. Dec 17, 1859; (s) of William W. & Susan J. Cook
Elefair Cook - d. Dec 1858; (d) of William W. & Susan J. Cook
Martha D. Cook - no dates; aged 3m; (d) of William W. & Susan J. Cook
T.G. Cook - d. Jun 27,1851; age 11m 26d; (s) of William W. & Susan J. Cook
Martha C. Miles - d. 1852

(m) Della Wages Lee - b. Nov 12, 1907; d. May 12, 1943
(inf) Cirmella - b. Jul 12, 1943; d. Jul 13, 1943; (s) of Joel & Eloise Cirmella

Eliza Kelley - d. May 8, 1925; age 75y; (w) of (rev) J.F. Kelley
Jeremiah Bethany - b. Jun 3, 1808; d. Dec 18, 1882
Rebecca A. Bethany - b. Aug 22, 1820; d. Dec 9, 1897; (w) of Jeremiah Bethany
Rebecca Miles - d. Jun 30, 186_; aged about 64y; (w) of Thomas Miles
Thomas Miles - d. May 3, 1852; aged about 86y
Annie L. Cooper Sloan - d. Apr 14, 1925; age 68y
J.G. Cooper - b. Jul 6, 1857; d. Dec 27, 1883; aged 26y
Frank Tucker - b. Feb 22, 1883; d. Aug 20, 1883; (s) of William T. & Mary A.E. Tucker
Mary Anne E. Tucker - b. Jun 18, 1852; d. May 12, 1883; (w) of William T. Tucker
Susan Cooper - b. Sep 30, 1824; d. Sep 6, 1861; (w) of Ford Cooper
B. Miles - d. 1838; aged 8m 28d; (s) of A.M. & R. Miles
Jesse S. Odom - d. 1853

(h) Howell Edward Jeffers - b. Sep 4, 1938; d. Feb 22, 1970*
(w) Nioaka Delk Jeffers - b. Dec 9, 1942; d. ____*

Elvin Delk - b. 1909; d. 1984

(f) George Walter Delk - b. Feb 29, 1912; d. Jul 4, 1979*
(m) Bertha Lee Delk - b. Jan 23, 1914; d. Mar 8, 1998*

Elizabeth Wallace - b. Jan 6, 1843; d. Mar 27, 1916
H.P. Wallace - b. May 15, 1840; d. Dec 25, 1912
William T. Jones - b. Nov 25, 1887; d. Jan 8, 1947

(f) James David J.D. Hammond - b. Feb 11, 1928; d. Oct 16, 1995*
(m) Carolyn June Hammond - b. Apr 2, 1932; d. ____*

J.W. Bonnett - b. Aug 15, 1910; d. Aug 23, 1954
Docia M. Bonnett - b. Jun 10, 1882; d. Jan 30, 1952
Judson E. Bonnett - b. Jun 27, 1879; d. Aug 11, 1943
Nettie Bonnett Hutchison - b. Nov 4, 1919; d. Sep 11, 1941
Emma Sanders Tucker - b. Feb 24, 1871; d. Jan 26, 1952; (w) of J.B. Tucker
Dewey W. Bonnett - b. Dec 28, 1921; d. Sep 30, 1943; SC Pvt 204 Qm Bn WWII
Riley P. Odom - b. Nov 15, 1867; d. Nov 20, 1919
Emma R. Odom - b. Apr 27, 1875; d. Apr 14, 1911
Catharine Lovett - b. 1862; d. Aug 18, 1934; aged 74y
Mattie L. Lovett - b. Oct 15, 1891; d. Feb 14, 1957
(f) Willie T. Lovett - b. Dec 3, 1880; d. Jan 2, 1962*
(m) Susie F. Lovett - b. Feb 11, 1885; d. Aug 31, 1954*
Curtis J. Lovett- b. Nov 9, 1914; d. Aug 14, 1986; Tec 4 US A WWII*
Annita Floyd Lovett - b. Aug 25, 1918; d. _____ *
Charlie N. Lovett - b. Aug 2, 1883; d. May 20, 1960
Robert A. Gulledge - b. Sep 30, 1967; d. Jun 8, 1998
Gwynn Gulledge - b. Jan 21, 1944; d. Apr 28, 1994
(m) Laura Annie Sloan - b. Aug 29, 1886; d. Mar 14, 1945
(m) Cora Lee Tanner Merrick - b. 1919; d. 1954
Vickie Lynn Williams - b. Mar 5, 1960; d. Mar 6, 1960
Charlie W. Medlin - b. Aug 4, 1896; d. Mar 4, 1962
Laura F. Medlin - b. Jul 16, 1901; d. Jan 13, 1989
(s) L. Edward Medlin - d. Mar 23, 1946
Ernestine B. Jacobs - b. Feb 4, 1934; d. _____
A.L. Jacobs - b. Dec 2, 1926; d. Mar 30, 1992
Duane A. Jacobs - b. Jun 18, 1952; d. Jul 22, 1969
Johnnie Reynolds - b. Dec 9, 1876; d. Jun 10, 1877
Lillie Sue Reynolds - b. Aug 14, 1879; d. Feb 26, 1880
Carrie Bell Reynolds - b. Oct 27, 1881; d. May 31, 1896
Minnie May Reynolds - b. Feb 26, 1878; d. Oct 26, 1897
(m) Katherine Reynolds - b. Jan 8, 1856; d. Nov 26, 1933*
(f) J.G. Reynolds - b. Mar 10, 1854; d. Mar 10, 1929*
Margaret J. Miles - b. Mar 5, 1840; d. Dec 4, 1924
Anna Miles - d. Dec 12, 1888; age 89y 5m 12d; (w) of Benjamin Miles
Betty Jo Cockrell - b. Jan 19, 1931; d. Mar 13, 1933; (d) of Mr. & Mrs. Joe B. Cockrell
(inf) Cockrell - d. Jul 4, 1928; (s) of Mr. & Mrs. Joe B. Cockrell
Benjamin Miles - b. Jun 12, 1796; d. Oct 22, 1872
Ann Thomas - b. Feb 27, 1829; d. Oct 3, 1865; (w) of Rennatus Thomas
Rennatus Thomas - b. Jul 30, 1832; d. Aug 16, 1863
Mary A. Miles - b. Mar 22, 1823; d. Mar 29, 1892; age 69y
Annie Lenora Feaster - b. May 25, 1885; d. Jun 1, 1885

	Lonzile Cooper - b. Dec 7, 1872; d. Jun 19, 1879; (s) of Clifford C. & Lenorah A. Cooper
	Norab Anna Cooper - b. May 1877; d. Jan 1885; (d) of Clifford C. & Lenorah A. Cooper
	Clifford C. Cooper - b. Nov 22, 1835; d. Jan 20, 1897; aged 62y
	Lenorah A. Cooper - b. Oct 20, 1836; d. Sep 29, 1899
	Walter Scott Cooper - b. Jul 9, 1861; d. Aug 11, 1902
	John G. Feaster - b. 1863; d. 1922
	Minnie L. Feaster - b. 1865; d. 1935
(f)	John E. Feaster - b. Sep 5, 1889; d. Jan 2, 1940
(m)	Mary Jeanette Baker - b. Dec 26, 1884; d. Oct 23, 1941
	Peggy V. Bryant Rush - b. Dec 7, 1927; d. Jan 2, 1947; (w) of J.R. Rush
(m)	Betty Jo Bryant McCormick - b. Aug 24, 1946; d. May 31, 1977
(m)	Annie F. Brazell - b. Dec 25, 1914; d. May 3, 1945
(m)	Ruby Lee Feaster - b. Feb 13, 1898; d. Jan 6, 1946
(w)	Juanita Feaster Taylor - b. Sep 21, 1929; d. Jan 31, 1974
(m)	Edna L. Bryant - b. Jul 10, 1910; d. Dec 19, 1981
(m)	Alberta F. Williams - b. 1908; d. 1957
(h)	John H. Frost - b. 1886; d. 1979*
(w)	Lillie F. Frost - b. 1887; d. 1963*
(f)	Charlie Moore - b. Jan 4, 1911; d. Mar 4, 1982*
(m)	Leah H. Moore - b. Apr 9, 1914; d. Jun 15, 1977*
	Therresa Douglas - b. Feb 20, 1900; d. Mar 7, 1958
	Melvin Purvis Brazell - b. Jul 10, 1939; d. Sep 12, 1989; US N
(m)	Sallie Lee Duke - b. Oct 28, 1901; d. Nov 21, 1986
	Ernest Carter - b. Jul 13, 1930; d. Feb 22, 1999*
	Evelyn W. Carter - b. May 14, 1934; d. _____ *
	Melvin Carter - b. Aug 18, 1920; d. Nov 18, 1990
	Lewis Carter - b. Apr 29, 1940; d. Sep 28, 1987
	Melanie Marie Caughman - b. Jan 8, 1975; d. Jun 28, 1976
(f)	Moses Lovett - b. Oct 1, 1852; d. Apr 17, 1930
(m)	Julia Ann Lovett - b. May 27, 1881; d. May 24, 1929; (w) of S.F. Lovett
	Sceley - no dates; (inf's) of C.W. & Cora Sceley
	Henrietta Hartin - b. Nov 18, 1871; d. Jul 26, 1912; (w) of Clarence Hartin
	Algaline Clarke - b. Apr 12, 1870; d. Jul 1, 1910; (w) of W.H. Clarke
	J.W. Powers, Jr. - b. Jul 19, 1876; d. May 10, 1907
(m)	Elizabeth Powers - b. Oct 3, 1849; d. Feb 14, 1911; (w) of John Wesley Powers
	John Wesley Powers - b. Nov 26, 1849; d. Jan 20, 1902
	Lillian May Powers - b. 1901; d. 1902
	R.R. Sceley - b. Jun 26, 1870; d. Jun 28, 1926
	Mary Sceley - b. Nov 7, 1874; d. Aug 27, 1909; (w) of R.R. Sceley

Elizabeth Sceley - b. Jan 5, 1835; d. Apr 27, 1906; (w) of William Frances Sceley
William Frances Sceley - b. Feb 11, 1846; d. May 23, 1936
W.J. Morrell - b. Oct 2, 1865; d. Apr 11, 1888; aged 22y
James Powers - d. 1904; aged 56y
Kizzah Powers - b. Feb 10, 1853; d. Apr 30, 1898
Allice Powers - no dates; (inf) of James & Kizzah Powers
Elula Brazell - b. Jan 24, 1880; d. Oct 3, 1911; (w) of V.S. Brazell
Jesse C. Dennis - b. 1867; d. 1923*
Adney Terry Dennis - b. 1879; d. 1966*
_____ Dennis - b. Aug 19, 1885; d. Sep 15, 1887; (d) of _____
Ornder Dennis - b. 18__; d. Oct 12, 1930
Robert H. Dennis - d. Jan 12, 1922; aged about 80y
James E. Dennis - b. Jun 9, 1874; d. Nov 6, 1902
A.M.M. - headstone broken up
Cora Nelson Sceley - b. Dec 8, 1888; d. Sep 29, 1962*
George W. Sceley - b. Sep 10, 1875; d. Aug 5, 1943*
Isabella Dials _____, b. 1905; d. Sep 25, 1907

(m) Elizabeth O. Medlin - b. Nov 27, 1908; d. Mar 16, 1981
Washington Medlin - b. Aug 6, 1868; d. Jan 20, 1938
Martha Medlin - b. Oct 15, 1831; d. Nov 1, 1917; age 86y
Andrew A. Medlin - b. Jun 5, 1863; d. Apr 17, 1933*
Christian S. Strickland Medlin - b. Feb 16, 1866; d. _____; (w) of Andrew A. Medlin*
Angeline Carter - b. Jul 30, 1866; d. Jan 25, 1938

(m) Lizzie Carter - b. Jan 1, 1901; d. Nov 28, 1985*
(f) J.C. Carter - b. Apr 29, 1893; d. Dec 5, 1962*
Talley Gent Carter - b. Oct 27, 1960; d. Nov 20, 1960
Woodrow Carter - b. Aug 22, 1921; d. Feb 26, 1976; PFC US A WWII
Brooke Nicole Brazell - b. Apr 5, 1989; d. Apr 6, 1989; (d) of Mr. & Mrs. Kenneth Brazell

(f) Jessie Brazell, Sr. - b. Jul 25, 1911; d. Feb 20, 1974*
(m) Louvenia C. Brazell - b. Jul 20, 1911; d. Sep 21, 1986*
Jessie Brazell, Jr. - b. May 18, 1944; d. Jan 26, 1946
Henry O. Coleman - b. Apr 4, 1876; d. Jul 1, 1944
Minnie Jacobs Coleman - b. Jun 8, 1893; d. May 9, 1931; (w) of Henry O. Coleman
Thomas Woodard Bishop - b. Jun 2, 1856; d. Jan 17, 1930
Mattie Jacobs - b. Jan 1, 1893; d. May 26, 1914; (w) of Clarence Jacobs
Clarence Jacobs - b. Sep 5, 1876; d. Oct 31, 1928
Agnes Jacobs - b. May 18, 1877; d. Jul 7, 1916
W.P. Jacobs - b. Jun 16, 1848; d. Dec 15, 1901; aged 53y
Martha Ann Jacobs - b. 1847; d. 1933; (w) of W.P. Jacobs
Wade Hampton Jacobs - b. Oct 9, 1866; d. Feb 11, 1930

(m)	Laura O. Jacobs - b. Jun 11, 1879; d. Nov 11, 1946; (w) of Wade Hampton Jacobs
	Alma Leona Jacobs - b. Apr 23, 1906; d. Jan 14, 1920; (d) of Wade H. & Laura O. Jacobs
	Morris Norman Jacobs - b. Nov 15, 1909; d. Jul 9, 1912; (s) of Wade H. & Laura O. Jacobs
	_____ Jacobs - b. May 23, 1906; d. May 24, 1906; (inf) of Wade H. & Laura O. Jacobs
(f)	Wilton T. Jacobs - b. 1912; d. 1977*
(m)	Naomi W. Jacobs - b. 1920; d. 1979*
(m)	Frances Luthan Jacobs - b. Jul 11, 1918; d. Nov 6, 1989*
(f)	Hazel O. Jacobs - b. Aug 10, 1917; d. _____ *
(f)	Glenn T. Jacobs - b. 1895; d. 1962*
(m)	Leila R. Jacobs - b. 1903; d. 1974*
	Timothy P. Jacobs - b. Aug 15, 1951; d. Mar 11, 1952
	Curtis L. Jacobs - b. Aug 7, 1914; d. Apr 16, 1953; SC Sgt 16 Bomb GP AAF WWII
	James K. Dale - b. Dec 10, 1926; d. _____ *
	Thera Jacobs Dale - b. Oct 19, 1927; d. Jan 14, 1994*
	Charles E. Peake - b. 1935; d. 1966
	Greta E. Jacobs - b. 1929; d. 1996
	Eunice J. Jacobs - b. 1910; d. 1989*
	Ike J. Jacobs - b. 1898; d. 1961*
	Ollie P. Jacobs - b. May 9, 1890; d. Jan 22, 1959*
	H. McCoy Jacobs - b. Jan 31, 1872; d. Sep 5, 1951*
	Eugene Jacobs - b. May 18, 1908; d. Dec 15, 1929; (s) of H.M. & O.M. Jacobs
	S.J. Jacobs - b. Aug 10, 1872; d. Oct 15, 1918
	Lois J. Lippard - b. Sep 24, 1918; d. Apr 28, 1993; youngest child of Wade H. & Laura O. Jacobs*
	Harold M. Lippard - b. Nov 9, 1907; d. Sep 14, 1994; US A WWII*
(h)	Jack Virgil Jacobs - b. May 16, 1930; d. _____ *
(w)	Mary Ann Seastrunk Jacobs - b. Dec 10, 1935; d. _____ *
	Walter Thomas Jacobs - b. Jan 15, 1880; d. Oct 28, 1953*
(w)	Wilhelmina "Willie" Davis Jacobs - b. Oct 16, 1885; d. Feb 4, 1956*
	Levi J. Jacobs - b. Sep 29, 1914; d. Jan 6, 1944; SC SSgt 48 Engr Combat Bn WWII
	Fred Millan Jacobs - b. Jul 12, 1917; d. Oct 16, 1918; (s) of Walter T. & Wilhelmina D. Jacobs
	Joyce Jacobs - b. Aug 7, 1919; d. Sep 9, 1920; (d) of Walter T. & Wilhelmina D. Jacobs
	Edna Turner - b. Mar 16, 1905; d. Feb 10, 1940; (d) of Walter T. & Wilhelmina D. Jacobs
	Eugene "Buck" Jacobs - b. Sep 30, 1907; d. Apr 8, 1963; (s) of Walter T. & Wilhelmina D. Jacobs
(f)	John McGee Lee - b. Aug 15, 1919; d. Oct 13, 1973*

(m)	Bernice T. Lee - b. Sep 16, 1929; d. Sep 20, 1975*
(m)	Hattie D. Lee - b. Mar 24, 1899; d. Feb 12, 1968*
(f)	Jesse W. Lee - b. Apr 4, 1894; d. Feb 3, 1965*
	Pearl Dianne Shelton - b. May 15, 1958; d. Aug 24, 1958; (d) of Mary & Carl W. Shelton
	Marvin Danny Lee - b. Jun 17, 1954; d. Jun 18, 1954
	Nettie J. Lee - b. Jul 27, 1924; d. Jan 16, 1977*
	J. Carlisle Lee - b. Dec 11, 1922; d. Aug 11, 1991*
	Judson L. Gunter - b. 1879; d. 1945
	Rosie Dabbs Gunter - b. Aug 5, 1871; d. Jul 21, 1934; (w) of L.J. Gunter
(m)	Claudette R. Schad - b. Sep 15, 1938; d. _____
(f)	Robert V. Tucker - b. Oct 22, 1893; d. Feb 28, 1988*
(m)	Hester Viola Brown Tucker - b. Jan 12, 1896; d. Sep 21, 1942*
	Clyburn Sessions - b. Jul 10, 1913; d. Apr 19, 1957*
	Berniece Sessions - b. Oct 27, 1914; d. Aug 3, 1988*
	Claude R. Tucker - b. May 2, 1918; d. Sep 23, 1979*
	Essie R. Tucker - b. Jul 5, 1921; d. _____ ; mar Jun 25, 1937
	Rufus T. Richardson - b. Jul 30, 1923; d. Mar 9, 1997*
	Evelyn T. Richardson - b. Dec 3, 1928; d. Nov 6, 1987; mar Mar 27, 1943*
	Mark W. Richardson - b. 1962; d. 1999
	Julia Anne Neeley Tucker - b. Apr 17, 1856; d. Jul 23, 1935
	James Madison Tucker - b. Apr 14, 1859; d. May 14, 1934
	Janie Elizabeth Tucker - b. Jul 12, 1885; d. Aug 22, 1935; (w) of J.T. Tucker
	Mary Arre Bell Corder - b. Aug 27, 1897; d. Apr 27, 1904; (w) of John Corder
(m)	Laura C. George - b. Sep 6, 1911; d. Oct 19, 1977
	D.E. Jones - b. Jun 19, 1889; d. May 22, 1951*
	C.E. Jones - b. Jul 21, 1886; d. Jan 13, 1964*
(m)	Gertrude M. Davis - b. Jan 17, 1907; d. Feb 25, 1991
	Mary Jacobs Meetz - b. 1877; d. 1968
	Wallee Davis - b. Dec 28, 1927; d. May 8, 1944
	Judy Diane Davis - b. Nov 15, 1958; d. Feb 6, 1959*
	Gertie Mae Davis - b. Mar 13, 1925; d. Sep 21, 1983*
	Howell Benjamin Tucker - b. Mar 19, 1891; d. Aug 10, 1964*
	Sallie Goff Tucker - b. Sep 10, 1896; d. Dec 18, 1958*
(f)	John R. Tucker - b. Jun 6, 1899; d. Mar 12, 1968*
(m)	Martha Corder Tucker - b. Jan 28, 1906; d. May 5, 1988*
(f)	Sam L. Shannon - b. Apr 17, 1897; d. Apr 9, 1960*
(m)	Rebecca B. Shannon - b. Dec 31, 1898; d. Nov 29, 1972*
	Sarah Marsh - d. May 2, 19__; aged 60y; (w) of E.D. Marsh
	E.D. Marsh - b. Mar 13, 1847; d. Apr 13, 1913
	James A. Marsh - b. Aug 13, 1843; d. May 27, 1888
	Jane Farmer Wynn - b. Jan 6, 1854; d. Jul 1, 1938

William D. Wynn - d. Jul 14, 1908; age 60y
Mary Farmer - b. May 28, 1852; d. Sep 23, 1910
J.R. Farmer - b. Jul 9, 1820; d. Dec 31, 1902
(inf) Miles - b. Jan 1, 1930; d. Jan 10, 1930; (s) of D.F. & L.B. Miles
(inf) Miles - b. May 14, 1933; d. May 14, 1933; (s) of D.F. & L.B. Miles
William B. Wages - b. Jan 13, 1853; d. 1867
Jane Huggins - no dates; age 70y; (w) of W.J. Huggins
John D. Fields - b. Jul 25, 1845; d. Sep 7, 1904
Mrs. Winey Wages - b. 1831; d. Nov 17, 1897; (w) of John Wages
Luea Serhawell - b. Sep 7, 1855; d. _____
Dorothy Lucille Shannon - b. Aug 25, 1932; d. Aug 28, 1932
William A. Youne - no dates
Annie Lee Atkerson - d. Aug 1926
Alice Richardson - d. Sep 5, 1934
Mack Richardson - b. Sep 20, 1932; d. Apr 17, 1933
Henrietta Ellisor - b. Jan 26, 1864; d. Aug 10, 1900
Arry Belle Corder - b. Aug 27, 1897; d. Sep 1898
Mary Jane Corder - no dates
John G. Wages - b. Jul 26, 1828; d. May 6, 1911
C.W. Ellisor - b. Apr 13, 1896; d. Jul 13, 1899
Louisa Harwell - b. Sep 7, 1855; d. Jun 4, 1899

71. **Spring Valley Presbyterian Church Memorial Gardens Cemetery**: On Sparkleberry Ln across from Spring Valley High School, Spring Valley, SC. Sep 1, 1998

Bobby Ray McKoy - b. Jun 23, 1930; d. Jan 15, 1997
Raymond L. Gard - b. Nov 3, 1933; d. Mar 17, 1997
Jerry S. Edwards - b. Jun 16, 1930; d. Feb 21, 1997; Col US A Kr Vn Silver Star
Richard S. Coker - b. Jan 23, 1948; d. Oct 5, 1995

72. **St. Andrews Lutheran Church Cemetery**: On Blythewood Rd about 1/8 mile from Rt 321, Blythewood, SC. Aug 26, 1998

Fred Otto Brown - b. Oct 30, 1903; d. Jul 11, 1953
William A. Hutchison - b. Feb 8, 1911; d. Oct 9, 1966
Juanita Fulmer - b. Apr 12, 1913; d. _____; (w) of William A. Hutchison
Arthur Key - b. May 10, 1903; d. Dec 23, 1985; US A WWII
Louise F. Key - b. Mar 30, 1915; d. Jul 2, 1986
James Atwood Fulmer - b. Mar 28, 1917; d. Apr 24, 1952; SC PFC 202 FA Bn WWII
Emma Brown Fulmer - b. Dec 22, 1880; d. Dec 4, 1955
Samuel T. Fulmer - b. Jun 9, 1876; d. Dec 21, 1955
Gladys Fulmer - b. Mar 11, 1909; d. _____
Emma Julia Fulmer - b. Sep 5, 1910; d. Apr 26, 1990
Jeanette Thomas Henderson - b. Jan 18, 1960; d. Dec 28, 1983

	John B. Frick, Sr. - b. May 13, 1908; d. Mar 8, 1990
	Catherine F. Frick - b. Jan 22, 1915; d. May 20, 1986
	James David Frick - b. Aug 10, 1949; d. ____
	Joseph Martin Wiles - b. Oct 21, 1928; d. Jul 1, 1997
	Helen Ann Frick Wiles - b. Apr 29, 1938; d. ____
	Clifford M. Mixon - b. Apr 16, 1918; d. Aug 7, 1990*
	Betty H. Mixon - b. Mar 19, 1921; d. ____ *
	Luther N. Langford - b. Jun 2, 1911; d. Jun 1, 1978
	Archie Levi Byrd - b. May 9, 1935; d. Mar 26, 1990; USMC Kr
	Taussig Angelo Moak - b. Mar 30, 1924; d. Sep 5, 1990; USAAC WWII
(f)	David L. Johnston - b. Apr 5, 1915; d. Apr 25, 1974
	Dalton Laverne Byrd - b. Mar 10, 1937; d. Jun 26, 1997*
	Jewell Theresa Byrd - no dates*
	George H. Shirah - b. Sep 8, 1924; d. Jun 27, 1973; SC Pvt US A WWII*
	Ruby L. Shirah - b. Aug 8, 1926; d. ____ *
	Marion E. Wessinger - b. Jul 30, 1893; d. Dec 26, 1976*
	Ollie E. Wessinger - b. Nov 19, 1905; d. ____ *
	Mary V. Wessinger - b. Apr 22, 1925; d. Sep 9, 1944
(b)	William Jefferson Broome - b. Jul 10, 1870; d. Dec 10, 1949
	Julian J. Turkett - b. Sep 18, 1895; d. Aug 31, 1992; Pvt US A WWI*
	Mary E. Turkett - b. Nov 20, 1901; d. Jul 12, 1979*
	Jonathan Michael Turkett - b. Aug 27, 1955; d. Apr 30, 1978; (s) of Julian E. & Betty Anne Wertz Turkett
	Jonathan L. Turkett - b. Sep 11, 1924; d. Mar 8, 1945; SC PFC 70 Tank Bn WWII
	William Lacy Ratliff - b. Jul 25, 1917; d. Aug 25, 1992; Sgt US A WWII*
	Anne Turkett - b. Nov 13, 1921; d. ____ *
	Joseph Carl Byrd, Jr. - b. Dec 4, 1923; d. May 11, 1984*
	Doris B. Lucas - b. Apr 1, 1925; d. ____ *
(s)	Kenneth Bernard Byrd - b. Jul 2, 1943; d. Jul 4, 1943
	Marion Baze Byrd - b. Feb 20, 1866; d. Aug 12, 1952*
	Catherine Jemimia Byrd - b. Mar 14, 1871; d. Jan 12, 1950*
(m)	Geneva Byrd Amaker - b. Sep 18, 1901; d. Jun 22, 1971
(rev)	Charles Ernest Seastrunk, Sr. - b. Apr 27, 1903; d. Feb 3, 1975
	Louise Eargle Seastrunk - b. May 25, 1905; d. Jun 22, 1990
	Julian Elijah Eargle - b. Sep 2, 1897; d. Dec 22, 1973
	Lillie Mae Fulmer Eargle - b. Feb 15, 1906; d. May 29, 1993
	Julian Thomas Eargle - b. Jul 29, 1928; d. ____
	Mae Belle D. Eargle - b. May 26, 1926; d. May 30, 1993
(f)	Julius A. Fulmer - b. Aug 4, 1909; d. Aug 30, 1994*
(m)	Virginia B. Fulmer - b. Aug 1, 1910; d. Mar 29, 1980
	Leon C. Fulmer - b. 1915; d. 1986*
	Avis R. Fulmer - b. 1926; d. 1997*

(inf)	Allison Layne Mitchell - d. Sep 24, 1977; (d) of Jerry & Terry Mitchell
(f)	E. Lincoln Mitchell, Jr. - b. Aug 14, 1927; d. Sep 16, 1995
(m)	Jessie R. Mitchell - b. Nov 17, 1929; d. Feb 1, 1997
	Ronald Lee Mitchell - b. Aug 29, 1956; d. Jul 13, 1986
	Otto Claude Davis, Jr. - b. Oct 9, 1941; d. ____ *
	Sylvia Ann Davis - b. Oct 20, 1948; d. Apr 27, 1998
(f)	George H. Shirah - b. 1902; d. 1966
(m)	Pearl E. Shirah - b. 1907; d. 1992
	Annie Mae Easler - b. Apr 26, 1907; d. Sep 14, 1970
(f)	John Daniel Snelgrove - b. Sep 12, 1915; d. Dec 8, 1992*
(m)	Katie Louise Snelgrove - b. Jan 23, 1920; d. Jul 29, 1983*
	Luther E. Meadows - b. Dec 17, 1932; d. Sep 6, 1962
(m)	Daisey V. Snelgrove - b. 1889; d. 1958*
(f)	Simon P. Snelgrove - b. 1887; d. 1965*
	James L. Manstine - b. Oct 28, 1917; d. Feb 7, 1960
(h)	Charles W. Byrd - b. Feb 11, 1931; d. Apr 26, 1961
	Joseph Carl Byrd, Sr. - b. Dec 20, 1896; d. Sep 10, 1978; US A WWI
	Ruth Ellinger Byrd - b. Aug 8, 1903; d. Aug 22, 1984
(f)	Robert B. Byrd - b. Apr 13, 1926; d. Dec 28, 1984
	Marvin Dewey Byrd - b. May 27, 1904; d. Oct 16, 1942*
	Pauline Byrd - b. Aug 28, 1911; d. Oct 1, 1987*
	Franklin Denlor Byrd - b. Mar 4, 1934; d. Mar 16, 1959; SC Pvt 3707 Bsq Mil Tng Sq AAF
	Bobby Jean Byrd Deese - b. May 23, 1939; d. Jul 28, 1966
	Willie Eddie Whisennant - b. May 9, 1905; d. Nov 22, 1968
	John B. Ellinger - b. Oct 14, 1874; d. Dec 30, 1950*
	Lenora J. Ellinger - b. Aug 11, 1875; d. Nov 11, 1954*
	Marvin V. Ellinger - b. May 17, 1915; d. Aug 16, 1955
(rev)	Harold A. Wolff - b. Aug 4, 1909; d. Sep 15, 1984
	Mayme Eargle Lever - b. Nov 2, 1886; d. Jun 26, 1947
	Lonnie John Lever - b. Oct 6, 1886; d. Sep 19, 1968
	A. Lauria Ballentine - b. Sep 26, 1872; d. Sep 14, 1938*
	W. Henry Ballentine - b. Feb 11, 1874; d. Nov 29, 1965*
	Joseph Alvin Wilcox - b. Sep 9, 1923; d. May 13, 1990; MSgt US A WWII Kr*
	Sarah L. Wessinger Wilcox - b. Mar 18, 1927; d. May 22, 1995*
	Thomas F. Watkins, Jr. - b. Nov 22, 1917; d. Jul 14, 1995; PFC US A WWII
	N.M. Wessinger - no dates; (w) of J.M.B. Wessinger
	J.M.B. Wessinger - b. Dec 21, 1860; d. Jan 2, 1901
	Maggie E.P. Wessinger - b. Sep 7, 1880; d. Nov 19, 1889*
	Belva H. Wessinger - b. Mar 21, ____; d. Dec 11, 1898*
	Harriet E. Lunburo - b. Dec 1, 1840; d. Apr 11, 1912
	Swenk Lumburo - d. Mar 24, 1883; aged 25y
	Sarah L. Frick Seay - b. Jun 16, 1831; d. Oct 20, 1901

Byrd - b. Dec 4, 1890; d. Feb 18, 1891; (inf) of Mr. & Mrs. M.B. Byrd
J.E.C. Byrd - b. May 31, 1894; d. Oct 3, 1919
Willie C. Byrd - b. Jan 14, 1899; d. Apr 15, 1938
Arrie Byrd Spino - b. Apr 23, 1892; d. Feb 5, 1962
Peter Koet Dezwart - b. Jun 6, 1891; d. Apr 24, 1938
Alma Kathlene Seay - b. Jan 16, 1890; d. Sep 3, 1898; (d) of W.B. & S.A. Seay
Timothy Guy Love - b. Jan 2, 1956; d. Jan 9, 1956
Alice E. McManus - b. Dec 6, 1877; d. Jul 31, 1954
McManus - no dates; (inf's) of Mr. & Mrs. Arthur McManus
Mary Ellinger - b. Jul 27, 1830; d. Jul 16, 1908
Dolphus Ellinger - d. Jan 23, 1899; age 52y
Jacob L. Frick - b. Jun 26, 1829; d. Jan 11, 1893; Pvt Co K 1 SC Arty CSA

(f) John Frick - b. May 29, 1807; d. Nov 9, 1893*
(b) Jacob E. Frick - b. Jun 26, 1829; d. Jan 11, 1893*
John Elmore Wessinger - b. Oct 8, 1857; d. May 6, 1931
Harriet F. Wessinger - b. Jul 21, 1891; d. Apr 18, 1898; (d) of John E.
& Mary E. Wessinger
Mary E. Wessinger - b. Dec 4, 1861; d. Apr 5, 1902; (w) of John Elmore Wessinger
Pauline H. Wessinger - b. Mar 30, 1852; d. Oct 27, 1940; (w) of John Elmore Wessinger
Turnerlias Wessinger - b. Mar 3, 1897; d. Oct 7, 1918
(b) G. Holmes Wessinger - b. Sep 2, 1895; d. Sep 11, 1957
Bessie G. Swygert - b. Feb 19, 1897; d. ____*
John W. Swygert - b. Sep 12, 1891; d. Mar 12, 1956
Ola Mae Swygert - b. Jul 29, 1918; d. Jul 29, 1918; (inf) of John W. & Bessie G. Swygert
(m) Mattie E. Graddick Frick - b. Sep 9, 1867; d. Jun 19, 1957*
(f) Noah Edward Frick - b. Oct 15, 1868; d. Apr 10, 1953*
Marion E. Frick - b. May 5, 1906; d. May 31, 1931
Bobby F. Eargle - b. 1932; d. 1945
Oscar L. Eargle - b. Oct 21, 1889; d. Dec 16, 1974
Reva O. Eargle - b. Aug 25, 1895; d. Mar 26, 1973
Mattie Rawl Eargle - b. Oct 30, 1876; d. Sep 29, 1962
John Quincy Eargle - b. Nov 3, 1868; d. Mar 15, 1941
Dalton O. Eargle - b. Jan 15, 1904; d. Jun 28, 1971
Alice Eveline Turkett - b. May 2, 1870; d. Jun 29, 1893; (d) of George W. & Julia A.E. Eargle
Julia Ann Elizabeth Eargle - b. Aug 18, 1841; d. Nov 14, 1934; (w) of George Washington Eargle
George Washington Eargle - b. Mar 2, 1835; d. Apr 23, 1914
(m) Mamie C. Fulmer - b. Dec 12, 1872; d. Dec 25, 1930*
(f) D. Webster Fulmer - b. Jul 17, 1868; d. Aug 10, 1938*
Erick Perry Fulmer - b. Nov 10, 1894; d. Sep 1, 1941

Edwin Silvester Eargle - b. Mar 8, 1872; d. Feb 7, 1961
Lula Monts Eargle - b. Oct 26, 1877; d. Dec 4, 1956
Benjamin Fulmer - no dates; age 10y
Harriet Lucinda Fulmer - b. Jun 28, 1837; d. Aug 1, 1915
John George Fulmer - b. Jan 17, 1813; d. Nov 20, 1902
Margaret Bower - Nov 7, ___; aged 29y
Josephine Fulmer Derrick - b. Apr 12, 1854; d. Jan 31, 1934
Mahala Fulmer Corley - d. Nov 1, 1933; age 55y*
Ollie V. Fulmer Smith - d. Nov 14, 1936; age 51y*
John R. Fulmer - b. Nov 5, 1887; d. Mar 18, 1927
Agnes B. Hornsby - b. Apr 29, 1896; d. Aug 20, 1931; (w) of John R. Fulmer
Margaret F. Mayor - b. Jul 23, 1904; d. May 26, 1970; (w) of Charles J. Mayor
Minnie Hinnant Fulmer - b. Feb 8, 1868; d. Mar 23, 1951; (w) of A.S. Fulmer
A.S. Fulmer - b. Jul 10, 1860; d. Oct 31, 1948
Lydia Fulmer Mattox - b. May 9, 1902; d. Mar 16, 1920
Lula Marie Fulmer - b. Jul 23, 1907; d. Apr 15, 1934
Edward F. Fulmer - b. Feb 16, 1889; d. Dec 16, 1955
Leila Mary Fulmer - b. Aug 3, 1893; d. Apr 28, 1915; (w) of Edward F. Fulmer
Mary Ellen Mattox - b. Aug 14, 1897; d. Apr 24, 1950; (w) of Edward F. Fulmer
Emma W. Eargle - b. Sep 29, 1860; d. Mar 23, 1944
Luther N. Eargle - b. Feb 27, 1862; d. Oct 14, 1941
Johnnie Edward Eargle - b. May 7, 1896; d. Dec 26, 1899; (d) of Luther N. & Emma W. Eargle
(m) Cora Eargle Langford Ballentine - b. Nov 21, 1889; d. Aug 8, 1973
J. Backman Langford - b. Jul 28, 1880; d. Mar 9, 1917
Vidda E. Monts - b. Oct 1, 1893; d. Jan 6, 1923
(m) Marguerite Monts Koon - b. May 15, 1916; d. Feb 17, 1993
Joseph Lee Eargle - b. Jan 9, 1905; d. May 11, 1973
Eliza L. Whitman - b. Oct 17, 1842; d. Jan 2, 1897; (w) of E.R. Whitman
Sallie Whitman Eargle - b. Mar 15, 1869; d. Jul 27, 1940; (w) of Marion F. Eargle
Marion F. Eargle - b. Dec 5, 1866; d. Feb 18, 1945
Marie Eargle Bianchi - b. May 23, 1900; d. Apr 16, 1958*
Charles A. Bianchi - b. Jun 19, 1893; d. Apr 1, 1973
Edith Ellen Harmon Moak - b. Oct 31, 1871; d. Mar 31, 1940
George Washington Moak - b. Nov 17, 1899; d. Jan 18, 1933*
Johnnie Louise Halstead Moak - b. Jul 17, 1903; d. Jan 7, 1988*
John Uriah Moak - b. Mar 17, 1863; d. May 28, 1924
John George Moak - b. Sep 26, 1920; d. May 8, 1923; (s) of George W. & Johnnie L. Moak

(f)	Jefferson D. Sox - b. Jan 28, 1837; d. May 1913*
(m)	Polly E. Sox - b. Aug 25, 1860; d. Dec 31, 1927*
	Sarah F. Keathley - b. Apr 13, 1907; d. Feb 5, 1928
(inf)	Johnnie Lee Moak - b. Apr 14, 1950; d. Apr 15, 1950; (s) of Taussig & Sallie Moak
	Wesley J. Bloom - b. 1893; d. 1938
	Christina Bloom - b. 1859; d. 1941
	John Dave Bloom - b. 1860; d. 1938
	John Blume - b. May 18, 1826; d. Jun 15, 1906
	Harriet Susannah Blume - b. Jun 25, 1838; d. Feb 28, 1926; (w) of John Blume
	Minnie Lee Morgan - b. Feb 11, 1926; d. Sep 6, 1926; (d) of J.L. & Minnie Morgan
(inf)	Vining - b. Jun 25, 1918; d. Jun 28, 1918
	Clarence D. Blume - b. Dec 28, 1895; d. Aug 7, 1966
	P. Frank Blume - b. Apr 21, 1873; d. Oct 27, 1906*
	Mary E. Blume - b. Jul 12, 1871; d. Mar 12, 1965*
	Walter S. Blume - d. May 6, 1881; aged 4y; (s) of John & Harriet S. Blume
	William Andrew Blume - b. Sep 20, 1866; d. Oct 22, 1946
	Alvin H. Marsh - b. Oct 18, 1900; d. Oct 9, 1974*
	Maggie F. Marsh - b. Apr 5, 1904; d. Dec 11, 1985*
	Patricia Jean Marsh - b. Jul 8, 1936; d. May 17, 1945; (d) of Mr. & Mrs. Alvin H. Marsh
(d)	Frick - b. Mar 5, 1906; d. Mar 5, 1906; (d) of Joseph L. & Jessie C. Frick
	Jessie C. Frick - b. Aug 4, 1882; d. Dec 6, 1976
	Joseph L. Frick - b. Sep 9, 1875; d. Jan 2, 1953
	Annie Louise Frick - b. Dec 11, 1840; d. Dec 24, 1938
	Joseph S. Frick - b. Jan 3, 1830; d. Nov 30, 1915
	Emma Frick Rimer - b. Oct 11, 1877; d. Mar 20, 1909
	Anna E. Frick - b. Apr 15, 1880; d. Oct 2, 1937; (w) of Dedrick D. Broome
	Dedrick D. Broome - b. Jul 18, 1881; d. Aug 11, 1945
	Beulah Smith Frick - b. Aug 18, 1900; d. Aug 13, 1984*
	Sampson Frick - b. Jul 8, 1898; d. Dec 31, 1974*
(f)	W. Ambrose Frick - b. 1866; d. 1932*
	Lula R. Frick - b. 1870; d. 1957*
(sis)	Marie Blanche - b. 1897; d. 1909
(gm)	Elizabeth Wilson - b. 1852; d. 1907

73. **St. Mark Lutheran Church Cemetery**: On Wilson Rd just south of Blythewood Rd, Blythewood, SC. <u>Aug 11, 1998</u>

Lee Coyner Muller - b. 1912; d. 1998
Jonathan Albert Noles - b. Nov 24, 1985; d. Dec 17, 1985

Emily Avery Jones - b. May 4, 1950; d. Jun 18, 1967; (w) of John F. Hagood
Leila Hagood - b. Aug 25, 1943; d. Aug 22, 1944
Franklin M. Hagood - b. Aug 19, 1922; d. Jan 2, 1996
Sally McDonald - b. May 19, 1922; d. Jun 18, 1967
K. Monts Hagood - b. Aug 9, 1897; d. Jan 31, 1965
Alvina Brown - b. Aug 7, 1900; d. Aug 21, 1980
John Allen Hagood - b. Aug 8, 1860; d. Jun 27, 1932*
Alice Monts Hagood - b. Nov 12, 1860; d. Jan 1, 1933*
Dorothy L. Claiborne - b. Feb 3, 1913; d. Dec 27, 1982
Jesse Leonard Holsenback, Jr. - b. Jan 10, 1924; d. Dec 15, 1984
Clement D. Price - b. Jul 21, 1916; d. Aug 8, 1967; SC TSgt USAF WWII
Mildred Boney Price Waters - b. Aug 9, 1923; d. Jul 10, 1985
Lee Ulysses Rister - b. 1924; d. 1998
Shelley Melane Meetze - b. Jun 6, 1970; d. Nov 18, 1977; (d) of Mr. & Mrs. Charles D. Meetze
Junetta Larue Winkler - b. 1915; d. 1986
Lucy Leonora Langford - b. Dec 26, 1906; d. Oct 5, 1982
Ginnie L. Botelho - b. 1949; d. 1996
Caroline B. Langford - b. Jun 12, 1877; d. Jun 28, 1957; (w) of Luther Lee Langford; (d) of J. William & Kiturah G. Brown
Luther Lee Langford - b. Sep 3, 1874; d. Nov 24, 1950; (s) of George Y. & Alvina S. Langford
Emma M. Ballentine - b. Jul 19, 1922; d. Jan 6, 1990
Mamie Abell Price - b. Nov 3, 1886; d. Sep 20, 1980
Boyd Marion Price - b. Sep 4, 1877; d. Jun 7, 1949
Mary Elizabeth Price - b. Oct 17, 1909; d. May 7, 1978
Ada May Van Patten Langford - b. Oct 13, 1916; d. May 14, 1969
Coleman Blease Langford - b. Sep 15, 1912; d. _____
(s) Corrie J. Miles - b. Apr 6, 1910; d. Dec 14, 1976
Mary Sallie Derrick - b. Nov 11, 1870; d. Sep 6, 1949; (w) of John T. Miles
Menton Thomas Miles - b. Sep 23, 1913; d. Oct 20, 1980; US N WWII
Samuel L. Outen - b. 1935; d. 1997
Dewey Leroy Outen - b. Mar 19, 1901; d. Apr 8, 1981; Maj US A WWII Kr
Hannah L. Outen - b. 1903; d. 1992
Esther Langford Southerlin - b. Aug 24, 1906; d. Jul 16, 1990; (d) of Dr. Michael Langford & Emma B. Langford
Michael Langford, MD - b. Mar 24, 1867; d. Mar 3, 1930
Emma Brown Langford - b. Nov 8, 1879; Nov 27, 1930
Benton Mendenhall Gibson - b. Sep 19, 1902; d. Jul 12, 1969
Margaret Langford Gibson - b. Oct 23, 1908; d. Jan 2, 1980
Peggy Abell Glegg - b. Mar 16, 1932; d. _____
Carl McGehee Glegg - b. Apr 28, 1922; d. _____

	Rachael Langford Glegg - b. Sep 20, 1920; d. Jan 26, 1986
(f)	Mike Brown - b. Nov 15, 1894; d. Mar 3, 1971
(m)	Lillian "Mrs. Polly" Frick Brown - b. Apr 8, 1893; d. Jun 23, 1990
(f)	John W. McCaa - b. Nov 25, 1918; d. Jul 19, 1988*
(m)	Ruby B. McCaa - b. Mar 4, 1920; d. Dec 28, 1992*
	Alvina Brown - b. Dec 22, 1916; d. Dec 26, 1939; (w) of C.M. Evans
(d)	Alexis Nicole Earnhardt Warrick - b. Sep 11, 1995; d. Sep 24, 1995; (d) of Stacy Earnhardt & Kelly Warrick, Jr.
	Sharon E. Cotton - b. Nov 30, 1956; d. Sep 14, 1994
	Arthur I. Schaadt - b. Apr 25, 1938; d. ____*
	Cynthia Kay Schaadt - b. Apr 21, 1953; d. Apr 2, 1993*
(f)	Joseph A. Bertram - b. Sep 13, 1919; d. Feb 17, 1979*
(m)	Martha B. Bertram - b. Dec 24, 1921; d. Feb 19, 1988*
	Malcom B. Bertram - b. Nov 30, 1940; d. Apr 9, 1977; A3C USAF
	James Adam Duvall - b. Oct 14, 1918; d. Sep 23, 1982*
	Eugenia Gibbes Duvall - b. Dec 16, 1912; d. ____*
(f)	Alexander Tulley Gibbes - b. Nov 26, 1876; d. Jan 24, 1954
(m)	Leo Flowers Beach - b. Mar 12, 1890; d. Jan 18, 1940
(s)	Michael M. Perry - b. Dec 10, 1958; d. Jan 6, 1992
(s)	Richard C. Perry - b. Apr 25, 1964; d. Nov 21, 1992
	Beverly Gay Johnson - b. 1943; d. 1984
(f)	Henry Drewes - b. 1897; d. 1987*
(m)	Hannah Drewes - b. 1894; d. 1981*
	Robert Alan Crone - b. Mar 11, 1959; d. Oct 17, 1988
	Ruth Anna Mortensen - b. Nov 20, 1892; d. Mar 20, 1978
	Clarence H. Crone, Jr. - b. 1928; d. 1980; Sp5 US A WWII
(m)	Martha Helene Detzkeit Neubert - b. Feb 8, 1919; d. ____
(f)	Friedrick Karl Neubert - b. May 14, 1914; d. Dec 30, 1995
	Z.A. Yurieff - d. 1970
	A.A. Yurieff - d. 1960
	Willis Henry Melton - b. Jul 25, 1874; d. Mar 15, 1935
	Mattie Elizabeth Bundrick Melton - b. Oct 14, 1881; d. ____
	Albert David Melton - b. Mar 17, 1905; d. Jul 8, 1966
	John Henry Melton - b. Apr 21, 1898; d. Nov 11, 1973
	Irene Vestilla Daffen Melton - b. Sep 22, 1905; d. Dec 6, 1964
	Walter Harvey Lee Melton - b. Sep 25, 1900; d. ____
(inf)	Melton - no dates; (b)
	Doris Rebecca Melton - b. Jul 30, 1933; d. Oct 9, 1955
	Lonnie Levi Melton - b. Aug 2, 1938; d. Mar 28, 1960

74. **Trinity Methodist Church Cemetery**: On Blythewood Rd near I-77, next to the Sandy Level Church Cemetery, Blythewood, SC. Aug 25, 1998

James R. Brown - b. Dec 7, 1921; d. Aug 14, 1981
Ethel M. Brown - b. Aug 9, 1924; d. Oct 1, 1980
Walter S. Wooten - b. Aug 12, 1888; d. Feb 9, 1958*

Lillie B. Wooten - b. Apr 28, 1895; d. Oct 25,1987*
Raymond C. Turner - b. Aug 17, 1925; d. Apr 20, 1998*
Della M. Turner - b. Apr 18, 1933; d. ____*
James Robert Creech - b. Oct 15, 1903; d. Jan 6, 1973; (s) of J.J. & Mamie Ray Creech
Frances Jeffares Creech - b. Nov 30, 1909; d. Sep 4, 1981
Coleman Blease Kelly - b. Mar 28, 1913; d. Sep 16, 1993; US A WWII Purple Heart & OLC
Mary Louise Cook - b. Mar 6, 1922; d. Jan 11, 1994
Susan Annette Cook - b. Sep 21, 1959; d. Nov 19, 1977
Richard Paul Moyer - b. Feb 2, 1921; d. Aug 20, 1987; USAAC WWII
James A. Brown - b. May 17, 1885; d. Jul 21, 1977
Alice E. Brown - b. Sep 5, 1896; d. Apr 26, 1981
Burney E. Brown - b. Oct 28, 1892; d. Sep 19, 1967*
Ruby H. Brown - b. Jan 7, 1896; d. Mar 4, 1979
Bobby S. Boney - b. Feb 17, 1930; d. Apr 1, 1976; SFC US A Kr
William Henry Adams - b. May 17, 1905; d. Jan 31, 1981
Monnie Boney Adams - b. Feb 5, 1906; d. Dec 8, 1982
Dr. David Eugene Holler - b. Feb 9, 1927; d. Sep 23, 1983
Phillip C. Beckham - b. Aug 27, 1909; d. Jun 13, 1987
Simona B. Beckham - b. Oct 1, 1920; d. Feb 4, 1975
J.C. Hinson - b. May 31, 1911; d. ____*
Daisy R. Hinson - b. Oct 16, 1915; d. Jun 21, 1991*

(m) Ada Bessie J. Hollis - b. Jan 18, 1902; d. Dec 26, 1997
Samuel A. McLean - b. Nov 27, 1943; d. Mar 2, 1976
James Paul Atkinson - b. Apr 10, 1925; d. Oct 11, 1994; Cpl USAAC WWII
Lillie A. Price - b. Sep 19, 1925; d. Jul 10, 1986
William M. Price - b. Jul 1, 1926; d. ____
Annie T. Price - b. Jan 23, 1903; d. Dec 19, 1989
Letcher E. Price - b. Jan 12, 1884; d. May 9, 1967
Charles R. Campbell - b. Sep 29, 1929; d. Jul 16, 1972

(m) Susie Hames Campbell - b. Jun 10, 1901; d. Jul 11, 1966
Janie Smith West - b. Dec 1, 1881; d. Dec 31, 1958
Nannie J. Camak - b. May 26, 1849; d. Oct 21, 1930; (w) of Henry Y. Smith
Henry Y. Smith - b. Jun 8, 1849; d. Jun 9, 1911

(m) Lily S. McGrady - b. Mar 27, 1885; d. Jul 29, 1952
John E. Price - b. Apr 10, 1924; d. ____
Jeanette W. Price - b. Aug 2, 1924; d. Jan 25, 1980

75. **Vants Temple Overcoming Baptist Church Cemetery**: At 8909 Wilson Rd directly across from Lake Elizabeth, Killian, SC. <u>Sep 3, 1999</u>

Maeola Myers - b. Aug 31, 1926; d. Mar 15, 1992

          Mr. Henry Wise - b. Feb 23, 1941; d. Mar 2, 1997
          Vernell Friday - b. Aug 19, 1931; d. Feb 11, 1997
          Hubert G. Friday - b. Sep 1, 1930; d. Mar 6, 1995
          Nelson Broom - b. Oct 29, 1895; d. Feb 22, 1958; SC Pvt USMA Det Svc WWI
(dea) Arthur Myers, Sr. - b. Dec 4, 1915; d. Sep 14, 1969
(f)   Leroy Myers, Sr. - b. Sep 19, 1923; d. Jun 12, 1965
          Earline Weston - b. 1900; d. 1956
          Robert Gibson - b. Dec 25, 1895; d. Feb 5, 1946; SC Pvt 61 Pnr Inf
          Rosetta Gibson Pixley - b. Dec 25, 1900; d. May 21, 1949
          John H. Miles - b. May 11, 1882; d. Nov 24, 1958
          Thomas Summers - b. 1900; d. 1963
          Ada Grant - b. 1885; d. 1973
          Pulask Corley - b. 1893; d. 1971
          Sallie Corley - d. May 3, 1922; age 23y
          Lessie L. Corley - b. Nov 20, 1898; d. May 11, 1968
          Eloise G. Gallman - b. Feb 17, 1903; d. Jan 25, 1973
          Vecue Thompson - b. Nov 2, 1919; d. May 15, 1994

76.   **Village Memorial Gardens Cemetery**: On Faison Dr, between Wilson Rd and Farrow Rd, Columbia, SC. Jun 23, 1999

Douglas Harris - b. Mar 31, 1958; d. Aug 21, 1964
David Robinson - b. Jul 12, 1948; d. Apr 23, 1964
Robert Blake - b. Dec 23, 1953; d. Jan 21, 1964
Oscar Harris - b. Mar 10, 1938; d. Apr 16, 1963
Katherine Gallman - b. 1941; d. Apr 5, 1961
Barbara A. Stivender - b. Nov 12, 1953; d. Mar 27, 1959
Thomas Williams - b. Sep 8, 1954; d. Jul 20, 1958
Solomon Cokley, Jr. - b. Sep 2, 1950; d. Jan 30, 1958
James Pearce Brown - b. Feb 11, 1954; d. Nov 23, 1957
Marion Lingard - b. 1947; d. Oct 10, 1956
Heyward Wise - b. 1949; d. Aug 19, 1956
Lloyd Stanley Elrod - b. Jul 24, 1953; d. Jul 23, 1975
Anthony Gerald Savage - b. Dec 16, 1971; d. Aug 30, 1974
Kathy Lynn McLaughlin - b. Apr 22, 1970; d. Jan 16, 1973
Luther Lucius Simmons Smalls - b. Nov 21, 1947; d. Jul 15, 1972
Michael David Garlie - b. Mar 4, 1968; d. Oct 22, 1969
Baby Boy Jones - b. Sep 5, 1968; d. Mar 25, 1969
Josephus Mitchell - b. Nov 1949; d. Jan 23, 1969
Leonard Love - b. Apr 1, 1956; d. Jul 10, 1967
James Hightower - b. Apr 9, 1939; d. May 1, 1967
Shirley Ann Brown - b. 1942; d. Dec 27, 1964
Sylvester Wilson - b. Apr 23, 1954; d. Jul 11, 1976
Larry Donald Wicker - b. Dec 18, 1946; d. Nov 6, 1976
Cheryl Ann Lane - b. Feb 14, 1977; d. Nov 14, 1977
Timothy Jones - b. Sep 15, 1977; d. Dec 9, 1977

Mary Lottie Phillips - b. Mar 2, 1948; d. Jun 22, 1978
Angela Carroll - b. Oct 17, 1963; d. Oct 25, 1978
Patricia Rice - b. Apr 1, 1952; d. Oct 22, 1975
Marshall Lee Cookson - b. Aug 12, 1945; d. Oct 13, 1979
George Golden - b. Apr 10, 1942; d. Feb 8, 1980
Henry Bowers - b. Jan 1, 1888; d. Jun 8, 1980
Carolyn Collins - b. Oct 16, 1957; d. Sep 4, 1980
Nathaniel Williams - b. Aug 9, 1979; d. Oct 14, 1980
Shranta Marie Wood - b. Jun 14, 1979; d. Mar 29, 1981
William E. Sanders - b. Sep 2, 1968; d. Jan 22, 1981
Tamara Lynn Deese - b. Aug 28, 1955; d. Feb 25, 1980
Louise Pence - b. Aug 17, 1946; d. Oct 11, 1979
Irene Robbins - b. Jan 22, 1948; d. Jun 4, 1979
Lila Josephine Martin - b. Jan 1, 1905; d. Jun 18, 1984
Bertie Gibbons - b. Nov 27, 1909; d. Apr 19, 1985
Shannon Rose Fisk - b. Nov 30, 1980; d. Aug 9, 1985
Annie Ruth Ross - b. Oct 25, 1941; d. Nov 27, 1983
Lisa Renae Goddard - b. May 15, 1965; d. Jul 3, 1983
Ricky Pierce - b. Aug 20, 1960; d. May 4, 1983
Janie Cribbs - b. Jan 1, 1905; d. Dec 24, 1982
Corinda Renee Williams - b. Oct 11, 1978; d. Mar 27, 1982
Grace McClain - b. Nov 26, 1908; d. Jan 12, 1985
Janie Lou Woodham - b. Jun 3, 1938; d. Dec 9, 1985
Clarence McKinney - b. May 12, 1926; d. Aug 1, 1987
Christine Ada Green - b. Aug 25, 1977; d. Mar 7, 1985
Marcellus Kearse - b. Jan 2, 1979; d. May 3, 1987
Oneita Williams - b. Jan 4, 1925; d. Dec 9, 1985
Christa Houser - b. Aug 12, 1930; d. Aug 20, 1987
Rubin Simmons - b. Mar 15, 1944; d. Jan 15, 1985
Cleaveland Rogers - b. Sep 19, 1908; d. Mar 8, 1987
Tieaka Fair - b. Oct 23, 1980; d. Jul 19, 1988
Homer Forgey - b. Jul 4, 1913; d. Sep 28, 1986
Felipe Colon - b. May 18, 1976; d. Mar 5, 1991
Joseph Brown Tant - b. Jul 30, 1914; d. Jan 4, 1986
Seville James Wright - b. Nov 8, 1983; d. Dec 30, 1987
Waldo Shealy - b. Jun 10, 1920; d. Jan 16, 1987
Brenda Evans - b. Oct 14, 1955; d. Dec 22, 1985
Rosetta Swygert - b. Feb 2, 1936; d. Apr 21, 1989
John Thompson - b. May 1, 1929; d. Apr 30, 1988
Donald Miller - b. Jun 16, 1958; d. Oct 3, 1990
Steven Paschal - b. Dec 20, 1968; d. Sep 3, 1987
Debra Ann Broadstock - b. Mar 23, 1981; d. Jan 30, 1994
Willie Pauline Turner - b. Jan 1, 1927; d. Sep 23, 1990
Clarence Orr - b. Nov 10, 1922; d. Jun 26, 1988
Robert Lott - b. Oct 15, 1933; d. Jun 13, 1987
Marjorie Spaulding - b. Nov 25, 1924; d. Jul 2, 1988

Derrart Rush - b. Dec 12, 1964; d. Sep 5, 1988
Danette Dunaway - b. Nov 5, 1971; d. Aug 22, 1991
Janet Carol Martin - b. Oct 3, 1951; d. Oct 31, 1991
Richard Sharpe - b. Aug 13, 1965; d. Feb 28, 1993
Myrtle L. Jones - b. Jun 13, 1918; d. Jan 22, 1992
Debra Louise Gray - b. Mar 20, 1952; d. Apr 28, 1992
Geraldine Ruth Kincer - b. Dec 27, 1950; d. Jul 23, 1993
Amy Gail Harden - b. Jul 18, 1957; d. Feb 12, 1993
Christopher P. Usilton - b. Mar 18, 1955; d. Sep 13, 1992
Rebecca Harvey - b. May 16, 1926; d. Dec 25, 1995
John Fulks - b. Sep 20, 1929; d. Feb 17, 1995
Willie Allen - b. Oct 6, 1943; d. Feb 21, 1992
James Clavin - b. Jul 29, 1945; d. Dec 16, 1992
Aaron Kimble - b. Aug 4, 1938; d. Feb 9, 1992
Vernon Ford - b. Nov 19, 1920; d. Aug 3, 1993
Tammy Renee Luck - b. Dec 21, 1966; d. Oct 2, 1993
Harold Stone Reeves - b. Feb 3, 1924; d. May 31, 1995
Lonnie Darnell Simpson - b. Sep 18, 1958; d. Jun 2, 1995
James Hiram Crosby - b. May 18, 1935; d. Jul 26, 1995
Lois Patterson - b. May 16, 1914; d. Dec 18, 1988
Walter Brock - b. Jun 18, 1905; d. Dec 5, 1988
Beatrice Whaley - b. Jun 15, 1903; d. Nov 26, 1988
Inez Lyles Norris - b. Jan 18, 1902; d. Oct 10, 1988
Susanne Larsen - b. May 20, 1950; d. Aug 15, 1988
Harold B. Watkins - b. Jun 2, 1921; d. Jul 13, 1988
Oscar Wingard - b. Nov 5, 1916; d. May 10, 1988
Sollie Benbow - b. Jun 15, 1913; d. May 8, 1988
James Williams - b. Jul 17, 1897; d. Apr 20, 1988
William David Turner - b. Nov 10, 1906; d. Mar 2, 1988
Pearl Small - b. Dec 25, 1901; d. Feb 29, 1988
Mary Washington - b. Jun 15, 1902; d. Feb 20, 1988
Cecil F. Burrage - b. Mar 24, 1925; d. Jan 28, 1988
Gladys Farmer - b. May 17, 1927; d. Nov 19, 1987
Will Abney - b. Oct 17, 1920; d. Oct 28, 1987
Alexander McCray - b. Mar 17, 1936; d. Sep 22, 1987
Annie M. Rhoden - b. Aug 18, 1918; d. Oct 1, 1987
Abraham Davis - b. Aug 20, 1920; d. Sep 21, 1987
Margaret Ann Brown - b. 1897; d. 1987
Walter R. Barksdale - b. Nov 2, 1914; d. Mar 11, 1987
Donnie F. Hulon - b. Apr 4, 1925; d. Feb 3, 1987
Robert L. Reeves - b. Oct 31, 1925; d. Oct 6, 1986
Alberta Roberts - b. Jun 15, 1896; d. Oct 2, 1986
Edith B. Miller - b. Oct 12, 1912; d. Sep 7, 1986
Mary Garvin - b. Jun 15, 1919; d. Aug 24, 1986
Horace Adams - b. Jan 26, 1917; d. Jun 18, 1986
Paul Hilton - b. Jan 25, 1919; d. Jan 1, 1989

Roy Maxwell - b. 1906; d. Feb 8, 1989
Easter Thompkins - b. Apr 1, 1907; d. Jun 22, 1989
Joe S. Leaphart - b. Oct 29, 1903; d. Jun 27, 1989
Annie Kenmore - b. Nov 6, 1919; d. Jul 25, 1989
Gregory Cummings - b. Jul 4, 1916; d. Aug 26, 1989
Richard C. King - b. Feb 25, 1925; d. Sep 24, 1989
Earnest Carpenter - b. Aug 20, 1913; d. Oct 29, 1989
Alford R. French - b. Sep 20, 1919; d. Oct 31, 1989
Mary Myers - b. Feb 27, 1918; d. Nov 30, 1989
Ethel M. Dawkins - b. May 1, 1900; d. Dec 10, 1989
Mary Magnolia - b. Jul 12, 1912; d. Mar 18, 1990
Mabel Manus - b. Jun 15, 1907; d. Apr 22, 1990
James Taylor - b. Dec 5, 1902; d. May 29, 1990
Clarence Adger - b. Jun 6, 1905; d. May 28, 1990
Odessa Williams - b. Apr 3, 1887; d. Jun 25, 1990
Roscoe Gallman - b. Dec 24, 1907; d. Aug 15, 1990
Merie Middleton - b. Dec 23, 1899; d. Aug 25, 1990
Peter Montgomery - b. 1898; d. Sep 11, 1990
June I. Hewitt - b. May 31, 1910; d. Sep 25, 1990
William H. Hughes - b. Dec 19, 1909; d. Oct 13, 1990
Marie B. Portlock - b. May 16, 1900; d. Oct 17, 1990
Gladys Cochran - b. Dec 29, 1909; d. Nov 7, 1990
Henry Morin - b. Sep 15, 1901; d. Nov 2, 1990
Clarence Dixon - b. Jan 9, 1905; d. Nov 20, 1990
Elizabeth King - b. Oct 5, 1903; d. Jan 2, 1991
Lula Pritchard - b. May 19, 1925; d. Jan 1, 1991
Kathleen McEachern - b. Oct 24, 1932; d. Jan 22, 1991
Buster Dickson - b. Mar 20, 1917; d. Feb 15, 1991
Roxie Goode - b. Jul 1, 1905; d. Mar 20, 1991
Hattie Quattlebaum - b. Jul 6, 1925; d. Apr 13, 1991
Junior Rhodes - b. Sep 18, 1905; d. Jun 1, 1991
Russell Cannon - b. Nov 21, 1914; d. Jul 30, 1991
Bennie L. Simpson - b. Jul 1, 1920; d. Oct 5, 1991
Florrie Pickrom - b. Sep 15, 1916; d. Dec 23, 1991
Alonzo Williams - b. Jul 16, 1921; d. Jan 9, 1992
Carrol Guise - b. Jun 6, 1926; d. Jan 30, 1992
Cornelia Sims - b. Jul 7, 1912; d. Feb 29, 1992
Jessie Johnson - b. Oct 15, 1901; d. Apr 25, 1992
Wilson Suggs - b. Dec 23, 1912; d. Apr 25, 1992
Robert L. Adams - b. Sep 2, 1953; d. May 17, 1992
William Jones - b. Feb 28, 1909; d. May 30, 1992
Alice James - b. Jan 10, 1910; d. Jul 19, 1992
Esau Furtick - b. May 16, 1927; d. Nov 14, 1992
Christina Tunley - b. Jun 15, 1911; d. Dec 8, 1992
Fannie Lee Washington - b. Aug 4, 1925; d. Jan 6, 1993
Mary Scott - b. 1915; d. Feb 11, 1993

Howard Moore - b. Nov 3, 1923; d. Dec 8, 1992
Richard Bethea - b. Dec 25, 1919; d. Dec 14, 1992
Lottie M. Jones - b. Jul 27, 1932; d. Mar 12, 1993
Eura May Colbert - b. Nov 27, 1912; d. Apr 5, 1993
Sonny Brown - b. Dec 26, 1916; d. Jun 13, 1993
Melba Sawyer - b. Sep 11, 1921; d. Jun 23, 1993
Ruby Goolsby - b. Aug 25, 1919; d. Oct 22, 1993
Nola Roof - b. Feb 3, 1922; d. Nov 19, 1993
Sadie Dale - b. Dec 15, 1903; d. Dec 6, 1993
Sarah Sanders - b. Jan 24, 1910; d. Dec 27, 1993
Henry M. Biles - b. May 7, 1911; d. Jan 7, 1994
Lester Sampson - b. Oct 6, 1905; d. Oct 14, 1988
Lenora Drummond - b. May 13, 1899; d. Feb 26, 1998
Huston Wright - b. Mar 24, 1915; d. Feb 13, 1998
Pauline Hall - b. Jun 6, 1920; d. Jan 31, 1998
William Holmes - b. Aug 1, 1921; d. Jan 25, 1998
Sennie Bradley - b. Jul 2, 1894; d. Jan 21, 1998
Annie Pittman - b. Jan 7, 1921; d. Jan 14, 1998
Frances Gilbert - b. Dec 14, 1928; d. Dec 26, 1997
Marzell Wright - b. Jan 15, 1913; d. Dec 26, 1997
Dykes Livingston, Jr. - b. Feb 9, 1927; d. Nov 24, 1997
Mary E. Hicks - b. Apr 4, 1934; d. Nov 10, 1997
Byrum Renninger - b. Jun 15, 1917; d. Oct 25, 1977
Thomas E. Wakefield - b. Aug 5, 1942; d. Oct 9, 1997
Phyllis Stokes - b. Oct 16, 1941; d. Sep 9, 1997
Buice Thompson - b. Jan 14, 1918; d. Aug 21, 1997
Perry Jenkins - b. Oct 17, 1900; d. Jan 7, 1994
Essie Henderson - b. Jul 1, 1909; d. Feb 6, 1994
Joseph D. Florio - b. Mar 24, 1925; d. Jan 30, 1994
Felder O. Gibbs - b. Jul 15, 1920; d. Apr 23, 1994
James Perry - b. Jun 21, 1931; d. Jul 2, 1994
Glenn E. Cheesboro - b. Apr 12, 1940; d. Jul 15, 1994
Sandra Kirven - b. Nov 30, 1958; d. Jul 16, 1994
Marie Collins - b. May 10, 1902; d. Jul 25, 1994
Josephine McCord - b. May 16, 1916; d. Aug 1, 1994
James Lewie - b. Jun 15, 1915; d. Aug 31, 1994
Marion Taylor - b. Jun 20, 1920; d. Aug 24, 1994
John F. Mitchell - b. Nov 2, 1912; d. Sep 15, 1994
Mattie Vance - b. Feb 28, 1909; d. Nov 1, 1994
Lennie Harper - b. Dec 31, 1914; d. Nov 14, 1994
Eleanor Gardner - b. Mar 2, 1910; d. Nov 29, 1994
Elizabeth Allen - b. May 13, 1910; d. Dec 25, 1994
Jean B. Neigh - b. Jan 28, 1924; d. Jan 18, 1995
Moss R. Miller - b. Nov 6, 1913; d. Feb 11, 1995
Eva Jackson Poole - b. Jul 1907; d. Feb 23, 1995
Herbert Brooks - b. Dec 29, 1922; d. Feb 24, 1995

Joe Trapp - b. Nov 14, 1913; d. Mar 25, 1995
Furman Hudson - b. Jan 8, 1920; d. Mar 25, 1995
Mildred Williams - b. Dec 25, 1932; d. May 14, 1995
Frances Knight - b. Sep 27, 1912; d. Jun 19, 1995
Lucy Creech - b. Dec 19, 1928; d. Jul 28, 1995
Annie M. Jenkins - b. May 15, 1916; d. Aug 21, 1995
Ethel Killcreach - b. Jan 10, 1901; d. Sep 20, 1995
John Gaston - b. Oct 10, 1906; d. Oct 17, 1995
Alford Robinson - b. Mar 18, 1928; d. Oct 29, 1995
Joseph Hall - b. Apr 17, 1917; d. Dec 4, 1995
Agnes C. Paluck - b. Jan 18, 1915; d. Dec 7, 1995
Margaret Garvin - b. Jun 6, 1922; d. Dec 19, 1995
Ella B. Nesbitt - b. Jan 5, 1926; d. Dec 24, 1995
Naomi Mattie Watts - b. Feb 27, 1928; d. Jan 3, 1996
George T. Jennings - b. Aug 8, 1955; d. Mar 27, 1996
Beatrice Byars - b. 1926; d. Apr 10, 1996
Ethel Weaver - b. Sep 17, 1905; d. Apr 21, 1996
Nathaniel Duncan - b. Feb 13, 1964; d. Apr 28, 1996
Plumie Moore - b. Jul 1, 1900; d. May 30, 1996
Robert I. Fern - b. May 20, 1947; d. Apr 25, 1996
Essie Haltiwanger - b. Jan 5, 1922; d. May 2, 1996
Freeman Mauney - b. Jan 25, 1926; d. Jun 12, 1996
Mattie Wilson - b. Jun 15, 1899; d. Jun 26, 1996
Bobby Ray McDonald - b. Aug 16, 1937; d. Sep 14, 1996
William Baker - b. Oct 17, 1917; d. Oct 19, 1996
John Doe 2 - b. Jul 1, 1901; d. Dec 6, 1996
Pauline R. Kyser - b. Apr 16, 1918; d. Dec 21, 1996
Annie M. Davis - b. Mar 30, 1913; d. Apr 20, 1997
Minnie Maroney - b. Jun 29, 1921; d. Apr 22, 1997
L.C. Akemon - b. 1912; d. Jul 23, 1997
Willie Lee Johnson - b. May 1, 1923; d. Jul 29, 1997
James W. "J.W." Powell - b. Oct 26, 1929; d. Aug 4, 1997
Thomas Wakefield - b. Aug 5, 1942; d. Oct 9, 1997

77. **Manigault Memorial Gardens Cemetery ("Woodlawn")**: On Farrow Rd about 1/4 mile south of North Pines Rd, Killian, SC. Sep 23, 1998

Timothy Scott - b. Dec 6, 1957; d. Jun 16, 1972
Michael Jacobs - b. 1952; d. 1996; US A Vn
James Crosby, Sr. - b. Jan 31, 1923; d. Jun 16, 1990; US A WWII
Lewis C. Johnson - b. 1899; d. 1977*
Minnie J. Johnson - b. 1903; d. 1975*
Matthew Garrett - b. Nov 13, 1924; d. Aug 9, 1989; US A WWII
Annie L. Jenkins - b. 1934; d. 1994
Marion Thomas Roberts - b. May 12,1926; d. Jan 19,1989; US A WWII

	Mrs. Annie R. Witherspoon - b. 1952; d. 1995
	Lawrence H. Setzer - b. May 7, 1933; d. Jun 1, 1998
	Lloyd A. Jefferson - b. Sep 19, 1919; d. Sep 15, 1978
	Shirley G. Grooms - b. 1951; d. 1998
	Glenn D. Mitchell - no dates
	Brian East - b. 1937; d. 1980; Spc US A Vn
(m)	Blanche W. Pearson - b. Mar 7, 1910; d. Mar 22, 1994
(m)	Bessie Whitaker Hill - b. Mar 17, 1917; d. Feb 27, 1996
(sis)	Patricia Hill Bailey - b. Mar 3, 1942; d. Mar 24, 1994
(m)	Evang. Eula L. Taylor - b. Aug 21, 1943; d. Jun 25, 1996
(f)	Lewis H. Hall - b. Oct 27, 1941; d. Sep 17, 1995
	Mary Boozer - b. Mar 6, 1899; d. Jul 24, 1966
	James Green - b. Dec 14, 1916; d. Sep 22, 1968
	Rosa Green Walters - b. Jan 21, 1896; d. Dec 4, 1991
	Mr. Walter L. Brown - no dates
	Hazel V. Scott - b. Nov 24, 1953; d. Oct 13, 1975
	Margaret C. Briggs Scott - b. Oct 20, 1928; d. Oct 17, 1996
	William Alexander Fenwick - b. Feb 9, 1945; d. Sep 25, 1996; Sp 4 US A Vn
	Della Lee King - b. 1907; d. 1991
	George C. Williams - b. Nov 25, 1922; d. Oct 30, 1980; SFC US A WWII Kr
(m)	Georgia B. Harrell - b. Jan 4, 1930; d. Jun 9, 1979
(s)	Thomas Harrell - b. Oct 21, 1928; d. Dec 24, 1974
(f)	Walter Harrell - b. 1891; d. 1978; Pvt US A WWI
(m)	Artis S. Harrell - b. 1899; d. 1972
	Odessa Fair - b. Jul 24, 1900; d. Dec 11, 1984
(w)	Lillie H. Jones - b. May 24, 1926; d. Jul 21, 1991
(h)	Bernice Harrell - b. Jul 18, 1918; d. Mar 1, 1977; Tec 5 US A WWII
	Reginald B. Harrell - b. Nov 25, 1956; d. Jul 11, 1971
	Nathaniel Harrell, Sr. - b. 1934; d. 1989
(inf)	Clinton L. Harrell - d. Mar 7, 1973
	Wanda T. Woodson - b. Aug 6, 1965; d. Feb 20, 1967
	Jason Todd Carnes - b. Aug 2, 1998; d. Aug 2, 1998
	Kervin O'Brien Chandler - b. Apr 5, 1998; d. Apr 5, 1998
	La Toya P. _____ - no dates
(inf)	Lashay L. Sims - b. 1995; d. 1996
	Syria Cox-Gadson - b. Mar 24, 1998; d. Mar 24, 1998
	Jasmine Reanne Gay - b. Apr 11, 1998; d. Apr 11, 1998
	Scotty L. Profit - b. 1996; d. _____
(inf)	Stewart - d. 1987; baby boy
	Da'Sean M. Henry Rabb - b. Oct 22, 1994; d. Oct 28, 1994
	Deanashia A. Smoot - b. 1992; d. 1996
	Lakita E. Troy - b. 1992; d. 1993
	Arika Nowell - b. May 19, 1992; d. Sep 29, 1992
	Jasmine D. Menderson - b. 1991; d. 1992

	Tremaine M. Summers - d. 1997
	__ariel Lynette Brown - d. 1997
(inf)	Evans - d. Sep 9, 1990; boy
	Marcus Mitchell - b. 1990; d. 1990
	Maurice P. Gilmore - b. 1988; d. 1989
	Brigett Gordon - b. Apr 20, 1976; d. Jun 7, 1976
	Natasha M. Watson - b. Feb 14, 1974; d. Apr 3, 1974
	Catrina Lynette Lancaster - b. Oct 4, 1969; d. Jan 3, 1973
	Sumieko Strong Barrs - b. 1963; d. 1967
	Antonio Lamont William - d. 1996
	Minnie Quattlebaum - b. Feb 9, 1913; d. May 2, 1987
(rev)	Christopher C. Tobin - b. 1888; d. 1976
	Loretta W. Johnson - b. 1947; d. 1991
	Mr. Laurie Williams - b. 1922; d. 1987
	Mr. Laurie Williams, Jr. - b. Aug 12, 1945; d. Nov 7, 1969
	Zeb Hill Martin - b. Sep 15, 1922; d. Jul 23, 1997
	Carrie L. Martin - b. 1925; d. 1980
	Clarence Jones - b. Nov 8, 1920; d. Nov 28, 1983; US A WWII
	Jimmielean R. Jones - b. Apr 8, 1906; d. Sep 14, 1998
	Theodore R. Lewis, Sr. - b. Jul 15, 1902; d. Apr 23, 1986
	James Boykin - b. Feb 16, 1934; d. Jan 22, 1975; PFC US A
	Mrs. Willie Mae Gibson - b. 1917; d. 1988
	William Lee Wallace, Jr. - b. Aug 28, 1996; d. Jan 28, 1997
	Mr. Roosevelt Bellinger- b. Feb 10, 1933; d. Jun 5, 1996; Sgt US A Kr
	Richard A. Blanks - b. Apr 4, 1948; d. Oct 14, 1997
	Sarah B. Michaels - b. 1924; d. 1982
	Mary Spell - b. 1918; d. 1998
	Andrew Spell, Jr. - b. Jul 15, 1949; d. Jun 4, 1997; US A Vn
	Frank Marion Jackson - b. Dec 23, 1936; d. Jun 8, 1976; TSgt USAF
	Willie Lee Morgan - b. Dec 15, 1925; d. Sep 3, 1986; SFC US A Kr
	John Edmond Dickerson - b. Dec 4, 1930; d. Dec 15, 1994; US A WWII
	Howard D. Davis - b. 1896; d. 1969
	Celia W. Davis - b. Feb 16, 1918; d. Mar 4, 1973
	Ernestine Taylor Givens - b. 1912; d. 1978
	Miranda Jackson Eleazer - b. Dec 25, 1905; d. Dec 10, 1977
	Benjamin Portis - b. Jun 8, 1927; d. Jun 23, 1996; Pvt US A Kr
(s)(b)	Frank M. Jackson, Jr. - b. Sep 26, 1961; d. Dec 9, 1991
	Posie Lee Benning - b. 1938; d. 1985
	William L. Langley - b. Sep 25, 1914; d. Nov 9, 1996*
	Almeta E. Langley - b. Jun 25, 1917; d. _____ *
	Israel Stone, Sr. - b. Feb 2, 1948; d. _____ *
	Nancy M. Stone - b. Oct 11, 1951; d. Sep 16, 1993*
	Rebecca G. Hawkins - b. 1901; d. 1983
	Marion G. Givens - b. 1915; d. 1979
	Minnie L. Pringle - b. Dec 6, 1910; d. Jul 9, 1986

Carl W. Fields - b. Jul 24, 1912; d. Dec 3, 1979
Kari R. Woodard - b. 1961; d. 1980
Robert W. Ritter - b. Jun 15, 1926; d. Mar 18, 1968; SC Tec 5 US A WWII
Vernelle Wesson - b. Nov 29, 1912; d. Nov 14, 1996; Your loving (s) David
Carrie Showers - b. 1908; d. 1995
Ronald Edward Elleby - b. Jan 26, 1954; d. Dec 23, 1991; Sp 4 US A
(m) Nancy Hilda Hodges-Daniels - b. Feb 13, 1944; d. Aug 22, 1993
(m) Catherine B. Harris - b. Sep 9, 1923; d. Sep 8, 1996
(m) Fannie H. Grayson - b. 1905; d. 1983
Janie J. Cloud - b. 1914; d. 1993
Gloria Anderson Bowers - b. Aug 1, 1959; d. Jan 1, 1998
Nelson Jacobs - b. Jun 26, 1927; d. Feb 4, 1981; Stm 1 US N WWII
Bobbie W. Jones - b. Mar 15, 1942; d. Mar 30, 1993
Annie Bella Clark Henriquez - b. Mar 2, 1931; d. Jan 2, 1998
(dea) General Clark - b. Feb 20, 1900; d. May 1, 1986*
Ethel L. Clark - b. Mar 10, 1903; d. Oct 4, 1993*
Nanie L. Clark Hall - b. Jan 29, 1927; d. Jul 9, 1978
Miranda L. Curry - b. 1956; d. 1994
(s) George Curry - b. Dec 16, 1941; d. Dec 3, 1969
Lula B. Scott - b. Jul 1, 1916; d. Aug 29, 1992
Marie Scott Lyles - b. 1899; d. 1998
Hymes Lee Gilliam - b. 1925; d. 1998
Henry Davis Samuel - b. 1911; d. 1995
Broderick M. Samuel - b. 1959; d. 1989
Eugenia M. Simmons - b. 1916; d. 1997
Mozel B. Chavis - b. 1924; d. 1993
(h) Paul Chavis - b. Nov 6, 1918; d. Oct 22, 1973; S-P6
Willie B. Smith - b. 1906; d. 1990
Arthur J. Anderson, Sr. - b. Dec 12, 1912; d. Sep 30, 1987; Tec US A
James Anderson - b. 1899; d. 1987
Gladys "Buttercup" Gardin - b. Feb 15, 1927; d. Mar 25, 1987
Martha A. Williams - no dates
Eddie H. Howard - b. 1946; d. 1989
Lucille B. Henderson - b. 1926; d. 1992
Harry Charles - b. Aug 18, 1912; d. Jun 24, 1989; PFC US A WWII
John Cannon, Jr. - b. Mar 7, 1940; d. Aug 8, 1990; TSgt USAF Vn
Elizabeth B. Scott - b. Jan 25, 1920; d. Mar 28, 1989
Charles B. Barnwell - b. 1938; d. 1990
Heyward B. Coleman - b. 1915; d. 1985
Lillie B. Wilson - b. 1904; d. 1991
Lillian Wilson Davis - b. 1907; d. 1988
Fred Davis - b. 1907; d. 1980; US A WWII
_____ Mitchell, b. 1912; d. 1977
John Henry Boozer - b. Oct 22, 1910; d. Mar 15, 1987

(m)   Willie Thompson - b. Oct 17, 1914; d. Feb 1, 1993; Pvt US A WWII
Emma E. Thompson - b. Oct 2, 1914; d. Jun 28, 1983
Anthony L. Jenkins - b. May 25, 1961; d. Jul 12, 1976
Cornelia B. Strother - b. 1917; d. 1992
James Strother - b. Dec 12, 1919; d. Oct 25, 1972; SC Stm 1 US N WWII

(m)   Irene D. Burgess - b. Mar 21, 1903; d. Sep 6, 1971
Esther F. West - b. 1903; d. 1981
Albert A. Pratt - b. 1953; d. 1981
Clarence R. Jackson - b. 1937; d. 1994
Liston Eaddy - b. Jul 6, 1903; d. Jan 7, 1997
Cleaveland Roddick - b. Dec 25, 1917; d. Jan 27, 1984; US A WWII
Ned E. "Sarah" Lewis - b. 1916; d. 1987
Myrtle Mae Stewart Roddick - b. Oct 24, 1929; d. Aug 14, 1996

(m)   Josephine D. Bookman - b. Sep 13, 1917; d. Mar 12, 1994
Alphonso Ap Blanks - b. 1925; d. 1995
Joann Bastian - b. 1944; d. 1991
Frederick "Rickey" Davis - b. May 25, 1969; d. May 5, 1990
Ronnie Riley - b. 1959; d. 1994
Juanita L. Surginer - b. Mar 22, 1946; d. Sep 12, 1992
Elise N. Green - b. Oct 4, 1924; d. Jul 26, 1978
Johnny Burns - b. 1946; d. 1995
Preston P. Burns - b. 1957; d. 1994
Samuel Burns, Sr. - b. Jun 7, 1923; d. Dec 15, 1985; Cpl US A WWII

(m)   Stannie C. Clark - b. Dec 25, 1896; d. Oct 10, 1992
Aaron J. Geathers - b. 1972; d. 1982
Adel H. McFadgion - b. 1918; d. 1992
Ruby Inez Hunt - b. Dec 15, 1941; d. Apr 30, 1990
Mark Anthony Backus - b. Apr 11, 1963; d. Oct 30, 1996; US A
Harriett Keels Bookert - b. Apr 8, 1919; d. Jan 7, 1993
Laura J. Smith - b. 1911; d. 1995
McKinley S. Cunningham - b. 1896; d. 1991
John Stroman, Sr. - b. 1944; d. 1990
Florie S. Steele - b. 1927; d. 1990
Howard R. Chalmers - b. 1925; d. 1981; PFC US A WWII
Howard R. Chalmers - b. Nov 26, 1950; d. Sep 25, 1994
Louis Dawkins - b. 1969; d. 1992
Eliza Jenkins Simpkins - b. 1889; d. 1982
Jessie Weston - b. Dec 3, 1900; d. ____
Marie J. Weston - b. 1887; d. 1986
Alice W. Martin - b. Jan 18, 1967; d. Feb 6, 1981

(d)   Carolyn W. Grant - b. 1931; d. 1978
Maggie H. Wilson - b. Jun 9, 1887; d. May 3, 1976
Steven Wilson - b. 1952; d. 1997
James Wilson - b. 1913; d. 1978
Edith P. Smith - b. 1916; d. 1997

Kenneth E. Caulter - b. 1957; d. 1997
Ernest Crosby, Jr. - b. Feb 7, 1953; d. Sep 6, 1991
Wade Samuel Brown - b. Apr 12, 1938; d. Feb 28, 1994
Evelyn P. Wannamaker - b. Sep 29, 1951; d. Dec 4, 1996
Mrs. Estelle H. Langley - b. 1920; d. 1997
James D. Langley, Sr. - b. Jun 25, 1920; d. Feb 26, 1998
Abraham Wheeler, Sr. - b. Jun 26, 1916; d. Dec 9, 1979
Norman E. Harrison - b. 1930; d. 1979; US A Kr
Calvin J. Anderson, Jr. - b. Aug 9, 1923; d. Feb 26, 1994; AS US N
Jessie Nathaniel Greene - b. Mar 16, 1919; d. Nov 30, 1995; US N WWII
Lucille F. Coleman - b. Jul 24, 1897; d. Jul 5, 1991
Lucille G. Ross - b. 1923; d. 1989
Floyd Daniel Anderson - b. Nov 27, 1945; d. Aug 12, 1987
Johnny O. Cobb - b. 1951; d. 1981
John Henry Green - b. Jun 5, 1920; d. Jan 15, 1987; Sgt US A WWII
Melton Coleman - b. 1934; d. 1986
Melton H. Ferguson - b. Feb 16, 1898; d. Mar 18, 1986; US A WWI
Amanda Delanly Ferguson - b. Nov 16, 1903; d. Jan 29, 1973
Amanda F. Haynes - b. 1925; d. 1996
Rosa A. Taylor - b. 1889; d. 1974
Harry L. Williams - b. Dec 17, 1924; d. Jul 15, 1979
Harry Richardson, Sr. - b. 1931; d. 1988
George Bryant, Jr. - b. Oct 16, 1943; d. Jul 17, 1983
John Durham, Sr. - b. 1933; d. 1995
James W. Witherspoon - b. 1918; d. 1995*
Louise I. Witherspoon - b. 1913; d. _____*

(m)   Ora Bell Ingram Speights - b. Jun 28, 1914; d. Sep 17, 1996
Donald A. Houston - b. Dec 23, 1967; d. Mar 15, 1989
Marie Clark - b. Dec 15, 1935; d. Sep 3, 1979
David Lee Bryant - b. 1948; d. 1981

(h)   Gene Autry Patterson - b. Mar 17, 1948; d. May 27, 1998; Sgt US A Vn
Robert C. Patterson - b. 1938; d. 1986

(m)   Sarah Huston - b. 1912; d. 1978*
(s)   Jesse Huston - b. 1942; d. 1971*
Joseph A. Hampton - b. Mar 23, 1959; d. Jul 19, 1980
Jeannette Taylor - no dates
Carlos L. Thrasher - b. 1954; d. 1997
Claude H. Brown - b. Oct 8, 1937; d. Jul 25, 1983
Ruby C. Bates - b. 1949; d. 1991
Velieia Elleby Green - b. Aug 8, 1962; d. May 25, 1990
Henry Frank Anderson - b. Apr 27, 1914; d. Jan 13, 1972; SC Tec 4 Hq Btry 76 AAA GP CAC WWII
Katherine Anderson - b. Aug 27, 1921; d. Feb 7, 1997
Mary S. Murphy - b. Oct 25, 1899; d. Dec 20, 1985

	Willie James Murphy - b. Jun 1, 1921; d. Sep 7, 1990; US N WWII
	Shirley B. Murray - b. 1938; d. 1990
	Joseph L. Jordan - b. Aug 1, 1918; d. Dec 22, 1965
	Benjamin F. Murphy - b. Jul 24, 1943; d. Mar 25, 1992
	Elizabeth S. Mayo - b. 1913; d. 1997
	Rosa Lee Alston - b. Jun 20, 1920; d. Sep 10, 1996
	Cordell J. Fontanez - b. 1945; d. 1982
	Charles J. Young - b. 1941; d. 1998
(f)	James F. Morrison - b. Jan 29, 1917; d. Dec 31, 1993
	Robert Roundtree - b. 1919; d. 1988
(h)	Otis F. Jones - b. 1904; d. 1981
	William Wilson - b. Apr 13,1929; d. Jun 3,1986; Pvt US A Kr
	Jerome R. Smith - b. 1955; d. 1993
	Angelo G. Wilson - b. 1952; d. 1994
	Marie M. Jones - b. May 15, 1901; d. Jul 14, 1973
	Edward Moye - b. Nov 23, 1919; d. Aug 26, 1987; Tec 4 US A WWII
	Glenn E. Preston - b. Jan 10, 1962; d. Aug 10, 1992
	Rosa Mae Mathis - b. Jun 30, 1926; d. Jan 9, 1997
	Freddie Lee Preston- b. Jul 4, 1930; d. Mar 13, 1997; Sp 5 US A Vn
	Phyllis _____, b. 1932; d. 1986
	John Rice - b. 1918; d. 1986
	Thelma L. Hayes - b. 1893; d. 1968*
	Arthur W. "Foots" Hayes - b. 1895; d. 1978*
(m)	Daisy M. Alston - b. Apr 10, 1921; d. Jun 6, 1973
	Daniel Alston, Jr. - b. Nov 10, 1920; d. Jan 14, 1989
	Jasper L. Mitchell - b. Oct 14, 1926; d. Aug 2, 1974; Pvt US A
	Alberta Threatt - b. Jul 4, 1900; d. Jul 13, 1997*
	Samuel S. Threatt - b. Jul 1, 1881; d. Dec 17, 1965*
	Alexander L. Garrett- b. Nov 19, 1939; d. Feb 8, 1966; SC AIC USAF
	Lila A. Garrett - b. 1919; d. 1978
	Albert W. Garrett - b. Apr 9, 1945; d. Apr 8, 1981; Sgt US A Vn
	Helen D. Garrett - b. 1903; d. 1990
	William H. Jackson - b. Jan 16, 1932; d. Jul 7, 1975; Sp 5 US A Kr
	M. Lillian Shaw - b. 1898; d. 1990
	Oscar Shaw - b. 1896; d. 1966
	Raleigh Shaw - b. Mar 10, 1935; Jan 14, 1968; SC PFC US A
	Charlie "Buck" Jenkins, Jr. - b. Aug 9, 1941; d. Jan 7, 1988
	Sherman Tillman - b. May 5, 1899; d. May 2, 1970; SC Pvt US A WWI
(sis)	Judy B.T. Lakin - b. Jul 11, 1937; d. Nov 2, 1993
	Sherman Tillman, Jr. - b. Feb 22, 1919; d. Feb 6, 1997; Cpl USMC WWII
	Ernest B. Watson - b. 1903; d. 1974
	Donald E. Jones - b. 1950; d. 1987
	Carrie B. Hart - b. 1898; d. 1994
	Robert Porter - d. Mar 6, 1929*

Christinia Porter - d. Nov 24, 1965*
Ingrid G. Isaac - b. 1948; d. 1981
Lila B. Moore - b. 1915; d. 1987
Jervie Guess - b. 1901; d. 1972
Ernestine P. Guess - b. 1908; d. 1981
Louis O'Neil - b. 1887; d. 1973
Beulah P. O'Neil - b. 1932; d. 1988
Georgie Griffin - b. 1915; d. 1990
Mary Lamar - b. 1889; d. 1969
Daisy M. Bates - b. Oct 22, 1914; d. Dec 12, 1970
Olin Anderson - b. Mar 15, 1915; d. Apr 5, 1969
Azalee A. Jones - b. Aug 28, 1917; d. Sep 18, 1991
Gaynell E. Johnson - b. May 7, 1921; d. May 1, 1996
Estelle M. Swinton - b. 1896; d. 1969
William Brabham - b. Jun 17, 1939; d. Dec 20, 1993; US N

(m) Eugenia W. Washington - b. 1892; d. 1968
Walker Hogan - b. Mar 16, 1942; d. Apr 16, 1969*
Elizabeth Y. Hogan - b. May 15, 1907; d. Aug 26, 1972*
John Anthony Hogan - b. Jun 9, 1954; d. Aug 3, 1975; PFC US A Vn
Ebebe Hutto - d. Mar 21, 1994
Blanche Garrett Brabham - b. Sep 29, 1915; d. Feb 9, 1990*
Garnell Brabham - b. Mar 1, 1901; d. Jun 8, 1967*
Thelma C. Johnson - b. 1918; d. 1986
Johnnie A. Parks - b. 1921; d. 1986; Pvt US A WWII
Daisy B. Nickle - b. 1921; d. 1985
Estelle D. Powell - b. 1886; d. 1976
Eddie Jones - b. 1954; d. 1965
Gwendolyn Woolfolk - b. 1912; d. ____

(rev) Albert Ingram - b. 1883; d. 1965*
Phillis A. Ingram - b. 1885; d. 1969*
Fannie J. Whaley - b. 1892; d. 1965*
Elias Whaley - b. 1891; d. 1969*
Geneva W. Graves - b. 1918; d. 1997
Minnie Y. Bailey - b. Dec 19, 1938; d. Mar 8, 1976
Forezene C. Long - b. Sep 8, 1902; d. Apr 8, 1985; Pvt US A WWII
Jesse L. Walker - b. Dec 26, 1905; d. Feb 4, 1982; Cpl US A WWII
Mattie Long Walker - b. Mar 3, 1911; d. Jan 7, 1996
Sim Washington - FL US A

(m) Vernell L. Jones - b. 1915; d. 1995
Rose L. Suud - b. 1928; d. 1974
Minnie Gantt Truesdale - b. Feb 10, 1905; d. Jan 26, 1994
Ellen Odom - b. 1880; d. 1982

(d) Florence G. Ingram - b. Dec 25, ____; d. ____
John Charles Gantt - b. Nov 23, 1925; d. Mar 8, 1977; Stm 1 US N WWII

(m) Mamie G. Wright - b. Dec 12, 1900; d. Jan 9, 1997

John Wright - b. 1903; d. 1969
Johnnie E. Elleby - b. Aug 29, 1923; d. Aug 5, 1968; SC Stm 1 US N WWII
John Elleby, Jr. - b. Apr 22, 1950; d. Mar 26, 1988
David Trezvant - b. Mar 3, 1927; d. Jan 9, 1984; SSgt USAF Kr
Dorothy H. Hendley - b. 1937; d. 1981
Amy E. Miller - b. 1896; d. 1981
Cornelia Trezvant - b. 1924; d. 1985
William Heyward - b. 1946; d. 1997
Malcolm B. Taylor - b. 1964; d. 1997
Caster Delaney - b. 1899; d. 1993
Mary M. Whetstone - b. 1940; d. 1998
Susie B. Workman - b. 1887; d. 1972
Sarah Stroman Eaves - b. Jun 24, 1950; d. Mar 3, 1987; Sp 4 US A Vn
Lessie Crosslin - b. Mar 12, 1886; d. May 16, 1983
Lela Mae Stroman - b. 1905; d. 1988
William Henry Rawlinson - b. May 27, 1925; d. Aug 18, 1996; US A WWII
Anne B. Vance - b. Jul 1, 1921; d. May 15, 1992
Boyd Jones - b. Aug 1, 1918; d. Aug 17, 1983; US A WWII
Carrie M. Williams - b. Apr 30, 1926; d. Nov 21, 1989
Elizabeth H. Reddings - b. Dec 24, 1934; d. Oct 8, 1985
David Allen Fox - b. Jun 28, 1928; d. Dec 14, 1965; SC SDG3 USNR WWII
Johnnie Lawrence, Jr. - b. Mar 7, 1930; d. Oct 28, 1993; US A Kr
Marshall C. CcCray - b. Jul 9, 1919; d. Mar 24, 1970; SC Tec 5 US A WWII
Henry Staley - b. Oct 17, 1894; d. Mar 22, 1974; SC Pvt US A WWI
Moses Anderson - b. 1932; d. 1981
Alvin P. Taylor - no dates
Sylvia D. Harmon - b. 1955; d. 1988
(s) Willie J. Steele - b. Dec 7, 1956; d. May 26, 1980
Eddie Gregory - b. 1925; d. 1976; TSgt USAF
Moses Anderson - b. Nov 5, 1932; d. Nov 30, 1981; US A
John Durham, Jr. - b. 1957; d. 1971
Sally M. Taylor - b. 1948; d. 1994
George Ferguson - b. Mar 30, 1914; d. May 21, 1980; PFC US A
Catherine Taylor - b. Dec 5, 1944; d. Apr 1, 1971
Daisy L. Taylor - b. May 5, 1919; d. Jul 31, 1992
Christopher D. Taylor - b. 1970; d. 1993
Mable E. Moyd - b. 1916; d. 1993
Gertrude Curry Holmes - b. Aug 1, 1904; d. Feb 26, 1969
Dolly Truesdale - b. Dec 24, 1908; d. May 4, 1997
Ella Ruth Miller - b. May 9, 1931; d. May 7, 1983*
Bernard Miller - b. Oct 25, 1957; d. Nov 21, 1982*
(h) Richard Truesdale - b. Apr 22, 1900; d. Mar 23, 1973

Pearl Puryear - b. 1912; d. 1993
George Belton - no dates
Clara B. Belton - b. 1907; d. 1991
Ruth Reed - b. 1898; d. 1967
Johnetta Miller - b. 1954; d. 1997
(s) James D. Miller - b. Aug 2, 1965; d. Feb 25, 1993
Tharald W. Elliott - b. Apr 5, 1929; d. May 2, 1967; NC Sgt Co B 60 Inf Div Vn - Ph
Eloise F. Sullivan - b. 1894; d. 1969
Emma F. Sumpter - b. 1904; d. ____
Joe M. Burns - b. 1902; d. 1968
(m) Adlene Smith - b. Nov 1893; d. Mar 29, 1968
John W. Cole - b. Mar 8, 1925; d. Jan 17, 1968; SC Pvt US A WWII
Sullie Hall - b. 1894; d. 1968
Ernestine G. Taylor - b. 1920; d. 1968
William Lewis - b. Jul 29, 1896; d. Nov 20, 1967; Pvt US A WWI
Leroy Byrd - b. May 5, 1915; d. Jul 25, 1982; US A WWII
Norman Middleton - b. Oct 23, 1919; d. Apr 20, 1982; PFC US A WWII
(m) Lula H. Middleton - b. 1885; d. 1967
Amelia M. Samuel - b. 1911; d. 1989
Henry Davis Samuel, Jr. - b. Jan 30, 1935; d. Dec 9, 1992; SSgt USAF Vn
Ernest Moody - b. Dec 25, 1930; d. May 31, 1967; SC Pvt US A WWII
Phillip L. Brown - b. 1942; d. 1969
Jack "Little Basie" Castor - b. 1913; d. 1968
Carrie Devault - b. 1906; d. 1966
Elizabeth Harris - no dates
Herbert Coleman - b. 1938; d. 1982
Fannie Mae Coleman - b. Jul 20, 1948; d. Feb 11, 1980
William Moore, Jr. - b. 1923; d. 1990
Rodney K. Palmer - b. 1965; d. 1991
Allen Robinson - b. 1917; d. 1984
____ Mickle - b. 1921; d. 1985
Freddie Robinson - b. 1921; d. 1970
Hampton Johnson - b. 1923; d. 1981
Willie Bates - b. Aug 25, 1924; d. Aug 17, 1973; GA Tec 5 US A WWII Kr Vn
Ida Lou Goyins - b. 1918; d. 1993
Samuel E. Goyins - b. 1943; d. 1993
Levi Isaac Johnson - b. 1915; d. 1967
Phobbie Johnson - b. May 4, 1892; d. Feb 20, 1971
Joe Butler - b. 1890; d. 1971
Annie Mae Bell - b. 1908; d. 1974
Julius Sharper, Jr. - b. 1945; d. 1974

(f)   Abraham Reese - b. Jan 10, 1916; d. Aug 29, 1980
Eveliner C. Owens - b. 1905; d. 1980
Ida Bell Peterson - b. 1904; d. 1988
Katherine H. Pearson - b. Sep 2, 1927; d. Nov 28, 1970
Johnie Brown - b. May 6, 1917; d. Sep 16, 1966; SC PFC USMC WWII
James C. Peterson- b. Apr 24, 1933; d. Dec 29, 1966; SC Pvt US A Kr
James H. Peterson - b. Nov 1, 1894; d. Jul 2, 1970; SC PFC Co C 308 Svc Bn WWI
Thelma R. Crosby - b. Oct 4, 1918; d. Sep 12, 1966
James Rutherford - b. Jun 3, 1897; d. Jun 15, 1967; SC Pvt 422 Res Labor Bn QMC WWI
Frances B. Hopkins - b. Oct 4, 1912; d. Jun 14, 1990
Della Burton - b. Mar 7, 1889; d. Apr 8, 1968
John Burton - b. Aug 10, 1881; d. Jan 10, 1970
James Macon - b. Jun 2, 1929; d. Aug 10, 1979; PFC US A WWII
Marion Macon - b. 1909; d. 1980
Henry Smith - b. 1916; d. 1995

(m)   Katie Bell M. Smith - b. Oct 26, 1920; d. Jan 2, 1975
James L. Smith - b. Jul 30, 1948; d. Dec 18, 1993; US A Vn
Vashti A. Stevenson - b. 1886; d. 1980
Roscoe Stevenson - b. Nov 8, 1896; d. Nov 16, 1968; SC Pvt Co A 567 Engr Svc Bn WWI
Sallie M. Mitchell - b. 1920; d. ____
Isabell T. Wadsworth - b. 1908; d. 1994

(m)   Sallie B. Wadsworth - b. Feb 19, 1911; d. Jun 27, 1977
Wilbert Allen - b. Oct 19, 1910; d. May 26, 1977; US A WWII
Thomasenia B. Anderson - b. 1916; d. 1970
Herman W. Hancock - b. Apr 24, 1898; d. Feb 19, 1976
James Anderson - b. 1899; d. 1987
Andrew Portee, Jr. - b. Nov 16, 1929; d. Nov 17, 1975; Pvt US A Kr
David Esaw - b. Sep 28, 1919; d. Oct 15, 1966; SC Pvt US A WWII
William Bell, Sr. - b. 1912; d. 1965
Sherman L. Davis - b. 1944; d. 1978
Robert L. Young - b. 1938; d. 1992
Clarence E. Roberts - b. Jul 10, 1915; d. Jan 16, 1970
Carrie W. Roberts - b. 1924; d. 1991
Curtiss Simmons, Jr. - b. Mar 30, 1948; d. May 18, 1975
Lewis "Poop" Woodson - b. Jul 24, 1943; d. Feb 27, 1982
Charlie Woodson - b. Jan 20, 1916; d. Sep 3, 1974
Theodore Woodson - b. Aug 1, 1945; d. Nov 18, 1966
Marion Robertson - b. 1919; d. 1983

(f)   Odell R. Gilliam - b. Dec 16, 1908; d. Dec 26, 1969*
Ida Mary Gilliam - b. Jun 15, 1914; d. Dec 21, 1978*
Jessie L. Gilliam- b. Jun 23, 1935; d. Dec 24, 1973; SC SSgt USAF Kr

78. **Wright Graveyard**: On Portia Rd about 1/4 mile north of Bass Rd, Blythewood, SC. There are dates but I was not allowed on the site. Aug 30, 1998

(f) J.A. Wright
(m) Josephine Wright
(f) Robert Watts
(s) Gene Watts
(f) James Harmon
(s) Bobby Harmon

79. **Zion Canaan Baptist Church Cemetery**: At the junction of I-20 and Farrow Rd, Columbia, SC. Sep 23, 1995

    Rufus Simpson - b. Apr 10, 1908; d. Jan 4, 1962*
    Lelia B. Simpson - b. Jun 18, 1906; d. May 29, 1979*
    Dewitt McCrorey - b. Feb 12, 1909; d. Feb 12, 1967*
    Jamie B. McCrorey - b. Apr 10, 1909; d. ____ *
(m) Mrs Nancy Brice - b. Jun 11, 1871; d. Jan 2, 1961
    Louis Wright - b. Dec 10, 1919; d. Apr 25, 1958; SC Cpl 957 Ambulance Co WWII
    Inez V. Days-Fox - b. Jan 9, 1931; d. Apr 2, 1997
    Jeremiah Brown - b. Oct 20, 1955; d. Jan 26, 1933; US A
    Reginald Paige - b. 1958; d. 1991; USMC
(m) Ethel Gladden Benson - b. Mar 7, 1905; d. Oct 12, 1989
    Lillie W. Dinkins - b. Jun 18, 1919; d. Feb 27, 1981
(m) Lewis Joe Cunningham - b. Jun 29, 1915; d. Oct 3, 1985*
(m) Effie Blankeney - b. Jul 31, 1916; d. Sep 8, 1978*
    Georgia L. Belton - b. Jun 15, 1927; d. Feb 27, 1975
    Gertrude B. Kennedy - b. Jan 28, 1909; d. Jun 3, 1983
(m) Arthur Warren - b. Sep 23, 1902; d. Mar 6, 1978*
    Elizabeth Warren - b. Mar 31, 1904; d. Dec 5, 1985
(dea) Robert Bossard - b. Oct 5, 1910; d. Jun 16, 1977*
    Hattie C. Bossard - b. Oct 20, 1910; d. Jan 31, 1983*
    Sallie Kempson - b. 1895; d. 1966
    Dora Saulter - b. 1876; d. ____
    Queen Esther Days - b. 1932; d. 1968
(m) Bessie L. "Mimia" Weeks - b. 1901; d. 1976*
(m) Samuel "Sam" Weeks - b. 1894; d. 1962*
    Jessie M. Morrison McCloud - b. Jul 6, 1910; d. Jan 13, 1964
    Lowrance McCloud - b. Mar 31, 1905; d. Jun 5, 1968
    Helen B. Levy - b. Jul 4, 1909; d. Oct 22, 1979*
    Johnnie W. Levy - b. Oct 27, 1904; d. ____ *
    Edifae Dreher - b. 1907; d. 1970*
    Laymon Dreher - b. 1898; d. 1981*
    Mary F. Dreher - b. Jun 25, 1908; d. Sep 7, 1985*
    Melton Dreher - b. Oct 13, 1900; d. Nov 4, 1975*

Ezell Boular - b. 1906; d. 1972
Henry Dreher - b. Oct 18, 1869; d. Jul 27, 1953*
Ella Chavis Dreher - b. Dec 24, 1874; d. Jun 5, 1964*
Maggie M. Bell - b. Jul 21, 1893; d. Jun 22, 1973
James Weeks - b. Dec 8, 1924; d. Jun 27, 1962; SC Cpl 574 Ord Ammo Co WWII
Violet G. Weeks - b. Dec 3, 1924; d. Jun 16, 1974
Dorothy Hampton Weeks - b. Sep 1, 1932; d. Mar 16, 1975
Joe Horace McDonald - b. Oct 10, 1939; d. Feb 17, 1958
Walter McDonald - b. Oct 20, 1905; d. Jul 12, 1968
Carrie McDonald - b. May 17, 1906; d. Mar 25, 1994
Isabelle McDonald - b. Apr 15, 1928; d. Jul 19, 1948
Daniel Bostic - b. Jan 12, 1858; d. Jan 2, 1943*
Anna L. Bostic - b. Mar 27, 1876; d. Oct 27, 1957*
Harry Bostic - b. Mar 11, 1915; d. Feb 27, 1991*
Lena S. Bostic - b. Sep 17, 1917; d. Dec 30, 1982
Easter Crumpton - b. 1883; d. 1962
Simon Crumpton - b. 1907; d. 1981
Willie Griffin - b. Jan 29, 1882; d. Nov 2, 1947
William Adams, Sr. - b. 1889; d. 1942*
Julia D. Adams - b. 1894; d. 1970
George W. Butler, II - b. Aug 17, 1892; d. Sep 18, 1949*
Esther L. Butler - b. Feb 17, 1904; d. Apr 26, 1996*
Beulah Davis - b. 1894; d. 1971
Elnora Bouknight - b. May 23, 1913; d. May 26, 1956
David W. Johnson - b. 1906; d. 1970
Mrs Elouise Days - d. Apr 15, 1906; age 80y
David Lucius Johnson - b. Jan 25, 1932; d. Jan 16, 1988; US A Kr
Edith Scott - b. 1918; d. 1959
(m) Cora Lawhorn O'Neil - b. 1908; d. 1961
Randal L. O'Neil - b. Oct 26, 1964; d. Feb 21, 1965
(m) Mary A. Lawhorn - b. 1895; d. 1947*
(m) Bessie Tucker Lawhorn - b. 1903; d. 1960
(m) Anna Love Boyd - b. Mar 18, 1857; d. Aug 13, 1957
Minnie Y. Anderson - b. Dec 12, 1897; d. Oct 10, 1944*
Frank Anderson, II - b. May 27, 1891; d. Jan 18, 1958*
Frank I. Anderson - b. 1850; d. 1915
Phylis L. Anderson - b. 1859; d. 1935
Martha Anderson - b. 1893; d. 1922*
Lewis Anderson - b. 1887; d. 1940*
Hardy Mickle - b. 1902; d. 1945
Alice Anderson - b. 1900; d. 1967
Hughey Anderson - b. 1894; d. 1959
Archie Anderson - b. May 8, 1888; d. 1977
James Jeter - b. Mar 15, 1911; d. Jun 22, 1980
Charles O'Neil - b. Jul 5, 1923; d. Oct 9, 1978; Pvt US A WWII

Lessie A. Jeter - b. Feb 13, 1913; d. May 28, 1997
Gerald L. Cornelius - b. Aug 26, 1969; d. Sep 22, 1991; Pvt
Frizzel K. O'Neil - Jan 22, 1995
John T. Mobley - PA Tec 4 1912 Ord Ammo Co Avn
Paul Mobley - b. Sep 11, 1920; d. Feb 15, 1958; SC Pvt Co M 372 Inf WWII
Essie M. Mitchell - b. Apr 2, 1906; d. Jan 4, 1969
Bogan Cash Missouri - d. Jan 7, 1942; SC Cpl 408 Res Labor Bn OMC
John Dove Foster - b. 1923; d. 1946*
Dove Foster, Jr. - b. 1945; d. 1952*
Essie Dixon - b. Oct 27, 1899; d. Dec 24, 1953
George Trapp - b. May 8, 1841 Fairfield Co; d. Mar 3, 1923 Richland Co
Estella Bell - b. Nov 13, 1871; d. Jul 21, 1948
Ernest Foster - b. Aug 15, 1891; d. Mar 7, 1973
Marion B. Foster - b. Jan 18, 1892; d. Mar 19, 1960
Minnie Lee Stearns - b. Aug 23, 1943; d. Dec 5, 1984
Addie A. Oglesby - b. Apr 4, 1899; d. Jan 10, 1977
Ann Oglesby Shell - b. 1913; d. 1966
Emanuel Shell - b. Aug 16, 1907; d. Dec 12, 1990
(rev) A.P. Porter - b. Jul 4, 1886; d. Aug 7, 1947
(m) Martha Wingard - b. 1882; d. Feb 28, 1911
(m) Charlie Johnson - b. Mar 15, 1893; d. Apr 9, 1929
Martin Sanders - b. 1873; d. 1930
Kattie Sanders - no dates
(m) James Stephens - b. May 15, 1909; d. Feb 15, 1982
(m) Viola Kimpson Stephens - b. Oct 20, 1909; d. May 23, 1977
Fannie Stephens Boykins - b. 1903; d. 1959
Nellie M. Stephens - b. May 31, 1904; d. Jul 4, 1996*
Jessie F. Stephens - b. Apr 23, 1901; d. Jun 2, 1954*
Sylvester Mitchel - b. Jul 18, 1896; d. Dec 13, 1930; SC Pvt Btry A3 Bn Prov Dev Brig WWI
Jessie Stephens - b. 1901; d. 1954
Michael Mitchel - b. Mar 17, 1967; d. May 15, 1967
James Albert Mitchell - b. May 25, 1928; d. Nov 22, 1969; SC Pvt US A
Henderson Clark - b. 1934; d. 1954*
Laden Clark - b. 1898; d. 1952*
Pirtel W. Clark - b. Aug 25, 1913; d. Dec 21, 1992
Julia Watson - b. 1878; d. 1927*
Isaac Watson - b. 1900; d. 1947*
James P. Paschal - no date
Albert Eden Parker - b. Mar 12, 1951; d. Nov 23, 1969; SC Sp 4 Co E 12 Cav 1 Cav Div (AM) Vn SS-BSM-AM - Ph
Lucille Jones - b. 1905; d. 1988

	Tamika Latrell Richardson - b. 1978; d. 1987
	Mamie Days - b. 1901; d. 1955
	Brenda J. Cannon - b. 1961; d. 1995
	Alberta M. Jones - b. Nov 25, 1915; d. _____ *
	Robert Jones - b. Apr 15, 1908; d. Nov 28, 1983
	Caroline Jones - b. Jan 25, 1872; d. Aug 22, 1962
	Marie Jones - b. Nov 18, 1926; d. Apr 1, 1952
(m)	Dinah McLoud - b. Aug 15, 1861; d. Jun 1, 1937
	Henry McCloud - d. Aug 6, 1928; age 72y
(s)	Zeno Cunningham - b. Oct 9, 1963; d. Dec 20, 1963
	Antonio Lopez - b. 1997; d. 1997
	Robert L. Mosby - b. Jun 13, 1917; d. Oct 6, 1960
	Anna F. Williams - b. Jan 27, 1931; d. Jul 21, 1994
	Isaac Brown - b. 1900; d. 1966
	Dan Seiules - d. 1967
	Emma Hopkins - b. Aug 2, 1902; d. Apr 2, 1971
(dea)	Otis Jackson - b. 1910; d. 1985
	Joretha C. Harris - b. Oct 28, 1944; d. Jan 15, 1967
	Bessie L. Jackson - b. Feb 5, 1905; d. _____ *
(rev)	C.J. Jackson - b. Oct 24, 1894; d. Sep 30, 1981*
	James C. Jackson, Jr. - b. Nov 8, 1932; d. Jul 22, 1966
	Eddie Rose - b. 1915; d. 1977; US A WWII
	Lillie Bell Graham - b. May 15, 1912; d. Mar 10, 1978
(f)	Nathaniel B. Cobbs - b. Jun 26, 1911; d. Jul 3, 1980
	Cheryl D. Cobb - b. Jan 24, 1958; d. Jun 10, 1987
	Essie Mae Cobb - b. May 8, 1920; d. Jul 27, 1991
(m)	Jacqueline E. Harrison - b. Oct 5, 1945; d. May 10, 1997
	Hughes Anderson - b. Nov 4, 1913; d. Oct 7, 1972
	Clarence L. Anderson - b. Jan 25, 1918; d. Jul 2, 1995; US A WWII
	Walter Norman - b. Nov 18, 1918; d. Feb 21, 1981; PFC US A WWII
	Ethel Outen Fennell - b. Apr 26, 1909; d. Aug 18, 1989

80. **Zion United Methodist Church Cemetery**: On Zion Church Rd 1/4 mile from Grover Wilson Rd, Blythewood, SC. Sep 12, 1998

Samuel Charlton Duke - b. Sep 29, 1854; d. Jun 22, 1895
Ernest C. Duke - b. 1881; d. 1899; (s) of S.C. & A.C. Duke
Henry Lomas Duke - b. Apr 15, 1858; d. Feb 10, 1897
Eliza Lomas Duke - b. Dec 30, 1833; d. Jun 23, 1902
F.M.L. Duke - b. Feb 10, 1825; d. Dec 14, 1903
John Edward Duke - b. Sep 30, 1852; d. Aug 26, 1870
Thomas Lafayette Duke - b. Jun 5, 1856; d. Jun 30, 1857
Emma Lavinia Duke - b. Aug 17, 1873; d. Dec 19, 1873
Mary Anna Duke - b. Dec 29, 1870; d. Dec 31, 1870
Georgianna E. Jamison - b. Oct 1818; d. Jan 26, 1855; (w) of D.E.H.
    Jamison; (d) of late Sam & Isabella Duke; died in her 37y
Oskar D. Blanton - d. Jan 13, 1876; age 1y 25d

Thomas C. Blanton - d. Dec 18, 1877; age 11m 4d
Charley H. Blanton - d. Sep 24, 1880; aged 11y 5m 18d
Luther Blanton - b. Sep 16, 1885; d. Feb 11, 1891; (s) of S.T. & A.E. Blanton
Didac Sligh - b. Jul 16, 1874; d. Sep 8, 1897; (d) of T.W. & H.L. Sligh
Jessie P. Sligh - b. Apr 11, 1871; d. Mar 19, 1877; (d) of T.W. & H.L. Sligh
Mrs. Isabella L. Wilson - b. Apr 4, 1829; d. Sep 22, 1851; aged 22y 4m 18d; (w) of Elias J. Wilson; (d) of Henry & Margaret Isbell
Ann Cooper Sims - b. Aug 3, 1853; d. Jun 10, 1936*
Samuel Sims - b. Feb 6, 1846; d. Oct 15, 1918*
Alvin O. Sims - b. Jan 23, 1892; d. Jan 15, 1919
Nancy Edith Irene Sims - b. Aug 31, 1884; d. Sep 5, 1887; (d) of Samuel & R.H. Sims

(f) John Preston Cooper - b. Sep 27, 1877; d. Feb 5, 1938*
(m) Mattie Matilda Cooper - b. Jul 25, 1882; d. Feb 3, 1920*
Rachel Melvina Kelly - b. Jan 6, 1848; d. Jan 17, 1921; (w) of John H. Cooper
John H. Cooper - b. Nov 22, 1842; d. May 2, 1924
Claude L. Yandle - b. Oct 1, 1926; d. Dec 4, 1926; (s) of G.M. & J.M. Yandle
Nicholas Holmes Cooper - b. Dec 14, 1908; d. May 6, 1910; (s) of G.J. & A.B. Cooper
Laura E. Heins - b. Jan 16, 1937; d. Nov 26, 1989
Robert H. Heins - b. Dec 30, 1928; d. Feb 18, 1984
Elise M. Heins - b. Dec 21, 1888; d. Jan 17, 1981

(inf) Cheryl Lynn Smith - b. Sep 1, 1976; d. Nov 2, 1976; (d) of Philip & Sara Smith
James B. Heins - b. Feb 23, 1882; d. Sep 21, 1962
Robert W. Heins - b. Aug 2, 1957; d. Jan 6, 1991
Capt James B. Heins, Jr. - b. Sep 8, 1916; d. Jan 4, 1945; died in the line of duty, WWII in Belgium at rest Henri Chapelle Cemetery, Belgium
Frances Marion Kay - b. Feb 16, 1914; d. Nov 28, 1978; US A WWII
Elizabeth Heins Kay - b. Mar 12, 1915; d. _____
Sarah Isabel Heins - b. Aug 11, 1921; d. May 18, 1925; (d) of James B. & Elise M. Heins
Bessie Heins - b. 1891; d. 1892*
Thomas Heins - b. 1880; d. 1882*
E.H. Heins - b. Aug 8, 1840; d. Mar 29, 1918

(sis) Lavenia Gladden - b. 1817; d. 1898*
Emma I. Duke - b. Oct 20, 1847; d. Sep 27, 1922; (w) of H. Oscar Duke
Elizabeth B. Heins - b. Oct 14, 1849; d. May 27, 1922
Ethel Allen - b. Oct 11, 1899; d. Sep 28, 1904; (d) of W.E. & Emma B. Allen

	Emma B. Heins - b. Oct 25, 1873; d. Oct 20, 1910; (w) of W.E. Allen
	James S. Allen - b. Jan 15, 1845; d. Dec 26, 1922
(inf)	Allen - b. Jul 13, 1886; d. Nov 9, 1886; (s) of James S. & Helen H. Allen
	Helen H. Allen - b. Jan 1, 1850; d. Jul 11, 1934
	Samuel L. Allen - b. Nov 22, 1878; d. Dec 19, 1958
	Hiram S. Allen - b. Mar 20, 1888; d. Sep 2, 1960
	Annie L.W. Allen - b. Sep 6, 1894; d. Mar 17, 1984
	Mittie A. Nix - b. Feb 2, 1881; d. Mar 20, 1961
	Ophelia Allen Boley - b. Jun 17, 1911; d. _____
(h)	Robert Fletcher Allen - b. Dec 2, 1905; d. Apr 11, 1986*
(w)	Beatrice N. Allen - b. Nov 29, 1918; d. _____ *
	Martha Brown Kennedy - b. Oct 13, 1924; d. Aug 7, 1991
	Samuel E. Brown - b. Jan 15, 1879; d. Mar 9, 1952
	Mattie Lauhon Brown - b. Nov 3, 1883; d. Nov 1, 1972
(inf)	Brown - d. Apr 12, 1937; (d) of Oscar & Ruth J. Brown
(inf)	Brown - d. May 3, 1940; (s) of Oscar & Ruth J. Brown
	Sarah J. Brown - b. Oct 14, 1907; d. Oct 31, 1995
	Margaret Hilda Ballentine - b. Oct 27, 1921; d. Sep 16, 1981
	Margaret Blanche Ballentine - b. Jun 5, 1891; d. Feb 27, 1963
	William Thomas Ballentine - b. Jul 28, 1891; d. Jun 9, 1977
	Carroll E. Ballentine - b. Oct 1, 1916; d. Feb 14, 1996; Master CPO US N; at rest Oak Grove Cemetery, Bath, ME
(m)	Mattie L. Abell - b. May 27, 1897; d. Jul 3, 1977
(f)	Owen A. Abell - b. Feb 15, 1882; d. Nov 28, 1941
	Frances Abell - b. Feb 8, 1925; d. Jul 30, 1932; (d) of Owen A. & Mattie L. Abell
	Arthur D. Abell - b. Mar 7, 1897; d. May 19, 1915
(m)	Emma I.M. Abell - b. Jan 29, 1855; d. Apr 26, 1915; (w) of Arthur A. Abell
	Arthur A. Abell - b. Jul 30, 1859; d. Jan 9, 1911
	Lella M. Abell - b. Jul 28, 1896; d. Feb 1, 1987
	William H. Abell - b. Dec 22, 1885; d. Dec 11, 1965
	Charlie Mike Price - b. Jun 8, 1916; d. Nov 8, 1916
(inf)	Abell - no dates; (d) of Mr. & Mrs. Charley W. Abell
(inf)	Abell - no dates; (s) of Mr. & Mrs. Charley W. Abell
(f)	James T. Abell - b. Jun 3, 1904; d. Jul 7, 1987*
(m)	Ann H. Abell - b. Jan 30, 1906; d. May 5, 1983*
	Charley W. Abell - b. Jul 26, 1856; d. Nov 20, 1933*
	Elizabeth S. Abell - b. Mar 18, 1870; d. Nov 29, 1915*
	Reed M. Abell - b. Sep 11, 1911; d. Nov 10, 1969
	Leila Hagood Abell - b. Jan 16, 1909; d. Feb 5, 1981
	Brooks C. Abell - b. Nov 2, 1896; d. Sep 13, 1987
	Leona Frodge - b. Jun 23, 1923; d. Aug 20, 1924
	Joe Turner Lattimore - b. 1914; d. 1983
	Sarah R. Lattimore - b. 1912; d. 1994

	Albert R. Watts - b. 1903; d. ____
	Talmadge B. Watts - b. 1908; d. 1973
(inf)	Lattimore - b. 1946; d. 1946; (s) of Joe T. & Sarah R. Lattimore
(f)	Wade H. Johnson - b. Jun 11, 1869; d. Feb 14, 1936*
(m)	Minnie Watts Johnson - b. Jan 15, 1869; d. Jul 13, 1945*
	William A. Watts - b. Jun 1846; d. Jul 14, 1917
	Maranda H. Watts - b. Aug 1858; d. Jan 15, 1914
(f)	William A. Watts - b. Aug 19, 1877; d. Nov 20, 1934
(m)	Rebecca J. Watts - b. Dec 16, 1880; d. Aug 28, 1967
	Samuel Lauhon - 2 Lt Co H 4 SC State Troops CSA
	Sarah Lauhon Stewart - b. 1848; d. 1899
	Grover C. Wilson - b. May 6, 1887; d. Dec 19, 1977*
	Laurie Heins Wilson - b. Apr 25, 1888; d. Oct 10, 1984*
(inf)	Wilson - b. Dec 3, 1923; d. Dec 4, 1923; (s) of Grover C. & Laurie H. Wilson
	Edward H. Wilson - b. Sep 9, 1920; d. Apr 19, 1994*
	Jewel Beasley Wilson - b. Feb 28, 1921; d. ____*
	Jeremy James Casillo Wilson - d. Feb 28, 1984
	Eula W. Dodson - b. Apr 11, 1878; d. Nov 16, 1970
	Sarah B. Wilson - b. Jun 3, 1888; d. Jan 29, 1957
	Elton Jones Wilson - b. Oct 15, 1873; d. Jul 1, 1945
	Clifton H. Wilson - b. Sep 14, 1875; d. Feb 1, 1950
(f)	Henry Calhoun Wilson - b. Aug 22, 1851; d. Feb 1, 1936
(m)	Mary Louisa Wilson - b. Nov 26, 1847; d. May 28, 1916
	E.L.C. - b. 1841; d. 1899
	J.V.C. - b. 1840; d. 1902
	Fletcher R. Wilson - b. May 15, 1882; d. Jan 13, 1898
	John W. Goza - b. Dec 25, 1882; d. Nov 20, 1900*
(m)	Sallie G. Rosborough - b. 1843; d. 1885; (w) of Samuel G. Rosborough*
	Sam D. Brown - b. Mar 4, 1889; d. Oct 14, 1920;
	Emma May Lorick - b. Sep 1, 1887; d. Oct 2, 1911; (w) of J.H. Lorick
	Robert B. Hogan - b. 1877; d. 1920; (s) of John A. & Virginia E. Hogan
	John Alexander Hogan - no dates
	Virginia E. Hogan - b. Oct 18, 1839; d. Apr 14, 1903
	Elizabeth Bowen - b. Apr 11, 1848; d. Apr 29, 1898; (w) of Antney Bowen
	Anthony S. Brown - b. 1840; d. Feb 22, 1893
	Emma A. Brown - b. Mar 12, 1858; d. Mar 9, 1885; (w) of Anthony S. Brown
	Walter Thomas Brown - b. Jan 10, 1885; d. Apr 8, 1885
	Franquilla Selisa Declair Hogan - b. Jan 9, 1848; d. May 18, 1858
	Sanders S. Hogan - d. Apr 23, 1858; aged 56y
	Margaret Jane Hogan - (w) of Sanders S. Hogan; (d) of this part buried
	William B. Hogan - 1 Sgt Co B 7 SC Inf CSA

(f) Cunningham S. Boyle - b. Aug 4, 1856; d. Aug 3, 1857
J. Henry Stewart - b. Oct 16, 1858; d. Jun 26, 1930
Eliza Boyle Stewart - b. 1863; d. 1888; (w) of J. Henry Stewart
Mattie Stewart - no dates
Turner Stewart - no dates
H.C. Elkins - d. Feb 28, 1855; aged about 35y
Frances M. Elkins - d. Dec 27, 1863; aged 61y; (w) of Anthony Elkins
Anthony Elkins - d. Mar 10, 1855; aged about 63y
A.K. Elkins - b. Dec 24, 1835; d. Jun 14, 1862; (s) of Anthony & Frances M. Elkins
M.E. Elkins - d. Apr 7, 1855; aged about 33y
W.B. Elkins - d. Mar 28, 1855; aged about 37y
Craton Williams - b. Jan 1, 1796; d. Jul 11, 1879

(m) Sarah A. Williams - b. Dec 9, 1818; d. Jan 8, 1900; (w) of Craton Williams
Norman Brooks Williams - b. Sep 20, 1895; d. Feb 1, 1896*
Sarah Eloise Williams - b. Oct 15, 1897; d. Oct 15, 1897*

SECTION II

Location: All cemeteries and graves within the perimeters of the Fairfield County line on the North, Interstate 20 on the South, Route 321 on the East, and the Broad River on the West.

81. Barbara Lupo Grave 184
82. Bell Graves 184
83. Brice Family Cemetery 184
84. Cedar Creek A.M.E. Church Cemetery (black) 185
85. Cedar Creek Methodist Church Cemetery 188
86. Corley Family Graveyard 191
87. Faith Tabernacle Church Cemetery (black) 192
88. Gates of Heaven Cemetery (black) 192
89. Graddick Graves 197
90. John W. Jones Graveyard 197
91. Leitner #1 Graveyard 198
92. Leitner #2 Graveyard 198
93. Leitner-Turnipseed Graves 198
94. Lever Cemetery 198
95. Miller Cemetery 199
96. Mt. Olive A.M.E. Church Cemetery (black) 200
97. Mt. Pleasant Methodist Church Cemetery 200
98. Oak Grove Methodist Church Cemetery 210
99. Old DuBard Cemetery 213
100. Old Lincoln Memorial Cemetery 213
101. Old Zion Pilgrim Baptist Church Cemetery (black) 217
102. Pisqah Baptist Church Cemetery 217
103. Sligh Graveyard 218
104. Smith Graveyard 218
105. Souther-Turnipseed Graves 218
106. Taylor Cemetery 218
107. Temple Zion Baptist Church Cemetery (black) 224
108. Zion Chapel Baptist Church Cemetery (back) 227

81. **Barbara Lupo Grave**: About 1 mile down Bookman Loop Rd underneath the power lines, Cedar Creek, SC. Jul 18, 1999

   Barbara Ann Lupo - d. Dec 30, 1845; aged 30y 10m 7d; (w) of James L. Lupo

82. **Bell Graves**: On Montgomery Rd 2 miles off of Monticello Rd, Columbia, SC. 1990

   Asco Bell - d. Oct 10, 1815 or 16
   Sabric Bell - d. Oct 18, 1845; age 38y; (w) of Asco Bell

83. **Brice Family Cemetery**: In the southern part of Fairfield Co, between Smith Branch Rd and Little Cedar Creek Rd, SC. Jul 8, 1999

   Bessie L. Ruff - b. 1930; d. 1932
   Isie Lee Burrell - b. Jun 12, 1932; d. Feb 7, 1933
   George Burrell - b. 1877; d. 1932
   Theodore R. Manning, Jr. - b. 1928; d. 1978
   Jannie McGill - d. Mar 8, 1925; age 94; Ldg No 28 WHCWS
   Jessie A. Manning - b. Dec 28, 1909; d. Jul 4, 1963
   Theodore Rosevelt Manning, Sr. - b. Jan 29, 1905; d. Apr 8, 1968
   Jim Gill - b. Feb 4, 1858; d. Mar 29, 1910*
   Mary Ella Gill - no dates*
   Jim Gill - b. Sep 2, 1874; d. Nov 16, 1928
   Ada Manning - b. Sep 15, ___; d. Aug 11, 1951
   R.B. Manning - 1867; WHCWS
   Jane Dunlap - d. Nov 16, 1888; aged 90y
   George F. Brice - b. 1896; d. 1985; Pvt US A WWI
   Racher Johnson - b. 1865; d. 1906
   Boss Erby - b. Aug 8, 1882; d. Jul 23, 1956*
   Mary Jane Erby - b. Feb 15, 1885; d. Apr 30, 1968*
   Georgane Johnson - d. Nov 9, 1944; age 39y
   Samuel Johnson - b. 1837; d.1912; age 75
   Robert J. Johnson - b. Sep 29, 1877; d. May 25, 1942
   Lilieb Boyd - d. Jan 4, 1925; age 35y; Ldg No 28 WHCWS
   Emma A. Johnson - d. Aug 19, 1933; age 62y; WHCWS
   Daniel Johnson - d. Oct 23, 1933; age 41
   Nanci Johnson - b. 1873; d. Feb 2, 1938
   J.C. Johnson - b. 1870; d. Sep 5, 1939
   Mack Ruff - d. Oct 20, 1982; age 78y
   (m) Catherine Ruff - d. Sep 15, 1928; age 45y; (w) of Baylous Ruff
   Lucinda R. Thompson - b. 1891; d. 1926
   Ulis Seibles - b. 1917; d. 1952
   Lillie Seibles - b. Apr 7, 1885; d. Aug 7, 1943
   Mattie Walker - b. 1879; d. 1943
   Mary Walker - b. 1877; d. 1943

	Lessie Walker - b. 1892; d. 1940

Mary B. Seibles - b. Oct 17, 1894; d. Apr 17, 1934
Walter Seibles - b. 1897; d. 1978*
Fannie McDowell - b. 1919; d. 1969*
(m) Sallie Manning - b. Sep 15, 1867; d. Jun 9, 1918
Ellen Kennedy - d. May 1, 1926; age 70y; WHCWS
Perry Seibles - b. Dec 24, 1858; d. Feb 9, 1942
Mary Seibles Trapp - b. 1876; d. 1963
Fred Seibles - d. Sep 22, 1962; age 52y
Rebecca Seibles - b. 1914; d. 1998
John M. Lumkin - b. Jun 2, 1900; d. Apr 14, 1953
(inf) Onita M. Carter - d. Feb 21, 1963; (d) of Mr. & Mrs. Carter
Oliver Young - d. Oct 7, 1948; age 68y
Sylves McGill - d. Oct 13, 1949; age 65y
Sarah J. Gill - b. Mar 21, 1900; d. Apr 10, 1939
Char Harris - b. Jun 14, 1877; d. May 12, 1928
Claborne Jenkins - b. May 1, 1885; d. May 17, 1939
Hattie Jenkins - b. May 1, 1885; d. Aug 22, 1940
Zeria Jenkins, Sr. - b. May 19, 1907; d. Feb 2, 1960
Henry D. Jenkins - b. 1854; d. 1946
Sallie E. Jenkins - b. 1881; d. 1946
Taylor Jenkins - b. 1904; d. 1945
Joe Brown - b. Jul 14, 1898; d. Jul 14, 1967*
Emma L. Brown - b. Mar 4, 1904; d. Mar 2, 1992*
Mallie Seibles Dixon - b. Jul 17, 1911; d. Nov 6, 1980*
Sam Dixon - Mar 16, 1910*
Lessie Seibles Thomas - b. Dec 18, 1909; d. Dec 29, 1973*
(rev) J.W. Thomas - Nov 25, ____*
Josephine Seibles - b. Apr 8, 1885; d. Jun 20, 1958*
Turner Seibles - b. Nov 25, 1873; d. Jun 15, 1959*
Isaac Clarence Lewis - b. 1860; d. 1941
Carrie Lewis - b. 1868; d. 1944
John W. Seibles - b. ____ 11, 1881; d. Jul 15, 1920
Perry Walker - b. 1894; d. 1925
Mary Alice Seibles - b. Jul 17, 1917; d. Mar 25, 1925; (d) of Walter & Mary B. Seibles
Rober Brown - b. Aug 30, 1896; d. May 17, 1970
Aman Lumkins - d. Dec 20, 1931; age 80; WHWCS
Perry Gill, Sr. - b. Jul 16, 1886; d. Feb 16, 1949
(gm) Susie Leitner - d. Feb 25, 1945; age 119y
James Leitner - b. Apr 1, 1903; d. 1911

84. **Cedar Creek A.M.E. Church Cemetery**: On Montecelo Rd, at the intersection of Cool Stream Dr and Montecelo Rd, Cedar Creek, SC. Jun 29, 1999

(s) General L. Belcher, Jr. - b. Jul 28, 1955; d. Jul 2, 1969

(h)	General Lee Belcher, Sr. - b. Sep 11, 1918; d. Jan 19, 1994
(m)	Juanita S. Watkins - d. Sep 12, 1968
	John Wilson - b. Feb 10, 1913; d. Mar 22, 1993
	Lonnie Ott Wilson - b. 1917; d. 1973
(f)	Eugene Wilson, Sr. - b. Feb 2, 1916; d. Aug 22, 1981*
(m)	Ada K. Wilson - b. Jun 14, 1919; d. Dec 12, 1991*
	Eliza Wilson - d. May 4, 1954*
	John Wilson - d. Jul 3, 1956*
	David Wilson - b. May 22, 1914; d. Jan 12, 1941
	Geneva Smith - d. Jan 23, 1953
	Theodore Smith - b. 1921; d. 1966*
	Clarence Smith - b. 1888; d. 1966*
	James E. Wilson - b. 1922; d. 1963
	Ernest Rudolph Cook - b. Feb 24, 1936; d. Oct 6, 1990; USAF
	Preston Cook, Jr. - b. Sep 23, 1924; d. Jul 20, 1976
(m)	Ethel Cook - b. May 1, 1920; d. Jul 6, 1979
	Mary Jackson - d. May 22, 1940; age 65y
(rev)	J.J. Jackson - d. Jul 12, 1939; age 68y
	Lillie J. Cook - d. Sep 2, 1958
	Mary Trapp - d. Sep 17, 1941; age 74y*
	Charlie Trapp - d. Jan 11, 1937; age 72y*
(rev)	Prophet E. Davis - b. Jan 22, 1910; d. Oct 9, 1977
(m)	Nancy P. Turner - d. Feb 27, 1957
	Carrie Davis - b. 1878; d. 1934; age 56y
	Willmont Cook - b. Jan 21, 1932; d. Jun 17, 1972; SC SSgt USAF Vn
	Isaac Cook - d. Nov 1955
	Thomas E. Cook - b. Mar 30, 1893; d. Nov 8, 1918
	Mary Cook - b. Jan 13, 1868; d. May 7, 1925
	Preston Cook - b. May 13, 1896; d. Oct 3, 1973; SC PFC US A WWI
(m)	Blanche Evans Cook - b. Sep 9, 1903; d. Sep 16, 1992
(s)	Marion R. Cooke - b. May 29, 1910; d. Jul 13, 1982
(f)	Henry Cooke - b. Feb 1879; d. Dec 25, 1941*
(m)	Cora Cooke Author - b. Dec 28, 1886; d. Jul 3, 1962*
	Henry Jobe Leitner - b. Jun 7, 1886; d. May 21, 1970; SC Pvt US A WWI
	Charlie Cooke - b. Nov 14, 1890; d. Jul 14, 1977*
	Mattie K. Cooke - b. Jan 29, 1895; d. Feb 2, 1929*
	David Cook - b. Dec 25, 1888; d. Sep 15, 1913
	Elias Leitner - b. Aug 15, 1835; d. Jul 26, 1929; SC CSA
	Margrette Leitner - b. Jan 8, 1856; d. Sep 21, 1944
	Ester M. Cook - b. 1908; d. 1974
(m)	Pearl E. Cooke - b. Dec 11, 1883; d. Jul 17, 1984
(f)	Robert C. Cooke - b. Nov 12, 1882; d. Apr 19, 1954
(f)	Henry Smith - no dates

	Florence Martin - no dates
	Henry Smith, Jr. - no dates
	Lillie Hollin - no dates
	Wessley Murrel - no dates
(rev)	Robert A. Hollins - b. Aug 1, 1880; d. Oct 22, 1919
(f)	John Broom - b. 1885; d. 1958
(m)	Georgia B. Burrell - b. 1887; d. 1956
	Jemima H. Davis - b. 1850; d. 1937
	John Hollins - b. 1834; d. Nov 24, 1904; age 70y
	Robert O. Wilson - b. Nov 29, 1918; d. May 11, 1920; (inf) of John & Eliza Wilson*
	Wilson - b. Mar 9, 1925; (inf) of John & Eliza Wilson*
	Ott Wilson - b. Mar 1893; d. Nov 1918
	Susie Elkins - b. Jun 17, 1900; d. Dec 2, 1992
	Rafe Myers, Sr. - b. Jul 22, 1895; d. Dec 26, 1985
	Lonnie Myers - b. Aug 14, 1931; d. Jun 24, 1987
	Alice B. Cooper - b. 1933; d. 1967
	George E. Brown - b. 1935; d. 1950
	Mayes Brown - d. Jan 11, 1957; age 88y
	Alex Boyd - b. 1876; d. 1961
	John Brown, Sr. - b. Jul 4, 1900; d. Jun 10, 1989*
	Viola B. Brown - b. Oct 24, 1909; d. Oct 12, 1981*
	Gladys G. Brown - b. Apr 14, 1933; d. Apr 14, 1976
	James Brown - b. 1912; d. 1986
	Helen Brown Robinson - b. Aug 25, 1953; d. Apr 18, 1987
	Mattie D. Oliver - b. Dec 17, 1898; d. Feb 16, 1975
	Grandville Oliver - b. Nov 25, 1896; d. Jul 12, 1969
	Leether Taylor - b. Sep 7, 1922; d. Oct 19, 1953; (d) of Mr. & Mrs. Grandville Oliver
	Wade Myers - b. 1886; d. 1961*
	Leila E. Myers - b. 1891; d. 1965*
	Ryan B. Myers - b. 1915; d. 1959
	Joseph Matthew Myers - b. Feb 19, 1919; d. Aug 19, 1994; USAF WWII
	William Nicholas "Nick" Myers - b. Mar 8, 1917; d. Mar 6, 1989
(sis)	Lydia E. Walker - b. Jun 6, 1920; d. Oct 29, 1998
	Henrietta Oliver Goodson - b. Mar 1, 1931; d. Jun 19, 1999; age 68
	Frank Kelly - b. Aug 9, 1918; d. Apr 16, 1920
	Prophet E. Oliver - b. Jun 4, 1948; d. Jun 23, 1963*
	Leroy Oliver - b. Jun 4, 1919; d. Mar 29, 1966*
	Ronald M. Allen - b. 1959; d. 1968
(f)	Willie Mack - b. May 25, 1907; d. Nov 23, 1968
	Walter O. White - b. Feb 5, 1982; d. Jun 25, 1997
	Jessie Hutcison - d. May 17, 1928; age 36y
	Mamie B. Carter - b. Oct 27, 1908; d. Dec 9, 1998
(m)	Jessie B. Myers - b. Aug 18, 1911; d. Nov 12, 1998

	Thomas "Joe" Myers, Jr. - b. Feb 12, 1937; d. Mar 17, 1998
	Robert Gillyard - b. Sep 5, 1884; d. Aug 13, 1966
	Roosevelt Myers - b. Feb 2, 1939; d. Mar 22, 1997
	Roy Burrell, b. Oct 31,1905; d. _____ ; KY Pvt 4127 Qm Truck Co WWII
(sis)	Nettie B. Hamilton - b. 1912; d. 1965
	Leroy Gillyard - b. Nov 10, 1932; d. Jun 4, 1972; SC, Pvt US A Kr
	Dina K. Mack - b. Jul 15, 1908; d. May 16, 1991
	Beatrice M. Myers - b. 1943; d. 1998
	Louie E. Johnson - b. 1892; d. 1966
	Sallie White - d. Mar 6, 1956
	John Johnson - d. Aug 14, 1952
	Romeo Henry Johnson - b. Oct 24, 1914; d. Feb 22, 1988
	Julia Adams - b. 1834; d. Jul 20, 1928
	A.H. Dubard - b. Jun 8, 1883; d. Mar 28, 1927
	Lottie B. Davis - b. Aug 15, 1865; d. Jan 2, 1949*
	Henry Davis - d. Aug 29, 1929*
	Daniel V. Davis - b. Sep 22, 1900; d. Dec 14, 1940
	Henry W. Davis - b. Oct 17, 1894; d. Oct 1, 1923
	Calvin Ashford - b. 1916; d. Feb 4, 1974; SC Tec 5 US A WWII
	Winnie C. Ashford - b. Mar 11, 1886; d. Nov 9, 1978
	Frances Trapp - d. Jun 1935
	Thomas Myers, Sr. - b. Feb 22, 1906; d. Dec 9, 1987
	Ruth H. Myers - b. Feb 3, 1964; d. _____
	Orlando Delaney - b. Feb 28, 1913; d. Dec 8, 1996
(m)	Estell Delaney - b. Oct 5, 1886; d. Feb 24, 1957
	Charlie Meyers - b. Apr 15, 1892; d. Nov 8, 1963; VA PFC 405 Svc Bn Qmc WWI
(ni)	Sovilla L. Brasley - b. Oct 29, 1972; d. Jul 7, 1991
	Elizabeth G. "Liz" Brasley - b. Nov 20, 1951; d. Nov 11, 1990
	Shepman Gadson - Feb 26, 1955; age 37y
	Ernest Gadson - d. Dec 24, 1986; age 59 yrs

85. **Cedar Creek Methodist Church Cemetery**: On Cedar Creek Rd about 2 miles east of Montecelo Rd. It is about 12 miles north of Columbia, Cedar Creek, SC. May 8, 1989

Mrs. L.A. Kensler - b. Apr 19, 1880; d. age 56y
Anna Kensler - b. Apr 18, 1880; d. age 21y
Kittie Kensler - b. Apr 1, 1880; d. age 15
Oscar Harold Bookman - b. Oct 12, 1891; 5y; (s) of Algernon
  Goodwyn & Mary Finley Bookman
Sallie Salome Kensler - b. Jun 3, 1848; d. Dec 28, 1906; (d) of
  Col Daniel D. & Elizabeth K. Finley
Col Daniel Dansby Finley - b. Feb 8, 1802; d. Apr 15, 1886
Elizabeth Kensler Finley - b. May 29, 1813; d. Oct 10, 1908
Joel Pearson Finley - Co G 2 SC Cav CSA

Elizabeth Bookman Phillips - b. Mar 2, 1880; d. Aug 26, 1963; (d) of Algernon G. & Mary F. Bookman; (w) of Ernest Eugene Phillips
Ernest Eugene Phillips - b. Mar 25, 1877; d. Feb 9, 1958; (s) of Stephen Jefferson & Malhelda Comer Phillips; (h) of Elizabeth Bookman Phillips
Elizabeth Finley Phillips - b. Oct 12, 1905; d. Jun 29, 1962; (d) of Ernest E. & Elizabeth B. Phillips
May Rebecca Bookman - b. Oct 27, 1882; d. Apr 4, 1954; (d) of Algernon G. Bookman & Mary F. Bookman
Mary Finley Bookman - b. Oct 14, 1853; d. Dec 27, 1933; (w) of Algernon Goodwyn Bookman; (d) of Col Daniel Dansby Finley & Elizabeth Kensler Finley
Mary Cromer Phillips - b. Nov 2, 1902; d. Mar 17, 1974; (d) of Ernest E. & Elizabeth B. Phillips
Margaret Rabon - b. Aug 13, 1925; d. _____

(inf) Rabon - d. Nov 4, 1928; (d) of Mr. & Mrs. Joe W. Rabon
Fred H. Howell - b. Dec 4, 1900; d. Sep 15, 1926
Oscar Marion Howell - b. Mar 27, 1887; d. Jun 3, 1944
Othella W. Howell - b. Aug 27, 1860; d. Nov 17, 1950

(b) J. Reese Howell - b. Apr 11, 1883; d. Jan 3, 1954
Donna O. Howell - b. Nov 14, 1906; d. _____
Howell E. Rabon - b. Jul 24, 1933; d. Sep 10, 1974
Alice Y. Rabon - b. Nov 21, 1937; d. _____
Joe W. Rabon - b. Dec 20, 1900; d. Nov 5, 1966
Sophie H. Rabon - b. Feb 16, 1904; d. _____
Joyce L. Rabon - b. Jul 25, 1932; d. _____
John W. Rabon - b. Jan 17, 1931; d. _____
Daisy Melvina Hinnant - b. Apr 28, 1879; d. Jan 16, 1933; (w) of John Lafayette Pardee
A.R. Hinnant - b. Mar 16, 1844; d. Mar 8, 1917
Sena Price Hinnant - b. Jul 2, 1854; d. Jan 9, 1923; (w) of R.H. Hinnant
Napolean J. Hinnant - b. Mar 1, 1886; d. Dec 22, 1925
Eyer Eleazer Hinnant - b. Oct 5, 1891; d. Mar 6, 1934

(inf) Wall - d. Dec 19, 1949
Richard L. Hinnant - b. Jan 28, 1917; d. Dec 16, 1986; 1 Lt US A WWII; (h) of Dorothy Prospt Hinnant
Lenora Virginia Brown - b. Nov 21, 1856; d. Dec 28, 1934
Emma Lawson Hinnant - b. Nov 12, 1878; d. Dec 24, 1965
H.H. Hinnant - b. Jul 2, 1876; d. Dec 17, 1957
Harry Hamilton Hinnant - b. Feb 5, 1913; d. Apr 9, 1931
Robert Louis Hinnant - b. Jan 16, 1920; d. Aug 19, 1921
Haskell Hampton Hinnant, Jr. - b. Nov 29, 1903; d. May 9, 1905
Mildred Lindsey Hinnant - b. Mar 21, 1905; d. Aug 3, 1908
Frank H. Fowler - d. Dec 2, 1893; age 30y

Pink G. Fowler - d. Oct 5, 1895
Mattie E. Fowler - d. Sep 11, 1896; age 6y
Sallie K. Andrews - b. Sep 24, 1870; d. Nov 2, 1893
Hermine Kensler - b. Dec 15, 1873; d. Nov 1, 1888; (d) of James C. & Ada K. LaBorde
James Carroll LeBorde - b. Jun 12, 1834; d. Nov 23, 1838
Ada Kensler - b. Feb 25, 1843; d. Apr 26, 1901; (w) of James Carroll LeBorde
Hattie J. Fridy - b. Sep 1, 1877; d. May 11, 1961
Georganna Fridy - b. Oct 2, 1850; d. May 6, 1929
Thomas W. Fridy - b. Mar 28, 1825; d. May 3, 1895
Frances K. Fridy - d. Apr 12, 1872; age 43y; (w) of Thomas W. Fridy
John D. Fridy - d. Sep 16, 1862; age 12y 2m 19d; (s) of Thomas W. & Frances K. Fridy
Thomas L. Fridy - d. Sep 8, 1867; age 10y 8m 21d; (s) of Thomas W. & Frances K. Fridy
Nannie F. Fridy - d. Sep 26, 1867; age 6y 1m 4d; (d) of Thomas W. & Frances K. Fridy
Andrew Cauthern Fridy - b. Dec 1, 1883; d. Dec 14, 1957
Charlotte S. Fridy - b. Jul 27, 1889; d. Oct 7, 1992
Heyward Fridy - b. Jan 3, 1880; d. Jan 1, 1967
Andrew Cauthern Fridy, Jr. - b. Feb 22, 1920; d. Jun 17, 1975
Betty Johnson Fridy - b. Jun 12, 1926; d. ____
J. Gradick - b. Jun 2, 1861; d. Oct 10, 1882
Lawrence F. Hamiter - b. Jan 20, 1883; d. Jul 8, 1909
Bessie Davis - b. Oct 3, 1890; d. Sep 18, 1954
Sarah Pullig - b. Dec 12, 1792; d. Jun 2, 1863; (w) of P. Pullig
Lawrence W. Hamiter - b. Oct 6, 1844; d. Apr 21, 1859; (s) of H.D. & S.A. Hamiter
Hilliard R. Hamiter - b. Dec 25, 1859; d. Jun 5, 1860; (inf) (s) of H.D. & S.A. Hamiter
Zille Kensler - b. Sep 22, 1856; d. Jan 16, 1924; (w) of Samuel L. Hamiter
Samuel L. Hamiter - b. May 6, 1854; d. Dec 31, 1907
Capt Thomas C. Whitworth - b. Sep 22, 1844; d. Apr 17, 1926
Mary E. Hamiter Whitworth - b. Jul 12, 1855; d. Nov 2, 1928
Wesley W. Turnipseed - b. Sep 1821; d. Aug 17, 1841; (s) of Felix & Mary M. Turnipseed
Laevania E. Turnipseed - b. Jan 1, 1827; d. Sep 27, 1840; (d) of Felix & Mary M. Turnipseed
Charlotte Souther - b. Jan 29, 1814; d. Sep 22, 1845; (w) of Daniel Souther & 2nd (d) of Felix & Mary M. Turnipseed
Charles W. Turnipseed - b. Mar 21, 1910; d. Feb 3, 1954
Rhett Barnvell Turnipseed - b. Jul 27, 1895; d. Jul 20, 1913

Julian Carter - b. Apr 18, 1854; d. Dec 14, 1862; (s) of Lewis & Caroline Carter
Estelle Turnipseed Walling - b. Dec 26, 1887; d. Dec 15, 1951
Nancy Hawkins Turnipseed, b. Oct 6, 1868; d. Aug 11, 1936
Holly Edward Turnipseed - b. Aug 12, 1847; d. May 15, 1914
Edward Calhoum Turnipseed - b. Feb 2, 1890; d. Jun 4, 1935
Emily Driggers Turnipseed - b. Oct 12, 1893; d. Jul 8, 1973
G.L.M. Parker - b. Dec 6, 1876; d. Dec 21, 1876; children of G.W. & M.L. Parker
Alice V. Parker - b. Sep 11, 1882; d. Jun 21, 1883
N.E. "Johnnie" Lever - b. May 10, 1872; d. Dec 24, 1945
Alexander M. Martin - b. Mar 21, 1895; d. Dec 4, 1968
Maude H. Martin - b. Jan 25, 1900; d. Aug 19, 1982
Carl R. Martin - b. Feb 2, 1930; d. Feb 8, 1986
Johnnie Mae Martin - b. Jan 24, 1916; d. Apr 7, 1974
Willie Lackey Plexico - b. 1901; d. 1987
Annie Dubard Cooper - b. Feb 22, 1880; d. Aug 30, 1968
Furman Lee Cooper - b. Apr 19, 1882; d. Apr 20, 1972
Nathan J. Dubard - b. Mar 30, 1832; d. Apr 3, 1910
Judith W. Dubard - b. Dec 29, 1838; d. Dec 27, 1907
Pearl P. Chappell - b. Aug 11, 1874; d. Aug 13, 1911
E. Russell Edwards, Jr. - b. Jun 4, 1921; d. Jan 6, 1945; Lt J.G. USNR Philippine Campaign
Hazel Fairey Eargle - b. Mar 31, 1912; d. Oct 7, 1923; (d) of Mr. & Mrs. Boyd J. Eargle
Kathleen Dubard Eargle - b. Feb 20, 1895; d. Mar 24, 1973
Boyd Julus Eargle - b. Jun 25, 1892; d. Mar 20, 1958
Adam David Dubard - b. Feb 10, 1853; d. Nov 18, 1932
Maggie Fairey Dubard - b. Oct 12, 1874; d. May 30, 1971
Martha W. Dubard - b. Jun 19, 1876; d. Jun 23, 1914
Mary E. Dubard - b. Dec 29, 1869; d. Feb 14, 1930
Hettye Sanbora Dubard - b. Oct 19, 1904; d. _____
Fairey Dubard - b. Mar 14, 1897; d. Nov 17, 1956
Mary Salome Bookman - b. Mar 6, 1885; d. Jan 2, 1953; (d) of Algernon G. & Mary F. Bookman
Sophia Rabon - d. Apr 1, 1997; age 93y

86. **Corley Family Graveyard**: On Tims Rd off of Caughman Rd, north Columbia, SC. 1990

John Wesley Corley - b. Oct 4, 1847; d. Aug 27, 1921
Effie Wesley Corley - b. Sep 18, 1890; d. Mar 29, 1961
Frank L. Boyles - b. Mar 29, 1867; d. Sep 30, 1926
Maggie Boyd Corley - b. Oct 13, 1854; d. Mar 30, 1902
Mamie Anne Corley - b. Nov 14, 1891; d. May 20, 1961
Georgia C. Boyles - b. Feb 2, 1867; d. Jul 20, 1908

87. **Faith Tabernacle Church Cemetery**: On the corner of Dakota Rd and Heyward Brockington Rd, Columbia, SC. Sep 24, 1998

(m)
Mary Bell Ashford - b. 1919; d. 1974
Carrie Mae Ashford - b. 1922; d. 1971
Marie S. Kennedy - b. Sep 24, 1910; d. Dec 1, 1992
Mattie M. Boney - b. Aug 4, 1908; d. Feb 10, 1986
Henry Caldwell - b. 1909; d. 1974
Lizzie Ashford - b. 1930; d. 1996

88. **Gates of Heaven Cemetery**: On Heyward Brockington Rd near Singleton Rd, Columbia, SC. It is next to the Temple Zion Baptist Church Cemetery. Jul 11, 1999

John C. Clark - b. Mar 17, 1896; d. Nov 12, 1993*
Pauline Tidwell Clark - b. Mar 29, 1896; d. Jun 11, 1982*

(rev) Walter Hollis, Jr. - b. Feb 4, 1912; d. Jan 23, 1983
Mary Elizabeth Martin Hollis - b. Oct 13, 1919; d. Dec 28, 1984
Janie Freeman Hollis - b. Nov 28, 1890; d. Feb 12, 1975

(rev) Walter Hollis, Sr. - b. Sep 18, 1886; d. Jun 25, 1966
(dea) Robert William Davis, Sr. - b. Dec 1, 1919; d. Aug 13, 1990; Tec 4 US A WWII
James Monroe - b. Oct 19, 1922; d. Jan 29, 1995; S2 US N
Benjamin J. Mack - b. Mar 18, 1915; d. Oct 29, 1970; SC Tec 5 US A WWII
Rosevelt Green - b. 1915; d. 1979
McKinley Brannon - b. Oct 16, 1907; d. Feb 23, 1989
Ophelia Williams Archie Jackson - b. May 3, 1898; d. Dec 5, 1975
Elle Brannon - b. 1907; d. 1995
Angustus Bookert - b. Mar 30, 1924; d. Sep 30, 1989; US A WWII
James Thomas - b. Jan 28, 1954; d. Dec 18, 1987; US A Vn
Nellie Patterson - d. May 8, 1990; age 100y
John "Bo" King - b. Dec 18, 1911; d. Oct 6, 1990

(m) Laura Brevard - b. Jan 21, 1902; d. Aug 26, 1991; (s) James Brevard
Nancy Williams - d. Nov 8, 1991; age 88y
Thomas Davis - b. Apr 21, 1911; d. Mar 21, 1991
James Wise, Jr. - b. 1950; d. 1996
Ernest Thomas Redd, Jr. - b. 1937; d. 1988; PFC US A
Hughlene J. Workman - b. Jun 3, 1954; d. Jul 7, 1969
Hugh Alfred Workman - b. 1902; d. 1993
Elizabeth Pearson - b. Dec 19, 1908; d. Feb 2, 1990
Nellie Mae Pearson Sharpe - b. Apr 30, 1905; d. Dec 12, 1987

(m) Lucille P. Waiters - b. Aug 5, 1896; d. Jan 23, 1984
Jaunita Rish - b. 1930; d. 1994
Pinkie G. Pollard - b. Feb 5, 1876; d. Dec 6, 1968
Purce Callaway - b. Sep 30, 1908; d. Nov 22, 1966

Leonidas S. James - b. Aug 20, 1892; d. Dec 31, 1972
Myrtle Callaway James - b. Oct 8, 1904; d. Jan 3, 1976
D.D.S. Arthur Joseph Collins - b. Jun 24, 1890; d. Jan 18, 1977*
Evelyn Louise Collins - b. Nov 16, 1894; d. Feb 16, 1963*
Jennie Kennedy - b. Jul 23, 1912; d. Nov 8, 1995
Melton "Sug" Javis - b. Jul 27, 1950; d. Oct 8, 1980
George Jackson - b. Oct 5, 1923; d. Dec 16, 1987; SSgt US A WWII
Mattie "Diane" Rawls - b. Feb 11, 1956; d. Oct 31, 1995
Robert R. Rawls - b. Jul 31, 1950; d. Apr 7, 1991; "Pepsi Cola"
Aslee F. Belton - b. Dec 23, 1908; d. Jun 11, 1983
Stanley J. Maxwell - b. Oct 31, 1948; d. Jun 1, 1991
Davie Price - b. Feb 18, 1918; d. Aug 2, 1990; US A Kr
Dorsey Floyd - b. Jun 11, 1915; d. Jan 2, 1991; US A WWII
Julia Jones - b. 1910; d. 1995
(f) Jimmy G. General, Sr. - b. Nov 11, 1940; d. Jun 28, 1991
Elsie Jackson Rawls - b. 1919; d. 1990; age 71y
(m) Edith D. Marine - b. Dec 18, 1909; d. Jun 8, 1990
(f) Willie J. Marine - b. Feb 16, 1907; d. Mar 19, 1989
Robert Reed - b. 1905; d. 1986; Pvt US A WWII
Betty D. Roserio - b. Jul 16, 1949; d. Mar 23, 1992
Ronnie Knox Holmes - b. Nov 1, 1958; d. Mar 6, 1992
Mary Davis Butler - b. Mar 14, 1951; d. Apr 29, 1992
James McCray, Sr. - b. 1928; d. 1989
Clyde Delaney - b. Mar 26, 1920; d. Oct 28, 1989; US A
Lillian Davis Stokes - b. Mar 1, 1920; d. Jan 27, 1991
Paula R. Delaney - b. 1961; d. 1990
George Precia - b. Nov 30, 1922; d. Mar 12, 1991; US A Kr
Sam Bambery, Jr. - b. 1930; d. 1991
Frank Brown - b. 1926; d. 1991
Twins Taylor - d. Feb 16, 1991; age 1d
Dan Meredith - b. 1922; d. 1992; US A WWII
Helen Maxwell - b. 1932; d. 1992
Hazel Baxter - b. Sep 12, 1913; d. Mar 13, 1992
Melvin Richardson - b. 1946; d. 1989; US N Vn
Eugene Hammond - b. 1926; d. 1992
Baby boy & Baby girl Taylor - b. 1998; d. 1998; age 0
Etta Jeter - b. 1896; d. 1993; age 96y
Rodriquez L. Johnson - b. Jan 22, 1988; d. Jan 22, 1988
(m) Jessie Porter - b. 1912; d. 1985
Taj Tavaris I Sims - b. 1983; d. 1984
Taj Tavaris II Sims - b. 1986; d. 1986
Ronald Pinkston - d. Apr 4, 1989; (s) of Cassandra & Ronnie Pinkston
Baby boy Davis - b. 1995; d. 1995
Melzie Brandon "Bran Bran" Robinson - b. 1990; d. 1993

Samuel Moyd - b. 1924; d. 1999
Luther Priester - b. 1922; d. 1988; US A WWII
Elizabeth Carter Martin - b. 1941; d. 1999
Randolph Grate - b. 1909; d. 1997
Mellonese Hick Jackson - b. 1928; d. 1998
Willie Hopkins - b. 1919; d. 1999
Charlie J. Jones - b. 1927; d. 1992
Dorothy Arthur - b. 1942; d. 1994
Donald L. Johnson - b. 1963; d. 1996
Minnie Heyward - d. Apr 24, 1991
Woodrow Wilson, III - b. 1970; d. 1991
Vera F. Smith - b. 1949; d. 1996

(rev) Barbara J. Diggs - b. 1940; d. 1993
Lee James - b. 1914; d. 1988
Samuel Smoak - b. Jan 7, 1923; d. Mar 7, 1986; SC 3 US N WWII
Evangeline Brown - b. 1910; d. 1992; age 81y
Antwan T. Outin - b. 1977; d. 1998
James Taylor - d. Sep 12, 1989; 60y
Cornelia B. Scott - b. Oct 6, 1914; d. Jun 21, 1984
Alonzo W. Dreher - b. May 29, 1905; d. Jul 20, 1983
Ella Sumpter - b. Feb 14, 1920; d. Oct 24, 1985
Edward McMillian - b. 1947; d. 1995
Louvenia "Soot" McMillian - b. Mar 27, 1926; d. Aug 18, 1981
Eva Lee R. Jackson - b. Jun 16, 1930; d. Jan 10, 1978
Robert Riley - b. Feb 10, 1924; d. Sep 14, 1976; PFC US A WWII
Mattie Mae McCrory Perry - b. May 3, 1926; d. Apr 30, 1979
Clarence Marvin Woodward - b. Mar 26, 1932; d. Aug 10, 1973; SC PFC US A Kr
Nolton Harris - b. 1923; d. Jan 15, 1970; SC PFC A WWII
Worley Kinnes - b. Feb 14, 1926; d. Aug 8, 1979; Pvt US A WWII Kr
Bruce W. Colston - b. Feb 16, 1955; d. Jan 24, 1978; SA US N Vn
Margaret Ann J. Garrison - d. Nov 7, 1983
Isaac Patterson - b. 1904; d. 1968
Harvey Thomas Campbell, III - b. 1954; d. 1978
Carrie M. Ball - b. Jul 6, 1926; d. Dec 24, 1983
Earlene Ball Jackson - b. Nov 9, 1951; d. Aug 5, 1989

(m) Arlene "Elease" Wright - b. Dec 18, 1928; d. Jul 7, 1994
Levy Dickerson - b. 1919; d. 1981; MSgt US A WWII
Lewis Holman, Sr. - b. Apr 22, 1900; d. Jul 5, 1975
Lewis W. Holman, Jr. - b. Jun 1, 1929; d. Apr 8, 1970; SC BM2 US N Kr Vn
Robert C. Hicks - b. 1910; d. 1983
Boykin Taylor - b. May 20, 1951; d. Jan 4, 1989; US A Vn
Michael Anderson Taylor - b. Feb 12, 1954; d. Oct 15, 1979
Alfred Quattlebaum - b. 1940; d. 1968

	Sallie M. Knight - b. Nov 10, 1902; d. Nov 10, 1986
	Shirley Burke Ramseur - b. Jun 15, 1927; d. Jun 25, 1964
	James C. Smith - b. Nov 5, 1944; d. Sep 27, 1971
(dea)	William Sumter - b. Nov 30, 1889; d. Nov 5, 1968
	Rebecca Sumpter - b. Feb 18, 1898; d. Jul 15, 1977
	Matthew Sumpter, Sr. - b. Jan 22, 1914; d. Apr 18, 1978
	O'Neal Dunmore - b. Feb 2, 1943; d. Sep 24, 1967; Col US A Vn
	Yvonne Thomas - b. 1943; d. 1967
	Charles Delaney - b. Nov 30, 1922; d. Aug 7, 1986; US A WWII
(w)	Elizabeth Holloway - b. Mar 6, 1884; d. _____
	William M. Mitchel - b. 1940; d. 1981
	Rosa Lee Delaney - b. Jun 12, 1928; d. Jul 8, 1981
	John H. Delaney - b. Jun 7, 1928; d. Jun 10, 1978; US A Kr
	Bessie Tillman - b. May 8, 1937; d. Jul 24, 1979
	Matthew Walker - b. Nov 24, 1891; d. Nov 24, 1968; SC Pvt Btry A 1 Prov Dev Brig WWI
	Lourainie Thompson Holley - b. Sep 10, 1921; d. Dec 10, 1998
	Willie W. Gadson - b. 1919; d. 1985; PFC US A WWII
	Arthur Crockett - b. Oct 12, 1902; d. Oct 18, 1982; Cpl US A WWII
(m)	Erthalene B. Williams - b. Oct 10, 1895; d. Jan 16, 1968
	Hattie M. Brown - b. 1917; d. 1971
(rev)	Eugene W. Hagans - b. Mar 5, 1911; d. Jul 5, 1983
	Josephine H. Hampton - b. Oct 3, 1913; d. Oct 12, 1975
	Ulysses Holley - b. 1911; d. 1990; Sgt USMC WWII
	Raymond B. Wilson - b. Jan 19, 1911; d. Jan 20, 1976
	Ronald Kenneth Westray - b. Dec 18, 1944; d. Feb 26, 1976; Sp 5 US A
	John Wesley Corley - b. May 17, 1913; d. Aug 6, 1995; US A WWII
(rev)	W.C. Sanders - b. Sep 26, 1900; d. Nov 24, 1974
	Carrie G. Davis - b. 1921; d. 1976
	Robert Marshall, Jr. - b. Aug 6, 1923; d. Jun 27, 1977; Pvt US A WWII*
	Lizzie Mae Marshall - b. Mar 5, 1916; d. Jul 13, 1983*
	Tommie L. Holley - b. Apr 12, 1920; d. Jan 23, 1967; SC Cpl 3308 Qm Truck Co WWII
	Vernice H. Manor - b. Mar 25, 1909; d. Jan 17, 1977
(m)	Veola E. Hudson - b. Dec 20, 1907; d. May 16, 1987*
(f)	Malon Hudson - b. May 2, 1901; d. Aug 30, 1989*
	Willie Golson - b. Apr 19, 1914; d. Jul 10, 1982
	Charles A. Barber - b. 1947; d. 1969
	Willie Pickens - b. Jul 6, 1936; d. Jan 5, 1992
	Willie Pickens, Sr. - b. Nov 11, 1883; d. Jan 1, 1970*
	Mary E. Pickens - b. Jan 1, 1909; d. Aug 18, 1989*
(m)	Mary D. Carter Jefferson - b. Aug 13, 1888; d. Sep 2, 1968

Eugene H. Robinson - b. May 21, 1917; d. Aug 17, 1965; NJ Cpl US A WWII
Richard C. Marshall - b. 1956; d. 1994
Walter J. Robertson, Jr. - b. 1911; d. 1982; US A WWII
Loretta Robinson Anderton - b. Mar 20, 1919; d. May 11, 1983
Mattie Bowman McIver - b. Jul 31, 1912; d. May 5, 1987
Ora McIver - b. May 10, 1909; d. Aug 23, 1984; Tec 4 US A
Taft Bolton - b. Oct 25, 1911; d. Jan 27, 1973*
Ermanese B. Bolton - no dates*
(h) Heyward G. Bowman - b. Nov 9, 1911; d. Jun 28, 1988*
(w) Edna A. Bowman - no dates*
Bernard Jackson - b. 1925; d. 1982; Cpl US A
(m) Annie N. Cleveland - b. Aug 3, 1911; d. Oct 13, 1980
Barbara Jean Bell - b. Apr 16, 1946; d. Mar 7, 1981
Frances B. Paul - b. Mar 31, 1900; d. Oct 14, 1977
Eddie F. Peterson - b. Sep 2, 1886; d. Sep 19, 1976*
Ida Peterson - b. Dec 18, 1890; d. Oct 13, 1973*
Bertha P. Toatley - b. Nov 11, 1900; d. Jan 6, 1972
Ulysses Toatley - b. Jun 2, 1896; d. May 29, 1968; SC SA US N WWI
(m) Beatrice K. Bethel - b. Oct 16, 1916; d. Jan 6, 1974
Fannie C. Boyd - b. Dec 28, 1909; d. Jul 9, 1977
Herman G. Boyd - b. Dec 28, 1914; d. Nov 3, 1971
Carl C. Black - b. Apr 23, 1927; d. May 21, 1968; SC ST 3 US N WWII
Pauline Anderson - b. 1904; d. 1994
Lloyd W. McCant - b. Nov 25, 1919; d. Dec 4, 1971; SC Pvt US A WWII
(w) Mable Hoefer - b. Apr 15, 1912; d. Dec 2, 1983*
(h) Jake Hoefer - b. May 2, 1910; d. Mar 7, 1980*
Isaac C. McDaniels - b. Jan 11, 1922; d. Dec 25, 1971; SC CM3 US N WWII
Walter Veal - b. Aug 24, 1904; d. Jul 27, 1982
Annie G. Funney - b. Sep 15, 1902; d. Jan 4, 1985
Merry Ramsey Thompson - d. Dec 9, 1988
Inez T. Hatten - b. Mar 20, 1904; d. Jul 4, 1980
James Daniel Tucker - b. Mar 24, 1926; d. Jul 12, 1982; US A Kr
Leo Elizabeth Pearson - b. Nov 14, 1932; d. Jan 10, 1993
Claude B. Pearson - b. Sep 9, 1919; d. Jul 22, 1998
Lillie Mae Timberlake - b. Nov 9, 1920; d. Jul 2, 1974
James Bickley - b. 1910; d. 1974
(m) Kizzie L. Davis - b. May 5, 1928; d. Jun 10, 1983
Helen Ruth Gist - b. May 11, 1927; d. Apr 20, 1963
Robert Lee Johnson - b. Oct 13, 1907; d. Aug 9, 1969*
Lucy G. Johnson - b. Mar 7, 1920; d. ____ *
(b) John Gadson - b. Aug 10, 1909; d. Aug 10, 1970

(w)   Birdell C. Gadson - b. Sep 6, 1912; d. Mar 13, 1970
Harriet C. McCombs - b. May 13, 1924; d. Sep 3, 1994
Lee N. Walker - b. Apr 5, 1928; d. Jul 6, 1970
Mamie W. Broome - b. Jan 13, 1913; d. May 20, 1962
Dorothy M. Cornelius - b. Mar 16, 1935; d. Aug 20, 1985
Carolyn A. Cornelius - b. Nov 22, 1958; d. Jan 21, 1989
Arthur Lewis Addison - b. 1921; d. 1990; Tec 4 US A
Albert Jones, Sr. - b. Apr 21, 1907; d. Mar 28, 1989
Norman A. Martin, Sr. - b. Oct 10, 1909; d. Apr 1, 1983*
Wilhelmeana Martin - b. Feb 18, 1921; d. Sep 26, 1989*
James Leon Ruff - b. Jul 26, 1916; d. Nov 6, 1979; Tec 4 US A WWII
Addie S. Sullivan - b. Oct 10, 1893; d. Jul 6, 1964*
Timothy J. Sullivan, Sr. - b. Aug 3, 1888; d. Sep 30, 1964; professor*
Dr. Alphonso S. Sullivan - b. Feb 10, 1922; d. May 23, 1981; Cox US N WWII*
Timmothy Julius Sullivan - b. Apr 12, 1918; d. Nov 17, 1989; Pvt US A WWII
Vernon E. Scott - b. Dec 5, 1948; d. Mar 3, 1969; SC PFC Co A 28 1 Inf Div Vn BSM Arcom - Ph
David Milling - b. Aug 8, 1921; d. Sep 26, 1981
Arlee Bookard - b. 1989; d. 1999
Joe Daniels - b. Aug 12, 1895; d. Aug 23, 1970; Pvt US A WWI

(m)   Louckrisher W. Daniels - b. Dec 24, 1909; d. Nov 29, 1980
Gillen Beasley Smith - b. Sep 4, 1907; d. Jan 31, 1984
Arthur K. Fisher - b. Feb 20, 1948; d. Feb 11, 1968
Arthur T. Fisher - b. Mar 16, 1919; d. Jun 14, 1969; MO Cpl US A WWII

(m)   Corine P. Thomas - b. Jul 26, 1924; d. Dec 23, 1998
Martha Ann Patterson - b. 1914; d. 1999
Humbert E. Smith - b. 1905; d. Oct 23, 1962; SC 3143 Qm Svc Co WWII

89. **Graddick Graves**: On Wildflower Rd about 2.1 miles off of Rt 321, Cedar Creek, SC. Sep 16, 1998

David Graddick - b. 1813; d. May 15, 1878
John Graddick - d. Nov 18, 1847; aged 49y 1m 25d

90. **John W. Jones Graveyard**: Off of Little River Rd on the Shell Suber property, "Little River Farm," Cedar Creek, SC. Jul 23, 1999

John W. Jones - b. Oct 19, 1804; d. Mar 20, 1869; aged 64y 5m 1d; He was a constant member of the M.E. Church South
Permelia Olford - d. Jan 15, 1853; aged about 8?y
Michael Boyer - d. Feb 17, 1855

Nancy Boyer - b. Nov 14, 1800; d. Mar 31, 1857
Penelope Jones - b. Oct 15, 1808; d. Feb 29, 1880; (w) of John W. Jones

91. **Leitner #1 Graveyard**: One and 7/10 miles off of Rt 321 on Wildflower Rd, approximately 150 yards in the woods on the Beckhams property, Cedar Creek, SC. Sep 6, 1998

    Abell - no dates; (inf) of M.S. & M.E. Abell
    Abell - no dates; (inf) of M.S. & M.E. Abell
    Elizabeth Leitner - d. Dec 8, 1844; (w) of David Leitner
    Abell - no dates; (inf) of M.S. & M.E. Abell
    Abell - no dates; (inf) of M.S. & M.E. Abell
    David Leitner - b. Jun 9, 1797; d. Jan 17, 1862
    Mary Leitner - b. 1773; d. Jun 1847

92. **Leitner #2 Graveyard**: Off of Little River Rd on the Shell Suber property, "Little River Farm," in Cedar Creek, SC. Jul 23, 1999

    Henrietta Leitner Grieshaber - b. Dec 31, 1858; d. Apr 17, 1929
    Leonora A. Leitner - b. Aug 10, 1830; d. Jan 17, 1904; (w) of Henry Leitner
    Henry Leitner - b. Jan 6, 1812; d. Sep 9, 1903
    Henry F. Leitner - b. Aug 17, 1854; d. Mar 3, 1880

93. **Leitner-Turnipseed Graves**: Two hundred feet off of Sherrill Lever Rd on the road off of the old Blair homestead. It is between Graddick Rd and Wildflower Rd, Cedar Creek, SC. Aug 11, 1999

    Martha P. Leitner - b. Mar 16, 1820; d. Apr 7, 1891
    Daniel W. Leitner - b. Nov 8, 1813; d. Jun 10, 1889
    George L. Turnipseed - b. Feb 7, 1853; d. Aug 9, 1883
    T.J. Turnipseed - b. May 29, 1883; d. Jul 20, 1884

94. **Lever Cemetery**: On Lever Rd, near the intersection of Lever Rd and Cedar Hill Rd. It is about 12 miles north of Columbia, Cedar Creek, SC. Sep 5, 1998

    Susan A. Lever - b. Feb 23, 1827; d. Jan 14, 1869
    Stephen S. Lever - b. Sep 17, 1822; d. Nov 10, 1862
    Frances L. Turnipseed - b. Oct 3, 1874; d. May 10, 1925
    Jefferson J. Lever - b. Feb 16, 1837; d. Jan 30, 1913
    Sue A.C. Leitner - b. Oct 5, 1841; d. Jun 27, 1931; (w) of Jefferson J. Lever
    Fletcher C. Lever - b. Nov 6, 1858; d. May 7, 1860
    Mary A. Lever - b. Nov 26, 1817; d. Nov 13, 1831; (d) of John & Nancy Lever
    Nancy E. Lever - b. Apr 28, 1831; d. Apr 16, 1848; (d) of John & Nancy Lever
    Nancy P. Lever - b. Jun 17, 1847; d. Jan 6, 1851

(inf)	John Lever - b. Oct 17, 1796; d. Dec 26, 1877 Lever - no dates; babe of S.S. & B.A. Lever Nancy Lever - b. Jun 21, 1800; d. Jan 1, 1888 J.D.F. Lever, M.D. - b. Jun 24, 1834; d. Jun 1, 1907 Nannie Ruff Lever - b. 1841; d. 1929 Minnie C. N. Lever - b. Dec 16, 1868; d. Dec 25, 1868; (d) of Jefferson J. & Sue A.C. Lever
(inf)	Lever - no dates; babe of James W. & M.H. Lever Mattie A. Lever - b. Mar 18, 1867; d. Oct 24, 1871 W.H. Lever - b. Dec 24, 1839; d. Jul 22, 1878 Maggie W. Howell - b. Jan 9, 1881; d. Dec 2, 1883; (d) of Mr. & Mrs. John J. Howell Silas W. Howell - b. Jan 29, 1885; d. Jan 20, 1886; (s) of Mr. & Mrs. John J. Howell Sallie M. Howell - b. Mar 25, 1897; d. Dec 26, 1897; (d) of Mr. & Mrs. John J. Howell James W. Lever - b. May 5, 1825; d. Jun 2, 1895; Co G 24 Regt SCV Mrs. M.H. Lever - b. Nov 5, 1831; d. Sep 7, 1880; (w) of James W. Lever
(inf)	Howell - d. Jan 3, 1889; babe of Mr. & Mrs. John J. Howell
(inf's)	Lever - no dates; twins of James W. & M.H. Lever
(inf)	Lever - no dates; babe of James W. & M.H. Lever
(inf)	Lever - no dates; babe of James W. & M.H. Lever
(inf)	Lever - no dates; babe of James W. & M.H. Lever
(inf)	Lever - no dates; babe of James W. & M.H. Lever
(inf)	Lever - no dates; babe of James W. & M.H. Lever
(inf)	Lever - no dates; babe of James W. & M.H. Lever

95. **Miller Cemetery**: Near the intersection of Phillips St and Subset Dr, beside the railroad track. It is in the Eau Claire section of Columbia, SC. 1990

(f)	James Noah Frick - b. May 6, 1839; d. Oct 20, 1880 Jorome M. Miller - b. Mar 30, 1815; d. Mar 1, 1885
(m)	Amanda Van Santhis - b. Oct 22, 1838; d. Jan 30, 1894 Charlotte M. Miller - b. Mar 12, 1822; d. Dec 11, 1862; (w) of Jorome M. Miller _____ Wiles - d. Jan 3, 1883; ___ of A.W. & J.W. Wiles R.H.W. - no dates; foot marker only L.I.C.W. - no dates; foot marker only H.M.W. - no dates; foot marker only J.A.W. - no dates; foot marker only S.J.W. - no dates; foot marker only M.J.W. - no dates; foot marker only S.H. - no dates; foot marker only

_____ Hornsey - b. May 30, 1808; d. Dec 30, 1881; (w) of James Hornsey

96. **Mt. Olive A.M.E. Church Cemetery**: On Blue Ridge Rd, up on a hill about 2/10 miles from the intersection of Monticello Rd, north Columbia, SC. Aug 9, 1999

Andrew Lee Hatten - b. Apr 28, 1928; d. Jul 25, 1972; SC PFC US A Kr
Jim Ashford - d. 1926; age 120y
Mary Knightner - d. May 23, 1933; age 25y
Phillis Knightner - d. Dec 22, 1925; age 65y
Lula Boyd - b. Apr 12, 1885; d. Nov 16, 1918
Charley Williams - b. Jul 23, 1914; d. May 14, 1915
J.J. Knighten - d. Apr 5, 1915; age 54y
Woley Ashford - b. 1882; d. 1915
John Young - d. Jul 16, 1911; age 60y
Louis Eugene Davis - b. Jun 9, 1941; d. Jan 8, 1988
James Wilson - b. 1912; d. 1989
Harry _____, b. 1952; d. 1984
Priscilla Blocker - b. Mar 15, 1881; d. Apr 18, 1971
Frances Elizabeth Davis - b. 1927; d. 1996*
(h) Eugene Davis - b. 1922; d. 1965*
(h) James E. Tucker - b. Sep 2, 1900; d. Aug 16, 1974
Mary Lawhorn - d. May 9, 1916; age 19y
Rubin Tucker - b. Jun 16, 1924; d. Mar 22, 1970
Willie J. Pugh - b. 1925; d. 1997
Bessie L. Hill - b. 1929; d. 1998
_____ Blocker - d. Sep 22, 1921; age 60y
Mehallie Austin - d. Oct 1, 1924; age 45y
L.B. Blocker - d. Nov 29, 1929; age 53y

97. **Mt. Pleasant Methodist Church Cemetery**: At 736 Camp Ground Rd, between Heyward Brockington Rd and Della Mae Ct, north Columbia, SC. Sep 2, 1998

Samuel E. Newman - b. Jan 18, 1902; d. Jul 23, 1959
Pearl L. Newman - b. Apr 2, 1906; d. _____
(inf) Newman - no dates; (d) of Samuel E. & Pearl L. Newman
John L. Sharpe - b. Aug 4, 1879; d. Dec 16, 1964
Ella L. Sharpe - b. Sep 19, 1882; d. Oct 16, 1963
Thelma S. McDaniel - b. Mar 10, 1910; d. Jan 18, 1975
Robert Buford Catoe - b. May 31, 1929; d. Sep 16, 1931; (s) of Mr. & Mrs. R.C. Catoe
Lillie Irene Epting - b. Apr 10, 1904; d. May 9, 1984
Irene Beauford Epting - b. May 2, 1935; d. Mar 7, 1940; (d) of Mr. & Mrs. Hoyt B. Epting
Hoyt Buford Epting - b. Jul 13, 1904; d. Feb 26, 1996

Ora M. Fetner - b. 1910; d. 1929
Lila W. Fetner - b. 1882; d. 1931
William H. Fetner - b. 1877; d. 1959
Lila Lee Fetner - b. Sep 30, 1940; d. Sep 30, 1940
Teresa Joy Fetner - b. Mar 25, 1960; d. Mar 26, 1960
Edna J. Fetner - b. Jun 24, 1918; d. Mar 30, 1971
Chades D. Fetner - b. Aug 19, 1912; d. Dec 15, 1986
William J. Blair - b. Jan 5, 1890; d. May 28, 1964
Ethel K. Blair - b. Jan 15, 1900; d. Jan 7, 1977
Sallie Rimer - d. Oct 14, 1918; age 28y 11m 19d
H.A. Rimer - d. Oct 15, 1914; age 34y
Phillip A. Rimer - b. 1844; d. Jan 18, 1916
Martha S. Rimer - b. 1851; d. Jun 7, 1904
David R. Hay - b. Nov 20, 1900; d. Dec 18, 1900; (s) of W.B. & S.L. Hay
Willie M. Hay - b. 1898; d. 1899; (d) of W.B. & S.L. Hay
S.A. Hay - b. Sep 16, 1848; d. May 15, 1900

(m) J.E. Hay - b. 1828; d. 1898

Mrs. Marion Gibson - b. Apr 20, 1843; d. Jul 6, 1870; (d) of T.R. Culler
Mrs. F.A. Glenn - b. Dec 28, 1823; d. Sep 1, 1893; (w) of Dr. J.M. Glenn
Mary Lou Younginer McEachern - b. Jul 11, 1857; d. Jul 5, 1917
Dr. J.M. Glenn - b. Aug 31, 1812; d. Jan 19, 1894
John Wesley Hornsby - b. Feb 7, 1890; d. Jan 14, 1964; SC Horseshoer 105 Ammo TN WWI
Thomas W. Hornsby - b. Nov 5, 1906; d. Jul 9, 1962
Jack L. Tims - b. Aug 9, 1916; d. Apr 5, 1961
M.B. Hornsby - b. Feb 12, 1876; d. May 30, 1942
Kizzie Hayes Hornsby - b. Dec 24, 1884; d. Dec 6, 1970
John Ross Hornsby - b. 1919; d. 1977; Cpl USMC WWII
Ann M. Wade - d. Jul 26, 1870; 27y; (w) of G.T. Wade; youngest (d) of Capt Christian & Martha P. Bookter
Col Edwine Bookter - b. Nov 11, 1837; d. Sep 30, 1864; (s) of Capt Christian & Martha P. Bookter; killed in the battle of Jones Farm at the head of his Regt 12 SCV
Mrs. Martha P. Bookter - b. May 7, 1803; d. Jun 18, 1881
Capt Christian Bookter - d. Nov 18, 1857; age 67y
Christian Caroline Shedd - d. May 2, 1853; age 25y 6m; (w) of J.I. Shedd
Herbert Hornsby - b. Nov 20, 1903; d. Sep 28, 1983
Laura Taylor Hornsby - b. Jul 22, 1916; d. _____
Nettie P. Elkin - b. Dec 19, 1900; d. Nov 18, 1902
J.D. Elkin - b. Apr 24, 1867; d. Jan 5, 1904; mar Sep 14, 1890 to Alice Shumpert to the born 6 children, 1 preceded him to the Spirit land

Alice E. Taylor - b. Jun 10, 1868; d. Dec 29, 1933
Ruby L. Tew - no dates
John Loyd Price - b. Mar 12, 1878; d. Jun 4, 1922
Dovie O. Rose Price - b. May 19, 1888; d. Oct 24, 1984
Clarence Harten - b. Jan 8, 1819; d. Jan 16, 1893
Earl C. Meetze - b. Mar 18, 1920; d. Jan 12, 1985; (w) of Emily D. Meetze
Frances Virginia Boulware - b. Nov 9, 1916; d. Aug 6, 1971; (w) of Earl C. Meetze
Harten - no dates
George Thomas Lawson - b. May 13, 1884; d. Feb 1, 1952; SC Sea US N
Lillie Viola Lawson - b. Feb 25, 1890; d. Feb 17, 1956
Rachel C. Harten - b. Nov 20, 1825; d. Jun 1, 1907
Samuel J. Thomas - b. Jul 1, 1839; d. Jun 16, 1882
James Clrissie Findley - b. Oct 26, 1909; d. Jul 23, 1979; WO US A WWII Kr
Ruth Connise Findley - b. Apr 2, 1918; d. Jun 18, 1980
Calhoun H. Hinnant, Jr. - b. Nov 5, 1914; d. Nov 21, 1956
James Keith Hinnant - b. Jan 26, 1946; d. Mar 14, 1974; Capt USMC Vn
C.H. Hinnant, Sr. - b. Jan 30, 1881; d. Nov 16, 1955
Aurie Lever Hinnant - b. Apr 4, 1883; d. Nov 16, 1947
Rebecca Senn - b. Jun 22, 1831; d. Nov 16, 1898
Garbral Friday - d. Oct 31, 1873; age 71y
Vera Miles Graddick - Aug 31, 1927
James Boyd Graddick - Feb 16, 1928
Blanche Hamcock Graddick - Feb 22, 1898
Boyd Edward Graddick - b. Mar 24, 1903; d. Sep 21, 1980
Wilborn M. Howard - b. Mar 18, 1880; d. Apr 17, 1950
Robert L. Mobley - b. Nov 28, 1921; d. Feb 10, 1949; SC Cpl 43 Inf WWII
Bassel McGrady - d. 1914
Jannie McGrady - d. 1911
Mary A. McGrady - b. Jul 25, 1853; d. Jun 11, 1924
John McGrady - d. 1909
(inf) McGrady - d. Jan 15, 1931; (s)
Hazel S. McGrady - b. Aug 17, 1906; d. Jan 17, 1931; (w) of Mathew McGrady
Ula Irene McGrady - b. Apr 29, 1914; d. Aug 29, 1915
Robert M. McGrady - b. Dec 5, 1882; d. Aug 12, 1937
Eugenia Elmore McGrady, b. Jan 15, 1886; d. Jan 4, 1977
Mary Elizabeth McGrady - b. Jun 28, 1932; d. Jan 11, 1937; (d) of M.M. & Lena McGrady
Martha E. Scott McGrady - b. Nov 11, 1937; d. Feb 4, 1938
Emma B. McGrady - b. 1884; d. _____

Cyrus E. McGrady - b. 1885; d. 1964
Albert H. Miller - b. Oct 31, 1908; d. May 14, 1965
Elise Miller McGrady - b. Sep 11, 1922; d. Sep 3, 1973
Jerome H. McGrady - b. Feb 19, 1919; d. May 17, 1986
Jacob D. Abney - b. Jul 15, 1890; d. Nov 30, 1956
Luther W. Keith - b. Aug 25, 1866; d. Nov 3, 1937
Endora M. Keith - b. Oct 29, 1866; d. Oct 18, 1950
Harriet L. Keith - b. Sep 1, 1830; d. Oct 23, 1882; (w) of G.W. Keith
G.W. Keith - b. Nov 2, 1825; d. Mar 29, 1913
P.H. Eargle - b. Jan 24, 1862; d. Feb 27, 1929
Valitia K. Eargle - b. Feb 20, 1864; d. Jan 27, 1932
Mary Ann Sharpe - b. Jan 22, 1943; (d) of Clarke L. & Minnie Lee Sharpe
Clarke Landford Sharpe - b. Feb 26, 1900; d. Jul 8, 1977
Bertha Levaina Sharpe - b. Jun 12, 1928; d. Jun 23, 1928; (d) of A.P. Sharpe
Mildred Louise Sharpe - b. Jul 28, 1925; d. Sep 11, 1925; (d) of Clarke L. & Minnie Lee Sharpe
W.C. Sharpe - b. Jul 15, 1928; d. Aug 8, 1934; (s) of Clarke L. & Minnie Lee Sharpe
Carrie Evelyn Sharpe - b. Feb 15, 1897; d. Mar 4, 1913
Maxie Leroy Sharpe - b. May 17, 1905; d. Oct 3, 1905
Elizabeth R. Sharpe - b. Feb 4, 1870; d. Mar 13, 1946
George W. Sharpe - b. Apr 13, 1868; d. Sep 19, 1936
Addie J. Massey - b. Jan 15, 1875; d. Dec 5, 1914
George C. Massey - b. Apr 4, 1870; d. Aug 31, 1917
(inf) Massey - no dates
Maggie Summers - b. 1884; d. 1925
Eddie R. Sharpe - b. Oct 8, 1876; d. Nov 29, 1942
Mattie J. Hernsby Sharpe - b. Mar 20, 1881; d. Sep 12, 1950
Sally E. Wilson Sharp - b. Nov 26, 1885; d. Feb 4, 1944
David T. Sharp - b. Dec 25, 1884; d. Sep 8, 1938
Alex Wilson Sharp - b. Sep 9, 1925; d. Oct 25, 1965
(inf) Hendrix - b. Feb 17, 1914; d. Feb 17, 1914; (s) of Mr. & Mrs. Elzie O. Hendrix
Bessie Sharpe Hendrix - b. Oct 7, 1887; d. May 2, 1974
Elzie O. Hendrix - b. Mar 10, 1883; d. Aug 13, 1966
Willie E. Sharpe - b. Jun 30, 1896; d. Sep 7, 198_; (s) of Samuel E. & Joesphine P. Sharpe
Samuel E. Sharpe - b. Oct 28, 1860; d. Apr 1, 1931
Joesphine Sharpe - b. Apr 21, 1872; d. Nov 13, 1937
Vince Linderman Rhodes - b. Oct 8, 1891; d. Mar 11, 1968
Jennie Harvey Rhodes - b. Jun 17, 1894; d. Aug 13, 1966
Franklin P. McLean - b. 1902; d. 1950
Henry J. McLean - b. 1895; d. 1946

Janie B. Sharpe - b. Aug 28, 1897; d. Jun 16, 1928; (w) of Henry J. McLean

Mary Helen McLean - b. Aug 20, 1915; d. Aug 24, 1917; (d) of Henry J. & Janie J. McLean

Janie Jadell Hicks - b. Feb 26, ____; d. May 24, 1938

Nancy Louise McLane - b. Nov 2, 1939; d. Jul 1, 1940; (d) of Henry J. & Janie J. McLean

Cecil S. Douglass - b. Jan 26, 1904; d. Jan 1, 1920

Marchester M. Douglass - b. Nov 27, 1872; d. Aug 15, 1953

William A. Douglass - b. Nov 21, 1854; d. Sep 22, 1939

C.C. Montgomery - b. Jun 9, 1818; d. Aug 2, 1882

Louise B. Taylor - b. 1879; d. 1960

James W. Taylor - b. 1887; d. 1930

James D. Taylor - b. 1858; d. 1897

Hattie C. Taylor - b. 1859; d. 1945

William A. Taylor - b. 1890; d. 1891

R. Chavis Catoe - b. Dec 30, 1901; d. Nov 13, 1970

Thomas P. McGrady - b. Mar 19, 1883; d. Apr 1, 1928

James A. Havird - b. Jul 24, 1878; d. Feb 3, 1965; Pvt Co 1 29 Regt US V Inf SC

Vidda Havird Henson - b. Apr 2, 1915; d. Nov 20, 1935; (w) of Mendel Henson

William Pertiller Havird - b. May 16, 1843; d. Aug 17, 1923

Florence Elizabeth Havird - b. Nov 14, 1875; d. Dec 16, 1951

Mary Lester Havird - b. Nov 15, 1847; d. Dec 16, 1919

Dolly Rodgers Havird - b. Apr 21, 1891; d. Apr 27, 1980

Adeline H. Havird - b. Apr 19, 1886; d. Aug 13, 1886; (d) of W.P. & Mary Havird

John W. Sharpe - d. Mar 2, 1935

Maggie N. Sharpe - d. Nov 6, 1938

Louise W. Douglass - d. Dec 2, 1840; age 24y 4m 24d

(b) John Douglass - d. 1869; age 40y

Joanna Eloise Lomas - May 25, 1878; (w) of E.H. Lomas

Harriett Douglas - d. May 27, 1887; age 67y

Joseph Douglas - d. Nov 17, 1888; age 77y

Josephine Mann - no dates; age 40y

Harold A. Douglass - b. Jul 21, 1898; d. Sep 8, 1961

Jamima L. Wilburn Douglass - b. Apr 26, 1898; d. May 14, 1952; (w) of Harold A. Douglass

William Alexander Douglass - b. Jan 19, 1892; d. Oct 20, 1979

Jessie Oswald Douglass - b. Feb 12, 1892; d. Jun 25, 1965

Ethel Taylor Lever - b. May 9, 1895; d. Aug 16, 1943; (w) of Allie James Lever

Allie James Lever - b. Aug 31, 1893; d. Sep 25, 1974; (h) of Ethel Taylor

George W. Lever - b. Jul 7, 1895; d. Jan 12, 1902

George P. Lever - b. Mar 15, 1867; d. Apr 21, 1899
Anna E. Lever - b. Mar 4, 1866; d. Aug 16, 1913
Francis Hope Lever - b. Jul 15, 1897; d. Aug 2, 1962
James Earl Jeffcoat - b. Sep 25, 1918; d. Feb 13, 1973; FL S1 USNR WWII
Ferol Lever Jeffcoat - Nov 25, 1918
Jacob Ramsay - d. Apr 22, 1850; 10y
Henry B. Bisanger - b. Feb 2, 1832; d. Mar 26, 1864
Early E. Bisanger - b. Oct 25, 1861; d. Jul 2, 1877
(d) Estell Bissinnar - b. 1884; d. 1896
(m) Fannie Bissinnar - b. 1860; d. 1931
(f) Robert B. Bissinnar - b. 1863; d. 1895
John W. Thomas - b. 1808; d. 1897
Jamima Thomas - b. 1809; d. 1897
Sallie Beaulah Havird - b. Dec 5, 1876; d. Jan 26, 1932
Sidney Y. Havird - b. Sep 24, 1873; d. May 27, 1953
Alice Taylor Sprouse Havird - b. Apr 30, 1872; d. Mar 4, 1955
Frank Eugene Roof - b. Mar 14, 1883; d. Jul 22, 1958
Delia Taylor Roof - b. Jun 15, 1896; d. Jul 27, 1991
Warren T. Murrell - b. Jul 19, 1905; d. Dec 14, 1957
Ada Humphries Currie - b. Dec 24, 1887; d. Aug 12, 1960
James W. Currie - b. Nov 21, 1882; d. Mar 31, 1955
Edward H. Miles - b. 1820; d. Apr 5, 1886
Sarah M. Miles - b. Dec 9, 1825; d. Jan 25, 1901
Catherine I. Miles - b. Apr 27, 1853; d. Mar 31, 1878
Victor D. Price - Aug 12, 1915; (s) of C.V. & B.M. Price
Styles Calhoun Price - b. Sep 9, 1919; d. Jul 1, 1969
Thomas D. Price - b. Jun 6, 1882; d. Apr 27, 1922
Irene Abney Price - b. Dec 20, 1887; d. Jun 4, 1972
Jeanette Elizabeth Price - b. Jun 27, 1902; d. Nov 3, 1972
James Ernest Price - b. Sep 2, 1887; d. Dec 20, 1950
Calhoun Price - b. Sep 13, 1861; d. May 8, 1924
Rebecca Douglas Price - b. Mar 4, 1852; d. Jun 19, 1929
Carl Victor Price - b. Aug 24, 1889; d. Jan 11, 1924
Beula M. Price - b. Jan 14, 1894; d. Mar 7, 1984; (w) of Carl Victor Price
Leslie D. Lyles, Jr. - b. Apr 12, 1910; d. Dec 7, 1945
Harold Herbert Mullen - b. Sep 24, 1910; d. Aug 16, 1985; CM USN WWII
Emma Lever Eison - Jul 20, 1919; (w) of Claude B. Eison, Jr.
Claude B. Eison, Jr. - Nov 26, 1920; (h) of Emma Lever Eison
Ruby Lever Core - Aug 12, 1913; (w) of David Clark Core
James Alexander Lever - b. Aug 13, 1923; (s) of James R. & Emma B. Lever
Sallie Blair Lever - b. Oct 18, 1849; d. Jun 21, 1938
James Ross Lever - b. Oct 31, 1884; d. Sep 19, 1937

Emma Buford Smith - b. Aug 17, 1893; d. Sep 30, 1963; (w) of James Ross Lever
Emma Richardson Smith - b. Apr 29, 1843; d. Jan 27, 1927
Ernest F. Smith - b. Jun 24, 1885; d. Jul 27, 1942
Vera Abney Smith - b. Feb 20, 1885; d. Apr 19, 1972
George E. Stranes, Sr. - b. Jun 16, 1897; d. Nov 23, 1918; US A WWI
Alice I. Stranes - b. Jun 20, 1895; d. Feb 28, 1977
George E. Stranes, Jr. - b. Jan 21, 1919; d. Oct 10, 1943; killed in Action, interred Leige, Belgium
Willie S. Steele - b. 1892; d. 1948
Louise B. Steele - b. 1910; d. 1983
Robert Havis Steele - b. Dec 3, 1889; d. Jan 6, 1940; SC Pvt 53 Pnr Inf
Albert S. Steele - b. Mar 13, 1862; d. Apr 2, 1931
Mary E. Steele - b. Apr 4, 1869; d. Apr 3, 1944
Bettie Louise Steele - b. Apr 3, 1927; d. Aug 7, 1928; (d) of Mr. & Mrs. Albert S. Steele
Ernest Gladney Steele - b. Feb 2, 1911; d. Oct 17, 1966
Leon Edward Steele - b. Jul 15, 1907; d. Aug 13, 1984
Margaret Lorene Steele - b. Jul 3, 1905; d. Sep 1, 1906; (d) of Mr. & Mrs. Albert S. Steele
John Bunyan Steele - b. Mar 7, 1853; d. Apr 23, 1914
Carrie Roberts Steele - b. Mar 23, 1872; d. Dec 5, 1941
Preston Bunyan Steele - b. May 3, 1902; d. May 3, 1902; (s) of John B. & Carrie R. Steele
Colie Melton Hodge - b. Dec 23, 1912; d. Jul 1, 1964; SC Tec S Hq & Svc Co 206 Engr Combat Bn WWII
Mattee Bell Corneluis - b. Nov 17, 1897; d. Jul 31, 1920; (w) of J.E. Corneluis
Eddie E. Corneluis - b. Jan 13, 1885; d. Apr 22, 1902
J.E. Corneluis - b. Feb 10, 1847; d. May 20, 1908
Annie Corneluis - b. Jun 1, 1845; d. Jun 17, 1931
Thomas T. Corneluis - b. Jan 22, 1873; d. Feb 3, 1955
Hattie V. Corneluis - b. Apr 25, 1887; d. May 29, 1909
John G. Gayton - b. Jul 4, 1865; d. Feb 9, 1941
Bertha C. Gayton - b. May 18, 1879; d. Jul 21, 1954
Annie L. Smith - b. Jul 16, 1916; d. Oct 20, 1916
Arthur H. Glaze - b. Jul 11, 1904; d. Nov 1, 1904
Clarence D. Glaze - b. Jul 23, 1903; d. Nov 11, 1903
Heyward Glaze - b. Jun 4, 1902; d. Oct 12, 1918
Preston Lee Carmon - b. May 25, 1895; d. Jun 29, 1941; SC Engr 2 US N WWI
John Edward Carman - b. Jun 26, 1951; d. Oct 20, 1951; (s) of Mollie Carmon
Claude J. Carman - b. Jun 21, 1905; d. Sep 9, 1962

William W. Corder - b. 1922; d. 1976; Pvt US A WWII
William W. Carman - b. 1911; d. 1967
John H. Summer - b. 1882; d. 1938
(inf)(s) Rawels - d. 1928
Eva Rawels - b. 1905; d. 1928
Frank Leonard Branham, Sr. - b. Mar 17, 1924; d. Sep 7, 1981
John Gray Wolfe - b. May 2, 1912; d. Jan 14, 1970
Mildred E. Wolfe - b.or d. Jan 13, 1923
James Thomas Harmon - b. Nov 19, 1888; d. May 25, 1914
J. Harper Harmon - b. Oct 7, 1886; d. Dec 20, 1951
Cora Broom Harmon - b. Jan 10, 1896; d. Jun 9, 1980
John H. Harmon, Jr. - b. Aug 29, 1919; d. Sep 16, 1979
John H. "Boo Boo" Harmon - b. May 24, 1963; d. Aug 21, 1973
Shuler E. Harmon - b. Oct 17, 1922; d. Jun 6, 1988; Sgt US A WWII Kr
Mattie H. Wilson - b. Apr 16, 1864; d. Feb 11, 1941
William H. Wilson - b. Dec 26, 1860; d. Dec 30, 1926
Preston J. Wilson - b. Apr 28, 1896; d. Dec 19, 1916; Co H 2 SC Inf
Effie Edna Wilson - d. Aug 1, 1906; age 5y 7m 4d; (d) of W.H. & M.L. Wilson
Fannie May Wilson - b. Dec 30, 1900; d. Oct 30, 1902; (d) of W.H. & M.L. Wilson
Eric Leslie Jenkins - d. Sep 28, 1892; age 1y 2m 4d; (s) of William B. & Sallie A. Jenkins
Leona Mere Jenkins - b. Aug 31, 1899; d. Dec 14, 1901; (d) of William B. & Sallie A. Jenkins
Sallie A. Jenkins - b. Feb 4, 1868; d. Dec 24, 1930
Sharon Irene Hinson - b. Sep 5, 1938; d. Sep 20, 1938; (d) of Edith Smith & Mendel G. Hinson
James William Hawkins - b. Jul 21, 1875; d. May 22, 1956
Irene Hamiter Hawkins - b. Dec 13, 1871; d. May 9, 1950
Mollie E. Turnipseed - b. Nov 26, 1870; d. Feb 7, 1897; (w) of R.W. Turnipseed
W.J. Hawkins - b. Dec 27, 1833; d. Jun 6, 1902
Mary A. Hawkins - b. Mar 10, 1847; d. Aug 31, 1906; (w) of W.J. Hawkins
J.H. Hawkins - b. Jan 20, 1830; d. Nov 20, 1900
(inf) Hawkins - d. Nov 20, 1908; (d) of James W. & E.I. Hawkins
Evelyn Asbury Hawkins - b. Sep 10, 1910; d. Jun 18, 1912; (d) of James W. & E.I. Hawkins
Charles Weston Hawkins - b. May 7, 1909; d. Oct 23, 1909; (s) of E.W. & Annie Hawkins
William Eugene Hawkins - b. Dec 16, 1907; d. Dec 31, 1908; (s) of E.W. & Annie Hawkins
Katie Hermene Hawkins - b. May 28, 1905; d. Sep 10, 1909; (d) of E.W. & Annie Hawkins

S.J. Martin - b. Aug 13, 1887; d. Mar 28, 1956
Minnie B. Martin - b. Aug 5, 1894; d. Dec 1, 1954
Jesse H. Martin - b. Apr 14, 1916; d. Nov 3, 1976; SSgt US A WWII
William A. Bloom - b. Feb 25, 1888; d. Aug 23, 1947
Monnie D. Bloom - b. Feb 6, 1896; d. Jun 12, 1970
John D. Bloom - b. Sep 29, 1928; d. Nov 6, 1928; (s) of Mr. & Mrs. William A. Bloom
Thomas L. Sessions - b. Nov 6, 1894; d. Feb 25, 1982
Betty W. Sessions - b. Mar 9, 1888; d. Apr 22, 1964
Horace Porter Mann - b. Feb 28, 1923; d. Jul 4, 1985
John Wright Johnson - d. May 26, 1926
Allie Sharpe Johnson - b. Jun 5, 1902; d. Jan 21, 1970; (w) of John Wright Johnson
Julian Benjamin Ballentine - b. Dec 7, 1918; d. Jun 26, 1983
Helio M.S. Harmon - b. 1953; d. 1982; Sp 4 US A Vn
Virginia Harmon Davis - b. Oct 14, 1923; d. Jun 10, 1988
Wester C. Fulmer - b. 1906; d. 1981
Meverette B. Fulmer - b. 1912; d. 1985
Sarah Marie Starnes - b. Oct 20, 1968; d. Oct 21, 1968
Charles A. Starnes, Sr. - b. Jun 25, 1902; d. Jan 16, 1970
Clifton Terrell Addis, Sr. - b. Oct 24, 1905; d. Feb 18, 1976
Bobby Lee Sharpe - b. Nov 3, 1931; d. Aug 16, 1979
Ethel Lee Sharpe - b. 1912; d. 1984
Ella Sharpe Lee - b. Aug 28, 1897; d. Jun 24, 1971
Louis Surratt - b. Aug 11, 1907; d. Feb 18, 1970
Catherine Herutt Hendrix Surratt - b. 1911; d. Oct 27, 1994
Muriel Hinnant Clark - b. Jul 14, 1914; d. Jan 15, 1971
Lillian Marie Stewart - b. Sep 1, 1966; d. Sep 1, 1966
Frank A. Stewart - b. Jan 12, 1916; d. May 4, 1972; SC SSgt US A WWII
Margaret P. Stewart - b. Apr 19, 1928; d. Apr 15, 1980
Albert P. Sharpe - b. 1905; d. 1986
Juanita C. Sharpe - b. 1911; d. _____
William W. Wilson - b. Apr 9, 1884; d. Jul 20, 1955
Della G. Wilson - b. Sep 21, 1893; d. Mar 28, 1972
William L. Wilson - b.or d. Sep 15, 1925
Alma W. Wilson - b. May 10, 1921; d. Jul 12, 1983
Thomas L. Hinnant - b. Apr 6, 1908; d. May 24, 1955; SC PFC Cmp WWII
Clarence R. Hinnant - b. May 12, 1921; d. Jan 23, 1971; SC Sgt AAF WWII
Rebecca D. Hinnant - b. Nov 18, 1887; d. Jul 14, 1982
Juluis J. Hinnant - b. Feb 22, 1884; d. May 3, 1969
Lucille Hinnant - b. Apr 19, 1914; d. Mar 24, 1966
Ben F. Riggs - b. 1920; d. _____

Lottie S. Riggs - b. 1919; d. 1959
Callie Frick Rodgers - b. 1905; d. 1987
Hayes H. Rodgers - b. Aug 21, 1898; d. Mar 6, 1960; SC Sgt US A WWII
David Allen Brazzell - b. Oct 7, 1962; d. Jan 23, 1963
Charles B. Bagley - b. 1929; d. 1989
Jennie E. Walker - b. 1970; d. 1979
Fester F. Hoover - b. 1915; d. 1966
C.A. "Jake" Marsh - b. Feb 26, 1895; d. Aug 25, 1965
Ola Mae Marsh - b. Jun 27, 1905; d. Dec 21, 1982
Louis Enoch Johnson - b. Jul 27, 1910; d. Jun 4, 1952
Annie Johnson Brazell - b. Sep 19, 1911; d. Aug 4, 1964
Carlton K. Johnson - b. Mar 8, 1963; d. Sep 26, 1977
(s) Louiston A. Johnson - b. Sep 18, 1955; d. Aug 4, 1981
Lt Nathan R. Bookter - b. Jul 24, 1840; d. Jun 22, 1864; (s) of Capt C. & Martha P. Bookter; killed in action near Petersburg, VA
Katherine Broome Oswald - b. 1915; d. Jul 11, 1989
Fred William Raines - b. 1923; d. Aug 4, 1989
Joyce Gerold Starnes - b. 1938; d. Jul 21, 1990
Ervin L. Catoe - d. Aug 6, 1990; age 76
Jim David Berley - b. 1908; d. Sep 1, 1990
V. Douglas Price, Jr. - b. 1916; d. Jan 26, 1991
William Martin "Bill" Cowan - d. Feb 23, 1991; age 74
Lillie Summer Carmon Addy - b. 1905; d. Apr 29, 1991
Delie Victoria Taylor Roof - b. Jun 15, 1896; d. Jul 27, 1991
Louis Ownes Johnston - b. 1934; d. Aug 18, 1991
Blanche Hancock Graddick - b. 1898; d. Sep 21, 1991
Mary Elizabeth Scarborough Catoe - d. Dec 8, 1991; age 72
Stanley Eugene "Mannie" Rogers - b. 1979; d. Apr 22, 1992
Frank Morris Clark - b. 1910; d. Sep 27, 1992
Virginia Green Roof - d. Dec 3, 1995; age 79
Howard Hendrix - d. Aug 29, 1996
Charles A. Starnes, II - b. Jan 13, 1928; d. Sep 30, 1996
William Allen Bloom - d. Oct 21, 1996; age 70
Ernest Jack Wilson - d. Apr 2, 1995; age 83
Sarah Ann Price - d. Oct 24, 1996; age 58
Ruby Liner Core - d. Dec 17, 1996; age 82
Laura Celeste Harmon - d. Jun 13, 1997; age 68
Master Clayton Tyler Wolfe - d. Aug 25, 1997; age 17d
Grace Harmon Branlett - d. Feb 23, 1998; age 70
Mildred Elizabeth Martin Wolfe - d. Mar 6, 1998; age 75
Isabelle Scott Ballentine - b. May 1, 1912; d. Jun 3, 1998
Benjamin Walter Currie - d. Sep 2, 1998; age 84
Jeffrey Rusell Striech - d. Sep 2, 1998; age 42

Beatrice Oullow Starnes - b. 1905; d. Nov 17, 1992; (w) of Charles A. Starnes
Ethel Eargle Abney Monts - b. 1895; d. Jan 13, 1993
Alex Woodrow Ballentine - b. 1918; d. Apr 30, 1993
Oraens Kenneth Harmon - b. 1931; d. Jul 23, 1993
Barbara Ann Wilson - d. Sep 5, 1993; age 63; (w) of William Westley Wilson
Louise Geyton Stewert Sbayre - b. 1911; d. Dec 5, 1993
Hilton O'Neel Sbayre - b. 1902; d. Mar 21, 1994
Pearl Sharpe Newman - d. Nov 23, 1994; (w) of Samuel Edward Newman
Walter Sidney Lane - d. Dec 24, 1994; age 83
Betty Ruth Newman Admire - d. Jan 14, 1995; age 69
Frances Lener Fleming - d. Feb 28, 1995; age 74
Ernest Jack Wilson - d. Apr 2, 1995; age 83
James Alexander Lener - d. Jun 23, 1995; age 71
Rebecca Price Lane - d. Jul 8, 1995; age 77

98. **Oak Grove Methodist Church Cemetery**: On Cedar Creek Rd near Sherrill Lever Rd, Cedar Creek, SC. May 8, 1989

Charles M. Snyder - b. Jul 19, 1913; d. Apr 30, 1951; TX EM3 USNR WWII
Alexene Lowman Snyder - b. Jul 11, 1915; d. Mar 3, 1983
Marvin W. Lever - b. Apr 24, 1882; d. Nov 3, 1899
Thomas George Lever - b. Feb 7, 1851; d. Aug 3, 1904
Susan Hamiter Lever - b. Apr 30, 1850; d. Sep 20, 1928
Donnie Augustus Lever - b. May 10, 1919; d. Jan 6, 1920; (s) of Daisey Koon & S.D. Lever
Wesley Lever - b. Apr 23, 1914; d. Jul 9, 1915
Claude W. Lever - b. Dec 14, 1898; d. May 1, 1899; (s) of S.D. & J.B. Lever
J. Ella Trotter Lever - b. Jul 21, 1874; d. Feb 13, 1899; (w) of S.D. Lever
Joseph Oscar Riley - b. 1877; d. 1963; born in Edgefield Co, SC
Jessie Lever Riley - b. 1884; d. 1942
James Avery Lever - b. Apr 16, 1937; d. Jul 18, 1985
Edwin Jefferson Lever - b. Feb 3, 1899; d. May 14, 1974
Alma L. Lever - b. Jan 8, 1882; d. Jul 27, 1891
Levenia S. Lever - b. Nov 10, 1852; d. Sep 12, 1895
E.J. Lever - b. Nov 16, 1852; d. Jan 22, 1910
Hattie Blair Lever - b. Dec 21, 1870; d. Sep 5, 1931; (w) of E.J. Lever
Eugene Meyer Lowman - b. 1886; d. 1959
Irene Lever Lowman - b. 1896; d. 1981
Woodruff Lowman - b. Nov 11, 1917; d. Jun 7, 1918; (s) of Eugene M. & Irene L. Lowman

Eugene Lowman - b. Oct 5, 1920; d. Jan 20, 1922; (s) of Eugene M. & Irene L. Lowman

(inf) Lever - b. Nov 11, 1903; d. Nov 13, 1903; (s) of Capers S. & Irene Lever

Capers S. Lever - b. Aug 13, 1862; d. Mar 15, 1925

Irene Lever - b. Nov 21, 1867; d. Dec 10, 1950

Elliot R. Lever - b. Mar 7, 1891; d. Mar 10, 1963

John A. Sherrill - b. Aug 6, 1884; d. Dec 25, 1954

Bertha L. Sherrill - b. Mar 27, 1893; d. Jul 11, 1964

(inf) Lever - b. Feb 10, 1900; d. Feb 22, 1900; (d) of Herbert J. & Martha A. Lever

Herbert J. Lever - b. Jan 26, 1865; d. May 2, 1936

Martha A. Lever - b. Oct 5, 1864; d. Apr 30, 1936

John D. Turnipseed - b. Aug 14, 1910; d. Mar 5, 1965

Robert E. Leitner - b. Sep 25, 1878; d. Nov 7, 1898

James D. Leitner - b. Jun 30, 1871; d. Nov 4, 1889

Newton C. Blair - b. Feb 13, 1871; d. Jul 1, 1950

Mattie Lever Blair - b. Mar 27, 1874; d. Jan 1, 1934

A.L. Blair - b. Jan 9, 1894; d. Jan 16, 1972

Ada Sherrill Blair - b. Mar 1, 1892; d. Jan 27, 1966

Katie B. Eleazer - b. Jul 4, 1901; d. Jan 11, 1972

Everette H. Eleazer - b. Oct 17, 1900; d. Sep 22, 1950

(inf) Leitner - d. Aug 12, 1936; (d) of Mr. & Mrs. D.H. Leitner

Belva F. Leitner - b. Jan 24, 1851; d. Nov 18, 1898

(inf) Leitner - d. Jun 9, 1908; (d) of Mr. & Mrs. L.E. Leitner

Julia Bolton Turnipseed - b. Jul 26, 1902; d. Mar 18, 1961

George B. Turnipseed - b. 1902; d. 1987

Charlie Turnipseed - b. 1904; d. _____

Olive Lever Turnipseed - b. Aug 15, 1879; d. Apr 23, 1947

Daniel George Turnipseed - b. Jan 10, 1876; d. Jan 5, 1933

Ellen Leitner Turnipseed - b. Oct 7, 1855; d. Mar 30, 1929

Jefferson Jessie Turnipseed - b. Aug 17, 1911; d. Oct 18, 1982; WWII

William J. Turnipseed - b. Nov 18, 1879; d. May 8, 1955

Floyd B. Douglas - b. May 11, 1904; d. Nov 13, 1961

Thomas D. Blume - b. 1894; d. 1982; US A Vet WWII

Sullie Starnes - b. Jan 13, 1899; d. Apr 10, 1988

Julie Grantt Starnes - b. Dec 7, 1905; d. _____

Lonnie Sanders Blume - b. Mar 30, 1904; d. Mar 5, 1981

Ruth Chappell Blume - b. Feb 11, 1909; d. _____

Noah B. Blume - b. Sep 17, 1870; d. Mar 17, 1956

Marion G. Blume - b. Jun 16, 1875; d. Jul 1, 1953

Maryan Graddick - b. Jan 15, 1839; d. Jun 18, 1912; (w) of David Graddick

Julian T. Lever - b. Jun 19, 1904; d. Oct 20, 1939

Martha Ann Lever - b. Oct 4, 1933; d. Apr 3, 1934; (d) of Mr. & Mrs. Julian T. Lever
S.L. Lever - b. Jul 2, 1869; d. Jan 28, 1923
Ola Blair Lever - b. Feb 3, 1873; d. Feb 6, 1973
Annie Hinnant - b. Nov 24, 1896; d. Dec 29, 1896; (d) of William E. & Nonnie G. Hinnant
William Edmund Hinnant - b. Jun 9, 1874; d. May 26, 1938
Nonnie Graddick Hinnant - b. Sep 20, 1873; d. Aug 31, 1949; (w) of William Edmund Hinnant
Clemson W. Eleazer - b. Jun 10, 1897; d. May 17, 1948
Maggie E. Beckman - b. 1915; d. 1986
Carrie E. Beckman - b. 1901; d. 1973
Katie S. Beckman - b. 1879; d. 1970
G.R. Beckman - b. 1876; d. 1962
Emma M. Sherrill - b. Apr 2, 1877; d. May 25, 1899; (w) of H.H. Hinnant
Martha Caroline Leitner Sherrill - b. Mar 26, 1849; d. Mar 10, 1914
Simpson Jones Sherrill - b. Mar 28, 1846; d. Jul 28, 1932
Viola Alice Sherrill - b. Jun 10, 1886; d. Jan 2, 1971
Lizzie F. Graddick - b. Mar 3, 1874; d. May 1, 1956
James D. Graddick - b. Apr 1, 1866; d. Mar 23, 1939
James Walter Graddick - b. Aug 28, 1894; d. Jan 12, 1918
James Robinson Graddick - b. Oct 28, 1892; d. Sep 16, 1973
David Westley Graddick - b. 1897; d. Apr 1989; age 91
James S. Beckman - b. Sep 22, 1912; d. ____
Clara S. Beckman - b. Nov 27, 1914; d. ____
W.T. Lever - b. Feb 16, 1872; d. Apr 24, 1950
Annie Riley Lever - b. Jun 3, 1874; d. Mar 26, 1962
Lewis Adam Dubard - b. Nov 26, 1899; d. Jul 22, 1948
(f) Turnipseed - no dates
(m) Turnipseed - no dates
John Silas Lever - b. Sep 13, 1874; d. Aug 17, 1940
Johnnie Ella Abell Lever - b. Aug 13, 1876; d. Apr 20, 1938; (w) of John Silas Lever
John Reginald Lever - b. Apr 16, 1901; d. Mar 23, 1977
Margaret Andrews Lever - b. Nov 11, 1904; d. Mar 24, 1978
Lucas Ford - b. Jun 22, 1925; d. Dec 14, 1957
Norman Oliver Keels - b. May 12, 1916; d. Feb 19, 1969; SC WO USMC WWII
Ocie Mae Taylor Dubard - b. Sep 12, 1922; d. Aug 17, 1967
(inf's) Dubard - no dates; twin sons of William Louis & Margaret Creech Dubard
Roselie Lever Lyles - b. 1905; d. Sep 3, 1989; (d) of Herbert J. & Martha Ballentine Lever
Robert M. Lott - b. 1939; d. Feb 16, 1990
Charlie W. Turnipseed - b. 1904; d. Oct 27, 1990

David Hampton Leitner - b. 1906; d. Jul 30, 1991
Jesse Owen Murry - b. 1922; d. Jan 26, 1992

99. **Old DuBard Cemetery**: Near the junction of Rt 321 and Cedar Creek Rd, about 1/4 mile back in the woods, Cedar Creek, SC. Oct 1979

Julius Augustus Turnipseed - d. Mar 30, 1858; aged 33y 4m 5d; (h) of Martha S. Turnipseed
Martha S. Turnipseed - d. Oct 31, 1851; aged 26y 6m; (w) of Julius Augustus Turnipseed; (d) of A.F. & K. DuBard
Edward Fletcher Turnipseed - b. May 21, 1848; d. Jun 6, 1849; aged 10m 15d; 2nd (s) of Julius A. & Martha S. Turnipseed
Lavenia Katherine DuBard - b. Mar 11, 1838; d. Dec 25, 1839; aged 1y 9m 14d; (d) of A.F. & K. DuBard
John Adam DuBard - b. Dec 8, 1830; d. Mar 15, 1849; aged 18y 5m 5d; 2nd (s) of A.F. & K. DuBard; died at Cokesbury College, SC
Jesse Alcibiades DuBard - b. Oct 7, 1826; d. Nov 10, 1849; aged 23y 1m 28d; 1st (s) of A.F. & K. DuBard
Adam Felix Augustus Turnipseed - b. Jan 22, 1847; d. May 21, 1857; aged 10y 10m; 1st (s) of Julius A. & Martha S. Turnipseed; died from typhoid
Little Johnnie - no dates
Martha Katherine McCants - d. Jan 11, 1854; aged 7m 10d; 2nd (d) of Dr. George & Mary E. McCants
Mary E. McCants - d. Sep 20, 1853; aged 24y 1d; (w) of Dr. George McCants and 2nd (d) of A.F. & K. DuBard
Mary Katherine Turnipseed - d. May 23, 1857; aged 7y 3m 20d; 1st (d) of Julius A. & Martha S. Turnipseed; died from typhoid
M.E. DuBard - b. Nov 19, 1839; d. Jun 22, 1871; (w) of N.J. DuBard
Adam Frederick DuBard - b. Apr 20, ___; d. Jan 5, 1871
Eleanor L. Miller - d. Sep 10, 1860; aged 16y 7m 2d; youngest (d) of (rev) L. & S. Miller

100. **Old Lincoln Memorial Cemetery**: On Mead Ct, Daleview Community, Columbia, SC. It consists of black and white graves, some of which were moved in the 1940's. It is now known as McCollom Cemetery after the present owners. Aug 15, 1999

(s) Raiford A. Griffin - b. Mar 30, 1974; d. Nov 26, 1993
Larry D. Scott - b. Jan 1, 1951; d. Jan 23, 1991
Emmaline Scott - b. Dec 26, 1919; d. Oct 19, 1992
Effie Hobbs - b. Oct 1, 1906; d. Dec 22, 1997
Bessie Cornelius Muse - b. Aug 15, 1909; d. Jun 21, 1996
Essie Mae Ward - b. Dec 24, 1925; d. Nov 1, 1994
Arthur Mack - b. Jun 3, 1923; d. Apr 11, 1990
Janie Holmes - b. Sep 12, 1926; d. Oct 29, 1994

	Isaac Cemo Freeman - b. Aug 6, 1968; d. Jan 25, 1991
	L.C. Long - b. Mar 16, 1916; d. Jun 10, 1990
(m)	Conola Taylor Harris - b. Apr 13, 1919; d. Jul 16, 1996
	Isaiah Stewart, Sr. - b. Jan 28, 1908; d. Feb 21, 1991
	_____ Tucker - b. Apr 9, 1907; d. May 3, 1994
	James A. Boyd, Jr. - b. Jun 20, 1973; d. Apr 8, 1990
	Donald _____ - b. Apr 16, 1957; d. Jan 1993
	C.M. _____ - no dates*
	N.P. _____ - no dates*
	Adrian "Bird" Hopkins - b. Aug 8, 1955; d. Aug 21, 1996
	Johnnie Moore - b. Jan 3, 1931; d. Jun 20, 1993
	Alma Simmons - b. May 5, 1927; d. Apr 6, 1998
	Elee Rose Cooper - d. Apr 5, 1987
	Elijah Love - b. Aug 27, 1910; d. Jan 17, 1964; SC Sgt US A WWII
	Clarence T. Simmons - b. 1938; d. 1987; US A
	Frank M. Myers - b. Sep 26, 1926; d. Oct 7, 1987; US A WWII
	Willie Prenard - b. Jun 18, 1916; d. Jan 30, 1995
	Ernest Crosby - b. Apr 15, 1932; d. May 9, 1994
	Grover Donnell Gibson - b. 1958; d. 1996; US A
	Josephine Long - b. Aug 15, 1910; d. May 12, 1994
	James G. Heatley - b. 1933; d. 1988; US A Kr
(m)	Annie C. Elkins - b. Apr 15, 1912; d. Mar 2, 1988
(d)	Alston Pauline - b. 1957; d. 1995
	Harriett W. Jefferson - b. Feb 17, 1911; d. Jan 20, 1987
	Ricky Randolph Cuiner - b. Feb 4, 1975; d. Nov 19, 1994
	Thomas Griffin - b. Apr 12, 1927; d. Jan 29, 1988
	Nathaniel Freeman - b. Nov 12, 1945; d. Jun 28, 1993
	_____ Carter - b. May 5, 1918; d. Feb 24, 1997
	George M. Brannon - b. 1932; d. 1984; US A Kr
	Anna Green - b. Mar 15, 1915; d. Apr 7, 1983
	Frank M. Myers, Sr. - b. 1903; d. 1986
	Michael A. Baker - b. 1957; d. 1983; Pvt US A
	James Sammie Kelley - b. 1926; d. 1986; Stm1 US N WWII
	Jessie Davenport - b. Aug 2, 1924; d. Apr 15, 1998
(m)	Clyde M. Smith - b. 1908; d. 1994
	Herbert L. Smith - b. May 2, 1926; d. Apr 20, 1983; A2C USAF WWII Kr
(d)	Barbara L. Smith - b. 1953; d. 1985
	Abe Austin - b. Aug 8, 1916; d. Mar 15, 1992
	Estelle L. Tompkins - b. Mar 15, 1900; d. Feb 17, 1995
	Ernestine Tompkins Wilson - b. 1924; d. 1968
(d)	Scotia May McCracken Reese - b. Feb 19, 1905; d. Jul 30, 1934
	Zobie Hutson - b. Jan 15, 1888; d. Jan 18, 1922*
	Agnes Hutson - b. Aug 19, 1875; d. Mar 21, 1924*
	Edd Alexander Hall - b. 1925; d. 1985; SSMB2 US N WWII
	Joseph H. Brown - b. Feb 18, 1948; d. Jun 19, 1997

        Albert William Hudson - b. Apr 21, 1927; d. Mar 26, 1946; SC
           Seaman 2CL USNR
        Charlie Green - b. Oct 25, 1921; d. Apr 18, 1999
        Cora Lee Stevenson - b. 1916; d. 1994*
        Otis Stevenson, Sr. - b. 1911; d. 1994*
        Matthew D. Young - b. May 27, 1949; d. Aug 15, 1995
        John G. Hemphill - b. Oct 27, 1889; d. Dec 2, 1974*
        Bessie R. Hemphill - b. Oct 8, 1899; d. Jun 3, 1990*
        Toto _____ - b. Oct 30, 1989; d. Nov 6, 1994
        Dominque _____ - b. Jul 23, 1974; d. Sep 30, 1986
        Sparky _____ - b. Aug 25, 1958; d. Jun 14, 1979
        Lorine Sumter Jones - b. Dec 29, 1902; d. Sep 3, 1972
        William J. Sumter - b. May 15, 1881; d. Oct 25, 1967
        Daisy A. Sumter - b. Jun 3, 1884; d. Aug 22, 1964
        T.J. Sumter - b. Mar 27, 1904; d. Dec 16, 1959
        John Sumter, Sr. - b. May 15, 1855; d. May 5, 1929
(d)(sis) Frances E. Hunter - b. Sep 23, 1887; d. Sep 14, 1925
        Rose Sumter - b. 1861; d. 1935
        John D. Sumter - b. May 21, 1883; d. Aug 1, 1921
        Farris Lucius Diggs - b. 1930; d. 1991; SFC US A Kr Vn
        Vivienne J. Hall-Diggs - b. Nov 16, 1926; d. _____
        Leon Guinyard, III - b. Dec 21, 1987; d. Dec 22, 1987
        Xzavir Keawon Prince - b. Jan 31, 1986; d. Jan 31, 1986
        Tyler B. Goins - b. Dec 26, 1997; d. Dec 26, 1997
(h)   John G. Austin - b. Aug 13, 1918; d. Jul 16, 1981
        Alvan Andre Cook - b. 1951; d. 1978
(m)   Mamie R. Austin - b. 1888; d. 1971*
(f)   Henry M. Austin - b. 1879; d. 1945*
(s)   William M. Austin - b. 1926; d. 1927*
        Elizabeth Bryant - b. Sep 21, 1912; d. Mar 16, 1993
(s)   Curtis Adams - b. Jul 5, 1953; d. Dec 10, 1986
        Benjamin Reese - b. 1960; d. 1987; US A
        Rhodan P. McCollom - no dates*
        Claude A. McCollom - d. 1986*
        Daniel Terrill Bowman - b. Jul 28, 1989; d. Jul 26, 1996; (s) of
           Dorothy & Jeffrey Wilson*
        Kourtney Brieanna Bowman - b. Nov 1, 1994; d. Jul 26, 1996; (d)
           of Temecko Bowman & Mallory Nelson*
(f)   Don Pough, Sr. - b. Oct 15, 1914; d. Nov 21, 1996
        George Hackett - b. 1905; d. 1993
(f)   William L. Logan - b. Aug 15, 1870; d. Sep 10, 1949*
(m)   Carrie L. Logan - b. Sep 30, 1875; d. Oct 27, 1937*
        Moot Green - b. Mar 7, 1925; d. Dec 30, 1996*
        Rena Green - b. Dec 10, 1926; d. Aug 26, 1997*
        Alma Gregory Davis - b. 1924; d. 1997
        Albert Hill - b. Mar 1, 1932; d. Nov 19, 1994; MSgt USAF

Marandy N.R. Cornish - b. Apr 2, 1984; d. Jul 8, 1984
Jojuana Y.P. Cornish - b. Aug 21, 1986; d. Nov 19, 1986
David A. Smith - b. 1956; d. 1990
Victoria Brown - b. Oct 19, 1997; d. Oct 19, 1997
Minister Annette Glover - b. 1963; d. 1991
Lula B. Jefferson, b. Oct 25, 1904; d. May 12, 1984
June A. Wright - b. 1910; d. 1995
Hettie B. Osbie - b. Nov 14, 1894; d. Jun 26, 1990
Preston Ellison, Jr. - b. Aug 24, 1914; d. Apr 29, 1989
(m) Emily Archie Ellison - b. Aug 1, 1918; d. Dec 3, 1992
David F. Kinard - b. Oct 26, 1916; d. May 1, 1989; US A WWII
(m) Ora Bell "Tootchie" Thomas - b. Mar 2, 1927; d. Dec 14, 1988
(d) Star Alaina Taylor - d. Apr 6, 1994
Harry Rawlinson, Jr. - b. Dec 27, 1942; d. Mar 24, 1988
Willie T. Watts, Sr. - b. 1915; d. 1996
Marjorie B. Williams - b. Jun 27, 1927; d. Jul 24, 1993
Perry Nellams - b. Jan 24, 1922; d. Feb 2, 1994; US A WWII
(m) Edna Mae Nellams - b. 1924; d. 1989
Marion Wright, Jr. - b. 1920; d. 1984
Daniel Murrell - b. 1946; d. 1984; Sp5 US A Vn
(m) Mamie S. Johnson - b. May 1, 1919; d. Sep 6, 1988
Janice Thomas - b. Apr 13, 1962; d. Nov 11, 1986
Clara Chestnut "Mi-Mi" Brown - b. Apr 1925; d. Aug 1993
James Searles - b. May 5, 1902; d. Jan 27, 1987
Jerry Brown - b. Jun 14, 1946; d. Oct 18, 1986
James A. Flemming - b. 1909; d. 1984; Tec 5 US A WWII
Joseph Dunlap - b. 1913; d. 1984; USMC WWII
Bessie Frierson - b. Aug 9, 1909; d. Nov 18, 1983
Sarah Frierson - b. 1933; d. 1999
Marcus Floyd Green - b. Jul 19, 1977; d. Mar 19, 1994
James Green, Sr. - b. Nov 14, 1916; d. Dec 23, 1992*
Irene Green - b. Nov 25, 1923; d. Nov 14, 1992*
Willie Guy Cowan - b. Nov 18, 1941; d. Jun 20, 1989
Leroy Lincoln Myers - b. May 5, 1937; d. Feb 6, 1989; US A Kr
Willie Mae Hingleton - b. Jul 8, 1937; d. Feb 14, 1984; (sl)
(gm) Beatrice "Big Mama" Hodges - b. Oct 5, 1903; d. Jan 15, 1989
(b) Otis Hingleton - b. Jun 28, 1944; d. Aug 5, 1993
James Sligh - b. Sep 1, 1919; d. Feb 26, 1986; PFC US A WWII
(m) Lillie Mae Hingleton - b. Nov 27, 1918; d. Jun 18, 1987
Eugene Hingleton, Sr. - b. Jul 13, 1912; d. Dec 30, 1982
Malvina D. Davis - b. Apr 16, 1919; d. Dec 28, 1990
Clarence Walker - b. 1937; d. 1983; Pvt US A
Brenda J. Green - b. Mar 21, 1958; d. Dec 25, 1984
Ernest Champell, Jr. - b. Jul 1943; d. Dec 1994; US A Vn
Robert Caster - b. Dec 1, 1910; d. Jun 19, 1983*
Elsie Caster - b. May 11, 1910; d. Jan 14, 1990*

             Lillie M. Capers - b. Oct 13, 1949; d. Mar 7, 1991
             John David Wilks - b. Mar 10, 1933; d. Jun 22, 1986
             Serivia "Lollipop" Davis - b. Nov 23, 1944; d. Aug 31, 1990
             Frederick T. Wright - b. Nov 24, 1949; d. Mar 9, 1983; USAF
             Leroy Robinson - b. 1953; d. 1985
             Rena Loyd - b. Jan 1, 1911; d. Jun 4, 1983
             Estelle Bowers - b. 1919; d. 1997
             James Gordon - b. Apr 14, 1933; d. Feb 3, 1985
             Woodrow Brown - b. 1931; d. 1992; US N
             Dorothy M. Williams - b. Dec 18, 1950; d. Sep 2, 1987
             Curtis A. Kinsler - b. Feb 16, 1962; d. Jan 19, 1996
(f)   Vinson D. Bowman - b. 1958; d. 1987; Pvt US A
             Jacob Stewart - b. Jan 1911; d. Feb 3, 1996
(m)(sis) Georgiana Williams - b. Jul 23, 1919; d. Feb 17, 1983
             Alean J. Swan - b. 1950; d. 1986
(d)   Carrie B. Cunningham - b. 1918; d. 1988
             Jesse Cunningham, Jr. - b. Jan 13, 1939; d. Jan 28, 1986
             James Franklin Turnbough - b. 1908; d. 1986; PFC US A WWII
             William E. Cunningham - b. Jul 26, 1915; d. Oct 8, 1987
             Lincoln Joshua Thomas - b. 1919; d. 1988; MSgt US A WWII Kr Vn
             Ella Mae Frazier - d. Oct 8, 1986
             Clarence Frazier - b. 1940; d. 1996
             William Washington - d. Nov 8, 1947

101. **Old Zion Pilgrim Baptist Church Cemetery**: Near the intersection of Isaac Cook Rd and Monticello Rd, Cedar Creek, SC. Jul 18, 1999

        Laura D. Young - d. Nov 8, 1953
        Hattie Burrell - d. May 31, 1910; age 40y; (w) of Joe Burrell
        Martha King - d. Nov 12, 1928; age 51; WHCWS Lodge No 31
        Heneretta Hutchison - d. Dec 2, 1942; age 69y; WHCWS

102. **Pisqah Baptist Church Cemetery**: Near the intersection of Monticello Rd and Campground Rd. It is far in the woods on the south side of Campground Rd, Columbia, SC. 1990

        Julia A. Levister - d. Apr 10, 1910
        James O. Levister - d. Jun 18, 1902
        Mrs. Carrie Miller - d. May 19, 1888; (w) of O.Z. Uzell Lee; age 27y 7m 3d
        Robert Dangerfield - b. Dec 13, 1909; d. Jan 31, 1928; member of the Presbyterian Church
        M. Lizzie Rose - b. Jan 11, 1865; d. May 4, 1889; (w) of E.C. Meetze
        S. Ardella Rose - d. Oct 24, 1888; age 59y; (w) of S.C. Rose, Sr.
        S.C. Rose, Sr. - b. Jul 7, 1818; d. Mar 1, 1888

Jessie Jeffers Dangerfield - b. Oct 8, 1911; d. Nov 22, 1976
Ola Dangerfield - b. Jul 7, 1888; d. Oct 25, 1960
Julia All Rose - b. Jan 2, 1860; d. Nov 2, 1885; (w) of S.C. Rose, Jr.
Millissa All Rose - b. Feb 9, 1855; d. Jul 10, 1888; (w) of S.C. Rose, Jr.

103. **Sligh Graveyard**: On Owens Rd near Hwy 321. Sep 6, 1998

         W.H. Sligh - b. 1835; d. 1912
(s)   Ernest Brooks Sligh - b. 1864; d. 1907
         Mary Caroline Sligh - b. May 19, 1835; d. _____
         Elizabeth Sligh - b. 1822; d. 1863
(sis) Mary Cathron - d. 1867
         William Claude Sligh - b. 1859; d. 1881
(d)   Berenile Melanie Smith - b. 1857; d. 1893
(sis) Susan Alice _____ - d. 1807
(f)   John Harmon - b. 1822; d. 1856

104. **Smith Graveyard**: Near Harmon Rd and Monticello Rd, about 1 mile back in the woods on a hill, Columbia, SC. Some people call this cemetery, "Graveyard Hill." Sep 1991

         Anna Thompson - b. Dec 27, 1898; d. Oct 13, 1918
         Nathaniel Johnson - b. Feb 25, 1917; d. Oct 12, 1918
         John Alexander Smith - b. 1817; d. 1891
         Judith B. Smith - b. 1817; d. 1848
(inf) Kinsler - d. Jan 1, 1820; age 11d; (d) of John & Mary Kinsler
         W.W. Smith - b. Oct 10, 1846; d. Oct __, 1908
         Jeremiah Kinsler - d. Dec 29, 1821; age 22d; (s) of John & Mary Kinsler
         G. Brown - no dates

105. **Souther-Turnipseed Graves**: Off of Bookman Loop Rd near the Broad River, North Columbia, SC. Sep 6, 1998

         Mary M. Turnipseed - b. 1792; d. Dec 1832; (w) of Felix Turnipseed
         Charlotte Souther - b. Jan 29, 1814; d. Sep 22, 1815; (w) of Daniel Souther & 2nd (d) of Felix & Mary M. Turnipseed
         Wesley W. Turnipseed - b. Sep 29, 1821; d. Aug 7, 1841; (s) of Felix & Mary Turnipseed

106. **Taylor Cemetery**: On Buckner Rd, near the junction of I-20 and Rt 321, Columbia, SC. Jun 15, 1994

         Standley R. Miles, Sr. - b. Apr 11, 1938; d. Jul 27, 1985
         David Charles Miles - b. 1935; d. 1979; A
         William F. Miles - b. Aug 13, 1910; d. Dec 5, 1937
         Cora B. Miles - b. Sep 3, 1915; d. Jun 5, 1978
         John T. Miles - b. Sep 25, 1885; d. _____

(m)
Corry T. Miles - b. Jan 19, 1892; d. Jun 16, 1976
Dorothy A. Miles - b. Mar 27, 1926; d. Apr 2, 1929
Blanche Mae Miles - b. Apr 23, 1908; d. Jul 16, 1925
Mary Jane Thomas - b. May 26, 1861; d. Jun 22, 1939
Arthie W. Wiles - b. 1915; d. 1982
Annie Louise Wiles - b. 1920; d. 1980
Frank P. Gentry - b. Jul 29, 1869; d. Oct 4, 1957
Walter P. Gentry - b. Jun 15, 1899; d. Jan 9, 1929
Marie Gentry Corley - b. Aug 23, 1896; d. _____ (w) of C.D. Corley, Sr.
Janie N. Gentry - b. Sep 25, 1871; d. Feb 5, 1925
Ulric Lee Britt - b. Feb 22, 1890; d. May 22, 1925
Annie M. Cattrell - b. Mar 6, 1888; d. Jun 7, 1979
John W. Cattrell - b. Dec 8, 1852; d. May 29, 1936
Nettie Aultman - b. Jan 23, 1903; d. Sep 16, 1925
Nellie Aultman - b. May 1, 1901; d. Sep 16, 1925
Woodrow J. Emlyn - b. 1913; d. 1972
Dora B. Emlyn - b. 1889; d. 1972
Henry C. Berlack - d. Mar 5, 1940; GA Corp 3 US Vol Inf
William Gregersen - b. Feb 16, 1860; d. Sep 6, 1940
Nora Holt Gregersen - b. Feb 9, 1879; d. Dec 9, 1943
James David William - b. Feb 6, 1906; d. Oct 21, 1968
Florine B. Williams - b. Jan 13, 1907; d. _____
Marvin E. _____ - b. Jul 30, 1919; d. May 18, 1973
William H. Fraker - b. 1912; d. 1982
Bessie P. Fraker - b. 1910; d. 1974
Troy William Sloan - b. Apr 11, 1917; d. Jun 28, 1976
Elizabeth Eleazer Sloan - b. Aug 31, 1915; d. Aug 22, 1976
John Calhoun Taylor - b. Feb 9, 1863; d. Jun 11, 1944
Charlotte Faust Taylor - b. Jul 18, 1869; d. Apr 4, 1942
Mary Taylor Berry - b. Jan 29, 1912; d. Nov 4, 1970
Zonny Burton Kreps - b. Jun 20, 1884; d. May 26, 1951
G.G. Taylor - b. May 8, 1887; d. Jul 20, 1922
W.D. Taylor - b. Feb 13, 1901; d. Dec 25, 1919
Irby Tillman Taylor - b. Apr 28, 1899; d. Dec 27, 1964
John Henry Taylor - b. Jul 14, 1893; d. Feb 6, 1925
Sallie Lee Wingard - b. Feb 5, 1891; d. Oct 16, 1918
Juanita Gertrude Wingard - b. May 5, 1913; d. Oct 21, 1914; (inf) of Jeff & Sallie L. Wingard
Manning Wingard - b. Nov 20, 1914; d. Sep 6, 1925
Mary M. Walling - b. Dec 1, 1860; d. Sep 17, 1941
Jasper O'Neal Wingard - b. Jun 9, 1911; d. Feb 15, 1983
Ella Walters Taylor - b. Apr 12, 1909; d. Nov 3, 1963
Thomas Rayon Taylor - b. Jan 1, 1900; d. Sep 1, 1959
Eliza Frances Taylor - b. Apr 6, 1832; d. May 21, 1901; (w) of George T. Taylor

	George T. Taylor - b. Feb 13, 1832; d. Oct 31, 1916
(inf)	Taylor - d. Aug 7, 1926; (d) of George W. Taylor, Jr. & Gladys S. Taylor
	John W. Wingard - b. Mar 28, 1875; d. Oct 7, 1934
(f)	S.C. Wingard - b. Feb 4, 1847; d. Jan 12, 1924
(m)	Ella R. Wingard - b. Sep 1, 1853; d. Nov 6, 1926; (w) of S.C. Wingard
	Minnie E. Taylor - b. Jul 11, 1877; d. Oct 29, 1952
	George W. Taylor - b. Dec 5, 1860; d. Apr 15, 1930
	Victor Mae Cottrell - b. Dec 8, 1910; d. Oct 11, 1933; (d) of Mr. & Mrs. J.W. Cottrell
	Eugene T. Dillard Cottrell - b. Apr 14, 1922; d. Mar 7, 1924
	Mary Ann Tenant - d. May 20, 1915; age 59y; erected by Mr. & Mrs. George W. Taylor
(m)	Emma Miles - b. Dec 24, 1862; d. Sep 9, 1919
	Thomas S. Easterling - b. May 19, 1859; d. Feb 29, 1920
	Bessie Caston Easterling - b. Jun 17, 1874; d. Jan 24, 1968; (w) of Thomas S. Easterling
	Tristram H. Easterling - b. Feb 18, 1871; d. May 2, 1935; SC Pvt ICL 805 SN TN 80 Div
	Alfred McKibben Easterling - b. Feb 8, 1904; d. Jul 14, 1968
	Martha Easterling Dunlap - b. Jun 10, 1908; d. Apr 19, 1973
	W.B. McAdams - b. Sep 22, 1838; d. Nov 1, 1921; Elder
	James F. Gibson - b. Dec 22, 1863; d. Sep 14, 1944
	Ella Gibson - b. Feb 9, 1858; d. Nov 6, 1929; (w) of W.F. Coleman
	W.H. Coleman - b. May 1, 1880; d. Aug 24, 1925
	Warren Glover Brazell - b. Apr 17, 1873; d. Jul 2, 1945
	Minnie William Brazell - b. Mar 23, 1887; d. Jun 11, 1929
	_____ Ridgeway - (inf) of R.E. Ridgeway; erected 1929
	David Lee Miles - d. Jul 4, 1965; age 7y
(inf)	Edwin Franklin Wise - d. Dec 10, 1928
	Elizabeth Spearman Smith - b. Jun 27, 1886; d. Jun 12, 1957
	Joseph Franklin Smith - b. Sep 18, 1885; d. Nov 25, 1933
	Harry William Smith - b. Nov 23, 1921; d. Aug 10, 1929
	Walter Glen Smith, Sr. - b. Feb 18, 1909; d. Apr 1, 1967
	Laura Elizabeth Duensing - b. Dec 26, 1985; d. Feb 11, 1987; (d) of W. Craig & Jane P. Duensing
	Elizabeth Campbell Skipper - b. Jun 1, 1906; d. May 16, 1955; foot marker: Bob & Dot, Dun & Bud, John
	Mary Campbell Duensing - b. 1920; d. 1987
	Laura F. Keightley - d. May 23, 1927; age 60y
	Margaret L. Campbell - b. Dec 31, 1884; d. Jul 24, 1937
	Duncan S. Campbell - b. Jan 21, 1887; d. Apr 14, 1937
	James E. Reville - b. Feb 22, 1868; d. Feb 18, 1930
	Lula J. Reville - b. Mar 1, 1865; d. _____
	Fannie Briston - b. Jun 29, 1875; d. May 16, 1935

(f) Mary I. McLean - b. Jun 15, 1858; d. May 18, 1934; (m) of Mrs. Belle Cheed
Charles F. Cheek - b. Jun 15, 1970; d. Dec 30, 1934
John E. Muse - b. Sep 25, 1874; d. Dec 24, 1950
Ellen E. Muse - b. Nov 13, 1879; d. Apr 13, 1942
James Ezia Fort Muse - b. Sep 24, 1909; d. Jan 25, 1966
Jessie Mabel Muse - b. Jan 18, 1914; d. _____
Gene J. Mitchum - b. Dec 8, 1922; d. May 28, 1933
Gevena Warren Mitchum - b. Aug 28, 1903; d. Feb 3, 1958; (w) of Harvey Eugene Mitchum
Harvey Eugene Mitchum - b. Sep 18, 1898; d. Dec 9, 1970
James Warren Mitchum, Jr. - b. Jan 29, 1955; d. Jan 29, 1955
(inf) Jay - b. Feb 8, 1939; d. Feb 8, 1939; (s) of Mr. & Mrs. Jefferson W. Jay
Jefferson W. Jay - b. Nov 16, 1913; d. Jan 24, 1977
Ollie H. Williams - b. 1882; d. 1969
John Hayes - b. Nov 24, 1876; d. Nov 1, 1941
Martha S. Hays - b. May 6, 1886; d. Dec 28, 1963
Asbury F. Hayes, Sr. - b. Dec 17, 1911; d. Jun 28, 1977
Olin David Hayes, Jr. - b. Mar 27, 1954; d. May 15, 1954
Robert V. Baughman - b. Sep 15, 1927; d. _____
Mary H. Baughman - b. Sep 30, 1928; d. Oct 4, 1974
R.J. "Bob" Rabon - b. Jul 16, 1906; d. Sep 24, 1951
Dwight Derrell Wilson - b. Nov 23, 1953; d. May 22, 1954
Nellie R. Stinnette - b. Jul 26, 1896; d. _____
Carolyn R. Ivey - b. Aug 30, 1941; d. _____
Mary E. Ivey - b. Jun 2, 1920; d. _____
Oliver E. Ivey - b. Mar 20, 1919; d. Jun 3, 1989
Fred Young - b. 1886; d. 1961
Mamie Young - b. 1888; d. 1973
S. Veronice Young Lee Stone - b. Jun 7, 1907; d. Dec 19, 1983
Richard Edward Lee - b. May 10, 1909; d. Dec 15, 1953
Matthew E. Lee - b. Apr 25, 1881; d. Mar 30, 1955
Alice M. Lee - b. Mar 13, 1855; d. Aug 12, 1957
Jessie Evelyn Mitchum - b. Aug 9, 1905; d. Nov 7, 1969
Zanie O'Neal Mitchum - b. Oct 9, 1905; d. _____
Donna Marie Billard - b. 1959; d. 1988
Lewis Thomas Sweat - b. Apr 16, 1944; d. Feb 28, 1987; US A
Norah S. Meetze - b. Oct 4, 1917; d. Oct 12, 1976
Adam Belton Swygert - b. Sep 10, 1910; d. Oct 13, 1967; SC Pvt US A WWII
Lula M. Swygert - b. Oct 27, 1886; d. May 9, 1984
Henry E. Swygert - b. Jun 8, 1886; d. Jun 6, 1963
William R. Frick - b. Aug 19, 1922; d. Oct 7, 1944; SC TSgt WWII 18 AAF Bomb Sq

George E. Frick - b. Oct 9, 1896; d. May 10, 1950; SC Cpl 105 Ammo Tm 30 Div WWI
Janie C. Frick - b. Aug 3, 1902; d. Aug 5, 1962
(inf) Willis Eugene David - d. Oct 5, 1950
Magdallene David - b. or d. 1944
Mary M. David - b. Jul 29, 1922; d. Dec 8, 1968
Eulie H. David - b. Apr 10, 1921; d. Sep 17, 1972
(rev) L.F. Stelle - b. 1905; d. 1983
John B. Billings - b. Nov 27, 1903; d. Mar 1, 1983
Elizabeth L. Billings - b. Mar 27, 1908; d. Mar 24, 1987
(inf) Z. Swindler - no dates
N. Louise Young Swindler - b. Apr 13, 1908; d. Mar 22, 1969
Silas Wingard - b. May 3, 1903; d. Nov 28, 1970
Marjorie Ann Blanky - b. Aug 30, 1933; d. Sep 11, 1933
Louise Wingard - b. Jul 26, 1920; d. Jun 4, 1982
Jacob R. Wingard - b. Nov 24, 1901; d. May 19, 1981
Mary Idel Wingard - b. Mar 2, 1886; d. Jan 20, 1963
James E. Wingard - b. Aug 18, 1870; d. Jun 12, 1934
Tommy Patton, Jr. - b. May 15, 1943; d. Apr 18, 1969
W. Albert Patton - b. Mar 31, 1891; d. Mar 3, 1964
Hattie G. Patton - b. May 20, 1895; d. Jan 24, 1962
Vernon J. Crossland, Sr. - b. May 8, 1933; d. Jun 22, 1974
Joan W. Crossland - b. Jun 21, 1936; d. _____
(b) Richard E. Crossland - b. Sep 19, 1930; d. Mar 24, 1977
R. Weston Crossland - b. May 8, 1933; d. May 8, 1933
(f) Busbee - 1928
(m) Busbee - 1934
(sis) Busbee - 1932
Mattie Ella Eleazer - b. May 22, 1888; d. Apr 11, 1977
Cleo Eleazer Busbee - b. Jul 4, 1912; d. Nov 7, 1985
Barney Walter Busbee - b. May 19, 1918; d. May 6, 1960
Daisy Austen Ohlkers - b. 1882; d. 1957
Margaret A. Schiltze - b. Jun 20, 1856; d. Mar 4, 1920; (w) of Eibe F. Ohlkers
Eibe F. Ohlkers - b. Feb 8, 1855; d. Oct 25, 1935
Dorothy W. Ohlkers - b. 1888; d. 1961
William E. Shuford - b. Jun 14, 1958; d. Sep 19, 1959
Henry Oliver Shuford - b. 1951; d. 1951
A.C. Cole - b. Mar 17, 1871; d. Mar 3, 1933
Martha E. Cole - b. Nov 25, 1875; d. Aug 25, 1963
Ora Lee Sheharde - b. Mar 19, 1896; d. Jun 21, 1961
Luther E. Shuford - b. Feb 19, 1891; d. Mar 9, 1946
Viola C. Shuford - b. Oct 4, 1897; d. May 14, 1976
Furman W. Meetze - b. Dec 6, 1921; d. Aug 28, 1944; SC PFC 13 Inf 8 Div WWII
Ida M. Meetze - b. Jun 21, 1888; d. Aug 15, 1983

(rev)   J.M. Meetze - b. Oct 26, 1883; d. Jan 12, 1963
Kathleen Meetze Newman - Jun 19, 1916
Caleb Lee Newman - b. Dec 29, 1906; d. Apr 2, 1982
_____ Meetze - d. Dec 25, 1951; (inf) of Jacob M. & Lillian Meetze, Jr.
Gregory - no dates
Parks - no dates
Linter Lee Roberts - b. 1920; d. 1933
Cauthen D. Broom, Sr. - b. Jan 24, 1886; d. Feb 21, 1966
Irene Frick Broom - b. Aug 11, 1889; d. Jan 14, 1952
Mason B. Broom - b. Oct 29, 1927; d. Jun 9, 1932

(inf)   Broom - d. Jun 15, 1934; (d) of Cauthen D. & Irene F. Broom
Freeda B. Williamson - b. Jan 1, 1920; d. Nov 29, 1972
William F. Luthren - b. Jul 12, 1899; d. Dec 12, 1961
Annis Matelda Huffman - b. May 15, 1880; d. Sep 22, 1930
Warren Edmond G. Horsford - b. Nov 29, 1887; d. Nov 16, 1960
Budie Rickenbaker Horsford - b. Dec 22, 1891; d. Jul 22, 1986
James Dyches Horsford - b. Sep 22, 1818; d. May 3, 1971
Aubrey Maurice Baxter - b. Aug 28, 1898; d. Jun 12, 1956
Elizabeth Horsford Baxter - b. Nov 16, 1894; d. Jan 25, 1964
Thomas A. Horsford - b. Mar 18, 1903; d. Mar 10, 1965
William Warren Horsford - b. Apr 18, 1856; d. May 7, 1938
Cornelia Smith Horsford - b. Aug 24, 1868; d. May 30, 1947
Mary Wood Smith - b. Jan 13, 1837; d. Sep 17, 1917
Mayme Horsford Bennett - b. Dec 16, 1892; d. Feb 2, 1975
William Herbert Bennett - b. Jan 14, 1884; d. Jan 12, 1934
Bertha Horsford Jones - b. Oct 16, 1896; d. Oct 28, 1976
W. Ernest Horsford - b. Jul 4, 1890; d. Jan 20, 1942
David C. Ruff - b. Nov 28, 1909; d. May 1955
Blanche R. Bradford - b. Jun 9, 1903; d. Jun 21, 1964
Maggie F. Smith - b. Sep 23, 1874; d. May 14, 1948
Henry B. Smith - b. Dec 16, 1874; d. Jul 14, 1929
Lesa Carol Waites - b. Nov 28, 1955; d. Nov 30, 1955; (inf) of Millard & Kathleen Waites

(inf)   Plexico - d. 1926; (d) of Mr. & Mrs. Claude G. Plexico
Andrena D. Anderson - b. Nov 4, 1898; d. Dec 12, 1954
Claude Good Plexico - b. Nov 10, 1886; d. Sep 16, 1964
Lida Denny Plexico - b. Aug 8, 1896; d. Jul 19, 1984
Louise Barrington Denny - b. Sep 15, 1902; d. Jun 19, 1972
Harold Grover Denny - b. Feb 4, 1894; d. Aug 30, 1971
Dorothy W. Denny - b. Oct 26, 1907; d. Apr 25, 1987
Maggie K. Denny - b. May 19, 1874; d. Dec 9, 1948
James W. Denny - b. Aug 29, 1867; d. Apr 12, 1957
William Earl Taylor - b. Jul 7, 1912; d. Nov 11, 1957
Frank Lever Taylor - b. Aug 12, 1910; d. May 9, 1976
Mabel Taylor Kerr - b. Mar 3, 1906; d. Dec 20, 1970

Isaac Lee Kerr - b. Jun 17, 1901; d. Jul 30, 1960
George L. "Joe" Kerr - b. May 10, 1926; d. Sep 26, 1971
Stanley Ray Miles, Jr. - b. 1960; d. Dec 15, 1990
Bennie Allen Mitchum - b. 1942; d. May 8, 1992
F. Thurmond Denny - b. 1904; d. Mar 30, 1993
Ernest William Duensing, Jr. - b. 1916; d. Nov 10, 1993
Harry B. Skipper - b. 1911; d. Dec 5, 1993
Harryette Denny Gwyn Allison - d. Dec 13, 1993; age 68y
Mamie Taylor Luthern - d. Jun 15, 1994; age 79y

107. **Temple Zion Baptist Church Cemetery**: At the corner of Heyward Brockington Rd and Singleton Rd, north Columbia, SC. Jun 30, 1999

William A. Gibbons - b. Oct 7, 1913; d. Apr 24, 1985
Joseph Brown - b. 1915; d. 1992; US A WWII
(m) Mary L. King Harris - b. Oct 3, 1922; d. Nov 4, 1991
(rev) Daniel Clark, Sr. - b. May 16, 1908; d. May 16, 1990
(dea) Matthew Singleton - b. Jul 12, 1907; d. Feb __, 1974
Oscar Singleton - b. Sep 10, 1883; d. Mar 3, 1966
Lizzie Johnes - b. 1912; d. 1962
Kathaleen Taylor - b. Oct 11, 1921; d. Jun 26, 1979
Oscar Erving Taylor - b. Mar 15, 1950; d. Oct 6, 1982
David Singleton - b. 1928; d. 1988; US N WWII
Nathan Singleton - b. May 21, 1916; d. Mar 11, 1999; age 80
Josephine P. Washington - b. 1922; d. 1982
Virginia Lee Cunningham - b. Feb 9, 1926; d. Dec 18, 1989
Dwight D. Davis - b. 1969; d. 1973
Pauline Darby - b. 1916; d. 1983
Silas Darby, Jr. - b. 1948; d. 1985
(w) Stella Boyle - b. May 26, 1913; d. Jan 11, 1970
Sarah Taylor - b. 1917; d. 1956
Woodrow Wilson - b. 1910; d. 1968
(d) Veranda R. Wilson - b. Feb 26, 1965; d. Mar 29, 1986
Zack Jerry Wilson - no dates
David Boyles - b. Nov 11, 1907; d. Mar 30, 1978
Horace "James" Bookert - b. May 25, 1908; d. Oct 19, 1986
Josephine W.B. Hatten - b. Nov 29, 1885; d. Aug 29, 1964
Clarence Bookert - b. 1903; d. 1993
Nezzy Bookert - b. 1912; d. 1997
Robert Bookert - b. 1879; d. 1949
James Bookert - b. 1881; d. 1954
James Floyd Wicker - b. Jan 13, 1908; d. Jul 20, 1957
Willie J. Darby - b. 1934; d. 1957
(m) Mary Hatten - b. Mar 4, 1889; d. Jan 3, 1949
Rebecca H. Samuels - b. Feb 12, 1913; d. Aug 18, 1989
James Z. Hatten - b. Feb 17, 1934; d. Aug 26, 1960

	James Ashford - b. 1914; d. 1990
	Tim Ashford - b. Apr 1, 1912; d. Mar 17, 1970
	Robert Ashford - b. Apr 23, 1926; d. Feb 18, 1964
	Cloria Ashford - b. Sep 1, 1895; d. May 2, 1966
	Ethel Ashford - b. May 12, 1909; d. Aug 25, 1971
	Samuel Ashford - b. Jun 2, 1889; d. Aug 12, 1975
	Eugene Ashford - b. 1920; d. 1979; Tec 5 US A WWII
	Lilly Mae Grant - b. Aug 1, 1894; d. Aug 11, 1971
	Will "Bubber" Martin - b. Feb 28, 1889; d. Feb 5, 1971*
	Rosena W. Martin - b. Aug 28, 1899; d. Jan 2, 1969*
(d)	Junie A. Martin - b. Jun 1, 1917; d. Jan 2, 1989
	David A. King, Jr. - b. Apr 1, 1928; d. Dec 14, 1974
(m)	Katie Goyins - b. 1895; d. 1993
(rev)	F.G. Goyins - b. Dec 23, 1895; d. Jun 25, 1959*
	Ottis Goyins - b. Oct 3, 1922; d. Jan 9, 1945*
	William L. Goings - b. 1922; d. 1985
(f)(rev)	David A. King - b. Oct 3, 1896; d. Mar 19, 1964*
(m)(rev)	Susie B. King - b. May 8, 1899; d. Dec 15, 1992*
	John Robinson - b. Mar 17, 1894; d. Oct 10, 1972; SC Cpl Co K 371 Inf WWI
(f)	Isaac Davis - b. 1900; d. 1962*
(m)	Jennie S. Davis - b. 1907; d. 1973*
(d)	Jo Ann Tidwell - b. Jun 1, 1946; d. Apr 13, 1978
(d)(m)	Rosalind Tidwell-Jenkins - b. Oct 18, 1950; d. May 27, 1998 (w)
	Isaiah Davis - b. Dec 1, 1925; d. Dec 19, 1982; US A WWII
	Reuben Van Johnson - b. Feb 8, 1928; d. Sep 4, 1973; SC S1 US N WWII
(rev)	Martha Bookert - b. Oct 12, 1898; d. May 2, 1963
	Clifton Bookert - b. Aug 16, 1916; d. May 27, 1966; NC PFC Co E 357 Engr GS Regt WWII
	Thomas Bookert - b. Apr 4, 1937; d. Apr 6, 1967; A2C USAF
	James Earl Bookert - b. Mar 18, 1939; d. Mar 19, 1972; SC A2C USAF
	Thomasina G. Bookert - b. Mar 19, 1914; d. Apr 2, 1982*
(dea)	Roosevelt Bookert - b. Jun 25, 1911; d. Jun 8, 1979*
	Noldon Gordon - b. Nov 6, 1910; d. Jul 27, 1982
(gm)	Estelle Bookert Geiger - b. Dec 24, 1901; d. Feb 1, 1989
	James Ernest Bookert - b. Jun 10, 1934; d. Aug 30, 1991; Love Thelma
	Isaac Wilson - b. 1922; d. 1987; US A WWII
	_____ Michael Ashford - d. 1989
	Willie Bookert, Sr. - b. 1922; d. 1988; PFC US A WWII
(w)(m)	Mabell H. Ashford - b. Apr 30, 1916; d. Oct 18, 1980
(b)	James Hatten - b. 1882; d. 1973
	Leroy Watkins - b. 1935; d. 1983; Pvt US A Kr
	Arthur Hatten - b. Jan 1, 1911; d. Dec 8, 1986

(s)	Wardell Thompson - b. Apr 16, 1927; d. Nov 11, 1954*
(d)	Gladys Thompson - b. Jun 1, 1930; d. Nov 25, 1965*
(m)	Annie Bell Thompson - b. Mar 7, 1905; d. May 30, 1978*
	Willie A. Watkins - b. Oct 16, 1916; d. Oct 30, 1995; Tec 5 US A WWII
	Arnette Martin - b. 1929; d. 1992
	Vivian C. Abel - b. 1922; d. 1985
(m)	Ruth M. Black - b. 1925; d. 1985
(w)	Frances C. Tarver - b. 1921; d. 1984
(f)(rev)	Lionel Ashford - b. Sep 11, 1911; d. Feb 22, 1988
(w)	Barbara A. June - b. Aug 18, 1938; d. Feb 9, 1964
(dea)	Arnette Martin - b. Apr 23, 1897; d. Oct 28, 1969
	Theodora Anderson - b. Aug 16, 1946; d. Mar 29, 1957
	James F. Clark - b. Jan 30, 1925; d. Sep 22, 1957; SC Sgt US A WWII
	Annie B. Clark - b. 1909; d. 1962
	Inez Pearl Clark - b. Jul 17, 1933; d. Oct 9, 1975; PFC USAF Kr
	Wright Kennedy - b. 1896; d. 1984; US A
	Ella B. Kennedy - b. Apr 15, 1903; d. Mar 24, 1988
(f)	Jasper Kennedy, Sr. - b. 1941; d. 1985
	Willie Myers - b. 1920; d. 1992; SSgt US A WWII
	Lillie Morrison - b. Aug 2, 1909; d. Aug 4, 1992
	Martha Hatten Cannon - b. Apr 30, 1916; d. Mar 25, 1993
	Jake Griffin - b. Jan 1, 1920; d. Nov 24, 1973; SC PFC US A WWII
	Andrew Griffin - b. Aug 22, 1896; d. Jul 23, 1962; SC Pvt 2 Col Cas Gp Mtd MO
	Lonnie E. Myers - b. Feb 3, 1938; d. Feb 22, 1982
	Eddie Samuels - b. May 27, 1908; d. Oct 9, 1984
	Marion Pugh, Jr. - b. Oct 23, 1961; d. Jul 17, 1995; OS1 US N
	Carolyn Boney Ramage - b. 1931; d. 1998
(m)	Rosa Rhinehart Ratchford - b. Jun 6, 1930; d. Mar 26, 1995
	Elizabeth T. Tucker - b. May 6, 1928; d. Jul 21, 1998
(m)	Thelma T. Hatten - b. Dec 4, 1934; d. Jan 13, 1985
(d)	Doris L. Hayes - b. Dec 18, 1937; d. May 24, 1974*
(m)	Elizabeth Thompson - b. Apr 15, 1913; d. Feb 5, 1974*
	Sonny Virgil C. Greene - b. May 2, 1947; d. Apr 2, 1972; SC PFC USMC Vn
(m)	Essie M. James - b. Mar 24, 1918; d. Sep 9, 1969
	Louise T. Granderson - b. Apr 1, 1931; d. Jan 5, 1972
	Ella Thompson - b. Oct 31, 1903; d. Mar 15, 1975
	John William Lyles - b. 1911; d. 1983; Cpl USMC WWII
	Curtis Vinson McCauley - b. 1915; d. 1979; PFC US A WWII
	Catherine G. McCauley - b. Mar 27, 1921; d. Jan 22, 1982
	James Bookert - b. Jun 16, 1935; d. Sep 16, 1985
	Stanley Davis - b. Aug 30, 1957; d. Jul 12, 1975
(w)	Josephine B. Bookert - b. Sep 5, 1905; d. Sep 6, 1971

(f)	Doris B. Davis - b. Jul 23, 1932; d. Nov 30, 1966
	Otis G. Bookert - b. Nov 4, 1936; d. Jul 13, 1983
	James Thompson - b. Aug 1, 1902; d. Mar 14, 1970
	Mary J. Thompson - b. Dec 8, 1872; d. Aug 28, 1958
	Ernest Brennan - b. Dec 23, 1923; d. Mar 12, 1968; NY Stm 2 US Coast Guard WWII
	Emma C. Ruff - b. Jun 28, 1924; d. May 12, 1988
	Easaw Darby - b. 1907; d. 1959
(m)	Martha R. Thompson - b. Apr 22, 1906; d. May 4, 1995
(sis)	Morelinda Pearson - b. Oct 28, 1960; d. Aug 12, 1994*
(d)	Tamara N. Davis Hardin - b. Mar 17, 1975; d. Aug 12, 1994*
(d)	Charlene D. Davis - b. May 31, 1983; d. Aug 12, 1994*
	George Cave - b. Jan 22, 1918; d. Jul 29, 1992
(m)	Louise A. Fleetwood - b. Oct 11, 1938; d. Mar 21, 1995
	Tom "Dump" Ashford - b. Oct 10, 1916; d. Nov 29, 1996

108. **Zion Chapel Baptist Church Cemetery**: On Walter Hills Rd about 2/10 miles from the junction of Rt 321, Columbia, SC. Sep 10, 1999

	Everend Louis A. Scott, Jr. - b. 1915; d. 1999
(m)	Margie J. Holmes - b. Jul 26, 1941; d. Jul 10, 1998
(m)	Birdie Mae Jacobs - b. Jan 26, 1912; d. Jun 1, 1992
(rev)	Robert McCockrell - b. Feb 12, 1910; d. Oct 26, 1990; Tec 5 US A WWII
	William Strawie Owens - b. Jul 19, 1941; d. Mar 17, 1991
(f)	Ernest Kent Owens - b. Jul 30, 1937; d. Mar 26, 1993
(m)	Drucilla Wages Owens - b. Oct 13, 1908; d. May 18, 1993; "Mama Dru"
	John H. Blair - b. Jun 2, 1939; d. Apr 4, 1996
	Grace Ann Williams - b. Mar 3, 1940; d. Feb 19, 1997
	Willie P. Gunter - b. Dec 25, 1945; d. Mar 13, 1987
	Ella J. Waiters - b. Dec 10, 1892; d. Aug 20, 1987
	Alvin Melton Adger, Sr. - b. Aug 22, 1931; d. Apr 16, 1999
	Betty Jean Burton - b. 1943; d. 1995
	Moses Bookert - b. 1905; d. 1999
(h)	James Earl "Jim" Watkins - b. Oct 24, 1946; d. Mar 24, 1991
(f)	Franklin D. Watkins - b. Jan 8, 1945; d. Aug 24, 1991
(w)(m)	Thelma L.D. Miller - b. Mar 28, 1933; d. Feb 3, 1997
	James Lee Tucker - b. 1931; d. 1986; US A Kr
(b)	Thomas M. James - b. Aug 29, 1917; d. Jul 12, 1990
(w)(m)	Pearl Scott Cook - b. Sep 1, 1918; d. Mar 1, 1991; (d) of Andy & Sarah Scott
(w)	Mary Elizabeth Thompson - b. Feb 17, 1941; d. Apr 17, 1992
	Annie Mae Corley Gantt - b. Mar 30, 1914; d. Jul 13, 1996
(m)	Adline McCockrell Tucker - b. Mar 21, 1912; d. Jun 15, 1996
(f)	Jacob Johnson, Sr. - b. Nov 1, 1939; d. _____ *

(m)	Betty T. Johnson - b. Jan 18, 1941; d. Mar 15, 1997*
(h)(f)	William "Billy" Smith - b. Jun 21, 1951; d. Dec 4, 1995
(f)	Nathan Smith - b. May 14, 1921; d. Oct 9, 1988; mar Jan 27, 1941*
(m)	Minnie O. Smith - b. Mar 7, 1923; d. Apr 27, 1991
(m)	Henrietta C. Spry - b. Sep 9, 1920; d. ____*
(f)	Bernard D. Spry - b. May 15, 1910; d. May 25, 1991*
	Daniel McDaniel, Jr. - b. Mar 27, 1933; d. Mar 31, 1987*
	O.E. McQueen - b. Aug 26, 1915; d. Apr 28, 1988
	Ralph Bailey - no dates
	James Knight - b. Mar 13, 1908; d. May 3, 1985
	James L. Block - b. Jun 17, 1932; d. May 16, 1983
	Walter Williams - b. Jun 21, 1921; d. Nov 16, 1984; PFC US A Kr
	James A. Spry - b. Aug 30, 1940; d. Oct 30, 1994
	J.W. Austin - b. 1932; d. 1984; USAF Kr
	Lula Mae Alston Wise - b. Sep 3, 1907; d. Nov 17, 1998
(f)	Charlie Pearson, Sr. - b. Jan 30, 1905; d. Mar 2, 1989
(m)	Bertha G. Lowman - b. 1923; d. 1989
	James Wright - b. 1936; d. 1993; US A Kr
	Robert Cook - b. Dec 17, 1917; d. Aug 21, 1994; S2 US N WWII
	Ruth W. Cook - b. Feb 15, 1915; d. Mar 30, 1997
	Millage DeLoach, Sr. - b. Sep 9, 1933; d. Jun 4, 1985; PFC US A
	Mattie Martha Broome - b. Apr 2, 1900; d. Jun 10, 1985
	Leroy Javis, Jr. - b. Sep 18, 1937; d. ____ 1, 1985
(inf)	Ward - d. Apr 2, 1946; (s) of Mr. & Mrs. Masie Ward
	Carolyn Quattlebaum Thompson - b. Sep 17, 1955; d. Dec 25, 198_
	Mattie Mae Prophel - no dates
	Essie K. Peoples - d. Aug 6, 1988
	Sarah Strong Gordon Jones - b. Aug 31, 1911; d. Jan 1, 1984
	Daniel Cutner - b. 1914; d. 1979
	John Lee Taylor - b. Aug 12, 1914; d. May 17, 1982
(s)	Melvin B. Wages - b. 1937; d. 1981
	Rose Lee Bailey - b. Jun 11, 1919; d. May 29, 1980
	Lillie Boney Singleton - b. Oct 10, 1903; d. Jun 17, 1992
	Larry Outing - b. Jul 30, 1946; d. Dec 10, 1986
	Riley Singleton - b. 1911; d. 1976
	Lottie Caughman - b. Jul 16, 1910; d. Dec 6, 1978
	Mary Louise Outing - b. 1948; d. 1992
(s)	Andrae L. Outing - b. Jan 5, 1978; d. Jan 7, 1983
	Edith C. Jones - b. 1905; d. 1977
	Tabather S. Blocker - b. 1920; d. 1981
	Melvin Folks - b. 1933; d. 1976; Sgt USAF
	Joseph English - b. 1928; d. 1983; Pvt US A Kr
(f)	Roosevelt T. Spigner - b. Jun 29, 1937; d. ____
	Betty Lou Little - b. Mar 14, 1940; d. Apr 7, 1991
	Allen Thompson - b. Apr 21, 1914; d. Jan 31, 1990
	Thomas B. Roberts - no dates*

	Sherry C. Roberts - b. Sep 23, 1961; d. Jan 31, 1996*
	Christopher A. Jones - b. 1927; d. 1992; US N WWII
(f)	Eddie W. Dawkins - b. Feb 3, 1920; d. Jan 16, 1994; US A WWII*
(m)	Sarah G. Dawkins - b. Feb 28, 1922; d. Mar 5, 1985; mar Jan 18, 1940*
	Shanta L. Mills - b. Dec 30, 1987; d. Feb 3, 1992
(f)	Johnell Harris - b. Dec 11, 1952; d. Mar 3, 1991
(m)	Dorothy H. Harris - b. May 6, 1925; d. Apr 6, 1990*
(f)	Thomas Harris - b. Dec 29, 1925; d. Jul 23, 1990*
(m)	Cynthia L. "Loretta" McClain - b. Jan 3, 1951; d. Apr 11, 1995
(rev)	Oscar C. Banks - b. Nov 26, 1952; d. Nov 8, 1993
(rev)	Thomas H. Nelson - b. Jan 19, 1920; d. Dec 8, 1984
	Richard Javis - b. May 1, 1943; d. May 1, 1975
	Lorenzo W. "Willie" Caughman - b. Jan 15, 1912; d. Jul 17, 1994; US A WWII
	Beatrice H. Watkins - b. Jan 27, 1913; d. Mar 11, 1989
	Peter Jacobs - b. Aug 19, 1933; d. Dec 18, 1977; Cpl US A Kr
	Tony Labrew - b. Mar 25, 1905; d. Apr 11, 1978
	Isaiah Middleton - no dates; SC Pvt 305 Labor Co QMC WWI
	John Robert Erwin - b. 1941; d. 1977; PFC USMC
	Edward Smith - b. Apr 17, 1935; d. Aug 21, 1997
(s)	James Edward Smith - b. Apr 17, 1940; d. Mar 3, 1980
	Theodore Suber - b. May 11, 1920; d. Jan 5, 1952; UT Cpl 1521 AAF Base Unit WWII
	Willie Geiger, Sr. - b. Mar 19, 1885; d. Feb 24, 1978
	Louise H. Faust - b. Oct 26, 1910; d. Sep 4, 1979
	Irvin Bethel, Sr. - b. May 21, 1920; d. Oct 21, 1974
(f)	Albert James Thompson - b. Jul 15, 1927; d. Jun 29, 1974
	James Saulter - b. Jun 7, 1905; d. Feb 26, 1977; Tec 4 US A WWII
	Albert __uider - b. Nov 28, 1938; d. Aug 15, 1996
	Catheleen Wages - b. Jan 16, 1931; d. Jan 3, 1994
	Lillie Mae Pickett - b. Jan 29, 1940; d. Nov 16, 1993
	Franklin S. Harris - b. Mar 23, 1916; d. Dec 6, 1976
(dea)	Leroy Watkins - b. Feb 8, 1907; d. Dec 16, 1975
	Rosa L. Watkins Taylor - b. Feb 28, 1912; d. Apr 16, 1974
	Frank Edward Davis - b. 1946; d. 1991; US A
(h)	Willie Harris - b. May 9, 1912; d. Nov 28, 1973
	James R. Knightner - b. 1913; d. 1965
	Frank Wise - b. Aug 8, 1893; d. Aug 29, 1947; SC Wagoner 371 Inf 93 Div WWI
	Estelle A. English - b. Dec 7, 1887; d. Sep 13, 1976
	Josie B. Williams - b. 1900; d. 1980
	Robert Knightner - b. 1889; d. 1948
	Charles Montgomery - b. Dec 16, 1916; d. Nov 8, 1972; SC PFC 331 Engr Bn WWII
	Charlotte S. Davis - b. May 9, 1863; d. Oct 9, 1948

	Willie Suber - b. May 11, 1911; d. Jan 30, 1973; SC Pvt US A WWII
	Bernice Suber - b. Dec 13, 1903; d. Jun 28, 1983
	Charlotte Fair - b. 1893; d. 1982*
	Mary Fair - b. 1903; d. 1983*
	Julia Davis - b. 1908; d. 1973
	John W. Johnson - Sep 20, 1907
	James C. Greenlee, Jr. - b. 1944; d. 1987; HM3 US N Vn
	Anna S. Davis - no dates*
(rev)	Joseph W. Davis - no dates*
	Perry Johnson - b. Jun 8, 1890; d. Jan 26, 1950
	Adline Johnson - b. Jan 10, 1892; d. Sep 21, 1947
	Viola Samuel Ellison - b. Jan 12, 1901; d. Feb 9, 1968
	Herman Cooper - b. 1901; d. 1966
(m)	Bessie DuBard Rice - b. 1917; d. 1967
(m)	Evelyn Thompson - b. Mar 18, 1912; d. _____
(gd)	Wanda Benjamin - b. Nov 21, 1956; d. Jan 15, 1983
	Nunnamaker Fulks - b. Jun 15, 1926; d. Jan 3, 1985
	Dellarene Davis - b. Jul 16, 1926; d. Dec 23, 1993
	Janie Bynum - b. Jul 22, 1919; d. Nov 22, 1986
(w)	Christine B. Nathan - b. Aug 8, 1949; d. Jul 8, 1994
(m)(gm)	Louise Darby Cochran - b. Jul 29, 1921; d. Dec 15, 1994 (sis)
(f)	Preston Taylor - b. Feb 5, 1905; d. Nov 17, 1979
	Louise Nelson Jackson - b. Jul 28, 1889; d. Aug 23, 1979
(m)	Annie Mae Samuels Taylor - b. Nov 2, 1916; d. Apr 25, 1988
	Elizabeth S. Fair - b. Mar 9, 1910; d. _____; (w) of Raymond L. Fair
	Raymond L. Fair - b. Apr 14, 1907; d. Jan 9, 1973; (h) of Elizabeth S. Fair
(dea)	Robert Samuel, Sr. - b. Dec 22, 1912; d. Aug 20, 1972
(d)	Andrea S. James - b. Mar 28, 1962; d. Apr 4, 1971; 9y
	James Thompson - b. Nov 6, 1948; d. Jun 1, 1965
	Ira Bell Thompson - b. 1914; d. 1980*
	George Thompson - no dates*
	Luther L. Taylor, Sr. - b. Oct 6, 1914; d. May 21, 1987
	Wade H. Taylor - b. May 1, 1912; d. Dec 26, 1975
	Alberta Taylor - b. May 29, 1946; d. Aug 9, 1969; (d) of Willie & Annie M. Taylor
(m)	Carrie Geiger Taylor - b. May 18, 1877; d. Apr 2, 1969
(m)	Frances Johnson - b. 1895; d. 1950
	Gracie Darby - b. 1899; d. 1954
	Dinah J. Geiger - b. Apr 5, 1855; d. Jan 7, 1948
(inf)	Audrey G. Ashford - b. Oct 1954; d. Nov 1954; (d) of Mr. & Mrs. Aaron Ashford
	Peter J. Williams - b. Jun 5, 1909; d. Jan 19, 1951
	Maggie Williams - b. 1900; d. 1974

	Aaron Ashford - b. Sep 4, 1909; d. Aug 28, 1989
(s)	Rudolph O. Taylor - b. Jan 16, 1945; d. Aug 29, 1997
(d)	Willodean J. Taylor - b. Oct 22, 1947; d. Aug 4, 1992
(f)	Willie A. Taylor - b. May 5, 1910; d. Jun 11, 1982; (s) of John & Carrie Taylor
	Lolus Samuel - b. Jan 2, 1900; d. Nov 3, 1980
	Arthur Samuel, Sr. - b. 1889; d. 1961
	Thomasina S. Washington - b. Aug 28, 1922; d. Jun 3, 1968
	Annie Mae S. Eichelberger - b. Sep 17, 1909; d. Oct 6, 1958
(m)	Laura C. Blocker - b. Nov 14, 1900; d. _____
	John L. Blocker - b. Apr 1917; d. Jul 1964
	Minnie Blocker Thompson - b. May 31, 1927; d. Sep 11, 1985
	Lucille W. Ashford - b. 1918; d. 1970
	Julian Boney - no dates
	Houston Johnson - b. Aug 15, 1883; d. Jun 3, 1960
(f)	Johney Paul, Sr. - b. Jun 6, 1918; d. May 23, 1983; US A WWII
(m)	Delia B. Bell - b. Apr 6, 1883; d. Apr 17, 1959
(m)	Henrietta Shell Williams - b. Jun 4, 1900; d. Oct 22, 1974
	John Henry Shell - b. Sep 12, 1920; d. Aug 4, 1999
(w)	Maggie D. Bell - b. Aug 1, 1919; d. Feb 27, 1977
	Mamie B. Smith - b. 1917; d. 1975
(m)(rev)	Cora G. Elkins - b. May 27, 1907; d. Jun 27, 1969*
(s)	Clarence Elkins, Sr. - b. May 3, 1925; d. Feb 6, 1994*
(s)	Thomas Lee Darby, Jr. - b. Jan 14, 1980; d. Dec 27, 1993
	Ernest Darby, Sr. - b. Jun 15, 1919; d. Jan 15, 1981
	Rosa H. Wages - b. Jul 1886; d. Mar 1968
	Irene H. Brooks - b. 1910; d. 1994
(m)	Mozel B. Caughman - b. May 8, 1904; d. Aug 23, 1986
(gm)	Missie D. Bell - b. May 28, 1886; d. Feb 9, 1986
(h)	Alexander Bell - b. Feb 13, 1883; d. Nov 2, 1954
(d)	Zenobia Harmon - b. Mar 20, 1935; d. Jul 14, 1958
(f)	Wesley Harmon, Sr. - b. Nov 15, 1907; d. Aug 28, 1963
(m)	Mary N. Harmon - b. Apr 4, 1909; d. Jan 23, 1980
(d)	Carolyn Rose Harmon Graves - b. Mar 12, 1945; d. Sep 25, 1976
	Charles Harmon - b. Dec 18, 1941; d. Jun 10, 1992
	Josephine S. Wages - b. Mar 7, 1918; d. Nov 12, 1966*
	Melvin Wages - b. Aug 5, 1914; d. Jan 11, 1972*
	Jessie Vivian Davis - b. Feb 23, 1922; d. Oct 31, 1991
(f)	Jerry Thompson - b. Jul 27, 1951; d. Sep 23, 1994; CPO
(m)	Nonie S. McDaniel - b. May 31, 1904; d. Apr 1, 1988
(f)	Edgar Thompson - b. Jul 18, 1927; d. Apr 3, 1988
(m)	Fannie Smith - b. Apr 29, 1907; d. Dec 28, 1995*
(f)	Donnie Smith - b. Aug 10, 1907; d. May 6, 1993*
(m)	Geneva H. Smith - b. Nov 13, 1913; d. Oct 18, 1987*
(f)	Dennis L. Smith - b. Jun 6, 1911; d. Mar 1, 1997*
	Janie Smith - no dates

Otis F. Smith - b. Dec 1, 1964; d. May 3, 1965
Essie Mae Smith - b. Aug 12, 1936; d. Jun 28, 1967
Earline Mamie Taylor - b. Nov 17, 1905; d. Jul 14, 1962
Janie Mae Mitchell - b. Apr 3, 1924; d. Oct 14, 1994
Dan McDaniel - b. 1905; d. 1969
Allissa M. Adger - b. 1967; d. 1970
Willie Smith - b. Mar 3, 1898; d. Jul 6, 1970*
Maggie L. Smith - b. Sep 24, 1903; d. Sep 16, 1987*
Louise H. Shell - b. Apr 10, 1930; d. Sep 24, 1995
Iris Lawrence - b. Dec 16, 1919; d. Dec 3, 1996; age 76y
James Lawrence - no dates
Maggie Wilson - b. Mar 18, 1874; d. May 12, 1957
Julius C. Wilson - b. Nov 4, 1913; d. Feb 12, 1969; SC S1 USNR WWII
Terria L. Nesbitt - b. Mar 1, 1983; d. Mar 6, 1991
Jacob Johnson - b. Aug 27, 1919; d. Oct 8, 1972
Elizabeth J. Hatten - b. 1924; d. 1967
Willie Johnson - b. 1887; d. 1965
Clara W. Johnson - b. 1884; d. 1971
Benjamin Bickley - b. 1918; d. 1976; Tec 5 US A WWII

(s) Mary McGill Bethel - b. Dec 5, 1878; d. Oct 4, 1964
Madison Bethel - b. 1881; d. 1963
Queen Ester G. Kincaid - b. 1893; d. 1973
Eddie Boyles - b. Dec 8, 1891; d. Feb 17, 1980
(w) Mary Boyles - b. 1901; d. 1954
Josephine James Spry - b. May 7, 1900; d. Jun 29, 1999
Richard A. Spry - b. Apr 7, 1898; d. Sep 8, 1962
Kent Wages - b. 1900; d. 1957
Alice Wages - b. Mar 5, 1889; d. Jan 1, 1963
(h) Ivery James - b. Jul 2, 1898; d. Sep 8, 1966
(f) Wesley Wages - b. May 12, 1889; d. Apr 21, 1983
(m) Rosena W. James - b. Mar 24, 1916; d. Sep 20, 1991
(f) Frank Faust - b. May 27, 1886; d. Jun 18, 1966
(m) Corrie M. Faust - b. Feb 9, 1889; d. Jun 6, 1988
(h) Jacob Savage - b. Aug 11, 1911; d. Aug 8, 1971
Zellie Hoefer - b. 1895; d. 1983
Eddie Hoefer - b. Aug 22, 1930; d. Jun 15, 1960; SC Cpl Inf Kr
Geneva Hoefer - b. 1899; d. 1960
(m) Maria Taylor - b. Apr 13, 1913; d. Oct 1, 1971
Carrie Boyd - b. Aug 21, 1921; d. Mar 12, 1965
(m) Nannie S. Blocker - b. Mar 9, 1905; d. Nov 14, 1997
Joseph Javis - b. 1923; d. 1988
John W. Javis, Sr. - b. May 2, 1885; d. Apr 6, 1975*
Rosa D. Javis - b. Jun 12, 1890; d. Nov 25, 1980*
Robert Miller - b. 1932; d. 1972
(w) Edna Eleazer - b. 1910; d. 1968

(s)	James A. Javis - b. 1949; d. 1966
(h)	Eddie Javis - b. 1919; d. 1965
	George Javis - b. 1918; d. 1974
	Mary Folks - b. May 6, 1872; d. Dec 23, 1964
(f)	Oliver Shell - b. Jun 13, 1926; d. _____*
(m)	Dorothy B. Shell - b. Feb 20, 1927; d. Jun 8, 1988*
(m)	Jessie S. Bookhart - b. Dec 24, 1906; d. Mar 3, 1986*
(f)	Alphonso Bookhart - b. Apr 30, 1905; d. Oct 28, 1964*
(d)	Elizabeth A. Wilson - b. Sep 27, 1923; d. Nov 29, 1977
	Boisy Wilson - no dates
	Sylvan Taylor - b. 1915; d. 1962
(m)	Della Taylor - b. 1886; d. 1963
	Robert Gantt - b. 1890; d. 1957
	Janice E. Myers - b. 1953; d. 1964
(f)	Charlie Hill - b. 1879; d. 1964*
(m)	Sallie Hill - b. 1884; d. 1961*
	Mason J. Boyles - b. Apr 13, 1928; d. Sep 13, 1956
	Frances Hills - b. 1926; d. 1952
(m)	Ella Geiger Boyles - b. May 4, 1897; d. Sep 8, 1974*
(f)	Abraham Boyles, Sr. - b. Jul 26, 1895; d. Nov 22, 1965*
(m)	Esther B. Shell - b. 1909; d. 1970
(f)	Sylvester Geiger - b. Oct 10, 1940; d. Jun 10, 1994; US N*
	Naomi Geiger - b. Sep 30, 1943; d. _____*
(m)	Mamie Lee Hills - b. Dec 25, 1907; d. _____*
(f)	Walter Hills, Sr. - b. Jan 23, 1905; d. Jul 21, 1985*
	Queen Ester H. Ford - b. Oct 16, 1907; d. Aug 29, 1977*
	George B. Ford - b. May 6, 1906; d. Sep 9, 1974*
	James L. Hills - b. Mar 10, 1933; d. Jan 23, 1974
	Alex Taylor - b. Mar 18, 1886; d. Nov 15, 1977
	Lewis Boyles, II - b. Jun 17, 1900; d. Jan 28, 1978
	William Boyles - b. Nov 10, 1911; d. Dec 29, 1990; Owner of Boyles Sawmill
(f)(h)	Robert Bookert, Sr. - b. Jul 7, 1911; d. Mar 26, 1987
(w)	Carolyn B. Tillman - b. Jan 20, 1949; d. May 5, 1978
(m)	Lillie B. Gantt - b. 1891; d. 1981
	Corine G. Myers - b. Mar 15, 1922; d. Dec 23, 1974
(h)	Raymond Gantt - b. Aug 5, 1924; d. Jun 18, 1981
	David English - b. Aug 6, 1917; d. May 5, 1973
	Ernest English - b. Jun 4, 1922; d. Jul 6, 1970; SC Pvt US A WWII
	John McKenzie - b. May 4, 1927; d. Oct 30, 1974; Cpl US A
	Ethel Mae English - b. 1921; d. 1982
	Eddie English - b. Nov 24, 1947; d. Dec 17, 1982; US A Vn
(m)(w)	Kissiah Hoefer Bookert - b. Feb 19, 1920; d. Mar 5, 1991
(f)	Elliott Johnson - b. Sep 2, 1911; d. Apr 12, 1980
(m)	Ernestine Bickley Johnson - b. Aug 15, 1912; d. Nov 8, 1995
(h)(f)(b)	Charles Edward Glenn, Sr. - b. Jan 1, 1949; d. May 8, 1996

	Lonnie Myers - b. May 18, 1919; d. Dec 30, 1982; US A WWII
(h)	William Wages, Jr. - b. Mar 31, 1935; d. Feb 25, 1988
(f)	William Wages, Sr. - b. Nov 29, 1912; d. Oct 10, 1986*
(m)	Annie M. Wages - b. Jan 1, 1915; d. _____ *
(h)	James E. Hollis - b. 1940; d. 1973
	Nellie F. Delaney - b. Jun 22, 1918; d. Oct 29, 1996
	James Langley - b. 1892; d. 1981*
	Bertha Ford Langley - b. 1894; d. 1973*
	Florence Corbitt Spry - b. May 4, 1947; d. May 27, 1973
(m)	Kittie Bailey DuBard - b. Nov 25, 1903; d. Jul 25, 1975
(f)	Eijah DuBard - b. 1909; d. 1990
(m)	Lois G. DuBard - b. Jul 29, 1908; d. Mar 19, 1988*
	David DuBard, Sr. - b. 1905; d. 1995*
	Cora Mc DuBard - b. Jul 1876; d. Dec 1971
	Charles Boyles - b. 1931; d. 1996
(m)	Mary H. Boyles Davis - b. Jul 15, 1930; d. Jan 8, 1997
	Arnold B. Boyles - b. Jun 3, 1948; d. Jun 13, 1996; Sgt USAF
(m)	Marla Avonne Boyles - b. Aug 22, 1966; d. Apr 11, 1997*
(sis)	Deandrea Boyles - d. Mar 27, 1997*
	John Wesley Javis, Jr. - b. Mar 14, 1948; d. May 19, 1997
	Irving Spigner - b. Dec 16, 1907; d. Jun 7, 1977*
	Essie Mae Spigner - b. May 23, 1909; d. Feb 19, 1993*
	Luvenia Bethel Hollis - b. Jan 15, 1898; d. Oct 19, 1976
(d)	Lucretia S. Davis - b. Sep 6, 1932; d. _____ *
(f)	James Singleton - b. Mar 15, 1909; d. Apr 20, 1990*
	Walter Lee Davis - b. 1923; d. 1982; US A WWII
	Ruth W. Singleton - b. Oct 29, 1910; d. Sep 13, 1977
	Annie E. Wright - b. Apr 27, 1914; d. Dec 26, 1976
	Hardy Lee Center - b. Aug 26, 1928; d. Aug 5, 1997; TN US N WWII
(m)	Mae H. Center - b. Mar 30, 1903; d. Oct 30, 1992
	Marion Spry - b. Jan 23, 1922; d. Jul 21, 1977; Cpl US A WWII
(dea)	Benjamin "Ben" Johnson - b. May 6, 1928; d. Dec 16, 1996; Cpl USMC
(s)	Ruth Smith Cooper - b. Mar 29, 1939; d. Apr 30, 1986
(f)	Purvis "Lee" Smith, Sr. - b. Aug 1, 1915; d. Sep 27, 1985
(w)	Alberta P. Smith - b. Apr 25, 1915; d. Mar 3, 1983
	Robert James, Sr. - b. Oct 5, 1888; d. Apr 10, 1979
	Lillie W. James - b. Jan 1, 1900; d. May 25, 1982
	Willie James - b. Jun 8, 1938; d. Sep 26, 1982; Sgt US A Vn
	Robert James, Jr. - b. 1923; d. 1984
(m)	Hattie Wages James - b. Apr 9, 1925; d. Aug 25, 1991*
(f)(rev)	Marion E. James - b. May 13, 1921; d. _____ *
(m)	Lillian B. Boyles - b. Aug 26, 1927; d. _____ *
(f)	William G. Boyles - b. May 13, 1925; d. Jun 30, 1988*
(m)	Rosa M. "Dot" Javis Scott - b. May 20, 1935; d. Apr 11, 1984

Julia Boyles - b. 1916; d. 1981*
John P. Boyles - b. 1905; d. 1975*
John W. Wages - b. 1920; d. 1999
Lois H. Javis - b. Dec 19, 1924; d. Feb 8, 1982
Betty Jo White Murray - b. Dec 16, 1936; d. Mar 7, 1999
Agnes Blocker - b. Nov 24, 1910; d. Feb 26, 1971
Emmaline Ruff - d. May 20, 1956; age 84
Rebecca Dreher - d. Aug 5, 1947; age 69
Annie Dreher - b. 1908; d. 1970
Kenneth David Bell - b. Dec 2, 1954; d. Jul 23, 1963
Green Williams - b. Jan 27, 1895; d. 1963; SC Pvt Co D 810 Pnr Inf WWI
Agnes W. Harris - b. Sep 19, 1888; d. Sep 14, 1965
Albert D. Strong - Feb 1, 1910
Eloise Davis - Nov 2, 1915
Annie L. Davis Mack - b. Mar 3, 1913; d. Oct 1, 1974
George Davis - b. 1899; d. 1965
Rosa Green - b. 1890; d. 1962
Charles Edward Tucker - b. Mar 26, 1938; d. Oct 12, 1962; MA PFC US A
Jessie Suber - b. 1908; d. 1967
(f)	Daniel Bethel - b. 1925; d. 1968
(m)	Martha B. Bethel - b. Nov 1, 1901; d. Apr 11, 1986
Louis Woodrow Murphy - b. Sep 25, 1941; d. Jun 9, 1966; MI A3C USAF
(f)	James Turner - b. May 16, 1899; d. Jan 18, 1967
(f)(gf)	James W. Turner - b. Aug 22, 1921; d. Feb 12, 1988
(m)	Jessie Ford McIlwain - b. Sep 12, 1922; d. Jun 27, 1998
(f)(rev)	William J. "Billy" McIlwain - b. Jul 4, 1943; d. Nov 11, 1994
(m)	Evelyn Hoefer Ford - b. 1900; d. 1985; Inez children Jessie Mae Daniel, Carroy, grandchildren Billy, Theondra, Jerphy
Inez H. Ford Ferguson - b. Dec 15, 1920; d. Nov 19, 1963
Sallie Green - b. 1898; d. 1960
John Harmon - b. 1908; d. 1984
Charles Green - b. 1898; d. 1966
Mary Taylor - b. Dec 10, 1918; d. Jun 18, 1968
(gf)	Charles Green, Jr. - b. Jun 3, 1920; d. Nov 13, 1998
William Taylor - b. May 15, 1882; d. Nov 4, 1953
Simon Terry, Sr. - b. Jan 2, 1887; d. Oct 15, 1967
Eliza M. Spigner - b. 1902; d. 1968
Florence Watkins James - b. 1925; d. 1968
Marvin G. Terry - b. Sep 15, 1929; d. Jul 10, 1971
John Wesley Bethel - b. Oct 14, 1912; d. Mar 13, 1969
(f)	Collie Lee Bethel - b. Apr 7, 1907; d. Oct 25, 1972
____am Harmon - b. 1912; d. 1957

	Matthew Spry - b. May 10, 1897; d. Sep 9, 1969; GA Pvt Co L 809 Inf WWI
(m)	Pearl B. Hiller - b. Jun 18, 1910; d. May 23, 1968
(f)	Clifton Hiller, Sr. - b. May 15, 1906; d. Dec 14, 1987
(rev)	James R. Nichols - b. Aug 20, 1882; d. Jan 8, 1968
	Ida G. Watkins - b. Jul 20, 1866; d. Aug 7, 1973
	Frank N. Coker - b. 1903; d. 1979*
	Mary W. Coker - no dates*
	James L. Delaney - b. Mar 23, 1914; d. Nov 19, 1979
	Johnnie Walker - b. 1895; d. 1979; Pvt US A WWI
	Benjamin Bethel - no dates: SC
	Millie Moore - b. 1869; d. 1954
	Willie Owens - b. 1908; d. 1953
	Frances Caldwell - b. Apr 1958; d. Nov 1958
	Daisy Savage - b. 1885; d. 1952
	Gertrude Green - b. Jan 24, 1900; d. Jul 18, 1952
	Daniel Green, Sr. - b. Sep 25, 1898; d. Nov 15, 1973
	Daisy G. Blocker - b. Dec 21, 1921; d. Feb 18, 1993
	Luceil English - b. 1948; d. 1950
	Eddie Davis - b. Oct 11, 1904; d. Jun 10, 1939; (s) of Mr. & Mrs. Ned Davis
	Lucy Williams - d. Feb 22, 1948; age 84
	Ned Davis - b. May 7, 1879; d. Oct 18, 1959
	Sophia Williams Davis - b. 1882; d. 1965
(h)	Fred Davis - b. Feb 25, 1903; d. Apr 27, 1971
	N.L. Kyser - d. Jan 11, 1932; age 80y
	Bessie C. Rosebourgh - b. May 20, 1887; d. Sep 30, 1946
	Francena Davis - b. Mar 10, 1922; d. Jan 23, 1940
	Jessie Harris - b. Jul 15, 1883; d. Mar 4, 1941
(m)	Mary Wages - d. Aug 10, 1937
(d)	Lillie M. Johnson Knight - b. Feb 8, 1911; d. _____ *
(d)	Marie Johnson Alston - b. Dec 22, 1919; d. Sep 12, 1988*
(m)	Mary Patterson - b. 1899; d. 1956*
(m)	Clara Barr - b. Sep 1876; d. Sep 1946
	Mattie Guider Weeks - b. Mar 13, 1912; d. Apr 17, 1965
	Cora Cook Guider - b. Mar 1, 1876; d. Sep 28, 1931*
	Stephen Guider - b. Aug 6, 1866; d. Mar 28, 1931*
	George Wilson - b. Feb 3, 1863; d. Nov 1, 1938
	Ella W. James - b. 1879; d. 1952
	Issac Thompson - b. Jan 8, 1901; d. Jan 6, 1945; (s) of Harriet Thompson
	J. Elliott James - b. Jul 13, 1876; d. Feb 9, 1943
	Nancy Smith - b. Mar 11, 1894; d. Jun 13, 1946
	Ida Myers Ford - b. 1896; d. 1945
	George Davis - b. Mar 18, 1918; d. Mar 16, 1988
(m)	Annie M. Gordon Murray - b. May 8, 1902; d. May 9, 1983

(m)	Lizzie G. Davis - b. May 4, 1891; d. Nov 6, 1942
	Colly John A. Thompson - no dates
	James "J.C." Watkins - b. Aug 6, 1925; d. Jan 30, 1993
	Frank McCant - d. Jan 10, 1934; age 75y
	John Turner - d. Oct 2, 1937; age 70
	Jenette Watkins - b. Mar 17, 1934; d. Jun 22, 1935
	Willie Gardner - b. 1886; d. 1952
	Janie Bell Hollis Taylor - b. Nov 28, 1913; d. Feb 11, 1941
	Leon Taylor - b. Jul 10, 1908; d. Oct 1, 1984
	Rollin Williams - d. Oct 21, 1930; age 50y
	Margaret Bowman - b. 1865; d. 1930; (w) of George Lorick
	Tommy Collins - b. 1909; d. 1939; (s) of Mary Tyler
	Isaac Davis - b. Feb 28, 1876; d. Sep 20, 1937
	Mary Coleman - b. May 1892; d. 1944
	Edward Coleman - b. Mar 1866; d. May 18, 1939; age 73
(rev)	Arthur B. Bailey - b. Dec 12, 1885; d. Jun 2, 1962
(rev)	Joseph Taylor - d. Jun 1895; age 85y*
	Eliza Taylor - d. May 1898; age 75y*
(rev)	Robert Saltrs - b. 1880; d. May 28, 1940; age 60
	Nellie Davis - b. Jul 10, 1914; d. Oct 7, 1929
	George Davis, Jr. - d. Jun 16, 1933; age 30y
	George Davis - d. Nov 11, 1927; age 45y
	Lucinda Davis - d. Jul 4, 1926; age 73y
	Willie Caughman - d. Dec 16, 1931; age 7y
	Daisy Davis - b. Jan 19, 1888; d. Feb 13, 1945
	Arabella Hatten Grayson - b. 1900; d. 1966
	Marain M. Hatten - b. Jul 6, 1913; d. Jan 3, 1969*
	Henry H. Hatten - b. Jun 2, 1903; d. Jul 19, 1964*
(sis)	Blanche Hatten - b. 1896; d. 1971
(f)	George Robert Hatten - b. 1912; d. 1987; US A WWII
(f)	Emanuel Geiger - b. 1850; d. 1930
	Missura Geiger - b. 1898; d. 1914
	Daisy G. Williams - b. 1872; d. 1912
(inf)	Thomas Davis - d. Jun 18, 1916; age 2y; (s) of George & Sallie Davis
	Allige Davis - d. Oct 20, 1918; (inf) of George & Sallie Davis
	Amy Collins - d. Mar 19, 1908; age about 65y
	George Lang Folk, b. Apr 15, 1905; d. Jun 19, 1917
	George L. Folk - b. Jun 4, 1866; d. Nov 21, 1919
	Mary Folk - b. Jan 9, 1900; d. Apr 20, 1922
	Charlotte McDoniel Taylor - b. Dec 24, 1887; d. Jul 28, 1963
	Mary Bell Johnson - b. Dec 1900; d. Nov 1904
(rev)	John E. Faulk - b. Nov 4, 1903; d. Jun 10, 1962; (h) of Frances B. Faulk
	Allige McCockrell - d. Jan 1960; age 42y
(m)	Hannah Samuel - d. Apr 13, 1930; age 85

           Clemtion Cook - no dates
(rev)   W.M. Brown - b. Mar 16, 1865; d. Apr 1943
(dea) William Hatten - b. Feb 14, 1866; d. Apr 5, 1944; age 78
        Isadoria Taylor - b. 1887; d. 1961
        Michael J. Taylor - b. 1898; d. Jan 5, 1948
        Rosa B. Ford - b. Jul 25, 1903; d. Oct 9, 1958
        Ader Davis - d. Jan 14, 1933; age 34y
        Hattie Ford - b. 1878; d. 1927
        Heyward H. Center, Sr. - b. 1892; d. 1963
        Tom Wilson - b. 1863; d. 1934
        Sim Hatton - d. Apr 26, 1926; age 68y; (dea) of Zion Baptist Church
        Mary Hatton - d. May 2, 1924; d. age 54y; (w) of Sim Hatton
        Lillie Smith - b. Nov 7, 1908; d. Nov 24, 1926
        Eliott Smith - d. Jan 18, 1920; age 34y
        Lucile Cunningham - b. 1905; d. 86y
        Trustee David H. Johnson - no dates*
(w)   Lessie C. Johnson - b. May 3, 1919; d. Jan 16, 1986*
        Lovett Smith - b. Mar 15, 1887; d. Apr 18, 1940
        Reeder May Cunningham - b. 1936; d. 1938
        Erreanner Hatten - b. Sep 17, 1890; d. May 21, 1914
        Robert Hatten - b. May 7, 1897; d. Sep 10, 1916
        Henrietta Johnson - d. Jul 11, 1927; age 17y
        Willie Singleton - d. 1917; age 25y
        Annie Johnson - d. Sep 20, 1920; age 20y
        Ezel Singliton - d. May 20, 1922; age 19y
(s)   Fannie Lyon - b. Dec 9, 1886; d. Aug 29, 1926
        Nancy McCant - d. May 10, 1922; age 11m
        Tom Singeton - d. Jun 22, 1932; age 62y
        Elnora Canon - b. Mar 28, 1890; d. Apr 17, 1912
(m)   Birtha Coleman - d. Jul 1, 1925; (w) of Arthur Samuel
(inf)   Furl Young - d. 1918
        Lilla Cannon - d. Dec 11, 1928; age 50y
        W.M. Arthur - d. Oct 11, 1922; age 65y
        Mary Taylor - d. Jun 18, 1933; age 17y
        Albert Hill - d. Nov 3, 1928; age 17y
        Kevin Mike Scott - b. Dec 16, 1983; d. Mar 30, 1984
        Lile Colvan - d. Oct 8, 1918; age 17y
        John Bell - d. Sep 22, 1921; age 34y; K of P 93
(m)   Jane Bell - b. May 20, 1842; d. Aug 27, 1912; (w) of Joseph Bell
        Joseph Bell - b. Feb 11, 1838; d. Mar 30, 1915; age 77y; (h) of Jane Bell
        Anna Harmon - d. Sep 18, 1915; age 40y
        Gilbert Harmon - b. Jul 16, 1927; d. Jul 16, 1927
        John Harmon - b. Jul 27, 1900; d. Apr 29, 1943
        Georgia McDanel - b. Aug 11, 1900; d. Jan 11, 1941

	John Harmon - d. Oct 5, 1928; age 63y
	Polly Caughman - b. Aug 28, 1891; d. Mar 16, 1919
(f)	Lewis Boyles - d. Sep 20, 1933; age 80y
	Minnie Boyles - d. Sep 12, 1920; age 50y
(m)	Emmerline T. Spry - b. Feb 19, 1873; d. Apr 28, 1950
	Thomas Hoefer - b. 1855; d. 1928
	Kissiah Hoefer - b. 1863; d. 1943
	Jannie Boyles - b. 1869; d. 1954
	Eliza Hoefer - d. Jul 27, 1917; age 54y
	Mary Benjamin - d. May 1, 1906; age 30y; (w) of J.B. Benjamin
	Jane Benjamin - d. Nov 28, 1923; age 44y; (w) of J.B. Benjamin
	Isaac Benjamin - b. Feb 10, 1917; d. Aug 17, 1921; age 4y
	Maria Gadson - d. Jan 4, 1902; age about 50y
	Richard Johnson - b. May 15, 1891; d. Sep 6, 1929
	Wesley Brown - d. Jul 24, 1914
	Cane Brown - d. Apr 9, 1920; age 28y
	Willie Boney - d. Sep 2, 1918; age 22y; died in France while in the service of his country
	Ed Brown - b. 1886; d. 1937
	Catherline Brown - d. Feb 28, 1928; age 5m
	Lucile Brown - b. Jan 11, 1901; d. May 20, 1923
	Eliza T. Cooper - b. 1890; d. May 11, 1953
	Rubin Foulk - b. Feb 13, 1903; d. Aug 24, 1930
(m)	Lula Green Jackson - b. Aug 1, 1899; d. Jul 7, 1983
(m)	Merleen H. Thomas - b. Apr 25, 1932; d. Jan 30, 1988
	Dollie Seals - d. Jul 9, 1924; age 38y
	Lottie Brown - d. Nov 1, 1920; age 40y
	Anna Taylor - d. May 9, 1921; age 48y; (w) of John Taylor
	Taylor - d. Aug 31, 1915; (inf) of John & Anna Taylor
	Rubin Faulk - b. Mar 28, 1880; d. Feb 1940
	Elva Simms - d. Oct 7, 1915; age 88y
	Taylor - d. Jul 1916; age 1w; (inf) of John & Anna Taylor
	Nancy James - b. 1846; d. 1883
	Amanda Byas - d. Sep 10, 1887; age 46y
	Louisa Kelly - d. Jun 1881; age 44y; (w) of Jesse Kelly
	Manie Boney - b. Jul 9, 1909; d. Jul 20, 1918
	Isabella Green - d. May 9, 1916; age 82y
	Elizabeth Taylor - b. Apr 1904; d. May 19, 1933; (d) of John & Anna Taylor
	Moses Tidwell - b. Jun 24, 1888; d. Feb 22, 1919
	Diller Hart - d. 1930
	J.H. Farmer - b. Aug 22, 1912; d. Dec 14, 1985
(h)(f)	Mose Williams - b. Jan 24, 1917; d. Nov 18, 1985
	Ollie Saulter - b. Mar 29, 1912; d. Apr 15, 1985
	Martha Walker - b. Aug 10, 1905; d. Dec 11, 1942
	Charlott Drear - d. Jul 8, 1922; age 3m

	Charlotte Richerson - d. Jul 4, 1921; age 25y
	Samuel H. Green - b. Mar 1, 1935; d. Apr 19, 1935
	Daniel Green, Jr. - b. Sep 18, 1923; d. Sep 18, 1923
	Alvin Green - d. Jan 16, 1934; age 3y
	Lillie Hill - d. Aug 17, 1900; age 48y
(f)	David Hamilton - d. Mar 17, 1910; age 73y
	Lulabell Spann - b. 1922; d. 1986
(gm)	Carrie S. Darby - b. Mar 12, 1873; d. Mar 13, 1986
(m)	Rosena D. Dupree - b. Dec 22, 1923; d. Sep 20, 1981
(c)	Mary Alice Pickett - b. Oct 7, 1938; d. Aug 18, 1980
	William R. Roberts - no dates; Pvt US A WWII
	Mamie Jackson Davis - b. Mar 16, 1927; d. Mar 5, 1994
(f)	Pervis Davis - b. Mar 3, 1911; d. Feb 3, 1975*
(m)	Evelyne Green Davis - b. Nov 3, 1912; d. Apr 18, 1978*
(m)	Silene Bell Davis - b. Mar 23, 1910; d. Apr 10, 1993
(dea)	Robert Davis - b. Jun 30, 1905; d. Jul 27, 1975
(m)	Salie Davis - b. 1885; d. 1958
	Ernest Davis - b. Aug 21, 1919; d. Aug 16, 1998
	Julia Ann Davis - d. Nov 26, 1957
(m)	Julia Thompson - b. 1885; d. 1962
	Lucille Smith - d. Feb 24, 1984
	Lester Hoefer - b. Mar 10, 1887; d. Aug 12, 1972; SC Pvt Vet Hospital 20 WWI
(m)	Annie Hoefer - b. 1900; d. 1998
	Earnest Boney - b. Oct 20, 1911; d. May 15, 1971; SC Tec 5 US A WWII
	Levi Spry - b. Jun 1916; d. Feb 4, 1973
	Willie M. Bookman - b. Apr 24, 1899; d. Oct 11, 1982*
	Eulia L. Bookman - b. May 21, 1916; d. Feb 1, 1993*
	Annie B. Lowman - b. 1877; d. 1970
	Jessie Wise - b. 1874; d. 1970
	Clayton Bookard - b. Jan 4, 1897; d. Mar 9, 1971; SC Pvt Engr WWI
(w)	Ivory R. Davis Padgett - b. Aug 12, 1943; d. Feb 8, 1993
	Henry McDaniel - b. Apr 10, 1930; d. Mar 31, 1992; PFC US A Kr
	Carrie D. Pickett - b. May 15, 1910; d. May 7, 1990
	James Moorman - Jan 16, 1934; SC Pvt 1CL 444 Res Labor Bn
	Mollie Sammon - b. 1872; d. Nov 22, 1930
	Abraham Ruff - d. Jan 22, 1933; age 69y
	Sammons - b. Sep 12, 1910; d. Feb 7, 1911; (inf) of F.H. & Molsie Sammons
	Sammie Sammons - b. Jan 26, 1898; d. Jun 10, 19__
	Lindsay - b. Jan 25, 1917; d. Jan 25, 1917; (inf) of A.E. & Nancy Lindsay
	Garry Murphy - d. Apr 2, 1932; age 40y
(rev)	Wesley Johnson - d. Apr 13, 1933; age 84y

	David Montgomery - d. Jul 4, 1925; age 17y
	Peter Thompson, Jr. - d. Feb 2, 1925; age 19y
	Mollissia Hamilton - d. Dec 8, 1928; age 70y
	Kattie Montgomery - d. Jul 2, 1925; age 105y
	Anna Montgomery - d. Mar 7, 1924; age 50y; (w) of Rufus Montgomery
	Lee Watkins - b. Feb 17, 1929; d. Feb 19, 1929
	Calvin Wise - d. Feb 1, 1926
(f)	John W. Taylor - b. Mar 1, 1873; d. Mar 3, 1942*
(s)	Preston B. Taylor - b. Dec 12, 1903; d. Jul 21, 1944*
	J.M. Montgomery - d. Apr 26, 1923; d. age 32y
	Carrie Hollins - d. Sep 13, 1921; age 38y; (w) of J.S. Hollins
	William Gibbs - b. Mar 9, 1924; d. Oct 3, 1928
	Hosie Javis - d. Dec 27, 1933; age 25y
	John Javis - d. Dec 12, 1922; age 69y
	William Davis - b. Mar 24, 1918; d. Oct 17, 1918
	Rener Darby - d. Dec 1917; age 42y
	Manual Wages - d. Dec 1934; age 63y
	William Hill - d. 1916; age 65y
	James Bethel - b. 1860; d. 1937
(m)	Anna Taylor - b. 1848; d. May 20, 1916; age 78y
	Henry Taylor - b. 1844; d. 1916
	Anna Taylor - b. 1849; d. 1926
	Maggie S. Long - b. 1887; d. 1954
	Nancy Gilliam - d. Jul 2, 1906; age 65y
	Rossie Harmon - b. Oct 21, 1898; d. Feb 2, 1901
(m)	Edie Kershaw - d. Jul 27, 1884; age 29y
	Maccie DuBard - d. May 23, 1921; age 34y
	Peter Williams - d. Jun 29, 1914; age 52y
(m)	Margaret Williams - d. Sep 1914; age 72y
	Mattie Darby - d. Apr 7, 1933; age 66y
	Metta Hatton - d. Jan 1924; age 26y
	Eva Javis - d. Dec 1, 1933; age 36y
	Eller Louisa Knightner - d. Sep 1, 1922; age 5y
	Maggie Williams - d. Oct 6, 1918; age 42y
	Louie Bright - d. 1908; age 10y
	Bradford Bright - d. Sep 18, 1920; age 29y
	Mathew Bright - d. Dec 18, 1922; age 39y
	Luther Davis - b. Jun 1, 1892; d. May 26, 1911
	Galvin Davis, Sr. - b. Mar 15, 1843; d. _____*
	Lavinia Davis - b. 1852; d. _____*
	Mary Harvey - d. Jun 6, 1925; age 28y
	Arie Bright - d. Feb 8, 1928; age 60y
	Willie Davis - b. 1896; d. 1955
	Charlot Gary - d. Apr 30, 1917; age 80y
	Fannie Ford - d. Oct 12, 1918; age 38y

        Dave Alexander - d. Apr 1917; age 60y
        George Ford - d. Jul 5, 1922; age 65y
        Hattie Wages Johnson - b. 1900; d. 1943
        Alice Montgomery - d. Sep 15, 1921; age 3y
        Clide Montgomery - b. Mar 20, 1921; d. Sep 19, 1924
(m)   Charlot Roberson - b. 1852; d. Sep 21, 1920
        Lillie Mae Davis - b. Dec 25, 1910; d. Sep 6, 1935
(f)   Ivery James - d. Aug 27, 1923; age 93y
        Nancy James - b. Mar 15, 1846; d. May 15, 1883
        Sam E. James - d. Apr 21, 1926; age 21y
        Henry Brennan - d. Nov 5, 1925; age 77y
(rev) I.H. Samuel - b. Jun 30, 1880; d. Jun 16, 1942
        B.J. Center - b. Nov 7, 1878; d. Oct 21, 1913
        Lucious Center - b. Jul 28, 1889; d. Nov 1, 1891
        Mary Washington - b. Aug 28, 1882; d. Jun 6, 1903
(m)   Frances Center - d. Dec 14, 1928; age 65y
(b)   Thomas V. Hatten - b. Nov 14, 1918; d. Sep 5, 1939
        David Center - d. Feb 14, 1929; age 2y
        Ethridge Caughman - b. Feb 6, 1906; d. Feb 11, 1944
(dea) William Hatten - b. Feb 14, 1866; d. Apr 5, 1944
        Margaret Caughman - b. 1866; d. 1931
        Emeline H. Entzminger - b. Mar 29, 1894; d. Aug 17, 1935
        Eller Hatton - d. Feb 1933; age 66y
        Taylor Caughman - d. Jan 3, 1924; age 37
        Joseph Caughman - d. Oct 12, 1918; age 36y
        Preston Smith - d. Sep 1, 1912; age 2y
        Nancy Picket - d. Dec 6, 1919; age 36y
        Betsey Hatton - b. Sep 20, 1872; d. Sep 23, 1909
        Gertrude Taylor - d. Oct 27, 1913; age 7y; (d) of James & Isadora
          Taylor
        Luke Luther Caughman - b. Jan 27, 1884; d. 1910
        Fedo Picket - d. Mar 1913; age 2y
        Nancy Jackson - b. Oct 31, 1838; d. Sep 12, 1907
        Luke Jackson - b. Oct 11, 1838; d. Aug 10, 1899
(f)   Isaiah Samuel, Sr. - d. Mar 2, 1895; age 58y
(m)   Eliza Samuel - age 34y
        Alice McDaniel - b. Jun 16, 1866; d. May 23, 1903
        Pecoy Coleman - d. 1890; age 80y
        Viola Cannon - d. Sep 20, 1921; age 21y
        Gracy Alexander - d. Mar 8, 1910; age 40y*
        Mary Petison - d. Mar 10, 1910; age 70y*
        Rubin Arthur - d. Jun 12, 1902; age 65y*
        Nelie Arthur - d. Jul 6, 1902; age 50y*
        Joseph Arthur - d. Sep 6, 1902; age 30*
        Cornelia Singleton - d. 1889; age 24y

SECTION III

Location: All cemeteries and graves lying within the Fort Jackson Military Reservation, Columbia, South Carolina.

109. Andrew Patterson Graveyard 244
110. Beulah Church Cemetery 244
111. B.F. Bowen Graveyard 244
112. Boyd Graves 244
113. Brazell Graves (a/k/a Turner Cemetery) 244
114. Charlie M. Martin Graveyard 244
115. C.L. Blease Cemetery (a/k/a Neeley Cemetery) 245
116. Dabney Pond Cemetery 245
117. Enon Church Cemetery 246
118. James Hammond Graveyard 248
119. J.E. Belser Graveyard 248
120. J.E. Mills Graveyard 248
121. John T. Duncan Graveyard 248
122. Jones Cemetery 249
123. Mt. Pleasant Baptist Church Cemetery 249
124. R.A. & Harold Boozer Graveyard 250
125. Salem Cemetery 250
126. St. Davids Methodist Cemetery 251
127. St. Wesberry High Hill Cemetery 252
128. Sweet Home Church Cemetery 252
129. Viele Chapel Church Cemetery 252
130. W.M. Martin Graveyard 253

109. **Andrew Patterson Graveyard**: On Semmes Rd about 1 mile from the corner of Sgt Jasper Rd, Columbia, SC. Before Sep 1983

   Darrell E. Wise - b. Jan 25, 1842; d. Jun 25, 1865

110. **Beulah Church Cemetery**: Near the junction of Boyden Arbor Rd and I-77, Columbia, SC. Before Sep 1983

   Irvin Gary Dennis - b. May 26, 1901; d. Jul 7, 1947
   Derrick T. Thomas - b. Feb 16, 1871; d. Aug 12, 1922
   Chessie T. Bailey - b. Jan 5, 1871; d. May 7, 1931; (w) of W.E. Bailey
   John Franklin Dennis - b. Dec 7, 1910; d. Oct 27, 1939; (s) of J.W. & Dairy S. Dennis
   (f) David C. Davis - b. Feb 22, 1891; d. Oct 13, 1940
   (m) Mamie Alice Davis - b. Jan 2, 1894; d. Mar 27, 1981

111. **B.F. Bowen Graveyard**: South of Century Division Rd near Screaming Eagle Rd, Columbia, SC. Before Sep 1983

   Lenore Romanstine - b. Dec 23, 1835; d. Jan 9, 1836; (d) of John Romanstine
   Mr. John Romanstine - b. Feb 8, 1789; d. Jun 14, ____

112. **Boyd Graves**: On Sixth Division Rd about 1/2 mile south of the intersection of Percival Rd, Columbia, SC. Before Sep 1983

   Elizann J. Boyd - b. 1827; d. 1909
   Dora Y. Boyd - b. 1841; d. 1913

113. **Brazell Graves**: Near Leesburg Rd (Rt 262) near the southwest area of Westons Pond, Columbia, SC. Before Sep 1983

   John Brazell - no dates
   Elizabeth Brazell - no dates
   (inf) Brazell - no dates; (s) of M.E. & L.P. Brazell
   Olive G. Brazell - b. Mar 22, 1897; d. Jun 26, 1898; (d) of M.E. & L.P. Brazell
   Sadie Wright Brazell - b. Jan 12, 1909; d. Mar 8, 1909; (s) of H.W. & Carrie Brazell
   Westley V. Brazell - b. Aug 12, 1885; d. Sep 14, 1918

114. **Charlie M. Martin Graveyard**: Off of Century Division Rd about 1 mile north of Leesburg Rd (Rt 262), Columbia, SC. Before Sep 1983

   Rebecca C. Campbell - b. Oct 24, 1832; d. Aug 24, 1889; 2nd (w) of James Campbell

115. **C.L. Blease Cemetery**: Between Semmes Rd and Hartsville Guards Rd, Columbia, SC. Before Sep 1983

(inf) Neeley - b. Mar 14, 1911; d. Mar 21, 1911; (s) of E.V. & Minnie A. Neeley

Katie Belle Neeley - b. Dec 18, 1897; d. Apr 27, 1904; (d) of R.W. & M.E. Neeley

Richard L. Neeley - b. Jun 25, 1831; d. May 3, 1910

(m) Sallie Goers Nealey - b. 1874; d. 1901*

(f) Henry Franklin Nealey - b. 1867; d. 1933*

Margaret R. Nealey - b. May 15, 1879; d. Apr 4, 1912

U.T.N. - b. Dec 27, 1893; d. Aug 12, 1896

Victor Neeley - b. Apr 19, 1833; d. Dec 29, 1911

(m) Jane Rebecca Neeley - b. Apr 23, 1834; d. Jul 25, 1914: (w) of Victor Neeley

E.L.B. - no dates

J.J.H. - no dates

John D. Jones - b. May 5, 1895; d. Nov 23, 1898; (s) of Wiley & M.J. Jones

William McCain Jones - b. Jul 11, 1885; d. Aug 2, 1910; (s) of Wiley & M.J. Jones

Victor R. Tucker - b. May 29, 1889; d. Feb 17, 1894

116. **Dabney Pond Cemetery**: At the corner of Century Division Rd and Screaming Eagle Rd, Columbia, SC. Before Sep 1983

Joseph Canty - b. May 2, 1928; d. Jun 3, 1908

George Harrell - b. 1844; d. 1927

Sam Outen - d. Feb 16, 1922; age 80y

Mahala Outen - d. Feb 27, 1912; age 70y

Hillard Harrell - b. May 26, 1898; d. Feb 21, 1923

Theofolus Harrell - b. Sep 1, 1922; d. Jan 1, 1924

Harrell - b. Aug 29, 1924; d. Aug 29, 1924; (inf) of Fredmond Harrell

Ellen Roberts - d. Oct 4, 1912; age 40y

Willie Buckman - b. 1908; d. Dec 27, 1934

Alice Rowlerson - b. Dec 22, 1895; d. Dec 31, 1899

Isaac Jacobs - b. 1877; d. 1927

(rev) Ransom C. Chalis - b. 1845; d. Apr 7, 1926

Sarah Chalis - b. 1847; d. 1924; (w) of Ransom C. Chalis

Janie Chalis - b. Dec 31, 1885; d. Aug 20, 1900

Ruby Canzh - b. Feb 22, 1910; d. Mar 1938

Victoria Carma - d. Jan 13, 1922; age 41y

John Chavis - d. Nov 11, 1908; age 70y

Martha Chavis - d. Nov 7, 1904; age 65y

(h) James Chalis - d. Jan 20, 1924; age 28y

Simpson Chalis - b. Nov 15, 1913; d. Aug 31, 1925

Samuel Scott - d. 1907; age 60y
Linnel Scott - d. 1923; age 22y
John H. Harris - d. Mar 23, 1918; age 69y
Louts Gadson - b. Dec 5, 1916; d. Aug 26, 1917
Dilsie Silas - d. May 28, 1915; age 55y
Mariph Cunningham - d. Jan 11, 1918; age 75y
G.P. Chalis - b. Sep 4, 1875; d. Aug 21, 1928

117. **Enon Church Cemetery**: On Sixth Division Rd, Columbia, SC. Before Sep 1983

(inf) Roberts - b. Aug 14, 1918; d. Aug 14, 1918; (d) of T.A. & Jessie Roberts
Caldwell P. Lee - b. Oct 12, 1898; d. Oct 20, 1918; (s) of B.D. & Arretta Lee
Laurau Lee - b. Apr 17, 1888; d. Jul 4, 1915; (d) of B.D. & Arretta Lee
Carrie Bell Ford - b. Jun 23, 1912; d. Nov 6, 1912; (d) of J. Ward and Carrie Ford
Carrie Madlin Ford - b. Aug 25, 1883; d. Jun 27, 1912; (w) of T.W. Ford
Daniel Wesley Ford - b. Oct 14, 1903; d. Dec 9, 1912; (s) of Jessie G. & Nezzie E. Ford

(m) Nezzie E. Ford - b. Apr 2, 1884; d. Dec 23, 1914; (w) of Jessie G. Ford
Mamie Estell Ford - b. Oct 12, 1912; d. May 1913; (d) of Nezzie E. & Jesse G. Ford
Lizzie M. Davis - b. Jun 16, 1890; d. Mar 23, 1934
Arthur Colman - no dates
Lucindy Colman - no dates
Dellar Magnolia Martin - b. Dec 20, 1912; d. Mar 27, 1918
Maggie Nolia Martin - b. Nov 10, 1916; d. Mar 27, 1918
Mary Ford Martin - b. May 1851; d. Nov 7, 1922; (w) of (rev) Joseph Martin
W.R. Lee - b. Aug 18, 1886; d. Jun 9, 1922; (s) of B.D. & Arretta Lee
James L. Chambers - b. Mar 14, 1871; d. Nov 1, 1925
K.D. Chambers - b. Aug 21, 1894; d. Feb 8, 1930
Daisy Lovett - b. May 21, 1906; d. Jan 13, 1912
Henry C. Strickland - b. Jan 16, 1871; d. Dec 28, 1904; (s) of J.W. & Julia A. Strickland
Julia A. Strickland - b. Jan 12, 1842; d. Mar 24, 1913; (w) of J.W. Strickland

(f) J.W. Strickland - b. Jan 1, 1840; d. Jun 27, 1923; Confederate Vet
John W. Strickland - b. Feb 17, 1884; d. Mar 10, 1915; (s) of J.W. & Julia A. Strickland
Edna Strickland - b. Nov 2, 1906; d. Feb 28, 1930

Ezra A. Hudson - b. 1911; d. 1911; (s) of (rev) J.W. & H.M. Hudson
J.B. Martin - d. Apr 14, 1917; age 46y
Sarah E. Martin - b. Jul 11, 1871; d. Jan 1, 1913; (w) of W.J. Martin
Thomas Corder - b. Jan 8, 1861; d. Apr 10, 1919
Jesse Corder - b. Nov 16, 1887; d. Mar 15, 1917
Lessie M. Martin - b. Feb 10, 1914; d. Jun 30, 1916
Charles Able Corder - b. 1911; d. 1911; (inf) of J.T. & Henrieta Corder
S.N. Martin - b. Oct 26, 1837; d. Jan 15, 1911
(m) Mrs. Emmer E. Martin - b. Feb 14, 1844; d. Mar 1, 1915
Marion Estelle Martin - b. Oct 10, 1899; d. Jan 30, 1902; (d) of W.J. & Sarah E. Martin
James B. Davis - b. Nov 20, 1881; d. Nov 13, 1930
(m) Elizabeth P. "Lizzie" Martin - b. 1868; d. 1937
Adolphus B. "Abe" Martin - b. Feb 14, 1867; d. Mar 10, 1917
(inf) Allie Martin - b. Feb 22, 1911; d. Feb 26, 1911; (d) of Adolphus B. & Elizabeth P. Martin
Chester Martin - b. Jun 22, 1892; d. Jul 30, 1908; (s) of Adolphus B. & Elizabeth P. Martin
(inf) Hazell Martin - b. May 22, 1904; d. May 28, 1904; (s) of Adolphus B. & Elizabeth P. Martin
Lizzie Martin Sturkie - b. Jun 12, 1902; d. Nov 18, 1921; (w) of J.G. Sturkie
(f) Roland F. Martin - b. Jul 10, 1880; d. Jul 16, 1932
Mary Martin - b. Jan 16, 1876; d. Jan 10, 1938*
P.F. Martin - b. Jul 2, 1871; d. Aug 5, 1931*
Margaret Martin - b. Sep 22, 1932; d. Oct 9, 1928; (m) of 12 children, 108 grandchildren, 129 great-grandchildren
(rev) Phillip Martin - b. Mar 30, 1831; d. Aug 8, 1901; joined the church in 1862. Elected to preach 1866. Captured by the Yankees. Held prisoner 13 months.
Thomas S. Martin - b. Mar 10, 1825; d. Jan 5, 1905
(inf) Vernessa A. Martin - b. Feb 22, 1916; d. Aug 28, 1916; (d) of Mr. & Mrs. A.D. Martin
Drew Carlton Dickert - b. Oct 26, 1916; d. Dec 8, 1916; (s) of C.A. & L.M. Dickert
Earle B. Martin - b. Dec 4, 1912; d. Mar 18, 1932
Aaron O. Martin - b. Jun 21, 1869; d. May 7, 1942*
Alice McGill Martin - b. Mar 8, 1876; d. ____*
Cole Blease Martin - b. Jul 5, 1911; d. May 30, 1913
Jim N. Lovett - b. Jul 11, 1855; d. Apr 30, 1934
Laurence A. Martin - b. Jun 9, 1903; d. May 11, 1934
Mamie Davis Martin - b. Feb 16, 1909; d. Jul 11, 1926*
(inf) Martin - b. May 1, 1926; d. May 2, 1926*
Robert A. Davis - b. Jul 29, 1843; d. Jul 29, 1926

Mariah S. Davis - b. Jul 1, 1854; d. Mar 10, 1929; (w) of Robert A. Davis
Daisy E. Martin Stephenson - b. Aug 14, 1908; d. Jun 22, 1931; (w) of Coy D. Stephenson

118. **James Hammond Graveyard**: On Golden Arrow Rd about 1/2 mile south of the intersection of Dixie Rd, Columbia, SC. <u>Before Sep 1983</u>

McCampbell - d. Aug 26, 1934; age 56y
Jacob Ira Leslie Brazell - b. Jul 25, 1879; d. Jun 16, 1900; (s) of J.W. & E.L. Brazell
Walter A. Brazell - b. Nov 20, 1868; d. Mar 14, 1892; (s) of Jacob R. & Martha M. Brazell
Martha M. McAdams - b. Sep 22, 1843; d. Mar 3, 1922; (w) of Jacob R. Brazell & Elder W.B. McAdams; (d) of Alex & Sarah Campbell
Jacob R. Brazell - b. May 30, 1838; d. Dec 1892; (s) of Benjamin & Adelphia Brazell, a Christian
Albert C. Brazell - b. Aug 29, 1871; d. Jun 3, 1893; (s) of Jacob R. & Martha M. Brazell
M.A. "Annie" Campbell - d. Mar 19, 1947; age 66y

119. **J.E. Belser Graveyard**: Near the intersection of Sumpter Rd and Beaugard St, Columbia, SC. <u>Before Sep 1983</u>

W.S. Popwell - b. Dec 12, 1851; d. Feb 6, 1912
James Henry Popwell - b. Feb 14, 1890; d. Jan 11, 1910

120. **J.E. Mills Graveyard**: South of Century Division Rd (where it runs east to west) near Colonels Creek, Columbia, SC. <u>Before Sep 1983</u>

Clarence Brown Higgins - b. Jul 27, 1904; d. Sep 4, 1904; (s) of J.D. & C.E. Higgins
Vernon Franklin Higgins - b. Jul 27, 1904; d. Jul 27, 1904; (s) of J.D. & C.E. Higgins
J.F. Higgins - b. Aug 18, 1872; d. Mar 20, 1885
W.M. Higgins - b. Jun 9, 1829; d. Feb 22, 1901
Elizabeth E. Higgins - b. Dec 17, 1851; d. Jan 7, 1918
Florrie H. Baldwin - b. Feb 17, 1859; d. Jan 24, 1937

121. **John T. Duncan Graveyard**: Off of Red Diamond Rd near Golden Arrow Rd, Columbia, SC. <u>Before Sep 1983</u>

(b) Tommie W. Davis, b. 1904; d. 1907
(m) Martha J. Davis - b. 1879; d. 1912
(f) William T. Davis - b. 1853; d. 1912
Hardy Adolphys Wilks - b. Sep 15, 1834; d. Sep 28, 1837; (s) of Mary L.F. & Hard Wilks
Hugh T. Wilks - b. Jun 30, 1837; d. Jul 1, 1837

David Davis - b. 1752; d. 1800

122. **Jones Cemetery**: At the junction of Rt 262 and Wildcat Rd, Columbia, SC. Before Sep 1983

    A.W. Wynn - b. Mar 10, 1873; d. May 17, 1922
Annie G. Wynn - b. Aug 3, 1862; d. May 25, 1931
W.D. Goers - b. Dec 17, 1850; d. Sep 10, 1900
(inf) Henry C. Outlaw - b. Apr 12, 1918; d. May 1, 1918; (d) of W.D. & A.G. Goers
Lydia E. Cunningham - b. Aug 23, 1884; d. Mar 19, 1915
William I. Tucker - b. Apr 19, 1836; d. Dec 27, 1900
(m) Mary E. Tucker - b. Jun 21, 1846; d. Aug 25, 1922; (w) of William I. Tucker
(inf) Goers - no dates; (s) of W.D. & A.G. Goers
Marie J. Wynn - b. Aug 24, 1905; d. Oct 15, 1906; (d) of A.W. & Annie G. Wynn
(inf) Goers - no dates; (d) of W.D. & A.G. Goers
Wiley Jones - b. Aug 13, 1818; d. Aug 15, 1887
M. Eliza Jones - b. Sep 20, 1820; d. Jan 31, 1896

123. **Mt. Pleasant Baptist Church Cemetery**: South of Dixie Rd near Century Division Rd, Columbia, SC. Before Sep 1983

Fels Hobl - b. May 8, 1911; d. May 5, 1912
Mary Wise - b. Aug 24, 1860; d. Nov 1923; (w) of John R. Wise
Maun D. Hammond - b. Sep 4, 1898; d. Apr 30, 1915; (w) of J.W. Hammond
Margaret S. Miles - b. Jan 15, 1853; d. Aug 11, 1915
Elisha Atkinson - b. May 10, 1812; d. ____
Margaret Atkinson - b. Jun 12, 1818; d. May 15, 1868
Alice J. ____ - b. Mar 8, 1818; d. Dec ____
Ellen R. Nelson Atkenson - b. Sep 5, 185_; d. Dec 1, 1909; (w) of J.E. Atkenson
____ Atkenson - b. May 20, 184_; d. Feb 28, 1921; SC Inf CSA
Thurmond Timmons - b. Apr 21, 1908; d. Nov 15, 1915
J.W. Atkinson - b. Nov 1, 1842; d. Jun 3, 1920
Mary Jane King - b. Jul 4, 1861; d. Aug 5, 1896
Mary Magdeline Marks - b. Nov 20, 1910; d. Jun 14, 191_; (d) of A.E. & Elizabeth Marks
Mary Ann Johnson - b. Jun 2, 1834; d. Jul 5, 1901
Robert H. Campbell - b. Apr 1896; d. Feb 1913; (s) of Mr. & Mrs. J.M. Campbell
Lav Brown - d. Feb 1891
S.D. Peake - b. 1855; d. 1931
Willie Henry Brazell - b. Aug 11, 1881; d. Mar 28, 1927; (h) of Alice Pear Brazell, (f) of Gary, Allie, Capelm, Murdock, Bill
J.L. Peake - d. Jun 15, 1925; age 25y

(inf) Levina Peake - b. Jun 5, 1820; d. May 1, 1910
Vivian Ellita Brown - b. Sep 7, 1893; d. May 28, 1876
Martin - b. 1908; d. 1908; (d) of _____ L. Martin
Willie Copland Brazell - d. Jul 1908; age 8m; (s) of Alice P. & Willie H. Brazell

124. **R.A. & Harold Boozer Graveyard**: East of Westons Pond near Rt 262, Columbia, SC. Before Sep 1983

Tom Taylor - d. Jan 9, 1918; SC Pvt 156 Dep Brig

125. **Salem Cemetery**: Near Percival Rd (State Rd 12) and Screaming Eagle Rd, Columbia, SC. Before Sep 1983

(f) Mack J. Turnipseed - b. Aug 15, 1881; d. Aug 21, 1936*
(m) Minnie M. Turnipseed - b. Aug 20, 1887; d. _____*
(inf) Braziel - d. May 11, 1936; (d) of Mr. & Mrs. O.O. Braziel
Charles W. McPherson - b. Jan 30, 1930; d. Jul 17, 1930
James W. Brazell - b. Mar 21, 1897; d. Nov 12, 1931
C.M. Martin - b. Jun 9, 1855; d. _____*
Osee E. Miles - b. Aug 29, 1861; d. Jul 28, 1922; his (w)*
Samuel J. Strickland - b. May 5, 1885; d. Sep 8, 1941
Martha Powell Wallace - b. Nov 19, 1860; d. Dec 25, 1903; (w) of Alex Wallace
H.A. Martin - b. Jul 4, 1851; d. Sep 27, 1932*
Charlotte E. Harrison Martin - b. Aug 28, 1854; d. Jun 25, 1913; (w) of H.A. Martin
Lulu Devere Martin - b. Oct 27, 1887; d. Dec 29, 1907
John Elisor - b. Feb 17, 1841; d. Aug 2, 1900
William J. Hawkins - b. 1916; d. 1917
Mary A. Hawkins - b. 1884; d. 1941
H.A. Hawkins - b. 1883; d. 1964
Grover H.H. Hawkins - b. 1922; d. 1943; TSgt 576 Bomb Sq 392 Bomb Gp
Genie Elsie Cobb - b. Nov 12, 1924; d. May 1925; (d) of F.W. & Margaret Cobb
Minnie V. Cobb - b. Sep 10, 1862; d. Sep 10, 1901; (d) of DeBeuhl & Rebecca A. Cobb
Frank Miles - b. Apr 16, 1826; d. Dec 25, 1903
Sarah H. Miles - b. Feb 20, 1882; d. Jul 31, 1893
(inf) Cobb - no dates; (d) of DeBeuhl & Rebecca A. Cobb
DeBeuhl Cobb - b. Oct 31, 1836; d. Sep 27, 1915
Rebecca Alice Cobb - b. Jan 31, 1842; d. Jun 15, 1904; (w) of DeBeuhl Cobb
J.L Cobb, Jr. - b. Mar 2, 1919; d. Sep 6, 1920
Martha Dinkins - b. Apr 27, 1845; d. Jun 17, 1925
William Dinkins - b. Nov 24, 1841; d. Feb 12, 1903
(f) John H. Cobb - b. Apr 2, 1871; d. Nov 26, 1936

Frances A. Cobb - b. Jun 26, 1873; d. Oct 15, 1920; (w) of John H. Cobb
Willie Robert Cobb - b. Mar 5, 1890; d. Sep 17, 1895; (s) John H. & Frances A. Cobb
Mamie Braziel - b. Aug 14, 1910; d. Jan 2, 1912
Joseph B. Tucker - b. 1861; d. Dec 27, 1914; (s) of John T. & Sarah Tucker; (h) of Emma Tucker
J.W. Tucker - d. Sep 23, 1928; age 14y; (s) of Joseph B. & Emma Tucker
Sarah Tucker - b. Nov 13, 1826; d. Jul 14, 1900
Charlie Elkins - b. Aug 13, 1903; d. Jan 20, 1926; (s) of H.C. & Alice Elkins
William T. Tucker - b. Jul 20, 1853; d. Dec 25, 1926; (s) of John T. & Sarah Tucker
Elizabeth Tucker Gones - b. _____ 18, 1855; d. Dec 26, 1915; (d) of John T. & Sarah Tucker
Mary Christie Tucker - b. Aug 15, 1857; d. Dec 25, 1915; (d) of John T. & Sarah Tucker
Woodrow Dinkins - b. 1912; d. 1931
Estell Dinkins - b. 1911; d. 1931
W.L. Stokes - b. Jan 7, 1851; d. Mar 4, 1911
H.W. Baldwin - d. Nov 30, 1934; age 60y

126. **St. Davids Methodist Cemetery**: On Red Diamond Rd near Wildcat Rd, Columbia, SC. Before Sep 1983

       Jessie M. Davis - b. Dec 5, 1887; d. Jul 7, 1889; (d) of T.S. & M.B. Davis
(f)   T.S. Davis - b. Nov 8, 1840; d. Dec 14, 1903
       Hart L. Ready - b. May 13, 1902; d. Apr 26, 1910; (s) of D.T. & L.C. Ready
       Jim McPherson - b. 1850; d. 1899
       Mary McPherson - b. 1852; d. 1925
       Tom Davis - b. 1856; d. 1915
       Sussie Davis - b. 1872; d. 1916
       Ather Davis - b. 1775; d. 1830
(b)   Willie D. Thomas - b. Mar 31, 1867; d. Jan 7, 1897
       Elizabeth Thomas - b. Mar 20, 1856; d. Mar 20, 1856; (d) of William & Martha E. Thomas
       Mary Henretter Thomas - b. May 21, 1857; d. Oct 2, 1857; (d) of William & Martha E. Thomas
       Martha E. Thomas - b. Jul 24, 1859; d. Jun 23, 1861
(f)   William Thomas - b. Nov 20, 1830; d. Nov 16, 1888
(m) Martha E. Thomas - b. Sep 1, 1832; d. Jan 11, 1897
       James D. Davis - b. Jul 13, 1849; d. Nov 1, 1914
       Frances Byrd Davis - b. Aug 26, 1861; d. May 13, 1916

David T. Davis - b. Aug 8, 1806; d. Aug 9, 1861; a member of the Methodist Church

(f) Allen H. Lee - b. Mar 22, 1853; d. Sep 17, 1903

127. **St. Wesberry High Hill Cemetery**: On Hartsville Guards Rd near Wildcat Rd, Columbia, SC. Before Sep 1983

M.A.R. - no dates
Phillip Roberts - b. 184_; d. Sep 1842
Thomas W. Roberts - b. May 22, 1851; d. Mar 31, 1853
_____ Roberts - b. Oct 30, 1835; d. Oct 30, 1853
W.J. Evans - b. Jun 13, 1838; d. Feb 26, 1863; died in the service of his country
Hester C. Roberts - d. Sep 17, 1863
Ann Evans - b. Jul 27, 1773; d. Dec 14, 1856
Elizabeth D. Evans - d. May 1, 1888

128. **Sweet Home Church Cemetery**: Near the intersection of Ivy Rd and Ewell Rd, Columbia, SC. Before Sep 1983

(rev) E. Mannl Smort - b. Jul 10, 1857; d. Jul 1929

129. **Viele Chapel Church Cemetery**: On Ewell Rd near Ivy Rd, Columbia, SC. Before Sep 1983

Isaac Veal, Jr. - b. Mar 22, 1896; d. Jan 4, 1950; SC Pvt CW5 WWI
(h) James Brown - b. 1901; d. 1951
(f) Isaac Veal - b. Mar 12, 1870; d. Jan 7, 1931
Frances Veal - b. 1854; d. 1934
Rachael Veal - b. 1890; d. 1958
Lillie Thompson - b. 1883; d. 1954
Sallie Veal - b. 1891; d. 1936
Catherine A.L. Veighl - b. Apr 16, 1915; d. Jul 16, 1929
Willie Singleton - b. Apr 9, 1897; d. Sep 12, 1950; SC Pvt Qmc WWI
Mr. Wright Austin - d. Jun 6, 1955; age 62y
Dennis Davis, Jr. - b. Jan 18, 1925; d. Jun 25, 1955; SC Stm 1 US N WWII
Eliza McDaniel - b. 1863; d. 1919
B. Taylor - b. Apr 12, 1908; d. Oct 14, 1933
Winfred McNeil - May 1937; SC Cook 304 Sesy Bn
(m) Lugenia Waiters - b. Apr 1, 1900; d. Aug 2, 1957
(b) James Wannamaker - d. Apr 22, 1961
Ernest L. Ray - d. Sep 13, 1955
(m) Catherine E. Terrel - d. Dec 25, 1953
Albert Howell - b. 1861; d. Oct 24, 1943
Rosa Bell Waders - no dates; age 75y
Wash Waiters - d. Jul 8, 1902; age 87y
Fleming Waiters - b. 1908; d. 1956

Ola Jefferson - b. 1901; d. 1958

130. **W.M. Martin Graveyard**: South of Salem Cemetery, near the intersection of Screaming Eagle Rd and Percival Rd, Columbia, SC.
Before Sep 1983

Rebecca Wages - d. Oct 25, 1851; age 33y; (w) of William Wages
William Wages - d. Nov 8, 1830; age 76y
Benjamin T. Wager - b. Sep 7, 1812; d. Oct 29, 1937
Samuel Dent - b. Apr 2, 1819; d. Jul 24, 1820
John Samuel Patterson - b. Mar 8, 1869; d. Oct 5, 1871
Henriett Patterson - b. Feb 14, 1840; d. Jun 5, 1873; (w) of James Patterson; (d) of John & Rebecca Dent

SECTION IV

Location: All cemeteries and graves within the perimeters of the Newberry County line on the North, I-20 on the South, the Broad River on the East, and the Lexington County line on the West.

131. Addy Graveyard 256
132. Amick #1 Graveyard 256
133. Amick #2 Graves 256
134. Amick #3 Cemetery 256
135. Bouknight #1 Graves 257
136. Bouknight #2 Graveyard 257
137. Bauknight #3 Graves 257
138. Bethel Lutheran Church Cemetery 257
139. Bethlehem Lutheran Church Cemetery 273
140. Bickley Cemetery 278
141. Bookman Graveyard 279
142. Boyd-Hoof-Jacobs Graves 279
143. Busby #1 Graves 280
144. Busby #2 Graves 280
145. Busby #3 Graves 280
146. Capers Chapel United Methodist Church Cemetery 280
147. Coogler #1 Graves 287
148. Coogler #2 Graveyard 287
149. Coogler #3 Graves 287
150. Coogler-Metze Graves 287
151. Counts-Swygert Graves 287
152. Dailey #1 Graves 288
153. Dailey #2 Graves 288
154. David Counts Grave 288
155. Derrick Family Cemetery 288
156. Dutch Fork Baptist Church Cemetery 289
157. Eargle #1 Graves 291
158. Eargle #2 Graves 291
159. Eargle #3 Cemetery 292
160. Eleazer-Slice Graveyard 292
161. Freshley #1 Graveyard 292
162. Freshley #2 Graves 293
163. Golden Cemetery (black) 293
164. Haltiwanger #1 Graveyard 293
165. Haltiwanger #2 Graves 294
166. Hiller Graves 294
167. Hope Graves 294
168. Hopewell Cemetery (black) 294
169. Irmo Penecostal Holiness Church Cemetery 298

170. Kennerly Graves 299
171. Lindler Cemetery 299
172. Lorick #1 Graves 299
173. Lorick #2 Graveyard 299
174. Lowman Cemetery 300
175. Lucas Graves 301
176. Mary Slice Grave 302
177. Meetze #1 Graveyard 302
178. Metz #2 Graveyard 302
179. Metz/Meetz #3 Graves 302
180. Metze #4 Cemetery 302
181. McCartha-Addy Graves 303
182. Mt. Olivet Lutheran Church Cemetery 303
183. Mt. Vernon Lutheran Church Cemetery 309
184. Murdoch Cemetery 311
185. Nates Memorial Cemetery 311
186. Nunamaker Graveyard 312
187. Old Derrick Graveyard 312
188. Pine Grove A.M.E. Church Cemetery (black) 312
189. Piney Grove Cemetery (black) 315
190. Polly Smith Grave 320
191. Richardson-Beatty Graveyard 321
192. Salem United Methodist Church Cemetery 321
193. Samuel Bookman Family Graves 326
194. Schmitz-Koon-Meetze Graves 326
195. Shady Grove United Methodist Church Cemetery 326
196. Shealy Graves 333
197. Siegler Graveyard 333
198. Sites-Lindler Graves 333
199. Slice-Busby Graves 334
200. Sol Rister Grave 334
201. South Carolina Department of Corrections Cemetery 334
202. St. Andrews Lutheran Church Cemetery 335
203. St. Jacobs Lutheran Church Cemetery 349
204. St. Johns Lutheran Church Cemetery 357
205. St. Paul A.M.E. Church Cemetery (black) 358
206. St. Peter Baptist Church Cemetery (black) 361
207. Stoudemire Graves 363
208. Stuck-Summer Cemetery 363
209. Summer Graves 364
210. Swygert Grave 364
211. White Family Grave 364
212. Wilson Cemetery 365
213. Younginer Graves 365

131. **Addy Graveyard**: At the end of Aaron Kelly Rd about 2 miles northeast of White Rock, SC. Before 1982

Henry Addy - b. Feb 17, 1788; d. Apr 30, 1850; (s) of Simeon & Mary M. Addy
Rachel Addy - d. Jan 24, 1875; age 86y; (w) of Henry Addy
Polly Addy Summers - b. 1816; age 75y; (w) of Frank Summers
Mary Rosan Summers Eleazer - b. 1814; age 92y 6m; (w) of George Eleazer

132. **Amick #1 Graveyard**: Off of Old Hilton Rd about 3/4 miles behind the Bickley Cemetery, back in the woods. It is about a mile northwest of White Rock, SC. Before 1982

(inf) Grover Cleveland Williams - no dates; (s) of G.W. Williams & (w) Deacy Amick
(f) Daniel Amick - b. Nov 8, 1814; d. Apr 22, 1875
Germima Russel Amick - b. May 1, 1814; d. Apr 7, 1887; (w) of Daniel Amick; (s) J. Harmon Amick
(gm) Rachel Slice Warner - b. 1774; d. 1858; (w) of George Warner

133. **Amick #2 Graves**: Near the intersection of John Chapman Rd and Freshly Shoals Rd, about 3 miles northeast of White Rock, SC. Before 1982

James Anderson Amick - b. Sep 12, 1827; d. Feb 1, 1878
_____ Amick - d. 1864; (inf) of J.D. & Rachael B. Amick
Henry _____ - no dates
Rebecca Melvina Amick - b. Mar 23, 1848; d. Oct 3, 1853; (d) of J.D. & Rachael B. Amick
_____ Amick - d. 1864; (inf) of J.D. & Rachael B. Amick
John _____ - no dates
Martha E.R. Amick - b. Jul 19, 1860; d. Aug 13, 1863; (d) of W.R. & Mary C. Amick
_____ Amick - d. 1867; (inf) of J.D. & Rachael B. Amick

134. **Amick #3 Cemetery**: North of Summerville, SC. Before 1982

Thomas W. Amick - Jan 22, 1862
Catherine Amick - b. Oct 18, 1866; d. May 21, 1920
John H. Fuller - b. Sep 11, 1887; d. Oct 27, 1887
Annie Mae Fuller - b. Mar 23, 1902; d. Nov 22, 1904
George Ann Elizabeth Fuller - b. Jul 19, 1867; d. Jul 7, 1929
Willie G. Fuller - b. Oct 1, 1862; d. Jan 13, 1955
William Freddie Amick - b. May 30, 1883; d. Aug 18, 1895
(inf's) Amick - no dates; (d) of Mr. & Mrs. Thomas W. Amick and (s)
Walter E. Meetze - b. Jul 7, 1882; d. Feb 4, 1955
Mary E. Meetze - b. Jun 14, 1885; d. Aug 3, 1968
Mamie E. Cromer - b. Sep 26, 1888; d. Jul 2, 1911

Martha Amick - d. Jun 17, 1917
W.R. Amick - no dates; Co C 20 SC Inf CSA
Polly C. Amick - b. Jun 18, 1829; d. Jan 18, 1892
George H. Meetze - b. Feb 19, 1871; d. Jun 29, 1948
Minnie O. Meetze - b. Oct 22, 1876; d. Aug 6, 1954
Katie E. Meetze - b. Jul 26, 1903; d. Dec 17, 1958

135. **Bouknight #1 Graves**: Near the junction of Hwy 6 and Salem Methodist Church Rd. It is west of Salem Methodist Church and north of Salem Methodist Church Rd in a field, Ballentine, SC. 1981

Michael Bouknight - d. Aug 14, 1859; age 69y; He was a member of the Lutheran Church for many years
Mary Bouknight - d. Oct 8, 1849; age 57y

Michael and Mary were moved to the Bookman Cemetery, located at the end of Strawberry Ln off of Koon Rd, Dutch Fork, SC.

136. **Bouknight #2 Graveyard**: At the intersection of Bickley Rd and Broad River Rd, Ballentine, SC. 1980

Simon F. Bouknight - b. 1851; d. 1928; age 77
Jesse Bauknight - d. Feb 29, 1880; age 75y
Drucilla Z. Bouknight - no dates; (d) of Jesse & Naomi Bauknight
Harriet E. Slice - b. Oct 28, 1842; d. Nov 9, 1917
Louisa Florence Bouknight - b. Oct 1853; d. Sep 20, 1885; (w) E.A. Bouknight
Naomi Bauknight - b. Jan 21, 1813; d. Sep 24, 1878; (w) of Jesse Bauknight

137. **Bauknight #3 Graves**: Near the intersection of Old Tamah Rd and Old Brickyard Rd, Hope, SC. 1981

John Bauknight, Esq. - b. Jun 2, 1765; d. Aug 3, 1853; 88y 2m 1d
Anna Bauknight - b. Jul 22, 1775; d. Apr 15, 1858; 82y 8m 24d

138. **Bethel Lutheran Church Cemetery**: On Dutch Fork Rd, just north of the intersection of Three Dog Rd, White Rock, SC. Sep 12, 1999

Carl Franklin McCartha, Sr. - b. Dec 16, 1909; d. Jan 4, 1993; PFC US A WWII*
George Heber McCartha - b. Mar 29, 1884; d. Jul 18, 1959*
Martha Rilla McCartha - b. Feb 17, 1885; d. Mar 10, 1977*
Martha Catherine Elizabeth McCartha - b. Jan 15, 1868; d. Oct 12, 1888
Samuel David McCartha - b. Mar 7, 1852; d. Dec 17, 1890; age 47y 9m 20d
Daniel Patrick Adams - b. Oct 16, 1870; d. Sep 25, 1946*
B. Annie McCarthy Adams - b. May 19, 1879; d. Jun 1, 1956*

	James C. Derrick - b. Jul 28, 1850; d. Oct 5, 1855*
	_____ Derrick - no dates; (inf) of George & S.C. Derrick*
	Mrs. C.E. Derrick - b. Mar 22, 1825; d. Apr 8, 1865*
	George J. Derrick - b. May 8, 1825; d. Sep 20, 1890*
	Sarah M. Derrick - b. Oct 9, 1832; d. Aug 13, 1894*
	Jessie Derrick - b. Oct 7, 1870; d. Sep 20, 1938; (w) of George O. Derrick; she died as she lived a Christian*
	George O. Derrick - b. Jul 31, 1867; d. May 25, 1953*
	Custis E. Derrick - b. Oct 12, 1897; d. May 15, 1941
	Pearle Derrick Kirby - b. Jun 18, 1899; d. Jan 8, 1987
	Curtis E. Derrick, Jr. - b. Oct 31, 1926; d. Feb 8, 1985; Lutheren Pastor
(inf)	Bonnie Chloe McCartha - no dates; (d) of Mr. & Mrs. R. Hugh McCartha
(m)	Lillie Bell McCartha - b. Mar 14, 1911; d. Mar 12, 1972*
(f)	R. Hugh McCartha - b. Jul 9, 1907; d. Sep 24, 1977*
	M. Comalander - b. Jan 8, 1849; d. May 25, 1941
	Lucy Cumalander Stoudemire - b. 1863; d. 1893
	Martha Idessie Cumalander - b. 1870; d. 1888
(f)	Richard D. Meetze - b. Apr 15, 1942; d. Mar 25, 1995*
(m)	Faye M. Meetze - b. Jan 4, 1947; d. _____ *
(f)	W. Arthur McCartha - b. Oct 6, 1891; d. Jun 23, 1977*
(m)	Lillian E. McCartha - b. Mar 26, 1898; d. Jul 19, 1974*
	Bernice Eugene McCartha - b. Jul 17, 1919; d. Mar 26, 1938
	Eliza C. Cumalander - b. Mar 28, 1830; d. Apr 4, 1918
	Mary Callie McCartha - b. Jul 18, 1879; d. Oct 4, 1898; age 19y 2m 16d
(inf)	McCartha - no dates; Our babe
	Jane Elizabeth McCartha - b. Dec 14, 1857; d. Dec 14, 1950*
	William Luther McCartha - b. Dec 22, 1849; d. Apr 7, 1932*
	Julius Bachman Derrick - b. Nov 8, 1874; d. Jan 7, 1946*
	Anna Sheely Derrick - b. Jun 13, 1875; d. Mar 20, 1953*
(sis)	Laura Louise Derrick - b. Jan 21, 1902; d. May 31, 1976*
(sis)	Mary Lee Derrick - b. Nov 10, 1898; d. Jul 21, 1984*
	Doris H. Addy - b. Nov 12, 1937; d. _____ *
	H. Paul Addy - b. Jan 10, 1938; d. _____ *
	Ethel M. Addy Shealy - b. Oct 28, 1910; d. Jun 9, 1991*
	Horace Leo Addy - b. Jan 2, 1908; d. Oct 15, 1938*
	George Edward Sease - b. Dec 12, 1870; d. Dec 9, 1934*
	Sallie Ballentine Sease - b. Oct 13, 1871; d. Feb 16, 1942*
	Martha Angela Sease - b. Jun 1, 1899; d. Aug 28, 1900
	Mackenzie Cannon Huffstetler - b. Jan 25, 1998; d. Dec 8, 1998
	Dan L. Stone - b. Nov 13, 1890; d. Sep 22, 1980*
	Maggie D. Stone - b. Jun 5, 1909; d. Sep 7, 1998*
	Preston Banks Lindler - b. Feb 15, 1888; d. Feb 19, 1963*
	Lola Irene Lindler - b. Mar 16, 1891; d. Apr 14, 1987*

Frederick Barton Lindller - b. Jul 8, 1914; d. ____; Sgt USAF WWII*
Stella Welbourne Lindler - b. Feb 20, 1917; d. ____*
Curtis H. Bouknight - b. Feb 17, 1910; d. Jan 20, 1998; Tec 4 US A WWII
John B. Bouknight - b. 1882; d. 1966*
Bertha H. Bouknight - b. 1885; d. 1970*
W.L. Bouknight - b. Jan 14, 1907; d. Feb 19, 1907
S.H. Bouknight - b. Feb 22, 1912; d. Jun 8, 1913
_____ Swygert- d. 1936; (inf) of Mr. & Mrs. William H. Swygert
_____ Swygert- d. 1933; (inf) of Mr. & Mrs. William H. Swygert
William H. Swygert - b. Jul 4, 1912; d. Oct 16, 1947
Johnny P. Swygert - b. May 19, 1927; d. Sep 19, 1981; PFC US A WWII

(f) Willie Lee Slice - b. Apr 5, 1905; d. Aug 29, 1985*
(m) Floy Shealy Slice - b. Dec 9, 1909; d. ____*
Robert B. Spradley - b. Sep 11, 1912; d. Dec 17, 1991; Pvt US A WWII
Drayton Luther Ballentine - b. Jan 13, 1848; d. Nov 17, 1937; Pvt Co C 20 SC Inf CSA*
Elvira Koon Ballentine - b. Mar 5, 183_; d. Feb 29, 1888; (w) of D.L. Ballentine*
Lilla B. Polatty James - b. Apr 12, 1875; d. Mar 18, 1945
Minnie Ballentine Haltiwanger - b. Feb 22, 1868; d. Apr 30, 1908
Corrie Ballentine Frick - b. Sep 21, 1877; d. Jan 25, 1907
Alline Frick - b. Aug 8, 1905; d. Aug 23, 1906
Sarah Ella Monts - b. Apr 13, 1852; d. Jun 10, 1885; (w) of N.C. Monts

(f) N.C. Monts - b. Feb 27, 1856; d. Apr 23, 1937*
(m) Mrs. N.C. Monts - b. Feb 1, 1862; d. Jul 14, 1941*
Lula E.O. Monts - b. Aug 19, 1902; d. Nov 3, 1902; (d) of N.C. & M.T. Monts
Jacob Luther Monts - d. Jun 30, 1883; age 24y 11m 8d; at his home near Sinclair, Lexington Co, SC

(m) Julia Ann Rebecca Monts - b. Jan 4, 1833; d. Feb 23, 1916
(s) Luther Monts - b. 1885; d. 1955
Thelma R. Monts - b. Jan 24, 1903; d. Mar 29, 1991*
George M. Monts - b. Apr 22, 1896; d. Dec 20, 1968; SC Pvt 11 Regt FA Repl Dep WWI*
Thomas C. Monts - b. Dec 27, 1935; d. Mar 20, 1998; Qmc US N Vn
Frank D. Wessinger - b. Jan 15, 1901; d. Jul 3, 1972*
Mary L. Wessinger - b. Jul 10, 1908; d. Jan 18, 1986*
Pearl Evelyne Monts - b. Jan 28, 1913; d. Aug 22, 1915
James M. Monts - b. Dec 5, 1887; d. Aug 30, 1936*
Mae Harmon Monts - b. Aug 27, 1894; d. Nov 18, 1987*

Wayne C. "Corky" Coltrane, Jr. - b. Jan 9, 1969; d. Feb 25, 1993
Lawrence M. Amick - b. Sep 22, 1900; d. May 31, 1965*
Doashia M. Amick - b. Oct 26, 1901; d. Sep 7, 1985*
John A. Wessinger - b. Aug 20, 1849; d. Mar 30, 1904*
Frances E. Wessinger - b. Jan 30, 1851; d. Sep 13, 1930*
Anna W. Lowman - b. Dec 15, 1872; d. Aug 21, 1959*
Samuel E. Lowman - b. May 25, 1867; d. Sep 9, 1937*
Dorothy D. Lowman - b. Nov 30, 1900; d. Jan 30, 1962*
John Brooks Lowman - b. Feb 11, 1899; d. Dec 24, 1947*
George Daniel Whites - b. Aug 15, 1861; d. Dec 19, 1941*
Mary Anna Meetze - b. Jun 18, 1888; d. Sep 13, 1968; (w) of George Daniel Whites*
Bennie Frank Whites - b. Feb 8, 1913; d. May 30, 1944*
John Henry Broadway - b. Nov 8, 1908; d. May 7, 1962
Annie Mae W. Broadway - b. May 11, 1911; d. May 11, 1986
Lewis Boyd Bickley, Sr. - b. Feb 14, 1914; d. Apr 3, 1989
James Hayden Haltiwanger - b. Sep 23, 1912; d. Jul 28, 1980
Ada Rhodella Haltiwanger - b. May 31, 1868; d. Dec 27, 1963*
John Jacob Haltiwanger - b. Jul 5, 1861; d. Feb 16, 1935*
Jacob Franklin Haltiwanger - b. Sep 16, 1901; d. Jan 22, 1963
Leslie A. Riggins - b. Jul 23, 1898; d. Jan 29, 1936*
Ruby R. Daniell - b. Feb 18, 1906; d. Mar 23, 1968*
Otis G. Daniell - b. Jul 6, 1908; d. Sep 18, 1970*
(inf) Daniell - d. Dec 3, 1941; (d) of Otis G. & Ruby R. Daniell*
S.A. Monts - b. Mar 5, 1860; d. Nov 10, 1959
Ellen Catherine Monts - b. Feb 18, 1861; d. Feb 21, 1894; (w) of S.A. Monts
(inf) Monts - no dates; (s) of S.A. & Ellen C. Monts
Jessie L. Monts - b. Sep 23, 1887; d. Mar 7, 1971*
Arthur C. Monts - b. May 3, 1889; d. May 5, 1969*
(f) Perry E. Richardson - b. Jun 27, 1901; d. Jan 5, 1990*
(m) Eva A. Richardson - b. Jun 10, 1905; d. _____ *
Jane Anita "Nita" Shealy Monts - b. Oct 6, 1920; d. Jul 2, 1975*
J.C. Monts - no dates*
James W. Shealy - b. Aug 21, 1869; d. Sep 25, 1949*
(inf) Shealy - b. Oct 19, 1898; d. Oct 19, 1898; (s) of James W. & Lula A. Shealy*
James H. Shealy - b. Nov 12, 1896; d. Jun 21, 1897*
Lula A. Riddle - b. Aug 13, 1872; d. Aug 31, 1901; (w) of James W. Shealy*
John W. Bouknight - b. Sep 23, 1868; d. Feb 8, 1956*
Emogene Lever Bouknight - b. Sep 5, 1876; d. Feb 10, 1966*
Claude Lever Bouknight - b. Jul 5, 1904; d. Aug 17, 1994*
Mary Graham Bouknight - b. Nov 28, 1909; d. Jun 29, 1991*
(s) Estelle Coogler - b. Sep 29, 1873; d. May 10, 1955*
(b) Willie R. Coogler - b. May 6, 1880; d. Jul 1, 1968*

	Mary E. Coogler - b. Jul 16, 1871; d. Oct 25, 1883
	Annie E. Coogler - b. Feb 9, 1868; d. Mar 22, 1868
	James A. Coogler - b. Oct 5, 1866; d. Oct 25, 1866
	_____ Coogler - b. 1870; d. 1883; (inf) sons of Mr. & Mrs. Jacob & Martha Coogler
	Martha G. Coogler - b. Feb 3, 1838; d. Apr 25, 1927
	Jacob Coogler - b. Dec 6, 1823; d. Jul 13, 1905; age 81y 7m 7d
	Robert Belton Shealy - b. Jul 19, 1906; d. Jun 1, 1930; (s) of Robert B. & Martha E. Shealy
	Robert Bachman Shealy - b. Jun 4, 1878; d. Mar 24, 1934*
	Martha Eunice Shealy - b. Sep 25, 1878; d. Feb 2, 1968*
	George Johnston Sheely - b. Feb 22, 1882; d. Mar 28, 1953*
	Blanche Amick Sheely - b. May 27, 1891; d. Jul 12, 1970*
	Theron Hemingway Coker - b. Jan 30, 1915; d. Oct 30, 1990; PFC US A WWII*
	Gurnelle Sheely - b. Nov 17, 1915; d. _____ *
	Arabel B. Shealy - b. Nov 11, 1900; d. Jun 28, 1998
	William R. Shealy - b. Apr 20, 1895; d. Dec 18, 1958
(m)	S. Margaret McCartha - b. Apr 12, 1914; d. Jul 6, 1996*
	F. Lynn McCartha - b. Jul 21, 1912; d. _____ *
(inf)	Howard Earl McCartha, Jr. - b. Jan 20, 1970; d. Jan 22, 1970; (s) of Howard & Peggy McCartha
(f)	Norman R. Watkins - b. Apr 13, 1928; d. May 15, 1999
(m)	Verta F. Watkins - b. May 3, 1930; d. Apr 6, 1982
	Joseph Brent Sites - b. Dec 30, 1906; d. Jan 31, 1976; PFC AAF WWII*
	Mattie Louise R. Sites - b. Oct 12, 1907; d. _____ *
	Herbert B. Eargle - b. Jun 4, 1900; d. Jun 23, 1984*
	Mary F. Eargle - b. May 27, 1897; d. Jun 29, 1981*
	Alice F. Burkett - b. Apr 7, 1854; d. Mar 16, 1924; (w) of J. Belton Shealy*
	J. Belton Shealy - b. Aug 19, 1840; d. Aug 12, 1932*
	Mary Ann Swygert - b. Dec 8, 1848; d. Aug 25, 1890*
	John Jacob Sites - b. Aug 3, 1869; d. Apr 16, 1953*
	Mary Susan Sites - b. Jan 2, 1873; d. Dec 6, 1947*
	Willie A. Shealy - b. May 19, 1881; d. Aug 15, 1881
	Anna C. Shealy - b. Dec 16, 1873; d. Jul 27, 1875; 1y 7m 11d
	John Langford Eleazor - b. Aug 16, 1849; d. Dec 19, 1883; age 31y 3d
	Isabel Mahala Eleazor - b. Apr 30, 1854; d. Feb 17, 1891
	Henry Langford Sites - b. Nov 12, 1891; d. Sep 18, 1894
	Forrest C. Shealy, Jr. - b. Apr 21, 1922; d. Mar 2, 1946*
	Inez S. Shealy - b. Jul 27, 1892; d. Oct 18, 1975*
	Forrest C. Shealy, Sr. - b. Jun 20, 1889; d. Nov 28, 1975*
	Frank E. O'Sheal, M D. - b. Apr 11, 1927; d. Mar 28, 1989*

	Callie Estell Shealy - b. May 10, 1886; d. Apr 26, 1945; (d) of John C. & Hattie Shealy*
	John Calvin Shealy - b. Sep 21, 1856; d. Oct 2, 1932*
(w)	Adella Aquilla Richardson Shealy - b. Feb 21, 1872; d. Aug 15, 1962*
	John Shealy - b. Dec 2, 1813; d. Aug 30, 1893; age 79y 8m 28d
	Susanna M. Shealy - b. Apr 18, 1819; d. May 31, 1893
	Mary F. Fulmer - b. Nov 1, 1862; d. Nov 9, 1862; (d) of J.E. & Martha Fulmer
	M.G. Shealy - b. Jul 29, 1859; d. Sep 18, 1864
	E.L. Shealy - b. Sep 30, 1864; d. Oct 15, 1865
	Nancy M. Eargle - b. Apr 17, 1848; d. Feb 2, 1874; age 25y 7m 15d
	Isabelle Eargle Slice - b. Mar 28, 1872; d. Jun 23, 1958*
	Robert Perry Slice - b. Mar 17, 1872; d. Sep 25, 1952*
	Charles M. Kennedy - b. Jan 27, 1896; d. Nov 23, 1960; SC Pvt Btry F 11 FA WWI*
	Edna S. Kennedy - b. Sep 3, 1894; d. Mar 1, 1981; mar Dec 23, 1923*
	Ray S. Kennedy - b. Jan 15, 1930; d. Jan 17, 1967; SC PFC Co E 34 Inf WWII
	Malcolm R. Bickley - b. Nov 18, 1916; d. Aug 30, 1973*
	Kate H.S. Bickley - b. Apr 16, 1873; d. Oct 4, 1955*
	Lessie E. Bickley - b. Jan 4, 1901; d. Sep 20, 1978*
(m)	Edna Riddle Wise - b. Nov 19, 1911; d. Oct 13, 1970
	Fannie Ethel Riddle - b. Oct 18, 1908; d. May 9, 1974
(f)	J. Edward Riddle - b. Nov 10, 1878; d. Jan 20, 1972*
(m)	Mary R. Riddle - b. Oct 12, 1873; d. Aug 14, 1952*
	Roy C. Riddle - b. Apr 20, 1921; d. Aug 18, 1961; SC Pvt AAF WWII
	Willie Riddle - b. Sep 19, 1904; d. Oct 6, 1904; (s) of J. Edward & Mary R. Riddle
(inf)	Riddle - b. Jan 11, 1919; d. Jan 13, 1919; (s) of J. Edward & Mary R. Riddle
(f)	James Silas McCartha - b. Apr 3, 1859; d. Nov 15, 1942
	Anna B. McCartha - b. Apr 16, 1874; d. Feb 16, 1926; (w) of James Silas McCartha
	Mary Cummins - b. Oct 23, 1856; d. May 8, 1905; (w) of James Silas McCartha
	Jacob J. McCartha - b. Mar 5, 1879; d. Nov 22, 1907
	J.P. McCartha - b. Mar 23, 1883; d. Mar 26, 1914
(f)	George E. Riddle - b. 1916; d. 1981*
(m)	Beatrice Riddle - b. 1926; d. _____ *
	Brandi Reneé Derrick - b. Oct 28, 1981; d. Dec 8, 1986
	Agnes J. Wenger - b. Mar 15, 1897; d. Apr 2, 1972
	William D. Corley, Sr. - b. Sep 6, 1922; d. Jan 12, 1975; Maj US A; mar Nov 6, 1970*

Hollie E. Corley - b. Oct 25, 1932; d. ____*
Candace N. Corley - b. Sep 16, 1982; d. Jan 11, 1984; (d) of Paul & Betty Corley
S.D. "Bub" Shealy - b. Oct 30, 1908; d. Jun 16, 1950*
Glovia Shealy Kibler - b. Jan 27, 1918; d. Dec 21, 1987*
Faith Allison Taylor - d. Apr 27, 1964*
Sharon Dawn Taylor - b. Jul 12, 1965; d. Mar 10, 1996*
Hollie Nichole "Nikki" White - b. Apr 8, 1985; d. May 24, 1991
Rebecca Hollie White - d. Jul 4, 1982

(f) G. Holly Bickley - b. Oct 6, 1908; d. Apr 23, 1979*
(m) Annie P. Bickley - b. Apr 5, 1913; d. ____*
Herman Bickley - b. 1936; d. 1999
Lula M. Bickley - b. Jul 12, 1906; d. Jun 19, 1974
(f) Jacob Franklin Bickley - b. Feb 21, 1876; d. Sep 29, 1929*
(m) Mary T. Meetze - b. Oct 3, 1885; d. May 7, 1964*
James Thomas Lowman - b. Nov 30, 1898; d. Jan 18, 1899; (s) of George P. & Lizzie A. Lowman
Lizzie A. Lowman - b. Aug 6, 1877; d. Jan 5, 1965; (w) of George P. Lowman*
George P. Lowman - b. Mar 1, 1878; d. Sep 28, 1964*
Clyde Eve Lowman - b. Nov 29, 1899; d. Jan 27, 1979*
Walter R. Lowman - b. Jun 9, 1902; d. Nov 18, 1958*
Lucille L. Lowman - b. Aug 3, 1911; d. Nov 2, 1995*
(d) Frank Roberta Derrick - b. Feb 23, 1921; d. Jun 8, 1923
(m) Nora Agnes Derrick - b. Dec 6, 1888; d. Oct 11, 1983
Frank Edward Derrick - b. Jan 4, 1888; d. Aug 16, 1920
(m) Erie Eppie McCartha - b. Feb 22, 1891; d. May 21, 1940
(f) Walter F. McCartha - b. Sep 24, 1891; d. Aug 6, 1949
George M. Turok - b. Oct 28, 1944; d. Dec 16, 1996; DM3 US N Vn
Dana Faye McCartha Williams - b. Jul 9, 1960; d. Nov 21, 1986
Floy Evelyn McCartha - b. Jul 21, 1919; d. Sep 21, 1936
(m) Viola C. McCartha - b. May 14, 1888; d. Dec 2, 1971*
(f) John H. McCartha - b. Sep 10, 1881; d. Nov 2, 1967*
(inf) McCartha - b. Jan 7, 1905; d. Jan 25, 1905; (d) of John H. & Viola C. McCartha
Sallie E. Swygert - b. Dec 22, 1908; d. Mar 9, 1924; age 15y 2m 17d; (d) of Jacob Q. & Georgia A. Swygert
Vera May Swygert - b. Apr 17, 1919; d. May 6, 1920
Jacob Q. Swygert - b. Apr 4, 1884; d. May 21, 1963*
Georgia A. Swygert - b. Oct 6, 1885; d. Jul 12, 1968*
Louise R. Kleckley - b. Nov 15, 1911; d. Sep 26, 1996*
Claude E. Kleckley - b. Apr 25, 1902; d. Apr 11, 1959; SC Tec 5 272 Ord Med Maint Co WWII*
(m) Mattie B. Kleckley - b. Nov 7, 1867; d. Jan 14, 1954*
(f) John W. Kleckley - b. Jun 29, 1867; d. Sep 12, 1905*

John R. McCartha - b. 1938; d. 1999
Rosa Lee Derrick - b. Apr 30, 1909; d. Jun 13, 1909*
Benjamin F. Derrick - b. Apr 17, 1879; d. May 12, 1940*
Charlotte H. "Lottie" Derrick - b. Jun 16, 1882; d. Apr 11, 1957*
Hattie Derrick DeMay - b. Dec 5, 1913; d. Jun 19, 1997*
Gladys V. Derrick - b. Oct 16, 1904; d. Sep 10, 1991*
Homer Asbury Derrick - b. Feb 5, 1919; d. Oct 22, 1989; US A WWII
Verlie Roseborough Derrick - b. Feb 11, 1905; d. Feb 14, 1905; (d) of Mr. & Mrs. Thaddeus D. Derrick

(f) Thaddeus David Derrick - b. Dec 16, 1876; d. Jul 3, 1952*
(m) Lilla Belle Derrick - b. Jun 12, 1881; d. Jan 18, 1970*

Emily Cecelia Harvey Derrick - b. Aug 4, 1917; d. Jan 5, 1978; (w) of Herman Athel Derrick
Herman Athel Derrick - b. Mar 22, 1920; d. Jun 20, 1985*
J. Elmer Derrick - b. Mar 31, 1889; d. Feb 14, 1935*
Pearl Gleaton Derrick - b. Aug 11, 1888; d. Feb 6, 1965; (w) of J. Elmer Derrick*
Grover L. Derrick - b. Feb 28, 1918; d. Nov 18, 1938*

(inf) Susan Avelia Derrick - b. Feb 8, 1948; d. Feb 21, 1948; (d) of Emily C. & Herman A. Derrick*

* * *

Memorial, bodies now rest beneath the waters of Lake Murray

Lula A. Shealy - b. 1872; d. 1901
J. Horace Shealy - b. 1896; d. 1897
_____ Shealy - d. 1898; (inf) of J.W. Shealy & (w)
Louise C. Derrick - b. 1825; d. 1891
Willie Leon Swygert - b. 1905; d. 1907
Grover Cleaveland Swygert - b. 1909; d. 1909
Johnnie Forest Swygert - b. 1911; d. 1912
Eva Maude Swygert - b. 1912; d. 1913
Cumins Louise Swygert - b. 1915; d. 1916
Bessie Reba Swygert - b. 1919; d. 1920
Rachael C. Rauch - b. 1828; d. 1893
Laura D. Jacobs - b. 1876; d. 1918

(inf) Jacobs - d. 1900; (s) of G.W. & L.D. Jacobs
(inf) Jacobs - d. 1907; (d) of G.W. & L.D. Jacobs

Mathias Wessinger - b. 1746; d. 1816
Lydia A.S. Wessinger - d. 1807
John Leonard Meetze - b. 1824; d. 1909
Rosabelle Freshley - b. 1886; d. 1886
George Lowman - no dates
Rachael Lowman - no dates
Jacob Calvin Lowman - no dates
Miss Lowman - no dates

George Lybrand - no dates
Barbara Lybrand - no dates
Daniel Lybrand - no dates
George Lybrand - no dates
Jacob Wingard - b. 1805; d. 1881
Christina Wingard - b. 1810; d. 1892
Job F. Wingard - b. 1828; d. 1915
Martha Unger Wingard - b. 1830; d. 1871
Ann Unger Wingard - b. 1840; d. 1900
James Samuel Wingard - b. 1839; d. 1867
Charles A.E. Wingard - b. 1853; d. 1880
John Wingard - b. 1860; d. 1861
Simon Adam Wingard - b. 1862; d. 1862
J. Maxcie Wingard - no dates
Patric H. Wingard - no dates
Wingard - no dates; (inf) of S.P. & Maria Wingard
Wingard - no dates; (inf) of Jacob & Christina Wingard
Martha Custis Wingard - b. 1873; d. 1903
Archebald Perry Wingard - b. 1833; d. 1846
Paul Nicholas Wingard - b. 1836; d. 1844
Silas Albert Wingard - b. 1843; d. 1843
Barbara Elizabeth Wingard - b. 1845; d. 1846
Jane Claudia Wingard - b. 1848; d. 1853
Michael H.E. Wingard - b. 1851; d. 1853
Michael Wingard - b. 1775; d. 1841
Mary Ann Wingard - b. 1784; d. 1813
Sallie Claudia Wingard - b. 1860; d. 1862
Mary Ann Maria Wingard - b. 1831; d. 1922
Claudia Wingard - b. 1839; d. 1846
John Michael Wingard - b. 1808; d. 1851
Gilbert Henry - age 47y
Susannah Wingard Henry - b. 1841; d. 1917

* * *

William H. Derrick - b. Feb 16, 1916; d. _____*
Annell B. Derrick - b. Sep 3, 1921; d. _____*
J.B. Hiller - b. Feb 22, 1851; d. Sep 3, 1916*
Ada J. Hiller - b. Nov 5, 1852; d. Dec 31, 1896*
Wilborn S. Addy - b. Mar 19, 1900; d. _____*
(m) Lois L. Addy - b. Jul 30, 1914; d. Sep 12, 1984*
Sue Brown Rikard - b. May 9, 1904; d. 1996; mar Oct 8, 1932*
Quincy Vernon Rikard - b. Sep 2, 1905; d. Apr 10, 1993*
(inf) Addy - d. Oct 13, 1952; (d) of Mr. & Mrs. Wilborn S. Addy
Sallie E. Swygert - b. Apr 25, 1845; d. Dec 29, 1900; (w) of H.A. Swygert
H.A. Swygert - b. Nov 10, 1840; d. Aug 6, 1905

	Eva Lucile Swygert - b. May 22, 1917; d. Aug 28, 1919
	J.B. Swygert - b. Mar 27, 1879; age 46y 3m 28d*
(w)	Aurelia Swygert - b. Apr 5, 1883; age 39y 8m 21d*
	Julia Ellis Swygert - b. Apr 20, 1912; d. Apr 5, 1940
	G. Bright Swygert - b. Jan 9, 1870; d. Mar 2, 1946*
	Ida Barrett Swygert - b. Nov 29, 1871; d. Aug 30, 1962*
	Bessie May Swygert - b. Dec 4, 1909; d. ____ *
	Clarence Omerl Swygert - b. Sep 3, 1894; d. Mar 16, 1896; (s) of G. Bright & M.I. Swygert*
	Thomas Earle D. Rauch - b. Jun 26, 1920; d. Apr 18, 1937
	Charlton Earl Rauch - b. May 13, 1898; d. Jan 13, 1973
(m)	Lucy J. Rauch - b. Sep 14, 1897; d. Apr 28, 1979
	Elija Thomas Rauch - b. Dec 21, 1853; d. Jun 10, 1942*
	Mary Jane Rauch - b. Sep 23, 1861; d. Apr 24, 1953*
	Rachel C. Rauch - b. Jun 13, 1900; d. Dec 21, 1970
	Mary L. Rauch - b. Sep 26, 1894; d. Jun 27, 1984
	Lucille R. Rauch - b. Jul 8, 1909; d. Jul 2, 1965
(f)	Lonnie M. Ballentine - b. 1884; d. 1939
(m)	Bessie V. Keith Ballentine - b. 1888; d. 1951
(b)	Gussie Lee Harmon - b. Feb 11, 1880; d. Nov 8, 1959
	Carl H. Derrick - b. Jul 2, 1893; d. Nov 24, 1968*
	Ozelia H. Derrick - b. Sep 4, 1896; d. ____ *
(f)	James Wilber Warner - b. Dec 2, 1897; d. Apr 25, 1981*
(m)	Sara Ernestine Warner - b. Sep 26, 1895; d. Nov 6, 1963*
	Cecil Douglas Davis - b. Aug 18, 1928; d. Oct 1, 1991
	John David Derrick - b. Mar 19, 1899; d. Sep 18, 1985*
	Esther Looney Derrick - b. Feb 22, 1907; d. Feb 9, 1992*
	Rheta D. Laird - b. Oct 28, 1934; d. Sep 6, 1987
	Ida A. Derrick - b. Feb 28, 1869; d. May 19, 1935*
	John D. Derrick - b. Nov 14, 1860; d. May 2, 1949*
	Clyde Herman Holmes - b. Nov 15, 1948; d. Nov 27, 1975; Sp 4 US A Vn
(f)	Jesse U. Metz - b. Jan 20, 1878; d. Jan 23, 1956*
(m)	Minnie Jacobs Metz - b. Feb 9, 1881; d. Feb 1, 1947*
	Georgia Miller Metz - b. Jan 5, 1911; d. Mar 8, 1989*
	Walter Archie Metz - b. Aug 7, 1909; d. Oct 16, 1979*
(inf)	Metz - b. Jul 20, 1948; d. Jul 21, 1948; (d) of Walter A. & Georgia M. Metz
	Raymond Earl Sites - b. May 18, 1913; d. Sep 26, 1998*
	Lillian Shealy Sites - b. May 8, 1919; d. ____ *
	Theodore W. Thompson - b. Mar 18, 1916; d. Jan 4, 1993; Sgt US A WWII*
	Lou E. Sites Thompson - b. Jul 1, 1921; d. ____ *
	Bonnie Sites Graham - b. Sep 5, 1918; d. ____ *
	Cole B. Graham, Sr. - b. Aug 13, 1907; d. Jan 26, 1968; SC MSgt Co B 215 Engr WWII

(f)	James L. Sites - b. Aug 5, 1882; d. Oct 10, 1948*
(m)	Anna I. Sites - b. Sep 21, 1890; d. May 25, 1976*
(f)	George Jacob Meetze - b. May 30, 1888; d. Mar 7, 1945; SC Pvt 156 Dep Brig*
(m)	Clara Mae Meetze - b. Sep 25, 1899; d. Aug 21, 1973*
	Mary Anna Meetze - b. Jan 24, 1935; d. _____
	John A. Meetze - b. Jun 22, 1931; d. Apr 12, 1992
	Annell B. Meetze - b. Apr 28, 1933; d. Nov 2, 1936
	George B. Eleazer - b. Jun 23, 1881; d. Jan 25, 1955*
	Susan S. Eleazer - b. Dec 3, 1882; d. Nov 14, 1978*
	Edward P. Shedd - b. Jan 25, 1907; d. _____*
(w)	Clara E. Shedd - b. Oct 22, 1907; d. Dec 29, 1993*
	Lewis Bates Addy - b. 1913; d. 1985*
	Hazel Kennedy Addy - b. 1914; d. 1987*
	Bessie L. Addy - b. Dec 20, 1883; d. Jan 27, 1962*
	Jennifer Sites - b. Jan 9, 1958; d. Jan 10, 1958*
	Willard Smith Sites - b. Nov 30, 1915; d. Apr 7, 1996*
	Rebecca Shealy Sites - b. May 13, 1922; d. _____*
	Susan Ranae Sites - b. Jun 27, 1953; d. Mar 4, 1956*
	Nick H. Spitzer - b. May 1, 1884; d. Oct 9, 1966*
	Meta W. Spitzer - b. Apr 5, 1893; d. Feb 13, 1981*
(rev)	Charlie E. Holmes - b. Apr 30, 1920; d. Nov 22, 1958; EM1 USNR WWII
	Walton Elnora Meetze - b. Feb 17, 1872; d. Dec 3, 1966*
	J. Charlie Meetze - b. Jan 27, 1855; d. Feb 21, 1933*
	Seber F. Metze - b. 1908; d. 1986*
	Eula E. Metze - b. 1909; d. 1975*
	Allison Ray Metze - b. Mar 13, 1930; d. Jul 23, 1930
(m)	Hattie Mae Eleazer - b. Apr 14, 1888; d. May 19, 1931; (w) of H.L. Shealy
	John Green Hiller - b. Jun 2, 1880; d. Feb 15, 1963*
	Orrie Shealy Hiller - b. Oct 5, 1883; d. Mar 28, 1967*
	Sarah Funderburk Shorter - b. Feb 25, 1926; d. Jun 16, 1972
	Vernon A. Bickley - b. Sep 11, 1921; d. Feb 4, 1949
	David A. Bickley - b. Jan 17, 1961; d. Aug 13, 1995
	J. Burley Richardson - b. Jun 29, 1888; d. Apr 7, 1966*
	Mary E. Richardson - b. Oct 4, 1887; d. Feb 17, 1973*
	Dora Hopkins Thomas - b. Apr 9, 1915; d. Sep 24, 1972
	Michael Anthony Springs - b. Mar 30, 1955; d. Mar 14, 1972; (s) of James A. & Alpine M. Springs; "Friendly smiling Mike"*
	James A. Springs, Sr. - b. Dec 16, 1926; d. Jun 14, 1982*
	Gary K. Black - b. 1958; d. 1959
	Samuel C. Myers - b. Mar 14, 1872; d. Mar 6, 1959*
	E. Barbara Myers - b. Aug 12, 1872; d. Sep 9, 1955*
	Lonnie K. Wessinger - b. Jul 30, 1895; d. Oct 1, 1955; SC Pvt Co C 384 Inf WWI*

	Reba D. Wessinger - b. Dec 4, 1905; d. Jan 14, 1990*
	Clarence Victor Connelly - b. Jun 30, 1894; d. Oct 21, 1986; Pvt US A WWI*
	Bessie Alma Connelly - b. Jul 11, 1899; d. ____*
(f)	Joseph A. Epting - b. Feb 1, 1869; d. Sep 13, 1928*
(m)	Sarah J. Epting - b. Jul 6, 1875; d. Nov 2, 1963*
	James Alonzo Shealy - b. Jun 5, 1900; d. Jan 31, 1964*
	Jessie Lee Derrick - b. Oct 13, 1900; d. Sep 19, 1973; (w) of James Alonzo Shealy*
	B.J. Derrick - b. Dec 25, 1854; d. Nov 20, 1922
	Relansia Derrick - b. Oct 21, 1858; d. Apr 9, 1917; age 58y 5m 18d
	James B. Derrick - b. Jan 25, 1880; d. Aug 16, 1910
	Bessie O. Derrick - b. Sep 8, 1894; d. Jan 17, 1960
	Cal J. Meetze - b. May 31, 1866; d. Mar 3, 1931*
	Ada O. Meetze - b. Oct 2, 1874; d. Jul 5, 1956*
	Herbert S. Meetze - b. Oct 22, 1893; d. Feb 2, 1969; SC Cpl Co I 118 Inf 30 Div WWI*
	Azilee Y. Meetze - b. Apr 16, 1900; d. May 18, 1995*
	Herbert Leroy Amick - b. Feb 13, 1903; d. Oct 4, 1987*
	Ollie Kibler Amick - b. Dec 25, 1907; d. Aug 28, 1996*
(w)(m)	Marcile Richardson Smith - b. Jul 20, 1898; d. May 30, 1991
	Herbert W. Smith - b. Jun 1, 1891; d. Jun 23, 1950; SC Sgt 1 Corps Arty Park WWI
	Charlie Wingard Smith - b. Mar 22, 1869; d. Nov 1, 1946*
	Carrie Long Smith - b. Jul 22, 1867; d. Apr 6, 1947*
	Mary C. Smith - b. Jan 27, 1838; d. Sep 27, 1915; (w) of Jacob E. Metz
	Mary F. Smith - b. Feb 7, 1834; d. Apr 25, 1896; age 62y 2m 18d; (w) of S. Luther Smith
	S. Luther Smith - b. Aug 17, 1832; d. Jan 21, 1910
	Lila Smith Wheeler - b. May 25, 1871; d. Aug 15, 1939
	Mary E. Derrick - b. Jul 12, 1883; d. Sep 4, 1884
(f)	Jacob J. Derrick - b. Nov 7, 1848; d. Mar 18, 1929*
(m)	M. Janie Derrick - b. Nov 17, 1854; d. Apr 19, 1943*
(f)	Eusebus L. Derrick - b. Sep 15, 1880; d. Apr 24, 1948*
(m)	Lola E. Derrick - b. Nov 29, 1881; d. Feb 19, 1953*
(m)	Ellen S. Lowman - b. Aug 2, 1887; d. Apr 24, 1972*
(f)	John J. Lowman - b. Nov 10, 1886; d. Mar 5, 1960*
(f)	John T. Lowman - b. Feb 16, 1851; d. Nov 7, 1896*
(m)	Alice R.A. Lowman - b. May 9, 1854; d. Nov 19, 1903*
(inf)	Lowman - d. Sep 1942; (s) of Pearl B. & Johnnie F. Lowman, Sr.*
(f)	Johnnie F. Lowman, Sr. - b. Nov 7, 1904; d. May 27, 1967*
(m)	Joyce M. Byers - b. Jan 11, 1938; d. Nov 14, 1987*
(f)	Donald H. Byers - b. Jun 10, 1938; d. ____*
	J. Hannibal Alewine - b. Oct 10, 1847; d. Feb 5, 1925*
(m)(w)	Mary A. Alewine - b. May 10, 1862; d. Apr 16, 1917*

	Eula Lee Koon Riddle - b. Nov 13, 1891; d. Sep 24, 1964*
	John Koga Riddle - b. Nov 12, 1885; d. Aug 6, 1960*
	Mary Edna Childress Riddle - b. Jun 10, 1912; d. Mar 23, 1991*
	Fred Hendrix Riddle - b. Sep 7, 1910; d. Jun 19, 1982*
	Loraine Riddle Real - b. Dec 22, 1918; d. Dec 10, 1959*
	John Hugh Young - b. Sep 1, 1938; d. Oct 21, 1938*
(f)	John Stuart Jones, Sr. - b. Feb 17, 1898; d. Jul 4, 1973*
(m)	Mary Meetze Jones - b. Jul 15, 1895; d. Jun 16, 1986*
	Solomon Andrew Meetze - b. Apr 16, 1860; d. Dec 3, 1940*
(m)	Mary Emma Elizabeth Meetze - b. Oct 23, 1858; d. Dec 5, 1947*
	Willie Leon Meetze - b. May 20, 1910; d. Dec 25, 1934
	Lizzie Metz - b. Oct 2, 1873; d. Jul 30, 1964
	Annie Louise Metz - b. Aug 15, 1914; d. Jan 17, 1917; (d) of Mr. & Mrs. J.J. Metz
	Willie Lee Guise - b. Apr 15, 1917; d. Dec 15, 1990; Tec 4 US AAC WWII
(inf)	Fulton D. Guise - b. Jan 25, 1928; d. Feb 16, 1928; (s) of Mr. & Mrs. Colie L. Guise*
	Colie L. Guise - b. Jun 13, 1892; d. Jan 21, 1961*
	Leila M. Summer Guise - b. Jul 11, 1897; d. Dec 8, 1935; (w) of Colie L. Guise*
(inf)	Guise - no dates; (d) of Mr. & Mrs. Colie L. Guise*
(inf)	James E. Guise - b. Mar 18, 1923; d. Mar 28, 1923; (s) of Mr. & Mrs. Colie L. Guise*
(f)	George A. Bouknight - b. 1881; d. 1951*
(m)	Lillie Derrick Bouknight - b. 1883; d. 1948*
	Albert A. Guise - b. May 28, 1843; d. Feb 28, 1930
	Willie Lee Guise - b. Dec 25, 1867; d. Jan 14, 1905*
	Gussie E. Guise - b. Nov 25, 1870; d. Nov 28, 1943*
	Amanda E. Derrick - b. Mar 4, 1851; d. Mar 19, 1941*
	Walter F. Derrick - b. Apr 26, 1847; d. Jan 23, 1904*
(f)	W.L. Derrick - b. Aug 27, 1893; d. Apr 27, 1935*
(m)	Leila Derrick Lockhart - b. Apr 15, 1898; d. Sep 30, 1987*
	Marie Guise Cloyd - b. Jun 1, 1896; d. Aug 28, 1981
	Robert W. Cloyd - b. Sep 19, 1902; d. Aug 2, 1978
	Wade Abernathy Cloyd - b. Nov 27, 1905; d. Jan 16, 1959
	Lottie Guise Cloyd - b. Mar 31, 1900; d. Feb 9, 1976
	Albert F. Guise - b. Jun 7, 1904; d. Jun 19, 1981
	Romarion W. Guise - b. May 24, 1903; d. Nov 24, 1983
(f)	John J. Meetze - b. Oct 11, 1886; d. Apr 21, 1988*
(m)	Annie E. Meetze - b. Sep 9, 1890; d. Jul 22, 1991*
	Albert F. Meetze - b. Aug 12, 1919; d. ____*
	Beatrice A. Meetze - b. Jul 14, 1920; d. Apr 9, 1991*
(f)	John A. Meetze, Sr. - b. Jul 1, 1917; d. ____*
(m)	Janie E. Meetze - b. Apr 21, 1919; d. Oct 30, 1998*

Curtis Eugene Ballentine, Jr. - d. Jun 16, 1963; (s) of Curtis & Irene M. Ballentine
Claude B. Derrick - b. Sep 22, 1904; d. Sep 11, 1984*
Katie W. Derrick - b. Nov 11, 1903; d. Oct 18, 1995*
Thomas O. Troutman - b. Nov 13, 1921; d. Oct 28, 1968; SC Tec 5 1272 Svc Comd Unit WWII*
Sara Wilson Troutman - b. Oct 21, 1924; d. ____ *
Augustus M. Bickley - b. Jun 11, 1886; d. Jan 28, 1943*
Cora Bickley Shealy - b. Aug 11, 1890; d. Mar 29, 1966*
A.C. Clayton Bickley - b. Apr 23, 1913; d. Jan 19, 1952*
Josephine Stevens Roof - b. Mar 14, 1902; d. Apr 9, 1985; (w) of Wade Pickens Roof, Jr.
(f) Lillious E. Kibler - b. Jul 9, 1911; d. Oct 24, 1976*
(m) Stella W. Kibler - b. May 29, 1915; d. Apr 9, 1960*
(f) James B. McCartha - b. Dec 29, 1917; d. Jan 17, 1993; mar Mar 5, 1938*
(m) Rilzie H. McCartha - b. Aug 7, 1919; d. ____ *
John Henry Haltiwanger - b. Dec 21, 1904; d. Aug 22, 1986*
Dorothea Whiteford Haltiwanger - b. Apr 16, 1911; d. ____ *
Gladys Haskell Haltiwanger - b. Dec 14, 1908; d. Feb 15, 1982*
Karl H. Epting - b. Aug 6, 1925; d. Oct 4, 1951
Pearl H. Epting - b. Jun 29, 1899; d. Apr 1, 1976*
John A. Epting - b. Nov 16, 1895; d. Oct 18, 1962*
Jennie B. Ballentine - b. Nov 23, 1885; d. Jan 24, 1972*
Eusebius A. Ballentine - b. Jul 20, 1880; d. Oct 16, 1955*
Tiffany Chantal "Tiffy" Boozer - b. Dec 19, 1987; d. Sep 22, 1993
Jamie James Rezin Boozer, IV - b. Jul 10, 1985; d. Sep 29, 1986
(f) Tillman J. Abell, Sr. - b. Sep 10, 1901; d. Sep 30, 1985*
(m) Ernestine R. Abell - b. Dec 17, 1913; d. ____ *
Cory Steven Godfrey - b. Oct 16, 1993; d. Nov 17, 1993
(f) James Doyle Godfrey - b. Feb 15, 1942; d. Apr 17, 1988*
(m) Floy Ann McCartha Godfrey - b. Nov 6, 1940; d. ____ *
Pearl Louise Killian - b. Nov 15, 1900; d. Dec 18, 1976*
Harvey A. Killian - b. Dec 19, 1892; d. Oct 2, 1974; PFC US A*
Freddie O. Amick - b. 1919; d. 1999
Frank Delmas "Dell" Derrick - b. Sep 13, 1907; d. Apr 15, 1995*
Jessie M. Derrick - b. Oct 6, 1914; d. ____ *
J. Thomas Scott "Slick" McCartha - b. May 13, 1980; d. Nov 17, 1996
Henry A. Moore - b. Sep 27, 1897; d. Apr 11, 1956*
Olive Sheely Moore - b. Nov 14, 1895; d. Sep 27, 1953; (w) of Henry A. Moore*
James Albert Bull, III - b. Sep 23, 1923; d. Nov 4, 1994
(f) Rudolph Miller Ballentine - b. Oct 15, 1909; d. Jan 16, 1975*
Martha Still Ballentine - b. Jan 26, 1912; d. ____ *

	Walter Jackson Onley - b. Aug 26, 1933; d Feb 2, 1985; SSgt US A Kr
	Earle D. Monts - b. Oct 1, 1971; d. Sep 29, 1986
	John David Koon - b. Feb 15, 1913; d. Jul 20, 1987; PFC US AAC WWII*
(m)	N. Earnestine Koon - b. Aug 17, 1916; d. ____*
	Earnest L. McCartha - b. May 14, 1886; d. Feb 22, 1964*
(m)	Allie Viola McCartha - b. Sep 9, 1892; d. Jul 29, 1954*
	Clarence E. Derrick - b. Apr 23, 1914; d. Mar 25, 1958; SC MAM2 USNR WWII
(f)	Willie C. Meetze - b. May 5, 1906; d. ____*
(m)	Lessie D. Meetze - b. Oct 29, 1906; d. Oct 21, 1983*
	W. Curtis Sheely - b. Aug 15, 1903; d. Apr 9, 1975*
	Verta Ballentine Sheely - b. Dec 8, 1904; d. ____*
	Allie K.D. Meetze - b. Oct 13, 1895; d. Apr 8, 1949*
	J. Sam Meetze - b. May 29, 1895; d. Sep 15, 1981; Cpl US A WWI*
	Mazie L.B. Meetze - b. Mar 10, 1908; d. ____*
	James W. Chapman - b. Nov 26, 1881; d. Jul 9, 1954*
	Birdie E. Chapman - b. Jul 27, 1893; d. Jan 23, 1978*
	Jacob L. Richardson - b. Nov 26, 1911; d. ____*
	Marie D. Richardson - b. Jan 17, 1910; d. Jun 21, 1996*
	Ellis L. Sheely - b. 1905; d. 1986*
	Catherine Lewis Sheely - b. 1903; d. 1987*
(h)	C. Ervin Meetze - b. Oct 6, 1897; d. Aug 12, 1962*
(w)	Lula B. Meetze - b. Mar 1, 1896; d. Aug 8, 1962*
	John W. Derrick, Sr. - b. Aug 3, 1906; d. Sep 15, 1985*
	Blanche B. Derrick - b. Oct 20, 1907; d. Jun 3, 1981*
	Orie Wessinger Hayes - b. Apr 26, 1901; d. Sep 17, 1949*
	Shelton S. Hayes - b. May 17, 1902; d. Jan 2, 1988*
	Minnie Hayes Blackmon - b. Apr 1, 1928; d. Nov 29, 1977
	Magnus Daniel Morris - b. Aug 7, 1903; d. May 19, 1975*
	Zula Evelyn Morris - b. Nov 9, 1906; d. Feb 25, 1960*
(f)	Jacob Junious Derrick - b. Sep 30, 1904; d. Mar 19, 1972*
(m)	Lua Mae Metz Derrick - b. Dec 4, 1905; d. Jul 17, 1977*
(s)(h)(f)	A.E. "Chip" Derrick, Jr. - b. Jul 18, 1953; d. Mar 3, 1996
	Lewis J. Rich - b. May 2, 1919; d. Feb 26, 1974; SC SSgt US A WWII Kr*
	Mae Catherine D. Rich - b. Mar 18, 1925; d. ____*
	Colie W. Derrick - b. May 12, 1902; d. Jun 29, 1956*
	Sadie I. Metz - b. Jun 25, 1907; d. Nov 3, 1979*
	Norman Tyre Derrick - b. Mar 9, 1932; d. Dec 16, 1977; US A Kr*
	Ray Everett Sanders - b. Jan 18, 1930; d. Aug 7, 1996; Cpl USAF Kr
	Anthony Dean Sanders - b. Jul 11, 1957; d. Nov 5, 1979*
	Julian Earl Hair - b. Jun 9, 1902; d. Oct 27, 1975*

Lossie Boozer Hair - b. Feb 11, 1903; d. Nov 23, 1988*
Reuben Leroy Anderson - b. May 2, 1897; d. Aug 19, 1980*
Frances Nielsen Anderson - b. Jun 5, 1899; d. Oct 30, 1980*
John J. Kesler - b. 1901; d. 1977;US N WWII*
Alma E. Kesler - b. Feb 7, 1923; d. Jul 17, 1987*
A.J. George Amick - b. Nov 30, 1908; d. Sep 30, 1979
Katharine H. Koons - b. Sep 10, 1906; d. Jul 17, 1984*
(rev) Wade H. Koons - b. Aug 24, 1907; d. Apr 17, 1989*
Mary Inez Koons - b. May 1, 1881; d. Jun 14, 1979*
Ellis B. Derrick - b. Feb 20, 1913; d. Sep 27, 1976
(inf) Joshua Aaron Derrick - d. Dec 15, 1974; (s) of James Marion & Cynthia Derrick
Jill Suzanne Moore - b. Dec 22, 1977; d. Feb 19, 1980
James Carroll Moore - b. Sep 15, 1931; d. Nov 24, 1986*
Betty Epting Moore - b. Sep 4, 1933; d. ____*
George E. "Jiggs" Chambers - b. May 21, 1915; d. Nov 10, 1973
Brody C. Meetze - b. Feb 24, 1910; d. Sep 14, 1984*
Ann D. Meetze - b. Mar 13, 1910; d. Mar 15, 1987*
John Andrew Meetze, Jr. - b. Sep 2, 1952; d. Jun 22, 1988
Paris W. Bickley - b. Nov 10, 1898; d. Dec 20, 1965*
Grace Addy Bickley - b. Apr 5, 1906; d. Mar 3, 1995*
Jimmie Bickley - b. Jun 1, 1935; d. Sep 7, 1989; USMC
John J. Burgess - b. Aug 26, 1912; d. Mar 11, 1991*
Frances H. Burgess - b. Feb 2, 1929; d. ____*
Colie "Roger" Meetze - b. 1950; d. 1970; (h) of Wanda; (s) of Colie F. & Catherine S. Meetze*
Catherine S. Meetze - b. 1914; d. 1972*
Colie F. Meetze - b. Aug 9, 1915; d. Nov 25, 1971; SC Tec 4 US A WWII BSM*
Douglas McCartha - b. 1942; d. 1999
Debra J. McCartha - b. Nov 9, 1962; d. Dec 1, 1962; baby
John Brooks McCartha - b. Mar 29, 1935; d. Mar 5, 1998; Sp 4 US A
Bertha S. McCartha - b. Nov 10, 1938; d. ____*
Mary A. Epting Wessinger - b. Oct 16, 1900; d. Feb 4, 1985*
Frederick H. Wessinger - b. Sep 17, 1900; d. Mar 24, 1956*
Cecelia Wessinger Meetze - b. Jan 15, 1923; d. Sep 14, 1993
Beulah M. Meetze - b. Aug 31, 1899; d. Nov 24, 1974*
Murle C. Meetze, Sr. - b. Dec 21, 1903; d. Mar 11, 1986*
Della Crenshaw Meetze - b. Dec 15, 1887; d. Jul 18, 1976*
Hollie A. Meetze - b. Jun 27, 1893; d. Mar 3, 1969; SC MM2 US N WWI*
William W. Meetze - b. May 14, 1870; d. Oct 18, 1961*
Laura Slice Meetze - b. May 21, 1865; d. Jun 28, 1957*
Rosabel Meetze Jirel - b. Sep 4, 1900; d. Feb 24, 1994*
Willie R. Meetze - b. Jan 24, 1891; d. Jul 2, 1956*

Nora F. Meetze - b. May 23, 1895; d. Jun 20, 1969*
Roger W. "Billy" Meetze - b. May 23, 1927; d. Jul 18, 1995*
David W. Meetze - b. Oct 23, 1956; d. Oct 23, 1956; (s) of Mr. & Mrs. Roger W. Meetze
Donald H. Burt - b. Oct 30, 1931; d. Oct 30, 1993; US A Kr
Johnny Carl Shealy - b. Jan 16, 1957; d. _____
(f) John Carl Shealy - b. Nov 30, 1915; d. Mar 26, 1978*
(m) Clara Etheleen Shealy - b. Jul 31, 1923; d. Oct 28, 1977*

139. **Bethlehem Lutheran Church Cemetery**: Across from Sease Rd on Broad River Rd, Irmo, SC. Feb 24, 1982

Smith Berry - b. May 18, 1901; d. Apr 29, 1974
Cora Belva Lorick Berry - b. Nov 15, 1912; d. _____
(m) Blanche O. Bookman Lorick - b. Dec 25, 1871; d. Feb 27, 1906
(f) Ernest A. Lorick - b. May 4, 1869; d. May 29, 1928
(d) Ethel B. Lorick - b. Sep 22, 1893; d. Mar 28, 1917
Alma Florence Derrick - b. 1908; d. 1908
Heber C. Derrick - b. 1899; d. 1921
Martha Seigler Derrick - b. 1866; d. 1941
Jesse F. Derrick - b. 1863; d. 1939
Garris M. Metze - b. 1877; d. 1963
Fannie E. Metze - b. 1874; d. 1958
Reuben I. Bouknight - b. Nov 24, 1884; d. Sep 26, 1972
Lillie Ophelia Warner Bouknight - b. Dec 23, 1886; d. Mar 23, 1947
(d) Lillie Margelee Bouknight - b. Nov 8, 1908; d. Jun 3, 1909
(f) Michael Bouknight - b. May 7, 1837; d. Jun 21, 1924
(m) Charlotte D. Bouknight - b. Dec 27, 1846; d. Sep 20, 1919
David Walter Bouknight - b. Dec 29, 1886; d. Sep 16, 1971
Gussie Hegmann Bouknight - b. Nov 4, 1894; d. Feb 20, 1972
(h) Willie Bauchman Bouknight - b. Jan 12, 1870; d. Mar 9, 1948
(w) Mary E. Riddle Bouknight - b. Apr 23, 1874; d. Dec 6, 1931
William Michael Bouknight - b. Jan 24, 1899; d. _____
(m) Jesse Hicks Bouknight - b. Aug 3, 1906; d. Apr 28, 1979
John Jesse Bouknight - b. Apr 1, 1875; d. Dec 30, 1951
Lizzie Riddle Bouknight - b. Jul 11, 1876; d. Nov 3, 1964
Leola B. Drafts - b. Aug 17, 1902; d. Jan 15, 1963
G. Martin Drafts - b. May 31, 1905; d. May 9, 1967
Fred A. Bouknight - b. Nov 17, 1924; d. Feb 22, 1973
Betty M. Bouknight - b. Dec 4, 1931; d. _____
Robert Eisenschmidt, Sr. - b. Jul 19, 1880; d. Aug 17, 1941
Ida B. Eisenschmidt - b. Jun 13, 1881; d. Dec 6, 1973
(h) George E. Singley - b. Feb 18, 1869; d. Nov 11, 1937
Hattie Dora Singley - b. Oct 5, 1871; d. Aug 4, 1948
Reba L. Singley - b. Aug 27, 1909; d. May 18, 1929
Ellen R. Baughman - b. Feb 24, 1891; d. Oct 17, 1918

(f)	J.C. Warner - b. Aug 22, 1891; d. Apr 11, 1969
(m)	Mary Elizabeth Warner - b. Mar 11, 1891; d. Jul 2, 1925
(d)	Teresa Faye Warner - b. Dec 15, 1944; d. May 9, 1945

    Amanda E. Meetze - b. Mar 28, 1842; d. Apr 27, 1917; (w) of Sherod Meetze
    Ollie F. Metz - b. Jul 18, 1893; d. Jun 26, 1931; Sherod & Amanda E. Meetze
    Junuis C. Metz - b. Feb 18, 1899; d. Feb 8, 1976
    Libbie Blanche Metze - b. Feb 25, 1879; d. Feb 22, 1914; (w) of C.M. Metze
    Tillman Vance Metze - b. Feb 11, 1914; d. Feb 11, 1914; (s) of C.M. & Libbie B. Metze
    Ulep Vernon Metze - b. Aug 14, 1900; d. Jun 4, 1902; (s) of C.M. & Libbie B. Metze
    John T. Warner - b. Aug 8, 1862; d. Apr 29, 1931

(w)   Lenora E. Metze Warner - b. Aug 7, 1862; d. Dec 6, 1950

    Ethel Bell Warner - b. Jan 2, 1890; d. Jul 8, 1891; (d) of John T. & Lenora E. Warner
    Dewey Floyd Warner - b. Feb 1, 1901; d. Aug 30, 1903; (s) of John T. & Lenora E. Warner
    Clarence Egent Warner - b. Oct 26, 1898; d. Nov 16, 1898

(f)   Benjamin Lee Swygert - b. Aug 22, 1883; d. Apr 3, 1963
(m)   Ruby L. Roberts Swygert - b. Sep 6, 1892; d. Mar 1, 1973

    Bennie L. Swygert, Jr. - b. Mar 11, 1924; d. Jan 2, 1970; Kr
    Jacob Hampton Geiger - b. Nov 28, 1901; d. Apr 14, 1902; (s) of Henry F. & Mary B. Geiger

(inf) Geiger - b. Sep 20, 1900; d. Oct 28, 1901; (d) of Henry F. & Mary B. Geiger

    Henry F. Geiger - b. Dec 23, 1891; d. May 8, 1946
    Mary Bell Lorick Geiger - b. Feb 13, 1877; d. Jun 9, 1903
    David E. Lorick, Sr. - b. Oct 3, 1906; d. Feb 21, 1981
    Geneva Langford Lorick - b. Nov 8, 1907; d. May 19, 1949
    Eva Bookman Lorick - b. Mar 16, 1884; d. Sep 10, 1954
    Jacob Eugene Lorick - b. Apr 16, 1876; d. Jan 8, 1962
    Claudia Bookman Lorick - b. Nov 20, 1875; d. Jul 19, 1912
    May Lorick - b. Apr 21, 1901; d. Jun 2, 1901
    Janie A. Lorick - b. Apr 10, 1891; d. May 25, 1908; (w) of George S. Lorick
    William A. Geiger - b. Feb 7, 1848; d. Apr 7, 1902
    Florence Howard Bouknight - b. Oct 1853; d. Sep 20, 1885
    Elijah Artemus Bouknight - b. Apr 3, 1849; d. Dec 14, 1936
    Isaiah M. Bouknight - b. Nov 15, 1842; d. Mar 25, 1925
    Sarah Ann Lowman Bouknight - b. May 17, 1849; d. Jun 27, 1945
    Cora Isabell Bouknight - b. Sep 20, 1885; d. Mar 22, 1948

(m) Mattie Derrick Metz - b. Nov 5, 1874; d. Jul 9, 1960
(f)   Jacob Ernest Metz - b. Feb 10, 1876; d. Aug 19, 1964

F. Eugene Metz - b. May 9, 1907; d. _____
Ethel F. Metz - b. Aug 1, 1911; d. _____
Sam F. Bouknight - b. May 6, 1888; d. Dec 17, 1964; mar Jun 18, 1949
Eva M. Bouknight - b. May 29, 1893; d. Dec 16, 1976
William J. Bouknight - b. Oct 19, 1870; d. May 25, 1949
Mary R. Bouknight - b. Nov 20, 1875; d. Apr 28, 1946
George S. Lorick - b. Aug 6, 1881; d. Feb 15, 1952
George W. Sites - b. Oct 7, 1861; d. Jun 25, 1936
Nancy Elizabeth Sites - b. Sep 5, 1862; d. 1933
Thelma Lorick Muller - b. Aug 22, 1902; d. Jul 3, 1934
Gerhard W. Muller - b. Oct 28, 1893; d. May 13, 1967
H. Archie Costner - b. Dec 20, 1875; d. Jun 2, 1966
(w) Mary Lorick Costner - b. Jun 15, 1878; d. Nov 28, 1940
William Washington Lorick - b. Aug 22, 1848; d. Feb 15, 1886
Mildred Bookman Lorick - b. Sep 12, 1848; d. Feb 11, 1937
Wilhemina Bookman Lorick - b. Feb 18, 1886; d. Apr 4, 1941
Madison Washington Lorick - b. Jun 6, 1873; d. Aug 4, 1958
Oscar K. Barr - b. Jul 24, 1905; d. _____
Ruth Sheely Barr - b. Feb 2, 1909; d. Mar 27, 1979
(f) Carroll Bookman - b. Jul 14, 1846; d. Jan 13, 1923
(m) Sallie Kibler Bookman - b. Oct 5, 1854; d. Mar 17, 1923
(s) Hugh C. Bookman - b. Feb 6, 1882; d. Feb 20, 1947
Alice R. Bookman - b. Jun 1856; d. Mar 1927
William Henry Lorick - b. Jul 10, 1883; d. Sep 2, 1964
Cora Suber Lorick - b. Apr 24, 1886; d. Apr 15, 1972
Marion H. Lorick - b. Apr 12, 1930; d. May 17, 1931; (s) of Mr. & Mrs. F.W. Lorick
(inf) Suber - b. Apr 26, 1893; d. Apr 26, 1893; (s) of George B. & M.A. Suber
Lillian A.L. Suber - b. Jan 20, 1881; d. Dec 26, 1882; (d) of George B. & M.A. Suber
George B. Suber - b. Sep 17, 1842; d. Mar 20, 1894
Alice M. Lorick Suber - b. May 13, 1856; d. Dec 30, 1928
William W. Clifton - b. Mar 31, 1864; d. Jul 22, 1936
Hattie C. Clifton Suber - b. Oct 10, 1878; d. May 23, 1949
(f) David Franklin Lorick - b. Dec 31, 1871; d. Dec 9, 1942
(m) Alice Leitner Lorick - b. Jun 1, 1876; d. Jun 13, 1960
James William Lorick - b. Mar 6, 1897; d. Mar 12, 1948; WWI
Mary Lorick Gleeslin - b. Jan 9, 1895; d. May 27, 1975
Joseph E. McCombs - b. Feb 5, 1879; d. Jun 30, 1941
(w) Maggie Lue Louranie McCombs - b. Jun 24, 1880; d. Aug 20, 1972
(s) John Aiken McCombs - b. Apr 24, 1901; d. Jul 6, 1909
John A. Riddle - b. Mar 20, 1848; d. May 29, 1885
(w) Nancy Derrick Riddle - b. Dec 28, 1852; d. Mar 2, 1927
Ida O. Riddle - b. Oct 31, 1881; d. Apr 25, 1902

Lula G. Rikard Koon - b. Apr 15, 1900; d. _____
Girlie B. Derrick - b. Jul 12, 1903; d. Dec 24, 1932
James W. Lever - b. Jan 17, 1879; d. Jan 23, 1969
Lula D. Lever - b. Sep 23, 1886; d. Jan 10, 1957
Brady D. Weed - b. Mar 29, 1898; d. Sep 2, 1929
Eva L. Weed - b. Nov 30, 1905; d. _____
L. Viola Derrick - b. May 9, 1893; d. Feb 7, 1981
W. Gallin Derrick - b. Nov 1, 1888; d. Feb 11, 1975
Levi G. Meetze - b. Aug 20, 1875; d. Mar 16, 1931
Nancy E. Rister Meetze - b. Apr 28, 1876; d. Dec 25, 1961
Franklin Wells Meetze - b. Apr 1, 1907; d. Sep 3, 1944; killed South Pacific WWII

(inf) Meetze - d. Jun 19, 1969; (s) of Mr. & Mrs. Berley L. Meetze
Sylvan A. Meetze - b. Sep 9, 1899; d. Oct 3, 1974
Cora Ester Meetze - b. Nov 28, 1898; d. Apr 12, 1936
Berley L. Meetze - b. Apr 17, 1903; d. _____
Ruby Brazell Meetze - b. Mar 3, 1935; d. Apr 30, 1975
Mark Levi Meetze - b. Nov 25, 1965; d. Oct 1, 1966; (s) of Berley L. Meetze
Mary Barbara Meetze - b. Feb 19, 1964; d. _____; (d) of Berley L. Meetze
William David Monts - b. 1854; d. 1913
Sarah Ann E. Monts - b. May 13, 1847; d. Dec 22, 1936
Lula Weston Monts - b. Sep 10, 1890; d. Mar 4, 1972
Perry Jacob Monts - b. Jan 27, 1884; d. Dec 22, 1948
George C. Stoudemayer - b. Dec 26, 1915; d. _____
Margaret L. Stoudemayer - b. Mar 16, 1922; d. _____
Henry T. Lorick - b. Dec 2, 1925; d. Jan 1935
Katie E. Lorick - b. Aug 12, 1899; d. _____
Roy S. Lorick - b. Nov 28, 1896; d. Mar 6, 1931
Robert F. Eleazer - b. Mar 30, 1894; d. Jan 27, 1947
Hilliard B. Eleazer, Sr. - b. Nov 12, 1901; d. Jun 23, 1964
Louise R. Eleazer - b. Jan 23, 1908; d. Nov 30, 1977
Sallie C. Shealy - b. Nov 7, 1865; d. Aug 25, 1945; (w) of H.H. Eleazer

(f) J. Ernest Addy - b. Apr 14, 1889; d. Jun 19, 1961
(m) Elma E. Addy - b. Jan 19, 1893; d. Sep 25, 1955
Lillie Irabell Shealy Derrick - b. Mar 4, 1902; d. Dec 26, 1950
(w) Martha Ann Lindler Ballentine - b. Jul 21, 1851; d. Nov 27, 1929
George Milford Ballentine - b. Jun 19, 1892; d. May 31, 1976
Eula Mae Amick Ballentine - b. Jul 26, 1908; d. _____
Mary Elizabeth Rauch - b. Sep 30, 1921; d. Jan 6, 1927; (d) of C.E. & L.J. Rauch
Pinkney Wade Lorick - b. Aug 1, 1875; d. Feb 25, 1945
Mary Singley Lorick - b. Sep 1, 1868; d. Feb 8, 1949
J. Walter Ballentine - b. Jan 13, 1859; d. Aug 10, 1928

(w)	Frances Hair Ballentine - b. Sep 19, 1856; d. Jun 11, 1928
	Harrison Eddie McEntire - b. Dec 25, 1875; d. Jun 3, 1920
	Myrtle Bookman McEntire - b. Oct 31, 1879; d. Oct 23, 1966
	David Lee - d. Mar 31, 1935; (s) of Evelyn McEntire Lee
	Silas M. Coogler - b. Feb 10, 1851; d. May 17, 1925
	C. Jessonia Coogler - b. Apr 12, 1853; d. May 23, 1933
	P.L. Coogler - b. May 8, 1878; d. Sep 9, 1911
	Andrew Adam Meetze - b. Mar 7, 1863; d. Apr 11, 1945
	Mary A. Meetze - b. Apr 9, 1869; d. Sep 12, 1920; (w) of Andrew Adam Meetze
	John Evans Meetze - b. Mar 19, 1895; d. Oct 9, 1918; (s) of Andrew A. & Mary A. Meetze; WWI
	Robert A. Metze - b. Mar 30, 1834; d. Jan 25, 1926
	Annie Adeline Metze - b. Oct 31, 1828; d. Sep 16, 1895; (w) of Robert A. Metze
	Blanche L. Meetze - b. Oct 28, 1899; d. Sep 18, 1972; (w) of Thomas P. Meetze
	Thomas P. Meetze - b. Nov 25, 1891; d. Sep 21, 1963
	Emma Isabelle Coogler - b. Dec 30, 1881; d. Feb 9, 1924
	Samuel William Coogler - b. Aug 30, 1879; d. Feb 24, 1961
	Cora Inez Coogler - b. Feb 12, 1892; d. Sep 9, 1969
	James A. Metze - b. Jul 12, 1893; d. Jul 28, 1962
	Alice Mildred Metze - b. Apr 5, 1894; d. Oct 9, 1980
	Mattie L. Koon Ballentine - b. May 2, 1892; d. Oct 26, 1967
	Malcolm A. Ballentine - b. Feb 9, 1891; d. Apr 12, 1943
	John A. Ballentine - b. Feb 3, 1928; d. Jan 15, 1937
	James W. Ballentine - b. Jul 18, 1865; d. Mar 14, 1939
	Margaret C. Ballentine - b. Jul 14, 1863; d. Apr 14, 1936
	James Malcomb Ballentine - b. Nov 8, 1916; d. Mar 29, 1979
	Betty Elaine Ballentine - b. Apr 19, 1946; d. Jul 13, 1960
	Colie J. Adkins - b. Dec 9, 1918; d. Oct 9, 1950; WWII & Kr
	John F. Adkins - b. Dec 7, 1883; d. Jan 26, 1968
	Richard A. Mason - b. Jul 6, 1906; d. Jan 26, 1975
	Florence W. Mason - b. Jan 18, 1909; d. Feb 25, 1977
(inf)	Bouknight - 1959
	Clarence V. Haltiwanger - b. Aug 31, 1900; d. May 31, 1960
(w)	Ollie Mae Buff Haltiwanger - b. Jul 27, 1911; d. Sep 9, 1949
(inf)	Shealy - Jul 23, 1934; (d) of Oscar L. & Atherline M. Shealy
	Atherline M. Shealy - b. Jun 29, 1912; d. _____
	Oscar L. Shealy - b. Jun 23, 1905; d. _____
	Clyde M. Shealy - b. Aug 14, 1906; d. _____
	Lynn W. Shealy - b. Mar 19, 1903; d. _____
	Christopher Todd Shumpert - May 4, 1968
	Richard F. Bailey - b. Jul 23, 1884; d. Sep 25, 1944
(w)	Lena Levina Rigsby Bailey - b. Feb 9, 1890; d. Sep 16, 1973
(inf)	Bailey - d. Feb 14, 1948; (s) of Ben & Myrtle Bailey

	Caroline E. Mickler - b. Nov 10, 1831; d. May 27, 1899

          Caroline E. Mickler - b. Nov 10, 1831; d. May 27, 1899
          J.M. Bickley - d. Jan 7, 1864; age 84y 5m 16d
(inf)   Bickley - no dates; (s) of James & Caroline Bickley
          William J. Lowman - b. Sep 24, 1859; d. Feb 16, 1931
(w)   Barbara A. Bickley Lowman - b. Oct 20, 1863; d. Dec 17, 1942
          Charlie James Goodlet - b. 1925; d. 1981
          Lewie William Hornsby - b. Aug 20, 1913; d. Aug 28, 1969
          Belva Elizabeth Addy Hornsby - b. Dec 20, 1920; d. _____
          James Leroy Derrick - b. Jun 16, 1935; d. _____
          J. Wilbur Derrick - b. Mar 12, 1901; d. Oct 26, 1945
          Willie T. "Jobie" Bouknight - b. Dec 27, 1881; d. Apr 23, 197_
          Carrie Derrick Bouknight - b. Mar 1, 1897; d. _____
(inf)   Herring - d. Feb 4, 1943; (d) of Mr. & Mrs. Francis A. Herring
          Francis A. Herring - b. Oct 28, 1917; d. Apr 28, 1964
          Brady W. Herring - b. Feb 25, 1947; d. Sep 16, 1968; Vn
          Lessie Metze Boland - b. Jun 20, 1909; d. _____
          John David Boland - b. Jun 30, 1881; d. Dec 2, 1948
          John Andrew "Pete" Boland - b. Feb 21, 1929; d. Jul 30, 1972
          Leo A. Sweatman - b. Nov 11, 1927; d. Jun 7, 1954; WWII
(f)   Ernest H. Summer - b. Jan 4, 1877; d. Sep 25, 1946
(m)   Martha L. Summer - b. Apr 21, 1877; d. Jun 24, 1960
          Henry Sidney Lindler - b. Sep 15, 1896; d. Nov 8, 1943
          Mary Ann Elizabeth Davis - b. Aug 13, 1820; d. Sep 16, 1826
          Rachel Caroline Davis - b. Aug 3, 1800; d. Sep 9, 1831; (w) of Dr.
             Drury Davis
          Dr. Drury Davis - d. Dec 9, 1858; 65y
          Susannah Lyles - d. Jul 14, 1836; age 65y 3m
          Johnnie R. Lorick - b. Oct 14, 1899; d. Jul 29, 1963
          Elizabeth Draffin Lorick - b. Jan 31, 1913; d. _____; (w) of Johnnie
             R. Lorick
          George F. Leitzsey - b. May 25, 1933; d. Nov 30, 1974
          Furman P. Koon - b. Feb 6, 1930; d. _____
          Elsie B. Koon - b. Jan 12, 1933; d. _____
          Hugh R. Bouknight - b. Jun 22, 1905; d. Oct 25, 1977
          Alma F. Bouknight - b. Oct 5, 1907; d. _____
(f)   David L. Bouknight - b. 1910; d. 1971
(m)   Lula M. Bouknight - b. 1919; d. _____

140. **Bickley Cemetery**: On the west side of Old Hilton Rd about 1 mile north of Peachhaven Rd, White Rock, SC. Before 1982

          Eddie M. Bickley - b. Mar 10, 1889; d. Apr 9, 1914
          Charlie W. Eargle - b. Apr 30, 1869; d. Feb 7, 1937
          Laura B. Eargle - b. Oct 18, 1879; d. Jun 29, 1959
          Richard Bickley - b. Mar 28, 1814; d. May 24, 1889
          Alexander Bickley - b. Sep 20, 1850; d. Sep 9, 1865; (s) of Richard
             & Mary Bickley

Semantha Bickley - b. Sep 10, 1859; d. Sep 25, 1883; (d) of Richard
& Mary Bickley
Minnie Eunice Viola Hicks - b. Nov 15, 1903; d. Jan 22, 1910; (d)
of Jesse L. & Martha I. Hicks
Jesse Lawrence Hicks - b. 1873; d. 1939
Martha Ida Hicks - b. 1874; d. 1964
Lottie Cathern Bickley - b. Apr 27, 1892; d. May 9, 1893; (d) of
Mr. & Mrs. G.B. Bickley
Sidney Irver Slice - b. Oct 9, 1896; d. Oct 20, 1896
George A.U. Bickley - b. Mar 8, 1855; d. Oct 18, 1930
Louise C. Schwartz Bickley - b. Mar 11, 1850; d. Dec 5, 1932; (w)
of George A.U. Bickley
M.A. Bickley - d. 1931
P.A. Bickley - no dates

141. **Bookman Graveyard**: At the end of Strawberry Ln off of Koon Rd, Dutch Fork, SC. Jun 1999

George Washington Lorick - b. Feb 1818; d. Nov 5, 1893
Caroline E. Lorick - b. Jul 22, 1826; d. Sep 25, 1885
Michael Bouknight - d. Aug 14, 1859; age 69y
Mary Bouknight - d. Oct 8, 1849
David Bookman - b. Sep 8, 1818; d. Jul 15, 1868
Mary Ann Bookman - b. Oct 16, 1816; d. Jan 23, 1884
Herbert Hampton Lorick - b. Mar 16, 1898; d. Nov 20, 1900
Caroline Bookman Haltiwanger - b. Oct 1846; d. Sep 1886
Madison Bookman - b. Nov 28, 1853; d. Nov 16, 1867
Catherine Bouknight - b. 1793; d. 1867; (w) of David Bouknight;
    (d) of George Romanstine
Lenora _____ Jacobs - b. Nov 8, 1852; d. Sep 2, 1904

142. **Boyd-Hoof-Jacobs Graves**: On Burdell Fuller Rd just north of the intersection of Wash Lever Rd, Summerville, SC. Before 1982

Thomas Boyd, Sr. - no dates; age 85y
Evean Boyd - no dates; age 70y; (w) of Thomas Boyd, Sr.
Thomas L. Boyd - b. May 9, 1812; d. Aug 22, 1880
James W. Hoof - b. Jul 21, 1889; d. Jan 21, 1890; (s) of H.G. &
    M.E. Hoof
J.H. Counts Jacobs - b. Jan 4, 1890; d. Apr 3, 1891; (s) of J.D. &
    M.E. Jacobs
Leo Boyd Jacobs - b. Sep 9, 1898; d. Aug 22, 1894; (s) of J.D. &
    M.E. Jacobs
(inf) Jacobs - d. Aug 10, 1900; twin; (s) of J.D. & M.E. Jacobs
Carl Hoof Jacobs - b. Aug 10, 1900; d. Jul 23, 1901; twin; (s) of
    J.D. & M.E. Jacobs
Cecil Charton Jacobs - b. Apr 9, 1904; d. Oct 23, 1905; (s) of J.D.
    & M.E. Jacobs

J.D. Jacobs - b. Oct 26, 1863; d. Jun 28, 1913; WOW

143. **Busby #1 Graves**: Northwest of the intersection of Freshly Mill Rd and Kennerly Rd, northeast of White Rock, SC. 1981

Louis Busby - b. Jan 3, 1820; d. Dec 24, 1872
Mary J. Busby - b. Feb 14, 1829; d. Dec 28, 1895; (w) of Louis Busby

144. **Busby #2 Graves**: At the intersection of Shady Grove Rd and Will Richardson Cir, northeast of White Rock, SC. 1981

Silas J. Busby - b. Apr 10, 1851; d. Feb 10, 1886; (h) of Mary E. Ellisor
Mary E. Ellisor - b. May 31, 1861; d. Mar 3, 1939; (w) of Silas J. Busby
Carrie Belle Busby - b. Aug 20, 1883; d. May 10, 1908; (w) of John W. Busby
John W. Busby - b. Jan 1, 1883; d. Feb 7, 1970
Nettie Lee Busby - b. Nov 12, 1883; d. Jun 12, 1949; (w) of John W. Busby

145. **Busby #3 Graves**: West of the Busby #2 Graves near Will Richardson Cir, northeast of White Rock, SC. 1981

Kisiah Busby - d. Mar 24, 1818; age 37y
Wade O. Busby - b. Jul 30, 1834; d. Dec 1, 1861

146. **Capers Chapel United Methodist Church Cemetery**: On Capers Chapel Rd about 1/2 mile from the junction of Hwy 176, near Peak, SC. It is said to be on the Newberry and Richland Co lines. The church was organized in 1885 and remodeled in 1954. May 1999

John H. Haltiwanger - b. Jul 19, 1830; d. Oct 2, 1897
Elizabeth Haltiwanger - b. Dec 28, 1834; d. Oct 13, 1908; (w) of John H. Haltiwanger
Parker Lewis Haltiwanger - b. Mar 3, 1905; d. Jan 7, 1913
Holand S. Haltiwanger - no dates
W. Nevette Haltiwanger - b. Dec 7, 1912; d. May 12, 1987
Elberta A. Haltiwanger - b. Dec 12, 1921; d. _____
Martha Ellen Summer - b. May 8, 1841; d. May 2, 1896; 1st mar Preston Freshley; 2nd mar P. Butler Lever
P. Butler Lever - b. Jan 12, 1839; d. Oct 1, 1918; Sgt Co G 13 SC Inf CSA; (h) of Mary R. Lever
Mary R. Lever - b. Feb 25, 1860; d. Sep 6, 1941; (w) of P. Butler Lever
C. Dixon Alewine - b. Nov 30, 1894; d. Oct 30, 1983; US A WWI
C. Lanford Alewine, b. Feb 11, 1893; d. Feb 24, 1978; US N WWI
Gaynel Summers - b. 1910; d. 1914
Mizele Jennett Summers - b. 1908; d. 1909

(inf)	Eleazer - b. Dec 29, 1908; d. Apr 9, 1909; (d) of John H. & Lenora F. Eleazer
(inf)	Eleazer - b. Nov 18, 1906; d. May 19, 1907; (d) of John H. & Lenora F. Eleazer
	John H. Eleazer - b. Jan 5, 1877; d. Apr 7, 1957
	Lenora F. Eleazer - b. Jan 25, 1873; d. Mar 21, 1957
	John Daniel Summer - b. Dec 5, 1893; d. May 7, 1981
	Minnie Ola Rister Summer - b. Mar 1, 1888; d. Feb 17, 1978
	Eva A. Stoudemire - b. Jan 21, 1902; d. Mar 5, 1981
	John Sidney Stoudemire - b. Aug 22, 1869; d. Feb 16, 1944
	Mary Anna Stoudemire - b. Nov 18, 1875; d. Feb 22, 1969
	James Charles Summer - b. Nov 9, 1910; d. Sep 9, 1912; (s) of Mr. & Mrs. E.E. Summer
	Albert Luther Koon - b. Sep 29, 1877; d. Nov 20, 1970
	Vera Mae Koon - no dates; (d)
	George Haskell Stoudemire - b. Sep 14, 1899; d. May 27, 1920
	Wendell C. Eleazer - b. Jun 17, 1904; d. Mar 7, 1936
(w)	Alma L. Eleazer - b. Sep 28, 1907; d. Sep 3, 1972
	Daisey Lorine Summer Dorrity - b. Sep 21, 1881; d. Feb 29, 1960
(s)	Barnett Dorrity - b. Feb 11, 1901; d. Oct 17, 1901
(d)	Margaret Emma Dorrity - no dates
	Amelia Lucas - b. May 24, 1824; d. Apr 9, 1896; (w) of Jacob A. Lucas
	N. Cornelia Lucas - b. Jun 5, 1855; d. Nov 12, 1922; (w) of J.W. Lucas
	George Z. Stoudemayer - b. Jun 27, 1886; d. Oct 25, 1963
	Alberta A. Stoudemayer - b. Oct 2, 1891; d. Jan 16, 1974
(inf)	Eargle - no dates; (d) of Mr. & Mrs. J. Evans Eargle
	D. Franklin Chapman, b. Jun 4, 1855; d. Aug 30, 1893
	Francis L. (Busby) Haltiwanger - b. Sep 20, 1857; d. Dec 28, 1912; mar D. Franklin Chapman who died Aug 30, 1893 and mar H. Archie Haltiwanger Oct 20, 1907. He died Sep 27, 1910
	H. Archie Haltiwanger - b. Aug 17, 1859; d. Sep 27, 1910
(inf)	Eargle - d. 1903; (d) of Mr. & Mrs. J. Evans Eargle
	Willie Annette Eargle - b. Dec 21, 1880; d. Mar 8, 1953
	J. Evans Eargle - b. Sep 22, 1879; d. Jan 4, 1966
	J. Selby Fulmer - b. Dec 12, 1885; d. Jul 13, 1895
(f)	George M. Fulmer - b. Feb 14, 1853; d. May 27, 1935
(m)	Mary Bundrick Fulmer - b. May 28, 1856; d. Jun 12, 1913
	Carl R. Fulmer - b. Sep 6, 1890; d. Jun 17, 1976
	Ernye Kelsey - b. Sep 29, 1894; d. Sep 28, 1971
	Susanna C. Kelsey - b. Oct 23, 1871; d. May 11, 1953
	Frederick L. Kelsey - b. Dec 29, 1859; d. Sep 16, 1912
	Blanche Fair Kelsey - b. Apr 19, 1901; d. Sep 31, 1906; (d) of Frederick L. & Susanna C. Kelsey

	Mary Agnes Kelsey - b. Nov 10, 1892; d. Oct 5, 1915; (d) of Frederick L. & Susanna C. Kelsey
	Geneva Kelsey - b. Dec 31, 1896; d. Mar 18, 1897
	James Killian Chapman - b. Dec 29, 1890; d. Sep 29, 1924
	Cora B. Chapman - b. Sep 20, 1897; d. Jan 25, 1955
	George Derrill Ballentine - Nov 11, 1936
(inf)	Ballentine - d. Jan 9, 1933; (d) of Mae Belle & Frank Ballentine
	Phyllis A. Metts - b. Dec 11, 1946; d. Dec 12, 1946
	Heber L. Metts - b. Sep 13, 1907; d. May 8, 1956
	Geneva L. Metts - b. Sep 4, 193_; d. Jan 17, 1962
	Jacob Kelly Lindler - b. Jul 25, 1879; d. Mar 13, 1959
	Leila Stoudemire Lindler - b. Oct 29, 1880; d. Jun 14, 1960
	Jonas Gibbs Kelly - b. Dec 3, 1874; d. Aug 24, 1941
	Stella R. Kelly - b. Aug 22, 1881; d. Sep 7, 1971
(inf)	Ernest Steve Bundrick - b. Apr 16, 1942; d. Apr 16, 1942; (s) of Mr. & Mrs. Ernest Bundrick
	Ezra A. Dickert - b. Sep 28, 1878; d. Aug 11, 1929
	R. Jack Stoudemire - b. Jan 31, 1867; d. May 5, 1951
	Mittie L. Stoudemire - b. May 4, 1877; d. Dec 20, 1960
	Karl L. Fulmer - b. Feb 7, 1918; d. Sep 2, 1990
	Pearl A. Fulmer - b. Apr 5, 1926; d. _____
	Arthur Z. Fulmer - b. Apr 13, 1878; d. Nov 17, 1930
	Lula H. Fulmer - b. Sep 20, 1882; d. Jun 9, 1971
	Henry P. Summer - b. Oct 24, 1846; d. May 24, 1932
	Mary Emily Summer - b. Sep 28, 1852; d. Oct 5, 1932
	Robert S. Sigmon - b. Aug 2, 1887; d. Feb 10, 1940
	Dola S. Sigmon - b. Oct 22, 1891; d. Apr 27, 1984
(gf)	James T. Oliver - b. Nov 30, 1852; d. Dec 25, 1937
(gm)	Sussanah F. Oliver - b. Apr 10, 1846; d. Sep 9, 1905
(u)	Manning L. Oliver - b. Aug 16, 1876; d. Nov 26, 1901
(inf)	David Oliver - no dates; (s) of Mr. & Mrs. James T. Oliver
(inf)	John Wessley Oliver - no dates; (s) of Mr. & Mrs. James T. Oliver
	Lela Agness Ellisor - b. Sep 26, 1882; d. Sep 23, 1884
	Mary Elizabeth Summer - b. Aug 24, 1878; d. Apr 25, 1885
	Alice Cummings Summer - b. Feb 27, 1879; d. Jul 11, 1879
	William Cyprian Summer - b. Apr 10, 1887; d. Jun 10, 1887
	Thomas Anderson Summer - b. Sep 23, 1883; d. Jul 20, 1915
	B.J.G. Lever - b. 1858; d. 1938
	Mary Summer Lever - b. 1860; d. 1928
	Nancy D. Summer - b. May 1, 1844; d. Jul 14, 1911
	John W. Summer - b. Mar 27, 1848; d. Feb 18, 1917
	James E. Bush - b. Sep 9, 1898; d. Dec 24, 1962
	Sallie L. Bush - d. Sep 21, 1905
	William Rahn Koon - b. Sep 12, 1876; d. Nov 25, 1955
	Felicia Chapman Koon - b. Mar 8, 1885; d. Mar 27, 1924
	Mary Charlotte Koon - b. 1921; d. Mar 27, 1924

   Franklin Dewitt Lever - b. Aug 20, 1892; d. Oct 6, 1943
   Martha W. Lever - b. Jan 19, 1894; d. Jul 28, 1973
   Robert Leo Lever - b. Oct 28, 1920; d. Jan 3, 1922
   Sidney D.B. Lever - b. Dec 26, 1863; d. Nov 30, 1946
   Loueisa M. Frick Lever - b. Aug 27, 1867; d. Jun 8, 1948; (w) of Sidney D.B. Lever
   Madison Lever - b. May 29, 1895; d. Jun 1, 1895; (s) of Sidney D.B. & Loueisa M. Lever
   J.W. Capers Lever - b. Dec 22, 1818; d. Jun 11, 1874
   Melvira Cummings Lever - b. Feb 8, 1847; d. Jan 4, 1876
   Mary E. Hedgepath - b. Apr 20, 1870; d. Jul 22, 1918
   George H. Epting - b. Dec 3, 1845; d. Aug 2, 1880
   Susanah E. Epting - b. Mar 27, 1850; d. May 30, 1922
   Frances Marion Huffman - b. May 21, 1874; d. Oct 15, 1963
   William Summer - no dates
   S.F. Ellisor - b. Jun 6, 1888; d. Feb 5, 1913
   Mahalia C. Ellisor - b. May 23, 1859; d. Jun 14, 1908
   Thelma Louise Ellisor - b. Sep 26, 1913; d. Jul 2, 1916
   Jonathan M. Addy - no dates; Co C SC Inf CSA
   Walter Russell Stoudemire - b. Jun 27, 1936; d. Apr 27, 1992; PFC US A

(f) George Alvin Enlow - b. Mar 6, 1919; d. Apr 3, 1986; mar Mar 31, 1945
(m) Dorothy S. Enlow - b. Jan 13, 1927; d. _____
(inf) Enlow - d. Aug 14, 1950; (d) of Mr. & Mrs. Alvin Enlow
   Daniel Edwin Wessinger - b. Jan 30, 1871; d. May 1, 1952
   Ploma May Summer Wessinger - b. May 4, 1870; d. Sep 27, 1937; (w) of Daniel Edwin Wessinger
   Walter H. Bouknight - b. May 4, 1889; d. May 10, 1949
   Walter A. Summer - b. Aug 8, 1866; d. Jan 15, 1940
   Carrie L. Summer - b. Jul 30, 1866; d. Mar 21, 1942
   Annie Belle Stoudemire - b. Jul 4, 1911; d. Jan 19, 1997
   James Claude Stoudemire - b. Jul 19, 1906; d. Jun 17, 1989
   John A. Stoudemire - b. 1875; d. 1949
   Mary S. Stoudemire - b. 1872; d. 1959
   Blanche Stoudemire - b. Aug 17, 1904; d. Apr 28, 1982
   Dollie "Mimi" Stoudemire - b. Jan 23, 1916; d. Jun 20, 1985
   Frances Lindler Cain - Aug 1, 1943; (s) of W.F. & M.I. Cain
   Ellaree Stoudemire - b. Dec 10, 1908; d. Sep 22, 1916; (d) of R.J. & M.J. Stoudemire
   Larue Stoudemire - b. Sep 21, 1907; d. Jan 22, 1908; (d) of R.J. & M.J. Stoudemire
   Anne C. Stoudemire - b. Feb 20, 1847; d. Aug 15, 1943
   Ellie H. Stoudemire - d. Oct 13, 1887; aged 8y 11m 13d
   John Barrett - b. May 22, 1826; d. Jan 13, 1883
   J.W. Earl Frick - b. Nov 11, 1887; d. Jun 17, 1888

	Mary O. Setzler - no dates
(m)	Ella E. Rawls - b. Jul 24, 1873; d. Jun 2, 1960
(f)	Jacob B. Rawls - b. Dec 18, 1869; d. Feb 26, 1962
(m)	Mary M. Meetze - b. Sep 28, 1900; d. Apr 27, 1982
(f)	W. Earl Meetze, Sr. - b. Mar 14, 1898; d. Jan 5, 1969
(m)	Lola S. Brady - b. Oct 1, 1910; d. Sep 25, 1983
(m)	Ruby E. Stoudemire - b. Jun 18, 1932; d. Aug 26, 1968
	Lonnie C. Stoudemire - Feb 12, 1923
(f)	Lonnie O. Stoudemire - b. Jun 29, 1881; d. Dec 7, 1960
(m)	Lischer L. Stoudemire - b. Jan 29, 1887; d. Dec 14, 1968
(inf)	Stoudemire - d. 1925; (s) of Mr. & Mrs. Joseph N. Stoudemire
(f)	Joseph N. Stoudemire - b. 1879; d. 1973
(m)	Daisy E. Stoudemire - b. 1883; d. 1939
	Franklin Benson Lucas - b. Dec 23, 1856; d. Apr 2, 1890
	Emma Catherine Lucas - b. May 3, 1861; d. Mar 1, 1947
	James A. Lucas - b. Sep 27, 1881; d. Aug 19, 1885
(f)	William E.P. Haltiwanger - b. Feb 6, 1858; d. Aug 30, 1906
(m)(w)	Martha Ann Haltiwanger - b. Jan 29, 1854; d. Dec 18, 1940
	Arrie A. Haltiwanger - b. Aug 5, ____; d. Aug 20, 1880
	Marion W. Haltiwanger - b. Aug 30, 1878; d. Oct 29, 1879
	Wilbur L. Haltiwanger - b. Jun 17, 1885; d. Dec 12, 1970
	Carrie Koon Haltiwanger - b. Aug 1, 1886; d. Sep 15, 1972
	James H. Summer - b. Jan 7, 1879; d. Sep 23, 1879
	George S. Summer - b. Oct 5, 1875; d. Sep 27, 1879
	Charles C. Summer, Sr. - b. Jun 14, 1852; d. Feb 7, 1908
	Kate Summer - b. Jul 12, 1859; d. Feb 25, 1921
	Corrie E. Harman - b. Apr 6, 1874; d. Jul 4, 1911; (w) of G.M. Harmon
	_____ Harmon - no dates; (d) of G.M. Harmon
	B. Franklin Barrett - b. Dec 9, 1847; d. Sep 5, 1919
	M. Catherine Swartz Barrett - b. Sep 22, 1852; d. May 28, 1923; (w) of B. Franklin Barrett
	Mamie Barrett - b. Oct 7, 1879; d. Jan 4, 1902
	Charlie W. Barrett - b. Sep 7, 1867; d. Sep 29, 1930
	Elvira S. Daily Barrett - b. Mar 12, 1881; d. Jan 12, 1947
(f)	Jackson Counts - b. Jan 3, 1863; d. Dec 12, 1944
(m)	Mary Jeanette "Mattie" Counts - b. Apr 1, 1873; d. May 12, 1951
(inf)	Carl Counts - d. Oct 22, 1882; aged 1m 2d; (s) of Jackson & Mary J. Counts
	W. Brawley Counts - b. Dec 22, 1899; d. Apr 7, 1969
	Martha Olivia Virginia Suber - b. Apr 11, 1879; d. Dec 10, 1888; (d) of W.F. & E.P. Suber
	James B.H. Suber - b. Apr 15, 1877; d. May 21, 1878; (s) of W.F. & E.P. Suber
	Caroline E. Bundrick - b. Feb 13, 1823; d. Dec 20, 1913
	Jacob H. Bundrick - b. Dec 27, 1878; d. Jun 25, 1881

Mary Jane Busby Bundrick - b. Apr 17, 1858; d. Jan 8, 1925; (w) of William A. Bundrick
William A. Bundrick - b. Aug 31, 1852; d. Jun 13, 1935
Caroline Priscilla Summer - b. Apr 18, 1886; d. Apr 19, 1917
Mary Alda Stuck - b. Jul 7, 1897; d. Jan 18, 1901; (d) of Charles E. & Mary C. Stuck
Charles E. Stuck - b. Apr 15, 1870; d. Dec 11, 1947
Mary C. Bundrick Stuck - b. Dec 8, 1875; d. May 12, 1948
Noah W. Chapman - b. Mar 4, 1851; d. Jan 8, 1934
Mary J. Chapman - b. Sep 29, 1849; d. May 27, 1929

(f) J. Thompson Koon - b. Apr 19, 1880; d. Jan 7, 1956
(m) Pearl S. Koon - b. Aug 31, 1883; d. Jul 27, 1964

James W. Stoudemire - b. Oct 14, 1872; d. Oct 18, 1939
Belle C. Stoudemire - b. Aug 30, 1847; d. Jan 14, 1925
Mac M. Stoudemire - b. Sep 30, 1887; d. Dec 10, 1920
Andrew B. Stoudemire - b. Apr 27, 1869; d. Aug 12, 1901
James W. Stoudemire - b. Jul 20, 1833; d. Aug 14, 1900
Pearl Lee Counts - b. Feb 4, 1904; d. Jun 22, 1973
Anna Counts - b. Oct 10, 1880; d. Jun 25, 1952
Birdie Ree Counts - b. Feb 14, 1904; d. May 27, 1904; (d) of C.H. & A.O. Counts
James Andrew Summer - b. Oct 14, 1825; d. Jul 3, 1918
Mrs. James Andrew Summer - d. Apr 10, 1901; aged 69y 4m 9d
Toy Mae Summer Hartman - b. Sep 17, 1898; d. Nov 29, 1975
John S. Summer, b. Dec 8, 1854; d. Apr 23, 1926
Emma Lucas Summer - b. Aug 31, 1859; d. Apr 26, 1943; (w) of John S. Summer
John C. Summer - b. Apr 7, 1889; d. May 2, 1966; SC Pvt MC Co 324 Inf WWI
Harry Birge Alewine - b. Apr 14, ___; d. Oct 30, 1904; (s) of Charles H. & Mittie H. Alewine
T.W. Summer - b. Sep __, 1858; d. Dec 20, 1903
Minnie Bickley Summer - b. Dec 16, 1870; d. Jan 23, 1951
Mitti H. Alewine - b. Sep 3, 1868; d. Dec 7, 1959
Charles H. Alewine - b. Feb 3, 1865; d. Sep 1, 1929
H.B. Summer - b. Jan 18, 1900; d. May 12, 1933; (d) of W.H. & E.E. Summer
Elizabeth Hipp - b. Sep 4, 1801; d. May 21, 1891
Jacob S. Haltiwanger - b. Jan 18, 1839; d. Oct 7, 1913
Ella Haltiwanger - b. 1846; d. 1929
Ludy F. Haltiwanger - b. Oct 16, 1870; d. Mar 8, 196_
Otto Moody Buzbee - b. May 15, 1891; d. Jan 5, 1896; (s) of A.D. & M.E. Buzbee
Jess Claude Buzbee - b. May 26, 1893; d. Jan 10, 1896; (s) of A.D. & M.E. Buzbee

(f) George Marion Stoudemire - b. Dec 22, 1870; d. Feb 17, 1952

(m)	Mattie Elizabeth Stoudemire - b. Sep 18, 1875; d. Jul 20, 1949
	Bunnie Evans Stoudemire - b. Sep 30, 1901; d. May 14, 1918
(inf)	Ora C. Summer - b. Jul 21, 1887; d. Apr 3, 1888; (d) of T.E. & M.L. Summer
	W.P. Summer - b. Jun 30, 1857; d. Jan 10, 1907
	Boyd A. Graham, Jr. - b. Jul 25, 1922; d. Mar 2, 1973; SC AS US N WWII
(f)	Boyd A. Graham - b. Aug 24, 1899; d. Dec 24, 1989
(m)	M. Lucille Graham - b. Jul 13, 1897; d. Mar 10, 1989
	Claude Whitfield Graham - b. Dec 5, 1901; d. Sep 16, 1906; (s) of Colin L. & Emma L. Graham
	Royce Lever Graham - b. Apr 25, 1897; d. May 10, 1899; (s) of Colin L. & Emma L. Graham
(f)	Colin L. Graham - b. Feb 21, 1875; d. Aug 11, 1935
(m)	Emma L. Graham - b. Oct 10, 1872; d. Dec 26, 1937
	Aurelia Kelly - b. Aug 10, 1878; d. Apr 19, 1951
	Pearce Belton Chapman - b. Nov 29, 1880; d. Sep 4, 1881; (s) of W.N. & M.J. Chapman
	Roland J. Busby - b. Dec 28, 1884; d. Sep 20, 1956
	Henry H. Busby - b. Aug 10, 1860; d. Jan 17, 1924
	Willie E. Busby - b. Aug 12, 1862; d. Feb 1, 1935
	James Virgil Lindler - b. Mar 6, 1907; d. Mar 1, 1998
	Faye Ellen Haltiwanger Lindler - b. Dec 27, 1917; d. _____
(inf)	Summers - d. 1927; baby girl
(gm)	Martha A. Alewine - b. Jan 8, 1836; d. Feb 18, 1928
	Janie Clark - b. Jan 22, 1872; d. Jul 28, 1897; (w) of James Clark
	Noah G. Summers - b. Oct 18, 1858; d. May 6, 1928
	Willie A. Alewine Summers - b. Sep 21, 1868; d. Oct 8, 1895; (w) of Noah G. Summers
	Anna V. Alewine Summers - b. Mar 9, 1862; d. Jun 22, 1928; (w) of Noah G. Summers
	Susanah C. Epting - b. Jul 7, 1848; d. Oct 26, 1909
	Lillus Rebecca Epting Summer - b. Feb 15, 1851; d. Mar 12, 1881; (d) of John & Margaret Epting; (w) of A.L. Summer; erected by (b) C.M.B. Epting
	John Epting - b. Mar 7, 1814; d. Jun 28, 1881
	Margaret Epting - b. Dec 2, 1817; d. Dec 28, 1912
	Mary Jane Dickert - b. Dec 10, 1837; d. Aug 31, 1919
	Preston E. Derrick - b. Mar 9, 1857; d. Dec 17, 1929
	Francis Madora Derrick - b. Oct 16, 1885; d. Jun 24, 1921
	John G. Derrick - b. Mar 9, 1888; d. Mar 12, 1888
	Noah H. Derrick - b. Jan 18, 1881; d. Sep 21, 1882
	Mary Catherine Derrick - b. Oct 15, 1879; d. Sep 24, 1882
	Viola Belle Derrick - b. Apr 7, 1888; d. Jul 17, 1899
	Mary M. Summer - b. Apr 18, 1828; d. Mar 18, 1911
	John R. Kelly - b. 1852; d. 1945; (fl)*

Martha Lever Kelly - b. 1853; d. 1920; (ml)*
Florida Kelly Careve - b. 1893; d. 1922; (w) of Tonsho Careve; their (s) Paul Careve

147. **Coogler #1 Graves**: Off of Broad River Rd northeast of Elliott Richardson Rd, Irmo, SC. 1978

John U. Coogler - d. Dec 4, 1860; age 84y 9m
Elizabeth Coogler - d. Sep 19, 1841; age 71y 2m
Judy Ann Coogler - d. Apr 18, 1857; age 10y 2m 23d

148. **Coogler #2 Graveyard**: In the woods, north of the intersection of Koon Rd and James Ballentine Rd, Irmo, SC. 1978

Sarah Coogler - d. Jul 5, 1849; (d) of Peter & Mary Coogler; (w) of John Coogler
John Coogler - no dates; (h) of Sarah Coogler
James S. Morgan - no dates
Janie Woodard Morgan - no dates; (w) of James S. Morgan
George C. Morgan - no dates; (s) of James S. & Janie W. Morgan
Frances Isabella Morgan Coogler - no dates; (d) of James S. & Janie W. Morgan; (w) of John W. Coogler
John W. Coogler - no dates; (s) of Joseph Coogler & Jemima Bouknight Coogler
James J. Coogler - no dates; (s) of John W. Coogler & Frances I. Coogler

149. **Coogler #3 Graves**: On the north side of Coogler Rd, about halfway between Kennerly Rd and Koon Rd, Irmo, SC. 1978

Joseph P. Coogler - b. Jun 10, 1845; d. Jul 15, 1889
Millie A. Ellisor Coogler - b. Mar 6, 1843; d. Nov 19, 1929
Maggie Viola Coogler - b. Aug 22, 1884; d. Mar 29, 1886; (d) of Joseph & Martha Ann Coogler

150. **Coogler-Metze Graves**: North off of Broad River Rd, between Koon Rd and Dutch Fork Rd, Irmo, SC. 1983

Louisa R. Coogler Metze - b. Apr 29, 1832; d. Aug 23, 1886
John F. Metze - b. Jun 22, 1864; d. Aug 2, 1886

151. **Counts-Swygert Graves**: On Mike Stuck Rd north of the intersection of Jack Stoudemire Rd, near Summerville, SC. 1982

Ernest C. Counts - b. Apr 21, 1870; d. Dec 30, 1892; (s) of John A. & Polly A. Counts
Polly Ann Counts - b. Apr 8, 1841; d. Jul 25, 1908; (w) of John Adam Counts
John Adam Counts - b. Jun 15, 1838; d. Apr 7, 1915
Ozro H. Swygert - d. Feb 21, 1881; age 1y 1m 11d
Jacob Swygert - b. 1783; d. Sep 4, 1867

Margaret E. Swygert - b. 1803; d. Aug 29, 1867
Ozro H. Swygert - b. Dec 22, 1821; d. Oct 19, 1861
Mary Alice Swygert - b. Nov 20, 1849; d. Oct 11, 1850

152. **Dailey #1 Graves**: On Kennerly Rd near the intersection of Shady Grove Rd, north of Ballentine, SC. 1981

Sue M. Dailey - b. Mar 15, 1889; d. Sep 14, 1968
Anna Evlyn Dailey - b. Dec 26, 1881; d. Apr 17, 1913; age 31y 3m 21d
Nancy C. Dailey - b. Jul 14, 1873; d. Aug 5, 1903; (w) of N.W. Younginer
Julius Madison Dailey - b. Oct 14, 1886; d. Sep 5, 1887; (s) of John T. & Frances L. Dailey
Frances L. Dailey - b. Mar 13, 1849; d. Jul 17, 1918; (w) of John T. Dailey
John T. Dailey - b. Aug 4, 1843; d. Dec 24, 1931

153. **Dailey #2 Graves**: At the intersection of Kennerly Rd and Pink Dailey Rd, north of Ballentine, SC. 1981

Anderson Dailey - b. Jan 12, 1850; d. Dec 4, 1925
Mahala Dailey - b. 1846; d. 1852
Catherine Dailey - b. 1785; d. 1856
(inf) Dailey - b. 1856; d. 1856
Lougenia Dailey - b. 1848; d. 1854
Susan Dailey - b. 1861; d. 1867
Susannah Dailey - b. 1816; d. 1907
Alexander Dailey - b. 1814; d. 1902

154. **David Counts Grave**: On Jack Stoudemire Rd about 1/2 mile north of the intersection of Wash Lever Rd, Summerville, SC. 1982

David Counts - b. Jun 15, 1811; d. Apr 9, 1885

155. **Derrick Family Cemetery**: On Kennerly Rd north of the intersection of Eleaser Rd, north Ballentine, SC. 1997

Henry E. Smith - b. Apr 8, 1894; d. Jun 25, 1977
Thomas M. Derrick - b. Aug 14, 1872; d. Mar 18, 1952
Lilah Turkett Derrick - b. Feb 6, 1872; d. Oct 17, 1946
(inf) John Preston Napoleon Derrick - b. 1900; d. 1900; (s) of Thomas M. Derrick
(inf) Thomas Edward Derrick - no dates; (s) of Thomas M. Derrick
Elizer E. Boughnight - b. Sep 11, 1829; d. Sep 11, 1897; (w) of G.A. Slice
Napolean M. Derrick - b. Aug 7, 1853; d. Dec 26, 1944
Susannah E. Derrick - d. Jul 27, 1898
Bessie J.R. Derrick - b. Sep 11, 1874; d. Dec 25, 1964

(inf)	Joseph Kelian Derrick - no dates; (s) of Napolean M. & Susannah E. Derrick
	Filmore P. Derrick - b. Sep 8, 1908; d. Apr 20, 1991
	Henry Elmore Smith - b. Apr 8, 1929; d. Dec 23, 1992
	Marion Nancy Smith - b. Nov 11, 1904; d. Oct 2, 1997

156. Dutch Fork Baptist Church Cemetery: On Dreher Shoal Rd south of the intersection of Dutch Fork Rd, Ballentine, SC. Nov 19, 1999

	George B. Lemacks - b. Aug 10, 1931; d. May 27, 1998*
	Mildred S. Lemacks - b. Apr 21, 1930; d. ____ *
(f)	Raymond M. McCarter - b. Jan 23, 1930; d. Jul 12, 1998*
(m)	Carrie W. McCarter - b. Aug 14, 1933; d. ____ *
	Paul Maccellus Davis - b. May 28, 1915; d. May 10, 1998*
	Freda M. Davis - b. Jun 9, 1919; d. ____; Wed Dec 9, 1939*
	Fred Newton Gaddis - b. Jun 4, 1938; d. Dec 17, 1994; US N
	William Henry Stack - b. Nov 14, 1899; d. Feb 5, 1970; SC PFC 118 Inf WWI
	Virginia L. Stack - b. May 27, 1912; d. May 6, 1997
	Walter Kennedy Stack, Sr.- b. Jan 23, 1910; d. Nov 14, 1995; US A
(f)	Broadus Henry Thompson - b. Sep 20, 1931; d. Jan 11, 1990
	Patricia "Patsy" Brown - b. Aug 7, 1950; d. Jun 15, 1979
	Bernice M. Cassady - b. May 18, 1928; d. ____ *
	Margueritte C. Cassady - b. Mar 22, 1936; d. Oct 28, 1972*
	Calvin Cooledge Croft - b. Dec 18, 1923; d. Jun 9, 1974
	James Thomas Faile - b. Oct 30, 1936; d. Aug 21, 1987
	Ronald G. Burkitt - b. Mar 23, 1950; d. Jun 14, 1995
(s)	Clarence E. Ballentine, Jr. - b. Dec 30, 1927; d. Nov 24, 1973
	Clarence Ballentine - b. 1898; d. 1979*
	Julia Ballentine - b. 1908; d. 1972*
	Kenneth R. Sweet - b. Dec 2, 1915; d. Jan 1, 1998*
	Edith W. Sweet - b. Feb 4, 1916; d. Mar 11, 1993*
(f)	Feaster Shields Coleman - b. Jun 13, 1904; d. Jun 9, 1990*
(m)	Ruby Elizabeth Coleman - b. Feb 16, 1913; d. Nov 11, 1997*
	Wallace Watson Brock - b. Nov 9, 1921; d. Apr 21, 1987; Capt US A WWII
	Joe R. Smith, Sr. - b. 1916; d. ____ *
	Marilyn A. Smith - b. 1922; d. 1995*
	Sandra Hydrick - b. 1942; d. 1998
	Elmer L. Warner - no dates*
	Betty Broome Warner - b. Sep 26, 1932; d. Jan 31, 1987*
	Eva Johnson - b. Jun 13, 1902; d. May 2, 1982
(f)	Harold L. Cromer, Jr. - b. Nov 28, 1933; d. Jul 11, 1993; mar Jul 7, 1956*
(m)	Peggy W. Cromer - b. Mar 25, 1940; d. ____ *
	Roy Simpson - b. Oct 26, 1932; d. Mar 17, 1991; MSgt USAF
	Charles H. Brigman - b. Nov 29, 1934; d. Oct 30, 1991*

Merle Todd Brigman - b. Dec 3, 1937; d. ____*
Terry Franklin Campbell - b. Jul 29, 1958; d. Sep 22, 1989
Mary H. Payne - b. Apr 24, 1938; d. ____*
William E. Payne - b. Sep 26, 1935; d. ____*
Lillian Robertson - b. Apr 16, 1896; d. Jul 3, 1984
Mildred Payne - b. Jun 24, 1918; d. Jul 31, 1993
Gordon Payne - b. 1912; d. 1982; CMM US N WWII Kr
Ethel C. Vise - b. Feb 22, 1908; d. Nov 13, 1983*
(f) Ernest Malcolm Vise - b. Jun 12, 1932; d. Jun 29, 1986*
L.K. Vise - b. Oct 12, 1907; d. ____*
B.M. Vise - b. Aug 4, 1900; d. ____*
Eugene B. Knight - b. Jan 11, 1919; d. ____; 1 Sgt 48 Engr WWII*
Elizabeth R. Brawley Knight - b. Jan 7, 1920; d. Jan 31, 1985*
Lucille F. Brawley Jirel - no dates*
Dock Jirel - b. Nov 8, 1923; d. Mar 27, 1986; CM A WWII Kr Vn*
(f) Luther L. Turner - b. 1900; d. 1965*
(m) Eva W. Turner - b. 1903; d. 1984*
M. Wayne Murphy - b. Aug 2, 1938; d. May 20, 1981*
William M. Murphy - b. Jul 6, 1963; d. Aug 6, 1993*
Harriett S. Faircloth - b. Nov 30, 1944; d. ____*
Marvin B. Chitwood - b. Aug 22, 1913; d. Apr 18, 1985
Abe Butler Chitwood - b. Jan 28, 1881; d. Jan 18, 1978
James Edward Campbell - b. Oct 18, 1925; d. Feb 12, 1998; mar Feb 4, 1944; F1 US N WWII
Elaine Stuart Thomas - b. Apr 17, 1949; d. Oct 2, 1988
John A. Stuart - b. Feb 19, 1918; d. Feb 13, 1999*
Irene L. Stuart - b. Mar 15, 1925; d. ____*
(s) Jeffry L. Williams - b. Aug 29, 1961; d. Sep 22, 1992*
(m) Helen S. Williams - b. Aug 6, 1931; d. ____*
(d) Toni Celeste Mann - b. Nov 30, 1952; d. Sep 11, 1994*
Harold J. Kyzer - b. May 17, 1931; d. Aug 28, 1965
(m) Marcelia Sease Fincher - b. Aug 22, 1916; d. Jun 2, 1985
Raleigh J. Miles - b. Apr 7, 1922; d. Sep 7, 1983; Sgt US A WWII
Mary Katherine Burke - b. Oct 21, 1991; d. May 27, 1992
Cameron Sierra Price - b. 1998; d. 1998
Mary S. Berry - b. Aug 24, 1916; d. Dec 29, 1977
Shelby J. Berry - b. Nov 3, 1953; d. Jul 25, 1996
Mary F. Duval - b. Feb 14, 1937; d. ____
Ernest R. Duval - b. Aug 11, 1930; d. ____
Jennifer Rose Shuler - b. Feb 16, 1988; d. Jan 4, 1991
James Alexander Shuler - b. Jun 16, 1983; d. Dec 11, 1983
Milton W. Howard, Sr. - b. Jun 3, 1936; d. ____*
Carol Y. Howard - b. Aug 21, 1940; d. Dec 18, 1990*
Thelma M. Clarke Harnish - b. Dec 23, 1901; d. Jan 22, 1995*
Earl Hicks Harnish - b. Feb 23, 1888; d. Oct 28, 1953*

	Paul T. Mason - b. May 16, 1906; d. Jan 18, 1983*
	Marjorie V. Mason - b. Sep 18, 1899; d. May 26, 1996*
	Wilma W. Sanders - b. Oct 22, 1924; d. Jul 17, 1993
	Decanie E. Sanders - b. Aug 27, 1915; d. Oct 30, 1990; PFC US A WWII
	Mary Jane Summer - b. May 2, 1937; d. Mar 12, 1974
	Richard T. Wallace - b. 1963; d. 1965*
	Tamma Jo Wallace - b. 1961; d. 1962*
	William M. Wallace - b. 1919; d. 1987*
	Beverly P. Wallace - b. 1926; d. 1982*
	Wade Hampton Turney - b. Apr 7, 1898; d. Mar 2, 1981; PFC US A WWII*
	Annie Myrtle Turney - b. Aug 30, 1900; d. Jun 8, 1993*
(f)	Patrick Craft - b. Feb 2, 1929; d. _____ *
(m)	Helen B. Craft - b. Jun 2, 1930; d. Jun 20, 1991*
(m)	Lillie P. Jordon - b. Mar 13, 1887; d. May 17, 1972
	Lawrence C. Williams - b. 1917; d. _____ *
	Lillian Jordon Williams - b. 1921; d. _____ *
(f)	Henry LeVerne Prosser - b. Jun 24, 1898; d. Sep 4, 1965*
(m)	Mildred Ford Prosser - b. May 16, 1899; d. Aug 4, 1981*
	Charles P. Aiken - b. Feb 16, 1906; d. May 8, 1985*
	Ruby A. Aiken - b. Sep 1, 1907; d. Jan 29, 1999*
(inf)	Keith Earl Holden - d. Apr 8, 1973; (s) of Mr. & Mrs. William D. Holden
(f)	William D. "Bill" Holden - b. Aug 25, 1931; d. Jan 3, 1992*
(m)	Julia Self Holden - b. Jul 24, 1934; d. _____ *
	Lester Dwight Bunton - b. Nov 26, 1932; d. May 20, 1976*
	Shirley Shannon Bunton - b. Jun 21, 1938; d. _____ *
	Dwight Franklin Bunton - b. Dec 21, 1961; d. Feb 25, 1981
(f)	James Butler Hornsby - b. Jul 8, 1890; d. Aug 14, 1973*
(m)	Elizabeth Hornsby - b. Jan 30, 1913; d. Jul 8, 1995*
(f)	Jennings Hornsby - b. Jun 12, 1913; d. Aug 11, 1975*

157. **Eargle #1 Graves**: Off of Three Dog Rd one mile north of Hwy 76 and near the intersection of White Rock Dr, White Rock, SC. 1982

Marilza H. Eargle - b. Aug 11, 1867; d. Mar 21, 1887
Noah H. Eargle - b. Feb 1, 1883; d. Oct 23, 1884
(f) Henry Joseph Eargle - b. Mar 2, 1835; d. Jan 2, 1912
(m) Salinda C. Eargle - b. Nov 4, 1841; d. Jun 23, 1913

158. **Eargle #2 Graves**: Off of Chapin Rd near the Wateree River, Spring Hill, SC. 1982

Louisa M. Eargle - b. Jan 12, 1831; d. Feb 28, 1863
John H. Eargle - b. Jan 19, 1808; d. Sep 24, 1869
Mrs. E. Eargle - b. Apr 17, 1862; d. Oct 20, 1883

159. **Eargle #3 Cemetery**: At the corner of Hub Eargle Rd and Jake Eargle Rd west of Summerville, SC. 1982

    J. William Eargle – b. Sep 30, 1845
E. Marilzie Eargle - b. Apr 5, 1851; d. Jun 22, 1926; (w) of J. William Eargle
Eargle - b. Sep 12, 1886; d. Sep 12, 1886; (inf) of Mr. & Mrs. J. William Eargle
Elizabeth M. Eargle - b. Aug 21, 1871; d. Jun 15, 1873
Ida Estell Eargle - b. Sep 13, 1869; d. May 28, 1871
Elizabeth Eargle - d. Dec 20, 1842; 1st (w) of Jacob Eargle*
Elizabeth Eargle - b. Apr 1, 1819; d. Nov 2, 1909; 2nd (w) of Jacob Eargle*
Jacob Eargle - b. Feb 4, 1802; d. Jan 23, 1897*
George T. Haltiwanger - b. Jul 29, 1832; d. Nov 24, 1911
Harriet Ellen Haltiwanger - b. Aug 29, 1837; d. Mar 26, 1891; (w) of George T. Haltiwanger
Joseph W. Meetze - b. Sep 9, 1875; d. Nov 11, 1956
Mary M. Meetze - b. Nov 9, 1876; d. Sep 7, 1969
Lloyd A. Eargle - b. Feb 3, 1922; d. Jul 19, 1922
William H. Eargle - b. Feb 18, 1907; d. Sep 3, 1907; (s) of E.C. & C.A. Eargle
Myrtle Ester Eargle - b. Mar 27, 1905; d. Nov 25, 1922

(inf) Eargle - d. Aug 1, 1907; (s) of A.E. & Myrtle E. Eargle

160. **Eleazer-Slice Graveyard**: On Rt 176 just north of the junction of Chapin Rd, Spring Hill, SC. 1982

    John S. Eleazer - b. Jul 11, 1824; d. Sep 28, 1829
Napoleon Eleazer - b. Oct 13, 1839; d. Sep 5, 1841
Henry Eleazer - b. May 11, 1795; d. Sep 4, 1859
Wade Pickens Slice - b. May 21, 1869; d. Apr 4, 1887; (s) of G.J. & Angella Slice
Henry Haskell Slice - b. Apr 19, 1868; d. Sep 1868; (s) of G.J. & Angella Slice
Joseph Pickens Slice - b. May 20, 1875; d. Apr 16, 1887; (s) of G.J. & Angella Slice
Jane McQuilla Barrett - b. Apr 21, 1872; d. Aug 5, 1892; (w) of C.W. "Charlie" Barrett

161. **Freshley #1 Graveyard**: At the intersection of Freshley Mill Rd and Ken Webber Rd, north of White Rock, SC. 1982

    Joseph Freshley - b. Sep 5, 1804; d. Feb 6, 1879
James J. Freshley - b. Dec 23, 1844; d. Jul 25, 1855; (s) of Joseph & Patsy J. Freshley
Henry J. Freshley - b. May 18, 1843; d. Sep 24, 1854; (s) of Joseph & Patsy J. Freshley

	Christian Freshley - b. May 13, 1780; d. Feb 9, 1857
(m)	N.E. Fulmer - b. Dec 24, 1838; d. Jan 15, 1898
(f)	H.J. Fulmer - b. Aug 8, 1841; d. Mar 9, 1917

Jefferson C. Meetze - b. Sep 23, 1855; d. Jan 28, 1858; (s) of James B. & Harriet M. Meetze
William Wells Freshley - b. Apr 3, 1901; d. Oct 22, 1903; (s) of J.J. & C.E. Freshley
Elese Wendelle Freshley - b. Oct 2, 1894; d. Aug 7, 1895; (d) of J.J. & C.E. Freshley

162. **Freshley #2 Graves**: On Muddy Ford Rd near Wateree Creek, north of White Rock, SC. Dec 1995

George Freshley - b. Dec 24, 1745; d. Apr 8, 1809
G.A.F. - d. 1802

163. **Golden Cemetery**: On Broad River Rd near Eichelberger Rd, Irmo, SC. Aug 3, 1999

Easmel Mandrell Benn - b. Jun 12, 1987; d. _____ 15, 1997
Shanatra Elizabeth Golden - no dates

(m)	Elizabeth Golden - b. Aug 31, 1933; d. Jun 19, 1992
(f)	Lemuel S. Golden, Sr. - b. Jan 18, 1931; d. Apr 7, 1991

Charles Edward Harden - b. Feb 26, 1954; d. Sep 18, 1990; US A Vn
Lucia Evelyn G. Harden - b. Jan 7, 1917; d. Jan 28, 1975
Ruth Jones - b. Dec 5, 1907; d. Oct 12, 1986
Joseph S. Jones, Sr. - d. Feb 3, 1999
Bessie Golden - b. Jan 22, 1899; d. Feb 23, 1963*
John W. Golden - b. 1886; d. 1969*
Dorothy Smith - b. Dec 18, 1929; d. Aug 5, 1951

(rev) Luther B.S. Golden - b. 1889; d. 1965*

Hannah E. Golden - b. 1899; d. 1988
John Queen - b. Jun 21, 1926; d. Apr 22, 1992
Luther Samuel Golden - b. Mar 12, 1923; d. Dec 28, 1991; Sgt US A WWII

164. **Haltiwanger #1 Graveyard**: Two and a half miles north of Chapin, SC. 1982

Walter O. Haltiwanger - b. 1849; d. 1932
Brynhilda Clark Haltiwanger - b. 1859; d. 1900
Martha Haltiwanger Summer - b. Jun 22, 1846; d. Mar 12, 1939
J. Hilliard Summer - b. Jan 16, 1850; d. Jun 6, 1883
J. William Summer - b. Apr 19, 1853; d. Feb 23, 1934
Polly Chapman Haltiwanger - b. Mar 4, 1841; d. Mar 11, 1921
Joe L. Haltiwanger - b. Apr 28, 1842; d. Apr 2, 1934
S.I. Summer - b. Apr 5, 1886; d. Jul 7, 1895
J. Rhett Summer - b. Apr 22, 1883; d. Jul 10, 1885

165. **Haltiwanger #2 Graves**: West of the intersection of Freshley Mill Rd and John Chapman Rd, north of White Rock, SC. 1982

    David Haltiwanger - b. Jun 24, 1797; d. Jan 6, 1878
    Elizabeth Eleazor Haltiwanger - b. Feb 2, 1802; d. Oct 13, 1857
    Godfrey Haltiwanger - d. Mar 7, 1834; age 1y 8m 7d
    Mary Catherine Haltiwanger - b. Oct 6, 1833; d. Aug 22, 1915

166. **Hiller Graves**: On Hiller Rd about 1 mile south of Hwy 76. 1982

    George Hiller - d. Oct 24, 1872; age 76y 6m 13d
    Elizabeth Hiller - d. Jan 20, 1870; age 64y 2m 8d; (w) of George Hiller
    Harry S. Hiller - d. Jul 12, 1867; age 36y
    Anna B. Hiller - d. Dec 24, 1837; age 7y
    Nancy Hiller - d. Sep 21, 1844; age 70y
    Anna Barbara Hiller - d. Jan 14, 1870; age 77y 1m 19d
    Dr. S. Hiller - d. Oct 12, 1864; age 38y 10m 28d
    John A. Hiller - d. Jul 7, 1866; age 40y 7m 23d

167. **Hope Graves**: Across from Bookman Island on Hollingshed Creek, north of Dutch Fork, SC. Nov 2, 1980

    S.H. Hope - d. 1799
    Ezebeth S. Hope - d. _____ 24, 1768
    George Hope - d. 1749
    Elizabeth Hope - d. 1749

168. **Hopewell Cemetery**: At the end of Hopewell Cemetery Rd, White Rock, SC. Nov 19, 1999

(f) Tommy Robinson - b. Oct 3, 1919; d. Nov 30, 1979
    Deloris Hope - b. 1918; d. 1998
(sis) Earlene Ringer - b. Aug 17, 1950; d. Aug 1, 1989
(b) Albert Cannon - b. Jul 15, 1924; d. Jan 4, 1997
    Issie L. Monts Cannon - b. 1910; d. 1998
    Mary Simms - d. Oct 9, 1998
    Theodore Roosevelt, I. - b. Dec 7, 1954; d. Feb 4, 1995; Vice President Meetze Plumbing Co Inc
    Clayton Geiger - b. Jun 19, 1923; d. Aug 24, 1986; PFC US A WWII
(f) Barney Carson - b. Oct 13, 1906; d. Nov 7, 1982*
(m) Alice Carson - d. Jan 19, 1990*
    Alice Brooks - no dates
(n) Jonny Quattlebaum - b. 1916; d. 1979
(sis) Annie M. Hope - b. 1896; d. 1976
    Thomas M. Bouknight - b. 1951; d. 1970
    Benjamin A. Bouknight - b. Aug 18, 1951; d. Dec 12, 1951
    Thema Bouknight - b. May 12, 1915; d. 1932

(f)	Sarah Quattlebaum - d. Aug 16, 1953; age 83
	Norah Quattlebaum - d. Apr 16, 1959
(f)	Albert Bauknight - b. Dec 25, 1880; d. Jun 25, 1984
	Alice B. Harris Kennedy - b. Mar 12, 1927; d. Mar 1, 1992
	Mamie Mayfield Garey - b. Sep 4, 1896; d. Mar 12, 1938
	Susie Ann Boyd - b. 1883; d. 1944; (w) of Preston Boyd; (sis) Agnes Mayfield
(m)	Rosa Burke - d. age 55
	Henry Cannon - b. Mar 6, 1907; d. Jun 16, 1967
	Gonzalee Dansby - b. Jan 5, 1922; d. Aug 8, 1952
(inf)	Eargle - no dates; (d) of Mr. & Mrs. Esaw Eargle
(inf)	Thompson - no dates; (d) of Sgt & Mrs. Fred A. Thompson
	Elijah Dansby - d. Nov 5, 1964
(m)	Florence R. Dansby - b. Feb 9, 1899; d. Dec 15, 1985*
(f)	Smith Dansby - b. Dec 22, 1893; d. Apr 15, 1978*
	Backman Lybrand - b. Feb 9, 1865; d. Oct 12, 1957
	Ida Gable Lybrand - b. Feb 1, 1868; d. Feb 28, 1962
	Irvin F. Lybrand - b. Aug 23, 1892; d. Jul 3, 1973
	Anmarintha Jackson Lybrand - b. Oct 27, 1911; d. Mar 23, 1999
	Gonzales Lybrand - b. Jun 8, 1903; d. Jun 17, 1982
	Terrance Cannon - b. 1996; d. 1996
	Pulaski Corley - b. Dec 2, 1927; d. Feb 7, 1975; PFC US A
	Miss Berdy Lee Haltiwanger - b. Aug 1, 1916; d. Aug 13, 1941
	George Haltiwanger - d. Sep 11, 1979
	Elizabeth Renea Haltiwanger - b. Jan 13, 1963; d. Jul 3, 1963
	Baby girl Haltiwanger - d. Nov 16, 1968
	Florence Haltiwanger - d. Jul 13, 1966
	John W. Haltiwanger - b. Jan 29, 1933; d. Jul 21, 1968; Cpl US A Kr
	Clara Haltiwanger - b. 1913; d. 1969
	Lynn V. Burkett - d. Mar 9, 1977
	Mose Burkett - b. Nov 25, 1904; d. Jun 5, 1961
	Archie Burkett - d. Jul 24, 1966
	John Corley - no dates*
	Josephine Corley - no dates*
	J.B. Thompson - b. Jul 3, 1927; d. Oct 17, 1959
(m)	Lular D. Thompson - b. Feb 5, 1894; d. May 12, 1994
	John Clinton Corley - b. Jan 8, 1930; d. Mar 5, 1977; Cpl US A Kr
(f)	Pink W. Metz - b. Feb 1, 1889; d. Apr 5, 1980*
(m)	Mary Ann Metz - b. Jul 4, 1893; d. Apr 12, 1953*
	Monique L. Geiger - d. May 28, 1996
	James Geiger - b. 1922; d. 1986; US A
(m)	Ida Josephine Eargle - b. Apr 6, 1920; d. Sep 11, 1970*
(f)	Esau Eargle - b. Dec 2, 1914; d. Apr 30, 1990*
	Johnnie Morris Eargle - b. 1941; d. 1998
	Willie B. Metze - b. Dec 13, 1896; d. Nov 12, 1980*

Essie B. Metze - b. Feb 3, 1902; d. Jun 10, 1983*
George L. Robertson - b. Oct 1, 1939; d. Apr 3, 1967
Lillie Ivabelle Metz - b. Dec 13, 1899; d. Apr 18, 1912
Essie Metz - b. Apr 12, 1905; d. Jan 24, 1906
Matthew Metz - b. Aug 26, 1906; d. Dec 13, 1906
Lutta May Metz - b. Jan 9, 1905; d. Feb 9, 1907
Jimmie Lee Hope - b. 1908; d. 1986
John A. Hope - no dates
Lizzie Nellums - b. 1873; d. 1936
(rev) Jacob C. Nellums - b. 1878; d. 1982

* * *

Memorial, bodies now rest beneath the waters of Lake Murray

Mary Lee Geiger - no dates*
Pearl Geiger - no dates*

* * *

Memorial, bodies now rest beneath the waters of Lake Murray

John Quattlebaum - no dates*
Saul Quattlebaum - no dates*
Martha Quattlebaum - no dates*
Mary Quattlebaum - no dates*
Robert Rikard - no dates*

* * *

Gaylon Pollock - b. Sep 15, 1966; d. Jan 20, 1967*
Alton Pollock - b. Apr 20, 1965; d. Nov 18, 1965*
Charlie Pollock - b. Apr 26, 1965; d. Nov 18, 1965*
Michael Pollock - b. Apr 20, 1965; d. Nov 18, 1965*
(m) Mary Pollock - no dates
John Henry Pollock - b. Mar 5, 1900; d. Jul 29, 1968
Henry Rikard - b. Oct 10, 1856; d. Apr 10, 1925
Mot Rikard - b. Aug 12, 1925; d. Aug 12, 1925
Minnie Quattlebaum - age 38y; WHCWS No 38
Hassie Corley - b. 1875; d. 1926
Pergie Corley - b. 1913; d. 1926
Mottey Quattlebaum - b. 1912; d. 1927
Jonie A. Corley - b. 1934; d. 1936
Blipp Corley - b. Jul 28, 1910; d. Aug 27, 1964
Ada Kennedy - b. Aug 23, 1880; d. Feb 11, 1940
Jim Quattlebaum - b. 1901; d. 1955
Rudgie Quattlebaum - age 61
(m) Betty Armour - b. Aug 28, 1936; d. Dec 10, 1982
(m) Helen Burton - b. Mar 10, 1918; d. Apr 23, 1961
(f) Jessie Burton, Sr. - b. Aug 8, 1916; d. May 23, 1986
Moses Burton - b. Aug 22, 1928; d. Feb 3, 1949

	Johnny Lemar Quattlebaum - b. Mar 10, 1944; d. Dec 29, 1990
	Ahcollins Corley - no dates
	John Corley - b. Oct 8, 1879; d. Jul 6, 1971
	Lula Corley - b. Aug 31, 1894; d. Dec 22, 1973
	Lola M. Quattlebaum - b. Dec 13, 1901; d. Jul 13, 1976*
	Epp Quattlebaum - b. Mar 21, 1897; d. Feb 9, 1950; SC Pvt 351 MG Bn 92 Div WWI*
(m)	Isavee E. Corley - b. Nov 5, 1924; d. Mar 30, 1988*
(f)	Collins Corley - b. Mar 12, 1917; d. ____*
	John H. Corley - b. Jul 8, 1904; d. Sep 11, 1987*
	Josephine C. Corley - b. Aug 13, 1910; d. ____*
(inf)	Corley - b. Feb 4, 1982; d. Feb 8, 1982; (s) of Irvin & Frances Corley
	Myrtle Corley Tucker - b. 1932; d. 1998
	Jo Aileeh Tucker - b. 1962; d. 1997
	Moses Junior Burkett - b. 1929; d. 1976; PFC US A Kr
	Joseph Meggett - b. 1919; d. 1986; US A WWII
(rev)	Charlie Peoples - d. Sep 17, 1972
	Lula R. Gray - b. May 24, 1923; d. Jan 8, 1979
	Maretta F. Tucker - b. Jun 27, 1968; d. Jun 2, 1969
	Rosa Lee Thompson - b. Oct 23, 1943; d. Nov 14, 1977
	Charlie Donald Jasmine - d. Nov 27, 1993
(m)	Mary E. Cannon - b. Feb 28, 1943; d. Apr 9, 1979
	Naomi Geiger - d. Feb 3, 1974
	Tony L. Burkett - b. May 29, 1970; d. Mar 19, 1972
	Alice Faye Burkett - b. Aug 27, 1948; d. Dec 15, 1991
	Ira David Burkett - b. Feb 9, 1922; d. Apr 6, 1981
	Dorothy Eargle - b. Jun 16, 1920; d. ____*
	Isaiah Eargle - b. Dec 2, 1914; d. ____*
	Tom Metts - b. Feb 15, 1893; d. Dec 13, 1994
	James Roger Eargle - b. Feb 4, 1942; d. Nov 9, 1994; Pvt US A Vn
	Joseph Eargle - b. Sep 4, 1947; d Apr 20, 1990
(h)(f)	Douglas E. Burkett - b. Feb 12, 1963; d. Jan 25, 1994
	Edna Chatman - b. Jun 21, 1925; d. Mar 28, 1996
	Eula Lee Rickard - b. Oct 30, 1920; d. May 15, 1988
	John Kinard - b. 1896; d. 1976*
	Polly Kinard - b. 1896; d. 1975*
(m)	Frances E. Haltiwanger - b. Aug 11, 1933; d. Nov 29, 1986
	Joseph L. Summers - b. Jul 7, 1938; d. Nov 14, 1994
	Ruth Washington Burkett - b. 1933; d. 1996
	Margaret "Bell" Drehee - b. Apr 7, 1942; d. Mar 3, 1995
	Joseph M. Burkett - b. Mar 30, 1964; d. Oct 13, 1994
	Janette Burkett - b. May 14, 1925; d. Dec 13, 1990
	Arthur Barkett, Jr. - b. Jan 13, 1949; d. May 22, 1981; Pvt US A Vn
	Ulysses Kirkland - b. Jul 10, 1960; d. May 22, 1981
(m)	Catherine J. Pollock Outing - b. Mar 18, 1945; d. Jan 27, 1996

(f)	George Washington Pollock - b. 1925; d. 1992; PFC US A WWII
(m)	John Tucker - b. Mar 1, 1895; d. Aug 9, 1983*
	Maggie M. Tucker - b. Feb 18, 1896; d. Oct 2, 1988*

169. **Irmo Pentecostal Holiness Church Cemetery**: On Broad River Rd near the intersection of Farming Creek Rd, Irmo, SC. 1982

William B. Onley - b. Jun 6, 1872; d. Aug 27, 1934
Martha Annie Onley - b. Apr 19, 1876; d. Feb 24, 1933
Samuel T. Younginer - b. Mar 25, 1864; d. Apr 20, 1949
Lou Shealy Younginer - b. Feb 24, 1864; d. Sep 26, 1932
Minnie M. Younginer - b. May 20, 1886; d. Dec 23, 1972
Ernest B. Younginer - b. Jun 10, 1891; d. Dec 13, 1968
Ruth E. Younginer - b. Dec 14, 1924; d. Jan 2, 1964
N. Willette Younginer - b. Nov 17, 1923; d. Aug 8, 1930
Mary Earline Younginer - b. Apr 10, 1929; d. Jul 30, 1937
(rev) Thomas E. Martin - b. Nov 2, 1883; d. Jul 12, 1964
Lottie Viola Martin - b. Dec 15, 1882; d. Oct 17, 1951
Sarah Elizabeth Eleazer - b. Oct 7, 1886; d. Jan 27, 1944
John Fletcher Eleazer - b. Jul 28, 1855; d. Mar 20, 1929
Minnie Baughns Eleazer - b. Jul 3, 1861; d. Aug 31, 1952
Florian M. Dillard - b. Jan 13, 1928; d. Aug 6, 1939
John Henry Shealy - b. Aug 26, 1867; d. Nov 9, 1949*
Ella I. Lowman Shealy - b. Jan 26, 1873; d. Jun 22, 1952; (w)*
Gary S. Koon - b. Nov 25, 1868; d. Apr 8, 1925
Mattie Koon - b. Apr 21, 1870; d. Mar 18, 1943
(m) Carrie L. Gunter - b. May 26, 1868; d. May 9, 1938
Chalmus L. Bauknight - b. Jun 13, 1864; d. Dec 8, 1941
Nancy L. Bauknight - b. Apr 22, 1871; d. Dec 20, 1948
Brooks E. Koon - b. Oct 6, 1889; d. Mar 8, 1942
Anna P. Slice - b. May 1, 1899; d. Mar 19, 1942
Henry F. Koon - b. May 23, 1870; d. Mar 11, 1949
Anna N. Koon - b. Feb 5, 1870; d. Nov 19, 1958
William T. Pittman - b. Sep 29, 1896; d. May 23, 1956
Reba K. Pittman - b. Dec 8, 1905; d. Jan 13, 1982
Barbara Lynn Younginer - b. Oct 31, 1954; d. Aug 8, 1970
John Ralph Glenn - b. Aug 20, 1897; d. May 27, 1966; WWI
Alma K. Glenn - b. Jan 5, 1895; d. Jan 28, 1974
Howard F. Lindler - b. Aug 1, 1929; d. Mar 9, 1963
Mary L. Bundrick - b. May 24, 1919; d. Jul 21, 1956
Rubin D. Meetze - b. Apr 8, 1872; d. Apr 27, 1957
Fannie M. Meetze - b. Sep 27, 1885; d. Apr 25, 1963
Ester S. Bickley - b. 1919; d. 1978
Donald F. Koon - b. Aug 2, 1946; d. Dec 19, 1946
Ruby B. Koon - b. Aug 15, 1901; d. Jul 28, 1971
Silas A. Meetz - b. Apr 9, 1869; d. Jul 7, 1948
Amanda Fulmer Meetze - b. Jan 27, 1872; d. Jul 24, 1945

Frank D. Meetze - b. Jun 9, 1902; d. Jul 31, 1969
Lizzie L. Meetze - b. Jul 16, 1908; d. _____
Ollie J. Derrick - b. Jun 15, 1880; d. Apr 1, 1972
Anna L. Derrick - b. Jun 14, 1881; d. Jan 17, 1955
Walter Harris Looney - b. Jun 21, 1877; d. Mar 8, 1946
Mamie Bouknight Looney - b. Nov 9, 1881; d. Aug 24, 1963

170. **Kennerly Graves**: At the end of Bookman Mill Rd north of Irmo, SC. Dec 7, 1980

Elizabeth Ma Kennerly - b. Mar 21, 1820; d. Jun 30, 1820; age 3m 9d; (d) of Joseph & Leah Kennerly
Margaret Kennerly - b. Mar 21, 1820; d. Jul 8, 1820; (d) of Joseph & Leah Kennerly

171. **Lindler Cemetery**: At the intersection of Broad River Rd and Shady Grove Rd, Ballentine, SC. 1982

John W. Lindler - b. Aug 16, 1876; d. Dec 22, 1950
Zula McCartha Lindler - b. Jun 2, 1889; d. Apr 28, 1977
Alice I. Lindler - b. 1853; d. 1934*
G. Milledge Lindler, b. 1854; d. 1936*
Arlee Lindler - b. Aug 16, 1889; d. Sep 20, 1942
Elizabeth Magdalene Lindler - b. Sep 24, 1891; d. Oct 9, 1966
Willie Haskel Lindler - b. Sep 8, 1878; d. Jan 9, 1880
Elias Walter Lindler - b. Feb 18, 1849; d. Jul 27, 1870; (s) of J.C. & M. Lindler
Amelia Lindler - b. Feb 12, 1818; d. Sep 28, 1885

(gf) John G. Lindle - b. Sep 30, 1813; d. Dec 28, 1886
Eddie Brockman - d. Jan 27, 1877; (s) of M. & Charlotte D. Bouknight
Allis Lillian Bouknight - b. Jun 1, 1872; d. May 1, 1874; (d) of M. & Charlotte D. Bouknight

172. **Lorick #1 Graves**: Near the intersection of Broad River Rd and Lordship Ln, Irmo, SC. Oct 1, 1999

(f) George "Captain" Lorick - b. abt 1781; d. Nov 25, 1853*
(m) Elizabeth Turnipseed Lorick - b. abt 1784; d. _____ *
(s) Jacob Lorick - no dates*

173. **Lorick #2 Graveyard**: Near the intersection of Kinley Rd and Broad River Rd, Irmo, SC. 1991

Reber Lucille - b. Nov 16, 1885; d. Jul 17, 1888
Eugene Singley - b. Oct 18, 1892; d. Nov 4, 1893
Wade A. Lorick - b. Jul 20, 1822; d. Oct 6, 1897
Ellen J. Drafts - b. Mar 14, 1840; d. Jul 31, 1886; (w) of Wade A. Lorick

Herbert R. Lorick - b. Sep 16, 1888; d. Oct 6, 1891; (s) of Wade A. & Ellen J. Lorick

174. <u>Lowman Cemetery</u>: At the corner of Summer Haven Rd and Johnson Marina Rd, south of White Rock, SC. Aug 2, 1999

Julianna Geiselman - b. Aug 20, 1843; d. May 23, 1932
Ellie Nora Koon - b. Mar 11, 1851; d. Mar 3, 1938
Henry L. Ohlendorf - b. Feb 19, 1860; d. Jan 4, 1940
Mrs. Caroline Dibbern - b. Jul 29, 1858; d. Feb 3, 1941
Carl Behr - b. Nov 23, 1853; d. Jul 7, 1942
Janie H. Eller - b. Mar 6, 1868; d. Jun 3, 1943
Nettie Whitmore - b. Nov 1, 1879; d. Nov 23, 1944
P.E. Cline - b. Feb 22, 1865; d. Apr 12, 1947
Daniel Carlyle Huffard - b. Jul 17, 1898; d. Dec 26, 1973
Henry R. Zuck - b. Apr 20, 1854; d. Sep 26, 1936
Edward McCartney - b. Nov 15, 1878; d. Dec 22, 1939
Lillie Ann Lowman - b. Jul 4, 1880; d. Jul 7, 1932
Pinarney E. Lowman - b. Jul 4, 1880; d. Sep 2, 1880; (s) of Paul E. & Relanza M. Lowman
T. Hawkins Lowman - b. May 26, 1877; d. Nov 17, 1906; age 29y 5m 21d; (s) of Paul E. & Relanza M. Lowman
Rubie Hojck Lowman - d. May 1, 1908; (s) of Paul E. & Relanza M. Lowman
Jesse B. Lowman - b. Mar 22, 1875; d. Mar 11, 1913; age 37y 11m 19d; (s) of Paul E. & Relanza M. Lowman
Charlie Lowman - b. Mar 1, 1870; d. Dec 25, 1918; (s) of Paul E. & Relanza M. Lowman

(f) Paul Enoch Lowman - b. May 23, 1845; d. Dec 30, 1909; CV Co C 20 Reg SC Vol*
(m) Relanza Melissa Rauch - b. Sep 26, 1948; d. Jan 4, 1940; (w) of Paul E. Lowman

Silas I. Lowman - b. May 10, 1848; d. Oct 18, 1870; aged 22y 4m 8d

(rev) J.B. Lowman - d. Feb 20, 1875; age 62y

Michael Lowman - b. Feb 11, 1815; d. Nov 27, 1893
(m) Jemima Lowman - b. Dec 16, 1818; d. ____; (w) of Michael Lowman

William C. Umberger - b. Oct 24, 1872; d. Feb 26, 1960
S.M. Gilmore - b. Mar 22, 1885; d. Nov 20, 1959
Bertha Augustine - b. Jan 17, 1867; d. Apr 9, 1958
(inf) Miller - d. Feb 4, 1878; aged 6m; (d) of Deborah Miller
Pickens P. Bouknight - b. Jun 24, 1802; d. Jan 1880
Willie Fogle - b. Dec 11, 1911; d. Jan 29, 1966
Claus A. Stenfelt - b. Dec 2, 1859; d. Apr 13, 1950
Harry Whittle - b. Nov 9, 1885; d. Mar 23, 1946
Bessie P. Dowdy - b. Sep 15, 1972; d. Apr 11, 1972

Lucy R. Porter - b. Aug 22, 1882; d. Apr 19, 1972
Caryl M. Humphrey - b. Jul 25, 1888; d. Apr 22, 1972
M.C. Wilhelmine Helena Guetzlaff - b. Oct 2, 1887; d. Feb 1, 1978
Anna Wagner Peters Pate - b. Aug 10, 1891; d. Aug 16, 1979
Mary E. Rath - b. Jan 12, 1882; d. Oct 10, 1962; (w) of Howard C. Jones
Howard C. Jones - b. Jan 30, 1877; d. Aug 3, 1958
Mr. Dewald - d. Aug 1926
Edwin Hill Rowe, MD, b. Feb 8, 1848; d. Jul 7, 1929
Emma King Rowe - b. Jun 25, 1852; d. Dec 2, 1935
Ellen M. Rowe - b. Aug 31, 1882; d. Apr 12, 1952
Sallie Sykes - b. Apr 30, 1875; d. Feb 3, 1960
John H. Gercken - b. Dec 28, 1873; d. Aug 22, 1947
Nora Reed - b. Jun 12, 1874; d. Nov 16, 1947
Mable Gray - b. May 21, 1889; d. Dec 12, 1947
James E. Dunlop - b. Sep 3, 1866; d. Mar 28, 1949
Raymond D. Wolford - b. Dec 31, 1899; d. Dec 20, 1949
George C. Crabtree - b. Aug 9, 1876; d. Mar 10, 1950
Fred E. Deal - b. Apr 3, 1908; d. Jun 26, 1950
Susan Dragenhardt - b. Nov 25, 1874; d. Feb 17, 1951
Dr. W.A. Strole - b. Jun 22, 1881; d. May 7, 1953
Mamie Foxworth - b. Mar 27, 1876; d. Jun 3, 1955
Betsy Spence - b. May 12, 1888; d. Jun 25, 1956
Lena Nease - b. Sep 9, 1897; d. Jun 30, 1958
Sarah M. Brown - b. Jan 7, 1863; d. Aug 28, 1958
Frank Bodoloczki - b. Jan 25, 1872; d. Feb 11, 1962
Charles Karrer - b. Mar 14, 1885; d. Jun 21, 1963
Richard M. Heinig - b. Dec 14, 1881; d. Jun 27, 1963
Rosalie Zieler - b. Jan 31, 1921; d. Jul 16, 1964
Henrietta S. Bradley - b. 1882; d. 1967
Margaret Hennig Tate - b. May 10, 1881; d. Jun 24, 1973
Henry Irvin Rister - b. Aug 7, 1897; d. Jul 17, 1973
Edwin Lee Cronk - b. Jun 7, 1899; d. Aug 19, 1975
Lillie Mae Huitt Follette - b. Nov 4, 1882; d. Feb 16, 1976
Mary Elizabeth Shaefer - b. Jul 31, 1918; d. Jun 1, 1977
Herman Lienhard - May 10, 1925; d. Jul 29, 1997
Marie L. Foerster Roueche - b. Jul 8, 1901; d. Jun 8, 1987
Jesse Cronk - b. May 23, 1901; d. Jan 22, 1984

175. **Lucas Graves**: At the intersection of Jack Stoudemayer Rd and Mike Stack Rd, Summerville, SC. Mar 10, 1996

J.A. Lucas - b. Nov 9, 1809; d. May 24, 1874
Frances E. Lucas - b. Feb 10, 1851; d. Feb 16, 1858
T.M. Lucas - b. Sep 16, 1840; d. Jul 1, 1856

176.	**Mary Slice Grave**: At the corner of Back Acres Rd and Old Hilton Rd, White Rock, SC. Sep 11, 1999
(m)	Mary Slice - b. Apr 28, 1813; d. Feb 14, 1888
177.	**Meetze #1 Graveyard**: On Ralph Counts Rd, just south of the intersection of Wash Lever Rd, Summerville, SC. 1982

Sam Rowe - b. Jul 27, 1902; d. Dec 19, 1946
(m) Annie C. Rowe - b. May 17, 1898; d. Mar 19, 1981
Carrie E. Meetze - b. Dec 29, 1878; d. Jul 28, 1896*
Frances Viola Meetze - b. Jul 8, 1885; d. Jul 8, 1886*
(f) Orris T. Meetz - b. Jun 9, 1845; d. Jan 24, 1918*
(m) George Anne Meetz - b. Apr 29, 1848; d. Dec 31, 1886
Mary Counts Rister - b. Jun 21, 1876; d. Jan 30, 1956
James W. Counts - b. Nov 8, 1872; d. Jul 7, 1906
Jimmy Cecil Counts - b. Dec 25, 1906; d. May 18, 1907

178. **Metz #2 Graveyard**: At the corner of Farming Creek Rd and Quick Terrace Rd, Ballentine, SC. Sep 26, 1999

Jacob F. Metz - b. Apr 3, 1830; d. Nov 17, 1905
Eugenia Metz - b. Jul 10, 1834; d. Feb 11, 1876
E. Josephine Metz - b. Nov 9, 1867; d. Oct 7, 1930
Angella Metze Lowman - b. Mar 20, 1866; d. Aug 12, 1889
Howard D. Lowman - b. May 6, 1861; d. Mar 29, 1951

179. **Metz/Meetz #3 Graves**: Near the intersection of Broad River Rd and Broad Stone Rd, Ballentine, SC. Jan 12, 1997

Henry Metz, Sr.-b. Feb 11, 1770; d. Oct 21, 1846; aged 76y 8m 10d
Elizabeth Metz - d. Jul 26, 1867; aged about 80y
Levi Meetz - d. Sep 4, 1905; aged about 93y

180. **Metze #4 Cemetery**: At the intersection of Shadowood Dr and Mistywood Dr, Ballentine, SC. 1985

E.C. Metze - b. Aug 9, 1935; d. Feb 28, 1914
Barbara A. Metz - b. Jan 23, 1793; d. Jan 27, 1878; 85y 5d
Mary Ann E. Metze - b. Dec 21, 1838; d. Sep 15, 1881; (w) of E.C. Metze
John Metz - b. Aug 3, 1788; d. Oct 26, 1870; 82y 2m 23d
Mamv F.W. Holzhause - b. Mar 29, 1881; d. Nov 28, 1881
Beatrice Holzhauser - b. Aug 18, 1857; d. Jul 17, 1881; (w) of Theadore Holzhauser
Barbara A.O. Metze - b. _____ 2, 1873; d. Jan __, 18__; (d) of E.C. & Mary A.E. Metze
(inf) Meetz - b. Mar 13, 1902; d. Mar 13, 1902; (s) of L.G. & N.E. Meetz
Oliver H. Meetze - b. Jul 20, 1897; d. May 21, 1954
Daisy G. Metze - b. Jun 3, 1860; d. Sep 13, 1928

John T. Metz - b. Feb 8, 1823; d. Sep 24, 1864; 41y 7m 16d; died at Mt. Pleasant, SC; engaged in 2r masters department 20 Regt SCV Co C

181. **McCartha-Addy Graves**: At the corner of Holly Bickley Rd and Peachhaven Rd, Hilton, SC. 1982

Joshua McCarthy - no dates, (h) of Annie McCartha
Annie McCartha - no dates, (w) of Joshua McCarthy
G.C. McCartha - no dates
G.N. McCartha - no dates
J.H. McCartha - no dates
John Henry Addy - b. Jun 22, 1878; d. Jun 22, 1892
George Franklin Addy - b. Jan 4, 1892; d. Jun 1, 1893

182. **Mt. Olivet Lutheran Church Cemetery**: Near the corner of Broad River Rd and Three Dog Rd, Spring Hill, SC. Before 1982

(m) Mary E. Amick Bundrick - b. May 17, 1915; d. _____
(f) James Walter Bundrick - b. Jun 16, 1888; d. Oct 18, 1952
Sandra Lynn Bundrick - b. Apr 5, 1972; d. Apr 6, 1972; (d) of Bunyan & Vernell Bundrick
(f) Eusebius Berley Haltiwanger - b. Dec 15, 1891; d. Sep 20, 1970; mason
Janie L. Counts - b. Jun 11, 1902; d. _____
Lillie Sease Eleazer - b. 1890; d. 1978
James Albert Eleazer, Sr. - b. 1879; d. 1951
James Albert Eleazer, Jr. - b. 1927; d. 1970
Dorris Warren Eleazer - b. 1932; d. 1952
Joseph LeGrand Shealy, Sr. - b. Jan 10, 1910; d. Jul 18, 1965
Frances Grover Sandel - b. Apr 14, 1920; d. Mar 31, 1968
Greta Haltiwanger - b. Jun 18, 1920; d. _____
Annie D. Bouknight - b. Feb 17, 1926; d. Aug 5, 1969
Bessie Lee Richardson - b. Sep 13, 1910; d. Jan 5, 1956
Reba R. Summers - b. Apr 22, 1906; d. Dec 31, 1958
Willie D. Summers - b. Nov 23, 1907; d. _____
Daisy Phillips Gleuton - b. 1909; d. 1959
Jack Daniel Nettles - b. 1926; d. 1979; PFC US A WWII
Christine Powers - b. 1980; d. 1980
(inf) Amick - d. Sep 4, 1934; (s) of D.R. & M.D. Amick
Samuel Elijah Amick - b. Feb 11, 1864; d. Dec 21, 1950
Josephine Wessinger - b. Dec 29, 1875; d. Mar 12, 1966
Jacob Robert Amick - b. Mar 29, 1904; d. _____
Rubye Stockman - b. May 10, 1903; d. _____
Cyrus Ellsworth Amick - b. Dec 30, 1905; d. May 4, 1930
(f) William Henry Koon - b. Dec 31, 1881; d. Jan 26, 1960
(m) Mattie Frick Koon - b. Jun 2, 1888; d. Sep 28, 1972
(f) Heber Lee Meetze - b. Mar 3, 1890; d. _____

Mazie Eleazer Meetze - b. Oct 12, 1896; d. ____
Doris Mae Lowman - b. Dec 27, 1941; d. Dec 30, 1941
Sidney Thomas Eargle - b. Mar 10, 1891; d. ____
Minnie Narsis Eargle - b. Nov 5, 1892; d. Mar 22, 1975
Anderson Summer Counts - b. Apr 1, 1882; d. Nov 17, 1949
Pearl May Koon Counts - b. Jun 6, 1886; d. Sep 4, 1961
Annie Mae Eargle - b. Mar 25, 1906; d. Jul 11, 1932; (w) of Henry E. May
O'Neal May - b. 1930; d. 1941
Henry T. May - b. 1926; d. 1938
Henry E. May - b. 1903; d. 1940
Maggie W. Cumalander - b. Dec 11, 1871; d. Apr 15, 1951
Charlie Marion Eargle - b. Jan 31, 1869; d. Aug 9, 1958
Charlie Hughey Eargle - b. Jun 21, 1898; d. Oct 18, 1965
Warren Turner Turkett - b. May 27, 1880; d. Nov 4, 1929
Estelle Fulmer Turkett - b. Mar 14, 1880; d. Feb 15, 1965
Maggie W. Bouknight - b. Nov 29, 1860; d. Jul 28, 1945
Carrie Shealy Eargle - b. Dec 11, 1880; d. Dec 27, 1956

(f) George Marion Eargle - b. Jul 10, 1878; d. Mar 11, 1954
(inf) Eargle - d. Oct 12, 1942; (d) of C. & Caroline Eargle
Andrew Lewis Eargle - b. Dec 14, 1905; d. Oct 19, 1970
Sallie Eargle Hipp - b. 1870; d. 1949; (w) of J.J. Hipp
George W. Jacobs - b. Mar 21, 1877; d. Oct 22, 1956
Almedia Odom Jacobs - b. Nov 27, 1887; d. Apr 14, 1953
Horace A. Hutto - b. May 26, 1917; d. Sep 24, 1970; SC PFC US A WWII
Robert Laverne Hutto - b. 1957; d. 1979
James W. Sites - b. Jul 10, 1911; d. Dec 31, 1963; SC Sgt Btry A 279 Coast Arty WWII

(f) Perry W. Sites - b. May 18, 1871; d. Nov 27, 1951
(m) Claudia Lever Sites - b. Jul 24, 1879; d. Mar 2, 1976
W. Kermit Amick - b. Mar 22, 1909; d. Sep 21, 1963
Naomi Langston - b. Jul 11, 1917; d. ____; (w) of W. Kermit Amick
Benson H. Slice - b. Jan 24, 1871; d. May 15, 1961
M. Ella Slice - b. Aug 5, 1875; d. Apr 24, 1958
Girlie Mae Slice - b. Jun 7, 1905; d. Jul 13, 1961
William J. Haltiwanger - b. Dec 10, 1867; d. Sep 16, 1929
Ann E. Haltiwanger - b. Dec 27, 1872; d. Feb 27, 1951
Ketis Shealy Eleazer - b. Nov 10, 1890; d. Jan 15, 1964
Miles H. Eleazer - b. May 24, 1886; d. May 7, 1943; mason
O. Kline Eleazer Chapman - b. Dec 2, 1888; d. Jul 5, 1955
Henry William Chapman - b. Dec 7, 1879; d. Jan 14, 1935
Henry William Chapman - b. Apr 3, 1930; d. May 9, 1980
Phyllis Wagner Chapman - b. May 2, 1938; d. ____
James Richardson - b. 1848; d. 1928

Ellen Richardson - b. 1859; d. 1932
Sallie Shealy - d. Feb 10, 1886; age 78y 5m 9d; (w) of David Shealy
(rev) David Shealy - b. Oct 11, 1807; d. Feb 14, 1879; Lutheran Minister
Irby Albert Richardson - b. May 27, 1896; d. Jun 14, 1953
Eddie Eugene Richardson - b. 1901; d. 1944; (s) of Mr & Mrs Job W. Richardson
Ellen Ridona Richardson - b. Nov 16, 1852; d. Mar 22, 1888; (w) of Job W. Richardson
Job W. Richardson - b. Jul 10, 1850; d. Nov 25, 1915
Richardson - no dates; (inf) of Job W. & Ellen R. Richardson
Clarence Daniel Livingston - b. May 18, 1948; d. May 19, 1948; (s) of Mr. & Mrs. C.R. Livingston
Mattie E. Richardson - b. Dec 11, 1894; d. Mar 27, 1918; (d) of J.W. & S.J. Richardson
Sallie Bickley Richardson - b. Dec 25, 1868; d. Feb 18, 1943; (w) of J.W. Richardson
Amanda M. Slice - b. Jun 15, 1839; d. Mar 13, 1896; (w) of James L. Slice
James L. Slice - b. Nov 1, 1845; d. Mar 14, 1910
Roberta Slice - b. Feb 15, 1900; d. Oct 13, 1902; (d) of R.P. & I.E. Slice
Carroll Slice - b. Sep 2, 1903; d. Aug 2, 1905; (s) of R.P. & I.E. Slice
Ruth Slice - b. Jul 3, 1905; d. Dec 10, 1906; (d) of R.P. & I.E. Slice
Isobel Alvinia Kennedy - b. Nov 21, 1924; d. Dec 18, 1924
Rachel B. Amick - b. Jul 28, 1831; d. May 31, 1900
John D. Amick - b. Dec 23, 1822; d. Oct 28, 1902
Sidney W. Amick - b. Feb 9, 1862; d. Mar 12, 1939
Minnie Ann Amick - b. Dec 15, 1867; d. May 26, 1957
Nathan A. Richardson - b. Nov 8, 1813; d. Oct 4, 1878
Annie Caroline Richardson - b. Feb 2, 1815; d. Aug 19, 1902
C.C. Richardson - b. 1894; d. 1917
Enoise Amick Kelley - b. Jan 26, 1900; d. Sep 30, 1943
John E. Fulmer - b. Mar 9, 1839; d. Jan 13, 1910
Mary Martha Fulmer - b. Aug 31, 1842; d. Dec 29, 1925; (w) of J.W. Fulmer
Herman Winifred Sandel - b. Mar 30, 1896; d. Jun 20, 1969
Frances Sites Sandal - b. Oct 15, 1901; d. Oct 16, 1977
(m) Samantha Ellen Lemmon - b. Jul 28, 1845; d. Feb 24, 1925*
(s) Jacob Willie Lemmon - b. May 27, 1877; d. Mar 8, 1964*
Luther D. Richardson - b. 1889; d. 1961
Willie H. Richardson - b. Dec 14, 1874; d. Sep 18, 1878; (s) of David A. & Julia A. Richardson
Robert Egbert Richardson - b. Mar 19, 1884; d. Jan 23, 1885; (s) of David A. & Julia A. Richardson

Roberta Hiller - b. Jan 3, 1899; d. Feb 18, 1892; (d) of Robert B. & Nannie E. Hiller
Robert B. Hiller - b. Dec 15, 1872; d. Aug 17, 1904
Nannie E. Hiller - b. Feb 26, 1870; d. Dec 30, 1951
Henry R. Lippard - b. Jul 18, 1879; d. May 6, 1887; (s) of T.M. & Harriet R. Lippard
Harriet R. Lippard - b. Mar 20, 1844; d. Mar 30, 1918; (w) of T.M. Lippard
T.M. Lippard - no dates; Co B 1 SC Arty CSA
Kittie Blanche Eleazer - b. Sep 6, 1882; d. May 18, 1940; (w) of Andrew Pearson Sites
Andrew Pearson Sites - b. May 18, 1876; d. Aug 29, 1942
George Paul Sites - b. Feb 8, 1907; d. Oct 20, 1945; (s) of Andrew P. & Kittie B. Sites
Martha Ann Welch - b. Nov 18, 1809; d. Jan 8, 1882
W.S. Eleazer - b. 1828; d. 1893*
Isabella Eleazer - b. 1844; d. 1899; his (w)*
Dr. Henry G. Eleazer - b. Apr 16, 1861; d. Jul 18, 1913
Mary W. Eleazer - b. Apr 15, 1868; d. Jan 24, 1957
Robert M. Eleazer - b. Jan 15, 1871; d. Jun 8, 1939
Amanda M. Kesler - b. Jul 14, 1839; d. Nov 19, 1916; (w) of Walter A. Kesler
Walter A. Kesler - b. Feb 28, 1839; d. Dec 16, 1890
Carrie Elizabeth Kesler - b. Aug 15, 1892; d. Dec 7, 1899
Anna Ethel Kesler - b. Sep 20, 1895; d. Nov 22, 1896
John J. Kesler - b. Sep 10, 1861; d. Sep 21, 1946
Anna H. Kesler - b. Aug 25, 1867; d. Aug 31, 1946; (w) of John J. Kesler
L. Grover Eleazer - b. May 21, 1884; d. Jan 23, 1908
(f) Paul E. Eleazer - b. Sep 5, 1855; d. Oct 19, 1929
(m) Eddie E. Eleazer - b. Nov 25, 1862; d. Apr 12, 1904
(inf) Eleazer - no dates; (s) of Paul E. & Eddie E. Eleazer
Julius N. Eleazer - b. Aug 14, 1872; d. Jan 29, 1958
Mattie A. Eleazer - b. May 7, 1875; d. Feb 24, 1955
Robert Benedict Eleazer - b. Sep 7, 1874; d. Dec 16, 1895
John M. Eleazer - b. Apr 13, 1836; d. Sep 2, 1898
Lavina M. Eleazer - b. Jun 6, 1846; d. Jul 21, 1920
G. Miller Eleazer - b. Mar 12, 1882; d. Apr 22, 1975
Melvin B. Eleazer - b. Feb 13, 1870; d. Apr 19, 1944
Belle C. Eleazer - b. Nov 4, 1873; d. May 18, 1963
Eleazer - d. 1910; (inf) of Melvin B. & Belle C. Eleazer
Parker E. Martin - b. Jul 20, 1909; d. _____
Edith E. Martin - b. Feb 21, 1912; d. Feb 4, 1976
Walter Eleazer - b. Dec 18, 1876; d. Jan 13, 1877
(f) Robert J. Eleazer - b. May 24, 1832; d. Dec 10, 1877
Fannie Elizabeth Eleazer - b. May 10, 1842; d. Dec 29, 1925

Nancy Haltiwanger Eleazer - b. May 2, 1799; d. Dec 9, 1891; (w) of Henry Eleazer
Katie Eleazer - b. Dec 5, 1879; d. Oct 13, 1889; (d) of J.M. & L.M. Eleazer
Albert Houck Eleazer - b. Aug 11, 1872; d. Mar 12, 1894
Edward Lee Eleazer - b. Aug 11, 1872; d. Nov 9, 1919
John L. Lever - b. Nov 23, 1873; d. Feb 14, 1947
Harriett Eleazer "Hattie" Lever - b. Sep 27, 1877; d. Jul 19, 1955; (w) of John L. Lever
E.S. Fulmer - b. Dec 17, 1893; d. Oct 1, 1919; WOW
Viola Kesler Fulmer - b. May 10, 1894; d. Nov 14, 1976
(inf) Kesler - no dates; (d) of Frank & Vera Kesler
(inf) Kesler - b. Aug 2, 1942; d. Aug 2, 1942; (s) of Vera Kesler
J.M. Eleazer, Jr. - b. Mar 23, 1927; d. Feb 16, 1946
Mattie K. Gladney - b. Jan 7, 1841; d. Jan 6, 1892; (w) of T.J. Gladney
Eva M. Cuncle - d. Mar 22, 1880; age 81y 8m 6d
Robert W. Leonard, Jr. - b. Oct 19, 1918; d. Nov 23, 1934
Ethel E. Leonard - b. Nov 23, 1888; d. Aug 31, 1959
Robert W. Leonard - b. Sep 16, 1889; d. Mar 27, 1935; NY Sgt 306 Sanitary Train 81 Div
Marjorie Koon - b. Jul 29, 1905; d. Aug 4, 1905; (d) of George H. & Della E. Koon
Kay B. Koon - b. Feb 11, 1907; d. Jan 5, 1930
Della Epting Koon - b. Aug 7, 1872; d. Dec 18, 1971
George Hilliard Koon - b. Jun 16, 1861; d. Nov 6, 1940
Mary E. Koon - b. Sep 13, 1858; d. Nov 12, 1895
Mary Ann Rist Eargle - b. Sep 3, 1842; d. Apr 15, 1900
William Richard Eargle - b. Sep 28, 1830; d. Nov 9, 1896
Mary A. Eargle - b. Nov 19, 1836; d. Feb 25, 1879
(inf) Eargle - no dates
(f) J.J. Koon - b. Dec 8, 1859; d. Jun 27, 1940
(m) Martha E. Koon - b. Jun 14, 1858; d. Dec 22, 1949
Robert Bickley - b. Nov 8, 1875; d. Dec 8, 1876; (s) of J.F. & A.M. Bickley
James W. Eargle - b. May 23, 1865; d. Dec 25, 1955
Mary Lucas Eargle - b. Nov 28, 1868; d. May 2, 1948; (w) of James W. Eargle
Maggie Anna Kesler Sites - b. Jul 3, 1876; d. Aug 19, 1925; (w) of Robert C. Sites
Robert C. Sites - b. Sep 25, 1875; d. Feb 4, 1953
Henry Walter Sites - b. Feb 1, 1904; d. Feb 7, 1904; (s) of Robert C. & Maggie A. Sites
(rev) Joseph S. Riddle - b. Oct 16, 1852; d. Sep 8, 1926
Louise Florence Riddle - b. Nov 23, 1855; d. Feb 21, 1929
Anne E. Riddle - b. Mar 14, 1872; d. Jul 28, 1872

Johnnie H. Riddle - b. Sep 24, 1876; d. Dec 7, 1877
Frank M. Lever - b. Oct 22, 1896; d. _____
Louise Eargle Lever - b. Jan 21, 1894; d. Oct 29, 1974
Frances Aurelia Eargle - b. Oct 10, 1855; d. Jul 11, 1884
Joseph Walter Eargle, MD - b. Jul 14, 1847; d. Jan 4, 1936
Missouri Tucker Eargle - b. Apr 21, 1859; d. Jan 1, 1936
Jacob Luther Eargle - b. Dec 18, 1863; d. Jun 21, 1900
Lenora Ann Eargle - b. Jan 7, 1836; d. Nov 26, 1908
George Adam Eargle - b. Nov 18, 1831; d. Sep 8, 1914
Joseph Haltiwanger Eargle - b. Jun 19, 1876; d. Oct 11, 1926; mason

(f) George D. Richardson - b. May 18, 1879; d. Jan 2, 1953
(m) Willie E. Richardson - b. Nov 22, 1885; d. Apr 15, 1961

Dianna Marie Koon - b. Jun 30, 1943; d. Dec 16, 1945; (d) of L.C. & Amanda Koon
John Joseph Fulmer - b. Jul 17, 1868; d. Nov 30, 1950
Carrie E. Shealy - b. Sep 18, 1871; d. Oct 25, 1964
Perry S. Wise - b. Nov 2, 1880; d. Jul 3, 1958
Leila H. Wise - b. Feb 6, 1877; d. Feb 5, 1963
Mamie Elizabeth Haltiwanger - b. Jun 13, 1874; d. Feb 16, 1946
Lucia Bell McMillan Haltiwanger - b. Oct 20, 1876; d. May 23, 1954
Edwin Gantt Haltiwanger - b. Sep 5, 1872; d. Oct 18, 1931

(f) Jacob Eleazer Haltiwanger - b. Jun 7, 1846; d. Feb 8, 1929
(m) Martha M. Gantt - b. Apr 22, 1852; d. Dec 28, 1879

Harriet Veale - b. Aug 1804; d. Jun 6, 1872; (w) of Thomas L. Veale
Thomas L. Veale - d. Dec 11, 1846; age 60y
Martha M. Hoffman - b. May 28, 1832; d. Jun 20, 1852; (w) of Joseph Hoffman
J.M. Hoffman - b. Jun 13, 1852; d. Jul 1853; (d) of Joseph & Martha M. Hoffman
Henry Luther Wise - b. Mar 24, 1840; d. Feb 14, 1898
Frances Lujenia Derrick - b. Jul 6, 1845; d. Nov 17, 1908; his (w)
Mattie Ophelia Wise - b. Oct 7, 1877; d. Jul 30, 1899
Maxie E. Wise - b. Oct 23, 1896; d. Feb 6, 1919
Emma Dailey Wise - b. Jan 1, 1876; d. Mar 31, 1929; (w) of Joseph B. Wise
Joseph B. Wise - b. Apr 28, 1871; d. Feb 17, 1947
Henry Clarence Wise - b. Jun 2, 1875; d. Dec 1, 1944
Carroll V. Riley, Jr. - b. Jun 19, 1921; d. Jul 18, 1974; Tec 4 US A
Dial Derrick Price - b. Jul 31, 1918; d. Jan 4, 1963; SC MSgt USAF WWII
Robert Virgil Eargle - b. Oct 13, 1873; d. Nov 7, 1967
Hattie Celeste Shealy Eargle - b. Sep 14, 1878; d. Sep 27, 1946; (w) of Robert Virgil Eargle

Robert Bruce Eargle - b. Nov 8, 1907; d. Jun 5, 1910; (s) of Robert V. & Hattie C. Eargle
J. William Eargle - b. Sep 30, 1845; d. Feb 16, 1936
James Leon Eargle - b. Aug 16, 1909; d. Feb 3, 1944; Cassino, Italy Pvt
Adam E. Eargle - b. Nov 30, 1874; d. Jun 2, 1936
Myra Suber Eargle - b. Dec 22, 1883; d. Jul 17, 1959
Earnest C. Eargle - b. 1878; d. 1964
Carrie A. Eargle - b. 1884; d. 1976
William W. Eleazer - b. Nov 23, 1875; d. Apr 8, 1958
Eunice E. Eleazer - b. Dec 12, 1880; d. Jun 3, 1969
George W. Eleazer - b. Sep 25, 1918; d. Apr 3, 1960
Suzie Elizabeth Eargle - b. Jan 11, 1939; d. Jan 5, 1940; (d) of Mr. & Mrs. George C. Eargle
Allen M. Burnham - b. Jul 8, 1881; d. May 20, 1940

183. **Mt. Vernon Lutheran Church Cemetery**: On the left hand side of Rt 234, 1/2 mile north of the junction of State Rd 76 and Rt 216, White Rock, SC. This church was organized in Oct 1863 and merged with Bethel On High Hill Creek Church to form Bethel Lutheran Church in Oct 1929. May 1999

Lucy Bell Addy - b. May 2, 1911; d. Jul 6, 1913; (d) of Mrs. B.L. Addy
(m) Ada Slice Bickley - b. May 10, 1876; d. Sep 13, 1970
(d) Minnie Agnes Bickley - b. Jul 18, 1920; d. Jul 20, 1920
(d) Lucile Bickley Davis - b. Mar 18, 1911; d. Oct 2, 1938
David Julius Dickert - b. Jul 13, 1850; d. Sep 14, 1929; aged 79y 2m
Barbara Caroline Dickert - b. Jul 13, 1853; d. Jan 6, 1944; aged 90y 5m 24d
Eddie R. Eleazer - b. Jul 21, 1914; d. Aug 11, 1914; (d) of C.B. & Susan Eleazer
James L. Eleazer - b. Feb 3, 1914; d. Apr 15, 1918
Bowman B. Eleazer - b. Jun 7, 1906; d. Dec 10, 1906
Robert H. Eleazer - b. Mar 18, 1904; d. Jun 7, 1904
John G. Eleazer - b. May 10, 1902; d. Oct 4, 1902
Willie O. Eleazer - b. Jun 10, 1900; d. Jul 18, 1902
Lillie R. Eleazer - b. Mar 2, 1899; d. Jun 14, 1900
Robert Lee Eleazer - b. May 19, 1923; d. Jul 18, 1984; ADR 1 US N WWII
William Robert Eleazer - b. Nov 2, 1860; d. Nov 13, 1936
Mary I. Eleazer - b. Jun 6, 1862; d. Apr 10, 1911
William P. Eleazer - b. Feb 19, 1887; d. Apr 6, 1911
Henry C. Eleazer - b. May 18, 1893; d. Oct 6, 1951; SC Bugler 18 MG Bn 6 Div WWI
Annie Belle Eleazer - b. Oct 14, 1901; d. Feb 12, 1981
Lucy Dell R. Hallman - b. Sep 22, 1908; d. Oct 3, 1988

	J.P. Jacobs - b. Jan 22, 1880; d. Oct 18, 1923
	Mary I. Jacobs - b. Feb 22, 1879; d. Aug 17, 1922; (w) of J.P. Jacobs
	George I. Little - b. May 27, 1884; d. Dec 13, 1913
(d)	Nellie L. Little - b. Aug 19, 1911; d. Sep 3, 1926
(inf)	Meetze - b. Jun 4, 1911; d. Jun 4, 1911; (d) of Levi G. & N.E. Meetze
(f)	David A. Richardson - b. Aug 27, 1839; d. Feb 10, 1924
(inf)	David Richardson - d. Jul 6, 1908; (s) of Mr. & Mrs. D.D. Richardson
	Harriette Kesler Richardson - b. Aug 8, 1874; d. Jun 30, 1956
(m)	Julia A. Richardson - b. Dec 26, 1845; d. May 11, 1924
	James Wilson Richardson - b. Sep 17, 1913; d. Mar 18, 1924
	John Perry Richardson - b. Oct 2, 1869; d. Aug 2, 1950
	Jacob Luther Richardson - b. May 17, 1856; d. Jun 11, 1937
	Louise Frances Richardson - b. Apr 14, 1859; d. Nov 26, 1923
	Annie R. Richardson - b. Apr 4, 1886; d. Feb 12, 1922; (w) of J. Willie Richardson
	J. Willie Richardson - b. Nov 13, 1883; d. Jun 18, 1966
	Maggie W. Richardson - b. Oct 16, 1895; d. Dec 31, 1978
	Ernest Oneal Richardson - b. Sep 19, 1909; d. Nov 12, 1912; (s) of J. Willie & Annie R. Richardson
(inf)	Preston David Richardson - d. Jul 6, 1908; (s) of Mr. & Mrs. C.D. Richardson
	Roland Seigler - b. 1912; d. 1928
	J. Vermelle Shealy - b. Feb 17, 1899; d. Mar 7, 1899
	L.W.P. Shealy - d. Jan 13, 1916; age 68y
	Mahala Shealy - b. Dec 26, 1845; d. Dec 11, 1905; (w) of P.W. Shealy
	David Earl Shealy - b. Sep 12, 1896; d. Jul 24, 1897; (s) of J.C. & A.A. Shealy
(f)	Ernest U. Shealy - b. Jul 8, 1872; d. Feb 28, 1970
(m)	Maggie R. Shealy - b. May 8, 1880; d. Feb 13, 1970
(f)	Jacob Ed Shealy - b. 1875; d. 1962
	Margie Theresa Shealy - b. Feb 24, 1922; d. Nov 12, 1923
(m)	Mary Ophelia Shealy - b. Dec 20, 1886; d. Mar 9, 1925
	Lucy Bell Shealy - b. May 2, 1911; d. Jul 6, 1913; (d) of Mrs. B.B. Addy
	Nellie Margaret Shealy - b. Nov 10, 1912; d. Sep 12, 1914; (d) of Mr. & Mrs. H.S. Shealy
(f)	Sam D. Shealy - b. Jul 10, 1839; d. Dec 12, 1924
(m)	Sarah E. Shealy - b. Oct 26, 1837; d. _____
(inf)	Shealy - b. Oct 11, 1906; d. Oct 18, 1906
(inf)	Shealy - d. Sep 1, 1915
(inf)	Shealy - d. Jul 10, 1917

(sis)	Margie Dell Smith - b. Aug 12, 1933; d. Oct 20, 1933; (d) of H.W. & Marcile Smith Mary J. Yenny Wilson - b. Jan 20, 1882; d. Aug 10, 1956; (w) of G.I. Little George D. White - b. Feb 4, 1858; d. Nov 27, 1936 Weddie Harris White - b. Jul 1, 1872; d. Feb 15, 1912; his (w)

184. **Murdoch Cemetery**: On R. Stoudemire Rd about 1/8 mile north of Broad River Rd, Summerville, SC. Nov 20, 1999

Tirzah Murdock - b. May 30, 1827; d. Jul 30, 1899; (w) of Andrew Murdock
Andrew Murdoch - b. Jul 28, 1828; d. May 13, 1890; A bridge builder from Ochiltree, Ayrshire, Scotland
Mary J. Murdoch - b. 1872; d. 1893
Murdoch - no dates; (inf) of James A. Murdoch
James A. "Sandy" Murdoch - b. 1862; d. 1896
Georgianna Epting - b. Oct 25, 1833; d. Nov 27, 1856; consort of J.B. Epting
Catherine L. Epting - b. Mar 27, 1854; d. Jun 9, 1855
P.L.E. Epting - b. Nov 19, 1838; d. Nov 6, 1884; consort of T.N. Epting
Lillie Viola Epting - b. Sep 12, 1885; d. Mar 19, 1898

(m)	Anna E. Summer - b. May 28, 1858; d. Dec 8, 1890*
(inf)	Holland B. Summer - b. Apr 4, 1890; d. Sep 20, 1890*
	John William Murdoch - b. Apr 21, 1871; d. Sep 28, 1897

185. **Nates Memorial Cemetery**: On a hill at the corner of Chartwell St and Chelveston Dr, St. Andrews, Columbia, SC. It is said that a developer accidently removed the original stones and later a single marker was placed at this site which reads: Nates Memorial - settled 1773, three land grants. Sep 1999

Jacob Nates - no dates
Barbara Nates - no dates
Mary Nates - no dates
Daniel Wade Nates - no dates
Rebecca Nates - no dates
James Wade Nates - no dates
Carolyn Geiger Nates - no dates
Francis Nates - no dates
Sallie Nates - no dates
Billie Nates - no dates
James Andrew Geiger - no dates
Harriel Geiger - no dates
Pepi Geiger - no dates
Martin Geiger - no dates
Robert Geiger - no dates

David Geiger - no dates
Francis Geiger - no dates
(inf) Bolton - no dates
(inf) Cooper - no dates
Will Buff - no dates

186. **Nunamaker Graveyard**: At 1319 Young Dr, St. Andrews, Columbia, SC. 1999

Henry C. Nunamaker - b. Sep 1, 1836; d. Oct 31, 1902
Martha Ann Nunamaker - b. Aug 3, 1820; d. Jul 29, 1899; (w) of Godfrey B. Nunamaker
Godfrey B. Nunamaker - d. Mar 8, 1866; age 55y 7m 22d
Mary Ann Nunamaker - d. Sep 26, 1839; age 65y 5m 10d; consort of Jacob Nunamaker
Harriet E. Byers - d. May 6, 1835; age 20y; stone placed by (h) Samuel Byers
William Bachman Nunamaker - b. Jul 14, 1863; d. May 29, 1879

187. **Old Derrick Graveyard**: Near the intersection of Kennerly Rd and Eleazer Rd, northeast of Ballentine, SC. 1978

Godfrey Derrick - d. Mar 22, 1873; age 77y 3m 7d
Kissiah Derrick - d. Mar 13, 1873; age 73y 6m 27d
Harmon J. Derrick - d. May 11, 1871; age 35y 28d
Joseph Bouknight - d. May 15, 1865; age 52y

188. **Pine Grove A.M.E. Church Cemetery** Near the corner of Broad River Rd and Dan Comalander Rd, Summerville, SC. Dec 3, 1999

John William Smith - b. Jun 27, 1916; d. Mar 4, 1981
Leroy Smith - b. Feb 28, 1938; d. Nov 29, 1983; US A
James Boyd - b. 1925; d. 1994
John M. Byrd - b. Jun 23, 1923; d. Mar 13, 1996; S1 US N WWII
(m) Virginia Boyd Robinson - b. Dec 14, 1915; d. Feb 11, 1997
Malverse Mayers - d. Feb 6, 1991
(h) Thomas S. Trapp - b. Aug 30, 1906; d. Sep 10, 1980
Hattie Trapp - b. Sep 18, 1908; d. Jul 8, 1969
(f) Willie A. Boyd - b. Jul 25, 1880; d. Sep 25, 1970*
Estelle N. Boyd - b. Jul 21, 1886; d. Jul 26, 1976*
James Wade Trapp - b. Jan 12, 1928; d. Jun 16, 1979; SSgt US A Vn
Wade Trapp - b. Feb 1, 1909; d. Nov 4, 1985; US A WWII*
Janie L. Trapp - b. Feb 23, 1908; d. _____ *
Janie L. Boyd - b. 1895; d. 1986
Phyllis Louise Trapp Smith - b. Dec 8, 1951; d. Sep 16, 1990
Hulie F. Nelums - b. Dec 4, 1922; d. Oct 27, 1996
Bruce Corley - b. Jul 4, 1907; d. Apr 25, 1990
Beatrice Carr - d. Apr 20, 1978

	Owen J. Nelums - d. Apr 27, 1974
	Hattie Eichelberger - d. Aug 30, 1966
	John Eichelberger - d. Mar 2, 1965
	Herbert Kirkland - no dates; US N WWII
	Loretta Wicker - d. Jul 21, 1968
	Thelma N. Smith - b. Jul 11, 1927; d. ____*
	James S. Smith - b. Sep 15, 1924; d. Dec 29, 1962*
	Jannie Mae Stone - d. Jan 18, 1959
(f)	Elliot Summer - b. 1863; d. 1957
(w)(m)	Annie Johnson Horne - b. Aug 1, 1897; d. Jun 11, 1976
	Bates - b. Nov 9, 1997; d. Nov 9, 1997; (inf) of Ruth & Peter Bates
	James Cunningham - b. Sep 2, 1932; d. Oct 2, 1998
(m)	Jannie Cunningham - b. May 10, 1902; d. Jul 3, 1984
	Chalmers Cunningham - b. Jan 1, 1915; d. Mar 4, 1980
	Theodore "Buster" Ringer - b. Mar 30, 1894; d. Apr 21, 1967
	Eliza Crawford Ringer - b. Aug 12, 1895; d. Mar 9, 1966
	James Isaac Metts - b. Oct 14, 1956; d. Dec 27, 1956
(w)	Inez Ringer Heller - b. Jul 22, 1922; d. Jan 6, 1956
	George Willie Heller, Sr. - b. Jul 20, 1917; d. Mar 9, 1977; S2 US N WWII
	Estelle R. Boyd - b. 1883; d. 1968
	Carrie J. Eleazer - b. Sep 21, 1899; d. Dec 27, 1969
	Freddie D. Eleazer - b. Jan 11, 1925; d. Dec 12, 1976; US A
	William Eleazer - b. 1894; d. 1984; PFC US A WWI
	George Leslie Eleazer - b. 1922; d. 1992; SN US N WWII
	Narra N. Belton - b. Aug 17, 1896; d. Nov 7, 1977
	Albert S. Boyd - b. Aug 31, 1909; d. Dec 29, 1970*
	Jessie M. Boyd - b. Mar 4, 1909; d. ____*
(h)	Henry Morris Tobias, Sr. - b. Oct 28, 1923; d. Apr 6, 1998; US A WWII
	Berneatha Elizabeth Tobias - b. Jan 24, 1922; d. Jul 1, 1987
(f)	Henry Bowman Tobias, Jr. - b. Apr 4, 1892; d. Aug 6, 1974*
(m)	Minnie Boyd Tobias - b. Jun 1, 1895; d. Jan 11, 1971*
(b)	Robert Frances Boyd - b. Nov 13, 1910; d. Feb 28, 1984
(sis)	Ethel Bernice Boyd - b. Sep 12, 1900; d. Jul 18, 1988
	Roy Lee "Sheet" Wicker - b. Jan 31, 1920; d. Aug 5, 1995
	Robert Wilson - b. 1916; d. 1984; Pvt US A WWII
(m)	Jazie Bell Wilson - b. Jul 20, 1923; d. May 12, 1980
	James E. Boyd - b. Dec 10, 1959; d. Mar 5, 1990
	Robert B. Ringer, Sr. - b. Jan 16, 1910; d. Dec 19, 1995
(m)	Julia T. Ringer - b. Sep 22, 1907; d. ____*
(f)	Charlie A. Ringer - b. Feb 20, 1907; d. Feb 21, 1992*
(b)	James "Morris" Jackson - b. Nov 29, 1936; d. Apr 9, 1998
	Joseph Edwar Boyd - b. Sep 26, 1948; d. Jan 24, 1991
	John Adam Johnson - b. Jul 22, 1926; d. Oct 9, 1991; Pvt US A Kr
	Preston Summers - d. Mar 24, 1912; age 33y

	Louise E. Summer - b. Jun 30, 1901; d. Dec 25, 1904
	John R. Kirkland - b. 1876; d. 1948*
	Mary J. Kirkland - b. 1875; d. 1963*
	Nancy Summer - d. Oct 2, 1881; age 44y 5m
	John R. Kirkland - b. 1876; d. 1948
	Jacob Luther Shackelford - b. Jan 18, 1877; d. Sep 10, 1881; age 7y 7m 22d
	Emma Ringer - b. 1875; d. 1950; (w) of Tom A. Ringer
(f)	Tom A. Ringer - d. Dec 19, 1944*
(s)	James Ringer - d. Jul 23, 1944*
	Isola Ringer - b. Dec 26, 1903; d. Jul 3, 1930
	Willie Geneva Ringer - b. Sep 18, 1906; d. Jul 23, 1926; (d) of Tom & Emma Ringer
	Martha Louise Ringer - b. Apr 30, 1896; d. Dec 31, 1923; (d) of Tom & Emma Ringer
	Lena Trapp - d. Oct 13, 193_
	Alice M. Ringer - b. Dec 17, 1865; d. Oct 2, 1938
	Florence Agnes Ringer - b. Dec 29, 1888; d. Apr 26, 1928; (d) of Charlie & Alice M. Ringer
	Charlie Ringer - b. Dec 15, 1860; d. Jun 29, 1924
	Frank Johnson - b. Mar 1, 1895; d. Sep 19, 1922
	Josephine Boyd - b. 1878; d. 1955*
	Vashtie Eleazer - b. 1899; d. 1953*
(m)	Mary H. Boyd - b. May 12, 1885; d. Dec 10, 1952
	Henry M. Boyd - b. 1875; d. 1962
(m)	Elizabeth Boyd - b. 1878; d. 1939*
(d)	Eva Boyd - b. 1913; d. 1935*
	Richard S. Boyd - b. Oct 25, 1844; d. Jul 25, 1924
	John S. Boyd - b. Jun 12, 1878; d. Aug 20, 1919
	Florence Boyd Eleazer - b. Sep 7, 1878; d. Mar 18, 1939
	Willie D. Kirkland - b. Aug 7, 1900; d. Apr 26, 1920; (s) of Martha E. Kirkland
	Martha Elizabeth Kirkland - b. Nov 21, 1873; d. Apr 23, 1912; (w) of Willie D. Kirkland
	John Byrd - b. 1898; d. 1950
	Walter Singley - b. 1878; d. 1952
(m)	Luvicer B. Boyd - b. Jun 9, 1889; d. Aug 10, 1955
	Henry E. Boyd - b. Jan 2, 1907; d. Jun 18, 1962
	John H. Boyd - b. Oct 10, 1882; d. Apr 27, 1965
	Voyce E. Boyd - b. Oct 2, 1912; d. Mar 28, 1973; SC SSgt US A WWII
	Mary J. Boyd - b. Jan 7, 1888; d. Aug 9, 1951; (w) of Bunion Boyd
	Amanda Nelums Boyd - b. Jul 4, 1887; d. Jul 5, 1922; (w) of J.W. Boyd
	Lula Thomas - b. Sep 5, 1885; d. Feb 7, 1913; (w) of S. Thomas
	Minnie E. Smith - b. May 7, 1893; d. Aug 27, 1965

Sol Smith - b. Mar 10, 1891; d. Jun 15, 1946; (h) of Minnie E. Smith
William Smith - d. Aug 18, 1924; age 69y*
Lizzie Boyd Smith - d. Oct 23, 1924; age 60y; (w) of William Smith*
James Boyd - b. May 3, 1901; d. Apr 10, 1923
Christoph Joseph Boyd - b. Apr 12, 1908; d. Aug 7, 1909; (s) of P.M. & S. Boyd
James P. Mayer - b. Sep 15, 1879; d. Oct 20, 1909
Hampton Mayer - b. Jul 4, 1843; d. Dec 20, 1908
Sarah Johnson - b. Aug 9, 1831; d. Jun 5, 1907
Frances L. Roberson - b. Feb 28, 1877; d. Oct 26, 1906
Eddie Williams Eleazer - b. Jul 8, 1915; d. Jul 29, 1915
C. Pickens Haltiwanger - b. 1862; d. 1932
(inf) Hiller - b. Sep 3, 1910; d. Feb 8, 1941; (d) of Mr. & Mrs. J.B. Hiller
Henrietta Boyd - b. Apr 14, 1844; d. Apr 12, 1934
Peties Boyd - b. 1862; d. 1935
(f)(rev) Thomas H. Ringer - b. Jul 18, 1870; d. Feb 27, 1949
Wade Boyd - b. Mar 12, 1871; d. Mar 3, 1949
Sarah Boyd - b. Aug 16, 1873; d. _____
Julian Kenslar - b. Feb 27, 1842; d. Oct 8, 1947
Ervin Hall - b. 1856; d. 1951
Carrie H. Nelums - b. Oct 9, 1873; d. Feb 14, 1959*
John W. Nelums - b. Aug 15, 1872; d. Dec 26, 1956*
Martha Louise Johnson Fulmer - b. Aug 1, 1870; d. May 20, 1959

189. **Piney Grove Cemetery**: At the corner of Piney Grove Rd and Foxfire Dr, Irmo, SC. Aug 14, 1999

Ruth L. Long - b. 1909; d. 1992
Frederick Jefferson Metze - b. Dec 31, 1892; d. May 5, 1984; Cpl US A WWI*
Lilla B. Metze - b. Jun 1, 1900; d. Oct 10, 1988*
Serprender Clark Mabry - b. Dec 20, 1900; d. _____; mar Mar 4, 1946*
James E. Mabry - b. Apr 1, 1914; d. Jul 29, 1990*
(h) Robie Isaac - b. Sep 12, 1912; d. Dec 12, 1987*
(w) Edna C. Isaac - b. Nov 19, 1914; d. Sep 29, 1987*
(w) Ruby Frazier - b. 1912; d. _____*
Hugh A. Frazier - b. 1916; d. 1982*
Miley Jessie, Sr. - b. Dec 18, 1909; d. Jun 2, 1974; S1 USNR
Charlie Graham - b. 1875; d. 1940*
Susanna Graham - b. 1878; d. 1968*
Elizabeth G. "Liz" Able - b. Apr 6, 1913; d. Nov 13, 1993*
Tazzle Able - b. Nov 29, 1906; d. _____ *
Katherine Giles Reeves - b. Jul 6, 1920; d. Nov 18, 1995; age 75y
James Thomas Reeves - b. 1919; d. 1987; Sgt US A WWII
Arthur Johnson - b. Aug 12, 1886; d. Mar 13, 1947

(m)	Mary J. Taylor - b. 1910; d. 1969
	Iradella Kayretha Cunningham - b. Dec 16, 1967; d. Dec 20, 1971
	Ruth G. Smith - b. Aug 8, 1909; d. Dec 9, 1997; age 88y
	Idella R. Cunningham - b. Aug 20, 1931; d. ____*
	James Thomas Cunningham - b. Sep 5, 1930; d. Mar 14, 1984*
	Andrew Wimbush - b. Aug 16, 1899; d. Jan 9, 1967
	Carrie Bell Cooper - b. Aug 28, 1913; d. Sep 20, 1994*
	Wade Hampton Cooper - b. Jul 25, 1911; d. Aug 8, 1984*
(m)	Nina M. Blocker - b. May 11, 1930; d. Jun 12, 1995
(m)	Corine Kinard - b. Apr 16, 1915; d. Oct 27, 1987*
(f)	Eddie Kinard - b. Mar 18, 1916; d. Feb 27, 1997*
	Chandra Rhett Artis - b. Aug 6, 1971; d. Jul 27, 1999
	John H. Lorick - b. 1907; d. 1975
	Calvert Henry Rhett - b. Mar 27, 1927; d. Oct 21, 1991; MSgt USAF
	Florence Rawls - b. Mar 20, 1897; d. Sep 9, 1969
	Charlie Nixson - b. Mar 10, 1876; d. Jan 18, 1932*
	Savannah Nixson - b. Apr 20, 1887; d. Aug 24, 1946*
	Robert Nixon - b. 1925; d. 1976; US N WWII
	Stevie Lovelace - b. Oct 17, 1953; d. Feb 15, 1996; (s) of Myrtle Dixon
	Beulah Rhett Graham - b. 1919; d. 1989
	Barbara Ann Rhett - b. May 1819; d. Aug 9, 1819
	Howard Heyword Rhett - b. Jun 4, 1935; d. Jun 28, 1935
	Pauline Rhett - b. Aug 8, ____; d. ____
	Ollie Mae Rhett - no dates
(rev)	Howard P. Rhett - b. 1895; d. 1974*
	Daisy G. Rhett - b. 1900; d. 1978*
	William Francis Blocker - b. 1933; d. 1988; US A Kr
	Edward Blocker - b. Mar 4, 1940; d. ____*
(m)	Marie D. Blocker - b. Mar 15, 1903; d. Apr 8, 1998*
(m)	Lucy Myers - b. 1845; d. 1940
	Paul Myers - b. 1888; d. 1945
	Warren Watkins - b. Oct 15, 186_; d. May 8, 1953
	Carrie Watson - b. 1872; d. 1955*
	Carrie Watkins - b. 1891; d. 1955*
	Mary J. Swygert - b. Aug 10, 1874; d. Oct 3, 1956
	R.L. Swygert - b. 1874; d. 1961
	Leola D. Smith - b. Feb 5, 1934; d. Jan 29, 1995
	Rubie Reeves Smith - b. Jun 26, 1935; d. Apr 21, 1984
	Alfred Corley, Sr. - b. Jul 28, 1895; d. May 1, 1972*
	Leathia T. Corley - b. Aug 26, 1905; d. Jan 4, 1976*
	Corrine B. Bouknight - b. Nov 15, 1923; d. Mar 30, 1943
(m)	Sarah Bouknight - d. 1950*
(f)	Pharoh W. Bouknight - d. 1926*
	Rosa Richardson - d. May 16, 1955

John H. Highsmith - b. Jul 6, 1915; d. Jun 30, 1979*
Alice M. Highsmith - b. Dec 22, 1917; d. Aug 28, 1961*
Christopher Columbus Daniels - b. Jan 25, 1928; d. Oct 12, 1990; USMC Kr
Cecelia Williams - b. May 14, 1903; d. Oct 22, 1983
Harold Blockett - b. 1917; d. 1983
Millie W. Reese - b. Mar 20, 1888; d. Dec 12, 1977
Vishti W. Moore - b. Sep 21, 1899; d. Dec 14, 1974
(m) Pricilla B. Duckson - b. May 15, 1904; d. Aug 3, 1974
Swygert Family - no dates
Boisey Kemp - b. May 3, 1892; d. Sep 13, 1961; SC Mech Co M 63 Pnr Inf WWI
Joseph Swygert - b. Feb 3, 1911; d. Jun 16, 1975; PFC US A WWII
Samuel _____ - b. Oct 17, 1917; d. Apr 28, 1918
(m) Mary William Blockett - b. May 3, 1886; d. May 1, 1944
William Good - b. Sep 4, 1883; d. Dec 11, 1931
Daisy J. Rhett - b. 1889; d. 1966
(h) Forrest Elliott Spencer - b. Dec 10, 1909; d. _____; mar Oct 16, 1934*
(w) Girlena Clark Spencer - b. Jan 11, 1915; d. Jan 11, 1989*
(f) Tommy Tucker - b. Dec 2, 1934; d. _____*
(m) Lucille B. Tucker - b. Sep 19, 1938; d. Apr 21, 1996*
Angella Clark - b. Jan 13, 1963; d. Jan 25, 1965
Cora L. Corley - b. Apr 11, 1930; d. Jan 29, 1969
Davey Mack Toatley - b. Jul 8, 1941; d. Mar 18, 1999*
Mack E. Toatley - b. 1907; d. 1965*
Nola S. Toatley - no dates*
(f) Walter J. Suber - b. Mar 8, 1868; d. Jun 30, 1929*
(m) Mary J. Suber - b. Mar 2, 1870; d. Dec 28, 1971*
Martha E. Suber - b. Feb 13, 1903; d. Oct 8, 1992
Adeline W. Boyd - b. Jun 13, 1900; d. Sep 22, 1958
Lessie Nixon - no dates
L.A. Suber - d. Feb 27, 1928
(m) Rosa Lee McAllister - b. 1934; d. 1999
(b) Allen Cooper - b. Jul 18, 1917; d. Apr 27, 1964
(f) Henry Cooper - b. Mar 7, 1886; d. Jun 3, 1947*
(m) Martha Nixon Cooper - b. Mar 15, 1881; d. Aug 25, 1959*
Tessie Faust - b. May 7, 1922; d. Jan 3, 1997
David Elliott Faust - b. 1952; d. 1994
Leslie M. Wright - b. May 22, 1907; d. May 2, 1991
Mattie M. Faust - b. Apr 2, 1913; d. Oct 17, 1979
James Wright - b. Jun 6, 1903; d. Jul 24, 1973
(h) Press Sawyer Steel, Jr. - b. Apr 1, 1903; d. Jun 29, 1965
(m) Gracie Faust Johnson - b. May 12, 1892; d. Sep 29, 1961
Ernest Rhett, Jr. - b. 1937; d. 1999
(m) Emma C. Rhett - b. Apr 15, 1915; d. Oct 20, 1971*

(f)	Ernest H. Rhett, Sr. - b. May 23, 1916; d. _____ *
(d)	Neola R. Rice - b. Mar 17, 1918; d. _____
(f)	Sherod W. Rhett - b. 1891; d. 1967*
(m)	Nancy H. Rhett - b. 1893; d. 1973*
	Happy Rhett - b. 1866; d. 1949
(gf)(h)	George P. Washington - b. Jun 13, 1909; d. Apr 21, 1981 (f)
(m)	Daisy L. Kyser - b. May 13, 1900; d. Aug 20, 1963
	Melvin Hipp - d. Mar 21, 1941
	Maggie Hipp - b. Jan 1870; d. Dec 3, 1949
	Edward Reeves - d. May 1956
	Delores Brown - b. Jan 15, 1937; d. Oct 2, 1992
	Janie Skeith - Aug 18, 1897*
	Simeon Skeith - Sep 10, 1931*
	Rosetta Metze - b. 1890; d. 1890*
	Hasker Metze - b. 1889; d. 1889*
	Jasper Metze - b. 1889; d. 1901*
	Gettie Metze - b. 1897; d. 1898*
	Thomas G. Metze, b. 1900; d. 1900*
	Bertha Metze - b. 1888; d. 1915*
	Faith Metze - b. 1899; d. 1919
	Malachi W. Baxter - b. 1926; d. 1988; PFC US A WWII
	Lucy Baxter - b. Apr 9, 1879; d. Jun 3, 1948
	Rosa W. Aiken - b. May 5, 1909; d. Feb 5, 1962
	Johnnie H. Aiken - b. Apr 8, 1902; d. Feb 2, 1963
	John L. Ray - b. 1933; d. 1983; US A WWII
(m)	Ellen B. Mills - b. Jun 5, 1931; d. Feb 8, 1999*
(f)	Bernard Mills - b. Dec 7, 1927; d. _____ *
	Hester A. Mills - b. Dec 14, 1885; d. May 29, 1971
	Toney B. Mills - b. Aug 31, 1876; d. Feb 16, 1963
	Ella B. Nixon - b. Jan 13, 1892; d. Feb 8, 1966*
	Sumpter Nixon - b. Sep 5, 1890; d. Jan 28, 1981*
	Novie W. Nixon - b. Oct 15, 1922; d. Jun 20, 1997; Cpl US A
	David Aiken - Jan 24, 1924; SC Pvt 304 Labor Bn
	Janie M. Lorick - b. Feb 23, 1886; d. Jan 23, 1919
	Adam Metze - b. 1862; d. 1937
	Evan Metze - b. Aug 14, 1867; d. May 2, 1907
(rev)	George W. Stewart, Sr. - b. 1884; d. 1974
	Willis Stewart - b. 1836; d. 1918*
	Rachel Stewart - b. 1840; d. 1925*
	Essie Barnes - b. 1881; d. 1934
	Willie H. Barnes - Jun 1943
	Andrew Barnes - b. 1907; d. 1935
(m)	Lucinda Washington - b. 1865; d. 1940
	James Washington - b. Dec 15, 1887; d. Apr 10, 1961*
	Lessie Washington - b. Mar 17, 1889; d. Apr 25, 1970*

Burley Washington - b. 1890; d. Jul 25, 1965; MA PFC 14 Co 154 Dep Brig WWI
Melvin Rush - b. Jun 11, 1934; d. Dec 6, 1971; NY PFC USMC Kr
Emmaline Barnes - b. May 1, 1917; d. May 11, 1973
Aaron M. Barnes - b. May 26, 1912; d. Jun 16, 1978; Pvt US A WWII
Gussie Dash - b. Dec 25, 1895; d. Feb 2, 1982
Jonas W. Talley, Jr. - b. Dec 10, 1914; d. Nov 6, 1983; Pvt US A WWII
Pompie Brazzle - b. Dec 9, 1897; d. Apr 6, 1963
(f) John I. Lybrand - b. Sep 14, 1907; d. Jun 26, 1971*
(m) Laura G. Lybrand - b. Jan 7, 1908; d. Oct 5, 1975*
(b) Thomas Gallman - b. Oct 2, 1926; d. Aug 28, 1971; SC PFC 438 Qm Gas Sup Co WWII
Henry Foster - b. Jan 20, 1910; d. Feb 8, 1991
Henrietta Reeves Hammonds - b. Feb 16, 1890; d. May 13, 1969
Isaiah Wingard, Jr. - b. 1944; d. 1998
Roxie H. Richardson - b. Nov 17, 1926; d. Jan 16, 1976
Rachel Wingard - b. Nov 6, 1852; d. Feb 22, 1919
Mary Wingard - b. 1874; d. 1961
Otis Wingard, Sr. - b. 1913; d. 1976
(m) Berthenia E. Richardson - b. May 8, 1911; d. May 8, 1991
(m) Lelia Palmer Richardson - b. 1905; d. 1981
(m) Emma R. Williams - b. Jan 26, 1900; d. Oct 25, 1971
Nezzie A. Richardson Williams - b. May 19, 1897; d. Jan 8, 1978
Samuel H. Richardson - no dates; first born (s)
(f) Willie Richardson - b. 1857; d. 1920*
(m) Della Richardson - b. 1872; d. 1941*
(m) Bessie "Shag" Faust - b. Sep 14, ____; d. Jan 30, 1986; age 71y
Dolly Faust Brown - b. Oct 15, 1920; d. Aug 25, 1987
Marie Hipp - b. 1902; d. 1997
(m) Emma Dominick - b. Feb 20, 1873; d. Jan 14, 1934
Henry Arthur Starks - b. 1915; d. 1985; Tec 5 US A WWII
Ahab Parris - b. Jun 18, 1895; d. Mar 20, 1950; SC Pvt 304 Stev Regt Engr Corps WWI
Rachel Mae Faust - b. Nov 8, 1943; d. Jun 1, 1985
Rachel Faust - b. 1888; d. 1958
Pink Faust - b. Nov 11, 1899; d. Oct 22, 1969*
Agnes R. Faust - b. Dec 23, 1892; d. Aug 17, 1981*
Annie Bell Harmon - b. Oct 20, 1931; d. Sep 5, 1971; Love Jesse
Johnny Myles - b. May 20, 1932; d. Nov 16, 1983; Love Abraham
Theodore J. Lowman- b. Jun 2, 1913; d. Apr 26, 1996; US A WWII
(f) Thomas C. Kenly - b. Nov 23, 1913; d. Jun 10, 1994; US A*
(m) Telicious F. Kenly - b. Sep 7, 1919; d. ____*
(s) Calvin J. Kenly - b. Oct 15, 1946; d. Jun 29, 1994*
Talmadge Avery Kenly - b. May 15, 1948; d. Feb 24, 1976

(m)	Minnie Lowman - b. Apr 12, 1892; d. Sep 25, 1995*
	James Lowman - b. Mar 8, 1890; d. Sep 25, 1965*
	Julius Rawls - b. Apr 14, 1941; d. Sep 8, 1984
(f)	Willie C. Clark - b. 1876; d. 1946*
(m)	Estell A. Clark - b. 1883; d. 1964*
	Julia I. Rawls - b. 1881; d. 1956*
	John Q. Rawls - b. 1877; d. 1951*
(m)	Minnie Clark - b. 1887; d. 1949*
(f)	James H. Clark - b. 1881; d. 1955*
(m)	Annie Thompson Starks - b. Aug 1, 1893; d. Feb 19, 1962
	Spencer McKenzie - b. 1891; d. 1959*
	Eliza McKenzie - b. 1889; d. 1975*
	Collen Thompson - b. 1844; d. 1927
	Edith Thompson - b. Dec 1, 1859; d. Sep 7, 1925
(h)	Quincy Albert Foust - b. Sep 9, 1963; d. May 3, 1991
	Haskel Foust - b. Oct 3, 1954; d. Oct 3, 1954
	Alex Washington - d. Jan 5, 1924; age 67y
	Della Lomon - b. 1870; d. 1906*
	Garrie Lomon - b. 1867; d. 1927*
	James Foust - b. 1887; d. 1965*
	Pearl J. Foust - b. 1900; d. 1998*
	Joe Metz - b. 1896; d. 1968*
	Elizabeth Metz - b. 1896; d. 1982*
	Hebrew Lorick, Sr. - b. Mar 10, 1878; d. Feb 18, 1965
	Annie R. Paris - d. Apr 23, 1985*
	W. Osceola Paris - b. Jul 8, 1903; d. Jan 9, 1970*
(w)	Nancy P. Corley - b. Jan 15, 1915; d. Aug 25, 1981*
	Leroy Corley - b. Aug 8, 1914; d. Aug 10, 1991*
(m)	Mary P. Richardson - b. Mar 25, 1899; d. Oct 2, 1969
(sis)	Jannie Paris - b. 1897; d. 1951
	Mattie P. Lorick - b. Dec 5, 1894; d. Dec 18, 1950
	Patsy Picola Paris - no dates
	Harriett Isolene Paris - no dates
	Wade P. Paris - b. Apr 11, 1870; d. Sep 12, 1925*
	Nancy P. Paris - b. Jul 8, 1878; d. Jun 12, 1945*
	Frank Hyler - b. Apr 16, 1808; d. Dec 9, 1901; age 93y*
	Eliza Hyler - d. Dec 18, 1890*
(rev)	Henry H. Redmon - b. Sep 29, 1890; d. Dec 17, 1965*
	Lillie O. Redmon - b. Mar 4, 1895; d. Jan 16, 1982*
	Annie Hyler - b. 1906; d. 1906
	Joesillo Hyler - b. 1876; d. 1905

190. **Polly Smith Grave**: Four and a half miles north of Ballentine, SC. 1982

Polly Smith - d. Jan 8, 1837; age 51y

191. **Richardson-Beatty Graveyard**: At the corner of Shady Ln and Gallard St, Irmo, SC. Aug 10, 1999

Anna Knuckles - d. Nov 11, 1927; (w) of T. Knuckles; age 65y
Ella J. Richardson - b. Jun 12, 1876; d. Oct 8, 1957*
J.E. Richardson - b. Oct 18, 1872; d. Jan 23, 1933*
Henry C. Richardson - b. Feb 14, 1902; d. May 15, 1933*
Robert E. Richardson - b. Jan 29, 1904; d. Jan 5, 1993
Chevie H. Richardson - b. Feb 22, 1892; d. May 4, 1944
C. Douglas Wilkerson - b. 1919; d. 1921*
Dorris E. Wilkerson - b. 1921; d. 1921*
Eunice Richardson Beatty - b. Jul 12, 1916; d. Oct 18, 1991*
Raye Louise Beatty - b. Dec 3, 1940; d. Jun 7, 1946*
John David Beatty - b. Dec 17, 1910; d. Nov 3, 1953*

192. **Salem United Methodist Church Cemetery**: Near the junction of Rt 6 and Hwy 156, 2 miles southeast of Ballentine, SC. 1982

Hermes C. Bouknight - b. Oct 28, 1918; d. _____
Lurleen M. Bouknight - b. Feb 5, 1919; d. Nov 17, 1960
Johnnie W. Meetze - b. Sep 22, 1895; d. _____
Eula W. Meetz - b. Feb 18, 1900; d. _____
Charles D. Weed - b. Jun 17, 1910; d. Mar 18, 1980
Edith H. Weed - b. Aug 11, 1913; d. _____
Vern Smith Meetze - b. Dec 3, 1904; d. Feb 29, 1956
John T. Allworden - b. Jun 11, 1949; d. May 3, 1969
Jimmie L. Koon - b. Jan 13, 1899; d. Feb 12, 1977
Minnie Lee Koon - b. Feb 15, 1902; d. _____
John Fletcher Meetze - b. Oct 10, 1856; d. Apr 13, 1941
Emma E. Meetze - b. Feb 26, 1861; d. Sep 21, 1959
Lee Augustus Meetze - b. Dec 15, 1887; d. Feb 11, 1978
Mary Bell M. Meetze - b. May 5, 1906; d. _____
Stanley Nelson Meetze - b. Jan 15, 1940; d. Mar 5, 1940; (s) of Mr. & Mrs. Lee A. Meetze
Annie Bell Lee Meetze - b. Jul 5, 1927; d. Dec 8, 1939; (d) of Mr. & Mrs. Lee A. Meetze
Herley J. Weed - b. 1899; d. 1970
Ruby W. Weed - b. 1904; d. _____
Lonnie Chapman - b. Jul 23, 1904; d. Nov 20, 1979
Annie Neal Chapman - b. Dec 14, 1912; d. _____
Blanche Mathias Tribble - b. Nov 13, 1881; d. Jan 31, 1967
B. Walter Tribble - b. Feb 1, 1878; d. Apr 18, 1952
L.T. Weed - b. Aug 28, 1880; d. Oct 21, 1961
Rosabelle Weed - b. Dec 13, 1884; d. Nov 21, 1934
Samuel T. Weed - b. May 16, 1857; d. Jan 15, 1937
Adline S. Weed - b. Sep 14, 1856; d. Jun 18, 1946
Jeremiah Timothy Weed - b. Apr 29, 1824; d. Dec 4, 1906

(w)	Christine E. Weed - b. 1826; d. May 25, 1900
	Sarah Ann Dolly Weed - b. Aug 17, 1859; d. Jan 6, 1880
	Robert Tally Weed - b. Oct 25, 1850; d. Jul 25, 1883
	James H. Weed - b. Jun 10, 1908; d. May 28, 1967
	Blanche Lucas Weed - b. Apr 9, 1913; d. Sep 6, 1939
	E. Eugene Weed, Sr. - b. Apr 25, 1932; d. _____
	Elaine Allen Weed - b. Aug 5, 1939; d. _____
	Reuben Dayus Weed - b. Sep 16, 1892; d. Mar 4, 1972
	Jessie Harmon Weed - b. Jul 8, 1898; d. _____
	Jessie Frank O'Sheal - b. Apr 3, 1892; d. Oct 17, 1959; WWI
	Eula Mathias O'Sheal - b. May 15, 1889; d. _____
	Luther S. Mathias - b. Nov 4, 1844; d. Sep 11, 1922; CSA
	M. Caroline T. Mathias - b. Oct 16, 1848; d. May 1, 1945
	John Atticus Mathias - d. Aug 23, 1880; age 1m 3d; (s) of Luther S. & M. Caroline T. Mathias
	Mary Mickler - b. May 11, 1795; d. Sep 14, 1867
	Christian Mickler - b. Sep 15, 1792; d. Mar 1, 1877
	Louisa Smith - b. Jan 13, 1818; d. Mar 31, 1887; (w) of John S. Smith
	John S. Smith - b. Feb 14, 1793; d. Apr 24, 1878
	John Smith - b. 1770; d. 1835; removed from Lake Murray
	Elizabeth Smith - b. 1772; d. 1854; removed from Lake Murray
	Arthur Fadgus Weed - b. Mar 17, 1883; d. Jun 4, 1968
	Lottie Arnold Weed - b. Jul 25, 1895; d. _____
(d)	Sudie A. Weed - b. Sep 25, 1914; d. Nov 19, 1919
	Deana Lynn Swygert - b. Apr 9, 1962; d. Feb 21, 1964; (d) of Patsy Stockton Swygert
(inf)	Betty Ann Roof - d. 1944
	Helen S. Spruell - b. Sep 2, 1917; d. Sep 13, 1978
	Alfred H. Spruell - b. Mar 3, 1914; d. Dec 25, 1979
	Henry Luther Haltiwanger - b. 1903; d. 1936
	W. Charlie Swygert - b. Mar 20, 1878; d. Oct 14, 1946
	Jeanette Derrick Swygert - b. Oct 14, 1888; d. Sep 4, 1939
	Edna S. Bundrick - b. 1911; d. 1935
	Martha A.E. Bouknight - b. May 3, 1829; d. Oct 30, 1913; (w) of Thomas W. Bouknight
	Thomas W. Bouknight - b. Feb 3, 1825; d. Feb 3, 1875
	Annie M. Keith - b. 1857; d. 1950
	John Wesley Keith - b. May 16, 1890; d. Jan 1, 1956
	Bennie C. Derrick - b. Jan 19, 1897; d. Sep 18, 1959; WWI
	Pearl B. Derrick - b. Feb 11, 1901; d. Feb 2, 1978
	Catharin Roof - b. 1925; d. 1929
	Hampton Roof - b. Apr 15, 1935; d. Feb 16, 1962
	Carrie A. Roof - b. Aug 11, 1899; d. _____
	George K. Roof - b. 1899; d. 1938
	David Lee Shealy - b. 1882; d. 1883; removed from Lake Murray

Noah D. Shealy - b. May 20, 1856; d. Oct 22, 1940
Lurilzy Shealy - b. Aug 13, 1861; d. Jan 31, 1948
Catherine B. Floyd - b. Sep 1, 1944; d. Jul 28, 1976
(inf) Meetze - d. May 24, 1945; (s) of Mr. & Mrs. C.R. Meetze
Freda Faye Derrick - b. May 1, 1932; d. Dec 31, 1939
Royal H. Derrick - b. Jul 26, 1881; d. Sep 17, 1960
Nettie R. Derrick - b. Apr 5, 1892; d. Jul 26, 1975
Charles Pickens Derrick - b. Feb 5, 1860; d. May 1, 1950
Hattie Ballentine Derrick - b. Jun 5, 1868; d. Jan 3, 1953
Joseph Earl Derrick - b. Apr 3, 1891; d. Sep 28, 1900
Jacob P. Derrick - b. Mar 30, 1869; d. Apr 7, 1961
Mary J. Derrick - b. Feb 29, 1872; d. May 3, 1940
Mary Ann Derrick - b. Nov 10, 1829; d. May 7, 1900
Jesse Derrick - b. May 3, 1827; d. May 9, 1874
John L. Derrick - b. Dec 27, 1855; d. Feb 26, 1934
Mary C. Derrick - b. Dec 6, 1860; d. May 3, 1887
Mary Eunice Derrick - b. Mar 7, 1887; d. Jun 15, 1887
John Leslie Derrick - b. Sep 29, 1889; d. Dec 14, 1889
Henry Harley Derrick - b. Aug 21, 1904; d. Jul 3, 1905
(inf) Derrick - no dates; (s) of Mr. & Mrs. John L. Derrick
Matthew F. Koon, Jr. - b. Jan 10, 1921; d. Sep 5, 1924
Matthew F. Koon - b. Jul 24, 1898; d. Aug 17, 1972
Eula D. Koon - b. May 12, 1903; d. _____
Frank L. Keith - b. Sep 6, 1884; d. Mar 31, 1972
Lula S. Keith - b. Jul 26, 1889; d. Feb 3, 1954
F. Vonroy Keith - b. Sep 19, 1911; d. Feb 8, 1961
(inf) Jennifer Weathersby - d. 1976
William N. Stephens - b. May 8, 1920; d. Jun 29, 1975
Myrtle D. Stephens - b. Jan 25, 1916; d. _____
Anna R. Monts Derrick - b. May 5, 1921; d. Jun 30, 1945
Grady Clinton Lowman - b. May 1, 1907; d. Oct 5, 1943
Mary Koon Lowman - b. Jul 10, 1908; d. _____
Joseph Kelvin Lowman - b. Feb 10, 1937; d. Aug 8, 1937
John Franklin Lowman - b. Sep 6, 1877; d. May 23, 1948
Lucia Bell Boozer Lowman - b. Nov 11, 1883; d. Apr 20, 1930
Thedra May Lowman - b. Apr 3, 1905; d. Jun 30, 1908
Eugene D. Bailey - b. Nov 13, 1894; d. Sep 26, 1897
Herbert Calhoun Lowman - b. Feb 22, 1883; d. Dec 29, 1906
Sarah Alice Derrick Lowman - b. Jan 3, 1858; d. May 16, 1939
James P. Lowman - b. Mar 28, 1910; d. Aug 17, 1967
Fannie J. Weed Amick - b. Oct 3, 1905; d. Jan 25, 1927
(h) Davis T. Weed - b. May 17, 1861; d. Aug 16, 1952
(w) Naomi E. Weed - b. Oct 15, 1876; d. Jan 20, 1924
Cecil Clyde Weed - b. Jan 28, 1923; d. Dec 13, 1923
Robert T. Weed - b. Nov 1, 1896; d. Jan 31, 1969; WWI
Pearl S. Weed - b. Aug 22, 1904; d. _____

Robert L. Ballentine - b. Aug 20, 1911; d. _____
Verna P. Ballentine - b. Dec 20, 1919; d. _____
George Gerald Stoudemayer - no dates
Thelma Rebajane Koon Stoudemayer - no dates
James Calvin Stoudemayer - b. Jan 19, 1937; d. Aug 18, 1952
Jacob Calhoun Koon - b. Oct 15, 1859; d. Nov 29, 1950
Jane Elizabeth Koon - b. Jan 12, 1861; d. Mar 3, 1950
Judy Minnie Seybt - b. Sep 19, 1866; d. May 3, 1938
Joseph H. Bickley - b. Oct 16, 1835; d. Nov 16, 1916*
(w) Lucinda Caroline Shealy Bickley - b. Jan 27, 1831; d. Aug 11, 1907
Joanna E. Mathias - b. Aug 29, 1827; d. Aug 8, 1882
T. Shelton Mathias - b. Nov 9, 1845; d. May 15, 1902; CSA
Edward Clifton Ballentine - b. Sep 10, 1888; d. Jul 10, 1889
Willie Murrell Ballentine - b. Oct 25, 1902; d. Dec 19, 1905
Curtis Franklin Ballentine - b. Jul 25, 1903; d. Feb 26, 1921
John Lewis Ballentine - b. Nov 23, 1874; d. Dec 8, 1950
Lizzie McCartha Ballentine - b. Apr 20, 1877; d. Nov 2, 1958
(inf) Weed - d. Nov 6, 1920; (s) of Mr. & Mrs. Marvin P. Weed
Marvin P. Weed - b. Jan 6, 1889; d. May 10, 1977
Annie Y. Weed - b. Jul 2, 1894; d. _____
William P. Schultz - b. 1909; d. 1975
Emma Jane B. Schultz - b. Aug 30, 1906; d. _____
(inf) Ballentine - b. Jul 18, 1942; d. Jul 20, 1942; (d) of Mr. & Mrs.
George A. Ballentine
George A. Ballentine - b. May 21, 1909; d. Feb 2, 1960
Walter Edward Ballentine - b. May 22, 1914; d. Nov 12, 1952
Bernese Weed Ballentine - b. Mar 8, 1914; d. Nov 26, 1954
W. Joe Ballentine - b. Mar 18, 1878; d. Mar 9, 1929
M. Eva Ballentine - b. May 26, 1885; d. Mar 3, 1970
Arthur G. Ballentine - b. May 1, 1885; d. Sep 6, 1908
Jane J. Ballentine - b. Jun 7, 1816; d. Aug 20, 1885
George S. Ballentine - b. Jun 7, 1839; d. Nov 3, 1913
Homer C. Ballentine - b. May 16, 1918; d. Jan 22, 1966; WWII
Family of Billy Stack - four unmarked stones
Irven F. Stack - b. Feb 19, 1849; d. Apr 7, 1930
Laura A. Meetze Stack - b. Sep 9, 1858; d. Feb 27, 1933
Frank B. Stack - b. Nov 13, 1882; d. Oct 27, 1953
Eunice Pearl Stack - b. Oct 26, 1913; d. Jan 3, 1936
Irene Lowman Stack - b. 1892; d. 1975
Arthur W. Stack - b. 1880; d. 1962
Horace M. Stack - b. Feb 23, 1911; d. _____
Lois K. Stack - b. Feb 15, 1912; d. Mar 21, 1975
Charles Hervy Wise - b. Dec 17, 1901; d. Feb 23, 1952
Linna Burney Wise - b. 1898; d. 1948
James D. Wise - b. 1869; d. 1953
Nora B. Wise - b. 1871; d. 1952

Anna Pearl Wise - d. 1900; age 10d
Joseph A. Wise - d. 1915; age 21d
Frances Alvinus Meetze - b. Apr 4, 1869; d. Feb 18, 1965
Michael S. Meetze - b. May 3, 1835; d. Oct 7, 1927
Rosanner F. Meetze - b. Mar 8, 1833; d. Jun 4, 1921; (w) of Michael S. Meetze
John Thomas Meetze - b. Nov 12, 1885; d. Feb 17, 1948
Kate Burgess Meetze - b. Dec 2, 1899; d. Oct 24, 1941
Marvin Lewis Meetze - d. Oct 26, 1919; (s) of Mr. & Mrs. John T. Meetze
Lonnie S. Meetze - b. Aug 5, 1887; d. Jul 1, 1911; (s) of James S. & Amelia M. Meetze
James S. Meetze - b. Nov 7, 1862; d. Jul 31, 1945
Amelia M. Meetze - b. Mar 16, 1863; d. Sep 13, 1935
Ethel H. Meetze - b. Jun 24, 1904; d. Jul 8, 1971
Brady C. Meetze - b. Jul 26, 1897; d. Oct 9, 1961
David W. Bickley - b. Mar 19, 1854; d. Apr 25, 1931
Judy L. Bickley - b. Dec 16, 1851; d. Jun 2, 1931
Samuel J. Bickley - b. Aug 31, 1877; d. Oct 19, 1928
G. Augustus Bickley - b. Dec 19, 1878; d. Feb 13, 1961
Lola H. Bickley - b. May 10, 1878; d. Nov 7, 1955
H. Hamiter Eleazer - b. Jan 12, 1898; d. Jan 8, 1959
Ethelene W. Eleazer - b. Mar 2, 1904; d. May 21, 1965
Joseph E. "Seab" Metts - b. Aug 15, 1890; d. Mar 11, 1973
Leah B. Metts - b. Jun 24, 1895; d. Apr 14, 1963
(inf) Metts - d. Feb 16, 1927; (d) of Seab & Leah Metts
Norris D. Eleazer - b. Jun 10, 1905; d. Mar 16, 1947
James Charles Whilten - b. Sep 8, 1909; d. Apr 7, 1959
Cleburne Francis Lowman - b. Oct 6, 1887; d. Jun 4, 1972; WWI
Alice Quick Lowman - b. Aug 6, 1885; d. Mar 8, 1970
Ruby H. Wise - b. Dec 10, 1917; d. Dec 5, 1929
Edgar B. Wise - b. Apr 27, 1895; d. _____
Leila J. Wise - b. Sep 3, 1894; d. Feb 27, 1964
Raymond Quick - b. Aug 3, 1918; d. Aug 28, 1918; (s) of Mr. & Mrs. W.T. Quick
(inf) Davis - b. Mar 8, 1928; d. Mar 9, 1928; (s) of Mr. & Mrs. C.S. Davis
Cecil W. Coogler - b. Oct 4, 1924; d. Jun 3, 1961
John M. Coogler - b. Apr 8, 1870; d. Jan 1, 1942
Willie O. Coogler - b. Aug 24, 1884; d. Jan 31, 1955
Ethel Ruth Keith - b. Dec 1, 1966; d. Jan 25, 1977
Walter M. Keith - b. Sep 16, 1886; d. Apr 19, 1975
Mamie S. Keith - b. Feb 6, 1892; d. Aug 7, 1956
Berley A. Keith - b. Jul 29, 1892; d. Dec 2, 1981
Maggie Wise Keith - b. Apr 17, 1898; d. _____
Robert Lester Derrick - b. 1896; d. 1981

J. Weldon Derrick - b. Nov 7, 1911; d. Dec 2, 1981
Earline Southwell Derrick - b. Jul 6, 1915; d. ____
Carolyn V. Mew Rotureau - b. Jun 30, 1928; d. Apr 20, 1974
Jacob Bennett Rotureau - b. May 11, 1897; d. Apr 10, 1970
Hazel Veronce Rotureau - b. Nov 11, 1899; d. ____
Theresa K. Jones - b. Feb 14, 1908; d. Jan 28, 1960; (w) of W.O. Jones, Jr.
Maude C. Crider - b. Feb 15, 1903; d. ____
Ovid R. Crider - b. Jan 26, 1902; d. Jun 10, 1977
Curtis Loyless - b. Jan 24, 1899; d. Oct 13, 1980
Bernice C. Loyless - no dates
George L. Moyer - b. Mar 4, 1905; d. Dec 25, 1979
Ruth Moyer - b. Jan 19, 1911; d. ____
Edward Wilder Whitlock - b. Jul 6, 1934; d. Oct 22, 1973

193. **Samuel Bookman Family Graves**: On Charles Griner Rd, northeast of Irmo, SC. 1992

(inf) Bookman - b. Jan 13, 1822; d. Jan 13, 1822; (s) of John & Mary Magdaline Seastrunk Bookman
Samuel Bookman, Jr. - b. Aug 23, 1805; d. Aug 21, 1808; (s) of Samuel & Jemima Bookman
Samuel Bookman - d. Sep 15, 1837; age 71y 8m 21d
(d) Bookman - b. 1812; d. Oct 1822

194. **Schmitz-Koon-Meetze Graves**: At the intersection of Jake Eargle Rd and Billy Meetze Rd, north of Spring Hill, SC. 1982

Louisa F. Koon - b. Apr 7, 1834; d. May 10, 1917*
William H. Koon - b. Feb 25, 1833; d. May 10, 1881*
Harriet M. Koon - b. Jan 6, 1876; d. Oct 27, 1877
Martha M. Koon - b. Jun 1, 1865; d. Oct 19, 1867
Martha A. Koon - b. Sep 24, 1854; d. Sep 8, 1863
J. David Schmitz - b. May 14, 1831; d. Jun 29, 1863; (s) of J. Adam & Mary Schmitz; Member of Capt Leapart's Co 20 Regt SCV; died of typhoid fever
Pollyann Schmitz - b. Apr 27, 1826; d. Dec 16, 1891
Elizabeth Schmitz - b. Oct 5, 1856; d. Jul 1869
Austin I. Meetz - b. Nov 19, 1848; d. Oct 15, 1925
Sealie Ann Meetz - b. Feb 8, 1848; d. Oct 13, 1921; (w) of Austin I. Meetz

195. **Shady Grove United Methodist Church Cemetery**: Near the corner of Shady Grove Rd and St. Johns Rd, northeast of Ballentine, SC. 1982

James W. Dailey, Jr. - b. May 3, 1903; d. Sep 29, 1924
Minnie E. Dailey - b. Sep 10, 1878; d. Jul 1, 1960
James W. Dailey - b. Feb 21, 1875; d. Oct 9, 1918

Sarah Lee Dailey - b. Aug 24, 1912; d. Jun 22, 1915
Roy Eugene Dailey - b. Dec 4, 1915; d. Jan 28, 1916
Raymond Lonnie Dailey - b. Nov 15, 1916; d. Jun 9, 1917; (s) of James W. & Minnie E. Dailey
Robert Lee Dailey - b. May 6, 1908; d. Aug 8, 1924; (s) of O.D. & Bertha Dailey
(inf) Dailey - d. Oct 12, 1916; (s) of O.D. & Bertha Dailey
James Bartley Dailey - no dates*
Charlotte Victoria Dailey - no dates*
Harley C. Dailey - d. Aug 7, 1906; (s) of O.D. & Bertha Dailey
Frances M. Ellisor - d. Feb 26, 1903; age calculated at 50
Paul W. Ellisor - b. Mar 6, 1851; d. Jan 27, 1922
George W. Ellisor - b. Dec 9, 1879; d. Aug 4, 1884
Jesse T. Ellisor - d. Dec 20, 1888; age 1m 5d
Nancy Ellisor - b. Apr 25, 1873; d. Jul 25, 1894
Henry Alonzo Berry - b. Jul 20, 1900; d. Aug 8, 1901; (s) of H. & M. Berry
Marrie Ellisor - b. May 3, 1903; d. Jun 13, 1903
Andrew B. Ellisor - b. Sep 7, 1915; d. Sep 12, 1921
Carrie R. Ellisor - b. Mar 31, 1884; d. May 8, 1927
Ida A. Ellisor - b. Dec 19, 1873; d. Sep 7, 1967
C. Shelley Ellisor - b. Jan 30, 1876; d. Aug 21, 1975
Gatlin O. Ellisor - no dates; Mt. Hope Cemetery Florence, SC
(m) Nancy L. Ellisor - b. 1843; d. 1923
(f) James A. Ellisor - b. 1841; d. 1879
Martha Ellisor - b. Nov 18, 1820; d. Mar 26, 1904; (w) of William Ellisor
William Ellisor - b. Dec 23, 1813; d. Sep 12, 1881
David W. Ellisor - b. Oct 27, 1845; d. Aug 11, 1886
Ellen S. Ellisor - d. May 24, 1912; age 76y
Martha L. Ellisor Dailey - b. May 31, 1861; d. Jul 19, 1935; (w) of Anderson A. Dailey
(inf) Ellisor - no dates; (d) of Mr. & Mrs. J.D. Ellisor
Mary Ann Stewart - b. Apr 1, 1843; d. Jun 19, 1905; (w) of James A. Stewart
Nellie Pearl Stewart - b. May 14, 1916; d. Dec 21, 1918
Daisy Bell Stewart - b. Nov 15, 1912; d. Jan 27, 1922
Josie E. Dailey - b. 1878; d. 1963
Adel B. Dailey - b. 1877; d. 1935
Annie Burkett - b. Sep 13, 1879; d. Oct 23, 1880
(m) Mary Ruth Dabbs - b. Dec 2, 1881; d. Feb 11, 1960
(f) Austin M. Ellisor - b. Feb 25, 1850; d. May 31, 1890
Charlotte Jane Ellisor - b. Dec 13, 1852; d. Feb 3, 1894
Ellen Fulmer Ellisor - b. Jan 27, 1847; d. Jan 22, 1896
Lillian V. Dailey - b. Sep 29, 1913; d. Jan 30, 1956
Lewis T. Dailey b. Nov 11, 1906; d. Dec 30, 1907

	Georgia Dailey - b. Jul 30, 1857; d. Aug 2, 1880; (w) of Anderson Dailey
	Susan C. Burkett - b. Nov 3, 1851; d. Apr 1863
	Leona Blondell Shealy - b. Sep 27, 1893; d. Feb 18, 1894; (d) of J.B. & E.F. Shealy
	Thomas Burkette - b. Jun 31, 1832; d. Feb 9, 1917
(w)	Charlotte Burkette - d. Sep 2, 1912; age 86y
	Jemmy O. Amick - b. May 6, 1887; d. Nov 3, 1888; (s) of Henry E. & Sarah S. Amick
(f)	Henry Elias Amick - b. Oct 26, 1857; d. Jul 12, 1907
(m)	Sarah Seigler Amick - b. Jun 25, 1860; d. Jul 19, 1940
	John David Amick - b. Aug 1, 1883; d. Mar 22, 1950
	Willie Carlisle Metze - b. 1922; d. 1979; WWII
(m)	Carrie E. Harwell - b. Aug 29, 1874; d. May 23, 1943
(f)	John W. Harwell - b. Oct 6, 1885; d. Apr 3, 1966
	Joseph L. Harwell - b. Feb 18, 1913; d. Jun 28, 1965; WWII
	N. Kizziah Lever - b. Apr 16, 1835; d. Mar 3, 1924
	John R. Metts - b. Apr 23, 1831; d. Apr 3, 1903
	Mary E. Metts - b. Nov 12, 1836; d. Jul 12, 1882
	Duffie Dailey - d. Feb 6, 1907; age 16y
	W.A. Dailey - d. Dec 10, 1895; age 52y
	J.A. Dailey - age 17y
	James Allen Stewart - d. Apr 13, 1885; calculated 38y
	John W. Metze - b. Aug 15, 1856; d. Feb 17, 1918
	Cora Isabell Eleazer - b. Sep 19, 1891; d. Dec 4, 1891
	Roy Weston Eleazer - b. Sep 16, 1892; d. Dec 15, 1892
	Raymon Lee Eleazer - b. Sep 30, 1893; d. Jan 5, 1894
	Gladys Shealy Eleazer - b. Nov 29, 1900; d. Mar 6, 1901
	George R. Eleazer - b. Mar 18, 1863; d. Nov 8, 1913
	Lilla S. Eleazer - b. Dec 28, 1866; d. Apr 28, 1956
	Simon Artemas Folk - b. Aug 9, 1889; d. Nov 14, 1894
	Lula Folk - b. Sep 13, 1887; d. Jul 28, 1915; (w) of David Willie Folk
	Francis Rebecca Bouknight Folk - b. Mar 25, 1856; d. Dec 20, 1930; (w) of Charlie H. Folk
	Ellis Irene Folk - b. May 21, 1917; d. Jun 8, 1937
	David Willie Folk - b. Apr 11, 1886; d. Jun 2, 1940
	Ellen Hunt Ellisor - b. Dec 11, 1851; d. Dec 22, 1930
	Burley Stewart - b. Aug 8, 1923; d. Jun 2, 1936
(b)	Leon Stewart - b. Jun 4, 1926; d. Jun 2, 1936
	Florence E. Metz - b. Jan 25, 1855; d. Jun 12, 1915; (w) of W.C. Metz
	Mary F. Metz - b. Mar 17, 1883; d. Dec 17, 1913; (d) of W.C. & Florence E. Metz
	Mary E. Lever - b. Oct 12, 1881; d. Oct 2, 1882*
	J. Haskell Lever - b. Jul 28, 1877; d. Jan 18, 1893*

Martha Elizabeth Lever - b. Aug 15, 1872; d. Nov 28, 1901; daughter of J. Lawson & Harriet E. Lever*
J. Lawson Lever - b. Sep 13, 1847; d. May 5, 1929
Harriet E. Derrick Lever - b. Aug 20, 1850; d. Dec 3, 1938
Daisey R. Davis - b. Feb 25, 1908; d. Jul 27, 1909
Emma A. Davis - b. Nov 22, 1879; d. Sep 14, 1929
William B. Davis - b. Oct 26, 1863; d. Feb 4, 1947
Sallie Ann Dailey - b. 1874; d. 1952
Annie M. Dailey - b. Mar 6, 1844; d. Jul 10, 1926; (w) of W.A. Dailey
Rosie Naomi Dailey - b. Jul 17, 1919; d. Oct 7, 1919; (d) of Mr. & Mrs. John T. Dailey
John T. Dailey - b. Jun 12, 1879; d. Feb 14, 1948
Lula Folk Dailey - b. Mar 12, 1882; d. May 12, 1968
Hattie Dailey - b. 1874; d. 1959
David Allen Folk - b. Mar 20, 1960; d. Mar 22, 1960
Donald S. Wilkes - b. Mar 12, 1955; d. Sep 25, 1978
(m) Harriet P. Koon - b. Jan 18, 1826; d. Jun 15, 1922
Solomon B. Koon - b. Feb 16, 1842; d. Sep 7, 1897
Hugh O. Koon - b. Oct 18, 1889; d. Apr 1, 1893
Susan M. Fulmer Bouknight - b. Dec 28, 1863; d. Nov 26, 1948
Nancy I. Bouknight - b. Jan 17, 1899; d. Nov 11, 1900
Lessie P. Bouknight - b. Jun 15, 1896; d. Sep 17, 1897
John Pinkney Bouknight - b. Jan 21, 1859; d. Jun 6, 1911
(inf) Bouknight - d. Aug 28, 1923; (s) of Mr. & Mrs. H.T. Bouknight
George D. Jacobs - b. Dec 7, 1849; d. Apr 5, 1911
W. Edward Folk - b. Apr 30, 1932; d. Jun 3, 1948
Eva V. Folk - b. Nov 1, 1907; d. Apr 8, 1979
John M. Seigler - b. Nov 13, 1923; d. May 26, 1924
Ruby Stewart DuBose - b. Mar 18, 1917; d. Sep 4, 1950
Dorothy Mull Millwood - d. Sep 28, 1977
Blackmon W. Dailey, Jr. - b. Aug 15, 1903; d. Jan 2, 1981
Mattie E. Johnson Derrick - b. Apr 29, 1869; d. Jun 2, 1914
G.B. Eleazer - b. Feb 8, 1826; d. Dec 12, 1910
R.C. Eleazer - b. Dec 2, 1839; d. Oct 28, 1916
Jacob Irby Koon - b. Sep 29, 1883; d. Feb 13, 1962
Lula Eargle Koon - b. Nov 9, 1881; d. Sep 28, 1946
Annie C. Eleazer - b. Jul 19, 1880; d. Apr 19, 1925
John A. Eleazer - b. Feb 10, 1873; d. Jan 7, 1964
Janie F. Eleazer - b. Sep 3, 1875; d. Jul 19, 1960
Martha Rebecca Eleazer - b. May 13, 1868; d. Nov 7, 1952
Mary A.R. Lindler Eleazer - b. Apr 5, 1883; d. Dec 29, 1945
Lawrence K. Eleazer - b. Feb 13, 1871; d. Mar 20, 1953
Ben N. Kimbo - b. Mar 3, 1913; d. Aug 26, 1978
Margaret E. Kimbo - no dates

Sarah C. Hyler - d. Jun 30, 1900; age calculated 64y; (w) of W.E. Hyler
Hattie J. Bickley Eargle - b. Dec 9, 1873; d. Apr 7, 1950; (w) J.J. Eargle
Annie Deal Eargle - b. Dec 24, 1899; d. Dec 17, 1912
Susannah Haltiwanger Derrick Williamson - b. Dec 15, 1837; d. Dec 24, 1892
Wade Williamson - b. 1821; d. 1886
George Lucious Bauknight - b. Mar 10, 1855; d. Dec 14, 1914
Mary Alice Bauknight - b. Jun 26, 1861; d. Sep 25, 1927
David Lonnie Bauknight - b. Sep 27, 1880; d. Jul 16, 1943
Hubert F. Woodside - b. Jun 23, 1899; d. ____
Virlie B. Woodside - b. Dec 10, 1900; d. ____
Dora Etta Stewart - b. Aug 14, 1882; d. Mar 13, 1936
Thomas M. Stewart - b. Nov 15, 1881; d. Nov 16, 1937
Callie Lenora Bickley - b. Jan 12, 1906; d. Sep 30, 1948
Jacob Gatlin Bickley - b. Aug 23, 1876; d. Sep 6, 1947
Martha L. Metz Bickley - b. Oct 11, 1873; d. Jan 13, 1941; (w) of Jacob Gatlin Bickley
Lessie Maude Bickley - b. Feb 15, 1913; d. Nov 22, 1912; (d) of Jacob G. & Martha L. Bickley
Mrs. M.A. Bickley - b. Apr 16, 1869; d. ____
J.W. Bickley - b. Apr 15, 1863; d. Dec 18, 1924
Henry C. Bickley - b. Apr 23, 1907; d. Jun 4, 1968
John Wesley Amick - b. Dec 7, 1859; d. Mar 17, 1927
Nancy L. Amick - b. Mar 1, 1863; d. Feb 8, 1935
(f) Oscar E. Amick - b. May 6, 1898; d. Oct 4, 1975
(m) Clyde R. Amick - b. Nov 10, 1913; d. ____
Corrie M. Lacones - b. 1876; d. 1947
George C. Lacones - b. 1866; d. 1930
Willie C. Metz - b. May 1853; d. Feb 27, 1939
Willie N. Metz - b. 1885; d. 1956
Emanda Talula Ellisor Brown - b. May 21, 1870; d. Feb 9, 1942; (w) of Clifford R. Brown
Clarence E. Brown - b. Feb 13, 1890; d. Aug 18, 1942
C.E. Brown - d. 196_
(inf) Kaminer - d. Jul 8, 1947; (s) of Mr. & Mrs. L.R. Kaminer
Robert Eugene Kaminer - b. Nov 12, 1937; d. Oct 6, 1955
Heyward Joseph Metz - b. Jun 8, 1903; d. Sep 29, 1924
Mae M. Ballentine - b. Apr 20, 1910; d. Aug 16, 1931
Arthur J. Metz - b. Apr 28, 1877; d. May 15, 1957
Augustus H. Meetze - b. Jun 17, 1886; d. Jan 12, 1928
Vivian Burdell Dailey - b. Jan 27, 1937; d. Apr 30, 1937
Murray Calvin Dailey - b. Sep 2, 1940; d. Jan 21, 1941
Clarence F. Dailey - b. Dec 6, 1908; d. ____
Ethel B. Dailey - b. Dec 31, 1908; d. ____

Linell Dailey - b. Jul 4, 1946; d. Jul 7, 1948
Luther L. Turner - b. Feb 12, 1927; d. Dec 4, 1979
Blanche M.D. Turner - b. Oct 17, 1919; d. _____
William Henry Dailey - b. 1918; d. 1963
P.A. Dailey - b. Apr 12, 1883; d. _____
Corrie C. Dailey - b. Jul 25, 1885; d. Sep 7, 1952
John C. Bouknight - b. Jan 12, 1886; d. Feb 12, 1943
Hazelene E. Bouknight - b. Oct 5, 1928; d. Dec 20, 1931
Gabe Samuel Bradshaw - b. Oct 3, 1899; d. Oct 23, 1977
Julia Stella Bradshaw - b. Apr 15, 1906; d. Dec 3, 1936
Gabe Lavern Bradshaw - b. Jul 16, 1932; d. Oct 25, 1936
(rev) T.E. Derrick - b. Jul 8, 1883; d. Nov 25, 1957
Susan R. Derrick - b. Feb 22, 1893; d. Nov 16, 1945
J. Preston Derrick - b. Jan 26, 1876; d. _____
Lelia P. Derrick - b. Mar 13, 1879; d. Sep 14, 1954
Fred E. Turnipseed - b. May 23, 1897; d. Mar 3, 1960
Dru D. Turnipseed - b. Aug 26, 1901; d. _____
Margaret D. Turnipseed - b. Mar 21, 1921; d. _____
Fred E. Turnipseed, Jr. - b. Sep 21, 1922; d. _____
Ralph H. Ballentine - b. Sep 14, 1910; d. Sep 12, 1961
Girlie D. Ballentine - b. Dec 22, 1914; d. _____
Lawrence W. Dailey - b. Mar 27, 1937; d. May 6, 1975
Betty B. Dailey - b. Aug 17, 1934; d. _____
Sammie K. Derrick - b. Jun 1, 1913; d. _____
Julia L. Derrick - b. Jan 21, 1917; d. _____
Henry Robert Derrick - b. Apr 8, 1868; d. Jul 11, 1957
Sue Marshall Derrick - b. Nov 18, 1882; d. Feb 25, 1967
Jessie L. Derrick - b. Sep 10, 1902; d. Jan 28, 1975
Mary A. Dailey - b. Nov 15, 1881; d. Feb 16, 1964
Melvin Jacob Dailey - b. Jul 31, 1861; d. Apr 15, 1942
Jakie Leah Dailey - b. Apr 11, 1890; d. Mar 8, 1976
Willie R. Free - b. Oct 5, 1908; d. _____
Ellie D. Free - b. Oct 22, 1915; d. _____
Mary Vernelle Free - b. Sep 8, 1932; d. May 16, 1935
Joseph P. Free - b. Mar 4, 1939; d. Jun 22, 1969
Brice H. Bradshaw - b. Aug 15, 1904; d. Oct 17, 1980
Sarah E. Bradshaw - b. Dec 19, 1910; d. Oct 6, 1972
Lillie Ila Bradshaw - b. May 27, 1921; d. _____
Samuel Bradshaw - b. May 4, 1868; d. Jan 2, 1942
Mary Ann Barbara Bradshaw - b. Feb 20, 1869; d. Jan 15, 1945
Charlotte Bouknight - b. 1863; d. 1935
Monroe Watson Brown - b. Jun 17, 1936; d. _____
Ethel Seigler Brown - b. May 18, 1909; d. _____
Thomas Frank Brown - b. Oct 1, 1899; d. May 16, 1979
Doris Brown Mills - b. Aug 19, 1933; d. _____
Crosson Mills, Jr. - b. Feb 7, 1933; d. _____

Thomas J. Ellisor - b. 1881; d. 1947
Katie A. Ellisor - b. 1892; d. 1962
Donnie F. Ellisor - b. Aug 4, 1911; d. Mar 9, 1974
Maggie M. Ellisor - b. Aug 12, 1912; d. Dec 23, 1969
Charley S. Ellisor - b. 1941; d. 1947
David Lee Dailey - b. Aug 16, 1949; d. Dec 7, 1954
George E. Derrick - b. Jan 24, 1907; d. May 23, 1978
Annie Metz Derrick - b. May 13, 1905; d. ____
Harold L. Stewart - b. Jul 22, 1928; d. Sep 19, 1976
Velma L. Stewart - b. Sep 7, 1934; d. ____
Burley C. Stewart - b. Sep 23, 1892; d. May 6, 1968
Bonnie M. Stewart - b. Oct 29, 1898; d. Mar 30, 1979
James D. Ellisor - b. 1870; d. 1953
Elizabeth M. Ellisor - b. 1872; d. 1947
Martha O. Ellisor - b. Jul 14, 1892; d. Apr 26, 1967
Janie E. Ellisor - b. Oct 22, 1906; d. Mar 5, 1980
W. Frank Seigler - b. Nov 11, 1876; d. Feb 28, 1958
Hattie R. Seigler - b. Jun 12, 1881; d. Oct 20, 1971
Roxanna Seigler Bundrick - b. May 22, 1874; d. Nov 17, 1941; (w) of G.L. Bundrick
James N. Johnson, Sr. - b. Feb 14, 1904; d. Dec 18, 1973
Eleanor B. Johnson - b. Jul 2, 1910; d. Sep 26, 1978
Harless Franklin Seigler - b. Oct 12, 1901; d. ____
Martha Jane Seigler - b. Mar 3, 1902; d. Jan 7, 1963
Ernest W. Ellison, Sr. - b. Mar 25, 1894; d. Sep 8, 1960
Mary D. Ellison - b. Mar 14, 1905; d. ____
Louis M. Kustas - b. May 24, 1921; d. May 6, 1979
Ruby R. Kustas - b. Nov 20, 1928; d. ____
Eddie U. Bauknight, Sr. - b. Dec 15, 1893; d. Dec 1, 1975
Mary S. Bauknight - b. Sep 12, ____; d. ____
Holmes L. Bauknight - b. Jun 28, ____; d. ____
Ida L. Bauknight - b. Mar 28, 1910; d. Oct 1, 1975
Lula Elizabeth Koon - b. Dec 4, 1918; d. May 21, 1968
James R. Eleazer - b. Jul 31, 1893; d. ____
Julia B. Eleazer - b. Aug 31, 1911; d. ____
Frederick J. Smedley - b. May 27, 1915; d. May 13, 1969
Heber T. Bouknight - b. Oct 8, 1890; d. Mar 2, 1966
Julia Maude Bouknight - b. Jul 19, 1889; d. Mar 10, 1970
William H. Harrell - b. 1908; d. 1981
E. Dodson Still - b. Oct 20, 1912; d. Dec 20, 1979
Runette D. Still - b. Jan 26, 1925; d. ____
Page N. Derrick - b. May 18, 1886; d. Sep 12, 1969
Katie C. Derrick - b. Dec 9, 1892; d. Oct 20, 1980
Ollie Barney Derrick - b. Mar 1, 1914; d. Jun 15, 1980
Nina Seigler Derrick - b. Jul 16, 1916; d. ____

196. **Shealy Graves**: Four-tenths mile south of the intersection of Marina Rd and A.J. Amick Rd, Ballentine, SC. Sep 23, 1999

D. Patty Shealy - b. Apr 10, 1873; d. Jun 25, 1898
G.R. Shealy - b. Jun 11, 1837; d. Oct 23, 1893; age 56y 4m 12d*
Laura A. Shealy - b. May 28, 1846; d. Sep 27, 1918; (w) of G.R. Shealy*
Lovie Beatrice Sheely - b. Aug 22, 1905; d. Nov 3, 1907; (d) of P.B. & M.E. Sheely
Louvenia Josephine Shealy - b. Dec 30, 1872; d. Jan 30, 1875; age 2y 1m; (d) of J.M. & F.L. Shealy
J.B. Shealy - b. Nov 20, 1868; d. Dec 5, 1874; age 6y, 15d; (s) of J.M. & F.L. Shealy
Carie E. Shealy - b. Oct 23, 1870; d. May 10, 1872; age 6m 17d; (d) of J.M. & F.L. Shealy
Quinter E. Shealy - b. Jul 13, 1869; d. Jan 24, 1871; age 1y 6m 11d; (d) of G.R. and Laura A. Shealy
Martha Rebecca Shealy - b. Mar 13, 1877; d. Aug 24, 1877
(inf) Shealy - no dates; (s) of G.R. and Laura A. Shealy
Robert Anderson Shealy - b. Jun 6, 1897; d. Oct 25, 1897; (s) of S.F. & S.E. Shealy

197. **Siegler Graveyard**: West of the intersection of Kennerly Rd and Pat Ellisor Rd, northern Ballentine, SC. 1981

Nancy Hendrix - no dates; age 70y; (w) of Abijah Hendrix
Sarah Elizabeth Siegler - b. May 11, 1845; d. Apr 23, 1895
Paul W. Siegler - b. Nov 14, 1849; d. May 5, 1928
Harriet P. Ellisor - b. Oct 22, 1825; d. Mar 7, 1903; age 77y 4m 15d
Mahala Precilla Siegler - b. Jan 9, 1852; d. Apr 18, 1874; age 22y 3m 9d
John Lee Siegler-b. Mar 30, 1857; d. Sep 25, 1870; age 13y 5m 26d
A.S. (presumably Adam Siegler) - no dates
Minnie Lee Siegler - b. Apr 1, 1872; d. May 2, 1873
Mary Ann Siegler - b. Oct 19, 1870; d. Oct 19, 1870
William M. Siegler - unmarked; (b. Mar early 1820's; d. Aug 1920's)

198. **Sites-Lindler Graves**: On Pet Sites Rd about 1 mile from Broad River Rd, Spring Hill, SC. Oct 10, 1999

George Sites - no dates; Co C 3 SC Inf CSA
Martha Mahala Eargle Sites - b. Mar 22, 1844; d. May 28, 1938
Marilzie Ella Sites - b. Sep 1, 1873; d. Jul 5, 1914; (w) of John L. Lever
Theodore Kemp Sites - b. Dec 24, 1885; d. Nov 8, 1890; (s) of George & Marilzie M. Sites

Joseph Willie Sites - b. Mar 1, 1879; d. Mar 1, 1882; age 3y; (s) of George & Marilzie M. Sites
Jacob Luther Sites - b. Jun 1, 1869; d. Aug 14, 1881; age 12y; (s) of George & Marilzie M. Sites
Robert C. Lindler - b. Aug 10, 1827; d. Oct 8, 1834
Maryan R. Lindler - b. Nov 28, 1839; d. Jan 13, 1835

199. **Slice-Busby Graves**: On Rt 2 near Old Hilton Rd, on the Don Byers property, White Rock, SC. 1982

Westley Robert Slice - b. Dec 6, 1851; d. Jul 26, 1867
(inf) Busby - d. 1818; (d) of Mary Magdelane Busby

200. **Sol Rister Grave**: Four miles east of Peak, SC. 1982

Louis S. Rister - b. Dec 6, 1827; d. Dec 8, 1884

201. **South Carolina Department of Corrections Cemetery**: At the end of Bert Friday Dr, St. Andrews, Columbia, SC. Aug 1, 1999

Sidney Ross Goolsby - b. Dec 4, 1933; d. Oct 2, 1995
Earl Boston - b. Jun 13, 1960; d. Jan 13, 1995
Raymond A. Zeigler - b. Mar 17, 1959; d. Jan 24, 1995
George Johnson - b. Feb 6, 1941; d. Mar 27, 1995
Edward Lance Singletary - b. Sep 9, 1966; d. Apr 28, 1995
David Roy Bumgardner - b. Nov 3, 1967; d. May 16, 1995
Lawrence Ali - b. Jan 6, 1946; d. May 28, 1995
Horace "William" Queen - b. Sep 25, 1919; d. Mar 21, 1995
James Elliott Jones - b. Jun 15, 1945; d. Jan 1, 1995
Frederick Alexander McBride - b. Apr 24, 1961; d. Dec 24, 1994
Bobby Dwayne Robinson - b. Nov 7, 1970; d. Dec 22, 1994
Jimmy Lee Bell - b. May 29, 1949; d. Dec 18, 1994
Ted Edwin McCullough - b. Nov 8, 1964; d. Nov 14, 1994
James Edward Sweet - b. May 30, 1947; d. Sep 9, 1994
Edward Lee Moorer, Jr. - b. Feb 2, 1971; d. Oct 27, 1994
Gerald Alan Dawes - b. Oct 5, 1959; d. Nov 1, 1994
Joseph Charles Moore - b. May 26, 1955; d. Nov 13, 1994
George Johnson - b. Nov 19, 1969; d. Dec 10, 1994
Leo Williams - b. Jul 11, 1933; d. Dec 15, 1994
Gregory Murphy - b. Aug 30, 1953; d. Aug 31, 1994
Joseph Martin - b. Oct 23, 1950; d. Nov 24, 1988
Charley Sanders - b. Sep 4, 1953; d. Nov 26, 1988
Nafi Abdullah Al-Jabbar - b. Dec 6, 1952; d. Dec 7, 1989
Gary Lee Glenn - b. Jan 11, 1948; d. Dec 13, 1989
Edward Robinson - b. Nov 8, 1942; d. Dec 23, 1989
Billy Eugene Brooker - b. Jun 2, 1953; d. Jan 2, 1990
Zoran Javanovic - b. Feb 24, 1961; d. Sep 25, 1991
David Moore - b. Jul 5, 1930; d. Apr 6, 1992
James E. Robinson - b. May 23, 1936; d. Apr 19, 1992

Frankie Jefferson - b. Jul 6, 1933; d. Apr 24, 1992
Ernest Tyson - b. Feb 23, 1964; d. Dec 7, 1992
Henry Clay Moore - b. Jan 21, 1955; d. Aug 16, 1992
Sterling Smith - b. Jun 6, 1956; d. Jan 14, 1993
Robert Lee Wells - b. Feb 6, 1960; d. Jan 14, 1993
Ruth Lucille Thomas - b. Oct 17, 1911; d. Sep 3, 1993
Clarence W. Raysor - b. Aug 25, 1957; d. Jun 9, 1993
Charles Jerome Pearson - b. Oct 3, 1954; d. Jun 2, 1993
Barbara Ann Johnson - b. Apr 16, 1951; d. Jun 15, 1993
Larry Thomas Brazell - b. Nov 27, 1956; d. Apr 20, 1993
Jimmy Lee Graves - b. Mar 23, 1954; d. Apr 17, 1993
Jimmy Patterson - b. Feb 2, 1955; d. Jan 25, 1993
George Wright - b. Jan 18, 1953; d. Oct 24, 1991
Phillip Carlton Pressley - b. Dec 22, 1935; d. Jul 13, 1991
Nathaniel Mitchell Young - b. Sep 15, 1930; d. May 6, 1991
John "Slim" Jackson - b. Sep 28, 1927; d. Apr 4, 1991
Albert Holmes - b. Jan 25, 1948; d. Nov 14, 1990
Roosevelt H. Amos, Jr. - b. Nov 9, 1946; d. Sep 14, 1990
Johnny Burroughs Keeno - b. Mar 2, 1951; d. Nov 16, 1991
Gordon Cobb - b. Jan 1, 1907; d. Jan 2, 1992
Douglas Finley - b. Jul 5, 1928; d. Jan 27, 1992
Thomas Wearing - b. Apr 18, 1965; d. Mar 4, 1992
Norman Ellerbe - b. May 7, 1920; d. Mar 16, 1992
Carl Williams - b. Mar 4, 1947; d. Mar 27, 1992
Alvin Calvin McDaniel - b. May 21, 1927; d. Sep 16, 1993
Michael Terry Smith - b. Feb 5, 1950; d. Jan 29, 1994
David McBright Weaver - b. Aug 15, 1952; d. Nov 30, 1993
Jerry Dodd - b. Aug 8, 1954; d. Jun 17, 1994
Ronnie Dale Kruse - b. Dec 11, 1944; d. Jun 5, 1994
Curtis Lee Harris - b. Mar 9, 1963; d. Apr 12, 1994
Darrell Bennett - b. Aug 15, 1954; d. Mar 21, 1994
James William Kelly - b. Nov 30, 1942; d. Feb 20, 1994
Lawrence Burdine - b. Jul 14, 1960; d. Aug 22, 1994

202. **St. Andrews Lutheran Church Cemetery**: On St. Andrews Rd about 1 mile from I-26, St. Andrews, Lexington County, SC. It is a few miles from the Richland Co line. Sep 26, 1999

Julia Ann Allen - b. Oct 5, 1899; d. Sep 20, 1931; (w) of T.W. Allen
Miriam Rogers Aman - b. Jan 15, 1922; d. Jul 27, 1994
Oscar Theo Amick - b. May 25, 1906; d. Apr 7, 1977
(d) Mrs. Nancy Anthony - b. Jan 24, 1823; d. Jan 20, 1892
John W. Ballentine - b. Nov 9, 1875; d. Jan 31, 1959
Bertha S. Ballentine - b. Jul 19, 1888; d. Apr 23, 1970
James W. Barber - b. Feb 14, 1918; d. Sep 30, 1987; Lt Col Ret
Caroline B. Barber - no dates

Charlott C. Barr - b. Oct 6, 1859; d. Oct 28, 1895; (w) of R.B. Barr
Katie Lou Barr - b. Oct 22, 1895; d. Sep 13, 1896
Reuben Benjamin Barr - b. Oct 18, 1899; d. Jan 12, 1900; (s) of R.B. & Carolina A. Barr
Carolina A. Barr - b. Jun 6, 1865; d. Feb 16, 1902; (w) of R.B. Barr
Lester H. Baughman - b. Sep 22, 1918; d. Nov 6, 1964
Alma Baughman - b. Aug 21, 1910; d. Nov 29, 1997
Howard King Bedenbaugh - b. Mar 15, 1906; d. Apr 28, 1981
Reginald Allen Bedenbaugh - b. Feb 16, 1938; d. Oct 24, 1969
James R. Bell, Jr. - b. Apr 17, 1933; d. Jan 11, 1996; SFC US A Kr Vn
Stancil Charles Blackwell - b. Jul 13, 1907; d. Feb 15, 1986
Vernie Metts Blackwell - b. Aug 12, 1914; d. Dec 6, 1990
(inf) Martha Elizabeth Booth - d. Oct 3, 1970
Dr. Samuel L. Booth - b. Mar 19, 1924; d. Nov 25, 1964
Bessie Inez Lowman Boozer - b. Sep 1, 1893; d. Nov 17, 1975
Samuel Westley Boozer - b. Nov 17, 1887; d. Nov 24, 1961
S. Wyman Boozer - b. Nov 12, 1917; d. Jan 31, 1997
Winter Lenoir Bradberry - b. Jun 11, 1988; d. Feb 9, 1992
Mack Carison Branham, Sr. - b. Oct 18, 1897; d. Nov 15, 1984
Laura Sexton Branham - b. Jan 11, 1904; d. May 11, 1989
Andrew E. Broda - b. Jul 9, 1917; d. Aug 1, 1987
Helen Broda - Oct 2, 1917
Angel Nicole Bruce - b. Nov 9, 1989; d. Nov 9, 1989
Paul E. Buff - b. Jul 1, 1877; d. Apr 6, 1936; WOW
Adam Buff - b. 1812; d. Aug 3, 1892; age about 80y
Huot Toland Buff - b. Aug 11, 185_; d. Dec 7, 187_; age 22y 3m 26d
Mary J. Buff - b. Sep 29, 1861; d. Jan 13, 1944
Huot Toland Buff - b. Jan 16, 1870; d. Jul 13, 1913
H.J. Buff - b. Sep 9, 1839; d. Nov 18, 1908
Rachel Buff - b. Sep 24, 1866; d. May 10, 1877; age 11y; (d) of H.J. & Sarah Buff
Sarah Buff - b. 1842; d. Aug 9, 1907; (w) of H.J. Buff
(m) Anna C. Buff - b. Mar 4, 1880; d. Nov 12, 1964; (w) of Edward T. Buff
Edward T. Buff - b. Mar 4, 1875; d. Jun 18, 1917
Samuel Adam Buff - b. Dec 16, 1902; d. Jun 23, 1918; (s) of Edward T. & Anna C. Buff
Willie Oscar Buff - b. 1893; d. 1933
Ernestine B. Buff - b. 1903; d. 1995
William F. Buff - b. Jan 1, 1869; d. Jan 10, 1897
Lola Meetze Buff - b. May 5, 1873; d. Nov 8, 1926
(f) J.M. "Mac" Buford - d. Nov 22, 1914
(m) Dorothy P. "Dot" Buford - d. Aug 19, 1915
Clebert Philip Byars - b. Aug 15, 1914; d. Apr 19, 1968
Vivian Helen Johnson Byars - b. Apr 6, 1918; d. Aug 11, 1981

(d)

Edrick L. Candler, Jr. - b. Jul 1, 1936; d. Jul 4, 1994; Ph.D.
Mary C. Chapman - d. Apr 14, 1861; (d) of Jacob & Charlotte Nunamaker
Everette P. Clark - b. Feb 17, 1910; d. Jan 30, 1985
Anna M. Clark - b. Aug 9, 1906; d. _____
Lynn B. Clegg - Nov 14, 1949
Edmon Clogus - d. Aug 25, 1869; age 12y 2m 24d; killed by lightning
Ernest D. Cook - b. Nov 27, 1934; d. May 9, 1994
Floyd R. Cook - b. Jan 26, 1909; d. Feb 21, 1983
Helen F. Cook - Jul 9, 1914
Herman William Corley - b. May 2, 1912; d. Jan 27, 1989
Robert Milton Corley - b. May 16, 1893; d. Feb 21, 1945
Bessie Kaminer Corley - b. May 21, 1900; d. Sep 26, 1977
Sidney F. Corley - b. Feb 1, 1928; d. Dec 1, 1997
Evelyn Epting Corley - b. May 16, 1925; d. Apr 23, 1991
Quinton L. Corley - b. Sep 6, 1898; d. Aug 14, 1977
Mary Lou Corley - b. Oct 6, 1902; d. Jul 15, 1969
Jacob Harold Corley - b. 1895; d. Sep 29, 1918; (s) of Sidney S. & Sarah A. Corley; died in the service of his country; WOW
Lucy Frances Corley - b. Dec 10, 1900; d. Aug 10, 1906; (d) of Sidney S. & Sarah A. Corley
Sidney S. Corley - b. Sep 27, 1858; d. Apr 8, 1927
Sarah Anna Corley - b. Feb 8, 1869; d. Jun 17, 1936
Mary O. Cox - b. Nov 15, 1937; d. Jun 12, 1994
Irene M. Crapps - b. Mar 3, 1907; d. Feb 12, 1986
Julius M. Crapps - b. Oct 10, 1906; d. Jan 4, 1994

(f)
(h)(f)

C.C. Cummings - b. Jan 15, 1893; d. Jan 27, 1969
James Patrick "Pat" Daniel - b. May 19, 1955; d. Dec 6, 1997
Malcolm O'Neal Darby - b. Sep 5, 1936; d. May 25, 1991
Jacqueline Counts Darby - Feb 5, 1938
Helen Lois Dawkins - b. Jun 8, 1928; d. Jan 29, 1928; (d) of A.J. & M.P. Dawkins
Terry Paul Dawkins - b. Nov 8, 1949; d. Apr 6, 1951; (s) of Charles W. & Mary Jane Dawkins
Mattie Jane W. Derrick - b. Dec 3, 1916; d. Mar 2, 1990
Berley Omerle Derrick - b. Dec 26, 1912; d. Jan 2, 1989; PFC US A WWII
William H. Derrick, Sr. - b. Mar 10, 1945; d. Apr 7, 1991
Lawrence Alfred Derrick, Sr. - b. Oct 24, 1908; d. Nov 25, 1994
Mary Annie Derrick - b. Jan 21, 1911; d. Nov 22, 1958
Heber Clinton Derrick - b. Oct 27, 1899; d. Jan 6, 1952

(f)
(m)

Charles K. Derrick - b. Jan 3, 1870; d. Nov 19, 1956
Eva Harmon Derrick - b. Jul 21, 1878; d. Mar 30, 1950
Fred W. Derrick - b. 1873; d. 1931
Lula W. Derrick - b. 1880; d. 1958

J. Ernest Derrick - b. 1899; d. 1932
Lena B. Derrick - b. 1898; d. 1958
J. Ray Derrick - b. 1904; d. 1964
Olee B. Derrick - b. Nov 5, 1928; d. Dec 25, 1995
Roland M. Derrick - b. Aug 24, 1920; d. Nov 24, 1964
Raymond E. Dominick - b. Jul 25, 1910; d. May 23, 1990
Carrie K. Dominick - Feb 13, 1918
Terry Parker Dominick - b. Apr 21, 1904; d. Aug 15, 1977
Jeannette S. Douglas - b. Aug 14, 1930; d. Oct 14, 1973
Heyward W. Douglas - b. Jan 21, 1932; d. Nov 9, 1998
Sadie B. Free Draffin - b. Jul 21, 1915; d. Jun 20, 1981
Leonard Draffin - b. Jun 14, 1909; d. Feb 8, 1986
George S. Drafts - b. 1913; d. 1970
Margie Martin Drafts - b. 1917; d. _____
Lessie May Ellison - b. Jun 19, 1905; d. Aug 30, 1907; (d) of James F. & Ella C. Ellison
Bessie Rebecca Ellisor - b. Aug 28, 1902; d. Aug 26, 1903; (d) of James F. & Ella C. Ellisor

(f) James F. Ellisor - b. 1878; d. 1930
Ella Cornelia Ellisor - b. 1878; d. 1946
(b) Leon W. Fincher - b. 1911; d. 1937
(m) Mattie C. Fincher - b. 1883; d. 1942
(f) John W. Fincher - b. 1878; d. 1930
Gladys Gardner Franklin - b. Nov 9, 1917; d. Jun 24, 1992
Jeannette E. Tolbert Franklin - b. Oct 18, 1922; d. Aug 14, 1967
Munson Buford Franklin - Apr 21, 1918
(inf) Franklin - d. Apr 24, 1959; (s) of Munson B. & Jeannette E. Franklin
Faye Anne Franklin - b. Apr 12, 1958; d. Apr 14, 1958
(f) Preston Boyd Free - Dec 23, 1929
(m) Vera Eargle Free - May 10, 1927
Joseph A. Free - b. Oct 25, 1912; d. Nov 30, 1985
Mary G. Free - Dec 2, 1915
Nathan H. Free - b. Jul 12, 1880; d. Jul 15, 1957
Bessie Myers Free - b. Mar 13, 1891; d. Nov 21, 1972
Alvin B. Freshley - b. Mar 5, 1919; d. Jun 20, 1952
Fred M. Freshley - b. Jun 6, 1917; d. Jan 19, 1942
William Henry Freshley - b. Jan 21, 1858; d. Nov 12, 1945
Frances Shealy Freshley - b. Mar 24, 1861; d. Dec 9, 1952
Sammie J. Freshley - b. Mar 24, 1894; d. Apr 12, 1958; WWI Vet
Malcolm W. Freshley - b. Sep 22, 1909; d. Feb 5, 1968
Amy Ruth Freshley - b. Sep 1, 1924; d. Aug 17, 1940
Frances Pinta Freshley - b. Mar 19, 1921; d. Feb 13, 1936
Butler P. Freshley - b. Mar 25, 1890; d. Dec 28, 1932
Pinta Helen Koon Freshley - b. Nov 12, 1894; d. Mar 27, 1923; (w) of Butler P. Freshley

   Annie Marcille Freshley - b. Nov 19, 1927; d. Mar 4, 1930; (d) of
    Mr. & Mrs. Butler P. Freshley
   Mary J. Fullbright - b. Jun 22, 1920; d. May 24, 1998
   George A. Fulmer - Feb 4, 1900
   Pearl Price Fulmer - Aug 30, 1905
(f) Seber Y. Fulmer - b. 1889; d. 1976
(m) Bessie I. Fulmer - b. 1887; d. 1968
   Leona Beck Fulmer - b. Jul 1, 1918; d. Nov 12, 1958
   Luther Y. Fulmer - Nov 14, 1916
   William David Fulmer - b. Jul 6, 1887; d. Jun 28, 1959
   Cummings V. Fulmer - Sep 15, 1978
   Carl L. Fulmer - b. Nov 9, 1916; d. Jan 16, 1974
   Annie Mae Fulmer - b. Oct 29, 1911; d. Jan 8, 1912
   William A. Fulmer - b. Mar 23, 1909; d. Aug 15, 1910
   Beauford Franklin Fulmer, Jr. - b. 1933; d. 1977; Pn3 US N Kr
(m) Elnora Campbell Fulmer - b. Jun 6, 1906; d. Dec 22, 1990
(inf) Fulmer - no dates
   J. Pinkney Fulmer - b. 1845; d. 1920
   Julia Ann W. Fulmer - b. 1843; d. 1922
   Joel E. Fulmer - b. Mar 6, 1874; d. Aug 2, 1931
   Joseph William Gasparro - b. Sep 1, 1924; d. Jan 17, 1996
   Frances Adella Wright Gasparro - b. Feb 27, 1935; d. Feb 11, 1990
   Ruth Emma Grosse - b. Oct 27, 1998; d. Oct 27, 1998
   Norma Ruth M. Hackman - Dec 23, 1911
   Edward Harry Hackman - b. Sep 7, 1912; d. Feb 17, 1989
   Elizabeth Cannon Haltiwanger - b. Jun 22, 1908; d. Feb 25, 1975
   James Wendall Haltiwanger - b. Sep 13, 1905; d. Nov 6, 1996
   J. Ira Haltiwanger - b. 1888; d. 1961
   Georgia Haltiwanger - b. Apr 13, 1880; d. Aug 28, 1957
   Sister May Haltiwanger - b. Apr 7, 1870; d. Jun 15, 1937
   Victor Bee Haltiwanger - b. Jan 16, 1882; d. Jun 30, 1922
   Cora Etta Haltiwanger - b. Nov 6, 1868; d. Oct 4, 1874
   Grace Reina Haltiwanger - b. Jul 7, 1872; d. Nov 11, 1874
   Isaiah Haltiwanger - b. 1838; d. 1900
   Frances Eugenia Haltiwanger - b. 1842; d. 1902
   Olgie F. Hardee - b. May 18, 1919; d. Mar 7, 1989
   Hurbert Eugene Harmon - b. Nov 13, 1909; d. Jan 19, 1910; (s) of
    J.T. & L.M. Harmon
   Fletcher F. Hayes - b. Jul 15, 1919; d. May 24, 1976
   Sadie M. Hayes - b. May 1, 1920; d. Mar 26, 1982; mar Oct 26,
    1939
   Gilbert Holland Hentz - b. Dec 22, 1912; d. Nov 9, 1985
   Heyward W. Hiller - b. Dec 21, 1909; d. Dec 17, 1962
   James H. "Tex" Higginbotham - b. Aug 22, 1935; d. Jan 20, 1992;
    "Daddy Jim"; A1C USAF Kr
(gm) Marie Lorick Higginbotham - Oct 15, 1937

Heyward W. Hiller - b. Dec 21, 1909; d. Dec 17, 1962
Margaret Hoyt Hiller - Nov 16, 1915
Terry Eugene Hiller - b. Oct 12, 1951; d. Jan 7, 1973
William Butler Hook - b. Nov 20, 1866; d. May 21, 1950
Gracie Ann Hook - b. Oct 4, 1839; d. May 4, 1922; (w) of Robert Thomas Hook
Robert Thomas Hook - b. Apr 15, 1829; d. May 1, 1916
Elizabeth B. Hook - b. May 12, 1870; d. Jan 6, 1877
Robert E.L. Hook - b. Jul 9, 1873; d. May 31, 1875
May C. Hook - b. Jan 24, 1876; d. Nov 30, 1876
Minnie E. Hook - b. Feb 4, 1875; d. Nov 10, 1956; (w) of William Butler Hook
(f)   Richard H. Hoyt - b. Feb 15, 1892; d. Feb 25, 1956
(m)   Gussie L. Hoyt - b. Aug 21, 1897; d. Aug 14, 1981
Welford L. Proveaux Huffman - Mar 22, 1924
Claude M. "Pete" Huffman - b. Sep 30, 1922; d. Jul 20, 1988
Bachman T. Huffman - b. 1859; d. 1978
Lula G. Huffman - b. 1864; d. 1927
Walter N. Huffman - b. 1904; d. 1917
Leon B. Huffman - b. 1895; d. 1902
(inf)   Noah N. Huffman - no dates
Carl E. Huffman - b. 1887; d. 1945
Ada L. Huffman - b. 1892; d. 1983
Julia Gertrude Huffman - b. Mar 27, 1893; d. Jan 17, 1969
Ester Alberta Huffman - b. Jan 8, 1903; d. Nov 27, 1987
Frances E. Huffman - b. Sep 15, 1908; d. Feb 21, 1909
Noah M. Huffman - b. Dec 16, 1897; d. Jan 13, 1901
Nora Maffett Huffman - b. Nov 22, 1871; d. Aug 17, 1921
Joseph S. Huffman - b. Aug 2, 1866; d. Feb 18, 1944
Sara Elizabeth Huffman - b. Aug 25, 1896; d. Jun 11, 1953
Robert Daniel Huffman - b. Feb 17, 1905; d. Sep 26, 1976
Addie Caughman Huffman - b. Aug 25, 1907; d. Jun 23, 1979
Joseph B. Huffman - b. Aug 28, 1901; d. Apr 11, 1980
Caroline S. Huffman - b. Sep 5, 1904; d. Jun 15, 1985
Ersell W. Huffman - b. Sep 10, 1896; d. Jun 2, 1984
Eunice Lorick Huffman - b. Nov 9, 1874; d. Jan 7, 1961; (w) of Paris Enoch Huffman
Paris Enoch Huffman - b. Dec 18, 1868; d. Feb 20, 1949
James Tilman Huffman - b. Nov 30, 1870; d. Sep 22, 1878; (s) of James E. & Susan G. Huffman
Susan G. Nunamaker Huffman - b. Jun 20, 1840; d. Jun 21, 1920; (w) of James E. Huffman
Willie T. Huffman - b. Nov 5, 1867; d. Feb 22, 1939
Bessie Younginer Huffman - b. Aug 18, 1878; d. Mar 5, 1967
(inf)   Oscar W. Huffman - b. Oct 2, 1882; d. Nov 16, 1882; (s) of S.J. & Cora Huffman

William J. Huffman - b. Mar 1, 1821; d. May 30, 1836; age 15y 3m
Samuel G. Huffman - b. Dec 3, 1829; d. Aug 22, 1839
Jacob Noah Huffman - b. Feb 1, 1826; d. May 6, 1883
Sarah Jane Smith Huffman - b. Mar 7, 1833; d. Dec 30, 1919; (w) of Jacob Noah Huffman
Sarah Adella Huffman - b. Oct 1, 1863; d. May 27, 1936
Eula Agnes Huffman - b. Aug 1, 1884; d. Mar 28, 1906; (d) of Joseph & Mary L Huffman
Annie Lee Huffman - b. Mar 22, 1909; d. Nov 13, 1913; (d) of Charles J. & Mittie V. Huffman
Mittie Virginia Quattlebaum Huffman - b. Jun 8, 1888; d. Jan 29, 1963
Charles J. Huffman - b. Jul 9, 1879; d. Dec 31, 1963
Joseph Huffman - b. Aug 31, 1838; d. May 26, 1907
Mary L. Dreher Huffman - b. Dec 25, 1844; d. Dec 28, 1934
James Carroll Huffstetler - b. Jul 27, 1936; d. Oct 24, 1995
(rev) Harry Addison Jackson - b. Mar 28, 1897; d. Jan 31, 1931; served as Pastor Giles Craig Parish, VA, June 1925-May 1927, Bethlehem Pastorate, SC, May 1927-Jan 1931
Ada Younginer Jackson - b. Dec 22, 1899; d. Feb 10, 1975
(inf)(d) Celeste Rose Jackson - b. Apr 12, 1965; d. Nov 25, 1986 (sis)
Birdie Sexton Jetton - b. Sep 10, 1909; d. Dec 27, 1987
Johnnie Richard Johns - b. Jun 11, 1921; d. Aug 31, 1984; S1 US Coast Guard WWII
Richard Johns, Jr. - b. Aug 29, 1943; d. Jun 26, 1991
David E.M. Johnston - b. 1921; d. ____
F. Dennie Johnston - b. 1924; d. 1994
Forrest O. Kempson - b. Jan 25, 1886; d. Nov 12, 1963
Ethel Shealy Kempson - b. Jun 30, 1894; d. May 24, 1980
James H. Kilgore - b. Jun 14, 1876; d. Jun 24, 1925
Ella H. Kilgore - b. Jan 27, 1873; d. Jun 7, 1952
Forrest J. Lacons - b. Mar 8, 1877; d. Mar 16, 1956
Heyward F. Lacons - b. Jun 25, 1906; d. Feb 2, 1961
(m) Margaret S. Lacons - Jan 16, 1947
Mamie A. Lacons - b. Nov 25, 1877; d. Sep 22, 1927
Maggie E. Lacons - b. Sep 4, 1872; d. Apr 11, 1878; (d) of George D. & Jemima R. Lacons
Jemima Rebekah Lacons - b. Jun 3, 1839; d. Oct 16, 1922; age 83y 4m 13d
Michael Leaphart-b. Aug 15, 1795; d. Apr 9, 1876; age 80y 7m 21d
Susan Leaphart - b. Dec 1, 1805; d. Mar 27, 1876; age 70y 3m 26d
Maj Godfrey Leaphart - b. Jan 30, 1825; d. Dec 13, 1891; by occupation a planter, elected Capt Co C 20 Regt 10 Dec 1861, promoted to Maj March 1865, served as member of state legislature for Lexington Co from 1876 to 1884, again from 1890

until his death, officer of St. Andrews Lutheran Church from 1868 until the end
Martha Leaphart - b. Apr 26, 1828; d. Mar 16, 1876
Sherod Luther Leaphart - b. Dec 30, 1830; d. Jun 27, 1886
Eligah Leaphart - d. Oct 24, 1841; age 6y 11m 6d
Richard Mendel Lee - b. Mar 22, 1924; d. Mar 4, 1997
Elva Fulmer Lee - Mar 16, 1927
Fred B. Leitzsey - b. Jan 1, 1903; d. Feb 24, 1965
Mary Ella Leitzsey - b. Jan 14, 1858; d. Oct 6, 1896; age 38y 8m 23d; (w) of George F. Leitzsey
George F. Leitzsey - b. Sep 22, 1848; d. Oct 25, 1910
Bertha Florence Leitzsey - b. Nov 29, 1880; d. Sep 5, 1902; (d) of George F. & Mary E. Leitzsey
Sarah Catherine Leitzsey - b. Feb 7, 1911; d. May 30, 1911; (d) of Hugh W. & Helen P. Leitzsey

(f) Hugh Wingard Leitzsey - b. Nov 14, 1877; d. Dec 16, 1935
(m) Helen Parker Leitzsey - b. May 29, 1876; d. Jun 27, 1949
George Frank Leitzsey - b. Oct 3, 1883; d. Jan 4, 1944
Una Baskin Leitzsey - b. Mar 22, 1894; d. Dec 18, 1977
Jessie L. Leitzsey - b. Dec 3, 1887; d. Sep 8, 1960
Agnes Pearl Leitzsey - b. Nov 19, 1891; d. Jun 26, 1972
Timothy Brandon Lever - Sep 16, 1902; (s) of David C. & Elizabeth M. Lever

(f) C.M. "Buddy" Lewis - Nov 27, 1938
(m) Jo Ann R. Lewis - b. Aug 12, 1939; d. Apr 6, 1991
Annie Mae Lindler - b. Dec 5, 1906; d. Jan 12, 1999
Frank Jacob Lindler - b. Oct 14, 1902; d. Apr 25, 1968
James Claude Long - b. Nov 21, 1914; d. Sep 2, 1984
Mildred Nunamaker Long - b. Jun 18, 1915; d. Nov 17, 1988
Eucebiae K. Lorick - b. Feb 14, 1917; d. Jan 18, 1998
Margaret S. Lorick - b. Feb 9, 1923; d. Aug 31, 1984
Viola May Lorick - b. Aug 31, 1891; d. Apr 21, 1907
Sammie I. Lorick - b. 1868; d. 1928
Mary E. Lorick - b. 1865; d. _____
Mary E. Lorick - d. Jan 22, 1918; age 20d; (d) of Lawrence & Clara Lorick
Jacob M. Lorick - b. Nov 5, 1848; d. May 12, 1866; age 17y 6m 7d; (s) of John & Mary Ann Lorick
Augustus C. Lorick- b. Apr 2, 1856; d. Jun 10, 1888; age 32y 2m 8d
Laura nee Kibler Lorick - d. Nov 29, 1925; age 65y
John William Lorick - b. May 13, 1908; d. Mar 21, 1953
Franklin E. Lorick - b. Sep 29, 1851; d. Mar 9, 1912

(f) Franklin Lee Lorick - Oct 2, 1877
(m) Connie Kibler Lorick - b. Mar 30, 1870; d. Oct 4, 1952
Charlotte K. Lorick - b. Jan 8, 1886; d. Oct 9, 1963
Thomas W. Lorick - b. Sep 4, 1888; d. Mar 22, 1922

	Newton Solomon Lorick - b. Jul 17, 1879; d. May 28, 1919
(f)	William C. Lorick - b. 1850; d. 1927
(m)	Maggie Harman Lorick - b. 1855; d. 19__
	Julius E.H. Lorick - b. Aug 13, 1858; d. Oct 25, 1902
	John Lorick - b. Feb 27, 1812; d. Nov 14, 1895
	James David Lorick - b. Apr 26, 1846; d. Nov 14, 1896; age 50y 6m 18d
	Iva Belle Lorick - b. 1898; d. 1991
	Berley W. Lorick - b. 1888; d. 1931
	Peggy A. Lowman - b. Mar 7, 1928; d. Apr 22, 1977
(inf)	Matthew Tate Lucas - b. Feb 26, 1973; d. Mar 15, 1973; (s) of James A. & Jacquelyn S. Lucas
(s)	George Allen Lucas - b. Jun 8, 1953; d. Jun 15, 1953
	John Muckelrath Mangum - b. Dec 19, 1920; d. Apr 22, 1991
(rev)	John W. Mangum - b. 1888; d. 1955; Pastor St. Andrews Lutheran Church 1922-1925 & 1946-1955
	Norma Muckelrath Mangum - b. 1892; d. 1970; widow of John W. Mangum
	William H. McDonald-b. May 25, 1936; d. Jan 31, 1986; Sp4 US A
	Leonard D. Meetze - b. Aug 13, 1930; d. Dec 20, 1996
	Leonard Dale Meetze - b. Aug 13, 1930; d. Dec 20, 1996; En3 US N Kr
	Iva C. Meetze - Sep 11, 1928
	Benita Gwen Meetze - b. Sep 22, 1951; d. Sep 1, 1962; (d) of Robert J. & Mary S. Meetze
	Mary S. Meetze - b. Mar 26, 1925; d. Oct 7, 1971; (w) of Robert J. Meetze; (m) of James & Benita
	Mildred C. Meetze - b. 1925; d. 1978
	Ernest Clayton Meetze - b. Apr 24, 1927; d. Dec 22, 1987
	Alice Ruth Meetze - b. Feb 5, 1929; d. May 23, 1976
	Annie Lou Meetze - b. Jan 21, 1905; d. Jul 9, 1989
	John B. Meetze - b. Apr 27, 1920; d. Nov 20, 1972; USAF
	John W. Meetze - b. Jan 2, 1896; d. Apr 10, 1970
	Lillian Weed Meetze - b. Apr 29, 1895; d. Dec 17, 1984
(m)	Estelle Mary Meetze - b. Feb 17, 1900; d. May 21, 1997
	Floyd T. Meetze - b. Jan 2, 1897; d. Nov 10, 1959
	Clyde Cokley Meetze - b. May 19, 1912; d. Apr 28, 1985
	Janie Mae K. Meetze - b. Feb 15, 1921; d. Oct 21, 1983
(inf)	Meetze - d. 1958; (s) of Clyde C. & Janie M.K. Meetze
(h)	Frank J. Meetze - b. Jul 20, 1882; d. Nov 10, 1966
(w)	A. Marie Meetze - b. Jun 24, 1880; d. May 22, 1963
(f)	Walter F. Meetze - b. Apr 27, 1909; d. Nov 11, 1982
	Tillie H. Meetze - Sep 4, 1911
	Avis Corley Meetze - b. Sep 3, 1890; d. Jan 9, 1974
	Henry Pinkney Meetze - b. Feb 23, 1889; d. Feb 18, 1971

	Margaret Allen Meetze - b. May 24, 1913; d. Mar 9, 1994; age 58y; (w) of (rev) Dr. George Elias Meetze
(f)	Narvie E. Meetze - b. Oct 23, 1885; d. Oct 5, 1960
(m)	Fannie Belle L. Meetze - b. Sep 4, 1885; d. Jun 11, 1963
	Elias Franklin Meetze - b. Feb 15, 1858; d. Jul 10, 1933
	Francis Lydia Bouknight Meetze - b. May 15, 1847; d. May 3, 1926
(f)	Albert C. Meetze, Sr. - b. Jan 22, 1913; d. Sep 11, 1991
(m)	Frances H. Meetze - Jan 22, 1926
	Frances Caroline Meetze - b. Mar 8, 1938; d. Sep 9, 1938; (d) of Mr. & Mrs. F.B. Meetze
	Willie Preston Meetze - b. Mar 6, 1867; d. Feb 6, 1940
(f)	Hubert T. Meetze - b. Nov 21, 1921; d. Mar 6, 1990
(m)	Sarah D. Meetze - b. Jan 6, 1923; d. Apr 27, 1951
	Tommie Julian - b. Apr 4, 1902; d. Jan 23, 1986
	Jimmie David Meetze - b. Sep 15, 1905; d. Sep 30, 1984; Sgt US A WWII
	Bessie V. Meetze - b. Aug 2, 1892; d. Apr 14, 1983
(f)	Joseph P. Meetze - b. Aug 1, 1862; d. Mar 16, 1949
(m)	Mary M. Meetze - b. Aug 21, 1866; d. Jun 1, 1947
	Amanda E. Meetze - b. Oct 13, 1839; d. Mar 31, 1895; (w) of J. Frank Meetze
	Elbert E. Meetze - b. May 18, 1907; d. Sep 20, 1907
	Royal L. Meetze - d. Oct 22, 1909; age 9y
	J. Frank Meetze - no dates
	James W. Meetze - 1912
	Joseph M. Meetze - b. Jul 1, 1871; d. Mar 13, 1920
	Della J. Meetze - b. Sep 7, 1871; d. Nov 9, 1946
	Mary M. Meetze - b. 1847; d. 1923
(f)	Samuel D. Meetze - b. May 7, 1860; d. Sep 27, 1932
(m)	Charolette E. Meetze - b. Oct 27, 1858; d. Oct 10, 1926
	Claude Elbert Metts - b. Dec 13, 1919; d. May 7, 1988; Cpl US A WWII
	Judieth E. Metz - b. May 25, 1835; d. Jun 30, 1905
	Sarah Anna Barbara Metz - b. Aug 22, 1870; d. Jul 26, 1903; (d) of Mr. & Mrs. J.C. Metz
	Lillie Eunice Metz - b. Jan 25, 1892; d. Aug 22, 1898; (d) of Mr. & Mrs. J.C. Metz
	Lucinda Louisa Metz - b. Sep 8, 1894; d. Aug 13, 1908
	Mary Jane Metze - b. 1867; d. Mar 3, 1907
	Samuel Jesse Metze - b. 1834; d. May 9, 1904
	Silas Bachman Metze - b. Aug 2, 1886; d. Aug 13, 1951
	Ellie Lenora Metze - b. Jan 6, 1887; d. Jul 22, 1943; (w) of Silas Bachman Metze
	Charles Ernest Metze - b. Dec 22, 1897; d. Mar 9, 1911; (s) of Joseph P. & Mary M. Meetze

	Joseph Eddie Metze - b. Apr 15, 1894; d. Aug 26, 1895; (s) of Joseph P. & Mary M. Metze
	Paulina Metze - b. Dec 8, 1871; d. Nov 28, 1889; (w) of J.P. Metze
	Thomas Fennell Miller - b. Sep 4, 1894; d. Feb 28, 1976
	Martha Wessinger Miller - b. Aug 16, 1898; d. Apr 25, 1974
	William Leitzsey Monts - b. Jun 27, 1911; d. Jul 20, 1988; Lt Col US A Ret WWII
	Reba Addy Monts - b. Aug 5, 1912; d. Jun 26, 1990; RN
	Edward L. Moore - b. Jul 23, 1894; d. Feb 5, 1962
	Annie Pearl Moore - b. Oct 28, 1899; d. Jun 20, 1980
(m)	Sallie Powell Myers - b. Jan 14, 1870; d. Mar 4, 1952
(f)	Andrew J. Myers - b. Dec 15, 1866; d. Oct 19, 1934
	Annie Augusta Nease - b. Sep 18, 1870; d. Nov 13, 1900
	Mattie Young Nunamaker - b. Jul 3, 1884; d. Jul 29, 1963
	Ernest Jacob Nunamaker - b. Nov 23, 1878; d. Mar 8, 1932
	Gladys D. Nunamaker - b. Sep 5, 1909; d. Jul 6, 1920
(inf)	Nunamaker - b. Nov 27, 1910; d. Nov 29, 1910; (s) of Ernest J. & Mattie Y. Nunamaker
	Ernestine Nunamaker - b. Feb 8, 1912; d. May 28, 1912
	Constance Kinney Nunamaker - b. Dec 24, 1920; d. _____
	Ernest Jacob Nunamaker, Jr. - b. May 29, 1922; d. Dec 31, 1997
	James Arthur Nunamaker - b. Jun 12, 1918; d. Apr 30, 1971
	Jeanette Stephens Nunamaker - Apr 30, 1927
(m)	Charlotte Nunamaker - d. Oct 17, 1873; age 69y 8m 21d
(f)	Jacob Nunamaker - d. Nov 10, 1867; age 67y 5m
(s)	Laval Nunamaker - d. 1834; age 4y
	David Nunamaker - b. May 25, 1808; d. Oct 29, 1881; age 73y 5m 4d
	Lawrall Ann Nunamaker - d. Nov 14, 1835; age 5m 27d; (d) of David & E. Nunamaker
	Arthur S. Nunamaker - b. Jun 9, 1845; d. Jan 11, 1918
(w)	Mary Hiller Nunamaker - b. May 7, 1849; d. May 21, 1930
	Inez Douglas Nunamaker - b. Oct 9, 1894; d. Jan 7, 1966
	Arthur Bates Nunamaker - b. Jun 2, 1886; d. Nov 5, 1966
	Cecil Young Nunamaker - b. Aug 23, 1921; d. Jul 6, 1990
	John L. Onley - b. Jun 8, 1907; d. Feb 12, 1984
	Esther Hunt Padget - Mar 7, 1924
	Henry Fletcher Padget, Jr. - b. Jun 11, 1922; d. Nov 24, 1996
(f)	Lewis A. Padget, Jr. - Dec 31, 1926
(m)	Mary M. Padget - b. Dec 28, 1929; d. Jun 18, 1978
	Tillman Dixon Padget - b. Oct 19, 1893; d. Oct 19, 1972
	Caroline Younginer Padget - b. May 18, 1888; d. Apr 16, 1960
	Gene Patterson - Apr 14, 1930
	Patricia Ann Poole Patterson - b. Oct 11, 1934; d. Nov 3, 1977
	Harry Richard Potts - b. 1923; d. _____
	Helen Seay Potts - b. 1925; d. 1990

Charles Dexter Raley - b. Jun 15, 1910; d. Aug 1, 1983
Aileen Raley - no dates
Mary Lou B. Reeves - b. Aug 17, 1914; d. Dec 22, 1971
George R. Reeves - b. Sep 21, 1920; d. Nov 23, 1984
Mae Cameron Rice - b. Jun 29, 1912; d. Feb 4, 1998
Fletcher A. Rice, Jr. - b. Jan 16, 1908; d. Aug 5, 1982
Robert O'Neal Richardson - Jun 6, 1913
Zelma Ayer Richardson - b. Apr 15, 1920; d. Feb 15, 1998

(f) James R. Richardson - b. Mar 15, 1919; d. Jun 2, 1983
(m) Dallie Mae L. Richardson - b. Jul 16, 1912; d. May 26, 1984

Travis C. Riedley - b. Jun 27, 1950; d. May 3, 1980
Estelle Lindler Rye - b. Feb 23, 1906; d. Oct 3, 1964; (w) of C.M. Rye

(h)(f) James Keown Sanders - b. Mar 7, 1932; d. Aug 1, 1988
(w)(m) Shirley Draffin Sanders - Aug 20, 1935
(inf) Robert Lawrence Schott - d. Jan 29, 1978; (s) of George Frederick & Violet R. Schott

George Frederick Schott - Nov 3, 1913; (h) of Violet Ruth Cauble Schott
Violet Ruth Cauble Schott - b. Sep 23, 1911; d. Sep 13, 1997; (w) of George Frederick Schott
George Tilman Seastrunk - b. Jan 16, 1908; d. Sep 9, 1971
Mary Eargle Seastrunk - b. Oct 26, 1873; d. Dec 18, 1935; (w) of George Z. Seastrunk
George Z. Seastrunk - b. Jul 29, 1867; d. Nov 3, 1944
William Bryan Seay - b. 1900; d. 1975
Alder Ritchie Seay - b. 1908; d. 1978
Loree Bouknight Seay - b. Oct 6, 1912; d. Jan 13, 1960; (w) of Coke Earl Seay
Coke Earl Seay - b. Mar 14, 1913; d. Jan 16, 1985
Dianne Marietta Shealy - Aug 14, 1974; (d) of (rev) & Mrs. Fulmer Shealy
M. Burley Shealy - b. Jan 4, 1887; d. Feb 21, 1968
Essie K. Shealy - b. Dec 25, 1893; d. Dec 25, 1973
Maxie Holland Shealy - b. Jun 4, 1912; d. Jun 24, 1978; US A WWII
Ronald E. Shealy - b. Mar 23, 1954; d. Mar 25, 1954
Barbara A. Shealy - b. Sep 9, 1955; d. Feb 23, 1956
Bernard Belton Shealy, Sr. - b. Aug 30, 1921; d. Mar 14, 1998; US A WWII
G.W. Pierce Shealy - b. 1859; d. 1947
Hattie Lowman Shealy - b. 1862; d. 1929
Elton Omerle Shealy - b. Dec 17, 1891; d. Nov 16, 1971
Ruth Freshley Shealy - b. Mar 3, 1897; d. Feb 26, 1965
Betty Jean Shirah - b. 1932; d. 1994
Ruby L. Shirah - b. May 4, 1902; d. Nov 18, 1969

	Reuben H. Shirah - b. Jan 8, 1919; d. Nov 22, 1958
	Linda T. Shull - b. 1942; d. 1997
	Kathryn Nunamaker Shull - b. Feb 12, 1926; d. Dec 7, 1988
	Erma Fulmer Sims - b. Mar 16, 1927; d. Aug 2, 1974
(s)	Ricky Eugene Sites - b. Oct 25, 1955; d. Oct 13, 1972
	Donald A. Slice - b. 1938; d. 1999
	L. Marcile K. Slice - Aug 6, 1913
	Huber A. Slice - b. Mar 16, 1912; d. Mar 13, 1990
	Mary Jane Slice - b. Jun 12, 1933; d. Jun 24, 1933
	Marriam Lorick Slice - b. Jun 22, 1895; d. Jun 11, 1934
	Badie Carl Slice - b. Apr 6, 1918; d. Apr 16, 1944
	Beautrice Carl Slice - b. Oct 13, 1894; d. Oct 12, 1946; "Pet"
(m)	S.A. Spence - b. May 11, 1848; d. Mar 29, 1918
(f)	W.W. Spence - b. Aug 1, 1852; d. Jun 23, 1907
(inf)	Sprull - no dates
(f)	John Belton Stack - b. Jan 7, 1875; d. Dec 20, 1920
(m)	Sarah Florence Stack - b. Oct 10, 1868; d. Aug 8, 1935
	John Earle Stack - b. Nov 18, 1896; d. Jun 29, 1944
	C. Martin Stork - b. Aug 12, 1936; d. Jul 26, 1984
	G. Martin Stork - b. Aug 13, 1909; d. Jul 19, 1991
	Clarey Y. Stork - b. Feb 5, 1910; d. May 7, 1993
	Leroy Guise Summer - b. Dec 15, 1889; d. Dec 2, 1968
	Lanier Watson Summer - b. Feb 26, 1901; d. Dec 28, 1986
	Mary Britt Swindler - b. May 14, 1922; d. Nov 28, 1971
	Francis C. Swindler - b. 1918; d. 1977
(m)	Rozelle S. Swygert - b. Mar 20, 1904; d. Dec 23, 1966
	Benjamin Franklin Swygert - b. Jul 29, 1854; d. Apr 3, 1918
	Alice Lavina Kibler Swygert - b. Jan 2, 1864; d. Jan 29, 1939
	Ernest B. Taylor - b. Mar 8, 1907; d. Jul 9, 1963
	James Fred Taylor, Sr. - b. Nov 9, 1909; d. Feb 3, 1982
	Odalite F. Taylor - b. Dec 8, 1908; d. Jan 14, 1993
	Lindsay Thomasson - b. 1912; d. 1996
	Mattie W. Thomasson - b. Dec 9, 1910; d. Oct 8, 1982
	Charles C. Thompson - b. Mar 29, 1920; d. Nov 16, 1989; US A WWII
	Marie Lorick Trapp - b. May 13, 1882; d. Jan 8, 1956
	Wiley W. Trexler - Aug 5, 1915
	Margaret H. Trexler - b. Aug 22, 1915; d. Dec 1, 1996
	Vivan Waites - b. Apr 22, 1938; d. Nov 28, 1938
	Belva Maxine Waites - b. May 29, 1939; d. May 30, 1939
	Belva O. Waites - May 7, 1917
	Maxine S. Waites - b. Aug 8, 1907; d. Nov 1, 1981
	Carloyn Rose Waites - b. May 12, 1937; d. Feb 22, 1939
	Thomas Earle Waites - b. Jun 17, 1935; d. Jun 17, 1935
	Samuel Waites - b. Oct 12, 1853; d. Mar 22, 1928
	Thomas Abner Waites, Jr. - b. Oct 13, 1915; d. Feb 27, 1992

	Virginia Inez Draffin Waites - May 20, 1917; (d) of Annie Graham & James Pressley Draffin
(f)	Thomas Abner Waites - b. Oct 20, 1888; d. Jun 23, 1968
(m)	Lillie Meetze Waites - b. Dec 14, 1888; d. Mar 14, 1968
	Olive Haltiwanger Oxner Ward - b. Jan 10, 1876; d. Sep 8, 1972
(inf)	Warner - 1878; (d) of Martin L. & Allie E. Warner
(inf)	Warner - 1898; (s) of Martin L. & Allie E. Warner
	Joseph Isaiah Warner - b. 1886; d. 1890
	Jacob Butler Warner - b. 1892; d. 1892
	Martin L. Warner - b. Sep 14, 1855; d. Nov 17, 1937
	Allie E. Warner - b. 1854; d. 1928
	Frances Spigner Weed - Jul 30, 1927
	Clyde Weed - b. Feb 15, 1931; d. Oct 21, 1995; US N Kr
	Jesse B. Wessinger, Jr. - b. Jul 30, 1930; d. Jan 30, 1995
	Catherine H. Wessinger - no dates
	Jesse B. Wessinger - b. Jul 2, 1901; d. Jun 1, 1980
	Thelma D. Wessinger - b. May 29, 1902; d. Jul 4, 1975
	Ida H. Whiteside - b. Dec 13, 1897; d. Feb 8, 1962
	Paul P. Whiteside - b. Sep 15, 1893; d. Jul 8, 1955
	Charlie Mack Wilson - b. Dec 22, 1923; d. Oct 21, 1970
	David McLeod Wilson - b. Jan 2, 1881; d. May 22, 1968
	Nancy Free Wilson - b. Sep 4, 1885; d. Dec 9, 1970
	Eva Mae Wilson - b. Feb 18, 1909; d. Oct 29, 1964
	Lester Lee Wilson - b. Apr 14, 1921; d. Sep 23, 1929; (s) of Mr. & Mrs. David M. Wilson
	Annie Elizabeth Wilson - b. May 6, 1928; d. Jan 8, 1936; (d) of Mr. & Mrs. David M. Wilson
	William A. Wingard - b. Oct 3, 1922; d. Apr 2, 1961
	Lynn Kempson Wingard - b. Feb 18, 1952; d. Jun 15, 1997
(inf)	Darryl Lee Wingard - b. Oct 20, 1946; d. Oct 31, 1946
	Robert Lewis Wingard - b. Jan 20, 1925; d. Jul 9, 1956
	Floy W. Wingard - b. May 14, 1894; d. Jul 28, 1968
	Eusebius B. "Sebe" Wingard - b. Jul 21, 1890; d. Apr 25, 1975
	Marion W. "Buddy" Wingard - b. May 28, 1937; d. Oct 7, 1966
	Ella Rye Wolfe - b. Jul 21, 1932; d. Jan 16, 1987
	Joseph G. Wright - b. May 21, 1883; d. Jul 8, 1957
	Laura Abell Wright - b. Jan 16, 1899; d. Sep 15, 1981
	Josephine Ruth Younginer - no dates
	Frank Paul Younginer - no dates
	Jack Younginer - b. Mar 25, 1921; d. Jun 28, 1971
(m)	Josephine H. Younginer - b. Aug 12, 1881; d. Nov 27, 1966
(f)	M. Glenn Younginer - b. Nov 26, 1880; d. Aug 24, 1936
	William R. "Willie" Younginer - b. Feb 13, 1884; d. Oct 13, 1918
	Annie McKnight "Annie" Younginer - d. Feb 24, 1908
	Lillie C. Younginer - b. Feb 4, 1881; d. May 23, 1976
	Leandra P. Younginer - b. Feb 25, 1857; d. Jun 24, 1926

Sebastian R. Younginer - b. Aug 6, 1852; d. Oct 11, 1924
Sebastian Price Younginer - b. Oct 6, 1895; d. Nov 16, 1896; (s) Sebastian R. & Leandra P. Younginer
Rosa Alberts Younginer - b. Nov 26, 1893; d. Jul 5, 1894; (d) of Sebastian R. & Leandra P. Younginer
Sarah Ethel Younginer - b. Jun 1, 1890; d. Jun 1, 1891; (d) of Sebastian R. & Leandra P. Younginer
Roland Lee Younginer - b. Apr 3, 1886; d. May 27, 1887; (s) of Sebastian R. & Leandra P. Younginer
Thomas Franklin Younginer - b. Jan 13, 1883; d. Oct 29, 1883; (s) of Sebastian R. & Leandra P. Younginer
Laura E. Younginer - d. May 15, 1884; age 27y 10m 22d; (d) of Elizabeth & Simon Younginer
Mrs. Elizabeth Younginer - b. Dec 4, 1828; d. Apr 17, 1885; (w) of Simon Younginer
Simon Younginer - b. May 7, 1816; d. Sep 12, 1887
T.P. Younginer - b. Jul 18, 1854; d. Mar 22, 1901
S. Claude Younginer - b. Dec 21, 1876; d. Feb 23, 1937
Mabel Palmer Younginer - b. Jul 23, 1879; d. Apr 16, 1916; (w) of S. Claude Younginer

(inf) Younginer - no dates; (d) of S. Claude & Mabel P. Younginer
Joseph D. Younginer - b. May 1, 1897; d. Mar 5, 1956
Callie D. Younginer - b. Jun 5, 1904; d. May 29, 1990
(m) Lorraine Meetze Zobel - b. Mar 7, 1924; d. Dec 27, 1996
(f) Cole C. Zobel - d. Aug 6, 1923
L.M.M. - d. 1904

203. **St. Jacobs Lutheran Church Cemetery**: On Chapin Rd about 0.35 mile inside the Lexington Co line, Chapin, SC. Mar 22, 1982

Boyd Xennie Slice - b. Nov 12, 1917; d. May 29, 1918
Albert Forest Slice - b. Apr 16, 1911; d. May 27, 1911
(f) Jonas G. Slice - b. 1883; d. 1956
George U. Slice - b. Nov 16, 1883; d. Sep 24, 1902
Elizabeth E. Slice - b. Mar 25, 1843; d. May 1, 1924
Mary Ann Marilzia Slice - b. Sep 4, 1849; d. Feb 20, 1931
James Ilue Slice - b. Apr 15, 1862; d. Jul 18, 1942
George H. Rea - b. Feb 15, 1915; d. Aug 5, 1960
(inf) Rea - d. Aug 28, 1943
(s) J. Michell Martin - b. Oct 13, 1922; d. Mar 1, 1942
A. Perry Martin - b. Feb 21, 1878; d. Aug 25, 1950
(f) Joseph Sidney Sites - b. Dec 21, 1887; d. ____
(m) Claudia Amick Sites - b. Dec 15, 1889; d. ____
Henry P. Sites - b. Sep 13, 1862; d. Jul 19, 1951
Mattie S. Sites - b. Nov 27, 1866; d. May 17, 1961
(f) Martin Luther Slice - b. Jul 3, 1869; d. Oct 22, 1944
(m) Laura Elizabeth Slice - b. Oct 3, 1871; d. Jan 15, 1948

	Irwin Louis Slice - b. May 19, 1905; d. Dec 9, 1917; (s) of Martin L. & Laura E. Slice
	Katie E. Slice - b. Sep 2, 1899; d. Sep 15, 1901; (d) of Martin L. & Laura E. Slice
	John David Rister - b. May 28, 1864; d. Jul 28, 1946
(m)	Mary Alice Rister - b. Oct 23, 1877; d. Feb 14, 1913; (w) of John David Rister
	Walter M. Lindler - b. Nov 5, 1906; d. _____
	Lula Mae Lindler - b. Sep 3, 1908; d. Nov 18, 1967
(inf)	Loyd Roland Lindler - b. May 18, 1935; d. Jul 5, 1935; (s) of Walter M. & Lula M. Lindler; (twin)
(inf)	Floyd Olin Lindler - b. May 18, 1935; d. Jul 7, 1935; (s) of Walter M. & Lula M. Lindler; (twin)
(inf)	Cumalander - d. Jun 8, 1951; (d) of Harold & Eunice Cumalander
	Ella Florence Cumalander - b. Oct 1, 1868; d. Apr 3, 1945
	Robert Franklin Cumalander - b. May 9, 1872; d. Dec 23, 1941
	Edward Brooks Slice - b. Feb 8, 1886; d. Dec 27, 1926
	John Silas Slice - b. Apr 16, 1849; d. Dec 30, 1923
	Amanda M. Slice - b. 1844; d. Jan 2, 1932
	George Wilson Garrison, Jr. - b. Apr 2, 1919; d. Jan 21, 1920; (s) of George & Emma Garrison
(inf)	Cumalander - no dates; (s) of Robert F. & Ella F. Cumalander
(inf)	Cumalander - no dates; (s) of Robert F. & Ella F. Cumalander
	Myrtle Irene Bickley - b. Jan 23, 1910; d. Sep 29, 1948
	Noah Washington Bickley - b. Mar 13, 1877; d. Aug 31, 1923
	Josie Frick Bickley - b. Jan 15, 1880; d. Dec 7, 1960
(f)	Henry Pinckney Slice - b. Aug 1, 1866; d. Jul 29, 1956
(w)	Mary Cummings Slice - b. May 27, 1870; d. Apr 5, 1947
	Jo Anna P.C. Slice Shealy - b. Dec 4, 1861; d. May 23, 1916; (w) of James A. Shealy
(f)	W. Pierce Bickley - b. Dec 16, 1882; d. Apr 2, 1969
(m)	Trannie S. Bickley - b. Jun 28, 1889; d. Aug 11, 1971
	Adam Earl Counts - b. Nov 11, 1899; d. Nov 12, 1899; (s) of H.B. & M.J. Counts
	Albert Frick - b. Nov 18, 1925; d. Nov 18, 1925; (s) of Ervin & Jessie Frick
(inf)	Shealy - no dates; (s) of James B. & Geneve Shealy
	Virley Samuel Shealy - b. Dec 25, 1915; d. Sep 30, 1919; (s) of James B. & Geneve Shealy
	James Boyd Shealy - b. Nov 27, 1922; d. Mar 23, 1928; (s) of James B. & Geneve Shealy
(f)	J. Melvin Slice - b. Oct 19, 1879; d. Mar 4, 1953
	Mary E. Slice - b. Sep 28, 1880; d. Jan 27, 1978
(m)	H. Helen Slice - b. Apr 5, 1841; d. Sep 13, 1924
(f)	Samuel N. Slice - b. Jul 1, 1839; d. Feb 22, 1926

Mary Ann Metz - b. Aug 21, 1821; d. Jun 29, 1903; (w) of John A. Metz
John Adam G. Metz - b. Sep 28, 1851; d. Dec 25, 1906
Susanna Cumming Meetze - b. Oct 24, 1841; d. Dec 14, 1932
Emanuel Thomas Meetze - b. Dec 14, 1855; d. Jan 24, 1938
Henry F. Clark - b. Jan 2, 1880; d. Dec 10, 1897
Oliver Clark - b. Aug 12, 1855; d. Aug 25, 1907
Ophelia V. Clark - b. Mar 14, 1860; d. Oct 17, 1939

(m) Frances Lodoska Schwartz - b. Aug 28, 1858; d. Dec 8, 1935
John Jacob Schwartz - b. Jul 30, 1864; d. Dec 29, 1909
George H. Schwartz - no dates; Co H 3 SC Inf CSA
Jonas H. Schwartz - b. Feb 25, 1882; d. Mar 16, 1962
Willie Quinton Williams - b. Nov 13, 1895; d. Aug 27, 1955; WWI US N
Daniel Miller Williams - b. Jul 21, 1873; d. Sep 4, 1897
Henry J. Summers - b. Jan 9, 1860; d. ____
Gladie Summers - b. Jan 22, 1883; d. Jun 1, 1901; (d) of Henry J. & M.I. Summers

(m) Annie Elizabeth Summers - b. Jul 7, 1831; d. Feb 2, 1897
Lewie P. Summers - b. Mar 6, 1898; d. Apr 1, 1898; (s) of Henry J.
& M.I. Summers
(f) Jacob Summers - b. Jan 6, 1830; d. Nov 6, 1920
Summers - no dates; (d) of Mr. & Mrs. Jacob Summers
John W.A. Summers - b. Aug 19, 1858; d. Oct 6, 1943; mar Nov 29, 1879
Cummings Ada Shealy Summers - b. Mar 7, 1862; d. Jan 19, 1917
Everette Rivers Summers - b. Aug 24, 1892; d. Jun 29, 1924; (s) of John W.A. & Cummings A. Summers
Carletta Pearl Summers Bennett - b. Mar 7, 1898; d. Mar 11, 1936; (w) of W.K. Bennett
J. Harmon Amick - b. Nov 30, 1858; d. Jul 8, 1928
Omelendy Amick - b. Mar 1, 1845; d. Jul 18, 1919
Ida Lee Dominick Nelson - no dates
J. Gurnie Nelson - no dates
Lewis Purlee Nelson - b. Sep 16, 1905; d. Oct 30, 1905; (s) of J. Gurnie & Ida L. Nelson
Tarzey E. Saner - b. Jul 30, 1837; d. May 13, 1907; (w) of B.F. Saner
Nancy Ella Shealy - b. Dec 3, 1852; d. Apr 6, 1930
J. Andrew Shealy - b. Sep 26, 1853; d. Jul 24, 1944
Bessie Agnes Shealy - b. Oct 2, 1884; d. Jan 29, 1919; (d) of J. Andrew & Nancy E. Shealy
Joseph Isaiah Shealy - b. Sep 19, 1878; d. Mar 30, 1897; (s) of J. Andrew & Nancy E. Shealy
Benny Shealy - b. Jun 18, 1890; d. Sep 18, 1890; (s) of J. Andrew & Nancy E. Shealy

(inf)	Shealy - no dates; (s) of G.E. & A.V. Shealy
	Alma Shealy - no dates; (d) of G.E. & A.E. Shealy
	Nina Reister - b. Jun 22, 1888; d. May 6, 1890; (d) of W.W. & E.E. Reister
	Earnest Earl Koon - b. Nov 13, 1894; d. Feb 28, 1895; (s) of Henry W. & M.A. Koon
	Henry W. Koon - b. Oct 6, 1871; d. Aug 7, 1900
	Eva Pearl Slice - b. Jan 13, 1921; d. Jan 17, 1921; (d) of Mr. & Mrs. Robert P. Slice
	Mabel Amick - b. Feb 9, 1910; d. Sep 11, 1923; (d) of Mr. & Mrs. Robert P. Slice
(m)	Missouri Amick Slice - b. Feb 6, 1879; d. Feb 4, 1941
(f)	Robert P. Slice - b. Nov 3, 1880; d. Mar 29, 1949
	Judith Cumalander - b. 1950; d. 1979
	Gary H. Shealy - b. Jul 24, 1882; d. Nov 29, 1969
	A. Lottie Lindler Shealy - b. Sep 3, 1886; d. Feb 12, 1978
	Harriet Elizabeth Shealy - b. Dec 20, 1930; d. Jun 15, 1931
	Greever Carroll Shealy - b. Jun 27, 1922; d. Oct 22, 1922; (s) of Gary H. & A. Lottie Shealy
	Jesse Lee Shealy - b. Nov 11, 1918; d. Sep 16, 1918; (s) of Gary H. & A. Lottie Shealy
(s)	Paul Ervin Amick - b. Jan 23, 1904; d. Jul 8, 1950
(f)	John H. Amick - b. Nov 5, 1870; d. May 4, 1946
(m)	Anna Addy Amick - b. Dec 23, 1872; d. Jan 29, 1954
	Mattie Emma Amick - b. Jan 25, 1882; d. Sep 23, 1896; (d) of Mr. & Mrs. H.N. Amick
	Sarah Ann Lenora Amick Koon - b. Oct 11, 1868; d. Jul 23, 1896; (w) of D.P. Koon
	H.N. Amick - b. Jul 16, 1849; d. Dec 13, 1933
	Laura Cummings Amick - b. Oct 26, 1846; d. Sep 16, 1916
	Mary Caroline Meetze - b. Mar 29, 1850; d. Nov 12, 1910; (w) of J.S. Meetze
	William Lee Miles - b. Aug 17, 1870; d. Sep 18, 1955
	Mamie W. Miles - b. Nov 27, 1879; d. Aug 15, 1959
	Albert Rayon Lindler - b. Nov 29, 1906; d. May 15, 1962
	Annie Yenny Lindler - b. Aug 6, 1916; d. _____
	Roy Yenny - b. Aug 11, 1912; d. Mar 18, 1978
	John Morris Yenny - b. Mar 18, 1888; d. Jan 25, 1955
	Martha Ophelia Yenny - b. Jan 18, 1885; d. Jan 4, 1960; (w) of John Morris Yenny
	Miller J. Yenny - b. Apr 3, 1924; d. Jan 25, 1951
	Frances E. Yenny - b. Aug 16, 1926; d. Oct 28, 1927
(inf)	Yenny - d. Mar 4, 1919; (s) of Mr. & Mrs. John M. Yenny
	Sidney C. Bickley - b. May 3, 1891; d. Feb 10, 1968
	Susie C. Bickley - b. Jul 24, 1891; d. _____
	Colie E. Hicks - b. Sep 19, 1912; d. Mar 13, 1965

John L. Cumalander - b. Jul 31, 1874; d. Dec 8, 1919
George S. Cumalander - b. Oct 1, 1851; d. Sep 10, 1910
Amanda Seigler Cumalander - b. May 31, 1856; d. May 14, 1935; (w) of George S. Cumalander
David Calhoun Wessinger - d. Jan 25, 1941; age 84y
Jessie Orin Sandel - b. Aug 5, 1900; d. Mar 7, 1966
Jenkins Ulysses Sandel - b. Dec 25, 1866; d. Dec 24, 1933
Willie Thomson Sandel - b. Nov 25, 1868; d. Nov 9, 1957
Oswell Deal Sandel - b. Oct 11, 1903; d. Jul 19, 1925
John Wesley Eargle - b. Apr 23, 1863; d. Aug 25, 1912
Polly Slice Eargle - b. Mar 12, 1874; d. Jan 5, 1960
Mary Olive Eargle Meetze - b. Nov 10, 1895; d. Mar 10, 1917; (w) of Thomas P. Meetze
Homer L. Eargle - b. 1906; d. 1976; WWII US A
Henkel D. Eargle - b. 1903; d. 1980
John A. Eargle - b. Oct 22, 1843; d. Sep 18, 1925
Harriet Ellen Eargle - b. Jul 17, 1854; d. Oct 15, 1915 his (w)
Reba Marcile Shealy - b. Mar 18, 1913; d. Nov 28, 1913; (d) of G.E. & A.V. Shealy
Perry Henry Amick - b. Jul 17, 1881; d. Jan 10, 1925
Marilzia Jane Amick - b. May 30, 1879; d. Nov 10, 1922
Henry W. Sites - b. Oct 10, 1826; d. Feb 29, 1909
(w) Mary Magdaline Sites - b. Jun 13, 1838; d. Mar 21, 1922
Nezzie Irene Bickley - b. Jan 5, 1904; d. Mar 15, 1914; (d) of Mr. & Mrs. Noah I. Bickley
Noah Irvin Bickley - b. Sep 17, 1869; d. Oct 16, 1928
Laura Ann Mahalah Bickley - b. Jun 10, 1873; d. Mar 12, 1910; (w) of Noah Irvin Bickley
(m) Jessie C. Frick - b. Oct 22, 1887; d. Dec 28, 1943
Ervin H. Frick - b. May 8, 1883; d. Jul 16, 1932
Jessie Ervins - b. Nov 17, 1891; d. Oct 25, 1916; (h) of Kate F. Frick
Frances Eugenia Frick - b. Jun 9, 1857; d. Oct 1, 1919; (w) of John R. Frick
John R. Frick - b. Feb 18, 1854; d. Jul 6, 1937
Paul W. Addy - b. Apr 4, 1851; d. Feb 8, 1931
Mary Jane Addy - b. May 6, 1855; d. May 25, 1921; (w) of Paul W. Addy
Solomon Henry Whites - b. Sep 12, 1829; d. Nov 14, 1862
Elizabeth Whites - b. Feb 24, 1824; d. Dec 14, 1915
Sidney I. Slice - b. Sep 30, 1866; d. Jun 23, 1930
B. Lizzie Slice - b. Aug 18, 1865; d. Nov 13, 1917; his (w)
Anna Esther Slice - b. Mar 17, 1907; d. Jul 28, 1909; (d) of Sidney I. & B. Lizzie Slice
Orrie E. Slice - b. Dec 18, 1902; d. May 3, 1921
Eva V. Slice - b. Dec 3, 1904; d. Oct 26, 1923

	Alma O. Slice - b. Mar 25, 1909; d. Dec 4, 1923
	John A. Ellisor - b. 1924; d. 1977; WWII Kr US N
	Timothy Edward Ellisor - b. Dec 21, 1958; d. Feb 9, 1959
	James M. Eargle - b. Feb 27, 1899; d. Sep 30, 1957
	George W. Addy - b. Apr 10, 1910; d. Sep 2, 1975
	Ollie C. Addy - b. Mar 12, 1910; d. _____
	Walter E. Amick - b. Nov 24, 1887; d. Dec 3, 1964
	Hazel S. Amick - b. Oct 2, 1890; d. Dec 28, 1975
	Daniel Theonale Spires - b. Dec 4, 1910; d. _____
	Ola Mae Lindler Spires - b. May 6, 1910; d. Dec 13, 1961; (w) of Daniel Theonale Spires
	J. Royal Lindler - b. Jan 18, 1908; d. Feb 27, 1980
(m)	Helen S. Lindler - b. Jan 14, 1920; d. _____
	J. David Meetze - b. Oct 7, 1901; d. Nov 21, 1971; mason
	Ellie Sites Meetze - b. Feb 5, 1910; d. _____
	Martha Mae Slice Shealy - b. Aug 23, 1933; d. Oct 12, 1964; (w) David E. Shealy
	Henry G. Slice - b. May 21, 1892; d. Mar 13, 1962
	Earl Miller Amick - b. Oct 17, 1895; d. Mar 7, 1964; WOW
	Leona Cumalander Amick - b. Mar 22, 1898; d. _____; mar Dec 16, 1916
(f)	Walter J. Lindler - b. Dec 5, 1882; d. Jan 23, 1971
(m)	Maggie M. Lindler - b. Aug 10, 1884; d. Feb 7, 1969
	Blanche R. Lindler - b. Jan 21, 1909; d. Aug 27, 1971
	M. Lucille Lindler - b. Nov 14, 1904; d. _____
	Jenkins Houck Sandel - b. Apr 27, 1898; d. _____
	Eunice Fulmer Sandel - b. Oct 24, 1898; d. May 1, 1981
(w)(m)	Carrie S. Degnan - b. Oct 5, 1945; d. Jan 17, 1979
(f)	Enoch S. Slice - b. Dec 11, 1906; d. Jul 27, 1976
(m)	Leona L. Slice - b. Oct 13, 1902; d. _____
(f)	M. Wendell Slice - b. Oct 9, 1895; d. May 28, 1975
(m)	Jimmie K. Slice - b. Mar 29, 1897; d. Feb 12, 1977
	Nathan L. King - b. 1871; d. 1955
	Carrie Nates King - b. 1882; d. 1977
	James Leonard King - b. Nov 22, 1918; d. Feb 11, 1980
(s)	Douglas Wayne King - b. 1946; d. 1963
	Hervey R. Lindler - b. Apr 9, 1903; d. Dec 31, 1971
	Berley C. Lindler - b. Sep 9, 1898; d. Dec 4, 1940
	Jacob E. Lindler - b. Dec 21, 1861; d. Feb 27, 1947
	Elizabeth Slice Lindler - b. Jul 11, 1864; d. Jan 18, 1940
	Benjamin C. Wessinger, Sr. - b. Nov 4, 1892; d. Oct 18, 1946
	Ernestine W. Wessinger - b. Oct 2, 1897; d. _____
	Everett D. Amick - b. Apr 17, 1900; d. Feb 14, 1981
	Lewis S. Clark, Jr. - b. Dec 3, 1948; d. Dec 4, 1948; (s) of Mr. & Mrs. Lewis S. Clark
	Bobby H. Clark - b. Jan 25, 1930; d. Nov 25, 1950; USAF

(m)	Birdie Eva Clark - b. Aug 4, 1900; d. Dec 9, 1974
	Dorothy M. Clark Black - b. Jul 23, 1925; d. Sep 3, 1979
	Milford O. Slice - b. Jan 15, 1911; d. Aug 10, 1931
(f)	Thomas J. Slice - b. Aug 28, 1878; d. Dec 3, 1967
(m)	Lilla M. Slice - b. Jun 5, 1884; d. Mar 10, 1964
	Jacob M. Amick - b. Jul 14, 1854; d. Dec 16, 1931
	Katherine S. Amick - b. Aug 11, 1855; d. Dec 23, 1951
	Nicholas Frank Summers - b. Oct 18, 1875; d. Apr 8, 1932
	Oscar Hedgepath - b. Aug 14, 1870; d. Dec 28, 1932
	Isabelle Sites Hedgepath - b. Nov 16, 1873; d. May 15, 1943
	L.W. Atkins - b. Oct 30, 1881; d. Mar 20, 1934
	Mary Sites Atkins - b. Oct 3, 1871; d. Nov 28, 1937
	Ollie Louis Eargle - b. Aug 17, 1923; d. Dec 18, 1942
	Carroll H. Eargle - b. Nov 2, 1918; d. Feb 22, 1948
	Alvin H. Eargle - b. Dec 5, 1895; d. Nov 4, 1974; US N
	Mattie K. Eargle - b. Dec 18, 1895; d. Oct 9, 1979
	G. Willie Rister - b. Jun 2, 1876; d. Sep 4, 1968
	Frank P. Rister - b. Mar 31, 1869; d. Oct 21, 1955
	Henry G. Rister - b. May 17, 1866; d. Jun 8, 1956
	O.C. Lever - b. Apr 3, 1844; d. Jun 19, 1934
	Mary Caroline Haltiwanger Lever - b. Feb 19, 1848; d. Jan 12, 1924
	Beulah Ashe Shealy - b. Mar 23, 1907; d. Sep 26, 1932; (w) of J. Malcolm Shealy
	J. Malcolm Shealy - b. Jan 1, 1904; d. Sep 7, 1974
	Stella S. Shealy - b. Apr 10, 1908; d. Nov 16, 1970; (w) of J. Malcolm Shealy
	William T. Poole - b. 1923; d. 1982
(m)	Alice Amick Shealy - b. Apr 25, 1876; d. Jul 19, 1941
(f)	George E. Shealy - b. Sep 1, 1875; d. Sep 18, 1950
	Eva Shealy - b. Jun 26, 1901; d. Dec 12, 1963
	Jesse B. Whittington - b. Aug 27, 1906; d. Jan 26, 1981
	Eula M. Whittington - b. Mar 13, 1911; d. _____
	M. Ada Lucas - b. Oct 25, 1873; d. Apr 14, 1920
	S.D. Rister - b. Jul 8, 1833; d. Oct 14, 1925
	Barbara E. Rister - b. Dec 19, 1841; d. May 11, 1932
	Daniel Joseph Haltiwanger - b. Apr 21, 1846; d. Nov 9, 1923
	Florence Gertrude Haltiwanger - b. Jan 24, 1865; d. Dec 11, 1934
	Jerry B. Addy - b. Jul 17, 1946; d. Oct 15, 1966
	Elvy J. Addy - b. Jul 30, 1855; d. Nov 6, 1940
	Bennette Evans Addy - b. Jan 16, 1896; d. Jun 12, 1921; WWI
	Jacob B. Addy - b. Feb 22, 1827; d. Jul 5, 1916
(m)	Mahala Setzler Addy - b. May 4, 1832; d. Jan 31, 1911
	Martha H. Addy - b. Dec 15, 1877; d. Jan 29, 1964
	James Brown Addy - b. Jan 6, 1867; d. May 3, 1944
	George S. Addy - b. May 9, 1859; d. Jun 30, 1970; (s) of Jacob B. & Mahala S. Addy

(inf)	Addy - d. Nov 19, 1901; (s) of James B. & Martha H. Addy
	George M. Rister - b. Sep 28, 1872; d. Jun 13, 1959
(w)	Laura E. Rister - b. Nov 27, 1859; d. Jan 15, 1916
	Murray O'Neal Lindler - b. May 22, 1943; d. _____
	Helen Livingston Lindler - b. May 19, 1946; d. _____
	Murray Claude Lindler - b. Nov 1, 1905; d. Aug 18, 1973
	Annie Julia Fulmer Wessinger - b. Aug 25, 1916; d. _____
	Lawrence W. Wessinger - b. Jan 12, 1914; d. Oct 5, 1978
	Edith Slice Wessinger - b. Nov 19, 1914; d. Jun 8, 1975
	George Robert Rister - b. Aug 20, 1879; d. Oct 27, 1938
	Catherine LuJane Rister - b. Oct 26, 1853; d. Dec 24, 1914; (w) of W.T. Rister
	W.T. Rister - b. May 11, 1845; d. Apr 27, 1923
	Amanda Ellen Rister - b. Oct 4, 1834; d. Jan 20, 1894; (w) of W.T. Rister
	Mary Magdalene Rister - d. Aug 28, 1900; age about 80y
	Minnie Stribble - b. 1892; d. _____
	Roseanna Stribble - no dates; (w) of Paul W. Stribble, Sr.
	Jimmy Stribble - b. 1887; d. 1911
	Paul W. Stribble, Sr. - b. 1836; d. 1922
	Randolph Scott Slice - b. 1979; d. 1979
	Jacob Leonard Slice - b. Feb 10, 1853; d. Aug 7, 1917
	Julia Catherine Nates - b. Nov 13, 1840; d. Dec 26, 1917
(m)	Mary Elizabeth Nates - b. Jan 26, 1879; d. Feb 27, 1940
	Mary Alice Slice McCartha - b. Jul 24, 1920; d. Oct 30, 1951
	Ruby Mae Adkins - b. May 24, 1924; d. Nov 5, 1924
(m)	Sallie Slice Adkins - b. Jun 8, 1846; d. May 24, 1921
	Mary A. Slice - d. Feb 14, 1920; age 84y
	Emiline Lugane Slice Hill - b. Nov 19, 1856; d. Aug 28, 1919
	Walter Calvin Slice - b. Mar 10, 1851; d. Feb 12, 1916
	Margarett L. Slice - b. Sep 30, 1850; d. Jul 22, 1905
	John Henry Slice - b. May 18, 1881; d. Jul 29, 1905; (s) of Walter C. & Margarett L. Slice
	Mattie Beatress Slice - b. May 16, 1873; d. Mar 16, 1897; (d) of Walter C. & Margarett L. Slice
(inf)	Slice - b. 1886; d. 1886; (s) of Walter C. & Margarett L. Slice
	Eliza Henrietta Slice - b. Feb 7, 1884; d. May 20, 1886; (d) of Walter C. & Margarett L. Slice
	Joseph Calhoun Slice - b. Sep 24, 1877; d. Nov 19, 1877; (s) of Walter C. & Margarett L. Slice
(f)	Joseph Earl Amick - b. Dec 9, 1918; d. Apr 30, 1977
	Katie M. Lindler Amick - b. Jul 14, 1921; d. Aug 1994; (w) of Joseph Earl Amick
	Grady Omerle Amick - b. Jun 13, 1943; d. Aug 24, 1962
	Perry C. Amick - b. Sep 10, 1884; d. Apr 5, 1951
	Lilla E. Amick - b. Apr 8, 1887; d. Oct 27, 1975

204. **St. Johns Lutheran Church Cemetery**: On St. Johns Rd about a mile north of Eleazer Rd, northeast Ballentine, SC. 1982

Barnett C. Gibson, Jr. b. 1926; d. 1975; US A
Ed Backman Ellisor - b. Jul 29, 1887; d. Feb 7, 1958
Mary Levania Ellisor - b. May 30, 1888; d. _____
Lemuel Olin Ellisor - b. Nov 26, 1915; d. Jul 24, 1916
(inf) Ellisor - d. Dec 29, 1924; (s) of Ed B. & Mary L. Ellisor
Susan D. Haltiwanger - b. 1897; d. _____
David S. Haltiwanger - b. 1882; d. 1956
Olin Rhett Chapman - b. Dec 10, 1890; d. Oct 1, 1966
Sue Derrick Chapman - b. 1898; d. _____
Lemmie R. Chapman - b. Jan 4, 1919; d. Mar 13, 1965
John J. Chapman - b. Aug 29, 1855; d. Aug 9, 1938
Elizabeth Eargle Chapman - b. Dec 5, 1858; d. Feb 9, 1949
George J. Chapman - b. Feb 9, 1884; d. Dec 7, 1978
Mary C. Dailey Chapman - b. Oct 17, 1884; d. May 22, 1956; (w) of George J. Chapman
Jasper L. Ellisor - b. Sep 6, 1914; d. Apr 9, 1970
Blonnie C. Ellisor - b. Jun 10, 1916; d. _____
James Harman Derrick - b. Nov 15, 1899; d. Oct 23, 1981
Eloise Lowman Derrick - b. Feb 15, 1900; d. _____
(rev) Joseph C. Derrick - b. Jun 21, 1904; d. Oct 26, 1981
Julia Eargle Derrick - b. Jul 6, 1908; d. Jan 21, 1976
Julius Clarence Derrick - b. Nov 7, 1858; d. Mar 11, 1938
Martha Keisler Derrick - b. Jan 27, 1866; d. Oct 31, 1950
Walter Harry Derrick - b. Sep 14, 1894; d. Aug 13, 1954
Alma Drafts Derrick - b. Feb 28, 1899; d. _____
Julius P. Richardson - b. May 5, 1886; d. Jul 24, 1973
Julia D. Richardson - b. Sep 23, 1889; d. Aug 16, 1970
Ralph W. Richardson - b. Jan 6, 1916; d. Oct 22, 1977; WWII
Ralphine N. Richardson - b. Mar 22, 1919; d. _____
Sidney C. Eleazer - b. Jan 23, 1902; d. Mar 26, 1957
Addie D. Eleazer - b. Dec 25, 1903; d. _____
(inf) Addy - d. Sep 10, 1962; (s) of Julian & Lilla Addy
Lamar Julian Addy - b. Jan 31, 1961; d. Feb 3, 1961; (s) of Julian & Lilla Addy
(m) Lucy B. Dailey - b. Jan 14, 1901; d. Feb 18, 1978
Lula S. Dailey - b. Nov 25, 1892; d. May 29, 1961
Sam C. Dailey - b. Nov 13, 1886; d. Nov 19, 1961
Page K. "Sonny" Derrick, Jr. - b. Apr 20, 1960; d. Sep 19, 1973
Iris Gene Dailey - b. May 3, 1922; d. 1981
Ollie F. Dailey - b. 1905; d. 1977; WWII
Walter K. Dailey - b. Aug 27, 1889; d. Aug 12, 1977
Julia E. Dailey - b. Apr 27, 1896; d. Sep 20, 1968
Frank O. Ellisor - b. Aug 17, 1904; d. Oct 2, 1979

Reba D. Ellisor - b. May 28, 1913; d. ____
Olin L. Sites - b. Jul 11, 1890; d. Aug 7, 1975
Lilla D. Sites - b. Oct 5, 1890; d. Mar 28, 1961
J. Duane Dailey - b. Jul 25, 1959; d. Mar 18, 1970
Frank Earl Eleazer - b. Feb 14, 1906; d. Jan 18, 1977
Ellie Bouknight Eleazer - b. Feb 18, 1911; d. ____
Edwin John Scupp - b. Apr 13, 1915; d. Jun 9, 1981
Julia Papp Scupp - b. Dec 28, 1915; d. ____
Sara D. Bradshaw - b. Mar 8, 1919; d. ____
Eugene O. Bradshaw - b. Jul 11, 1919; d. Oct 29, 1975; WWII
Carrie C. Bradshaw - b. Apr 18, 1895; d. ____

205. **St. Paul A.M.E. Church Cemetery**: At the intersection of Kennerly Rd and Miles Bowman Rd, Irmo, SC. Dec 3, 1999

Lola C. Met - b. Jan 10, 1880; d. Jul 19, 1978
Silas P. Corley - b. Sep 11, 1890; d. Jul 27, 1984*
Eva B. Corley - d. Mar 13, 1975*
William Davis - d. Mar 20, 1920; age 50y
Moses Brown - b. Oct 11, 1933; d. Mar 31, 1995; SSgt US A Kr
Gloria Jean Pollock - b. Nov 15, 1949; d. Jan 25, 1999
(f) John C. Pollock, Sr. - b. Oct 3, 1928; d. Aug 17, 1993*
(m) Ethel E. Pollock - b. Jan 24, 1931; d. Jul 18, 1992*
Johnnie Richardson - b. May 8, 1897; d. Mar 17, 1980; Pvt US A WWI
Pickens Richardson - b. 1907; d. 1974
Benjamin Moultrie - b. Apr 22, 1907; d. Apr 15, 1973
Ella Richardson - b. 1871; d. 1956
Louise Richardson - b. 1909; d. 1949
John Richardson - b. 1864; d. 1934
Lessie Harris - b. 1906; d. 1984*
Nathaniel Harris - b. 1904; d. 1977*
Amey Rawls - b. Nov 1, 1860; d. Mar 9, 1942*
Julius Rawls - b. Apr 17, 1886; d. Mar 1, 1948*
Madison Rawls - b. Dec 15, 1857; d. Jun 20, 1915*
Dwight M. Kirkland - b. 1962; d. 1986
Theodora Lyght - b. 1953; d. 1990
Kizzie Lee Corley - b. Dec 14, 1918; d. Aug 29, 1971
Mary R. Bowman - b. 1878; d. 1954
John Quincy Bowman - b. Jun 24, 1900; d. Dec 13, 1919
(m) Lela M. Bowman - b. 1887; d. 1968
Octavous G. Bowman - b. 1887; d. 1951
(rev) T. Brown - b. Mar 10, 1862; d. Jul 22, 1940
(m) Eliza Bowman - b. Apr 8, 1865; d. Feb 4, 1932
(m) Sallie Bowman - b. Aug 5, 1854; d. Mar 11, 1932
Mary R. Metze - b. 1929; d. 1984*
Duffie Metze - b. 1927; d. 1983*

Mary Glenn - b. Dec 12, 1862; d. Jan 17, 1911
Vermelle A. Dreher Williams - b. Oct 5, 1911; d. Oct 23, 1997
Allee Dreher Harvey - b. Feb 4, 1909; d. May 30, 1992
Prudence H. Dreher - b. 1902; d. 1989; mar 1937*
Annie M. Dreher - b. 1915; d. 1987*
Ethel G. Hawkins - b. 1904; d. 1967
Agnes L. Dreher - b. 1875; d. 1963*
Benson W. Dreher - b. 1876; d. 1950*
Abraham Bowman - b. 1851; d. 1934
Elmira Bowman - b. Aug 10, 1851; d. Oct 6, 1914
Tozer Bowman - b. 1887; d. 1915
John W. Dreher - b. 1900; d. 1932
Margaret McDaniel - d. Oct 6, 1934; age 14y
Forrest T. Dreher - b. Oct 12, 1917; d. Jul 12, 1994
Emaline Shell - b. 1860; d. Mar 11, 1939

(f) Julius Franklin Bowman - b. Dec 18, 1879; d. Mar 11, 1934
Ella Bowman - b. Jun 14, 1885; d. Jan 16, 1915; (w) of Julius Franklin Bowman
(m) Sallie Geiger Green - b. Mar 19, 1920; d. Nov 26, 1989
Alice Shells - b. Aug 30, 1895; d. Jun 19, 1982
(m) Carrie A. Jackson - b. Jul 3, 1888; d. Jan 15, 1978
Alvin O. Jackson - b. Feb 27, 1926; d. Jun 5, 1985; US A WWII
(m) Mary E. Washington - b. May 9, 1905; d. Apr 17, 1989
Ellen Bouknight - b. Dec 4, 1854; d. Mar 4, 1936
Charlie Mets - b. Nov 1888; d. Jan 1936
(m) Viey Sweeteneore - b. May 16, 1820; d. Oct 22, 1918
(m) Isabell Richardson - b. Oct 15, 1872; d. Jun 28, 1924
(f) Matthew Richardson - b. Aug 20, 1864; d. Aug 20, 1932
(m) Lucele Robinson - b. 1897; d. 1944
Willie A. Richardson - b. Apr 6, 1907; d. Jan 2, 1948
Gary Smith - d. Jun 29, 1920; age 50y
(m) Henretta G. Lorick - b. Oct 16, 1882; d. Oct 6, 1962
Ollie A. Lorick - b. Dec 29, 1880; d. Jul 17, 1919
Lawrence "Flecky" Winder - b. May 9, 1949; d. Jan 30, 1994
Catherine Yvonnie Eskew - b. Jul 16, 1942; d. Oct 30, 1997
(m) Earl M. Corley - b. Apr 26, 1935; d. Sep 22, 1995
Evelyn M. Geiger - b. Jun 25, 1961; d. Jul 2, 1996*
Helen C. Geiger - b. Aug 23, 1926; d. Oct 6, 1990*
LeVone Eskew - b. Apr 21, 1933; d. Mar 23, 1992; Pvt US A Kr
(f) Willie "Dit" Eskew - b. 1904; d. 1981*
(m) Evelyn R. Eskew - b. 1908; d. 1991*
Maggie A.P. Geiger - b. Apr 26, 1922; d. May 24, 1988
Forrest Geiger - b. Aug 5, 1919; d. Sep 27, 1970; SC Pvt Co F 357 Engr Regt WWII - Ph
Joseph Geiger - b. 1923; d. 1984; PFC US A WWII*
Henrietta Geiger - b. Apr 30, 1930; d. _____*

(sis)	Rosie B.G. Hill - b. Sep 26, 1907; d. Nov 1, 1990
	Kiara Alexis Geiger - b. 1996; d. 1996
	Samuel Geiger - b. Mar 23, 1895; d. Jan 23, 1963; SC Farrier Co K 60 Pnr Inf WWI
	Janie Harris - b. 1877; d. 1968
	O. J.Geiger - b. May 23, 1914; d. Jul 22, 1983; US A
	Thelma McLamore - d. Aug 6, 1984
	Frederick "Freddie" Geiger - b. Feb 12, 1915; d. May 16, 1985
	Leon M. Coleman - b. 1911; d. 1969
	Estell S. Branch - b. Dec 15, 1889; d. Sep 28, 1954*
	Frank E. Branch - b. Jan 10, 1885; d. Mar 3, 1956*
	Mattie Lee Smith - b. 1935; d. 1969
(m)	Nannie Geiger - b. 1880; d. 1962
	Alberdia G. Meetze - b. Mar 7, 1925; d. Feb 12, 1976
	Kenneth W. Graham - b. 1948; d. 1994
	Jacob Geiger - b. 1862; d. 1958
(m)	Daisy Haigler - b. Feb 16, 1906; d. Feb 21, 1956*
(m)	Inez Lorick - b. Jun 6, 1908; d. May 10, 1955*
	William H. Geiger - b. Sep 1912; d. Dec 1971
	Henrietta Geiger - b. 1921; d. 1959
	Jacob A. Geiger - b. Apr 18, 1885; d. Aug 4, 1976
	Isabella F. Geiger - b. Aug 23, 1890; d. Sep 1, 1950
	Thomas J. Geiger - b. 1919; d. 1986; PFC US A WWII
(w)(m)	Clara T. "Gen" Geiger - b. Nov 26, 1918; d. Feb 1, 1991
	Jasper B. Nelums - b. May 18, 1923; d. ____ *
	Jessie Ada Nelums - b. Sep 28, 1898; d. Mar 2, 1972
	John Reeves - b. May 2, 1896; d. Dec 26, 1941; Pvt US A WWI
	Jeremiah C. Nelums - b. Jun 21, 1921; d. Aug 6, 1957
	Carrie R. Eskew - b. 1876; d. 1940*
	Eunice L. Reeves - b. Aug 6, 1902; d. Dec 1, 1945*
	Simmie Richardson - b. 1888; d. 1982*
	Roland Richardson - b. 1889; d. 1961*
	Flossie L. Reeves - b. 1912; d. 1941
	Carrie B. Reeves - b. Jan 23, 1898; d. Nov 27, 1982*
	Robert N. Reeves - b. Oct 22, 1897; d. Dec 17, 1969*
	Robert E. Reeves - b. Jan 12, 1919; d. Jul 25, 1972; SC Sgt US A WWII
	Florence M. Reeves - b. Oct 24, 1927; d. Feb 22, 1973; nurse*
	Roland W. Reeves, Sr. - b. Sep 17, 1923; d. Aug 6, 1991; Minister*
	Tommie Lee Baxter - b. Aug 7, 1957; d. Aug 22, 1996; Sgt US A
	Henry O'Miral Reeves - b. Feb 25, 1910; d. Oct 19, 1982*
	Luciel W. Corley Reeves - b. Apr 10, 1912; d. Jun 16, 1989*
	Cleo E. Geiger - b. 1934; d. 1972

206. **St. Peter Baptist Church Cemetery**: On Broad River Rd near Eichelberger Rd, next to Dutch Fork Elementary School, Irmo, SC. Aug 3, 1999

        Albert J. Eichelberger - b. Apr 1, 1894; d. Jun 7, 1968
        Ruth Eichelberger - b. 1902; d. _____
        Zenobia Eichelberger - b. Jul 23, 1932; d. Dec 4, 1941
        Paul A. Eichelberger - b. 1858; d. 1939
        Lizzie A. Eichelberger - b. Jul 19, 1886; d. Jul 19, 1926
        Lillie E. Coleman - b. Sep 26, 1902; d. Jan 3, 1991
        Lemuel A. Eichelberger - b. Dec 20, 1904; d. Feb 21, 1930
        Rubye N. Eichelberger - b. Jan 4, 1909; d. Feb 16, 1964
        Lewis Z. Eichelberger - b. Oct 5, 1898; d. Aug 23, 1975; US A
        Lewis Z. Eichelberger - b. 1935; d. 1985; Pvt US A
(f)   Sebie Lyghts - b. Jan 10, 1903; d. Nov 4, 1982
        Ethel Lyghts - b. 1906; d. 1996
        Janie M. Lyghts - b. 1905; d. 1945
        John Earl Lorick - b. 1918; d. 1989; Tec 5 US A WWII
        Wade Lorick - b. 1889; d. _____ *
        Sallie Lorick - b. 1888; d. 1963*
        Willie L. Lorick - b. 1937; d. 1941
        Viola Lillie Lorick Pearson - b. Mar 31, 1886; d. Feb 24, 1973
        Sam Brannon - b. Jul 12, 1863; d. Jul 7, 1943
        Walter Lee Anderson - b. 1919; d. 1987; US A WWII
        Luler H. Geiger - b. Jul 15, 1881; d. Sep 19, 1975
        Janie D. Kesler - b. Mar 9, 1897; d. Nov 29, 1967
        John I. Kesler - b. Jun 12, 1895; d. Jun 3, 1958; SC Pvt Co A 304 Stev Regt Qmc WWI
(sis) Ensley Lyghts - b. Mar 30, 1917; d. Mar 14, 1987
        Mattie Davis - b. 1873; d. 1941*
        William Davis - b. 1858; d. 1934*
(f)   John Harmon - b. 1844; d. 1926
(m) Lila Harmon - b. 1848; d. 1924
(m)(d) Nora H. Geiger - no dates
(d)   Mamie H. Smith - no dates
        Bertha Valentine - b. Sep 1, 1890; d. Jul 9, 1929
        Elliott Harris - b. Dec 15, 1872; d. Aug 31, 1941*
        Ada Harris - b. Feb 12, 1874; d. Jan 23, 1941*
(f)   Albert Richardson - b. Mar 11, 1902; d. Nov 22, 1956*
(m) Minnie M. Richardson - b. Jan 28, 1903; d. Apr 22, 1956*
        Clarence J. Richardson - b. Mar 5, 1923; d. Nov 12, 1986; PFC US A WWII
        Clarence J. Richardson - b. Jul 3, 1899; d. _____ *
        Aggie H. Richardson - b. Feb 15, 1901; d. May 27, 1982*
        Ida Samuels - b. May 7, 1901; d. Jan 20, 1966
(f)   Jacob Foulk - b. Jul 15, 1880; d. Jan 21, 1958

(m)   Irene H. Foulk - b. May 5, 1878; d. Jan 12, 1955
(m)   Daisy J. Swygert - b. Oct 24, 1878; d. Feb 3, 1925
Alice Wheeler - b. Oct 23, 1869; d. Jun 8, 1951
Susana Geiger - b. Apr 18, 1877; d. Apr 3, 1943
George Harmon - b. Oct 5, 1887; d. Nov 20, 1949
Maggie Harmon - b. 1874; d. 1958
Oscar Derrick - b. Mar 20, 1919; d. Mar 17, 1983; PFC US A WWII
Job Harmon - b. 1885; d. 1974*
Georgiana Harmon - b. 1888; d. 1984*
Reglee Harmon - b. Sep 24, 1909; d. Apr 16, 1982; PFC US A WWII

* * *

Memorial, bodies now rest beneath the waters of Lake Murray

Pressia Chapman - b. 1865; d. 1903
John Chapman - b. 1866; d. 1914
Lula Rhett - b. 1886; d. 1921
Jessie Ray - b. 1884; d. 1884
Mary Chapman - b. 1893; d. 1895
Martha Chapman - b. 1893; d. 1913
Gary Chapman - b. 1901; d. 1902
John Noah Dreher - b. 1920; d. 1920
John Moab Dreher - b. 1920; d. 1920

* * *

Eunice L. Bullock - b. 1914; d. 1999
Robert David Bowman - b. Jan 13, 1912; d. Jul 18, 1952; NY Pvt 1318 Svc Comd Unit WWII
Agnes Davis - b. Dec 18, 1926; d. Jun 12, 1929
John Rogers - b. Mar 26, 1887; d. Mar 24, 1920
Mildred Quattlebaum - b. Jan 22, 1927; d. Feb 9, 1944
James Rollon Davis - b. Oct 13, 1930; d. Sep 9, 1998
Nolan James Bassett, Jr. - b. Jul 22, 1942; d. Sep 5, 1945; US WWII 48 Aviation Squadron European Theater of War; died in New Orleans, LA
Nolan James Bassett, Sr. - b. Sep 26, 1910; d. May 3, 1989
(f)   John Rice - b. May 4, 1875; d. Dec 25, 1952
Angieline Rice - b. Feb 18, 1889; d. Dec 9, 1940
Alice Richardson - b. 1897; d. Apr 20, 1948
Gladys Boozer - b. Apr 20, 1900; d. Aug 15, 1986
Cora Richardson - b. 1862; d. _____
(w)   Lillie H. Brazell - b. Oct 28, 1915; d. _____ *
(h)   Johnnie Brazell - b. Feb 9, 1914; d. Aug 2, 1980*
(m)   Annie Davis Richardson - b. Oct 25, 1901; d. Jan 12, 1994
Stanley R. Brannon - b. Apr 30, 1949; d. Jul 13, 1993

	James Samuel Brannon - b. 1925; d. 1987; Pvt US A WWII
	Minnie Lee Harmon - b. Dec 16, 1926; d. Jun 17, 1967
	John Sialey - b. Jun 12, 1888; d. Oct 1959
	Lottie R. Bannerman - b. Jun 3, 1893; d. Apr 18, 1980
	Janie K. Geiger - b. Dec 31, 1918; d. May 21, 1959
(s)	Willie Davis, Jr. - b. Mar 15, 1925; d. May 3, 1945; SC Tec 5 819 Amph Truck Co WWII; died Germany
(m)	Bessie Lyghts Davis - b. Feb 4, 1905; d. _____
(f)	Willie Davis, Sr. - b. Oct 12, 1903; d. May 23, 1987
(gd)	Sharon Agnes Riley - b. Aug 10, 1955; d. Aug 11, 1955
	Herman Geiger - b. 1932; d. 1979; Cpl US A Kr
(f)	Thomas H. Brannon - b. 1913; d. 1975*
(m)	Geneva R. Brannon - b. 1913; d. 1974*
	Wilbur G. Jones - b. Dec 30, 1932; d. Jun 3, 1965
	Ethel H. Reeves - b. 1916; d. 1993*
	Samuel D. Reeves - b. 1916; d. 1975*
	Mattie Holley - b. 1898; d. 1966*
	Jeff D. Holley - b. 1888; d. 1951*
	Haskell Lorick - b. 1949; d. 1996
(m)	Agnes R. Lyghts Corley - b. Dec 3, 1879; d. Sep 29, 1976

207. **Stoudemire Graves**: On R. Stoudemire Rd about 1/4 mile north of Broad River Rd, Summerville, SC. 1982

Elias Stoudemire - b. 1817; d. 1908
Elizabeth Stoudemire - b. 1815; d. 1885

208. **Stuck-Summer Cemetery**: At the intersection of Mike Stuck Rd and Broad River Rd, Summerville, SC. 1982

	George E. Summer - b. Nov 28, 1866; d. Feb 3, 1951
	Lorie Lindler Summer - b. Oct 18, 1883; d. Oct 19, 1965
	James H. Summer - b. Nov 10, 1845; d. Dec 5, 1918*
(w)	Heacilla C. Summer - b. Jun 30, 1847; d. Dec 21, 1921*
	Charles G. Summer - b. Jan 30, 1872; d. Nov 9, 1955
	Ida Bird Fulmer Summer - b. May 13, 1883; d. Feb 6, 1970
	J.W.E. Summer - b. Apr 25, 1870; d. Aug 28, 1925*
(w)	Sallie R. Summer - b. Jun 12, 1885; d. Oct 26, 1917*
	Florence Ada Lindler - b. Nov 28, 1877; d. Sep 21, 1913; (w) of H.B. Lindler
	Adam E. Stuck - b. Jan 17, 1885; d. Jan 22, 1971
	Jessie S. Stuck - b. Jun 21, 1888; d. _____
(inf)	Stuck - b. Feb 12, 1917; d. Feb 20, 1917; (s) of Adam E. & Jessie S. Stuck
(inf)	Stuck - d. Aug 4, 1910; (d) of Adam E. & Jessie S. Stuck
	Permelia A. Crawford - d. Jan 21, 1851; age 29; (w) of W.L. Crawford
	Levi Stuck - b. Nov 30, 1818; d. Jun 1, 1891

	Mary Magdaline Stuck - b. Jun 24, 1821; d. Oct 23, 1908
	Mary A. Miller - b. Aug 4, 1809; d. Jan 2, 1850
	J. Willie Miller - b. Sep 21, 1849; d. Oct 22, 1850
	George H. Stuck - b. Jan 3, 1843; d. Jan 1, 1896
	Mary Elizabeth Wessinger Stuck - b. Sep 18, 1847; d. Dec 10, 1912
	Olin L. Stuck - b. Nov 15, 1886; d. Jan 31, 1916
(inf)	Stuck - d. 1886; (s) of George H. & Mary E. Stuck
	Georgia M. Stuck - b. Oct 14, 1882; d. May 5, 1886
	Adam Stuck - b. Jul 15, 1879; d. Aug 6, 1879
	Icola Stuck - b. Aug 1, 1876; d. Nov 5, 1876
	Jacob Busby - d. Mar 8, 1811; age 61y
	Charles M. Stuck - b. Oct 19, 1844; d. May 21, 1936
	Louissa J. Stuck - b. Jul 10, 1855; d. Apr 6, 1890
	Melissa A. Stuck - b. Mar 16, 1878; d. Sep 26, 1880
(inf)	Stuck - d. Feb 27, 1880; (s) of Charles M. & Louissa J. Stuck; stillborn
(inf)	Summer - d. Feb 22, 1906; (s) of Bennett Y. & Alice M. Summer
	Bennett Y. Summer - b. Nov 2, 1880; d. Jan 4, 1970
	Alice M. Summer - b. May 12, 1873; d. Dec 24, 1955
	Mary M. Eargle - d. Sep 20, 1882; age 27y 7m 29d; (w) of Paul E. Eargle
	J.M. Eargle - b. Mar 22, 1880; d. Jun 3, 1881
	J.E. Eargle - b. Sep 4, 1881; d. Dec 9, 1881
	Andrew Haskell Eargle - b. Mar 1866; d. Sep 1, 1901
	Mary Emma Eargle - b. Jun 23, 1868; d. Mar 3, 1947
(inf)	Eargle - no dates; (s) of Andrew H. & Mary E. Eargle
	Ollie Louie Eargle - b. May 24, 1898; d. Jun 25, 1923; (s) of Andrew H. & Mary E. Eargle

209. **Summer Graves**: On Jake Eargle Rd near Broad River Rd, Summerville, SC. 1982

Emanuel Summer - b. Dec 21, 1835; d. Aug 4, 1874
Andrew J. Summer - d. Apr 23, 1833; died young
John Summer - b. Dec 7, 1797; d. Dec 10, 1864
Cynthia Ray Summer - b. May 10, 1802; d. Mar 19, 1879; (w) of John Summer

210. **Swygert Grave**: Off of the west hand side of Lost Creek Rd in the Harbison State Forest. It is 100 yards back in the woods just past the first service road, Harbison, Columbia, SC. Aug 4, 1999

Maj John Sanders Swygert - b. Mar 3, 1810; d. Apr 12, 1900

211. **Whites Family Grave**: At the end of Holladay Rd near the intersection of Freshly Mill Rd, north of White Rock, SC. 1982

Solomon H. Whites - b. Sep 12, 1829; d. 1862; (s) of George Whites & Catharine Metze

212. **Wilson Cemetery**: On Capers Church Rd near Broad River Rd, Summerville, SC. Sep 11, 1999

(inf)
James P. Wilson - b. Apr 15, 1878; d. Nov 30, 1922
L.L. Epting - no dates; (d) of M.T. Epting
Willis May Wilson - b. Oct 17, 1848; d. Dec 30, 1928
Eugenia R. Wilson - b. Jul 31, 1851; d. Jul 31, 1892
Eulilla C. Wilson - b. Jul 11, 1868; d. _____
James Milton Wilson - b. Nov 17, 1834; d. Oct 6, 1874
James Jacob Swygert - b. Apr 10, 1852; d. May 21, 1868
John William Wilson - no dates; Co E SC Inf CSA; died in war
Mary Wilson - b. Oct 26, 1810; d. Oct 12, 1888
James Wilson - b. 1800; d. Apr 21, 1856; left (w) & 11 children
Molly Wilson - b. 1826; d. Jul 11, 1841
H.C. Wilson - no dates; age 24y 15d
G.R. Wilson, MD - no dates; age 33y 19d
Job Calhoun Wilson - b. Sep 12, 1880; d. Jan 27, 1882; (s) of W.M. & E.R. Wilson
Mary Wilson - b. Mar 25, 1888; d. Jul 7, 1889; (d) of W.M. & E.R. Wilson
Kittie May Wilson - b. Nov 23, 1889; d. Mar 29, 1891; (d) of W.M. & E.R. Wilson
John Bunyan Wilson - b. Jul 27, 1873; d. Jun 16, 1874; (s) of W.M. & E.R. Wilson
Annie Belle Wilson - b. Mar 5, 1892; d. Jun 17, 1892; (d) of W.M. & E.R. Wilson

(inf)
Wilson - no dates; (s) of J.M. & K.E. Wilson
M.J. Epting - b. Dec 18, 1832; d. Jan 2, 1868; (w) of Dr. H.L. Epting

213. **Younginer Graves**: At the intersection of Broad River Rd and St. Andrews Rd, St. Andrews, Columbia, SC. They were moved to the Bush River Memorial Gardens in the early to middle 1970's. 1994

Sebastian Younginer - b. Jul 26, 1772; d. Jul 26, 1840; age 68y
Catherine _____ - b. 1777; d. 1853
Furman Younginer - no dates

INDEX

ABBOTT, 28 40 46-47
ABEL, 226
ABELL, 86 115 180 198 270
ABLE, 74 86 107 315
ABNEY, 12-13 161 203
ACKERSON, 86
ADAMS, 20 53-54 59 64 66 77
   79 82 158 161-162 176 188
   215 257
ADAMS-DRAPER, 103
ADDIS, 208
ADDISON, 56 77 197
ADDY, 209 256 258 265 267
   276 283 303 309 353-357
ADGER, 162 227 232
ADKINS, 34 277 356
ADMIRE, 210
AIKEN, 105 291 318
AKEMON, 164
ALBERSON, 88
ALBERT, 47 50
ALBRITTON, 49
ALCORN, 66
ALDREDGE, 99
ALDRICH, 3-4 128
ALEN, 126
ALEWINE, 268 280 285-286
ALEXANDER, 242
ALFORD, 37
ALI, 334
AL-JABBAR, 334

ALLEN, 22 44 52 161 163 174
   179-180 187 335
ALLISON, 224
ALLWORDEN, 321
ALSTON, 6-8 86-87 106-107
   110 170 236
AMAKER, 151
AMAN, 335
AMICK, 256-257 260 268 270
   272 303 305 323 328 330
   335 351-356
AMOS, 335
ANDERSON, 6 13 46 54 58-59
   64-65 68 70-73 78 92 102
   124 167 169 171-172 174
   176 196 223 226 272 361
ANDERTON, 196
ANDREWS, 91 190
ANTHONY, 335
ARIAIL, 141
ARLEDGE, 128
ARMOUR, 296
ARMSTRONG, 78
ARTHUR, 76-77 194 238 242
ARTIS, 316
ASHFORD, 53 188 192 200
   225-227 230-231
ASHLEY, 114
ATKENSON, 249
ATKERSON, 150
ATKINS, 355
ATKINSON, 28 158 249

ATKISON, 84
AUGHTRY, 29-32 41
AUGUSTINE, 29 300
AULTMAN, 219
AUSTIN, 7 53 87 200 214-215 228 252
AUTHOR, 186
AVARA, 115
AZZARA, 65
BACKUS, 168
BAGLEY, 29 209
BAILEY, 79 116 165 171 228 237 244 277 323
BAKER, 63 146 164 214
BALDWIN, 5 93 248 251
BALL, 194
BALLENTINE, 11-13 152 154 156 180 208-210 259 266 270 276-277 282 289 324 331 335
BAMBERY, 193
BANKS, 229
BANNERMAN, 363
BANNISTER, 79
BARBER, 74 195 335
BAREFOOT, 29 137
BARKSDALE, 161
BARNES, 22 67 318-319
BARNWELL, 167
BARR, 104 236 275 336
BARRETT, 283-284 292
BARROW, 78
BARRS, 166
BARSH, 33
BARTE, 23
BARTLETT, 36 45
BARTON, 139
BARTSCH, 90
BASS, 116 127
BASSETT, 362
BASTIAN, 168
BATEMAN, 22
BATES, 58 116 169 171 173 313

BATSON, 5
BAUGHMAN, 4 32 112 221 273 336
BAUKNIGHT, 257 295 298 330 332
BAXTER, 193 223 318 360
BEACH, 157
BEAN, 121
BEARD, 112
BEATTY, 321
BECK, 142
BECKHAM, 158 198
BECKMAN, 212
BEDENBAUGH, 336
BEEKEN, 95
BEHR, 300
BEJUANY, 137
BELCHER, 185-186
BELK, 62
BELL, 42 60 71 77 115 132 173-174 176-177 184 196 231 235 238 334 336
BELLAMY, 60 79
BELLINGER, 166
BELLWORD, 21
BELTON, 6-9 55-57 66 98-99 101 173 175 193 313
BENBOW, 102 161
BENJAMIN, 230 239
BENN, 293
BENNETT, 33 53 59 69 223 335 351
BENNING, 166
BENSON, 99 175
BERLACK, 219
BERLEY, 209
BERRY, 41 46 219 273 290 327
BERTRAM, 157
BETHANY, 144
BETHEA, 163
BETHEL, 196 229 232 235-236 241
BEVARD, 38

BIANCHI, 154
BIBBS, 104
BICKLEY, 196 232 260 262-263 267 270 272 278-279 298 307 309 324-325 330 350 352-353
BIGGS, 78
BILES, 163
BILLARD, 221
BILLINGS, 222
BILTON, 69
BISANGER, 205
BISHOP, 147
BISSINNAR, 205
BLACK, 42 44-45 129 196 226 267 355
BLACKMON, 271
BLACKWELL, 142 336
BLAIR, 64 198 201 211 227
BLAKE, 159
BLANCHE, 155
BLANKENEY, 175
BLANKS, 13 166 168
BLANKY, 222
BLANTON, 139 178-179
BLASSENGALE-HILL, 64
BLIZZARD, 26 143
BLOCK, 228
BLOCKER, 53 200 228 231-232 235-236 316
BLOCKETT, 317
BLOCKHAVER, 17
BLOOM, 155 208-209
BLOUNT, 63
BLUFORD, 15 20 74
BLUME, 118 126-127 130 155 211
BOATWRIGHT, 74
BODOLOCZKI, 301
BOLAND, 278
BOLAR, 7-8
BOLER, 71-72
BOLEY, 62 180

BOLTON, 70 72 74 102 196 312
BONE, 61
BONEY, 14 84 114 116-118 121-124 127 130 158 192 231 239-240
BONNETT, 145
BOOK, 16
BOOKARD, 70 77 197 240
BOOKERT, 168 192 224-227 233
BOOKHARDT, 128
BOOKHART, 71-72 106 110 129 233
BOOKMAN, 168 188-189 191 240 275 279 326
BOOKTER, 201 209
BOONE, 88
BOOTH, 336
BOOZER, 165 167 270 336 362
BOSSARD, 86-87 175
BOSTIC, 97 176
BOSTICK, 72
BOSTON, 334
BOTELHO, 156
BOUGHNIGHT, 288
BOUKNIGHT, 101 176 257 259-260 269 273-275 277-279 283 294 299-300 303-304 312 316 321-322 329 331-332 359
BOULA, 75
BOULAR, 176
BOULWARE, 64 75 202
BOURGETE, 92
BOWEN, 26 100 181
BOWER, 154
BOWERS, 76 160 167 217
BOWMAN, 196 215 217 237 358-359 362
BOYD, 67 79 109 176 184 187 196 200 214 232 244 279 295 312-315 317

BOYER, 197-198
BOYKIN, 60 98 106-107 109 166
BOYKINS, 177
BOYLE, 182 224
BOYLES, 54 191 224 232-235 239
BRABHAM, 55 171
BRADBERRY, 336
BRADFORD, 23 223
BRADHAM, 49
BRADLEY, 163 301
BRADSHAW, 331 358
BRADY, 284
BRAMLETT, 66
BRANCH, 20 109 360
BRANHAM, 43 46-47 60 69 78 80-81 89 92 117-118 126 130 207 336
BRANLETT, 209
BRANNON, 192 214 361-363
BRANON, 22
BRASLEY, 188
BRASSELL, 22
BRASWELL, 89
BRAZELL, 3-5 16 23-26 28 30 33 35-36 39 58 63 68 80-84 94 111 127 139-141 143 146-147 209 220 244 248-250 335 362
BRAZIEL, 114 143 250-251
BRAZZELL, 32 66 209
BRAZZLE, 319
BRENNAN, 28 105 227 242
BREVARD, 65 192
BREWER, 14 16
BRICE, 8-9 175 184
BRIDMAN, 290
BRIGGS, 120
BRIGHT, 29 53 64 241
BRIGMAN, 289
BRINKLEY, 84
BRISTON, 220
BRITT, 219

BROADSTOCK, 160
BROADWAY, 260
BROCK, 161 289
BROCKMAN, 299
BRODA, 336
BROOKER, 334
BROOKS, 18 37 104 163 231 294
BROOM, 12 14 51-52 78 86-87 124 159 187 223
BROOME, 10-11 14 43 52 87 117 151 155 197 228
BROWN, 7 9 14-17 21 42 45-46 58 65 67 73-74 76-78 86-87 96 98-99 102 105 107-110 117 119 121 123-126 131-132 144 150 156-159 161 163 165-166 169 173-175 178 180-181 185 187 189 193-195 214 216-218 224 238-239 249-250 252 289 301 318-319 330-331 358
BROWNING, 14
BROWNLEE, 59
BRUCE, 59 336
BRUMFIELD, 106
BRUNNEMER, 81
BRUNSON, 61 68
BRYANT, 16 23 146 169 215
BUCANNON, 7
BUCHANAN, 64
BUCKMAN, 245
BUFF, 312 336
BUFORD, 336
BUGGS, 106
BULL, 270
BULLOCK, 362
BUMGARDNER, 334
BUNCH, 18 78
BUNDRICK, 282 284-285 298 303 322 332
BUNTON, 291
BURCH, 19

BURDEN, 106
BURDINE, 335
BURFORD, 36
BURGESS, 168 272
BURK, 5
BURKE, 290 295
BURKETT, 261 295 297 327-328
BURKETTE, 328
BURKITT, 289
BURNHAM, 309
BURNS, 79 168 173
BURRAGE, 161
BURRELL, 184 187-188 217
BURRIS, 22
BURROUGHS, 67
BURT, 273
BURTON, 58 72 104 106 174 227 296
BURWELL, 102
BUSBEE, 222
BUSBY, 280 286 334 364
BUSH, 282
BUTCHER, 21
BUTLER, 55 173 176 193
BUYER, 78
BUZBEE, 285
BYARS, 164 336
BYAS, 239
BYERS, 268 312
BYNUM, 230
BYRD, 151-153 173 312
CADIEU, 46
CAIN, 61 283
CALDWELL, 55 98 105 192 236
CALHOUN, 73
CALLAWAY, 192
CAMAK, 158
CAMBELL, 44
CAMP, 101
CAMPBELL, 27 29 35 114 158 194 220 244 248-249 290
CANDLER, 337

CANNON, 52-54 66 75 102 162 167 178 226 242 294-295 297
CANON, 238
CANTEY, 37
CANTS, 6
CANTY, 50 53-54 245
CANZATER, 6-8 74-75 134
CANZH, 245
CAPERS, 217
CAREVE, 287
CARMA, 245
CARMAN, 57 206-207
CARMON, 206
CARNES, 165
CARNS, 100
CAROLINA, 105
CARPENTER, 162
CARR, 312
CARROL, 126
CARROLL, 62 160
CARSON, 22 294
CARTER, 57 64 103-104 138 146-147 185 187 191 214
CASEY, 72
CASKEY, 22
CASSADY, 289
CASTER, 216
CASTOR, 173
CATHRON, 218
CATOE, 200 204 209
CATTRELL, 219
CAUDLE, 99
CAUGHMAN, 20 146 228-229 231 237 239 242
CAULTER, 169
CAVE, 227
CCCRAY, 172
CENTER, 234 238 242
CHALIS, 245-246
CHALMERS, 168
CHAMBERS, 80 246 272
CHAMBLISS, 80
CHAMPELL, 216

CHANDLER, 7 63 165
CHAPMAN, 38 271 281-282 285-286 304 321 337 357 362
CHAPPELL, 191
CHAPPELS, 56
CHARLES, 57 167
CHATMAN, 297
CHAVIS, 20 68 71-72 167 245
CHEED, 221
CHEEK, 221
CHEESBORO, 163
CHERRY, 59
CHISHOLM, 106
CHITWOOD, 290
CHRISTAKOS, 38
CIRMELLA, 144
CLAIBORNE, 156
CLAMP, 87
CLARK, 8 35 65 131 167-169 177 192 208-209 224 226 286 317 320 337 351 354-355
CLARKE, 146
CLAVIN, 161
CLAYTON, 67 69
CLEGG, 337
CLEMENTS, 100
CLEMMONS, 59
CLEVELAND, 196
CLIATT, 27
CLIFTON, 275
CLINE, 300
CLINKSCALES, 121 126
CLOGUS, 337
CLOUD, 76 103 134 167
CLOYD, 269
COBB, 169 178 250-251 335
COBBS, 178
COCHRAN, 162 230
COCKRELL, 127 145
COE, 106
COFFEE, 30
COKER, 3 150 236 261

COKLEY, 159
COLBERT, 163
COLE, 137 173 222
COLEMAN, 5 69 77-78 101 135 137-139 141-142 147 167 169 173 220 237-238 242 289 360-361
COLGAN, 36
COLLETION, 98
COLLING, 84
COLLINS, 79 101 160 163 193 237
COLMAN, 246
COLON, 160
COLSTON, 194
COLTRANE, 260
COLUMBUS, 67
COLVAN, 238
COMALANDER, 258
COMBS, 103
CONE, 22
CONNELLY, 268
CONNER, 47
CONNOLLY, 99
COOGLER, 260-261 277 287 325
COOK, 46 53 60 86 90 99 133 144 158 186 215 227-228 238 337
COOKE, 36 133 186
COOKER, 90
COOKSON, 160
COOPER, 32 38 40-41 45 57 70 88 93 118 123 144 146 179 187 191 214 230 234 239 312 316-317
CORBETT, 6
CORDER, 25 69 149-150 207 247
CORE, 205 209
COREY, 66
CORLEY, 15 23 35 64 73 77 94 142 154 159 191 195 219

CORLEY (cont.)
262-263 295-297 312 316-317 320 337 358-359 363
CORNELIOUS, 97
CORNELIUS, 17 38 43-44 48-49 70 96 99 177 197 206
CORNISH, 61 216
CORTER, 111
CORTEZ, 136
COSTNER, 275
COTTON, 157
COTTRELL, 220
COULTER, 36
COUNTS, 284-285 287-288 302-304 350
COURTNEY, 59
COUTSOS, 47-48
COWAN, 209 216
COWARD, 136-137 143
COX, 21 337
COX-GADSON, 165
CRABTREE, 301
CRAFT, 291
CRAIG, 140
CRANFIELD, 15
CRANKFIELD, 16
CRAPPS, 337
CRAWFORD, 66 363
CREECH, 158 164
CREEL, 61
CRIBB, 28
CRIBBS, 160
CRIDER, 326
CRIM, 71
CRISS, 69
CROCKETT, 20 195
CROFT, 6 28 289
CROMER, 104 256 289
CRONE, 157
CRONK, 301
CROSBY, 70 101 109 122 161 164 169 174 214
CROSLAND, 31
CROSSLAND, 18 222

CROSSLIN, 172
CROUT, 37
CROW, 78
CRUEY, 5
CRUMPTON, 176
CUINER, 214
CULLER, 201
CUMALANDER, 258 304 350 352-353
CUMMINGHAM, 55
CUMMINGS, 162 337
CUMMINS, 262
CUNCLE, 307
CUNNINGHAM, 9 21 30 56 75 98 110 168 175 178 217 224 238 246 249 313 316
CURRIE, 205 209
CURRY, 167
CUTNER, 228
CUTTINO, 129
DABBS, 141 143 327
DAILEY, 135 288 326-332 357-358
DAKERS, 103
DALE, 148 163
D'AMATO, 61
DAMON, 61
DANGERFIELD, 217-218
DANIEL, 6 105
DANIELL, 260
DANIELS, 24 30 59 105 197 317 337
DANSBY, 295
DARBY, 105 224 227 230-231 240-241 337
DASH, 319
DAVENPORT, 214
DAVID, 104 222
DAVIS, 32 37 44-45 57 61 66 75 83 95-96 102 107 110 133 140-142 149 152 161 164 166-168 174 176 186 188 190 192-193 195-196 200 208 215-217 224-227

DAVIS (cont.)
  229-231 234-238 240-242
  244 246-249 251-252 266
  278 289 309 325 329 358
  361-363
DAWES, 334
DAWKINS, 16 22 112 162 168
  229 337
DAYS, 61 97 106 175-176 178
DAYS-FOX, 175
DAYVAUGHT, 125
DEAL, 58 126 301
DEAN, 96 132
DEES, 29
DEESE, 152 160
DEGNAN, 354
DEGRACIA, 22
DELANEY, 172 188 193 195
  234 236
DELK, 143-144
DELOACH, 228
DELONG, 57
DEMAY, 264
DENHAM, 18
DENNIS, 4 26-31 33 131 138
  141 147 244
DENNY, 223-224
DENT, 32-33 40 101 253
DERBY, 55
DERIEUX, 129
DERRICK, 85 154 156 258
  262-266 268-273 276 278
  286 288-289 299 308 312
  322-323 325-326 329 331-
  332 337-338 357 362
DERRY, 55
DESSO, 17
DESTAR, 20
DEVAULT, 173
DEWALD, 301
DEZWART, 153
DIAL, 121 132 137 143
DIBBERN, 300
DICKERSON, 60 166 194

DICKERT, 247 282 286 309
DICKSON, 162
DIGGS, 194 215
DILL, 90
DILLARD, 298
DINKINS, 21-22 24 94 112 175
  250-251
DIPRETA, 25
DIXON, 16 77-78 107 109 133
  162 177 185
DOCTOR, 73
DODD, 335
DODSON, 181
DOE, 6 164
DOLER, 8
DOMINICK, 319 338
DONAHUE, 131
DORRITY, 281
DORROH, 18
DOUGLAS, 25-26 66 121 146
  204 211 338
DOUGLASS, 121 204
DOVE, 58 115
DOWDY, 300
DOWEY, 42
DRAFFIN, 338 348
DRAFTS, 131 273 299 338
DRAGENHARDT, 301
DRAKE, 58 69
DRAWDY, 95
DREAR, 239
DREHEE, 297
DREHER, 15 105 175-176 194
  235 359 362
DREW, 106
DREWES, 157
DRUMMER, 53
DRUMMOND, 163
DUBARD, 53 75 188 191 212-
  213 234 241
DUBOSE, 329
DUCKSON, 317
DUENSING, 220 224
DUKE, 114 146 178-179

DUNAWAY, 161
DUNCAN, 49 164
DUNLAP, 125 184 216 220
DUNLOP, 301
DUNMORE, 195
DUNN, 14 121 137-138
DUPREE, 240
DURANIA, 36
DURHAM, 7-8 75 107 129 169 172
DUVAL, 290
DUVALL, 157
EADDY, 62 168
EARGLE, 151 153-154 191 203 261-262 278 281 291-292 295 297 304 307-309 330 353-355 364
EASLER, 35-36 42 44 47 123 152
EAST, 165
EASTER, 32
EASTERLING, 114 220
EASTLAKE, 59
EASTMAN, 63
EAVES, 172
EDGAR, 7
EDGER, 6
EDMUNDS, 102
EDWARDS, 33 108 150 191
EGGLESTON, 54
EGISTER, 53
EICHELBERGER, 231 313 361
EISENSCHMIDT, 273
EISON, 205
ELEAZER, 166 211-212 222 232 256 267 276 281 292 298 303-304 306-307 309 313-315 325 328-329 332 357-358
ELEAZOR, 261
ELISON, 52
ELISOR, 250
ELKIN, 113 201

ELKINS, 141 182 187 214 231 251
ELLEBY, 167 172
ELLER, 300
ELLERBE, 335
ELLINGER, 130 152-153
ELLINGSEN, 22
ELLIOTT, 173
ELLIS, 110
ELLISAW, 142
ELLISON, 52 141 216 230 332 338
ELLISOR, 43 57 112 135 137 139 141-142 150 280 282-283 327-328 332-333 338 354 357-358
ELMORE, 29
ELROD, 159
ELZIE, 86
EMBREY, 5
EMLYN, 219
ENGLISH, 37 106 228-229 233 236
ENLOW, 83 283
ENTZMINGER, 41 51-54 58 75-76 86 116-117 119 128 130-132 242
EPTING, 68 200 268 270 283 286 311 365
ERBY, 184
ERVINS, 353
ERWIN, 61 229
ESAW, 174
ESKEW, 359-360
ESQUIRE, 64
EVANS, 7 17 39 80-81 157 160 166 252
FAILE, 289
FAIR, 104-106 160 165 230
FAIRCLOTH, 290
FANN, 40 50
FARIS, 10
FARMER, 43 89 96 150 161 239

FARROW, 9
FAULK, 237 239
FAUST, 5 30 40 48 100 113-115 134 229 232 317 319
FEASTER, 145-146
FELDER, 94 105
FENLY, 23
FENNELL, 178
FENWICK, 165
FERGUSON, 169 172 235
FERN, 164
FETNER, 201
FIDELIS, 126
FIELDS, 66 102 150 167
FINCHER, 290 338
FINDLEY, 202
FINLEY, 117 131 188-189 335
FISHER, 108-109 111 197
FISK, 160
FLAHERTY, 48
FLAKE, 6
FLEETWOOD, 227
FLEMING, 4 210
FLEMMING, 216
FLETCHER, 141
FLORIO, 163
FLOYD, 193 323
FLYE, 65
FOGLE, 19 70 72 300
FOLK, 94 101 237 328-329
FOLKS, 228 233
FOLLETTE, 301
FONTANEZ, 170
FOOSE, 15
FORD, 5 19 24 35 52 68 97 102-103 112 139-140 142 161 212 233 235-236 238 241-242 246
FORGEY, 160
FOSTER, 177 319
FOULK, 239 361-362
FOUST, 320
FOWLER, 189-190
FOWLKES, 22
FOX, 8 15 172
FOXWORTH, 301
FRAKER, 219
FRANKLIN, 338
FRAZEE, 134
FRAZIER, 64 217 315
FREE, 331 338
FREEMAN, 31-32 42 214
FRENCH, 162
FRESHLEY, 264 280 292-293 338
FRICK, 10-13 151 153 155 199 221-222 259 283 350 353
FRIDAY, 159 202
FRIDY, 190
FRIERSON, 216
FRODGE, 180
FROST, 17 36 146
FULKS, 161 230
FULLBRIGHT, 339
FULLER, 78 256
FULMER, 18 42 45-46 150-151 153-154 208 262 281-282 293 305 307-308 315 339
FULWOOD, 19
FUNDERBURK, 27
FUNNEY, 196
FURTICK, 103 162
GADDIS, 289
GADSON, 7 79 188 195-197 239 246
GAINES, 67
GALLMAN, 159 162 319
GANTT, 9 55 77 171 227 233 308
GARD, 150
GARDIN, 167
GARDNER, 163 237
GAREY, 295
GARLAND, 18
GARLIE, 159
GARNER, 61
GARRELL, 112

GARRETT, 76 164 170
GARRISON, 18 194 350
GARVIN, 161 164
GARY, 67 241
GASPARRO, 339
GASTON, 164
GAY, 165
GAYTON, 206
GEAR, 50
GEATHERS, 168
GEIGE, 100
GEIGER, 19-21 27-28 30 54 93 111 225 229-230 233 237 274 294-297 311-312 359-363
GEISELMAN, 300
GENERAL, 193
GENTRY, 219
GEORGE, 149
GERCKEN, 301
GERSTENBERG, 67
GIBBES, 157
GIBBONS, 160 224
GIBBS, 38 79 105 132-134 163 241
GIBSON, 37 60 63 96-98 114 125 128 156 159 166 201 214 220 357
GILBERT, 163
GILES, 71 78
GILL, 61 184-185
GILLARD, 6
GILLIAM, 167 174 241
GILLIARD, 9
GILLYARD, 188
GILMORE, 102 106 166 300
GILYARD, 101-102
GIST, 196
GIVENS, 166
GLADDEN, 3 94 99 137 179
GLADNEY, 307
GLAUDE, 73
GLAZE, 34 206
GLEESLIN, 275

GLEGG, 156-157
GLENN, 16 201 233 298 334 359
GLEUTON, 303
GLOVER, 34 70 103 216
GNIESSIN, 114
GODDARD, 160
GODFREY, 270
GOERS, 249
GOFF, 29 44 50 76 82
GOINES, 55-56
GOINS, 31 44 49 55-56 111 215
GOLD, 103
GOLDEN, 65 160 293
GOLSON, 195
GOOD, 317
GOODE, 162
GOODLET, 278
GOODSON, 96 187
GOODWIN, 24 51 77 89
GOODWYN, 188
GOOLSBY, 163 334
GORDON, 47 63 104 166 217 225
GOVAN, 66
GOYINS, 173 225
GOZA, 181
GRADDICK, 45-46 49 197 202 209 211-212
GRADICK, 190
GRADY, 98
GRAHAM, 178 266 286 315-316 360
GRANDERSON, 226
GRANT, 36 159 168 225
GRATE, 194
GRATTON, 66
GRAVES, 133 171 231 335
GRAY, 59 71 161 297 301
GRAYSON, 167 237
GREEN, 6-9 30 51 55 62 71-75 107-108 110 160 165 168-

GREEN (cont.) 169 192 214-216 235-236 239-240 359
GREENE, 73 169 226
GREENLEE, 230
GREGERSEN, 219
GREGORY, 172 223
GRIESHABER, 198
GRIFFIN, 55 61 75 110 132 135 171 176 213-214 226
GRIFIFN, 140
GRIGSBY, 141
GRIMSLEY, 40 47-49
GRIPPER, 55
GROGAN, 59
GROOMS, 165
GROSSE, 339
GRYDER, 79
GUERRY, 126
GUESS, 171
GUETZLAFF, 301
GUIDER, 50-52 74 236
GUINYARD, 215
GUISE, 162 269
GULLEDGE, 145
GUMM, 80
GUNN, 22
GUNTER, 44 91-92 149 227 298
GUYTON, 130
HACKETT, 215
HACKMAN, 339
HADEN, 55
HADLEY, 28
HADLOCK, 78
HAGANS, 195
HAGGLER, 70
HAGINS, 24
HAGLER, 6 9 70
HAGOOD, 90 111 122 156
HAIGLER, 360
HAIGOOD, 23
HAINES, 136
HAIR, 271-272

HALL, 46 62 92 102 163-165 167 173 214 315
HALLAMON, 63
HALL-DIGGS, 215
HALLMAN, 16 31-32 309
HALLMON, 34
HALTIWANGER, 164 259 270 277 279-281 284-285 292-295 297 303-304 308 315 322 339 355 357
HAMILTON, 188 240-241
HAMITER, 190
HAMMOND, 5 29 32 40 69 111 138 140 144 193 249
HAMMONDS, 106 110-111 319
HAMONDS, 110
HAMPTON, 17 41 169 195
HANCOCK, 174
HANEY, 46
HANKINS, 22
HARDEE, 339
HARDEN, 161 293
HARDIN, 124 227
HARDRICK, 103
HARDY, 21
HARMAN, 85 284
HARMON, 37 46 127-128 172 175 207-210 218 231 235 238-239 241 266 319 339 361-363
HARNISH, 290
HARPER, 163
HARRELL, 20 97 108 111 165 245 332
HARRIS, 16 34 50 52 73 79 134 159 167 173 178 185 194 214 224 229 235-236 246 335 358 360-361
HARRISON, 22 56 64 98-99 132-133 169 178
HART, 170 239
HARTEN, 202
HARTIN, 45 146

HARTMAN, 285
HARTNESS, 62
HARVEY, 66 161 241 359
HARWELL, 135 150 328
HATCHELL, 64 117-118
HATHCOCK, 116-117 128
HATTEN, 64 196 200 224-226 232 237-238 242
HATTER, 21
HATTON, 238 241-242
HAVIRD, 85 204-205
HAWES, 94-95
HAWKINS, 26 33 40 90 102 166 207 250 359
HAWLEY, 86 115-116
HAY, 201
HAYES, 61 170 221 226 271 339
HAYGOOD, 90
HAYNES, 21 36-37 54 72 79 101 111 169
HAYNS, 107
HAYS, 125 221
HAYSLETT, 119
HAYWARD, 102
HAYWOOD, 57
HEATH, 39
HEATLEY, 214
HEDGEPATH, 136 283 355
HEINEMAN, 65
HEINIG, 301
HEINS, 93 179-180
HELLER, 313
HELMICK, 59
HELMS, 134
HELTON, 142
HEMPHILL, 215
HENDERSON, 69 71 150 163 167
HENDLEY, 172
HENDRIX, 23 64 120 203 209 333
HENRIQUEZ, 167
HENRY, 68 265

HENSON, 91 204
HENTON, 49
HENTZ, 339
HERRING, 278
HEWITT, 162
HEYWARD, 172 194
HICKS, 22 106 163 194 204 279 352
HIGGINBOTHAM, 339
HIGGINS, 94 112 248
HIGHSMITH, 317
HIGHTOWER, 87 159
HILL, 102 165 200 215 233 238 240-241 356 360
HILLER, 236 265 267 294 306 315 339-340
HILLIS, 36
HILLS, 233
HILTON, 51 161
HINE, 126
HINES, 74
HINGLETON, 216
HINNANT, 93 189 202 208 212
HINSON, 18 158 207
HIPP, 285 304 318-319
HOBBS, 78 213
HOBL, 249
HODGE, 25 206
HODGES, 216
HODGES-DANIESL, 167
HOEFER, 196 232 239-240
HOFFMAN, 112 126 308
HOGAN, 38 97 124 171 181
HOLBROOK, 59
HOLCOMB, 121
HOLDEN, 291
HOLIDAY, 104
HOLLER, 158
HOLLEY, 195 363
HOLLIN, 187
HOLLINS, 187 241
HOLLIS, 18 92 117 192 234
HOLLOWAY, 195

HOLMAN, 194
HOLMES, 163 172 193 213 227 266-267 335
HOLSENBACK, 156
HOLTON, 61
HOLZHAUSE, 302
HOLZHAUSER, 302
HOOD, 14 45-46 65 76 89-90 92 116 119-120 127
HOOF, 279
HOOK, 340
HOOKER, 16
HOOPAUCH, 88
HOOPPAUGH, 130
HOOVER, 69 209
HOPE, 294 296
HOPKIN, 101
HOPKINS, 106 174 178 194 214
HORNE, 313
HORNSBY, 4-6 29 32 39 57 81 83 100 113 138 154 201 278 291
HORNSEY, 200
HORSFORD, 223
HOUSER, 160
HOUSTON, 22 169
HOWARD, 67 167 202 290
HOWDESHELL, 58
HOWELL, 14 48 65 88 90-91 110-111 116 189 199 252
HOYT, 44 340
HUCKABEE, 47
HUDSON, 51 79 110 132-134 164 195 215 247
HUFFARD, 300
HUFFMAN, 223 283 340
HUFFSTETLER, 258 341
HUFMAN, 341
HUGGINS, 36 150
HUGHES, 62 86 162
HULON, 161
HUMPHREY, 301
HUMPHRIES, 131

HUNT, 168
HUNTER, 28 71 215
HUSTON, 62 169
HUTCHISON, 135 145 150 217
HUTCISON, 187
HUTSON, 214
HUTTO, 171 304
HUTTON, 124
HYDRICK, 289
HYKIL, 122-123
HYLER, 320 330
INABINET, 78
INGRAM, 106 171
IRONS, 104
IRVIN, 98
ISAAC, 67 171 315
ISBELL, 179
ISENHOWER, 42
IVEY, 43 221
IVINS, 78
JACKSON, 13 37-38 50-51 58 62 64 67 75 77 102 105 108 130-131 166 168 170 178 186 192-194 196 230 239 242 313 335 341 359
JACOBS, 5-8 15 23 25-26 64 71-74 79 135-137 140 142-143 145 147-148 164 167 227 229 245 264 279-280 304 310 329
JAMES, 66 103 162 193-194 226-227 230 232 234-236 239 242 259
JAMISON, 8 14 56 88 107 109 111 133 178
JAPPS, 59
JASMINE, 297
JAVANOVIC, 334
JAVIS, 193 228-229 232-235 241
JAY, 221
JEFFARES, 123
JEFFCOAT, 85 205

JEFFERS, 18 89 132 142 144
JEFFERSON, 165 195 214 216 253 335
JENKINS, 15 72 77 99 103-104 163-164 168 170 185 207
JENNINGS, 10 143 164
JESSIE, 315
JETER, 176-177 193
JETTON, 341
JILES, 20
JIREL, 272 290
JOHNES, 224
JOHNS, 79 142 341
JOHNSON, 4 6 8 19 34 38 44 46 51-53 57-60 62-64 66-67 70-71 73-74 77 87 103 108 110 113 134 157 162 164 166 171 173 176-177 181 184 188 193-194 196 208-209 216 218 225 227-228 230-234 237-240 242 249 289 313-315 317 332 334-335
JOHNSTON, 151 209 341
JOLLY, 130
JONES, 3 17 19-21 32 38 40 44-45 47-49 55 59 63 73 97 106 114 117 120 127 133 144 149 156 159 161-163 165-167 170-172 177-178 193-194 197-198 215 223 228-229 245 249 269 293 301 326 334 363
JORDAN, 22 127 170
JORDON, 61 291
JOYNER, 38 71
JUDY, 27 43
JULIAN, 344
JUNE, 226
KAMINER, 330
KARRER, 301
KAY, 179
KEARSE, 160
KEATHLEY, 155

KEELS, 16 212
KEENO, 335
KEIGHTLEY, 220
KEITH, 203 322-323 325
KELLER, 69 116
KELLEY, 10 107 119 144 214 305
KELLY, 33 39 44 76 90 92 102 106-108 110 119 132 158 179 187 239 282 286-287 335
KELSEY, 281-282
KEMP, 317
KEMPSON, 175 341
KENEDY, 108
KENLY, 319
KENMORE, 162
KENNEDY, 7 51 54-56 61 74 76 86 102 107-108 112-113 175 180 185 192-193 226 262 295-296 305
KENNERLY, 299
KENSLAR, 315
KENSLER, 188 190
KENSLEY, 188
KERR, 223-224
KERSHAW, 241
KESLER, 272 306-307 361
KEY, 150
KIBLER, 16 263 270
KILBURY, 5
KILGORE, 341
KILLCREACH, 164
KILLIAN, 40 270
KIMBLE, 58 161
KIMBO, 329
KINARD, 20 216 297 316
KINCAID, 232
KINCER, 161
KING, 24 162 165 192 217 225 249 354
KINNES, 194
KINSEY, 24
KINSLER, 18 93 217-218

KIRBY, 53 61 258
KIRKLAND, 297 313-314 358
KIRVEN, 163
KITTRELL, 28
KLECKLEY, 263
KNEECE, 17
KNIGHT, 164 195 228 236 290
KNIGHTEN, 200
KNIGHTNER, 200 229 241
KNUCKLES, 321
KOHM, 93
KOON, 27 40 50 93 154 210 271 276 278 281-282 285 298 300 303 307-308 321 323-324 326 329 332 352
KOONS, 272
KRAMER, 78
KREPS, 219
KRUSE, 335
KUSTAS, 332
KYSER, 164 236 318
KYZER, 290
LABORDE, 47 190
LABREW, 229
LACARTER, 79
LACONES, 330
LACONS, 341
LAIRD, 266
LAKIN, 170
LAMAR, 171
LAMBERT, 64
LAMOY, 37
LANCASTER, 166
LAND, 13 32
LANDON, 125
LANE, 65 159 210
LANGFORD, 85-86 151 154 156
LANGLEY, 166 169 234
LANGSTON, 304
LANNIER, 136
LARGE, 82
LARSEN, 161
LASSITER, 57-58

LATTIMORE, 180-181
LAUDMAN, 109-110
LAUDMON, 108-109
LAUHON, 15 181
LAUTTON, 15
LAW, 52
LAWHON, 16
LAWHORN, 108-109 111 176 200
LAWRENCE, 172 232
LAWSON, 202
LAYMAN, 68
LEACH, 41
LEAMON, 64
LEAPHART, 162 341-342
LEE, 4 16 24-27 34 66 68 75 80-84 86 95 112 133 143-144 148-149 208 217 221 246 252 277 342
LEGRAND, 25 28 30 32-33 40 45-46 49 57
LEGRANDE, 26 33
LEITNER, 14 185-186 198 211 213
LEITZSEY, 278 342
LEMACKS, 289
LEMMON, 305
LENER, 210
LEONARD, 137 307
LEVER, 18 93 152 191 198-199 204-206 210-212 276 280 282-283 307-308 328-329 342 355
LEVISTER, 217
LEVY, 175
LEWIE, 163
LEWIS, 40 62 131 135 166 168 173 185 342
LEYSATH, 65
LIENHARD, 301
LIGHTNER, 53
LINDLER, 258-259 278 282 286 298-299 334 342 350 352 354 356 363

LINDLLER, 259
LINDSAY, 240
LINER, 89
LINGARD, 159
LIPE, 116
LIPPARD, 148 306
LITTLE, 3 34 228 310-311
LIVINGSTON, 141 163 305
LLOYD, 25 74 103
LOCKHART, 269
LOCKLEAR, 34
LOCKLIER, 121 124
LOGAN, 215
LOMAS, 18-19 93-95 204
LOMON, 320
LONER, 130-131
LONG, 136 171 214 241 315 342
LOONEY, 299
LOOP, 61
LOPEZ, 178
LORICK, 14 48 53 86 92 108-109 111 181 273-276 278-279 299-300 316 318 320 342-343 359-361 363
LOTT, 160 212
LOUIS, 227
LOVE, 71 91 98 153 159 214
LOVELACE, 316
LOVETT, 34 42 44-46 57-58 69 80 84 107 121 140 145-146 246-247
LOVETTE, 138
LOWMAN, 210-211 228 240 260 263-264 268 278 300 302 304 319-320 323 325 343
LOYD, 106 217
LOYLESS, 326
LUCAS, 103 151 281 284 301 343 355
LUCILLE, 299
LUCK, 161
LUKAS, 78

LUMKIN, 185
LUNBURO, 152
LUPO, 184
LUTHERN, 224
LUTHREN, 223
LYBRAND, 15 265 295 319
LYGHT, 358
LYGHTS, 361
LYLES, 108-109 133 142 167 205 212 226 278
LYNCH, 54 110
LYON, 238
MABRY, 315
MACK, 6-7 53 74-75 187-188 192 213 235
MACKAY, 61
MACKENZIE, 78
MACON, 129 174
MADDOX, 39 62 65
MAGNOLIA, 162
MALONE, 56
MANGUM, 343
MANN, 125 204 208 290
MANNING, 87 184-185
MANOR, 195
MANSTINE, 152
MANUS, 162
MANZ, 105
MAPLES, 92
MARINE, 193
MARKS, 249
MARONEY, 164
MARROW, 40
MARSH, 14 48 50 124 149 155 209
MARSHALL, 20 140 195-196
MARTHERS, 90-92
MARTIN, 3-4 24 26 29 31 33-35 53 60-61 65 68-69 81 94 97 100 107 118-119 132 138 141 143 160-161 166 168 187 191 194 197 208 225-226 246-247 250 298 306 334 349

MASON, 72 277 291
MASSEFF, 114
MASSEY, 203
MATEJKA, 22
MATHEWS, 105
MATHIAS, 322 324
MATHIS, 107 170
MATTOX, 11 41 47 81 83 88 154
MAUNEY, 164
MAXEY, 140
MAXWELL, 102 162 193
MAY, 304
MAYER, 315
MAYERS, 312
MAYFIELD, 295
MAYNARD, 37
MAYO, 170
MAYOR, 154
MCADAMS, 220 248
MCALLISTER, 317
MCBRIDE, 101 334
MCCAA, 157
MCCABE, 49
MCCAMPBELL, 248
MCCANT, 196 237-238
MCCANTS, 57-58 73 134 213
MCCARTER, 289
MCCARTHA, 257-258 261-264 270-272 303 356
MCCARTHY, 303
MCCARTNEY, 300
MCCARY, 102
MCCASTON, 130
MCCAULEY, 226
MCCLAIN, 105 160 229
MCCLEARY, 124
MCCLOUD, 175 178
MCCLURE, 94
MCCOCKRELL, 227 237
MCCOLLOM, 213 215
MCCOMBS, 197 275
MCCORD, 163
MCCORMICK, 146

MCCOY, 105
MCCRAY, 6 70 161 193
MCCROREY, 175
MCCULLOUGH, 5 334
MCDANEL, 238
MCDANIEL, 7 51 53 65 74 107 200 228 232 240 242 252 335 359
MCDANIELS, 101 196
MCDONALD, 6 30 34 36 54 109 133-134 156 164 176 343
MCDOW, 10
MCDOWELL, 185
MCDUFFIE, 79
MCEACHERN, 162 201
MCELVEEN, 32
MCENTIRE, 277
MCEVANS, 81
MCFADDEN, 22 105
MCFADGION, 168
MCGARY, 92
MCGHEE, 65
MCGILL, 184-185
MCGIMSEY, 116
MCGIRT, 62
MCGRADY, 85 122 158 202-204
MCGREGOR, 125
MCILWAIN, 235
MCIVER, 196
MCKAY, 41 46 111
MCKENZIE, 84 233 320
MCKINNEY, 139 160
MCKNIGHT, 102-103 105 114
MCKOY, 150
MCLAMORE, 360
MCLANE, 204
MCLAUGHLIN, 159
MCLEAN, 42 119-120 124 126 158 203-204 221
MCLEANE, 94
MCLEOD, 26 102 114
MCLOUD, 178

MCMAHON, 86
MCMANUS, 153
MCMILLAN, 67 97
MCMILLIAN, 194
MCNEIL, 252
MCNELLY, 58
MCNULTY, 129
MCPHERSON, 81 250-251
MCQUEEN, 228
MCQUILLER, 104
MCWHORTER, 22
MEADOWS, 152
MEDDAUGH, 67
MEDLEY, 58
MEDLIN, 24-26 29 33 57 59 69 82 91 135-137 139-140 142 145 147
MEETZ, 149 298 302 321 326
MEETZE, 136 156 202 217 221-223 256-258 260 263-264 267-269 271-274 276-277 284 292-293 298-299 302-304 310 321 323 325 330 343-344 351-354 360
MEGGETT, 297
MELDIN, 138
MELLICHAMP, 127
MELTON, 62 157
MENDERSON, 165
MEREDITH, 193
MERRICK, 145
MET, 358
METS, 359
METTS, 82 282 297 313 325 328 344
METZ, 266 269 271 274-275 295-296 302-303 320 328 330 344 351
METZE, 11-12 267 273-274 277 287 295-296 302 315 318 328 344-345 358 364
MEYERS, 52 188
MICHAELS, 166
MICKLE, 96 111 133 173 176

MICKLER, 278 322
MIDDLETON, 162 173 229
MILES, 4-5 22 36 43 58 60 89-90 107 109 111 143-145 150 156 159 205 218-220 224 249-250 290 352
MILHOUSE, 102
MILLER, 18-19 62-63 72 75 79 130 160-161 163 172-173 199 203 213 217 227 232 300 345 364
MILLHOUSE, 72 106
MILLIGAN, 86 105
MILLING, 197
MILLS, 16 229 318 331
MILLWOOD, 329
MINOR, 22
MISSOURI, 177
MITCHEL, 177 195
MITCHELL, 19 79 96 99 152 159 163 165-167 170 174 177 232
MITCHUM, 60 221 224
MITNAUL, 65
MIXON, 35 151
MOAK, 48 137 151 154-155
MOBLEY, 177 202
MOCK, 3
MOGER, 34
MONEY, 66 78
MONNEY, 78
MONROE, 192
MONTGOMERY, 22 69-70 162 204 229 241-242
MONTS, 85 154 210 259-260 271 276 345
MOODY, 173
MOORE, 21 40 66 71-73 86 92-94 99 104-105 121-123 139 143 146 163-164 171 173 214 236 270 272 317 334-335 345
MOORER, 334
MOORMAN, 240

MORGAN, 42 155 166 287
MORIN, 162
MORRELL, 147
MORRIS, 67 70 72-73 92 107 110 271
MORRISON, 107 132 170 226
MORROW, 67
MORTENSEN, 157
MOSBY, 98 106 178
MOSELEY, 92 106
MOSES, 66
MOSLEY, 63 92
MOSSER, 18
MOTLEY, 26 62
MOULTRIE, 106 358
MOYD, 172 194
MOYE, 170
MOYER, 158 326
MULLEN, 205
MULLER, 23 155 275
MUMMERT, 94
MUNSON, 43
MURDOCH, 311
MURDOCK, 311
MURPHY, 71 102 108 169-170 235 240 290 334
MURRAY, 60 63 99 107 235-236
MURREL, 187
MURRELL, 205 216
MURRY, 72 213
MURSULI, 137
MUSE, 125 213 221
MUTRIAE, 105
MYER, 52
MYERS, 36 53 62 76 78 99 143 158-159 162 187-188 214 216 226 233-234 267 316 345
MYLES, 319
NATES, 23-24 27 37 93 311 356
NATHAN, 230
NEAL, 62
NEASE, 301 345
NEELEY, 37 65 76 114-115 140 245
NEELY, 76 114-115
NEGUS, 65
NEIGH, 163
NELLAMS, 216
NELLUMS, 296
NELSON, 19 50 66 96-97 99 103 125 215 229 351
NELUMS, 312-313 315 360
NESBITT, 164 232
NETTLES, 303
NEUBERT, 157
NEWMAN, 18 200 210 223
NEWTON, 41 94
NICHOLS, 236
NICKLE, 171
NICKPEAY, 65
NILES, 78
NIPPER, 34
NIVER, 78
NIX, 180
NIXON, 316-318
NIXSON, 316
NOBLE, 106
NOLES, 155
NORMAN, 178
NORRIS, 161
NORTON, 131
NOWACKI, 141
NOWELL, 165
NUNAMAKER, 312 337 345
O'BERRY, 59
ODOM, 26 64 101 144-145 171
OGBURN, 22
OGLESBY, 177
OHLENDORF, 300
OHLKERS, 222
OLFORD, 197
OLIVER, 187 282
O'NEIL, 171 176-177
ONLEY, 271 298 345
ONYETT, 29

OREE, 66
ORR, 160
ORTIZ, 65
OSBIE, 216
O'SHEAL, 261 322
OSWALD, 12 209
OUTEN, 21 70-71 73 77 156 245
OUTIN, 194
OUTING, 70-71 228 297
OUTLAW, 249
OWENS, 9 66 174 227 236
OWNBEY, 34
PADGET, 345
PADGETT, 240
PAGE, 66
PAIGE, 175
PALMER, 9 26 94 100 109 173
PALMER-DUBARD, 9
PALUCK, 164
PARDEE, 189
PARDUE, 90
PARIS, 320
PARK, 100
PARKER, 16-17 28 38 66 177 191
PARKS, 171 223
PARRIS, 319
PARROTT, 100
PASCHAL, 25 160 177
PASHAL, 119
PATE, 136 301
PATTERSON, 6 72 109 161 169 192 194 197 236 253 335 345
PATTON, 222
PAUL, 196 231
PAULINE, 214
PAULLING, 136
PAYNE, 103 290
PEAK, 34 44 140
PEAKE, 3 17 24 61 69 112 139 148 249-250
PEAKS, 3

PEARSON, 165 174 192 196 227-228 335 361
PEAVY, 17 23 33 93
PEAY, 8-9 97
PEEBLES, 65
PEGRAM, 68
PENCE, 160
PEOPLES, 228 297
PERRY, 4 23 39 51 60 67 120 132 157 163 194
PETERMAN, 95
PETERSON, 174 196
PETISON, 242
PEYTON, 23
PHILLIPS, 89 125 160 189
PICKENS, 56 195
PICKET, 242
PICKETT, 229 240
PICKROM, 162
PIERCE, 160
PINKNEY, 107 111
PINKSTON, 193
PINSON, 82
PITTMAN, 163 298
PITTS, 103
PIXLEY, 159
PLAIR, 53
PLATE, 136
PLEXICO, 191 223
PLUMMER, 102
POARCH, 60
PODELL, 22
POINTER, 99
POLLARD, 192
POLLOCK, 63 296 298 358
POLMES, 9
POOLE, 163 355
POPWELL, 248
PORTEE, 19 21 37 174
PORTER, 170-171 177 193 301
PORTERFIELD, 66
PORTIS, 166
PORTLOCK, 162
POSEY, 103

POSLON, 69
POTTER, 28 114
POTTS, 345
POUGH, 215
POWELL, 128 164 171
POWERS, 29 146-147 303
PRATT, 106 168
PRECIA, 193
PRENARD, 214
PRESSLEY, 335
PRESTON, 62 170
PREVETTE, 5
PREWITT, 28
PRICE, 10-11 58 67 84-86 120 122 128 130 156 158 180 193 202 205 209 290 308
PRIESTER, 20 194
PRINCE, 4 215
PRINGLE, 166
PRITCHARD, 43 162
PRITCHETT, 5
PROFIT, 165
PROPHEL, 228
PROSSER, 291
PUGH, 200 226
PULLEN, 11
PULLIG, 190
PURVIS, 61
PURYEAR, 173
QUALLS, 55 97
QUATTLEBAUM, 62 162 166 194 294-297 362
QUEEN, 293 334
QUICK, 28 325
RABB, 165
RABON, 4 23 35 40-41 62 68 95 130 189 191 221
RABORN, 48
RAHISER, 60
RAINES, 38 46 76 96 116 119- 121 123 127-128 130 132 136 209
RAINEY, 64
RAINS, 76

RALEY, 346
RAMAGE, 226
RAMBHAROSE, 22
RAMBOW, 32
RAMSAY, 205
RAMSEUR, 195
RATCHFORD, 226
RATH, 301
RATLIFF, 151
RAUCH, 81 264 266 276 300
RAWELS, 207
RAWL, 85
RAWLINSON, 172 216
RAWLS, 85-86 193 284 316 320 358
RAY, 53 65 252 318 362
RAYMAN, 61
RAYSOR, 335
REA, 349
READY, 251
REAL, 269
REAVES, 61
REDD, 192
REDDING, 3
REDDINGS, 172
REDFORD, 60
REDMON, 320
REED, 63 173 193 301
REESE, 10 20 174 214-215 317
REEVES, 35 72 161 315 318 346 360 363
REID, 104
REISTER, 352
RENFROW, 37
RENNINGER, 163
REVILLE, 220
REYNOLDS, 89 139 145
RHEA, 58
RHETT, 316-318 362
RHINEHART, 66
RHODEN, 161
RHODES, 162 203
RHONEY, 67
RHYMER, 41 119

RHYNE, 118
RICE, 160 170 230 318 346 362
RICH, 271
RICHARDSON, 3 22 34 41 54 56 67 75 93 97 99 101 112 134 149-150 169 178 193 260 267 271 303-305 308 310 316 319-321 346 357-362
RICHERSON, 240
RICKARD, 297
RICKS, 104
RIDDLE, 260 262 269 275 307-308
RIDGEWAY, 220
RIEDLEY, 346
RIEHLE, 86
RIGGINS, 260
RIGGS, 208-209
RIKARD, 100 105 265 296
RILEY, 11-13 95 97 168 194 210 308 363
RIMER, 14 95-96 117 119 124 128 131 155 201
RINGER, 294 313-314
RISH, 192
RISTER, 156 301-302 334 350 355-356
RITTER, 130 167
ROACH, 118
ROBBINS, 68 160
ROBERSON, 242 315
ROBERTS, 20-22 25-26 60-61 80-81 83-84 161 164 174 223 228-229 240 245-246 252
ROBERTSON, 48 54-57 59 68 128 174 196 290 296
ROBINSON, 38-39 55 62 64 73 103 105 120 122 133 159 164 173 193 196 217 225 294 312 334 359
RODDICK, 168

RODGERS, 33 209
ROGERS, 61 160 209 362
ROMANSTINE, 244 279
ROOF, 26-27 163 205 209 270 322
ROSADO, 67
ROSBOROUGH, 181
ROSE, 40 45 113 137 178 217-218
ROSEBOROUGH, 19
ROSEBORUOGH, 134
ROSEBOURGH, 236
ROSERIO, 193
ROSS, 22 29-31 37 40-41 46-47 79 84 160 169
ROSSEVELT, 294
ROTUREAU, 326
ROUECHE, 301
ROUNDTREE, 170
ROUSE, 63
ROWE, 301-302
ROWLERSON, 245
RUCKER, 18
RUFF, 52 93 107 109-110 112-113 132-133 184 197 223 227 235 240
RUNION, 89
RUSH, 135 138 146 161 319
RUTHERFORD, 174
RYALS, 81
RYE, 346
SALLEY, 20 52
SALTERS, 102
SALTRS, 237
SAM, 37
SAMIDE, 65
SAMMON, 240
SAMMONS, 240
SAMPSON, 163
SAMS, 137
SAMUEL, 37-38 50 96 167 173 230-231 237 242
SAMUELS, 224 226 361
SANDEL, 303 305 353-354

SANDERS, 34 84 90 113 141 160 163 177 195 271 291 334 346
SANDIFER, 78
SANER, 351
SANTHIS, 199
SAPP, 13-14
SARVIS, 3
SATTERFIELD, 105
SAULS, 41 122
SAULTER, 17 175 229 239
SAVAGE, 51 159 232 236
SAWYER, 37 92 163
SBAYRE, 210
SCELEY, 146-147
SCHAADT, 157
SCHAD, 149
SCHALL, 59
SCHILTZE, 222
SCHLICHTE, 69
SCHMIDT, 59
SCHMITZ, 326
SCHOTT, 346
SCHULTZ, 324
SCHWARTZ, 351
SCIBEK, 79
SCOGGINS, 135
SCOTT, 4 10 36 60-61 63 73 82 106 110 120 142 162 164-165 167 176 194 197 213 227 234 238 246
SCUPP, 358
SEALS, 53-54 87 239
SEARLES, 216
SEASE, 106 258
SEASTRUNK, 151 346
SEAWRIGHT, 103
SEAY, 58 126 152-153 346
SEIBELS, 106
SEIBLES, 184-185
SEIGLER, 310 329 332
SEIULES, 178
SENN, 42 202
SERHAWELL, 150

SESSIONS, 149 208
SETZER, 165
SETZLER, 284
SEYBT, 324
SHACKELFORD, 314
SHAEFER, 301
SHANNON, 3-4 27 31 36 43 69 112 141 149
SHARP, 31 134 203
SHARPE, 4 6 9 34 39-40 44-45 89 100 115 130 134-135 161 192 200 203-204 208
SHARPER, 173
SHAW, 90 102 170
SHEALY, 106 160 258 260-264 268 270 273 276-277 298 303 305 308 310 322-323 328 333 346 350-355
SHEDD, 201 267
SHEELY, 261 271 333
SHEHARDE, 222
SHEHORN, 5
SHELL, 177 232-233 359
SHELLEY, 28 35
SHELLS, 359
SHELTON, 42 149
SHEPPARD, 98
SHERER, 79
SHERRILL, 211-212
SHIRAH, 26 151-152 346-347
SHOEMAKE, 90
SHOLLY, 67
SHORTER, 267
SHOWERS, 167
SHUFORD, 222
SHULER, 104 290
SHULL, 4 100 347
SHUMPERT, 91 201 277
SIALEY, 363
SIDES, 10
SIEGLER, 333
SIGMON, 282
SILAS, 246
SILL, 79

SIMELTON, 74
SIMMONS, 103 160 167 174 214
SIMMS, 239 294
SIMON, 111
SIMONS, 59 98 109 111
SIMPKINS, 168
SIMPSON, 6 58 110 143 161-162 175 289
SIMS, 103 107 162 165 179 193 347
SINGETON, 238
SINGLETARY, 63 334
SINGLETON, 4 6-7 52 87 224 228 234 238 242 252
SINGLEY, 51 273 299 314
SINGLITON, 238
SITES, 261 266-267 275 304 306-307 333-334 347 349 353 358
SKEITH, 318
SKIPPER, 220 224
SLICE, 257 259 262 279 288 292 298 302 304-305 334 347 349-350 352-356
SLIGH, 40 119 179 216 218
SLOAN, 17 24 32 35 50 62 116 144-145 219
SLOOP, 6
SMALL, 161
SMALLS, 159
SMEDLEY, 332
SMITH, 3 10-12 17 26 31-32 40 44 60 63 65-67 78 87-88 90-93 95 97 100-102 106 109 114-116 120-121 130 141 154 158 167-168 170 173-174 179 186-187 194-195 197 206 214 216 218 220 223 228-229 231-232 234 236 238 240 242 268 288-289 293 311-316 320 322 335 359-361
SMOAK, 194
SMOOT, 165
SMORT, 252
SMYRL, 18
SNELGROVE, 86 152
SNIPSON, 74
SNOW, 5
SNYDER, 64 210
SONNIER, 96
SOUTHER, 190 218
SOUTHERLIN, 156
SOWERS, 64
SOX, 50 155
SPANN, 50 52-54 240
SPAULDING, 160
SPEARS, 5
SPEIGHTS, 169
SPELL, 166
SPENCE, 301 347
SPENCER, 107 317
SPIERS, 42
SPIGNER, 228 234
SPILLMAN, 8
SPINO, 153
SPIRES, 5 40-41 354
SPITZER, 267
SPIVEY, 94 134
SPRADLEY, 259
SPRATLIN, 10
SPRINGS, 267
SPRUELL, 322
SPRULL, 347
SPRY, 228 232 234 236 239-240
SQUIREWELL, 55
STACK, 40 49 93-95 113 289 324 347
STACY, 24
STALEY, 172
STAMEY, 63
STANDLEY, 91
STANFIELD, 22
STANLEY, 27
STAPLES, 77
STARKS, 20 70 104 319-320

STARLING, 3 142
STARNES, 22 42 125 208-211
STEADMAN, 23
STEARNS, 177
STEEL, 317
STEELE, 168 172 206
STELLE, 222
STENFELT, 300
STEPHE_, 71
STEPHENS, 35 73 95 177 323
STEPHENSON, 66 248
STEVENS, 34 70 77 122
STEVENSON, 72 77 174 215
STEWART, 39 75 79 165 181-182 208 214 217 318 327-328 330 332
STILL, 22 332
STINNETTE, 221
STINSON, 53
STIVENDER, 159
STOCKMAN, 303
STOKES, 16 72 163 193 251
STONE, 93 166 221 258 313
STORK, 347
STOUDEMAYER, 276 281 324
STOUDEMIRE, 258 281-286 363
STRANES, 206
STRIBBLE, 356
STRICKEL, 47
STRICKLAND, 13 24-25 29 31 68 81 83 135 246 250
STRICKLIN, 26 46
STRIECH, 209
STROBERGE, 94
STROLE, 301
STROMAN, 168 172
STRONG, 235
STROTHER, 168
STUART, 290
STUCK, 94 285 363-364
STURKIE, 247
STYLES, 17

SUBER, 198 229-230 235 275 284 317
SUGGS, 162
SULLIVAN, 173 197
SULSER, 30
SUMMER, 100 207 278 280-286 291 293 311 313-314 347 363-364
SUMMERS, 100 159 166 203 256 280 286 297 303 313 351 355
SUMPTER, 173 194-195
SUMTER, 215
SURGINER, 168
SURRATT, 128 208
SUUD, 171
SWAN, 217
SWEAT, 221
SWEATMAN, 92 278
SWEET, 289 334
SWEETENEORE, 359
SWINDLER, 222 347
SWINTON, 171
SWITZER, 67
SWYGERT, 40 122 143 153 160 221 259 261 263-266 274 287-288 316-317 322 347 362 364-365
SYKES, 301
TALBOT, 67
TALLEY, 319
TANNER, 58
TANT, 160
TARVER, 226
TATE, 78 301
TAYLOR, 20 39 42-44 50 52 54 60 66 97-99 103 131 133 146 162-163 165 169 172-173 187 193-194 202 204 216 219-220 223-224 228-233 235 237-239 241 250 252 263 316 347
TAYOR, 99
TELFORD, 111

TENANT, 220
TENNISON, 80
TERREL, 252
TERRY, 82-83 235
TEW, 202
THERIAULT, 16
THIGPEN, 37
THOMAS, 8-9 19-20 28 32 54 93 103 105 145 185 192 195 197 202 205 216-217 219 239 244 251 267 290 314 335
THOMASSON, 347
THOMPKINS, 162
THOMPSON, 16 20 51 62 102 104-105 159-160 163 168 184 196 218 226-231 236-237 240-241 252 266 289 295 297 320 347
THORNTON, 40 43 45 48 50
THORPE, 60
THRASHER, 169
THREATT, 170
THURSTON, 36
TIDWELL, 17 28 51-53 89 225 239
TIDWELL-JENKINS, 225
TILLET, 101
TILLMAN, 170 195 233
TIMBERLAKE, 196
TIMMONS, 249
TIMS, 201
TOATLEY, 196 317
TOBIAS, 96 313
TOBIN, 166
TOMPKINS, 214
TOPLOCK, 129-130
TORRENCE, 142
TORRES, 64-65
TRAPIER, 128
TRAPP, 8 14 46 51 62 74-75 87-88 116-117 164 177 185-186 188 312 314 347
TRAYNHAM, 30

TREXLER, 347
TREZVANT, 172
TRIBBLE, 321
TROGDON, 142
TROUTMAN, 270
TROWER, 108
TROY, 165
TRUESDALE, 171-172
TRULL, 67
TUBBS, 112
TUCKER, 28 31 66 99 142-145 149 196 200 214 226-227 235 245 249 251 297-298 317
TUNLEY, 162
TURKETT, 125 141 151 153 304
TURNAGE, 57
TURNBOUGH, 217
TURNER, 59 74 100 102 113 148 158 160-161 186 235 237 290 331
TURNEY, 291
TURNIPSEED, 8 51 75 84 190-191 198 207 211-213 218 250 331
TUROK, 263
TYSON, 335
--UIDER, 229
UMBERGER, 300
USILTON, 161
VALENTINE, 361
VANCE, 163 172
VANDERPOOL, 79
VANDOREN, 78
VANN, 129
VANNESS, 61
VARNADORE, 34
VEAL, 196 252
VEALE, 308
VEIGHL, 252
VERMILLION, 22
VICKERS, 47 50
VICKERY, 4

VINING, 155
VINSON, 10
VISE, 290
WADE, 201
WADEN, 72-73
WADERS, 252
WADSWORTH, 174
WAGER, 253
WAGES, 7 23 73 75-77 150 228-229 231-232 234-236 241 253
WAITERS, 70 72-73 192 227 252
WAITES, 223 347-348
WAKEFIELD, 163-164
WALKER, 7 44 50-51 66 70-72 74 86 90-91 110 123 139 171 184-185 187 195 197 209 216 236 239
WALL, 189
WALLACE, 9 16 40 49 57 72 144 166 250 291
WALLING, 43 120 191 219
WALTERS, 26 165
WALTON, 21
WANNAMAKER, 169 252
WARD, 213 228 348
WARDFORD, 142
WARDLAW, 129
WARNER, 256 266 274 289 348
WARREN, 34 112 175
WARRICK, 157
WARRINGTON, 65
WASHINGOTN, 75
WASHINGTON, 53-54 62 66 74 103 108 161-162 171 217 224 231 242 318-320 359
WAT_, 73
WATERS, 156
WATKINS, 22 66 87 96 152 161 186 225-227 229 236-237 241 261 316

WATS, 99
WATSON, 32 35 101 166 170 177 316
WATTS, 11 40-42 49 71-73 114 125 131 164 175 181 216
WEARING, 335
WEATHERBEE, 60
WEATHERS, 15
WEATHERSBY, 323
WEAVER, 164 335
WEBBER, 106
WEBSTER, 4
WEED, 67 276 321-324 348
WEEKLEY, 60
WEEKS, 107-110 175-176 236
WEHRMAN, 23
WELCH, 40 306
WELLS, 335
WENGER, 262
WESCOTT, 54
WESKERT, 40
WESSINGER, 151-153 259-260 264 267-268 272 283 303 348 353-354 356
WESSON, 167
WEST, 30 65 158 168
WESTON, 20 159 168
WESTRAY, 195
WHALEY, 96 161 171
WHEELER, 169 268 362
WHETSTONE, 67 172
WHILTEN, 325
WHISENNANT, 152
WHITAKER, 21 96 99 110 134
WHITE, 9 65 97-98 115-116 187-188 263 311
WHITES, 260 353 364
WHITESIDE, 348
WHITLEY, 20
WHITLOCK, 326
WHITMAN, 154
WHITMORE, 300
WHITTIKER, 71

WHITTINGTON, 65 79 355
WHITTLE, 300
WHITWORTH, 190
WICKER, 159 224 313
WIGGINS, 77
WILCOX, 152
WILDER, 106
WILDS, 128-129
WILES, 151 199 219
WILKERSON, 321
WILKES, 139 329
WILKS, 217 248
WILLIAM, 19 56 166 219
WILLIAMS, 10 20 26 29 49 63
   67 75 77 97-98 104-106
   109-110 112 133-134 145-
   146 159-162 164-167 169
   172 178 182 192 195 200
   216-217 219 221 227-231
   235-237 239 241 256 263
   290-291 317 319 334-335
   351 359
WILLIAMSON, 40 223 330
WILLIARD, 7
WILLIS, 22
WILSON, 14-15 23 32-33 38-
   40 64 70 74 79 103 112 124
   139 155 159 164 167-168
   170 179 181 186-187 194-
   195 200 207-210 214-215
   221 224-225 232-233 236
   238 311 313 348 365
WIMBUSH, 316
WINDER, 359
WINDHORN, 58
WINGAR, 95
WINGARD, 44 46 161 177
   219-220 222 265 319 348
WINGFIELD, 116
WINKLER, 156
WISE, 17 25 36 60 74 159 192
   220 228-229 240-241 244
   249 262 308 324-325

WISHERT, 130
WITHERSPOON, 165 169
WOFFORD, 131
WOLFE, 207 209 348
WOLFF, 152
WOLFORD, 301
WOMACK, 65
WOOD, 160
WOODARD, 167
WOODHAM, 160
WOODRUFF, 22
WOODS, 29 66
WOODSIDE, 330
WOODSON, 165 174
WOODWARD, 21 129 194
WOOLFOLK, 171
WOOTEN, 3 18 40 87-89 114
   119 122-125 127 157-158
WORKMAN, 172 192
WORTHEY, 20
WRAIGHT, 65
WRIGHT, 7-8 12-13 37 60 66
   73 95 111 125 160 163 171-
   172 175 194 216-217 228
   234 317 335 348
WYNN, 149-150 249
YARTZEFF, 114
YENNY, 352
YOUNE, 150
YOUNG, 72 75 77 101 109-112
   132 170 174 185 200 215
   217 221 238 269 335
YOUNGBLOOD, 140
YOUNGINER, 288 298 348-
   349 365
YURIEFF, 157
ZEIGLER, 334
ZIELER, 301
ZIMMERMAN, 60
ZOBEL, 349
ZUCK, 300